JN428034

쓸모 있는 독서 실행 챌린지

북킷 Bookit 초대장

bookit

북킷은요

책의 지식을 오롯이 내 것으로 만들 수 있도록 돕는 길벗의 독서 실행 챌린지 프로그램입니다.
책과 세상에 대한 호기심만 있다면 누구나 북킷 크루가 될 수 있어요.

크루들과 함께 책을 읽고, 내 손으로 미션을 수행하며, 나의 성장을 기록해 보세요.
세상을 잘 살기 위한 배움과 성취의 경험이 여러분의 삶의 해상도를 높여줄 거예요!

독학이 어렵다고 느껴진다면, 부담 없는 챌린지로 함께 시작해요!

모집 대상

책만 있다면
누구나 참여 가능!

혜택

완주만 해도 길벗포인트
20,000점 지급
(길벗 홈페이지 내
2만 원 이하 도서
모두 구매 가능)

장소

온라인
네이버 카페 '북킷'

모집 기간

수시 모집
챌린지 소식은 북킷레터
혹은 네이버 카페 '북킷'
에서 확인해 보실 수 있
습니다!

모집 소식을 메일로 보내드려요!
북킷레터 구독 신청하기 ▸

챌린지는 어떻게 진행될까?
북킷 카페 구경하기 ▸

디자인 스킬을 더 확실하게 내 것으로 만들고 싶은 분들을 기다립니다.

사용 버전

이 책은 '포토샵+일러스트레이터 CC 2026 영문 버전'을 기준으로 만들었습니다.
컴퓨터에 설치된 포토샵 버전이 CC 2026이 아니더라도 학습할 수 있도록 프로그램 버전 차이를 팁으로 설명하였습니다.

운영 체제

컴퓨터 운영체제는 윈도우를 기준으로 서술하였습니다.
맥 사용자는 윈도우의 Ctrl 을 맥의 command 로, Alt 를 option 으로 사용하시기 바랍니다.

예제 및 완성 파일 다운로드

이 책에 사용된 예제 파일과 완성 파일은 길벗출판사 홈페이지(www.gilbut.co.kr)에서 다운로드할 수 있습니다.

- **예제 및 완성 파일 :** 예제를 따라하면서 꼭 필요한 예제 파일과 완성 파일을 파트별로 담았습니다.

1단계	포토샵+일러스트레이터 CC 2026 무작정 따라하기 [검색] 에 찾고자 하는 책 이름을 입력하세요.
2단계	검색한 도서로 이동한 다음 [자료실] 탭을 선택하세요.
3단계	예제 및 완성 파일 등 다양한 실습 자료를 다운로드하세요.

포토샵 + 일러스트레이터

CC 2026 무작정 따라하기

문수민, 민지영, 전은재, 앤미디어 지음

길벗

포토샵 + 일러스트레이터 CC 2026 무작정 따라하기

The Cakewalk Series – Photoshop+Illustrator CC 2026

초판 발행 · 2026년 1월 20일

지은이 · 문수민, 민지영, 전은재, 앤미디어
발행인 · 이종원
발행처 · (주)도서출판 길벗
출판사 등록일 · 1990년 12월 24일
주소 · 서울시 마포구 월드컵로 10길 56(서교동)
대표전화 · 02)332-0931 | **팩스** · 02)323-3895
홈페이지 · www.gilbut.co.kr | **이메일** · gilbut@gilbut.co.kr

기획 및 책임 편집 · 최근혜(kookoo1223@gilbut.co.kr)
제작 · 이준호, 손일순, 이진혁 | **영업 마케팅** · 전선하, 박민영, 서현정
유통혁신 · 한준희 | **영업관리** · 김명자 | **독자지원** · 윤정아

본문 디자인 · 장기춘 | **표지 디자인** · 앤미디어 | **편집 진행** · 앤미디어 | **전산 편집** · 앤미디어
CTP 출력 및 인쇄 · 상지사 | **제본** · 상지사

- 잘못된 책은 구입한 서점에서 바꿔 드립니다.
- 이 책은 저작권법에 따라 보호받는 저작물이므로 무단전재와 무단복제를 금합니다.
  이 책 내용의 전부 또는 일부를 이용하려면 반드시 저작권자와 (주)도서출판 길벗의 서면 동의를 받아야 합니다.
- 인공지능(AI) 기술 또는 시스템을 훈련하기 위해 이 책의 전체 내용은 물론 일부 문장도 사용하는 것을 금지합니다.

ⓒ 문수민, 민지영, 전은재, 앤미디어, 2026

ISBN 979-11-407-1728-6 03000
(길벗 도서번호 007235)

정가 26,000원

독자의 1초까지 아껴주는 정성 길벗출판사

길벗 IT교육서, IT단행본, 경제경영, 교양, 성인어학, 자녀교육, 취미실용 ▶ www.gilbut.co.kr
길벗스쿨 국어학습, 수학학습, 주니어어학, 어린이단행본, 학습단행본 ▶ www.gilbutschool.co.kr

인스타그램 · gilbut.it / **페이스북** · gilbutzigy / **네이버 블로그** · blog.naver.com/gilbutzigy

포토샵 CC 2026과 AI, 효율적인 디자인 협업 노하우

이미 디자인의 미래는 우리 곁에 와 있었습니다. 다만 그 필요성과 가치를 충분히 인식하지 못한 채 AI 사용을 포기하거나 지나쳐 왔을 뿐입니다. AI는 꾸준히 사용자의 니즈를 반영하며 스스로의 진화 방향을 확장해 왔습니다. 그 결과 오늘의 디자인 환경은 더 이상 기술을 따라가는 시대가 아니라, 기술이 우리의 창작을 주도적으로 지원하는 AI 팀원 역할을 하는 새로운 단계에 진입했습니다.

포토샵 안에 나노 바나나 AI가 들어오다

포토샵 CC 2026도 작업자의 쓰임에 맞게 업그레이드되었습니다. 가장 혁신적인 생성형 AI 모델인 구글 나노 바나나(Nano Banana)를 탑재하면서 이미지 제작과 편집의 새로운 시대를 열었습니다. 이제 단순한 편집을 넘어, 원하는 정보를 담은 이미지까지 직접 생성할 수 있는 차원을 경험하게 되었습니다. 여기에 어도비의 파이어플라이와의 긴밀한 협업은 디자인 수정과 편집 과정을 더욱 효율적이고 창의적으로 이끄는 도구가 되고 있습니다.

많은 디자이너들이 필요로 했던 포토샵의 생성형 업스케일(Generative Upscale) 역시 마침내 도입되었습니다. 해상도가 낮은 이미지도 생성형 AI로 완벽하게 업스케일링하여 고품질 이미지로 재탄생시킬 수 있습니다. 기존처럼 픽셀을 단순히 확대하는 방식이 아닌, 토파즈 기가픽셀 AI 기반의 모델을 통해 이미지 자체를 새롭게 '재구성'하는 방식이기 때문에 디테일과 선명도가 비약적으로 향상되었습니다.

나노 바나나의 강력한 지능형 문자 인식 기능은 새로운 문자 디자인의 가능성을 열어주며, AI 이미지 블렌더인 조화(Harmonize) 기능은 조명, 색상, 그림자, 장면의 분위기까지 자동으로 조정하여 개체를 어떠한 배경에도 자연스럽게 합성할 수 있도록 돕습니다. 복잡한 합성 작업에 들이던 시간을 크게 줄여주는 도구로 자리잡을 것입니다.

물론, 뛰어난 성능을 갖춘 외부 파트너 모델의 도입으로 작업물의 퀄리티는 눈에 띄게 향상되고 있지만 그만큼 비용 부담도 함께 늘어났습니다. 이 책에서는 이러한 비용 증가를 효과적으로 줄이면서도 원하는 결과를 얻을 수 있는 현실적인 작업 패턴과 활용 방법도 소개합니다.

이 책은 새로워진 포토샵 CC 2026의 최신 기능들과 새로운 AI 기반 워크플로를 중심으로, 디자이너가 더 빠르고 더 스마트하게 작업할 수 있는 실전 노하우를 담았습니다. 변화하는 디자인 환경 속에서 창작자의 역량을 극대화하고자 하는 모든 이들에게 실질적인 AI 가이드가 되기를 바랍니다.

앤미디어

책 소개

최신 AI 모델의 포토샵과 일러스트레이터 CC 2026을 한 권으로 공부하세요.

이 책은 포토샵과 일러스트레이터의 핵심 기능과 신기능을 기능과 예제 형식으로 나눠 설명합니다. 예제를 통해 쉽고 빠르게 학습할 수 있도록 구성하였고, CC 2026에서 새롭게 도입된 생성형 AI 기능을 학습하여 효율적인 그래픽 작업을 익혀 보세요.

1권 〉 포토샵

포토샵 안에 새롭게 들어온 나노 바나나와 토파즈 기가픽셀 AI로, 인물의 동일성과 디테일한 생성 및 수정 작업이 가능하게 되었습니다. 초급자도 쉽게 포토샵 기본 기능부터 효율적인 AI 기능 학습까지 실력을 업그레이드할 수 있을 것입니다.

책 소개

포토샵 CC 2026의 AI 모델 협업 방법

introduction

포토샵 CC 2026에서는 최신 AI 모델을 제공하고 있으며, 작업 방식에 따라 선택 사용할 수 있습니다. 전체 이미지 생성부터 수정, 동일성 유지, 업스케일 작업까지 원하는 작업 목적에 따라 골라 사용하세요.

제미나이 나노 바나나

G 나노 바나나

구글에서 개발한 제미나이 3 모델의 AI 이미지 생성 & 편집 모델로, 인물의 얼굴, 포즈, 배경 등 여러 편집 단계에서도 일관성을 유지하며, 텍스트 명령만으로 특정 부분을 수정하거나 교체할 수 있는 점이 특징입니다. 또한 이미지를 기반으로 다양한 각도의 이미지를 생성하거나 여러 스타일을 적용하는 능력이 뛰어납니다.

포토샵과의 협업 패턴

❶도큐먼트 전체를 선택 영역으로 지정 → ❷나노 바나나로 전체 이미지 생성 → ❸인물이나 배경 등 동일성을 유지하면서 재생성 → ❹포토샵에서 세밀하게 수정하거나 편집하여 결과물 완성

어도비 파이어플라이

파이어플라이

어도비에서 발표한 AI 기반 이미지 생성 및 편집 툴로, 사용자가 텍스트를 입력하면 해당 지시에 맞는 고품질 이미지를 생성할 수 있습니다. 다양한 스타일과 테마에 따라 이미지를 빠르게 만들어 주며, 일러스트, 사진 스타일 등 폭넓은 생성이 가능하고, 어도비 클라우드 서비스를 통해 손쉽게 프로젝트를 공유 및 협업할 수 있습니다.

포토샵과의 협업 패턴

❶외부 이미지를 불러오거나 이미지 생성 → ❷선택 도구로 부분 선택 영역 지정 → ❸원하는 형태로 이미지를 수정, 부분적으로 생성 → ❹포토샵에서 세밀하게 수정하거나 편집하여 결과물 완성

토파즈 기가픽셀

토파즈 기가픽셀

AI 기반 영상 및 이미지 생성 기술을 연구하는 토파즈 랩스는 특히 텍스트 기반 영상 생성, 이미지 업스케일링, 스타일 변환 등 창작 도구를 개발합니다. 토파즈 기가픽셀 AI를 활용해 저해상도 이미지를 재생성하여 고품질의 비주얼 콘텐츠를 빠르게 제작할 수 있게 도와줍니다.

포토샵과의 협업 패턴

❶저해상도 외부 이미지 불러오기 → ❷포토샵의 생성형 업스케일 기능 선택 → ❸업스케일 크기와 인물 얼굴 재생 옵션 선택 → ❹저해상도 이미지를 기반으로 고품질, 고해상도의 결과물 생성

학습계획표

체계적으로 포토샵 학습 계획을 세워 보세요!

본격적으로 공부를 시작하기 전에 자신에게 맞는 학습 계획을 세워 보세요. 여기서 안내하는 계획표대로 내 실력에 맞게 포토샵을 마스터할 수 있습니다.

✧ 1단계 ✧	포토샵을 처음 배우는 분이세요?	
레슨 1일차	기본 작업을 위한 준비!	052쪽
레슨 2일차	작업 준비! 한 번의 설정으로 디자인 판 짜기	070쪽
레슨 3일차	작업의 반은 완성, 콕! 선택하는 선택 영역	090쪽
레슨 4일차	거침없이 자르고, 변형하는 것도 기술!	131쪽
레슨 5일차	쉽지만 놀라운 색상 보정의 정석	178쪽
레슨 6일차	초간단 입력부터 맞춤형 문자 입력 방법	194쪽
레슨 7일차	스페셜한 기능이 있는 브러시 사용	248쪽
레슨 8일차	합치면 놀라운 이미지 합성, 레이어	258쪽
✧ 2단계 ✧	**포토샵 이전 버전을 사용한 적이 있나요?**	
레슨 1일차	디테일하게! 일관적인 이미지 생성을 위한 포토샵 CC 2026	018쪽
레슨 2일차	포토샵과 나노 바나나 AI 사용 스킬	040쪽
레슨 3일차	거침없이 자르고, 변형하는 것도 기술!	131쪽
레슨 4일차	자신만의 취향에 맞는 컬러 고르기	164쪽
레슨 5일차	디테일하거나 크리에이티브한 색상 보정	186쪽
레슨 6일차	이미지와의 필연적 결합, 문자 스타일	205쪽
레슨 7일차	스페셜한 기능이 있는 브러시 사용	248쪽
레슨 8일차	합치면 놀라운 이미지 합성, 레이어	258쪽
레슨 9일차	색상 정보와 마스크를 위한 채널 사용	292쪽
✧ 3단계 ✧	**포토샵 AI 기능을 사용하여 결과물을 만들고 싶나요?**	
레슨 1일차	디테일하게! 일관적인 이미지 생성을 위한 포토샵 CC 2026	018쪽
레슨 2일차	포토샵과 나노 바나나 AI 사용 스킬	040쪽
레슨 3일차	사용의 필수 요건, 크레딧 관리하기	046쪽
레슨 4일차	디자인? 이제 누구나 포토샵 AI로 이미지를 생성한다!	110쪽
레슨 5일차	거침없이 자르고, 변형하는 것도 기술!	131쪽
레슨 6일차	스페셜한 기능이 있는 브러시 사용	248쪽
✧ 동영상 강의 ✧	**동영상을 이용하여 실전 활용 강의**	

책 활용

길벗출판사 홈페이지를 적극 활용하세요!

이 책은 포토샵과 일러스트레이터의 핵심 기능과 신기능을 기능과 예제 형식으로 나눠 설명합니다. 예제를 통해 쉽고 빠르게 학습할 수 있도록 구성하였고, CC 2026에서 새롭게 도입된 생성형 AI 기능을 학습하여 효율적인 그래픽 작업을 익혀 보세요.

활용01 〉 무엇이든 물어보세요!

길벗출판사 홈페이지에 접속한 후 ❶ 검색( ) 창에 『포토샵+일러스트레이터 CC 2026 무작정 따라하기』를 입력해 해당 도서 페이지로 이동하세요. 홈페이지 화면의 오른쪽에 보이는 퀵 메뉴를 이용하면 ❷ 도서 문의를 빠르게 할 수 있습니다.

활용02 〉 실습 자료 다운로드

이 책에 사용된 모든 예제 파일 및 완성 파일은 자료실에서 다운로드할 수 있습니다. 해당 도서 페이지 아래쪽의 ❸ [자료실]을 클릭해 실습 파일을 다운로드하세요. 홈페이지 회원으로 가입하지 않아도 누구나 자료를 다운로드할 수 있습니다.

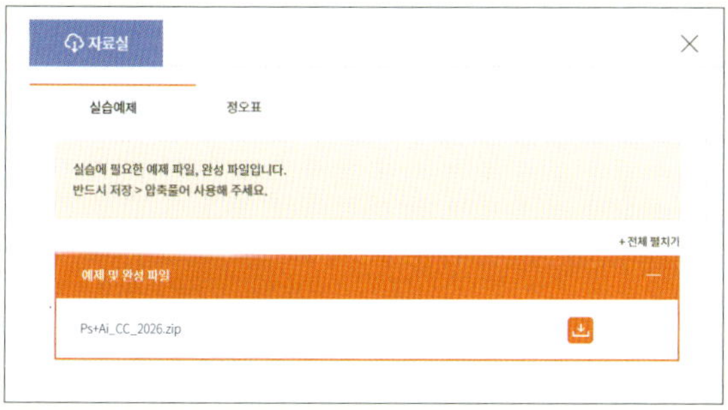

체계적인 구성을 따라 빠르고 간편하게 공부하세요.

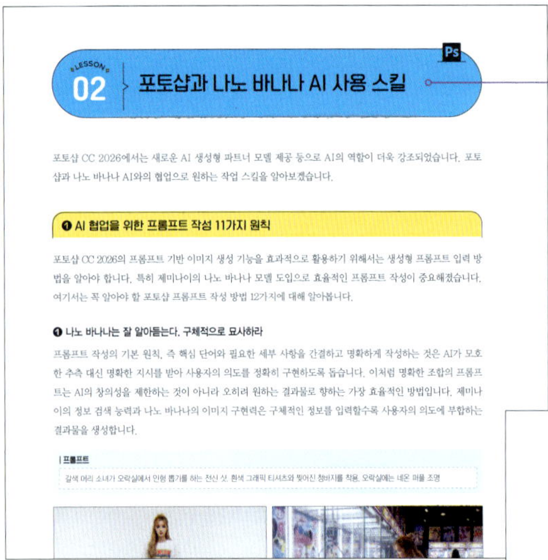
LESSON 02 포토샵과 나노 바나나 AI 사용 스킬

포토샵 CC 2026에서는 새로운 AI 생성형 파트너 모델 제공 등으로 AI의 역할이 더욱 강조되었습니다. 포토샵과 나노 바나나 AI와의 협업으로 원하는 작업 스킬을 알아보겠습니다.

❶ AI 협업을 위한 프롬프트 작성 11가지 원칙

포토샵 CC 2026의 프롬프트 기반 이미지 생성 기능을 효과적으로 활용하기 위해서는 생성형 프롬프트 입력 방법을 알아야 합니다. 특히 제미나이의 나노 바나나 모델 도입으로 효율적인 프롬프트 작성이 중요해졌습니다. 여기서는 꼭 알아야 할 포토샵 프롬프트 작성 방법 12가지에 대해 알아봅니다.

❶ 나노 바나나는 잘 알아듣는다. 구체적으로 묘사하라

프롬프트 작성의 기본 원칙, 즉 핵심 단어와 필요한 세부 사항을 간결하고 명확하게 작성하는 것은 AI가 모호한 추측 대신 명확한 지시를 받아 사용자의 의도를 정확히 구현하도록 돕습니다. 이처럼 명확한 조합의 프롬프트는 AI의 창의성을 제한하는 것이 아니라 오히려 원하는 결과물로 향하는 가장 효율적인 방법입니다. 제미나이의 정보 검색 능력과 나노 바나나의 이미지 구현력은 구체적인 정보를 입력할수록 사용자의 의도에 부합하는 결과물을 생성합니다.

필수 이론

포토샵을 다루기 위해 꼭 알아야 할 기능과 이론을 알아봅니다. 개념을 알아 두면 포토샵을 실습하는 데 기초가 됩니다.

실습 및 완성 파일

예제를 직접 따라하기 위한 실습파일을 제공합니다. 길벗 홈페이지에서 다운로드 받을 수 있습니다.

EASY 실습 인물의 동일성을 유지하면서 변경하기

나노 바나나 모델을 이용하면 인물을 동일하게 유지하면서 얼굴 방향부터 배경, 의상 등을 변경할 수 있습니다. 예제에서는 서프보드를 든 남성의 얼굴을 정면 샷으로 변경하고, 서핑 슈트 의상과 스튜디오 배경으로 바꿔보겠습니다.

Before, After

예제를 위해 제공하는 원본 이미지와 실습 결과물의 이미지를 미리 볼 수 있도록 표시합니다.

Easy 실습

포토샵 명령이나 기능을 이용해 이미지에 적용하는 방법을 따라하기 형식으로 설명합니다.

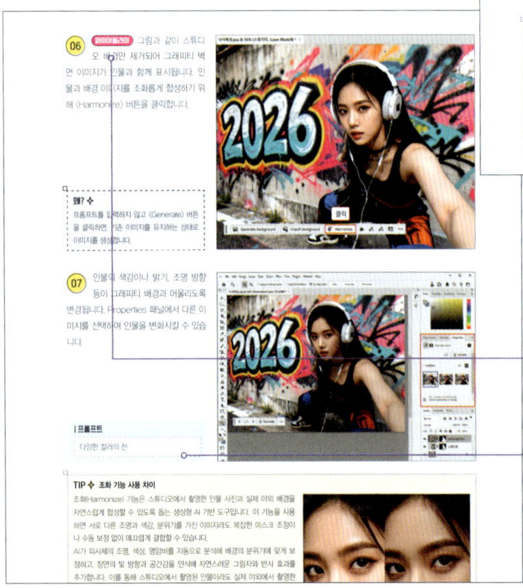

TIP

예제 관련 기본 팁을 제공합니다. 개념에 대한 부연 설명, 관련 기능 정보, 주의할 점 등을 설명합니다.

AI 모델

예제 작업에서 선택한 AI 모델을 표시합니다.

프롬프트

이미지 생성이나 수정을 위한 프롬프트를 표시합니다.

동영상을 이용한 실전 예제 학습

이론과 실습 예제를 이용하여 포토샵의 기본기를 배웠다면 이 책에서 제공하는 동영상 활용 예제를 만들어 보세요. 스마트폰이나 태블릿 PC 카메라로 QR 코드를 찍거나 PC의 유튜브 채널(youtube.com/@photoshop_follow)에서 포토샵 전문 저자 강의 동영상으로 활용 예제 제작 방법을 배워 보세요.

동영상 강의

이미지 변형을 이용한 디자인 명함 제작하기

포토샵 이미지 변형(Transform) 도구는 이미지의 크기, 모양 변형부터 각도 조정까지 다방면으로 유용하게 사용하는 도구입니다. 변형 도구를 단순히 이미지 크기 조정에만 사용하지 않고 멋스러운 그래픽 효과를 내는 데 활용해 봅니다.

#명함 제작 #로고 #퍼스널 브랜딩

이미지 크기 90×50mm
해상도 300dpi
완성 파일 포토샵\동영상\namecard.psd

#그러데이션 #Warp #문자 도구 #Create Warped Text #다각형 도구

① 새로운 레이어 추가하여 그러데이션 배경 만들기
② Warp 기능으로 그레이디언트 형태를 왜곡 변형하기
③ 문자 도구로 'PERSONAL BRAND' 문자 입력하기
④ Create Warped Text 기능으로 문자 변형하기
⑤ 다각형 도구와 Free Transform 기능으로 별 만들기
⑥ 문자 도구를 이용하여 명함 아래쪽에 개인 정보 입력하기

310

활용 예제

필수 활용 예제를 제공합니다. 작업 과정을 이해한 다음 작업하고, 동영상으로 확인합니다.

예제 소개 영상(QR 코드)

스마트폰이나 태블릿 PC로 QR 코드를 촬영해 예제 작업 과정을 동영상으로 확인할 수 있습니다. PC에서 볼륨을 키우고, 동영상 플레이어의 재생 버튼을 눌러 포토샵 강사의 강의를 듣고, 보면서 학습합니다.

동영상 강의

AI 기능으로 크리스마스 홍보 배너 디자인하기

파이어플라이를 활용하면 단순한 이니셜 하나도 브랜드 분위기에 맞춘 새로운 그래픽으로 재해석할 수 있습니다. 파이어플라이를 활용해 이니셜 'B'를 크리스마스 무드의 타이포그래피로 변환하고, 이를 활용해 홍보 배너를 제작해 봅니다.

#생성형AI #배너 #브랜드홍보 #크리스마스

이미지 크기 1065×1500pixels
해상도 300ppi
실습 파일 포토샵\동영상\크리스마스홍보배너-예제.psd, 크리스마스사탕 프롬프트.txt
완성 파일 포토샵\동영상\크리스마스홍보배너-완성.psd

#파이어플라이 #타이포그래피 #참조이미지

① 기본 레이아웃 구성된 예제 파일 열기
② 브랜드 이니셜인 'B'를 화면 중앙에 크게 배치하기
③ 도안 활용을 위해 'B' 이니셜만 따로 JPG로 저장하기
④ 파이어플라이를 켜고 프롬프트 입력하여, '크리스마스 사탕' 이미지 생성하기
⑤ 파이어플라이에서 이니셜을 컴포지션 설정, '크리스마스 사탕' 이미지를 참조 스타일로 지정하여 새로운 스타일의 타이포그래피 생성하기
⑥ 'B' 이니셜 타이포그래피를 활용하여 크리스마스 홍보 배너 디자인 완성하기

307

작업 과정 영상(QR 코드)

작업 과정을 포토샵 강사의 해설과 함께 동영상을 제공합니다. QR 코드를 이용하거나 PC에서 유튜브 채널 강의 영상을 확인합니다.

작업 과정 소개

예제 작업 시 사용 기능과 작업 과정을 소개합니다. 가장 효율적인 작업 과정을 확인해 보세요.

목차

part04 〉 이미지를 놀랍도록 아름답게! AI 이미지 생성과 변형하기

Ps

part05 > 탁월한 선명함과 밝기, 풍부한 색감을 위한 색상 보정하기

part06 > 메시지의 시각적 전달을 위한 맞춤 문자 디자인하기

part08 〉이미지 합성을 위한 레이어와 마스크, 채널

Part 01

포토샵 CC 2026 원포인트로 시작하기

| Adobe Firefly | Topaz Gigapixel < 20/26 >

AI Interface Tools

PHOTOSHOP
&ILLUSTRATOR CC 2026

CC/26
PHOTOSHOP
Gemini / Nano Banana

Ps

LESSON 01

디테일하게! 일관적인 이미지 생성을 위한 포토샵 CC 2026

포토샵 CC 2026에서는 새롭게 선보이는 다양한 이미지 생성 모델부터 업그레이드된 옵션 등 사용자가 원하는 이미지를 얻을 수 있도록 다양한 AI 기능을 제공하고 있습니다. 더 세밀하게 이미지를 생성할 수 있는 포토샵 AI 기능으로 쉽고 편리하게 디자인 작업을 해보세요.

❶ 포토샵 CC 2026 안으로 들어온 제미나이 나노 바나나

포토샵 CC 2026에 기존 파이어플라이(Firefly) 생성형 AI뿐만 아니라 외부 AI 파트너 모델이 직접 도입되었습니다. 바로 '나노 바나나(Nano Banana)' 모델이며, 나노 바나나 프로는 구글이 개발한 '제미나이(Gemini) 3 프로' 모델의 공식 별칭입니다. 나노 바나나는 이미지 생성 및 편집 과정에서 디테일을 정교하게 보존하면서도 스타일 일관성을 유지하는 데 특화된 고성능 생성형 모델입니다.

이 모델은 포토샵에서 프롬프트 입력창 옆에 새로 추가된 'Model Picker(모델 선택기)' 아이콘을 클릭하여 사용할 AI 모델을 직접 선택할 수 있습니다. 여기에는 어도비의 기본 파이어플라이 모델뿐만 아니라 '제미나이 3 프로'가 포함되어 있어 작업 목적에 따라 최적의 생성 결과를 얻을 수 있도록 지원합니다.

특히 '나노 바나나' 모델은 원본 이미지의 질감과 명암, 세부 디테일을 유지하면서도 창의적인 변형을 자연스럽게 구현하는 데 강점을 보입니다. 인물 사진이나 일러스트 등에서 일관된 스타일을 유지한 상태로 새로운 장면이나 요소를 추가할 수 있습니다. 또한 고해상도 이미지에서도 빠른 생성 속도와 높은 응답성을 제공하여 포토샵 작업에 최적화되어 있습니다.

같은 인물의 의상이나 행동, 배경을 자유롭게 생성할 수 있는 나노 바나나 ▶ 118쪽 참고

포토샵 CC 2026은 '파트너 모델' 사용을 프리미엄 기능으로 분류하여, 모델별로 다른 생성 크레딧 정책을 적용하였습니다. 기본 파이어플라이 모델을 이용할 경우 한 번의 생성에 1개의 크레딧이 소모되지만, '제미나이 3 프로(나노 바나나 프로)' 모델을 사용할 경우에는 1회 생성당 10개의 크레딧이 필요합니다. 더 높은 품질과 정밀한 결과를 원하는 사용자는 추가 크레딧을 소비해야 하지만, 그만큼 세밀하고 사실적인 생성 결과를 얻을 수 있습니다.

원본 측면 샷

정면 샷으로 변경

스튜디오 샷으로 변경 ▶ 28쪽 참고

포토샵 CC 2026에서는 어도비가 생성형 AI를 개방하고 다양한 AI 모델 간 협업을 지원하는 방향으로 나아가고 있음을 보여줍니다. 디테일한 이미지와 스타일 일관성이 중요한 전문가나 크리에이터에게는 '나노 바나나' 모델이 제공하는 새로운 수준의 이미지 생성 품질이 강력한 창작 도구로 사용될 것입니다.

❷ 내 작업의 목적에 맞게 AI 모델을 선택한다. 꼭 알아야 할 AI 모델 3가지!

포토샵 CC 2026의 핵심 기능 중 하나는 '생성형 AI 모델 선택' 기능입니다. 이전 버전인 CC 2025에서는 생성형 채우기(Generative Fill)를 실행할 경우, 어도비가 제공하는 기본 파이어플라이 모델(Image 3 또는 Image 4)만 사용할 수 있었기 때문에 사용자가 작업 목적이나 스타일에 맞춰 AI 모델을 선택할 수 있는 여지가 제한적이었습니다. 하지만 포토샵 CC 2026부터는 사용자가 작업 목적에 따라 AI 모델을 직접 선택할 수 있게 되어, 생성형 AI 작업에서 결과물의 품질과 스타일, 효율성을 크게 향상시킬 수 있습니다. 이는 단순히 이미지 생성이나 편집의 보조 도구를 넘어, 창작 과정에서 사용자가 적극적으로 AI를 제어하고 원하는 결과를 얻을 수 있는 획기적인 변화라고 할 수 있습니다.

포토샵 CC 2026에서는 AI 모델을 활용한 작업 방식이 세 가지 주요 유형으로 구분되며 특화된 기준은 다음과 같습니다.

TIP

- **나노 바나나** = 도큐먼트 전체 이미지 생성, 동일한 인물 생성
- **파이어플라이** = 이미지 확장, 영역 지정으로 부분 생성
- **토파즈 기가픽셀** = 저해상도 이미지를 고해상도로 업스케일

❶ 나노 바나나(Nano Banana)

원본 이미지를 기반으로 새로운 이미지를 생성하거나 사용자의 복잡한 요구사항을 정확히 이해하고 특정 영역을 생성 및 수정하는 모델입니다. 나노 바나나는 정보 검색 능력이 뛰어나 현실적인 이미지부터 독창적인 이미지까지 폭넓게 생성할 수 있으며, 특히 인물이나 특정 피사체를 정밀하게 생성할 때 매우 효율적입니다. 전체 도큐먼트를 생성하거나 프롬프트를 활용하여 이미지의 핵심 요소를 새로 구성할 경우, 나노 바나나는 사용자의 의도를 정확하게 반영한 결과물을 만들어 줍니다.

❷ 파이어플라이(Firefly)

스타일 참조 이미지 기능을 통해 기존 이미지의 분위기나 스타일을 반영하여 생성 및 수정 작업을 수행할 수 있습니다. 파이어플라이는 기존 이미지를 확장하여 여백을 채우거나, 선택 영역을 지정해 세밀한 부분을 수정 생성하는 데 강점을 보입니다. 따라서 사물, 배경, 환경 등 인물이 아닌 요소를 생성하거나, 이미지 편집 보조용으로 활용할 때 적합합니다. 특히 포토샵의 편집 기능과 결합하면, 배경 확장이나 부분 생성 작업에서 자연스럽고 통일감 있는 결과를 얻을 수 있습니다.

❸ 토파즈 기가픽셀(Topaz Gigapixel)

토파즈 기가픽셀 AI 모델은 저해상도 이미지나 픽셀이 뭉개져 사용하기 어려운 이미지를 확대하면서도 디테일을 살리고 흐릿함을 억제하는 데 특화되어 있습니다. 토파즈 기가픽셀은 업스케일링과 노이즈 제거에 특히 강점을 가지므로, 나노 바나나나 파이어플라이 모델로는 해결하기 어려운 고해상도 이미지 생성과 재생성 작업에 매우 유용합니다. 이를 통해 낮은 해상도의 원본 이미지를 고품질로 변환하거나, 출력용 고해상도 이미지 제작이 필요한 프로젝트에서 효율적으로 활용할 수 있습니다.

포토샵 CC 2026에서는 작업 목적과 피사체 유형, 해상도 필요성에 따라 AI 모델을 전략적으로 선택함으로써 창작 효율성과 결과물의 품질을 극대화할 수 있습니다. 인물이나 정보 기반 이미지 생성에는 나노 바나나 모델을, 사물이나 배경 생성 및 스타일 유지 작업에는 파이어플라이 모델을, 저해상도 이미지 업스케일링과 디테일 보존에는 토파즈 기가픽셀 모델을 사용하는 것이 가장 효과적입니다. 이러한 모델별 특성을 이해하고 활용하면, 포토샵에서의 AI 기반 이미지 생성 및 편집 작업이 한층 정교하고 창의적으로 확장됩니다.

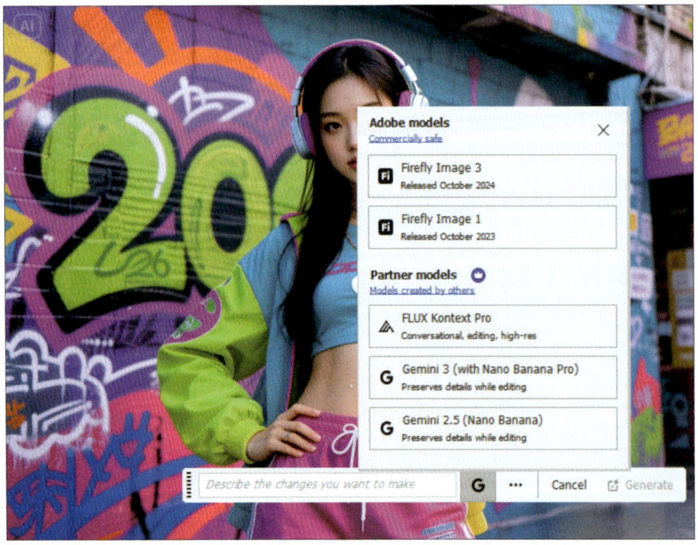

사용 목적에 따라 AI 모델 선택 가능 ▶ 113쪽 참고

❸ 이미지 해상도의 한계를 뛰어넘는 생성형 업스케일

포토샵 CC 2026의 생성형 업스케일(Generative Upscale) 기능은 단순한 이미지 확대를 넘어, 인공지능을 활용한 정교한 화질 복원 기술로 진화했습니다. 이 기능은 토파즈 기가픽셀(Topaz Gigapixel) 같은 외부 파트너 AI 모델의 알고리즘을 결합하여 작동합니다. 기존의 보간(interpolation) 방식이 단순히 픽셀 수를 늘려 이미지를 키우는 수준에 그쳤다면, 생성형 업스케일은 AI가 이미지의 맥락과 구조, 질감, 조명, 피사체의 형태적 특성을 분석, 예측하고 새롭게 생성해 냅니다. 새롭게 제공하는 Generative Upscale 대화상자에서는 업스케일 모델과 인물 이미지의 경우 인물 얼굴 재생, 스케일을 설정하여 이미지를 업스케일합니다. 이러한 기능을 이용하여 디자이너는 작은 이미지 소스만으로도 인쇄 가능한 수준의 비주얼을 만들어낼 수 있게 되었습니다.

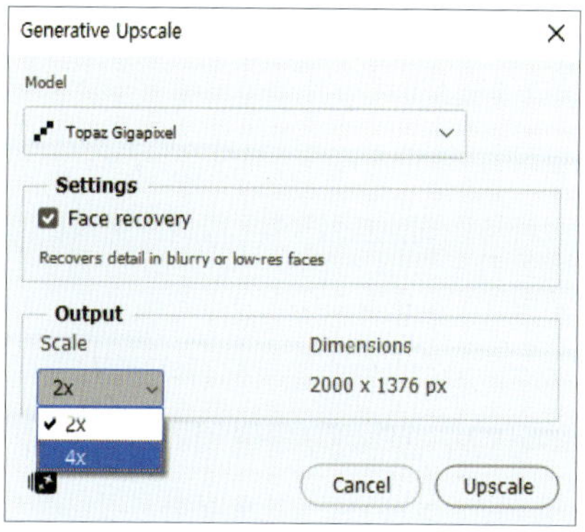

Generative Upscale 대화상자

예를 들어, 저해상도 인물 사진의 머리카락은 이전에는 확대 시 픽셀이 깨지고 경계가 흐려졌지만, 생성형 업스케일을 적용하면 AI가 실제 머리카락의 방향성과 질감을 학습한 데이터를 바탕으로 한 올 한 올의 결을 재구성합니다. 피부 표현 역시 단순히 선명해지는 수준을 넘어, 모공, 미세한 톤 그라데이션, 빛 반사까지 자연스럽게 복원되어 사실적인 질감을 되살립니다.

이 기술은 특히 제품 사진, 인물 보정, 인쇄용 대형 출력물 제작 등 고해상도 이미지가 필수적인 작업 환경에서 강력한 효용성을 발휘합니다. AI는 원본의 해상도 제약을 넘어서, 촬영 당시 존재하지 않았던 세부 요소까지도 시각적으로 자연스럽게 보완하여 결과물을 생성합니다. 따라서 단순한 업스케일링이 아닌, 'AI 기반 이미지 생성'에 가까운 프로세스로 이해할 수 있습니다.

원본 이미지

기존 이미지 크기 조정

이미지 업스케일 ▶ 26쪽 참고

❹ 나노 바나나의 지능형 문자 인식과 문자 디자인 활용

포토샵 CC 2026의 프롬프트 기반 문자 생성 기능은 단순한 텍스트 삽입을 넘어, 디자이너의 의도를 읽고 이미지의 분위기와 톤앤매너에 맞는 타이포그래피를 제안하는 수준까지 진화했습니다. 특히 이미지 분석 범위가 넓어져 색상 팔레트, 재질감, 빛의 방향과 명암 대비, 배치 구조, 시각적 무드 등 다양한 요소를 종합적으로 해석한 뒤, 텍스트가 어떤 방식으로 배치될 때 가장 자연스럽고 강력한 메시지가 전달되는지를 자동으로 판단합니다.

이 기능은 단순히 폰트를 추천하는 것이 아니라 글자의 형태적 특성, 음영 처리, 입체 깊이, 텍스처 표현, 하이라이트와 같은 세부적인 시각 효과까지 실시간으로 적용하며, 필요할 경우 주변 그래픽 요소를 AI가 직접 생성해 텍스트와 자연스럽게 통합시킵니다.

예를 들어 세탁세제 패키지 디자인에서 '강력한 세탁력'이라는 키워드를 입력하면, AI는 제품이 전달하고자 하는 핵심 가치인 강한 세정력, 청량한 이미지, 역동성을 중심으로 텍스트 스타일을 구성합니다. 굵고 안정감 있는 고딕 계열 폰트가 자동으로 적용되며, 물보라, 거품, 빛반사 같은 시각적 보조 요소를 합성해 세탁 과정의 활력을 시각적으로 강화합니다. 이런 디자인 구성은 패키지에 배치된 다른 요소들과 균형을 이루도록 자동 조율되므로, 전체 디자인의 완성도와 메시지 전달력이 크게 향상됩니다.

프롬프트만으로도 목업 이미지와 문자 디자인, 캐릭터 생성까지 콘셉트에 맞게 상업 디자인이 가능 ▶ 121쪽 참고

⑤ 피사체 선택과 배경 제거 기능 개선

포토샵 CC 2026은 Select Subject(피사체 선택) 및 Remove Background(배경 제거) 기능을 대폭 개선하여, 이미지 편집 과정의 핵심인 대상 분리와 합성 작업을 훨씬 더 직관적이고 정밀하게 수행할 수 있도록 진화했습니다. 이전 버전에서도 AI 기반의 피사체 인식이 지원되었지만, 이번 업데이트에서는 딥러닝 기반 비전 모델이 새롭게 적용되어 인물, 동물, 제품, 식물 등 다양한 피사체 유형을 더욱 정확하게 식별합니다.

한 번의 클릭만으로 작동하는 Select Subject 기능은 이미지 내의 주 피사체를 자동으로 감지하고, 복잡한 배경에서도 피사체의 윤곽선을 세밀하게 추출합니다. 특히 이번 버전에서는 머리카락이나 동물의 털처럼 미세한 디테일, 혹은 망사, 투명 소재, 물방울, 얇은 천 등 경계가 불명확한 영역까지도 자연스럽게 구분합니다. 또한 피사체 내부에 구멍이 뚫린 형태(예: 의자 틈, 팔과 몸 사이 공간)도 인식하여 불필요한 누락이나 잘림이 거의 없습니다.

Remove Background 기능 역시 한층 향상되어, 피사체를 선택한 후 단 한 번의 클릭으로 피사체를 제외한 모든 배경을 정교하게 제거합니다. 단순히 배경을 삭제하는 것이 아니라, AI가 장면의 조명 방향, 그림자 농도, 가장자리의 색 번짐(Fringing) 등을 분석해 자연스러운 경계 처리를 자동 보정합니다. 이로써 피사체를 새로운 배경에 합성할 때 생기기 쉬운 부자연스러운 테두리나 색상 잔여 현상이 현저히 줄어듭니다.

이 기능은 생성 채우기(Generative Fill), 조정(Adjustment), 이미지 합성 등과 같은 후속 작업에서 강력한 기반 역할을 합니다. 예를 들어, 사진에서 배경을 제거한 후 새로운 분위기의 촬영 환경을 생성형 AI로 바로 교체할 수 있으며, 인물 촬영 컷에서는 배경을 제거한 후 광고용 합성 이미지로 손쉽게 변환할 수 있습니다.

선택하기 어려운 인물이나 배경을 정교하게 선택하여 생성 또는 제거 ▶ **129쪽 참고**

❻ 이미지를 자연스럽게 합성하는 조화(Harmonize) 기능

AI 이미지 블렌더인 조화(Harmonize) 기능을 사용해 작업 속도를 높이고 개체, 제품, 인물을 모든 배경에 매끄럽게 합성할 수 있습니다. 이 기능은 생성 AI를 기반으로 하며, 피사체의 조명과 색상을 지능적으로 조정하고 장면에 연결되는 그림자 및 상황별 세부 정보를 추가하여 사실적인 합성을 만듭니다.

조화 기능은 합성 작업의 효율성과 자연스러움을 동시에 향상하는 혁신적인 도구입니다. 이 기능을 사용하면 서로 다른 배경 위에 개체, 제품, 인물 등을 빠르고 자연스럽게 합성할 수 있으며, 복잡한 마스크 조정이나 수동 보정 작업 없이도 매끄러운 결과를 얻을 수 있습니다.

생성형 AI 기술을 기반으로 작동하며, 피사체의 조명, 색상, 명암비를 자동으로 분석해 배경의 분위기와 일치하도록 지능적으로 보정합니다. 또한 AI가 장면의 빛 방향과 공간감을 인식해 자연스러운 그림자와 환경 반사, 상황별 세부 효과를 자동으로 추가함으로써, 합성된 이미지가 실제 촬영된 사진처럼 보이도록 만듭니다.

실내 인물 사진과 야외 배경을 합성할 경우 배경과 인물이 자연스럽게 합성되도록 자동 설정 ▶ 73쪽 참고

❼ 또 하나의 소스 이미지, 무료 어도비 스톡 제공

포토샵에서 무료 어도비 스톡 사진 통합 기능이 도입되었습니다. 이제 Libraries(라이브러리) 패널 외부에서도 포토샵에서 직접 무료 어도비 스톡 콘텐츠를 찾고 추가할 수 있습니다. 이 기능은 소스 없이 디자인 작업을 하는 사용자에게 유용하며, 어도비 스톡(Adobe Stock) 웹사이트를 방문할 필요 없이 시간을 절약하고 창작 흐름에 집중할 수 있도록 돕습니다.

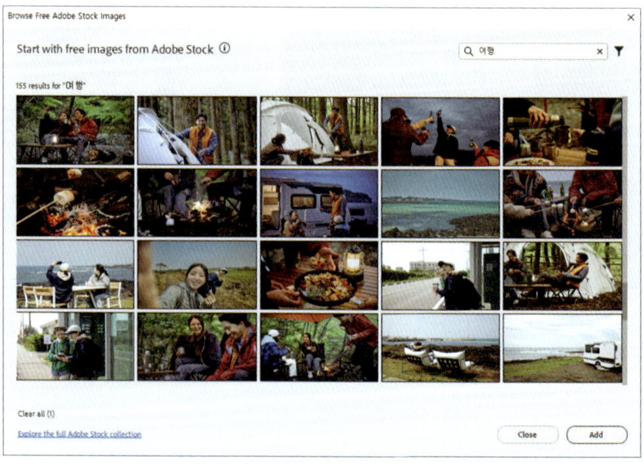

무료 어도비 스톡(Free Adobe Stock) 이미지

⑧ 문자의 재배치, 다이내믹 문자 기능

포토샵의 Dynamic Text 기능은 텍스트 상자의 크기를 조절할 때 텍스트가 자동으로 크기 조정과 재배치되어 박스 안에 항상 정확히 맞도록 돕는 혁신적인 기능입니다. 문자 도구로 텍스트 상자를 만들고 텍스트를 입력한 후, Tools 패널이나 옵션바에서 번개 모양의 'Dynamic Text' 아이콘을 클릭하여 활성화할 수 있습니다.

활성화된 Dynamic Text는 텍스트 상자 크기에 맞춰 글자 크기와 줄바꿈을 유동적으로 조정합니다. 텍스트 상자의 크기를 변경하면 각 줄의 글자 크기가 자동으로 조절되어 레이아웃을 유연하게 다룰 수 있습니다.

글줄이 서로 다른 문자를 자동으로 재배치 ▶ 202쪽 참고

⑨ 이미지를 빠르게 보정하는 Adjust Colors

포토샵 CC 2026에서는 Adjust Colors 기능이 추가되어 색상 보정이 훨씬 더 직관적이고 효율적으로 바뀌었습니다. 이 기능은 이미지의 주요 색상을 자동으로 분석하고 아이콘 형태로 시각화하여 제공합니다.

색상 아이콘을 클릭하는 것만으로 해당 색상의 채도, 밝기, 색조 등을 손쉽게 조정할 수 있습니다. 복잡한 과정 없이 마우스 클릭만으로 빠르고 정밀한 색상을 조정할 수 있어 작업 시간이 대폭 단축됩니다. 또한 직관적인 인터페이스 덕분에 색 보정에 익숙하지 않은 사용자도 쉽게 사용할 수 있습니다.

이미지를 구성하는 특정 부분의 컬러만 선택하여 보정 가능 ▶ 190쪽 참고

AI EASY 실습 작은 이미지를 크게 만드는 놀라운 AI 생성형 업스케일

포토샵에서 작은 이미지를 크게 확대하면 이미지가 뭉개지거나 흐릿해져 활용하기 어렵습니다. 그러나 포토샵 CC 2026에서는 AI 기능으로 이미지의 세부를 유지하면서 선명하게 확대할 수 있는 기능이 추가되어 원본에 가까운 품질로 이미지를 확대할 수 있습니다.

01 파일을 불러오기 위해 포토샵을 실행하고 ❶ 메뉴에서 [File] → Open(Ctrl+O)을 실행하거나 홈 화면에서 〈Open〉 버튼을 클릭합니다. ❷ 열기 대화상자가 표시되면 포토샵 → 01 폴더에서 '피규어1.png' 파일을 선택하고 ❸ 〈열기〉 버튼을 클릭합니다.

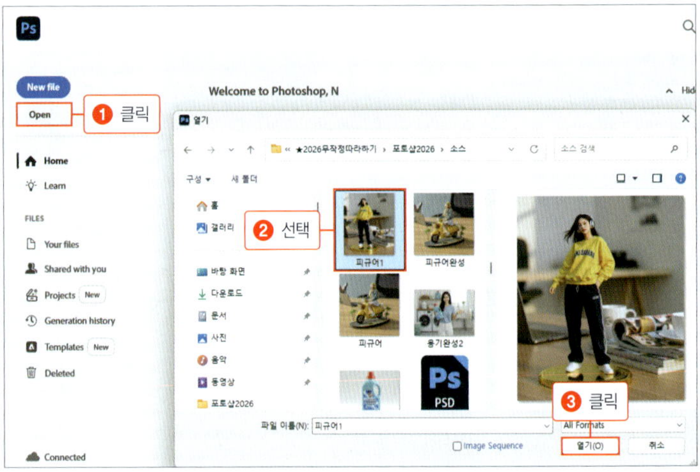

TIP

불러온 이미지 크기는 가로, 세로가 각각 500px, 590px로 작은 이미지입니다.

02 토파즈 기가픽셀 ❶ 이미지를 업스케일하기 위해 메뉴에서 [File] → Generative Upscale(Alt+Shift+Ctrl+U)을 실행합니다. Generative Upscale 대화상자가 표시되면 생성 모델을 선택합니다. 예제에서는 ❷ Partner models 모델인 'Topaz Gigapixel'을 선택합니다.

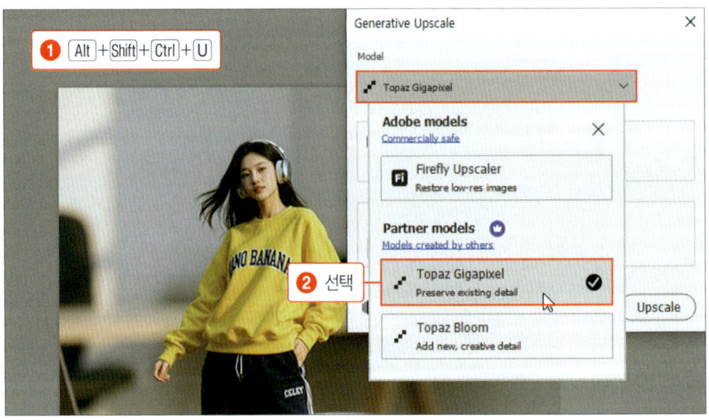

03 파트너 모델 사용에 대한 메시지가 표시됩니다. 파트너 모델은 어도비에서 제작한 것이 아니며, 프로젝트에 적합한 모델인지 판단하는 책임은 사용자에게 있습니다. 이미지나 데이터는 생성형 AI 모델 학습에 사용되지 않습니다. 내용을 확인한 다음 〈OK〉 버튼을 클릭합니다.

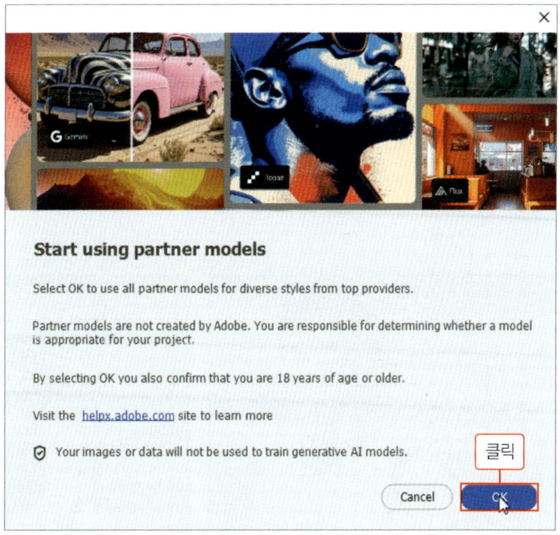

> **TIP ✦**
> 토파즈 기가픽셀(Topaz Gigapixel)은 저해상도 이미지나 픽셀이 뭉개져 사용하기 어려운 이미지를 확대하면서도 디테일을 살리고 흐릿함을 억제하는 데 특화되어 있습니다. 업스케일링과 노이즈 제거에 특히 강점을 가지므로, 나노 바나나와 파이어플라이 모델로는 해결하기 어려운 고해상도 이미지 생성과 재생성 작업에 매우 유용합니다.

04 Generative Upscale 대화상자에서 'Face recovery'를 체크 표시하면 흐릿하거나 저해상도의 얼굴 세부 정보를 복원합니다. ❶ Scale에서 '4x'를 선택하면 이미지 크기가 2000×2360px로 변경됩니다. ❷ 〈Upscale〉 버튼을 클릭합니다.

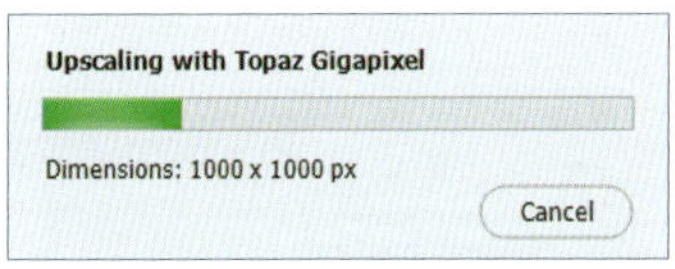

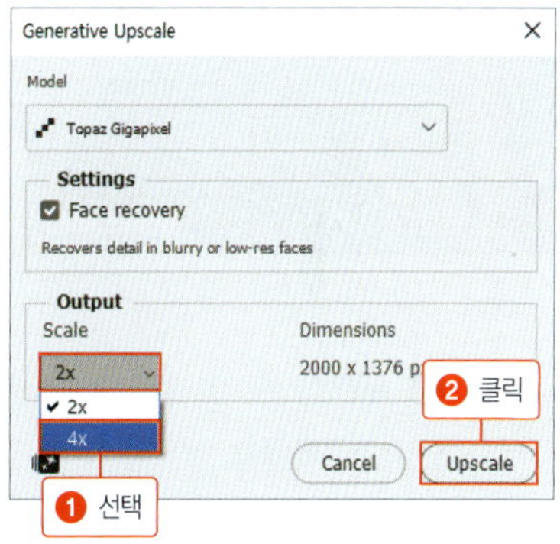

05 원본의 작은 이미지가 그림과 같이 확대됩니다. 이미지를 확인하면 4배 이상 확대되었어도 깨끗하게 생성된 것을 확인할 수 있습니다.

> **TIP ✦**
> 이미지를 업스케일하면 Layers 패널에 AI 모델로 생성된 레이어가 추가되므로, 일반 이미지 파일인 JPG 파일이나 PNG 파일로 저장하기 위해서는 [File] → Save a copy를 사용합니다.

AI EASY 실습 인물의 동일성을 유지하면서 변경하기

나노 바나나 모델을 이용하면 인물을 동일하게 유지하면서 얼굴 방향부터 배경, 의상 등을 변경할 수 있습니다. 예제에서는 서프보드를 든 남성의 얼굴을 정면 샷으로 변경하고, 서핑 슈트 의상과 스튜디오 배경으로 바꿔보겠습니다.

01 ❶ 포토샵 → 01 폴더에서 '측면.jpg' 파일을 불러옵니다. 정면 이미지로 변형하기 위해 메뉴에서 ❷ [Select] → All(Ctrl+A)을 실행하여 이미지 전체를 선택 영역으로 지정합니다.

TIP

나노 바나나를 사용하기 위해서는 먼저 이미지 생성을 위해 선택 영역을 지정해야 합니다. 선택 영역을 지정할 경우에는 부분적인 선택 영역보다 전체 영역을 지정해야 자연스러운 이미지 생성이 가능합니다.

특정 영역을 지정한 다음 나노 바나나로 이미지를 생성하면 영역의 경계 부분이 어색하게 생성

02 이미지를 생성하기 위해 Contextual Task Bar에서 〈Generative Fill〉 버튼을 클릭합니다.

03 G 나노 바나나 생성 모델을 나노 바나나로 사용하기 위해 ❶ 'Choose a model' 아이콘을 클릭하고 ❷ 'Gemini 3 (wiht Nano Banana Pro)'를 선택합니다.

TIP ✦

가장 마지막으로 선택한 생성형 AI 모델이 선택되어 있습니다. 나노 바나나가 선택되어 있는지 확인합니다.

04 Contextual Task Bar의 ❶ 프롬프트 입력창에 생성하려는 이미지를 묘사하는 프롬프트를 입력하고 ❷ 〈Generate〉 버튼을 클릭합니다.

| 프롬프트

인물을 유지한 상태에서 인물의 얼굴을 정면 샷으로 생성

05 인물과 배경은 그대로 유지된 상태에서 인물의 얼굴이 정면으로 변경되었습니다. ❶ 메뉴에서 [Select] → All(Ctrl+A)을 실행하여 이미지 전체를 선택 영역으로 지정한 다음 ❷ Contextual Task Bar의 〈Generative Fill〉 버튼을 클릭합니다.

06 이번에는 인물의 포즈와 배경을 변경하겠습니다. Contextual Task Bar의 ❶ 프롬프트 입력창에 생성하려는 이미지를 묘사하는 프롬프트를 입력하고 ❷ 〈Generate〉 버튼을 클릭합니다.

| 프롬프트

인물을 유지한 상태에서 노란색 서핑 슈트를 입고 포즈를 취한 모습, 스튜디오 배경

07 인물은 유지된 상태에서 의상은 서핑 슈트로, 배경은 스튜디오 배경으로 생성된 것을 확인할 수 있습니다.

TIP ✦

처음 생성된 이미지가 원하는 방향과 일치하지 않는 경우 AI는 주어진 프롬프트에 따라 이미지를 생성하기 때문에 프롬프트를 더 구체적이고 세밀하게 수정할 필요가 있습니다. AI가 제시하는 결과물이 완벽하지 않을 때, 그 한계를 이해하고 어떤 부분을 개선해야 하는지 또는 어떤 방향으로 프롬프트를 수정해야 할지 테스트해 보세요. 한 번의 시도로 완벽한 이미지를 얻기 어려울 수 있습니다. 다양한 프롬프트와 키워드를 조합하여 여러 번 시도하고, 결과물을 비교하여 프롬프트를 완성합니다.

• **실습파일** : 포토샵\01\도서실, 코디, 스케치.png • **완성파일** : 포토샵\01\포즈합성.png

AI EASY 실습 참조 이미지를 이용하여 포즈와 의상, 배경 바꾸기

프롬프트를 입력하여 이미지를 생성하는 것보다 참조 이미지를 이용하면 원하는 구도 또는 분위기의 이미지를 정확하게 생성할 수 있습니다. 예제에서는 도서실에 앉아있는 여성의 의상과 포즈, 배경을 참조 이미지를 이용하여 합성하는 방법을 알아보겠습니다.

01 ❶ 포토샵 → 01 폴더에서 '도서실.png' 파일을 불러옵니다. 도서실을 배경으로 의자에 앉아있는 인물이 표시됩니다. ❷ 인물의 의상을 변경하기 위해 '코디.png' 파일을 인물이 있는 이미지로 드래그합니다. ❸ 표시된 의상, 헤드폰, 장갑이 있는 이미지를 더블클릭합니다.

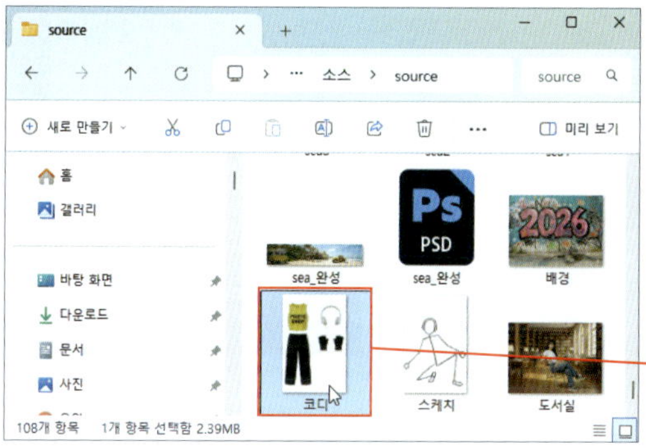

TIP

참조 이미지를 이용하여 이미지 합성을 위해서는 원본 이미지와 불러온 이미지 전체를 선택 영역으로 지정한 다음 Contextual Task Bar의 〈Generative Fill〉 버튼을 눌러 원하는 생성 프롬프트를 입력합니다. 나노 바나나 모델은 선택 영역으로 지정된 원본 이미지와 불러온 이미지를 소스로 이용하여 작성한 프롬프트에 맞게 이미지를 생성 및 수정하게 됩니다.

02 ❶ [Select] → All(Ctrl+A)을 실행하여 이미지 전체를 선택 영역으로 지정한 다음 ❷ Contextual Task Bar의 〈Generative Fill〉 버튼을 클릭합니다.

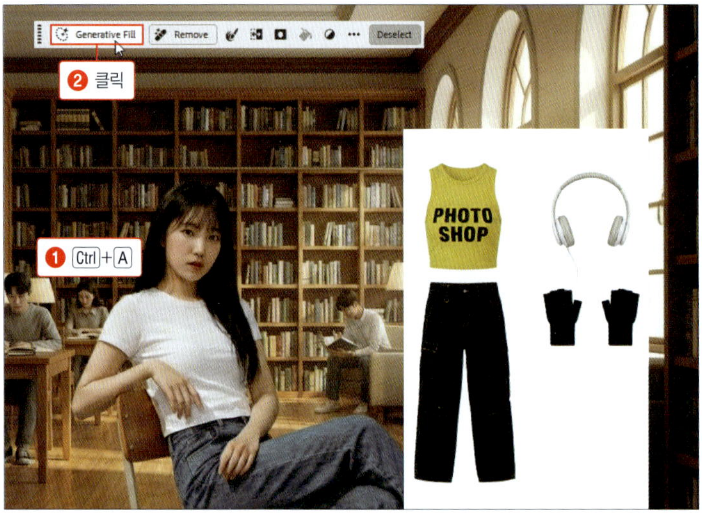

03 G 나노 바나나 생성 모델을 나노 바나나로 사용하기 위해 ❶ 'Choose a model' 아이콘을 클릭하고 ❷ 'Gemini 3 (with Nano Banana Pro)'를 선택합니다.

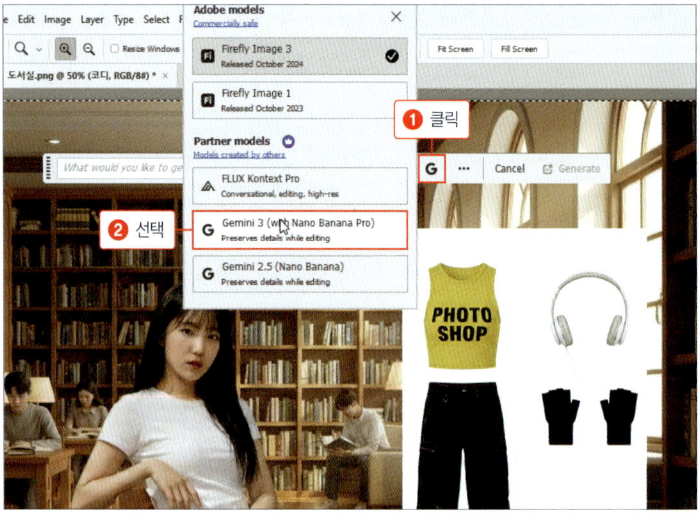

04 ❶ 프롬프트 입력창에 의상과 소품을 합성하는 프롬프트를 입력하고 ❷ 〈Generate〉 버튼을 클릭합니다.

| 프롬프트

인물에 추가한 의상과 헤드폰, 장갑을 착용해 줘

05 그림과 같이 캐주얼한 의상을 입은 인물이 참조 이미지의 의상과 헤드폰, 장갑을 낀 모습으로 변경되었습니다.

TIP ✦

배경과 인물의 포즈를 그대로 유지하면서 의상과 소품이 적용됩니다. 이러한 인물의 동일성 유지는 나노 바나나의 장점입니다.

06 ❶ 이어서 배경을 변경하기 위해 포토샵 → 01 폴더에서 '배경.png' 파일을 드래그합니다. ❷ 그림과 같이 낙서가 있는 벽면 이미지가 표시되면 벽면 이미지를 더블클릭합니다.

07 ❶ [Select] → All(Ctrl+A)을 실행하여 이미지 전체를 선택 영역으로 지정한 다음 ❷ Contextual Task Bar의 〈Generative Fill〉 버튼을 클릭합니다.

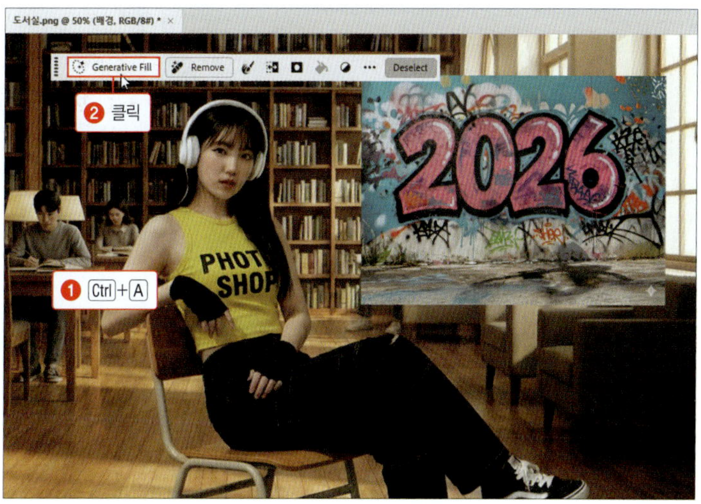

08 ❶ 프롬프트 입력창에 배경을 합성하는 프롬프트를 입력한 다음 ❷ 〈Generate〉 버튼을 클릭합니다. 그림과 같이 도서실 배경이 낙서가 있는 벽면으로 변경되었습니다.

| 프롬프트

인물의 배경을 추가한 낙서가 있는 벽면이 있는 거리 이미지로 변경해 줘

09 ❶ 포즈를 변경하기 위해 포토샵 → 01 폴더에서 '스케치.png' 파일을 드래그합니다. ❷ 그림과 같이 간략하게 그려진 포즈 이미지가 표시되면 스케치 이미지를 더블클릭합니다. ❸ (Select) → All(Ctrl+A)을 실행하여 이미지 전체를 선택 영역으로 지정한 다음 ❹ Contextual Task Bar의 〈Generative Fill〉 버튼을 클릭합니다.

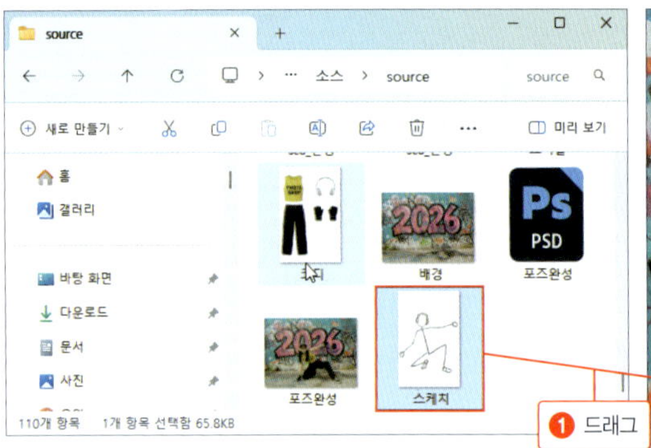

10 ❶ 프롬프트 입력창에 스케치 이미지를 합성하는 프롬프트를 입력한 다음 ❷ 〈Generate〉 버튼을 클릭합니다. 그림과 같이 의자에 앉아있는 인물의 포즈가 스케치 포즈와 동일하게 변경된 것을 확인할 수 있습니다.

| 프롬프트

인물의 포즈를 추가한 이미지의 포즈로 변경해 줘

EASY 실습 포토샵에서 제미나이 나노 바나나로 이미지 생성하기

포토샵 CC 2026에 새롭게 도입된 생성형 AI 모델인 제미나이 나노 바나나를 이용하여 정교한 캐릭터를 생성해 보겠습니다. 예제에서는 3D 캐릭터 이미지를 생성하고 원하는 부분을 선택 영역으로 지정하여 이미지를 수정합니다.

01 포토샵을 실행하고 〈New file〉 버튼을 클릭하거나 메뉴에서 [File] → New(Ctrl+N)를 실행합니다.

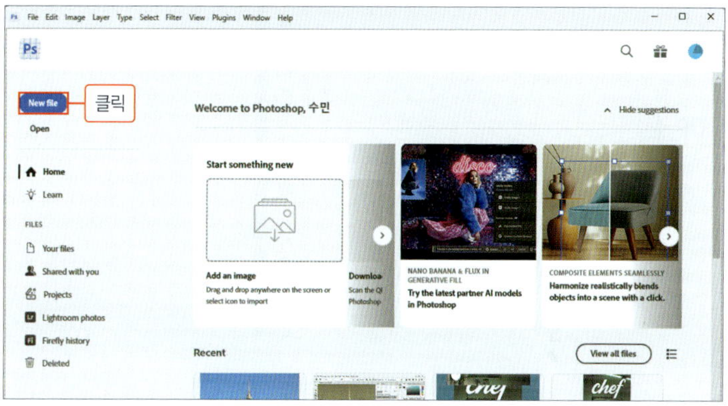

02 New Document 대화상자에서 ❶ [Photo] 탭을 선택하고 ❷ Width에 '900', Height에 '700, Resolution에 '72'를 입력한 다음 ❸ 〈Create〉 버튼을 클릭합니다.

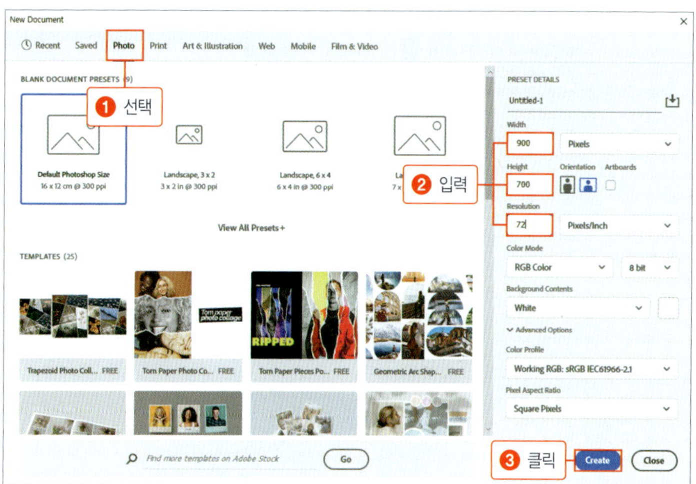

03 이미지를 생성하기 위해 먼저 메뉴에서 [Select] → All(Ctrl+A)을 실행하여 도큐먼트를 선택 영역으로 지정합니다.

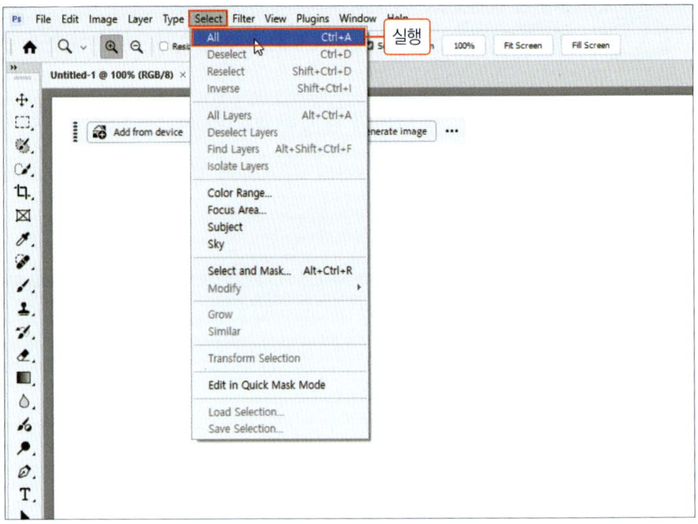

> **TIP ✦**
> 선택 영역이 지정된 상태에서 이미지 생성을 위한 Contextual Task Bar를 사용할 수 있습니다.

04 이미지를 생성하기 위해 Contextual Task Bar에서 〈Generative Fill〉 버튼을 클릭합니다.

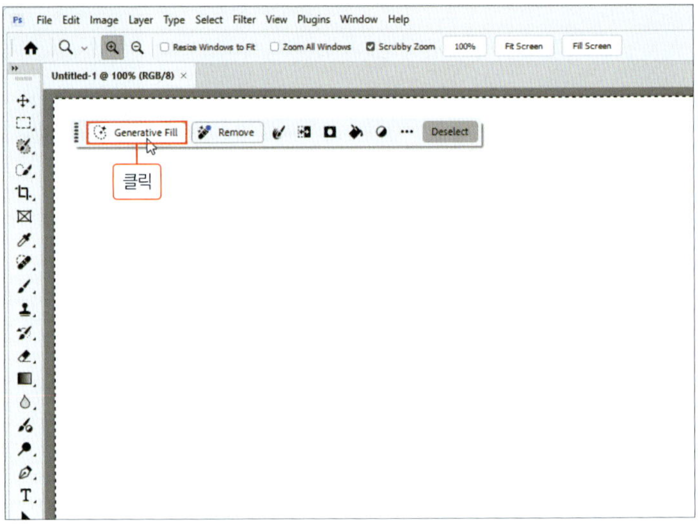

> **TIP ✦**
> 생성 모델로 이미지를 생성하거나 업스케일 시 1회당 10크레딧 이상 소모됩니다. 크레딧이 부족하면 생성이 불가해지므로 추가 크레딧을 구매하거나 요금제를 업그레이드하세요(47, 48쪽 참고).

05 G 나노 바나나 생성 모델을 나노 바나나로 사용하기 위해 ❶ 'Choose a model' 아이콘을 클릭한 다음 ❷ 'Gemini 3 (wiht Nano Banana Pro)'를 선택합니다.

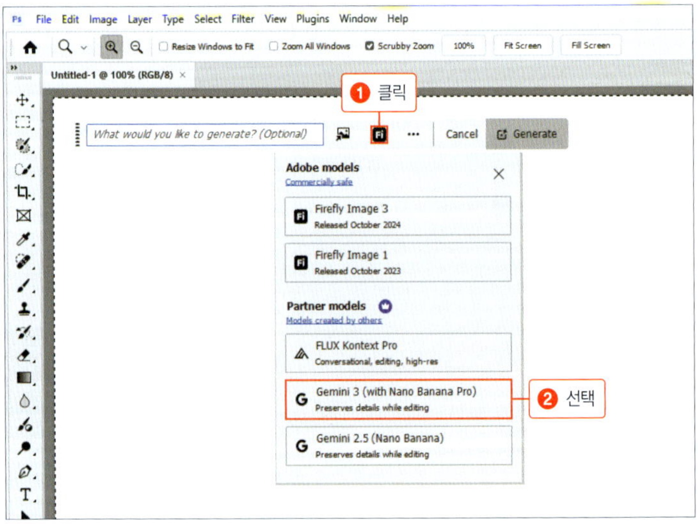

> **TIP ✦**
> 어도비의 'Firefly Image' 모델이나 'Gemini 3 (wiht Nano Banana Pro)' 모델을 선택할 수 있으며, 디테일한 이미지를 생성하기 위해서는 'Gemini 3 (wiht Nano Banana Pro)' 모델 선택을 권장합니다.

06 Contextual Task Bar의 ❶ 프롬프트 입력창에 생성하려는 이미지를 묘사하는 프롬프트를 입력하고 ❷ 〈Generate〉 버튼을 클릭합니다.

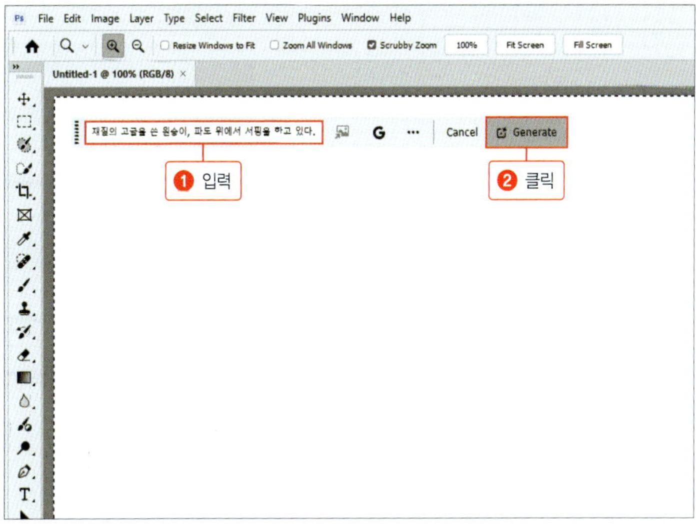

| 프롬프트

바나나 형태의 서프보드를 타고 있는 플라스틱 재질의 고글을 쓴 원숭이, 파도 위에서 서핑하고 있다.

07 바나나 서프보드로 파도를 타는 원숭이 캐릭터가 그림과 같이 캔버스 전체에 생성되었습니다.

TIP ✧

생성된 이미지가 마음에 들지 않는다면 Properties 패널의 〈Generative〉 버튼을 클릭하여 이미지를 다시 생성합니다.

08 이번에는 원숭이 캐릭터에 웻수트(래시가드)를 입히기 위해 먼저 의상을 적용할 부분을 영역으로 지정하겠습니다. ❶ 선택 브러시 도구()를 선택하고 옵션바에서 ❷ 브러시 크기를 '64px'로 설정합니다.

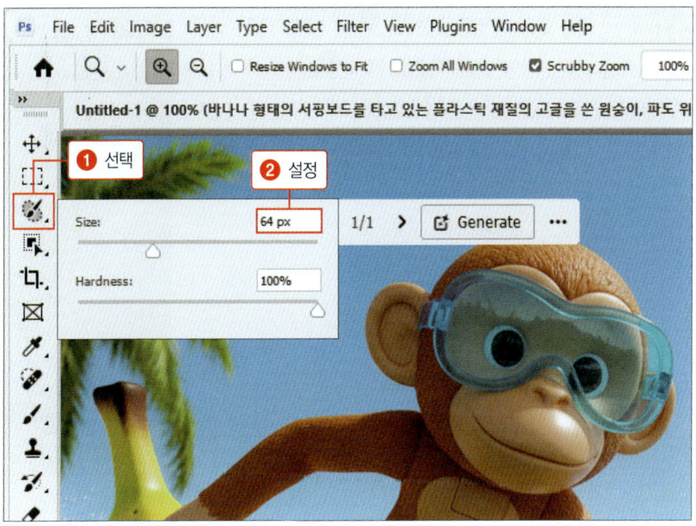

09 원숭이 캐릭터의 팔 부분을 드래그합니다. 그림과 같이 붉은색의 선택 영역이 표시됩니다.

TIP ✧
선택 영역을 잘못 드래그하였다면 화면 상단의 옵션바에서 〈Subtract〉를 클릭한 다음 잘못 지정한 영역을 드래그하여 지울 수 있습니다.

10 이어서 원숭이 캐릭터의 몸통과 팔, 다리 부분을 드래그하여 선택 영역으로 지정합니다.

TIP ✧
선택 영역을 지정할 때는 이미지 생성 시 자연스러운 합성 결과를 얻기 위해 선택 브러시 도구()를 이용하여 넉넉하게 지정합니다.

11 Contextual Task Bar의 ❶ 프롬프트 입력창에 다음의 프롬프트를 입력하고 ❷ 〈Generate〉 버튼을 클릭합니다. 노란색 웻수트(래시가드)를 입고 베이지색 무릎 보호대를 착용한 원숭이 캐릭터가 그림과 같이 생성되었습니다.

| 프롬프트

베이지색 무릎 보호대와 마크가 있는 노란색 웻수트(래시가드)

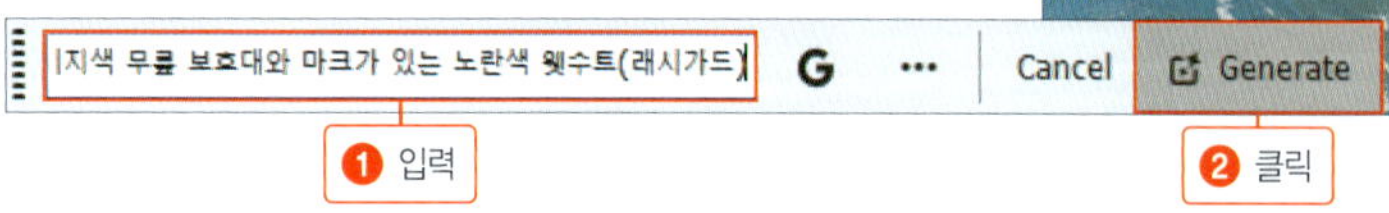

12 이번에는 하늘 배경에 추가 이미지를 생성하겠습니다. 먼저 ❶ 선택 브러시 도구(🖌)를 선택하고 옵션바에서 ❷ 브러시 크기를 '98px'로 설정한 다음 ❸ 하늘 배경 부분에 그림과 같이 드래그합니다.

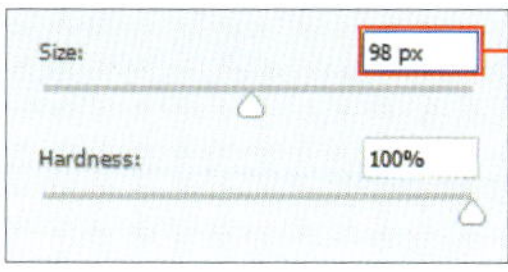

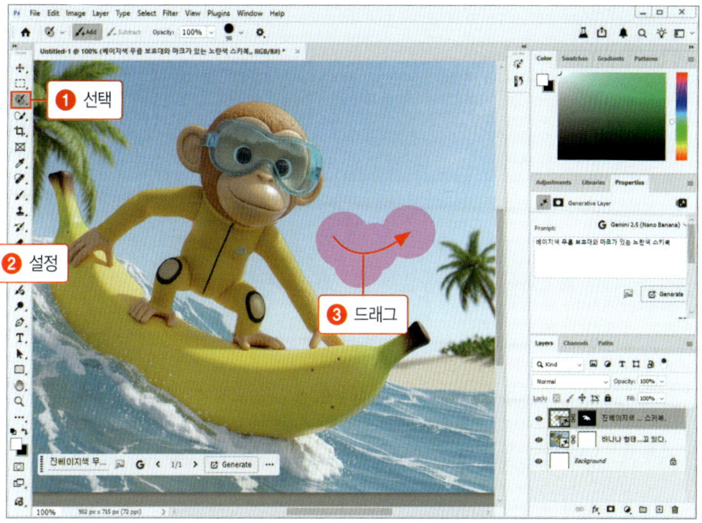

> **TIP ✦**
> 넓은 영역을 지정하려면 브러시 크기를 크게 조정하는 것이 효율적입니다.

13 ❶ 연속적으로 드래그하여 그림과 같이 이미지의 오른쪽 하늘 부분을 선택 영역으로 지정합니다. Properties 패널의 ❷ 프롬프트 입력창에 바나나 형태의 열기구를 생성하기 위한 프롬프트를 입력하고 ❸ <Generate> 버튼을 클릭합니다.

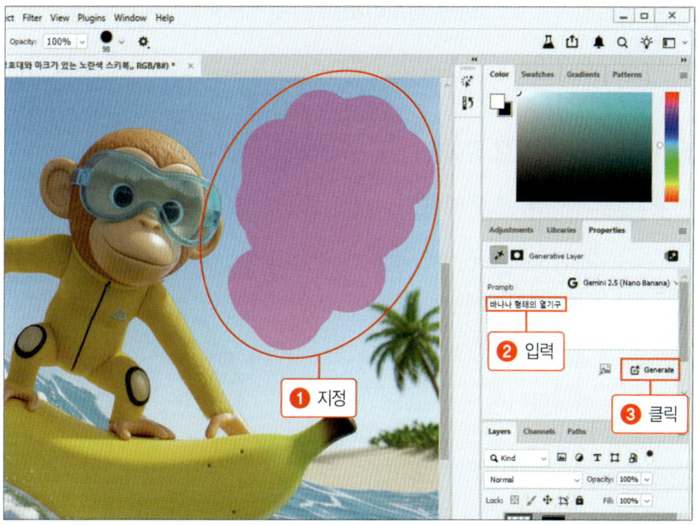

| 프롬프트

바나나 형태의 열기구

14 바나나 형태의 열기구가 하늘 배경에 생성된 것을 확인할 수 있습니다.

LESSON 02

포토샵과 나노 바나나 AI 사용 스킬

포토샵 CC 2026에서는 새로운 AI 생성형 파트너 모델 제공 등으로 AI의 역할이 더욱 강조되었습니다. 포토샵과 나노 바나나 AI와의 협업으로 원하는 작업 스킬을 알아보겠습니다.

❶ AI 협업을 위한 프롬프트 작성 11가지 원칙

포토샵 CC 2026의 프롬프트 기반 이미지 생성 기능을 효과적으로 활용하기 위해서는 생성형 프롬프트 입력 방법을 알아야 합니다. 특히 제미나이의 나노 바나나 모델 도입으로 효율적인 프롬프트 작성이 중요해졌습니다. 여기서는 꼭 알아야 할 포토샵 프롬프트 작성 방법 12가지에 대해 알아봅니다.

❶ 나노 바나나는 잘 알아듣는다. 구체적으로 묘사하라

프롬프트 작성의 기본 원칙, 즉 핵심 단어와 필요한 세부 사항을 간결하고 명확하게 작성하는 것은 AI가 모호한 추측 대신 명확한 지시를 받아 사용자의 의도를 정확히 구현하도록 돕습니다. 이처럼 명확한 조합의 프롬프트는 AI의 창의성을 제한하는 것이 아니라 오히려 원하는 결과물로 향하는 가장 효율적인 방법입니다. 제미나이의 정보 검색 능력과 나노 바나나의 이미지 구현력은 구체적인 정보를 입력할수록 사용자의 의도에 부합하는 결과물을 생성합니다.

| 프롬프트

갈색 머리 소녀가 오락실에서 인형 뽑기를 하는 전신 샷. 흰색 그래픽 티셔츠와 찢어진 청바지를 착용. 오락실에는 네온 퍼플 조명

기본 인물

디테일한 프롬프트로 구성한 인물

❷ 이미지 생성 총량의 법칙, 프롬프트 구조를 세워라

• 생성 총량 = 주 피사체 + 행동 + 배경 + 조명 + 스타일

이미지 생성 총량의 법칙에 따라 주요 피사체는 중심 시선을 끄는 인물이나 사물로 설정하고, 그가 수행하는 행동은 장면의 생동감을 결정하며, 배경은 이야기의 맥락을 보완하는 환경으로 구성됩니다. 조명은 전체 분위기와 감정선을 조절하고, 스타일은 작품의 시각적 완성도를 규정합니다. 이 다섯 가지 요소가 균형을 이루며 상호 작용할 때 프롬프트는 단순한 문장이 아니라 완전한 시각적 지시어로 진화합니다.

| 프롬프트

산악자전거를 타면서 결승점에 도착하여 두 팔을 높이 올려 환호하는 남성, 캐논 사진 스타일

산악자전거 + 남성

산악자전거 + 남성 + 결승선 + 환호 + 캐논 사진 스타일

❸ 이미지 구성을 풍부하게, 배경 및 전경을 구분하라

이미지 구성을 풍부하게 만들기 위해서는 배경과 전경의 요소를 명확히 구분하는 것이 중요합니다. 전경은 시선이 머무는 중심 영역으로, 주 피사체와 주요 행동이 드러나는 부분이기 때문에 가장 높은 명도와 세부 묘사가 집중됩니다. 반면, 배경은 장면의 전체 분위기와 맥락을 형성하며, 색조와 질감, 조명의 방향을 통해 공간의 깊이와 입체감을 강조합니다. 배경과 전경을 분리해 서술하면 시각적 초점이 명확해지고, 이미지의 깊이와 현실감이 한층 높아집니다.

| 프롬프트

전경에는 파란색 향수병과 열대 과일이 있는 테이블, 배경에는 야자수가 있는 해변가, 칵테일을 든 여성의 손

전경: 파란색 향수병과 열대 과일

배경: 칵테일을 든 여성의 손

❹ 인물의 표정부터 바뀐다. 분위기와 감정을 표현하라

프롬프트를 작성할 때 중요한 것은 장면 전체에서 느껴지는 분위기와 감정을 어떻게 전달하느냐입니다. 빛의 색감, 공간의 온도, 질감의 대비, 배경의 흐름은 모두 프롬프트에서 묘사하는 분위기와 감정의 방향에 따라 결정됩니다. 장면의 세부 묘사뿐 아니라, 그 속에 스며든 감정의 결을 언어로 정리하는 것이 프롬프트 작성의 핵심입니다. 좋은 프롬프트는 시각적인 정보와 정서적인 느낌이 조화를 이루는 문장입니다.

| 프롬프트

두 여성이 음료수를 마시고 있다.
밝고 즐거운 분위기, 행복한 감정

밝고 즐거운 감정

어둡고 우울한 감정

❺ 서정적인 온도, 조명과 색감을 설정하라

이미지를 설계할 때 조명과 색감은 장면의 인상과 감정을 결정짓는 핵심 요소입니다. 프롬프트에 조명과 색감을 구체적으로 설정하면 이미지의 분위기와 질감이 더욱 명확하게 표현됩니다. 예를 들어 '따뜻한 조명'은 포근함과 안정감을 전달하며, '차가운 파란색 톤'은 고요하거나 긴장된 감정을 불러일으킵니다. 따라서 프롬프트를 작성할 때는 단순히 '밝다', '어둡다'로 표현하기보다, 빛의 질감과 색조, 그리고 그것이 만들어내는 정서적 온도를 구체적으로 서술하는 것이 좋습니다.

| 프롬프트

낙서가 있는 벽면을 배경으로 남녀 학생이 걷고 있는 장면, 생기 넘치는 색감, 전신 샷

생기 넘치는 색감

차가운 파란색 톤의 색감

❻ 의외로 중요한 순서의 힘, 핵심 프롬프트를 먼저 위치시켜라

AI 이미지 프롬프트에서 '단어 순서'는 결과물을 결정하는 핵심 문법과 같습니다. AI는 프롬프트를 순차적으로 처리하기 때문에 가장 앞에 오는 단어를 이미지의 핵심 주제로 인식하여 기본 뼈대를 만듭니다. 그 뒤를 따라오는 단어들은 이미 만들어진 뼈대를 바탕으로 세부 사항을 수정하고 디테일을 더하는 역할을 합니다. 어떤 단어를 앞에 배치하느냐에 따라 AI가 판단하는 우선순위가 결정되며, 이는 최종 이미지에 큰 차이를 만들어냅니다.

| 프롬프트

활짝 핀 해바라기 밑에서 뛰어노는 아이들

활짝 핀 해바라기 밑에서 뛰어노는 아이들

즐겁게 노는 아이들, 해바라기밭

❼ 평범한 이미지도 특별하게, 구도를 설정하라

이미지를 구성할 때 구도는 장면의 몰입감과 전달력을 결정하는 중요한 요소입니다. 프롬프트를 작성할 때, 원하는 장면을 어느 시점에서 바라보는지를 명확히 설정하면 이미지의 공간감과 초점이 뚜렷해집니다. 예를 들어, '탑 뷰(위에서 본 시점)'는 전체 구조를 한눈에 조망하는 느낌을 주며, '와이드 앵글(광각)'은 장면의 스케일과 개방감을 강조합니다. 이러한 구도 요소를 명시하는 것만으로도 AI는 장면의 공간적 균형과 원근감을 훨씬 정교하게 표현할 수 있습니다.

| 프롬프트

해변의 나무 사이에 걸어 놓은 해먹에 누워 있는 남성. 옆에 개가 앉아 있는 장면. 탑 뷰

측면 뷰

탑 뷰

❽ 눈높이에 따라 보이는 것이 다르다. 시점을 설정하라

더 세밀한 시점을 표현하고 싶다면 카메라의 각도를 구체적으로 묘사하는 것이 좋습니다. '높은 각도에서 내려다본 도시 거리'는 관찰자의 시선을 상징하며, '눈높이에서 본 풍경'은 현실적인 몰입감과 안정된 구도를 제공합니다. 반대로 '낮은 각도에서 올려다본 건축물'은 웅장함과 위압감을, '사선 시점에서 바라본 인물'은 긴장감과 움직임을 전달할 수 있습니다.

| 프롬프트

해변가에서 꽃무늬 원피스를 입고 두팔을 벌려 춤을 추는 여성, 정면 샷

정면 샷

드론 샷

로우 샷

❾ 예술과 스타일을 원한다면, 스타일과 장르를 선택하라

이미지를 생성할 때 원하는 결과물을 명확히 얻고자 한다면 스타일과 장르를 구체적으로 선택하는 것이 중요합니다. 프롬프트에 스타일을 명시하면 AI가 표현의 방향과 시각적 언어를 더 정확하게 해석하기에, 명확한 장르와 미학적 기준을 제시할수록 이미지의 완성도와 통일성이 높아집니다. 예술적 표현을 원한다면 수채화나 유화 스타일을, 현실적인 묘사를 원한다면 사진풍이나 하이퍼리얼리즘과 같이 장르의 방향을 설정하세요.

| 프롬프트

바람 부는 해변에서 원피스를 입고 음료수를 마시는 여성, 전신 샷, 고흐풍 스타일

원본 이미지

고흐풍 스타일

지브리풍 스타일

⑩ 프롬프트로 작성하기 어렵다면, 참조 이미지를 추가하라

생성하고자 하는 이미지에 대해 언어로 아무리 세밀하게 묘사하더라도, 때로는 하나의 참조 이미지가 수백 단어의 설명보다 더 강력하고 명확한 지시가 될 수 있습니다. 이는 AI가 텍스트 프롬프트만으로 파악하기 어려운 미묘한 질감, 복잡한 구도, 등을 직접적인 시각 정보로 전달할 수 있도록 하기 때문입니다. AI 이미지 생성 시 참조 이미지를 프롬프트에 직접 첨부하는 것은 사용자의 의도를 가장 효율적이고 정확하게 전달하는 방법입니다.

| 프롬프트

배경 이미지를 유지한 상태로, 비보이 소년 대신에 길거리 밴드가 연주하는 장면 생성

비보이 소년(참조 이미지)

배경을 유지하면서 길거리 밴드 연주

⑪ 디테일에 숨어 있는 요소, 부정의 키워드를 넣어라

프롬프트를 작성할 때는 원하는 요소를 추가하는 것만큼 불필요한 요소를 명확히 배제하는 것도 중요합니다. 이때 '없이(without)'와 같은 부정어를 사용하면 장면의 초점을 선명하게 유지할 수 있습니다. 예를 들어 '사람 없이' 또는 '동물 없이', '헬멧 제거'라고 명시하면 불필요한 피사체가 등장하지 않아 핵심 주제에 시선이 집중됩니다. 이러한 방식은 이미지의 복잡도를 줄이고, 시각적 명확성을 높이는 데 매우 효과적입니다.

| 프롬프트

야구장에서 포수가 글로브를 끼고, 타자를 보고 있다. 측면 모습, 포수 헬멧 제거

포수 헬멧 착용

포수 헬멧 제거

LESSON 03

AI 사용의 필수 요건, 크레딧 관리하기

포토샵에서 AI 기능을 이용하면 구독 비용 이외에 AI 사용을 위한 크레딧 관리가 필요합니다. 여기서는 AI 생성을 위한 크레딧 확인과 추가 크레딧 결제 방법에 대해 알아봅니다.

EASY 실습 AI 생성을 위한 크레딧 확인하기

크레딧이란 포토샵에서 AI 기능인 생성형 채우기(Generative Fill), 생성형 확장(Generative Expand), 텍스트를 이미지로 등 AI 기능을 사용할 때마다 차감되는 '이용권'입니다. Creative Cloud 구독 플랜에 매월 일정량이 포함되어 제공됩니다.

01 윈도우에서 시작 버튼을 누르고 Adobe Creative Cloud를 실행합니다. Creative Cloud Desktop에서 오른쪽 위의 '계정' 아이콘(◐)을 클릭합니다.

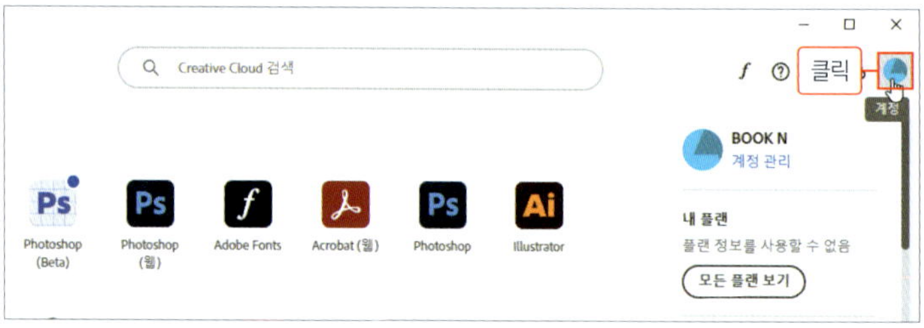

02 계정 메뉴가 표시되면 현재 구독하는 앱의 크레딧 잔여 조회를 위해 '생성형 AI 잔여 조회'를 클릭합니다.

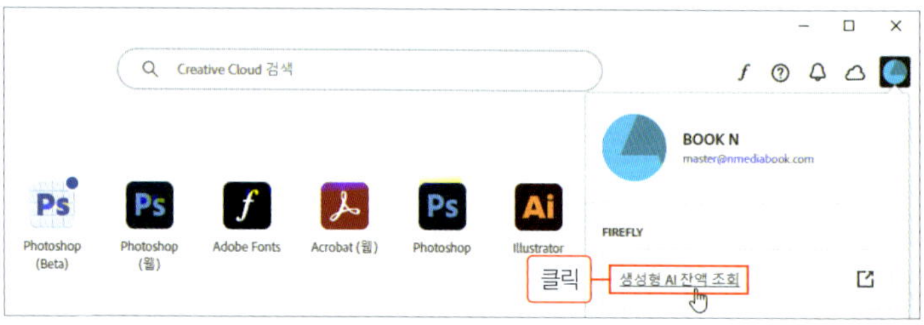

03 Adobe 계정 웹사이트가 표시되고 생성형 AI 항목에 표준 기능과 프리미어 기능으로 나뉘어 잔여 크레딧이 나타납니다.

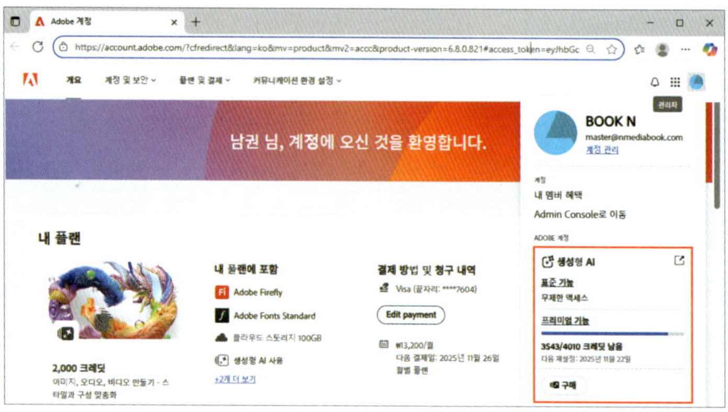

TIP 표준 기능은 파이어플라이 모델을 사용한 생성형 채우기와 같은 대부분의 표준 생성형 AI 기능이며, 프리미엄 기능은 파트너 모델에서 사용되는 크레딧을 의미합니다.

EASY 실습 추가 크레딧 결제하기

플랜 구독 기간 중, 크레딧을 전부 사용하여 AI 기능을 사용하지 못할 경우 추가 크레딧을 결제하여 사용할 수 있습니다. 추가 크레딧 결제 방법에 대해 알아보겠습니다.

01 AI 이미지 생성 중 해당 메시지가 표시되면 크레딧이 소진된 것이므로, 추가 결제가 필요합니다. 결제를 진행하려면 〈Upgrade〉 버튼을 클릭합니다.

TIP 추가 크레딧 플랜은 '필요할 때' 구매 형태로 사용자가 수동으로 추가해야 합니다. 단, 크레딧은 이월되지 않고 매월 정해진 리셋 날짜에 초기화되는 점을 기억하세요!

02 파이어플라이 크레딧을 추가 구매하는 화면이 표시됩니다. 원하는 플랜의 크레딧을 확인한 다음 〈Buy credits〉 버튼을 클릭합니다.

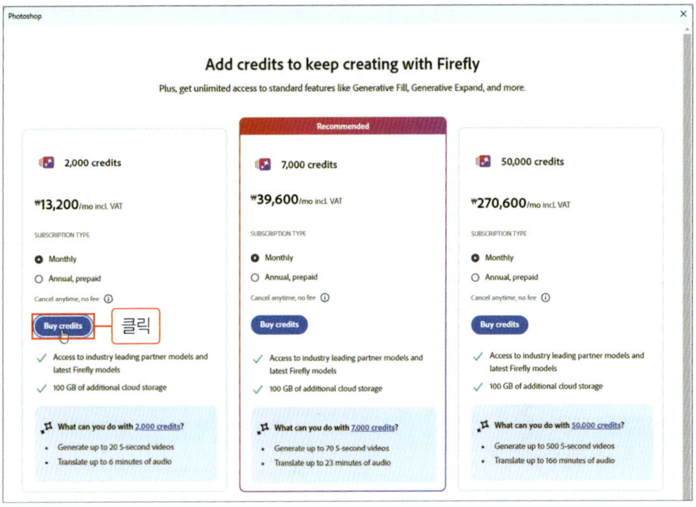

TIP 예제에서는 추가 2,000크레딧을 결제하기 위해 2,000 credits 구독 옵션을 선택하였습니다. 생성형 모델에 따른 크레딧 소모량은 48쪽 팁에서 확인할 수 있습니다.

03 ❶ 결제 화면이 표시되면 결제 카드와 카트에 저장된 플랜의 크레딧을 확인하고 〈Agree and subscribe〉 버튼을 클릭합니다. ❷ 결제가 완료되었다는 메시지가 나타나면 〈Get Started〉 버튼을 클릭하여 AI 기능을 이용해서 이미지 생성이나 편집 작업을 할 수 있습니다.

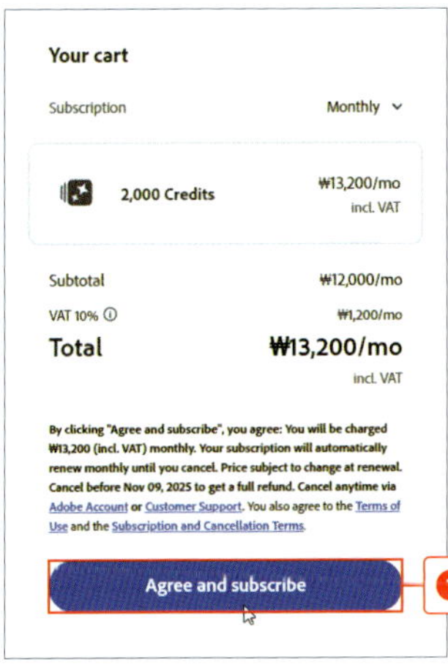

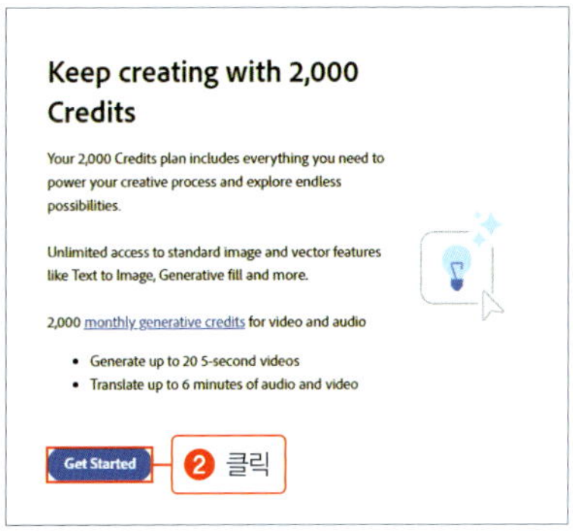

PS Special Page AI 생성 시 추가 크레딧 비용 아끼는 방법

AI 생성형 이미지 작업에서 크레딧을 아끼는 가장 효율적인 방법은 포토샵, 파이어플라이, 나노 바나나(제미나이), 그리고 각 플랫폼 크레딧 정책의 차이를 잘 활용하는 것입니다.

크레딧 절약 기본 전략

포토샵 구독자라면, 부분적인 이미지 보정, 수정, 리터치 등은 어도비 파이어플라이를 먼저 활용합니다. 파이어플라이는 구독자에게 일정량의 무료 크레딧이 제공되고, 크레딧이 없어도 표준 해상도에서 기본 AI 작업은 계속 가능합니다. 다만 고해상도 이미지는 크레딧 소진 시 제한이 생길 수 있습니다.

크레딧이 소진된 경우 업그레이드 화면

대형 생성형, 고품질 이미지는 나노 바나나(구글 제미나이 기반)의 무제한 무료 혜택 플랫폼(예 Gemini/Google AI, 평가/신규가입 보너스 등)을 활용해 설계 초안이나 저해상도 아이디어 스케치를 먼저 만듭니다. 나노 바나나는 복잡한 디자인이나 세부 지시사항에 좀 더 적합하고, 프로토타이핑 단계에서 크레딧 효율성이 높습니다.

실전 활용법: 조합 사용법

- **단계 1** 제미나이와 나노 바나나를 이용해 콘셉트 이미지, 초안, 다양한 버전을 빠르게 여러 장 생성합니다. 이때 무료평가 혜택이나 이벤트 크레딧을 우선적으로 소진합니다.
- **단계 2** 초안 중 최적의 이미지를 선정해서 포토샵으로 불러옵니다.
- **단계 3** 포토샵 내 파이어 플라이 기능(생성형 채우기, 내용 확장 등)를 활용해 마지막 디테일 보정 및 리얼리즘 강화 작업을 합니다. 이때 불필요한 반복 생성을 줄이고, 반드시 필요한 부분만 생성형 채우기를 적용해야 크레딧 소모를 최소화할 수 있습니다.

TIP ✦ 플랜별 크레딧 제공량과 비용

크리에이티브 클라우드(Creative Cloud) 플랜에 따라 매달 제공되는 생성 크레딧의 양이 다릅니다(2025년 12월 기준, 주요 플랜별 월별 제공량은 표 참조).

플랜 이름	월별 제공 크레딧	연간 약정 가격	월간 약정 가격
Firefly Standard	2,000개	월 11,000원	월 13,200원
Firefly Pro	4,000개	월 22,000원	월 26,400원
Firefly Premium	50,000개	월 229,900원	월 270,600원

포토샵 CC 2026부터는 사용하는 AI 모델에 따라 차감되는 크레딧이 다릅니다. 표준 어도비 파이어플라이 모델은 1회 생성 시 1크레딧 소모됩니다. 다만, **프리미엄 파트너 모델인 제미나이 나노 바나나, 플럭스 등은 1회 생성 시 10크레딧 소모**됩니다. 파트너 모델에 대한 더욱 자세한 내용은 어도비 공식 홈페이지 도움말 센터(helpx.adobe.com/kr/firefly/web/get-started/learn-the-basics/non-adobe-models-in-adobe-products.html)에서 확인할 수 있습니다.

PS Special Page 포토샵 구독 비용을 줄이는 방법

포토샵 구독 비용을 줄이는 방법은 크게 일반 사용자, 학생/교사, 그리고 프로그램별 묶음 선택 방식으로 나눌 수 있습니다. 아래에서 각 방법과 실질적인 절약 전략을 소개합니다.

일반 사용자 구독 비용 절약법

- **포토그래피 플랜 선택** : 포토샵만 필요하다면 포토샵 단독보다는 포토그래피 플랜(포토샵+라이트룸)을 추천합니다. 단독 플랜은 월 24,000원, 포토그래피 플랜은 월 11,000원으로 절반 가까이 저렴합니다.
- **필요 프로그램만 개별 구독** : 포토샵, 일러스트레이터, 프리미어프로 등 필요한 앱만 별도로 구독하면 '모든 앱 플랜'(월 61,600원)보다 저렴합니다. 예를 들어, 포토그래피 플랜(11,000원)+일러스트레이터(24,000원)로 결합 시 총 35,000원이므로 26,600원 절약됩니다.
- **연간 플랜 가입** : 월별 결제보다 연간 플랜을 선택하면 30~35%가량 절약됩니다. 예를 들어, 포토샵 단일 앱 월 구독(46,200원) 대신 연간 매월 청구(30,800원) 혹은 연간 선납(365,400원)이 더 저렴합니다.
- **공동 구매 플랫폼 활용** : 검증된 공동 구매 플랫폼(예 커뮤니티, 할인사이트)에서 구독권을 구입하면 추가 할인 혜택을 받을 수 있습니다.

학생 · 교사 할인 플랜

- **학생/교사 플랜** : 학생 또는 교사의 경우 크리에이티브 클라우드 모든 앱을 첫 해 약 65~70% 할인된 가격(월 23,100~26,400원)으로 이용할 수 있습니다. 포토샵, 일러스트레이터, 프리미어 등 20개 이상 앱을 모두 쓸 수 있습니다. 2년차부터는 정상 할인가(약 월 47,300원)로 자동 청구됩니다.
- **자격 조건** 만 13세 이상, 교육 기관 재학 또는 재직자, 학생증/재학증명/학교 이메일 등 제출 필요. 지인 관계도 인증 가능하다는 사례가 있습니다.
- **신청 방법** Adobe 공식 사이트 또는 전화 문의(080-500-4019).

디자인 패키지 및 기타 할인법

- **디자인 패키지(모든 앱 플랜)** : Photoshop, Illustrator, Premiere, After Effects 등 Adobe의 주요 앱이 포함된 플랜으로, 여러 프로그램을 동시에 활용할 경우 모든 앱 플랜(월 61,600원 또는 약 월 78,100원)이 개별 구독 합계보다 나을 수 있습니다.
- **캐시백/경유 사이트 활용** : 샵백(www.shopback.co.kr) 같은 경유 사이트를 통하면 일부 캐시백을 받아 실질적인 구독 비용을 더 절감할 수 있습니다.

구독 방식	월 비용	특징
포토그래피 플랜	11,000원	포토샵+라이트룸, 사진 작업자 추천
포토샵 단독 플랜	24,000~46,200원	포토샵만 필요할 때 사용, 연간 플랜이 더 저렴
모든 앱 플랜(일반)	61,600~78,100원	Adobe 주요 앱 20종 이상 포함, 다수 앱 필요 시
학생 · 교사 모든 앱 플랜	23,100~26,400원	Creative Cloud 전체앱, 첫 해 약 65~70% 할인

Part 02

체크! 포토샵 CC 2026 기본 도구와 패널

| Adobe Firefly | Topaz Gigapixel   〈 20/26 〉

AI   Interface   Tools

PHOTOSHOP
&ILLUSTRATOR CC 2026

CC/26
PHOTOSHOP
Gemini / Nano Banana

LESSON 04

기본 작업을 위한 준비!

❶ 편리한 AI 기능 사용을 위한 사용자 정의 패널 구성하기

작업 공간이 한정된 경우, 사용자는 작업 목적이나 취향에 따라 패널을 이동하거나 묶어 효율적으로 화면을 구성할 수 있습니다.

Properties 패널은 다양한 옵션을 제공하며, AI 기능이 추가되면서 프롬프트 입력창과 생성 이미지 미리 보기 창이 함께 표시됩니다. 따라서 이 패널을 넓게 활용하려면 사이드 패널로 이동해 사용하는 것이 편리합니다. 또한 이미지를 생성하는 Contextual Task Bar를 원하는 위치에 고정할 수 있으며, 생성된 이미지를 선택할 수 있는 Properties 패널을 이동하거나 사이드 패널에 묶어 그룹으로 구성할 수도 있습니다.

포토샵에서 ❶ Contextual Task Bar를 화면 왼쪽 상단으로 위치한 다음 ❷ 'Option' 아이콘(…)을 클릭하고 ❸ 'Pin bar position'을 선택합니다. Contextual Task Bar가 화면에 고정되어 표시됩니다.

❹ 사이드 패널 아이콘 그룹에 그림과 같이 Properties 패널을 드래그하여 아이콘을 배치합니다. ❺ 패널 아이콘을 클릭하면 해당 패널이 펼쳐지면서 표시됩니다.

❷ 포토샵 작업 화면 어떻게 생겼을까?

포토샵 CC 2026을 실행하면 그래픽 작업을 할 수 있는 작업 영역과 각종 도구, 이미지를 생성할 수 있는 Contextual Task Bar, 다양한 메뉴 화면을 볼 수 있습니다. 효율적인 그래픽 작업을 위해 포토샵 작업 화면의 기본 구성과 기능에 대해 알아봅니다.

❶ **메뉴 표시줄** : 포토샵 기능들이 메뉴로 묶여 있습니다.

❷ **홈 화면** : 파일을 열거나 새로운 파일을 만들고, 라이트룸을 실행할 수 있는 화면이 표시됩니다.

❸ **옵션바** : 선택한 도구를 좀 더 세밀하게 조절할 수 있는 옵션이 표시됩니다.

❹ **파일 이름 탭** : 작업 이미지 이름과 화면 확대 비율, 색상 모드가 표시되며 다른 이미지로 전환하기 편리합니다.

❺ **캔버스** : 이미지 작업을 하는 공간입니다. 이미지를 불러왔을 때 이미지 전체가 캔버스입니다.

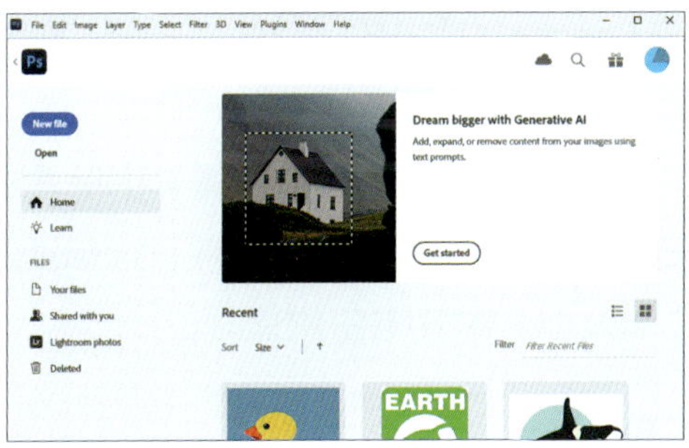

포토샵 홈 화면

❻ **Tools 패널** : 주요 기능들을 모아 아이콘 형식으로 만든 도구모음입니다.

❼ **Contextual Task Bar** : 이미지 생성을 위한 프롬프트 입력창부터 이미지 제거, 선택 영역 편집까지 다양한 도구를 제공합니다. Properties 패널의 입력창에 생성하려는 이미지의 단어나 문장을 입력하여 생성할 수 있습니다.

❽ **상태 표시줄** : 화면 비율을 설정할 수 있고, 작업 중인 이미지 정보를 확인할 수 있습니다.

❾ **패널** : 작업에 필요한 옵션이 팔레트 형태로 표시됩니다. [Window] 메뉴에서 패널을 선택하여 표시할 수 있습니다.

❸ 만능 이미지 생성형 명령 도구, Contextual Task Bar

포토샵 CC 2026의 Contextual Task Bar는 더욱 정교한 이미지 생성을 지원하며, 이미지 생성은 물론 영역 채우기나 도구 선택 등 작업 상황에 따라 다양한 편집 기능을 제공합니다.

❶ **Contextual Task Bar** : 이미지 생성을 위한 프롬프트 입력창부터 이미지 제거, 선택 영역 편집까지 다양한 도구를 제공합니다.

❷ **Choose a model** : 생성형 AI 모델을 선택합니다. 포토샵 CC 2026에서는 파이어플라이 뿐만 아니라 제미나이(나노 바나나) 모델을 선택할 수 있습니다.

❸ **프롬프트 입력창** : 생성할 이미지를 묘사하는 프롬프트를 텍스트로 입력합니다.

❹ **'Generate image' 아이콘( )** : Generate image 대화상자를 표시하며, 여기에서 프롬프트 입력이나 생성할 이미지 타입, 스타일 등을 설정합니다.

TIP

나노 바나나 AI 모델은 기존 이미지 생성 인공지능의 한계를 뛰어넘은 혁신적인 기술로 주목받고 있습니다. 특히 여러 차례 명령을 수정하거나 추가하더라도, 이미지 속 인물과 전체적인 스타일의 일관성을 놀라울 만큼 정밀하게 유지하는 점이 가장 큰 특징입니다. 예를 들어, 사용자가 동일한 인물의 옷 색상을 변경하거나 배경을 바꾸는 등 반복적인 편집을 하더라도, 인물의 얼굴 형태나 표정, 헤어스타일 등 핵심 시각 요소는 거의 변형되지 않습니다.

새 캔버스를 만들었을 경우 Contextual Task Bar

❶ **Add from device** : 포토샵으로 사진이나 이미지 파일을 직접 가져올 수 있습니다.

❷ **Add free stock device** : 포토샵에서 어도비 스톡(Adobe Stock)의 방대한 무료 이미지 컬렉션을 바로 검색하고 활용할 수 있습니다.

❸ **Generate image**: 이미지를 생성하기 위해 Generate image 대화상자가 표시되며, 여기에서 이미지 스타일이나 참조 이미지, 프롬프트 입력창을 이용하여 원하는 이미지 생성이 가능합니다.

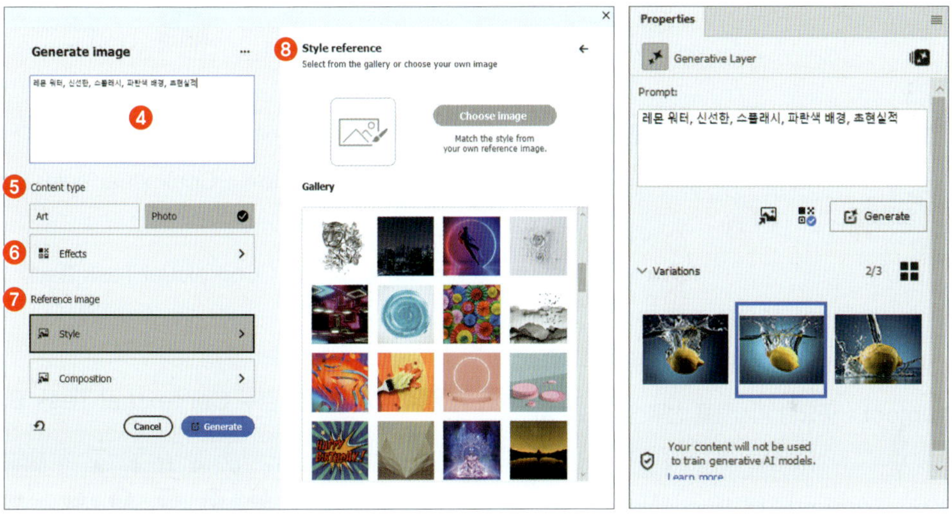

Generate image 대화상자

❹ **프롬프트 입력창** : 생성할 이미지를 묘사하는 프롬프트를 문자로 입력합니다. 한글도 지원하며, 단어나 문장으로도 작성할 수 있습니다.

❺ **Content type** : 생성할 이미지를 [Art(아트)] 타입과 [Photo(사진)] 타입 중에서 선택하여 이미지 생성할 수 있습니다.

❻ **Effects** : 포토샵에서 제공하는 이펙트 효과를 적용하며, 특정 질감이나 카툰, 라인 일러스트 등 스타일을 편집할 수 있습니다.

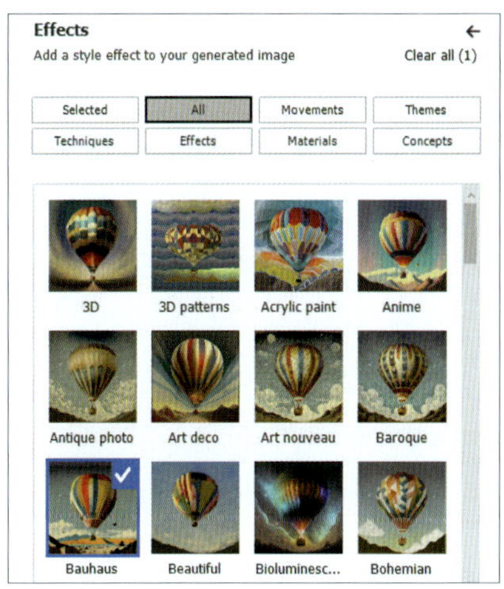

Effects 스타일

❼ **Reference image** : 특정 이미지나 디자인 요소를 포함하고 싶은 경우에 사용하며, PC에 저장된 외부 이미지를 불러와 참조 이미지로 사용하거나 포토샵에서 제공하는 갤러리(Gallery) 스타일을 선택하여 스타일을 설정할 수 있습니다.

Gallery 스타일

❽ **Choose image** : 참조할 이미지를 불러와 스타일을 참조합니다. 〈Replace image〉 버튼을 클릭하면 참조할 이미지를 불러올 수 있습니다.

이미지를 열었을 경우 Contextual Task Bar

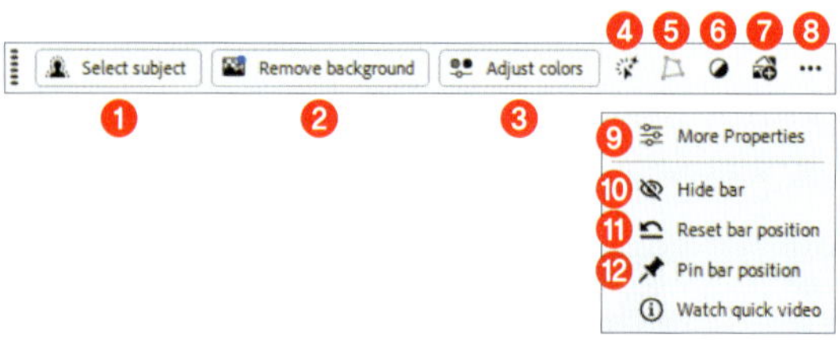

❶ **Select subject** : 중요한 피사체를 선택 영역으로 지정합니다.

❷ **Remove background** : 배경을 삭제합니다.

❸ **Adjust colors** : 열린 이미지의 특정 색상을 보정합니다.

❹ **More Action** : Action(액션) 패널을 표시합니다.

❺ **Transform image** : 벡터 이미지 크기를 조정합니다.

❻ **Create new adjustment layer** : 보정 레이어를 생성합니다.

❼ **Generate Image** : 외부 이미지를 불러오거나 AI 기능으로 이미지를 생성합니다.

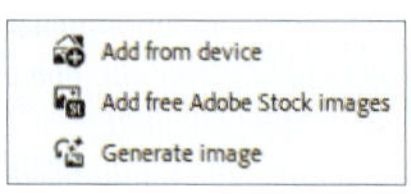

❽ **Options** : 추가 옵션을 설정합니다.

❾ **More Properties** : Properties(속성) 패널을 표시합니다.

❿ **Hide bar** : Contextual Task Bar를 숨깁니다.

⓫ **Reset bar position** : Contextual Task Bar를 기본으로 설정합니다.

⓬ **Pin bar position** : Contextual Task Bar를 고정합니다.

선택 영역을 지정했을 경우 Contextual Task Bar

❶ **Generative Fill** : 프롬프트 입력창을 표시합니다.

❷ **Modify selection** : 선택 영역을 확장, 축소합니다.

❸ **Invert selection** : 선택 영역을 반전합니다.

❹ **Create mask from selection** : 마스크 레이어를 생성합니다.

❺ **Fill** : 선택 영역에 색상이나 패턴을 채웁니다.

❻ **Reset bar position** : Contextual Task Bar를 기본으로 설정합니다.

❼ **More options** : Contextual Task Bar 위치를 설정합니다.

❽ **Deselection** : 선택 영역을 해제합니다.

❹ 이것만은 꼭! 포토샵 핵심 도구 미리 학습하기

Tools 패널은 포토샵 기능을 아이콘 형태로 모아 놓은 패널입니다. 각 도구를 선택하면 작업 화면 위쪽의 옵션 바에서 세부적인 값을 설정할 수 있습니다. Tools 패널의 오른쪽 아래에 작은 삼각형 표시가 있는 도구를 길게 누르면 숨은 도구가 표시됩니다.

이미지 이동과 선택을 담당하는 도구

• **실습파일** : 포토샵\02\sample.jpg

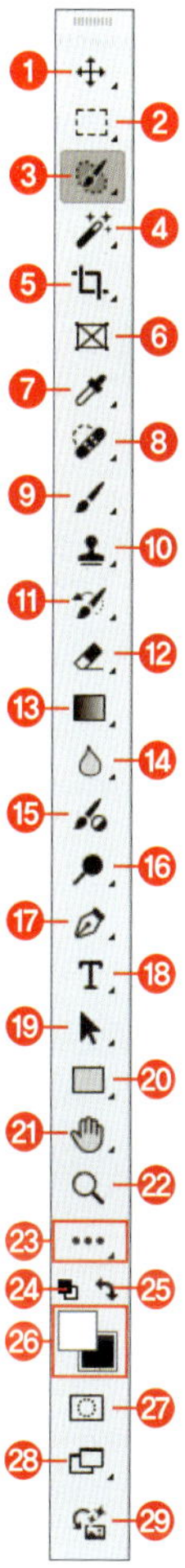

❶ **이동 도구(**✥**)** : 선택한 이미지를 드래그하여 이동할 때 사용합니다.
아트보드 도구(□**)** : 모바일 이미지를 위한 아트보드를 만들 때 사용합니다.

이동하려는 이미지를 선택한 다음 이동 도구로 드래그하여 위치 이동 ▶

❷ **사각형 선택 도구(**⬚**)** : 사각형 선택 영역을 지정합니다.
원형 선택 도구(◯**)** : 원형 선택 영역을 지정합니다.
가로선 선택 도구(┅**)** : 1픽셀 가로선 형태로 선택합니다.
세로선 선택 도구(┇**)** : 1픽셀 세로선 형태로 선택합니다.

선택 도구로 범위를 드래그하여 점선의 선택 영역 지정 ▶

❸ **선택 브러시 도구(**🖌**)** : 브러시를 이용하여 드래그하는 방식으로 선택 영역을 지정합니다. 영역이 지정되면 AI 생성 기능으로 이미지를 생성할 수 있습니다.
올가미 도구(ρ**)** : 불규칙한 형태의 선택 영역을 지정할 때 사용합니다.

▲ 직접 경계선을 따라 클릭하거나 드래그하는 방식으로 선택 영역 지정

다각형 올가미 도구(⊿**)** : 다각형 형태로 클릭하면서 선택 영역을 지정합니다.
자석 올가미 도구(⊿**)** : 드래그하여 이미지의 경계선을 따라 선택 영역을 지정합니다.

❹ **오브젝트 선택 도구(**⬚**)** : 복잡한 선택 영역을 간단하게 드래그해 영역을 지정합니다.
빠른 선택 도구(🖌**)** : 클릭하거나 드래그한 부분을 기준으로 빠르게 영역을 지정합니다.
마술봉 도구(✨**)** : 클릭한 부분을 기준으로 비슷한 색상의 영역을 지정합니다.

▲ 선택하려는 영역을 기준으로 클릭하거나 드래그하여 선택 범위 지정

이미지 분할을 담당하는 도구

• **실습파일**: 포토샵\02\sample2.jpg

5 자르기 도구( ) : 이미지의 원하는 부분을 자르거나 분할할 때 사용합니다.

원근 자르기 도구( ) : 원근감이 표현되도록 이미지를 자를 때 사용합니다.

분할 도구( ) : 웹 이미지를 작업하면서 이미지를 분할할 때 사용합니다.

분할 선택 도구( ) : 분할된 이미지를 선택할 때 사용합니다.

드래그하여 경계 영역에 조절점을 표시한 다음 자를 영역 지정 ▶

이미지 배치를 담당하는 도구

• **실습파일**: 포토샵\02\sample2.jpg

6 프레임 도구( ) : 원형 또는 사각형 프레임을 만들어 이미지를 위치시킬 수 있습니다.

원형 또는 사각형 프레임을 선택한 다음 드래그하는 방식으로 프레임 작성 ▶

이미지 추출과 정보를 담당하는 도구

• **실습파일**: 포토샵\02\sample2.jpg

7 스포이트 도구( ) : 색상을 추출할 때 사용합니다.

색상 샘플러 도구( ) : Info 패널에서 선택한 색상 정보를 표시합니다.

자 도구( ) : 이미지 길이와 각도를 측정할 때 사용합니다.

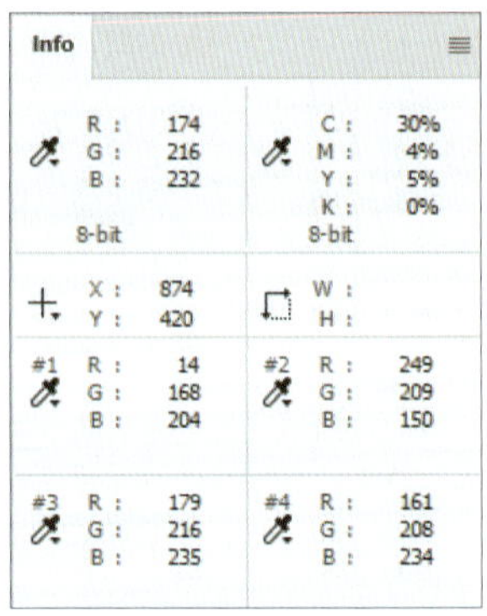

▲ 스포이트 도구로 이미지를 클릭하거나 자 도구로 드래그하여 정보 확인

주석 도구( ) : 이미지에 메모할 때 사용합니다.

계산 도구( ) : 개체 수를 셀 때 사용합니다.

주석 도구로 주석을 추가하려는 위치를 클릭한 다음 Notes 패널에 입력 ▶

이미지 변형을 담당하는 도구

• **실습파일**: 포토샵\02\sample2_완성.jpg

8 스팟 힐링 브러시 도구() : 클릭 또는 드래그하는 방식으로 특정 부분을 수정합니다.

힐링 브러시 도구() : Alt를 눌러 기준 이미지를 선택한 상태에서 특정 부분을 수정합니다.

패치 도구() : 수정하려는 부분을 선택 영역으로 지정한 다음 드래그하여 수정합니다.

콘텐츠 인식 이동 도구() : 특정 이미지를 자연스럽게 이동합니다.

레드 아이 도구() : 눈동자의 적목 현상을 제거합니다.

▲ 변형하거나 삭제하려는 이미지를 드래그하면 빈 영역을 자동으로 합성

회화적인 그림이나 채색을 담당하는 도구

• **실습파일**: 포토샵\02\bear.jpg

9 브러시 도구() : 원하는 색상과 모양의 붓 터치나 펜 터치를 이미지에 적용할 때 사용합니다.

연필 도구() : 연필로 그린 듯한 터치를 적용할 때 사용합니다.

컬러 리플레이스먼트 도구() : 브러시로 색상을 변경할 때 사용합니다.

혼합 브러시 도구() : 색상을 혼합하여 칠할 때 사용합니다.

브러시 크기와 부드러운 정도, 불투명도를 설정한 다음 드래그 ▶

10 패턴 스탬프 도구() : 복제한 부분에 특정한 패턴을 적용합니다.

스탬프 도구() : 이미지를 복사하여 다른 위치에 복제합니다.

패턴을 선택한 다음 패턴을 채울 영역을 드래그 ▶

11 히스토리 브러시 도구() : 원본 이미지로 복구할 때 사용합니다.

아트 히스토리 브러시 도구() : 회화적인 형태로 복구할 때 사용합니다.

아트 브러시 스타일을 선택하여 이미지에 드래그해서 붓터치 적용 ▶

⓬ **지우개 도구()** : 이미지를 지웁니다.

백그라운드 지우개 도구() : 지운 영역을 투명하게 만듭니다.

매직 지우개 도구() : 클릭한 부분을 기준으로 비슷한 색상 영역을 지웁니다.

브러시 크기와 부드러운 정도를 지정하여 지우려는 영역 드래그 ▶

⓭ **그레이디언트 도구()** : 다양한 색상 띠 형태를 만듭니다.

페인트 통 도구() : 특정 영역을 색이나 패턴으로 채웁니다.

3D 재료 드롭 도구() : 3D 입체 개체를 색이나 패턴으로 채웁니다.

그레이디언트 형태를 선택한 다음 적용 범위와 세부 색상 범위 지정 ▶

⓮ **블러 도구()** : 이미지를 흐릿하게 만듭니다.

샤픈 도구() : 이미지를 선명하게 만듭니다.

손가락 도구() : 이미지를 뭉갤 때 사용합니다.

흐릿하게 블러 효과를 지정하려는 영역 드래그 ▶

⓯ **조정 브러시 도구()** : 조정 항목을 선택한 다음 브러시를 설정하여 드래그하는 방식으로 이미지를 조정할 수 있습니다.

다양한 보정 기능을 브러시로 드래그하여 직접 보면서 조정 ▶

⓰ **닷지 도구()** : 특정 영역을 클릭 또는 드래그하여 밝게 만듭니다.

번 도구() : 특정 영역을 클릭 또는 드래그하여 어둡게 만듭니다.

스펀지 도구() : 특정 영역을 클릭 또는 드래그하여 채도를 조정합니다.

드래그 방식으로 특정 영역을 밝거나 어둡게 채도 조정 가능 ▶

문자 입력과 벡터 그래픽 작업을 담당하는 도구

• **실습파일**: 포토샵\02\duck.jpg

⑰ **펜 도구( )** : 패스선 또는 도형을 그릴 때 사용합니다.

프리폼 펜 도구( ) : 드래그하는 방향대로 패스선이 그려집니다.

내용 인식 추적 도구( ) : 커서를 이미지 외곽에 위치해 자동으로 패스선을 만듭니다.

곡률 펜 도구( ) : 베지어 곡선을 이용하지 않고 곡면의 패스선을 만듭니다.

기준점 추가 도구( ) : 패스선에 기준점을 추가합니다.

기준점 삭제 도구( ) : 패스선의 기준점을 삭제합니다.

기준점 변환 도구( ) : 기준점을 이용하여 변형합니다.

▲ 베지어 곡선으로 직선과 곡선의 패스선 작성

⑱ **가로쓰기 문자 도구( )** : 가로 방향으로 문자를 입력합니다.

세로쓰기 문자 도구( ) : 세로 방향으로 문자를 입력합니다.

세로쓰기 선택 영역 문자 도구( ) : 세로 방향의 문자 선택 영역을 만듭니다.

가로쓰기 선택 영역 문자 도구( ) : 가로 방향의 문자 선택 영역을 만듭니다.

글꼴 종류와 크기, 색상을 지정한 다음 원하는 위치에 문자 입력 ▶

⑲ **패스 선택 도구( )** : 패스선을 선택할 때 사용합니다.

직접 선택 도구( ) : 패스선에서 기준점을 선택하여 수정할 때 사용합니다.

패스선 작성 후 조절선과 조절점을 이용하여 패스선 수정 ▶

⑳ **사각형 도구( )** : 사각형을 만들 때 사용합니다.

원형 도구( ) : 원형을 만들 때 사용합니다.

삼각형 도구( ) : 정삼각형이나 직삼각형을 만들 때 사용합니다.

다각형 도구( ) : 다각형을 만들 때 사용합니다.

선 도구( ) : 다양한 선을 만들 때 사용합니다.

사용자 셰이프 도구( ) : 셰이프 라이브러리나 사용자 등록 셰이프를 사용합니다.

벡터 형태의 기본 도형이나 포토샵에서 제공하는 벡터 이미지 작성 ▶

포토샵 작업의 편리를 담당하는 도구

• **실습파일**: 포토샵\02\poster.jpg

㉑ **손 도구( )** : 확대된 이미지나 큰 이미지에서 숨겨진 부분을 이동하여 볼 때 사용합니다.

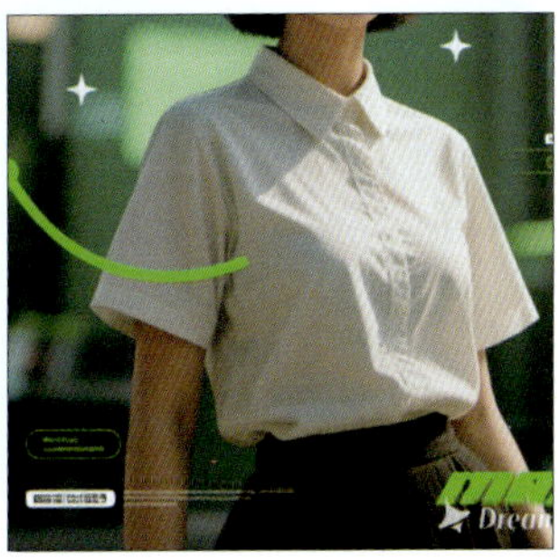

손 도구로 이미지를 밀듯이 드래그하여 확대된 이미지 확인 ▶

회전 보기 도구( ) : 캔버스를 회전할 때 사용합니다.

회전 보기 도구로 캔버스를 회전시켜 확인할 때 사용 ▶

㉒ **돋보기 도구( )** : 이미지의 특정 부분을 확대 또는 축소합니다.

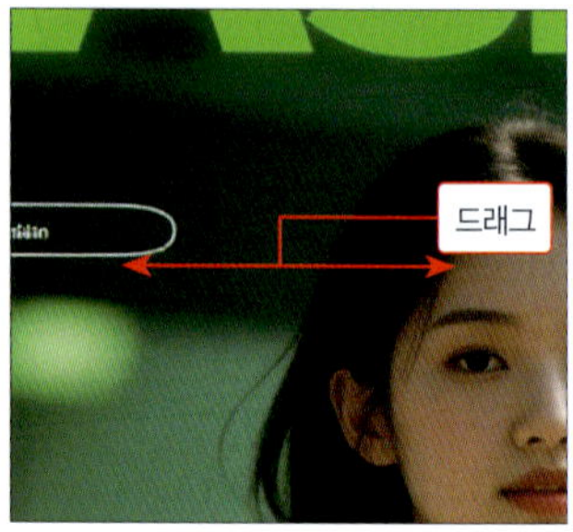

돋보기 도구로 양쪽으로 드래그, 클릭 또는 Alt+클릭으로 이미지 확대 또는 축소 ▶

㉓ **Tools 패널 편집( )** : 사용자가 자주 사용하는 도구만 선택하여 Tools 패널을 편집할 수 있습니다.

㉔ **기본 흑백 설정( )** : 전경색을 검은색, 배경색을 흰색으로 지정합니다.

㉕ **색상 교체( )** : 전경색과 배경색을 서로 바꿀 때 사용합니다.

㉖ **전경색과 배경색** : 전경색은 브러시나 문자 도구를 사용할 때 기본 색상이며, 배경색은 지우개 도구의 기본 색상으로 사용합니다. 색을 클릭했을 때 표시되는 Color Picker 대화상자를 이용하여 색상을 지정할 수 있습니다.

㉗ **보기 모드** : 표준 모드( )와 퀵 마스크 모드(/)로 전환할 수 있습니다.

㉘ **스크린 전환 모드** : 포토샵 화면 표시 방법을 선택합니다. 스크린 모드는 Standard Screen Mode와 Full Screen Mode With Menu Bar, Full Screen Mode 중에서 선택할 수 있습니다.

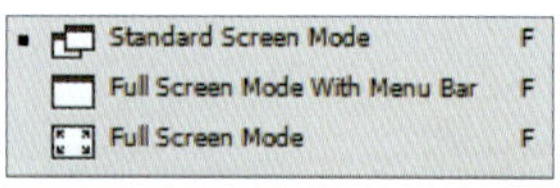

Full Screen Mode With Menu Bar

Full Screen Mode

㉙ **Generate Image( )** : 이미지를 외부에서 불러오거나 생성을 제어할 수 있는 Generate image 대화상자를 표시합니다.

❺ 섬세한 옵션 설정은 여기에! 패널 알아보기

패널은 주로 사용자가 도구를 선택하고 해당 도구의 옵션이나 설정값을 지정할 때 사용합니다. 작업 영역 오른쪽에 위치하며, 패널에 직접 값을 입력하거나 슬라이더를 드래그하는 방식으로 옵션을 지정할 수 있습니다.

작업 화면에서 사용하려는 패널을 찾을 수 없다면 해당 패널의 단축키를 누르거나 [Window] 메뉴를 실행해 표시합니다. 패널을 드래그하면 패널끼리 묶거나 정렬할 수 있습니다.

아이콘화된 패널은 클릭하면 확장되고, 위쪽 'Expand Panels' 아이콘(◀◀)을 클릭하여 확장해서 사용할 수 있으며, 자주 이용하는 패널은 단축키를 눌러 표시할 수도 있습니다. 예를 들어, F7 을 누르면 Layers 패널을 표시하거나 숨길 수 있습니다.

❶ Layers 패널(, F7)

이미지를 레이어로 관리해 수정이나 편집 작업이 편리합니다.

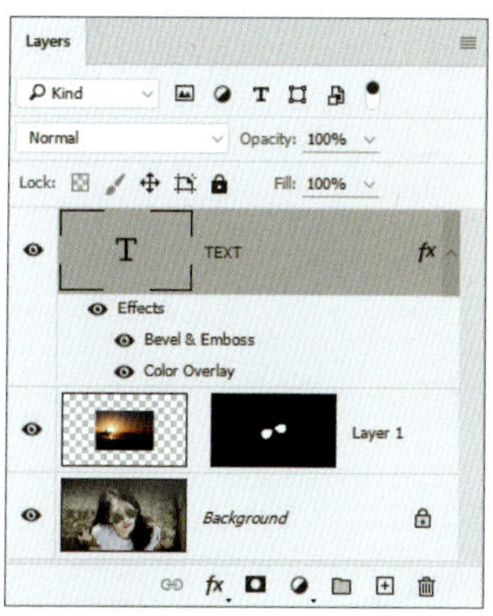

❷ Channels 패널( )

색상 정보나 채널을 이용한 선택 영역을 관리합니다.

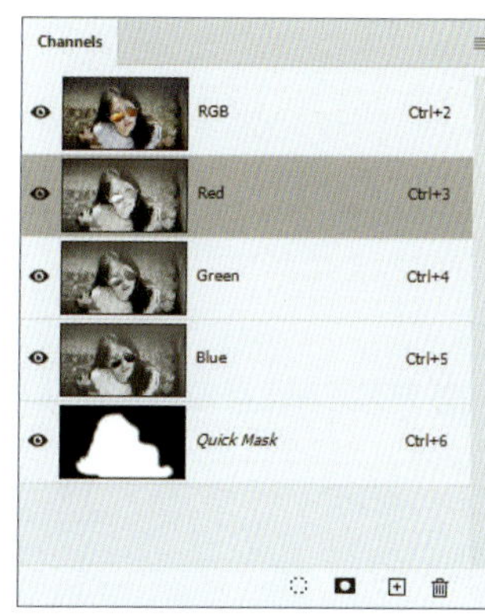

❸ Paths 패널( )

패스를 이용해 다양한 기능을 적용합니다

❹ Properties 패널( )

이미지 속성을 설정합니다. 프롬프트 입력창에서 이미지를 생성할 때 다양한 결과물을 표시하며, 마음에 드는 이미지를 선택할 수 있습니다.

❺ Character 패널(A|)

글꼴, 크기, 색상 등 글꼴 관련 속성을 지정합니다.

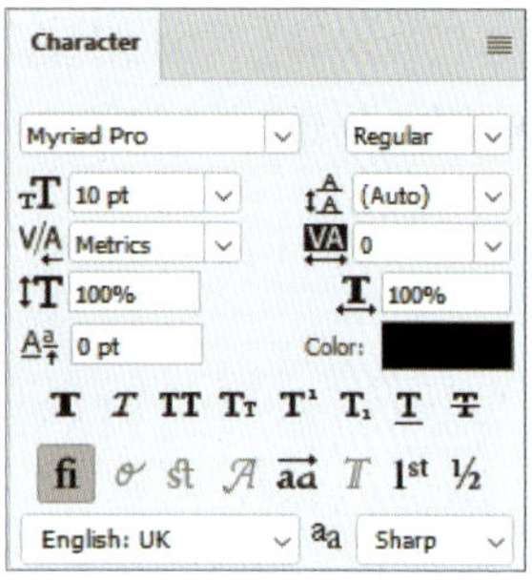

❻ Paragraph 패널(¶)

문장의 단락에 관하여 설정합니다.

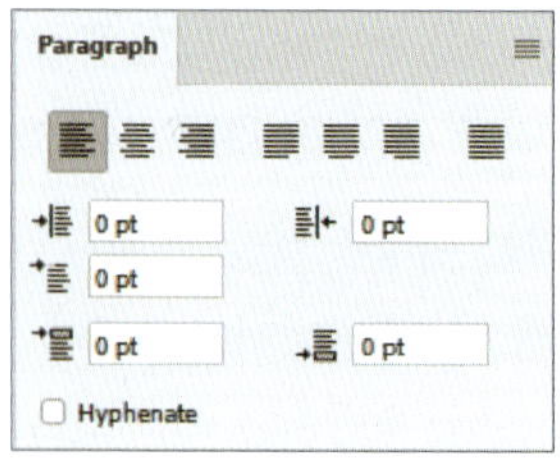

❼ Character Styles 패널(A)

문자 스타일을 만들고 관리합니다.

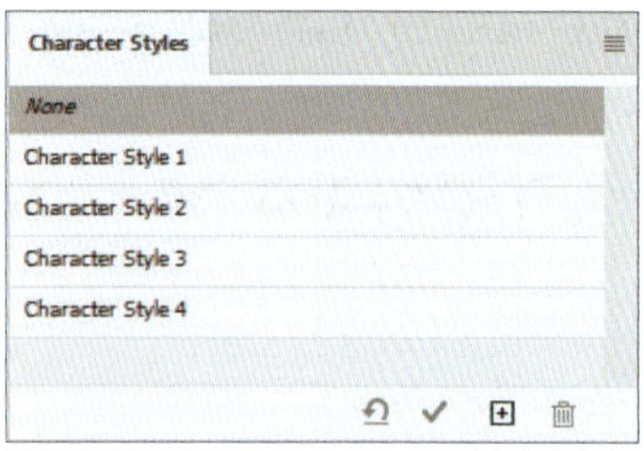

❽ Brush Settings 패널(, F5)

다양한 형태와 스타일의 브러시를 만듭니다.

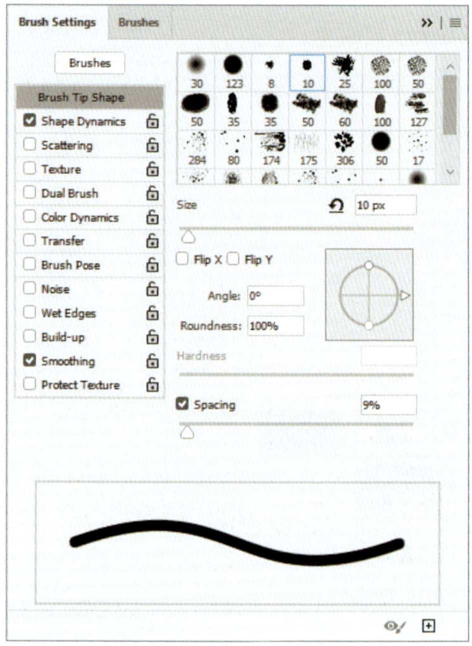

❾ Brushes 패널()

자주 사용하는 브러시를 저장하거나 검색할 수 있습니다.

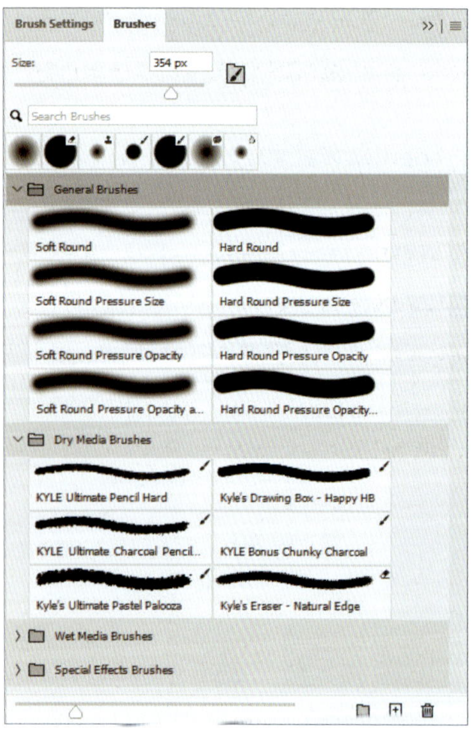

❿ History 패널()

작업 단계를 기록하며, 이전 작업으로 되돌릴 수 있습니다.

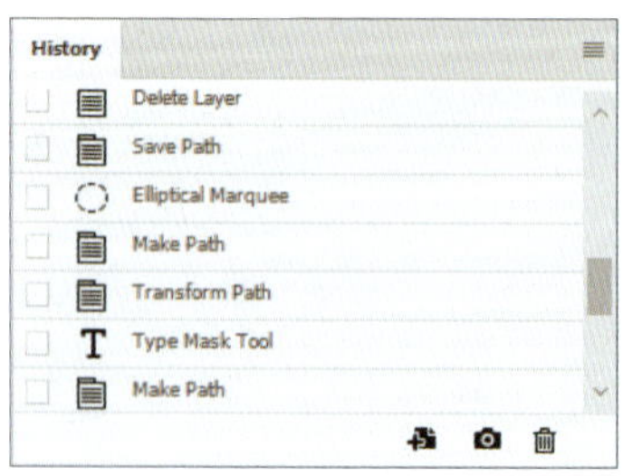

⓫ Navigator 패널( )

이미지를 확대하거나 축소하여 쉽게 볼 수 있습니다.

⓬ Actions 패널(, Alt+F9)

작업을 기록하여 반복 작업을 편리하게 합니다.

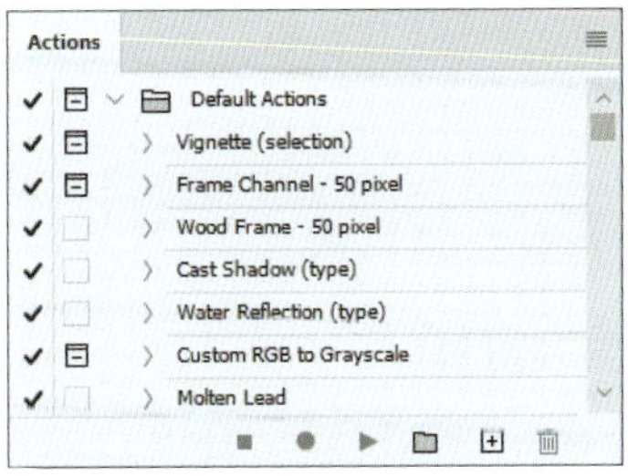

⓭ Styles 패널( )

선택한 이미지에 스타일을 적용합니다.

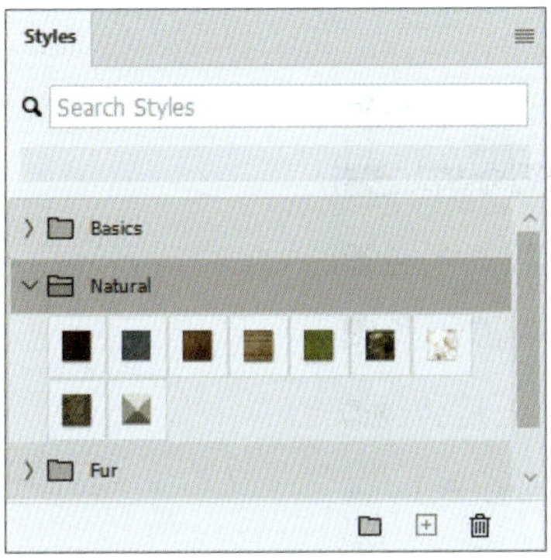

⓮ Adjustments 패널( )

보정 레이어를 추가하고 색을 조정합니다.

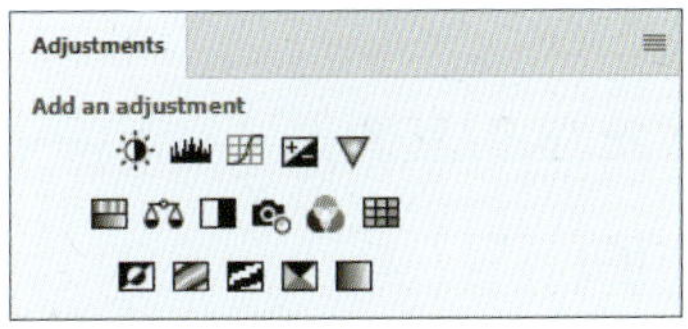

⓯ Color 패널(, F6)

색상을 지정합니다.

⓰ Tool Presets 패널( )

자주 사용하는 도구를 사전 설정으로 저장해 사용할 수 있습니다.

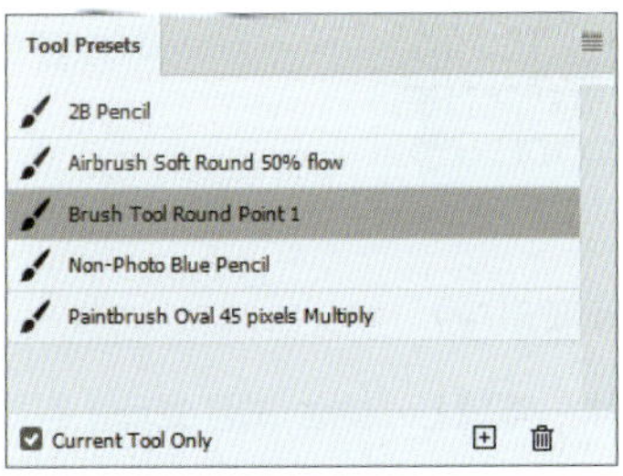

⓱ Swatches 패널( )

자주 사용하는 색을 팔레트 형식으로 모아 쉽게 색을 지정해 사용할 수 있습니다.

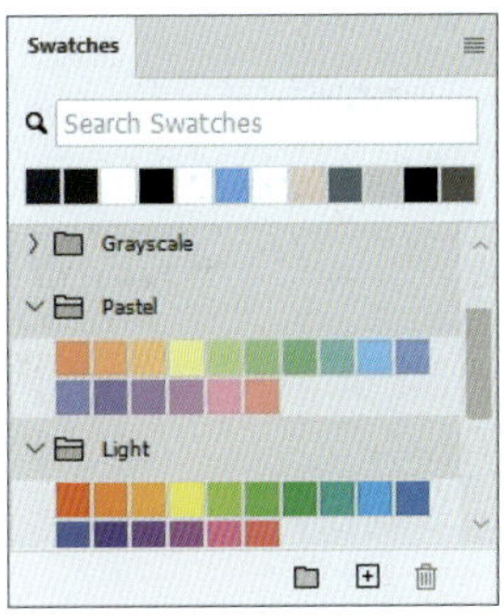

⓲ Histogram 패널( )

이미지의 전체적인 색상 톤 구성을 나타냅니다.

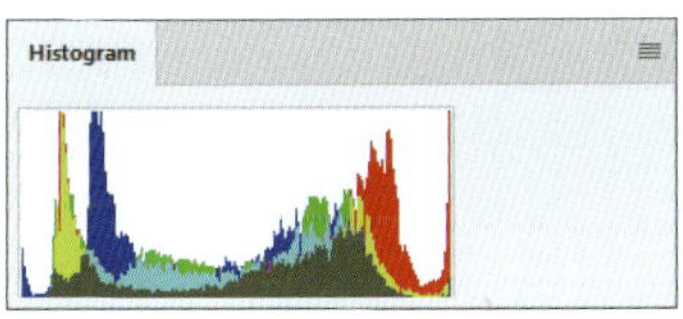

⑲ Notes 패널( )

PSD 파일에 주석을 기록합니다.

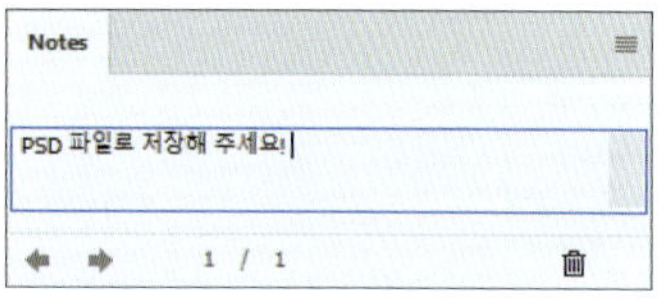

⑳ Measurement Log 패널( )

측정 정보를 기록합니다.

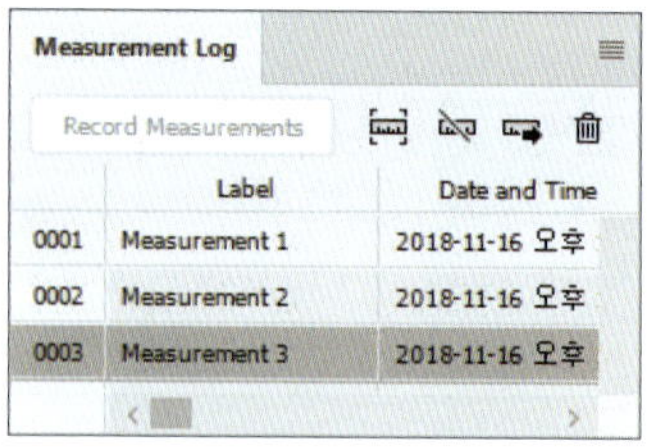

㉑ Layer Comps 패널( )

레이어 조합을 저장하여 효율적으로 디자인합니다.

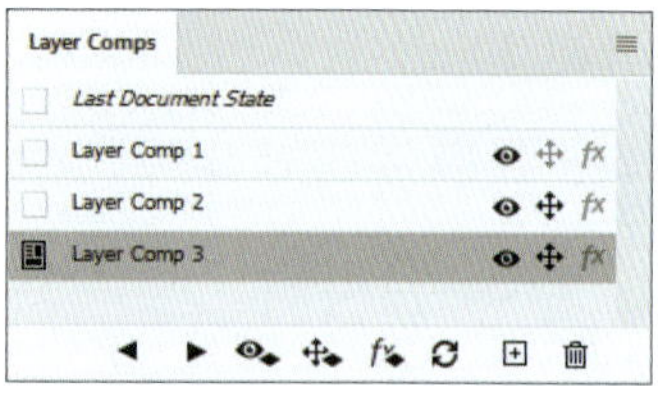

㉒ Patterns 패널( )

나무와 잔디, 물결 형태의 패턴을 제공합니다.

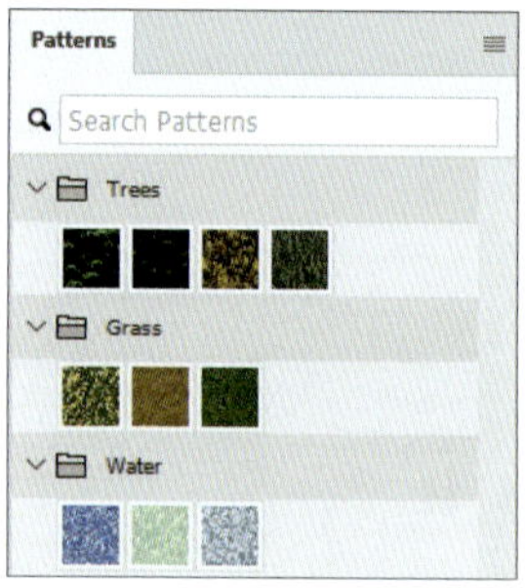

㉓ Info 패널(, F8)

이미지 정보가 수치로 표시됩니다.

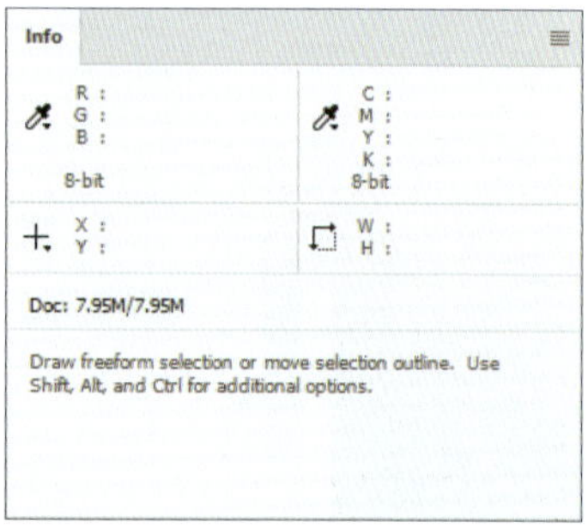

㉔ Gradients 패널( )

다양한 색상 띠 형태의 그레이디언트를 제공합니다.

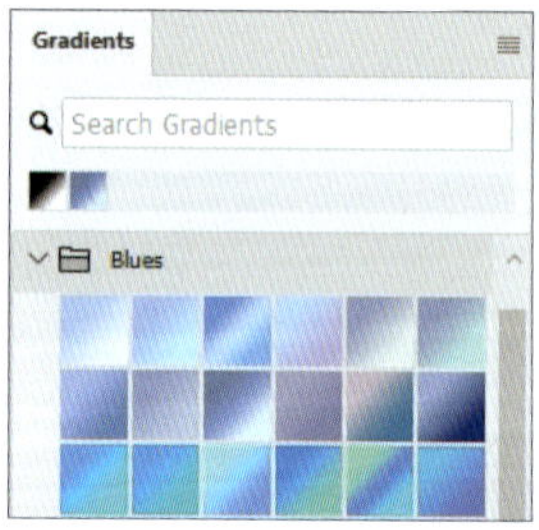

㉕ Clone Source 패널( )

복제할 때 이미지 정보를 담아 두고 사용합니다.

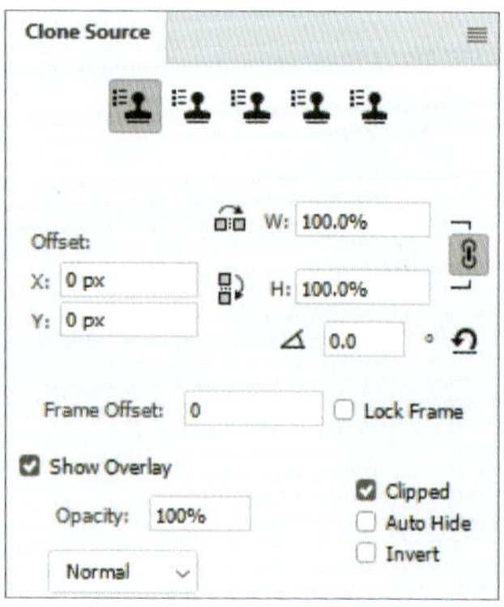

㉖ Adjustments 패널( )

이미지를 보정하는 패널로, 원하는 보정 효과를 직접 보면서 선택하여 이미지에 보정 효과를 적용합니다.

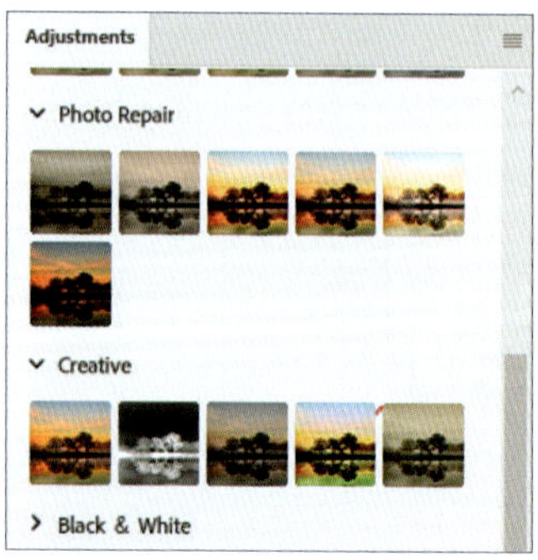

EASY 실습 작업 화면 밝기 조절하기

포토샵을 처음 실행하면 어두운 화면이 기본으로 나타납니다. 포토샵에서 작업 화면의 밝기를 원하는 대로 조정할 수 있으며, 여기서는 밝게 조정해 봅니다.

01 포토샵을 실행하고 메뉴의 [Edit] → Preferences → Interface를 실행합니다.

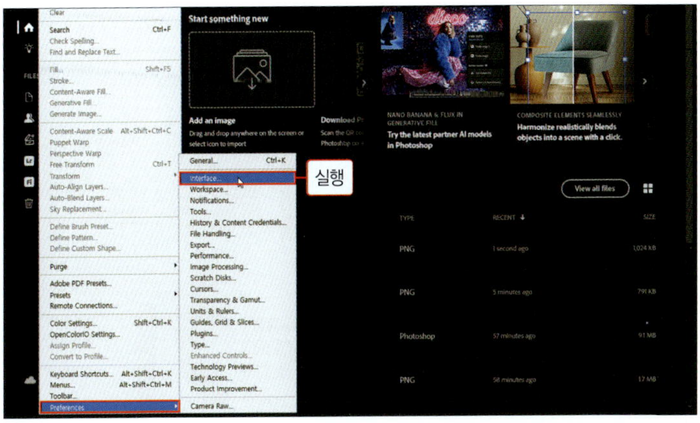

> **TIP**
> 이 책에서는 메뉴가 더 잘 보이도록 밝은 회색 인터페이스로 설명합니다.

02 Preferences 대화상자가 표시되면 Color Theme에서 원하는 색상을 선택합니다. 여기서는 ❶ '가장 밝은 회색'을 선택하고 ❷ 〈OK〉 버튼을 클릭합니다.

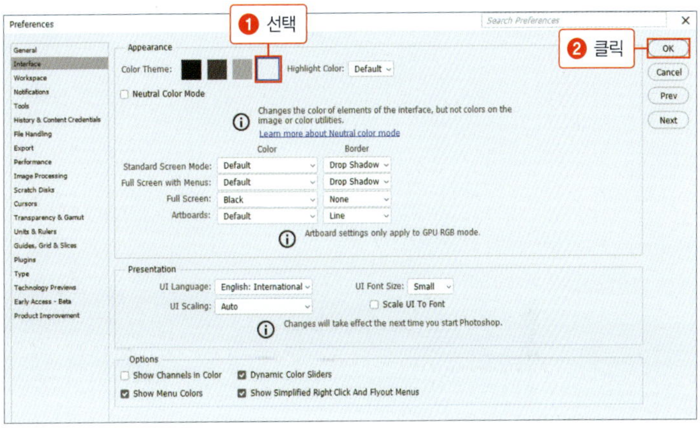

> **TIP**
> '가장 어두운색'을 선택하면 포토샵에서 불러들인 이미지에 집중할 수 있습니다.

03 포토샵 작업 화면 색상이 밝게 변경됩니다.

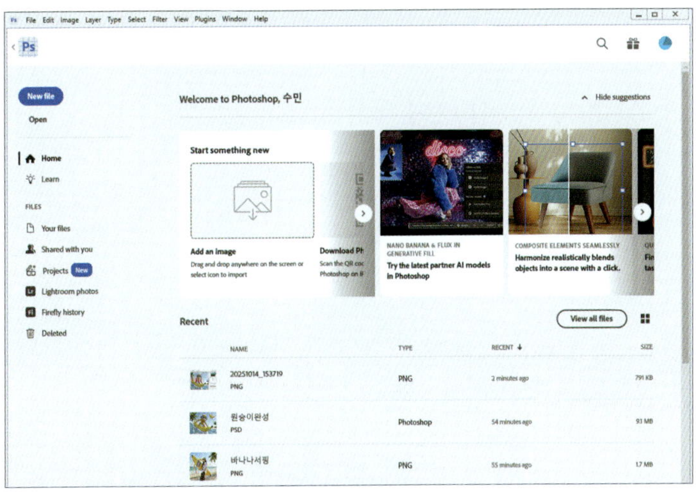

Part 03

더 빠르게, 더 쉽게! 포토샵에서 꼭 알아야 할 필수 기본기

| Adobe Firefly | Topaz Gigapixel 〈 20/26 〉

New | Open/Save | Select

PHOTOSHOP
&ILLUSTRATOR CC 2026

CC/26
PHOTOSHOP
Gemini / Nano Banana

LESSON 05

작업 준비! 한 번의 설정으로 디자인 판 짜기

❶ 새 문서 만들기

포토샵에서 새로운 파일을 만들 때 파일 이름과 크기, 해상도를 지정하는 것은 가장 기본적인 작업입니다. 처음 잘못 설정하면 재설정해야 하는 번거로움이 생길 수 있어 New 명령의 실행과 설정은 매우 중요합니다.

메뉴에서 〔File〕 → New(Ctrl+N)를 실행하여 New Document 대화상자를 이용해 새 문서를 만듭니다. 불러온 캔버스는 이미지를 넣거나 브러시를 사용하는 등 모든 포토샵 작업을 할 수 있습니다.

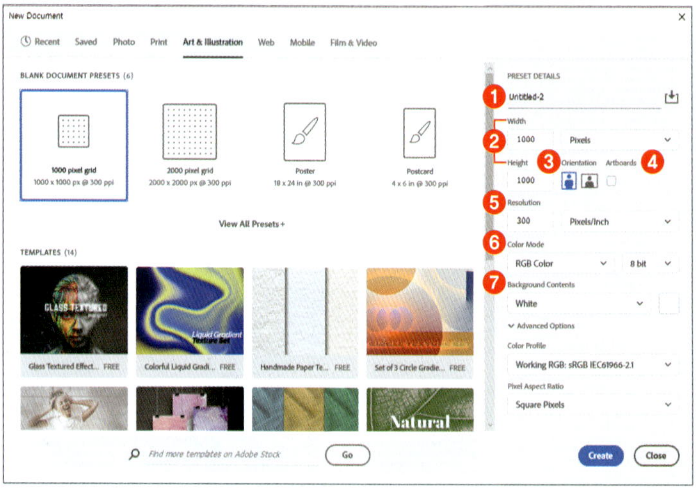

❶ **파일 이름** : 새로운 파일 이름을 지정합니다.

❷ **Width, Height** : 캔버스의 가로, 세로 길이를 설정하며, 오른쪽에서 단위를 선택할 수 있습니다.

❸ **Orientation** : 용지 방향을 가로 또는 세로로 지정합니다.

❹ **Artboards** : 아트보드를 제작합니다.

❺ **Resolution** : 해상도를 설정합니다. 일반적으로 웹용 이미지는 '72Pixels/Inch', 인쇄용 이미지는 '300Pixels/Inch'로 설정합니다.

❻ **Color Mode** : Bitmap, Grayscale, RGB Color, CMYK Color, Lab Color 중에서 색상 모드를 지정할 수 있습니다.

❼ **Background Contents** : 캔버스의 배경색을 지정합니다.

Background Color　　White　　Transparent

EASY 실습 캔버스 만들기

포토샵에서는 자주 사용하는 캔버스 크기를 제공하므로 프리셋 목록 이름과 크기를 확인한 다음 새로 만들려는 캔버스 프리셋만 선택하면 됩니다. 예제에서는 포토샵의 기본 이미지 크기인 16×12cm 크기의 캔버스를 만들어 봅니다.

01 포토샵을 실행하면 처음 표시되는 홈 화면의 〈New file〉 버튼을 클릭합니다.

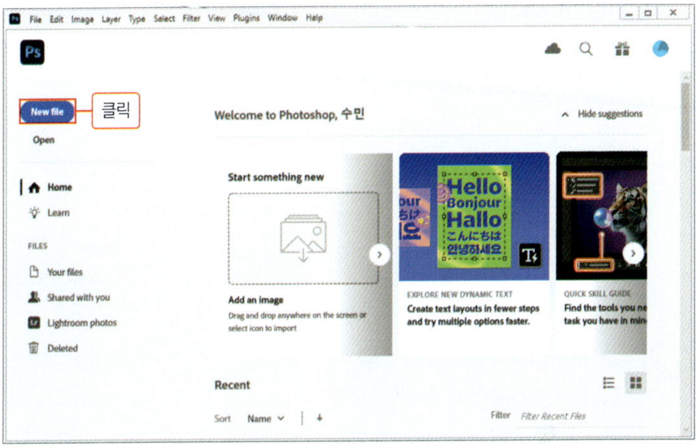

02 New Document 대화상자가 표시되면 ❶ [Photo] 탭을 선택한 다음 ❷ 'Default Photoshop Size (16 × 12 cm @ 300 ppi)'를 선택하고 ❸ 〈Create〉 버튼을 클릭합니다.

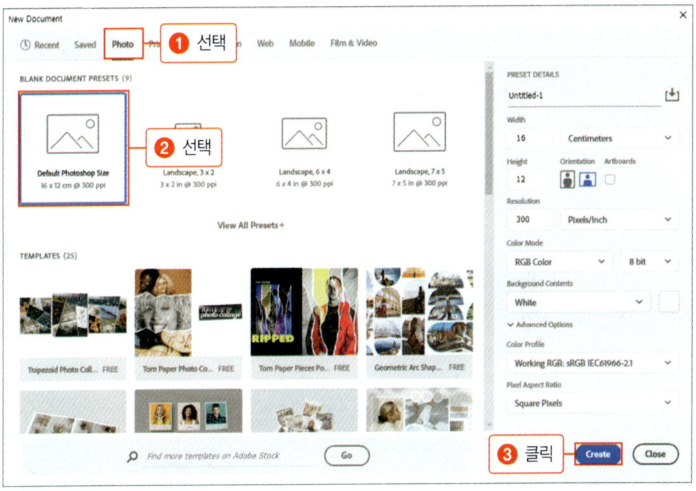

TIP Width와 Height에 각각 가로, 세로 수치 값을 입력하고, Resolution에 해상도를 입력해 캔버스를 원하는 크기로 만들 수 있습니다.

03 포토샵의 기본 크기로 새로운 캔버스가 만들어졌습니다. 작업 창을 닫으려면 파일 이름 탭의 '닫기' 아이콘(×)을 클릭합니다.

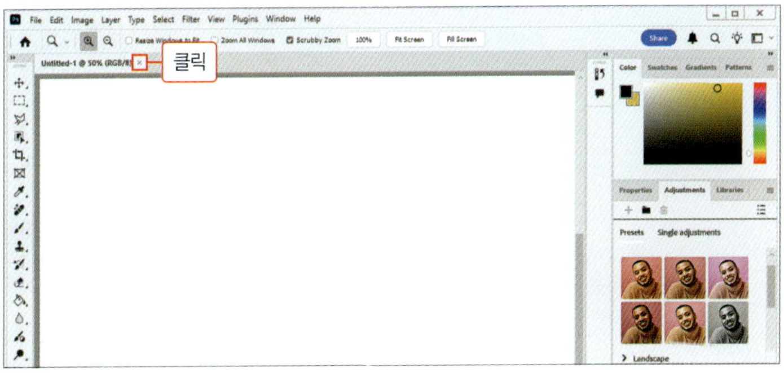

EASY 실습 파일 열기

가장 기본적인 Open 명령을 이용하여 포토샵에서 이미지 파일을 열어 봅니다.

01 메뉴에서 [File] → Open(Ctrl+O)을 실행하거나 홈 화면에서 〈Open〉 버튼을 클릭합니다.

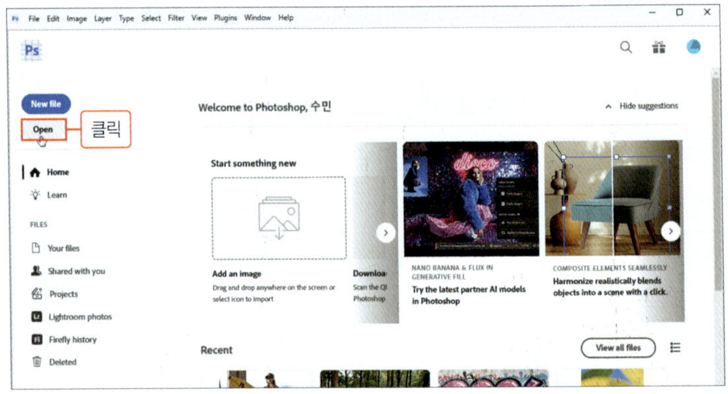

02 열기 대화상자가 표시되면 ❶ 포토샵 → 03 폴더에서 파일 보기 형식을 '큰 아이콘'으로 지정해 이미지를 미리 보기 형태로 나타냅니다. ❷ Ctrl을 누른 채 '스쿠터2.png' 파일을 선택하고 ❸ 〈열기〉 버튼을 클릭합니다.

TIP ✦

Ctrl을 누른 상태에서 파일들을 선택하면 여러 개의 파일을 포토샵에서 열 수 있습니다.

03 각각의 문서 형태로 이미지가 열립니다. 문서 위쪽을 확인하면 파일 이름이 탭으로 표시되어 있습니다.

AI EASY 실습 원본을 유지한 채 Harmonize 기능으로 합성하기

Place Embedded 기능으로 실내 스튜디오에서 촬영한 인물 이미지를 불러온 다음 Harmonize 기능으로 야외 배경 이미지와 인물 이미지를 조화롭게 합성시켜 보겠습니다.

01 ❶ 포토샵 → 03 폴더에서 '낙서배경.jpg' 파일을 불러옵니다. 추가로 이미지를 불러오기 위해 ❷ 메뉴에서 [File] → Place Embedded를 실행합니다.

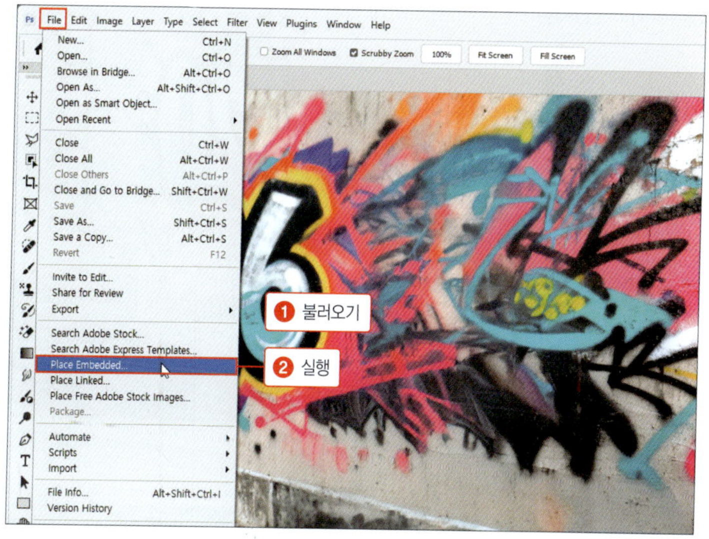

02 Place Embedded 대화상자가 표시되면 ❶ 폴더 위치를 포토샵 → 03 폴더로 지정하고 ❷ '스튜디오.png' 파일을 선택한 다음 ❸ ⟨Place⟩ 버튼을 클릭합니다. 스튜디오에서 촬영한 인물 이미지가 표시됩니다.

03 불러온 인물 이미지가 그림과 같이 그래피티 벽면 위에 포함됩니다.

04 인물 이미지의 조절점을 드래그하여 그림과 같이 벽면 이미지 크기에 맞게 조정합니다.

05 인물 이미지의 배경을 제거하기 위해 Contextual Task Bar의 〈Remove background〉 버튼을 클릭합니다.

❸ 작업 화면 확대, 축소, 이동하기

포토샵에서 그래픽 작업을 할 때 돋보기 도구와 손 도구를 가장 많이 사용합니다. 작업 과정에서 수시로 이미지를 확대하거나 축소해 명령이나 그래픽 효과가 제대로 적용되었는지 확인해야 하고, 모니터 크기의 한계로 인해 이미지를 탐색해야 하기 때문입니다. 이미지를 확대 및 축소해서 확인하는 돋보기 도구를 선택하면 캔버스 위에 다음과 같은 옵션바가 표시됩니다.

❶ **Zoom In** : 이미지를 확대합니다.

❷ **Zoom Out** : 이미지를 축소합니다.

❸ **Resize Windows to Fit** : 이미지를 확대하거나 축소할 때 이미지 창이 함께 확대되거나 축소됩니다.

❹ **Zoom All Windows** : 현재 포토샵에 열려 있는 모든 이미지 창을 확대하거나 축소합니다.

❺ **Scrubby Zoom** : 드래그해서 바로 이미지를 확대하거나 축소하여 볼 수 있습니다. 체크 표시가 해제되면 특정 부분을 확대할 수 있는 선택 영역이 표시된 후 이미지 크기를 조절할 수 있습니다. OpenGL 기능이 지원되어야 사용할 수 있는 기능으로, 포토샵에서 그래픽카드 드라이버를 제대로 인식해야 합니다.

❻ **100%** : 이미지를 100% 크기로 표시합니다.

❼ **Fit Screen** : 포토샵 작업 영역에 이미지의 비율을 맞춰서 전체가 보이도록 이미지를 표시합니다.

❽ **Fill Screen** : 포토샵 작업 영역을 이미지로 완전히 채우되, 이미지 비율이 변경될 수 있습니다.

돋보기 도구를 선택한 다음 확대하려는 이미지를 연속으로 클릭해 확대하며, 돋보기 도구가 선택된 상태에서 [Alt]를 누르고, 연속으로 클릭하여 축소합니다.

Fit Screen

클릭하여 이미지 확대

[Alt]를 누른 채 클릭하여 이미지 축소

TIP ✧

Tools 패널의 특정 도구에 마우스 커서를 위치시키면 도구 설명과 함께 사용 방법에 대한 짧은 영상이 나타납니다.

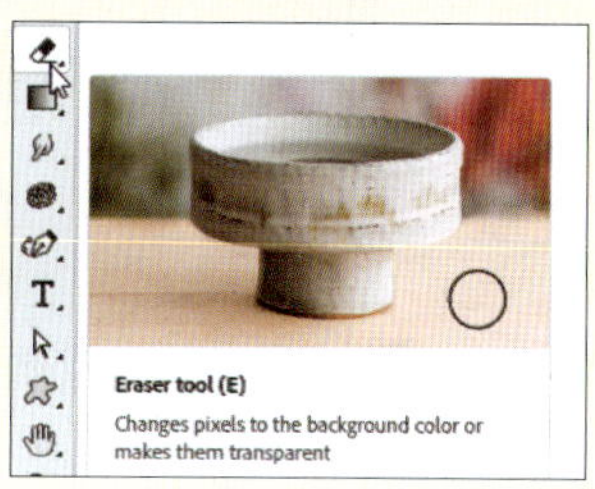

❹ 눈금자와 가이드 사용하기

눈금자와 단위 표시하기

메뉴에서 [View] → Rulers(Ctrl+R)를 실행하면 작업 창 왼쪽과 위쪽에 눈금자가 표시됩니다. 눈금자 단위는 기본으로 Centimeters가 지정되어 있습니다. 메뉴에서 [Image] → Image Size(Alt+Ctrl+I)를 실행해 Image Size 대화상자를 확인하면 눈금자에 표시된 길이와 대화상자에 표시된 가로, 세로 길이가 같습니다.

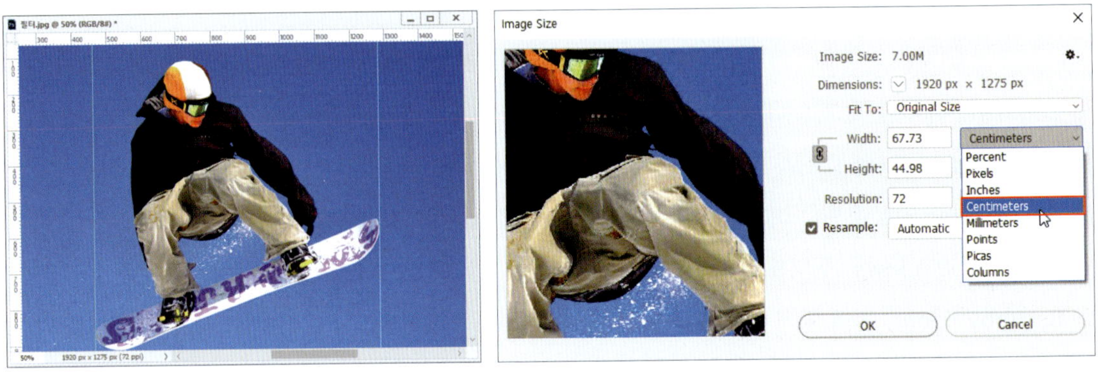

Image Size 대화상자의 단위를 'Centimeters'로 지정하면 가로, 세로 길이를 센티미터 단위로 확인할 수 있습니다.

가이드와 스냅 사용하기

가이드는 이미지의 기준선을 말하며, 가로선과 세로선으로 표현됩니다. 가이드를 이용하기 위해서는 먼저 Ctrl+R을 눌러 눈금자를 표시합니다. 눈금자를 클릭한 다음 이미지로 드래그하여 가이드를 만듭니다. 주로 선택 영역을 지정하거나 이미지를 자를 때 가이드를 이용합니다. 메뉴에서 [Edit] → Preferences → Guides, Grid & Slices를 실행해 표시되는 Preferences 대화상자에서 가이드 색상과 선 형태를 바꿀 수 있습니다. 또한 스냅이란, 도구를 이용해 작업할 때 마치 자석에 붙듯이 가이드에 마우스 커서가 붙는 기능입니다. 메뉴에서 [View] → Snap(Shift+Ctrl+;)을 실행하면 스냅 기능을 이용할 수 있습니다. 만들어진 가이드는 이동 도구로 드래그해서 위치를 변경하거나 문서 밖으로 드래그하여 없앨 수도 있습니다.

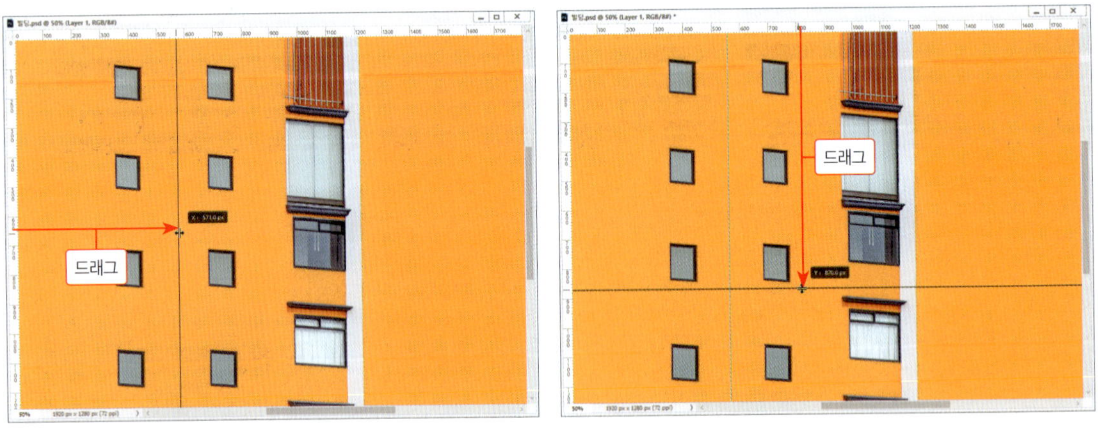

눈금자를 클릭한 다음 드래그하여 가이드를 만든 모습

❺ 이미지 크기 조절하기

이미지 크기를 확대하면 원본 이미지에 비해서 노이즈가 생기고, 픽셀이 깨지는 현상이 나타납니다. 따라서 원본 이미지가 100% 크기라면, 그 이상 확대해서 인쇄용이나 웹용으로 사용하는 것은 좋은 방법이 아닙니다. 부득이하게 이미지를 확대하여 사용해야 한다면 노이즈를 감소시킨 다음 사용합니다.

포토샵에서는 작은 이미지를 크게 확대할 경우 노이즈를 감소시켜 깨끗하게 표현하는 기능을 제공합니다. 포토샵 CC 2026에서는 인스타그램이나 카카오톡 같은 SNS(소셜 네트워크 서비스)에서 다운로드한 작은 이미지도 Image Size 기능을 이용하여 출력이나 인화할 수 있는 큰 이미지로 조절할 수 있습니다.

원본 이미지(500×320픽셀) (포토샵\03\umbrella1.png)

Image Size 기능으로 4배 확대한 이미지(2,000×1,280픽셀)

❶ 72ppi 이미지를 400% 확대한 이미지

❷ 300ppi 이미지

❶번 사진은 노이즈가 감소하지 않아 이미지 경계 부분에 계단 현상이 발생했으며, 색상 경계면이 거칠게 표현되었습니다. ❷번 사진은 이미지 중간에 색을 채워 넣는 방식으로 거친 색상 경계면을 부드럽게 표현해 노이즈를 감소시켰습니다.

TIP

이미지를 확대하면 노이즈가 발생하는 단점을 보완하기 위해 이미지를 확대해도 노이즈는 줄이고 섬세함을 조절할 수 있는 Super Zoom 기능을 제공합니다.

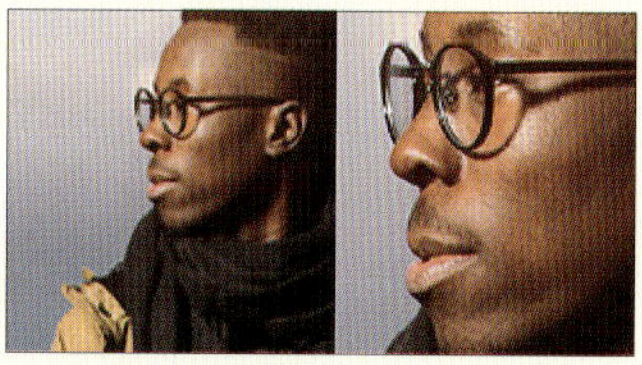

노이즈는 줄이면서 섬세함을 보강하는 Super Zoom 기능

메뉴에서 〔Image〕 → Image Size(Alt+Ctrl+I)를 실행하면 표시되는 Image Size 대화상자에서 이미지 크기와 해상도를 변경할 수 있습니다.

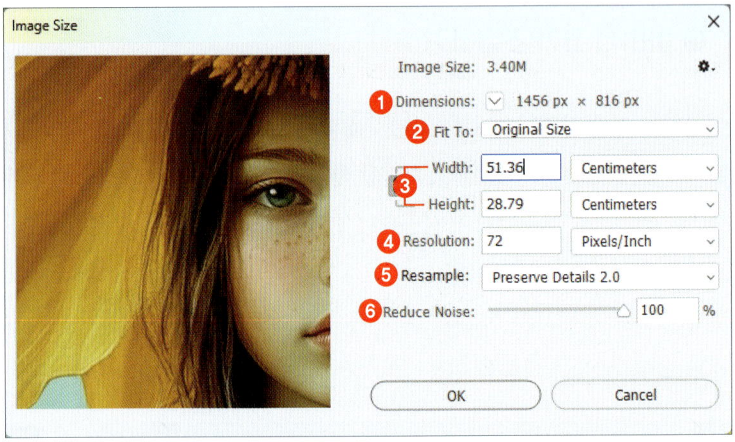

❶ **Dimensions** : 이미지의 가로, 세로 길이를 설정할 수 있습니다. 크기를 변경하면 바뀔 파일 용량도 표시됩니다.

❷ **Fit To** : 자주 사용하는 이미지의 규격을 제공하여 변경하려는 이미지 크기를 지정할 수 있습니다.

❸ **Width, Height** : 실제로 출력될 이미지의 가로, 세로 길이를 설정할 수 있습니다.

❹ **Resolution** : 해상도를 변경합니다. 웹용은 '72Pixels/Inch', 인쇄용은 '150~300Pixels/Inch'로 설정하는 것이 좋습니다. 'Resample'에 체크 표시한 경우 해상도가 높아지면 이미지 용량 및 가로, 세로 크기 자체가 커집니다.

❺ **Resample** : 이미지 크기를 변경하면서 새로 만들어지는 영역에 픽셀을 채우는 방식을 지정합니다. 이 옵션을 사용하면 이미지를 확장할 때 픽셀이 뭉개지는 현상을 줄일 수 있습니다.

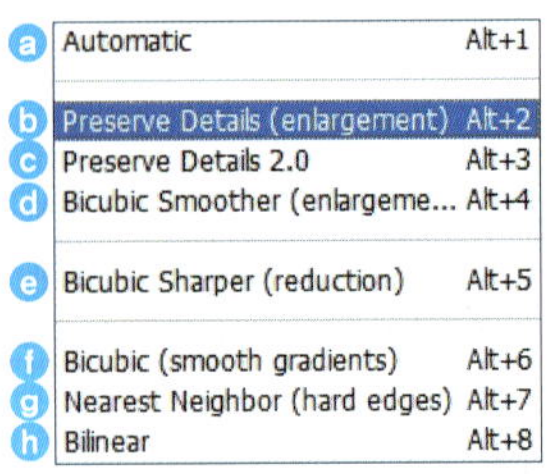

TIP

보통 화면 출력용 이미지의 해상도는 72ppi면 충분하고, 인쇄용 이미지의 해상도는 300ppi 이상이면 좋습니다. 300ppi는 가로, 세로 1인치의 정사각형 안에 가로 300픽셀×세로 300픽셀로 이루어져 총 90,000픽셀로 구성된 이미지입니다.

- ⓐ **Automatic** : 자동으로 픽셀 간격을 채워 이미지를 표현합니다.
- ⓑ **Preserve Details (enlargement)** : 세밀하게 픽셀을 채워 이미지를 표현하고 이미지를 확장할 때 유용합니다.
- ⓒ **Preserve Details 2.0** : 이미지 확장 시 한층 개선된 이미지를 표현합니다.
- ⓓ **Bicubic Smoother (enlargement)** : 이미지의 픽셀 간격을 부드럽게 채워 표현합니다.
- ⓔ **Bicubic Sharper (reduction)** : 선명하게 픽셀 간격을 채워 표현합니다.
- ⓕ **Bicubic (smooth gradients)** : 색상 띠 형태로 픽셀 간격을 채워 표현합니다.
- ⓖ **Nearest Neighbor (hard edges)** : 주변 색상을 기준으로 픽셀 간격을 채워 표현합니다.
- ⓗ **Bilinear** : 주변 평균 값을 기준으로 픽셀 간격을 채워 표현합니다.

❻ **Reduce Noise** : Resample을 'Preserve Details (enlargement)'로 지정하면 활성화되는 옵션으로 이미지의 노이즈를 제거합니다. 값이 클수록 노이즈가 줄어듭니다.

EASY 실습 이미지 크기를 반으로 줄이기

이미지의 가로 또는 세로 크기를 설정해 이미지를 조정할 수 있습니다. 예제에서는 이미지 크기를 1/2로 줄여 봅니다.

01 포토샵 → 03 폴더에서 'apt.png' 파일을 불러옵니다. 이미지 크기를 반으로 줄이기 위해 메뉴에서 [Image] → Image Size(Alt+Ctrl+I)를 실행합니다.

02 Image Size 대화상자가 표시되면 ❶ Width를 '800Pixels'로 설정합니다. 세로 값도 비율에 맞게 자동으로 수정되면 ❷ 〈OK〉 버튼을 클릭합니다.

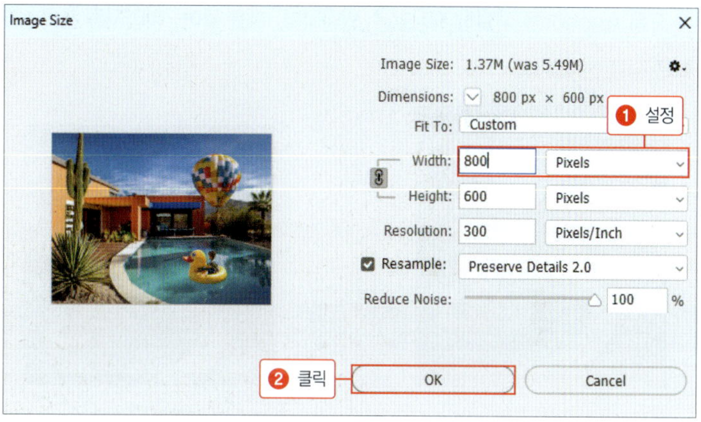

TIP

Image Size 대화상자에서 '링크' 아이콘( )이 활성화되어야 원본 이미지의 가로, 세로 비율이 유지되면서 크기가 조절됩니다.

03 이미지가 절반(1/2) 정도 크기로 줄어듭니다. 수치 값을 입력하여 이미지 크기를 자유롭게 조정해 보세요.

❻ 캔버스 크기 조절하기

메뉴에서 [Image] → Canvas Size(Alt+Ctrl+C)를 실행해 표시되는 Canvas Size 대화상자에서 캔버스 크기를 조절할 수 있습니다.

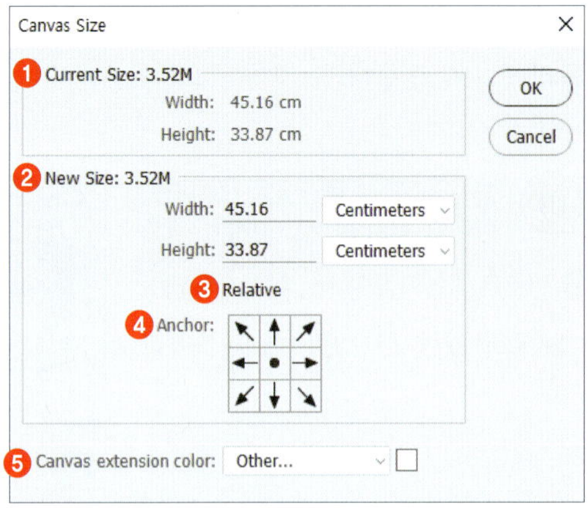

TIP

Canvas Size 기능은 Image Size 기능처럼 이미지를 늘리거나 줄여 해상도를 변화시키지 않으므로, Canvas Size 대화상자에서는 해상도 조절 옵션을 제공하지 않습니다.

❶ **Current Size** : 현재 캔버스 크기입니다.

❷ **New Size** : 새 캔버스 크기를 설정합니다.

❸ **Relative** : 캔버스 크기가 아닌, 사방의 여백 크기를 설정합니다.

❹ **Anchor** : 캔버스가 확장되는 방향을 지정합니다. 캔버스 크기를 늘려 이미지 주변에 여백을 추가하려고 할 때 Anchor를 선택하여 여백이 어느 방향으로 추가될지 지정할 수 있습니다. 만약, 캔버스 크기를 줄일 경우에는 이미지가 잘리지 않도록 Anchor를 적절히 지정할 수 있습니다. 예를 들어, 이미지를 캔버스 위에 고정하고, 아래를 자르고 싶을 때 위쪽 기준점을 선택합니다.

Anchor를 위쪽으로 지정한 모습

Anchor를 왼쪽으로 지정한 모습

Anchor를 아래쪽으로 지정한 모습

Anchor를 왼쪽 위로 지정한 모습

❺ **Canvas extension color** : 확장할 영역의 색상을 지정합니다.

AI Quick 활용 캔버스를 확장하여 이미지 생성하기

정해진 크기의 캔버스에 이미지를 생성하여 채울 경우 Generative Fill 기능을 이용하면 자연스럽게 이미지를 생성할 수 있습니다. 예제에서는 고양이와 인물의 잘린 사진을 자연스럽게 확장하여 생성하는 방법에 대해 알아봅니다.

01 포토샵 → 03 폴더에서 'job.png' 파일을 불러옵니다. 메뉴의 [Image] → Canvas Size(Alt+Ctrl+C)를 실행합니다.

02 Canvas Size 대화상자가 표시되면 이미지의 양쪽 가로 크기를 확장하기 위해 가운데 기준점이 선택된 상태에서 ❶ Width를 '1,200Pixels'로 설정하고 ❷ 〈OK〉 버튼을 클릭합니다.

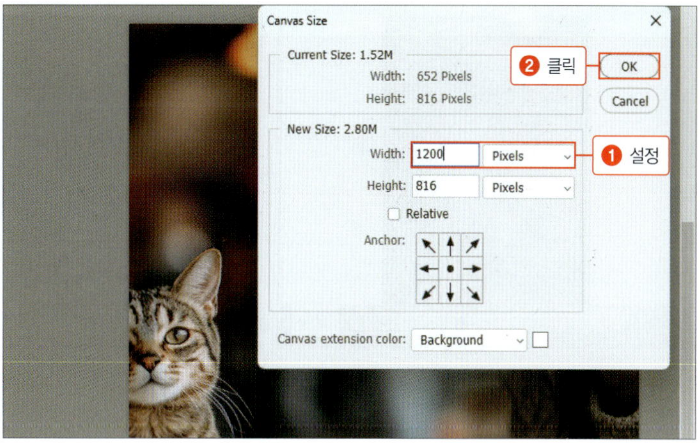

03 인물 사진의 양쪽 영역이 생성되어 가로 길이가 1,200픽셀로 확장되었습니다. ❶ 사각형 선택 도구( )를 선택한 다음 먼저 ❷ 확장된 왼쪽 영역을 드래그하여 선택 영역을 지정합니다. 이때 원본 이미지 왼쪽 부분을 살짝 선택 영역에 포함합니다.

왜? ✧

선택 영역을 지정할 때 살짝 기존 이미지를 포함하는 이유는 선택 영역을 지정할 때 자칫 빈 영역을 포함하지 않아 여백에 이미지가 생성되지 않는 부분이 생기지 않도록 하기 위해서입니다.

04 파이어플라이 선택 영역을 추가하기 위해 ❶ 옵션바에서 'Add to selection' 아이콘( )을 클릭합니다. ❷ 이번에는 확장된 오른쪽 영역을 드래그해 선택 영역을 지정합니다. 이때 원본 이미지 오른쪽 부분을 살짝 선택 영역에 포함합니다. 확장된 이미지를 생성하기 위해 ❸ Contextual Task Bar의 〈Generative Fill〉 버튼을 클릭합니다.

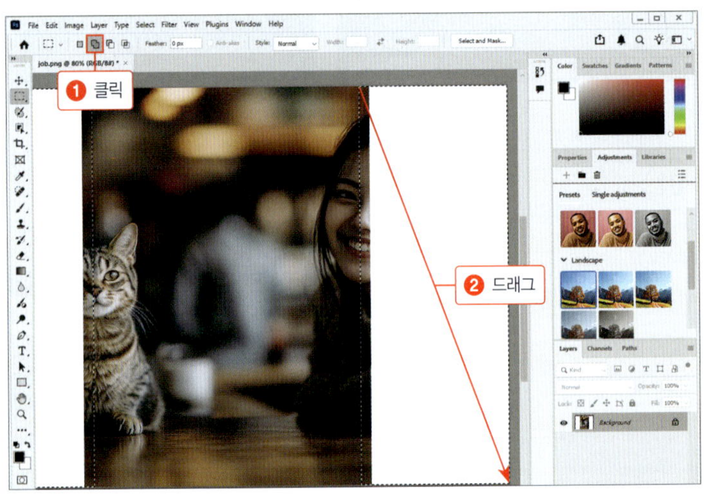

05 프롬프트 입력창이 표시되면 아무것도 입력하지 않은 상태에서 〈Generate〉 버튼을 클릭합니다. 확장된 영역에 고양이와 인물의 잘린 부분이 생성된 것을 확인할 수 있습니다.

왜? ✧

프롬프트를 입력하지 않고 〈Generate〉 버튼을 클릭하면, 기존 이미지를 유지하는 상태로 이미지를 생성합니다.

포토샵

❼ 작업 과정 기록과 반복 작업 해결하기

포토샵에서 작업하다가 다시 이전 작업으로 되돌리거나 번거로운 단순 작업을 지속적으로 하는 경우가 많이 발생합니다. 이때 히스토리 기능의 스냅샷 기능을 이용하거나 액션 기능을 이용하면 작업 시간을 단축할 수 있습니다.

이전 작업으로 되돌리기

History 패널에는 이미지 작업 과정이 순서대로 기록되어 있습니다. 만약 작업이 잘못되면 이전 항목을 클릭하여 작업 결과를 되돌릴 수 있습니다. 특히 스냅샷 기능을 이용하여 특정 단계를 설정하면 언제든지 설정한 단계로 되돌릴 수 있습니다.

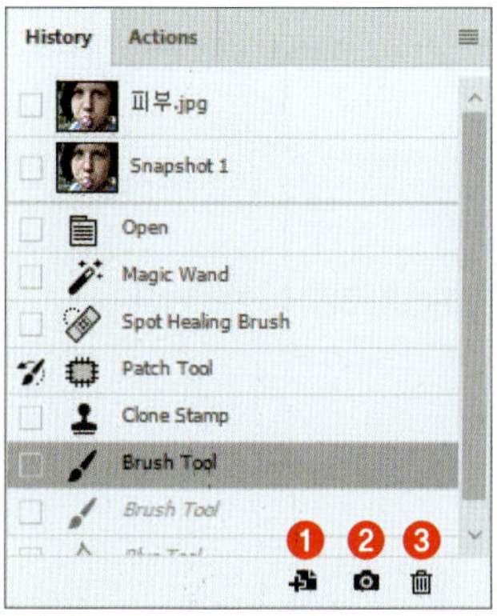

되돌리려는 항목을 클릭하면 해당 명령이 적용된 시점으로 이동합니다.

❶ Create new document from current state : 현재까지 명령이 적용된 상태를 새로운 이미지로 복제합니다.

❷ Create new snapshot : 특정 항목을 별도로 저장해 언제든지 해당 항목으로 이동할 수 있습니다.

❸ Delete current state : 기록된 항목을 삭제합니다.

> **TIP ✦**
> Ctrl+Z를 연속으로 눌러 작업 과정에서 이전 단계로 되돌릴 수 있으며, Shift+Ctrl+Z를 연속으로 눌러 이전 단계에서 이후 단계로 진행할 수 있습니다.

반복 작업 한번에 해결하기

Actions 패널은 작업 순서를 기록한 다음 여러 이미지에 기록된 명령들을 일괄적으로 사용할 수 있으며, 메뉴에서 [Window] → Actions(Alt+F9)를 실행하여 표시할 수 있습니다.

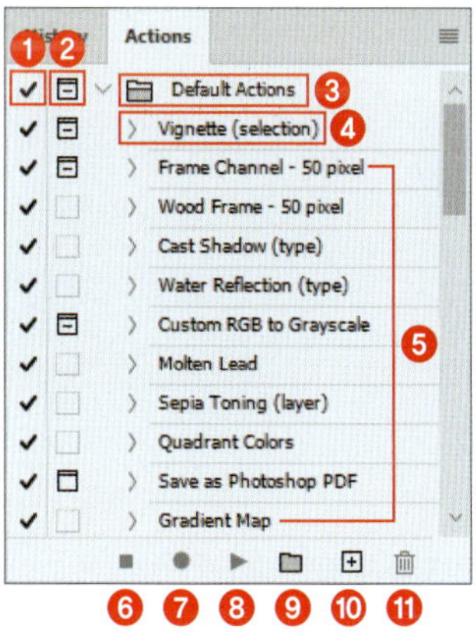

❶ Item On/Off : 액션 목록 중 체크 표시된 액션만 실행합니다.

❷ Dialog On/Off : 액션의 대화상자 표시 여부를 지정합니다.

❸ **액션 세트** : 액션을 묶어서 관리하는 폴더입니다.

❹ **액션** : 작업 단계가 기록되며, 더블클릭하여 액션 이름도 변경할 수 있습니다.

❺ **액션 목록** : 액션을 실행하는 단계입니다.

❻ Stop playing/recording : 액션의 녹화를 중지합니다.

❼ Begin recording : 작업 단계를 녹화합니다.

❽ Play section : 액션을 이미지에 적용합니다.

❾ Create new set : 액션 세트를 만듭니다.

❿ Create new action : 새 액션을 만듭니다.

⓫ Delete : 액션이나 액션 세트를 삭제합니다.

❽ 작업 시간 단축하기

메뉴에서 〔File〕 → Automate를 실행하면 포토샵에서 제공하는 자동화 기능을 이용할 수 있습니다. 비슷한 방식으로 여러 이미지를 작업할 때 사용하면 편리합니다.

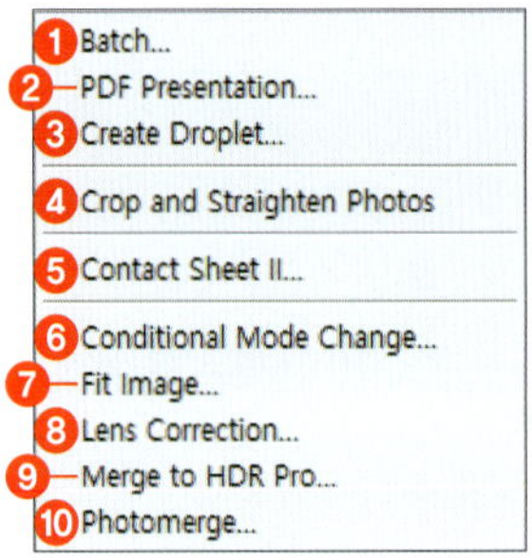

❶ **Batch** : 액션을 여러 이미지에 한꺼번에 적용하는 기능입니다.

❷ **PDF Presentation** : PDF 형태의 프레젠테이션을 할 수 있게 파일을 만듭니다.

❸ **Create Droplet** : 액션을 애플리케이션 형태로 만듭니다.

❹ **Crop and Straighten Photos** : 이미지 경계에 따라 자동으로 자르고 회전해 여러 개의 이미지로 나누는 기능입니다.

❺ **Contact Sheet II** : 여러 장의 사진을 한 장으로 정렬하여 표시합니다.

❻ **Conditional Mode Change** : 이미지 모드가 다르게 설정된 여러 이미지를 지정한 모드로 한번에 변경합니다.

❼ **Fit Image** : 지정한 수치로 이미지 크기를 변경합니다.

❽ **Lens Correction** : 렌즈로 인해 왜곡된 사진을 자동으로 보정합니다.

❾ **Merge to HDR Pro** : 같은 장소에서 노출이 다르게 촬영한 RAW 이미지들을 HDR 이미지 하나로 합칩니다.

❿ **Photomerge** : 여러 이미지를 연결하여 파노라마 사진을 만듭니다.

수많은 반복 이미지 한번에 처리하기

배치(Batch)는 '하나의 묶음'이란 의미로, 배치 기능을 이용하면 수많은 반복 이미지 작업을 간단하게 처리할 수 있습니다. 배치 작업을 위해서는 원본 이미지를 하나의 폴더에 저장해 두어야 하며 결과가 적용되어 저장될 폴더를 만들어야 합니다. 메뉴에서 〔File〕 → Automate → Batch를 실행하면 Batch 대화상자를 표시할 수 있습니다.

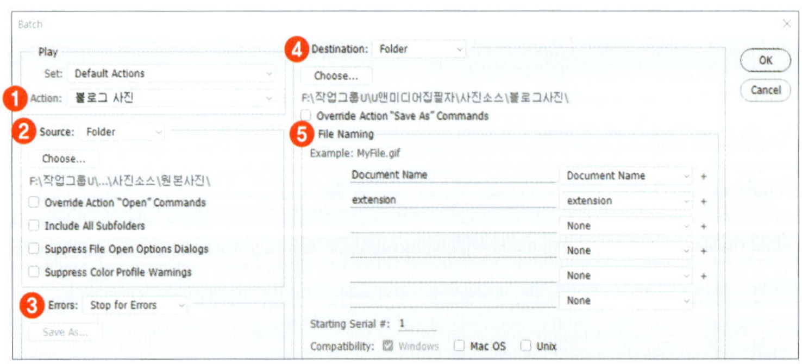

❶ **Action** : 배치 기능에 적용할 액션을 선택합니다.

❷ **Source** : 배치 기능을 적용할 원본 이미지가 저장되어 있는 폴더를 지정합니다.

❸ **Errors** : 배치 작업 중에 오류가 발생하면 작업을 중단할지, 오류를 파일로 저장할 것인지를 결정합니다.

❹ **Destination** : 배치 기능으로 저장될 경로를 지정합니다. 액션이 적용된 이미지들을 일괄적으로 저장합니다.

❺ **File Naming** : 결과물에 저장될 파일 이름 뒤에 알파벳이나 숫자, 날짜 등을 추가로 설정할 수 있습니다.

• **실습파일** : 포토샵\03\dog1.png • **완성파일** : 포토샵\03\dog 폴더

EASY 실습 여러 장의 이미지에 액션과 배치 기능 적용하기

단순 반복 작업은 액션 기능을 이용하여 쉽고 빠르게 적용할 수 있습니다. 여러 장의 가로 사진을 세로 비율로 설정하여 배치 기능으로 한 번에 세로 이미지로 변경해 보겠습니다.

01 포토샵 → 03 폴더의 'dog1.png' 파일을 불러옵니다. 메뉴에서 [Window] → Actions(Alt+F9)를 실행하여 Actions 패널을 표시합니다.

02 Actions 패널에서 ❶ 'Create new action' 아이콘(⊞)을 클릭합니다. New Action 대화상자가 표시되면 ❷ Name에 '세로사진'을 입력한 다음 ❸ 〈Record〉 버튼을 클릭합니다.

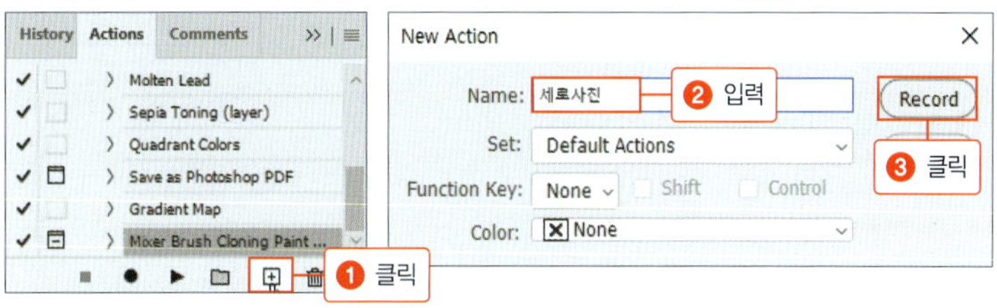

03 ❶ 자르기 도구(⌗)를 선택하고 ❷ 옵션바에서 이미지 비율을 '4 : 5'로 지정합니다. ❸ 세로 비율로 자를 영역이 그림과 같이 표시되면 Enter를 눌러 자릅니다.

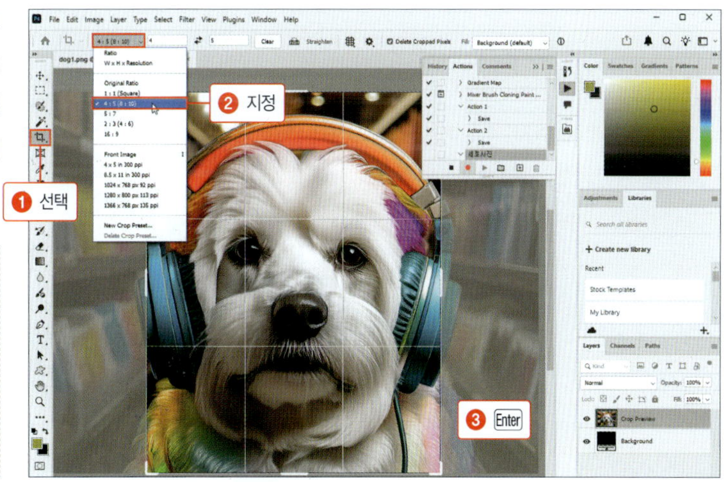

> **TIP ✦**
> 이미지를 자를 때 자를 영역 안에 마우스 커서를 위치시킨 다음 더블클릭하거나 Enter를 누릅니다. 미세하게 자를 이미지를 이동할 경우에는 키보드에서 화살표 키를 이용하는 것이 편리합니다.

04 ❶ 메뉴에서 [File] → Save(Ctrl+S)를 실행해 파일을 저장한 다음 ❷ Actions 패널에서 'Stop playing/recording' 아이콘(■)을 클릭해 액션 기록 작업을 마칩니다. 배치 기능을 적용하기 위해 ❸ 메뉴에서 [File] → Automate → Batch를 실행합니다.

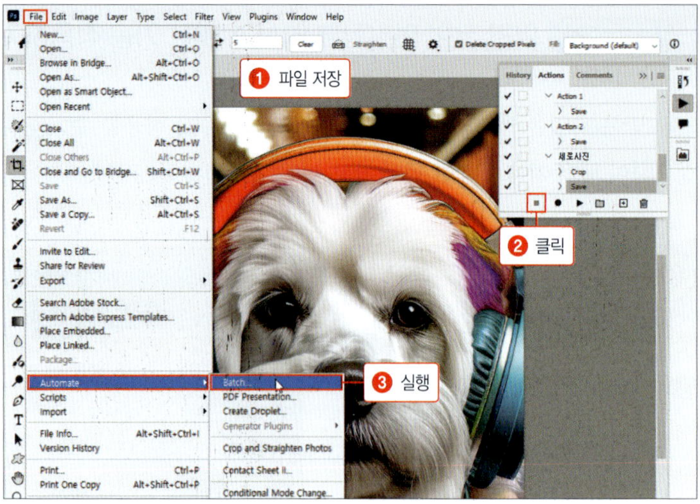

05 Batch 대화상자가 표시되면 ❶ Action을 '세로사진', Source를 'Folder'로 지정합니다. ❷ 〈Choose〉 버튼을 클릭한 다음 원본 사진이 저장된 폴더를 선택하고 〈폴더 선택〉 버튼을 클릭합니다. 예제에서는 포토샵 → 03 → dog 폴더를 선택했습니다. ❸ 〈OK〉 버튼을 클릭합니다.

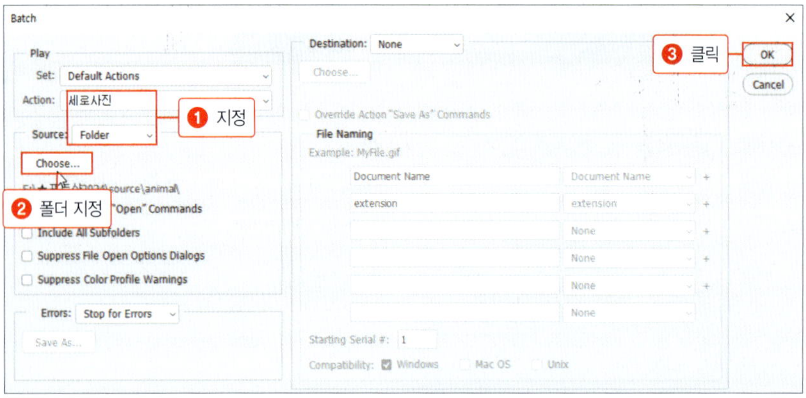

06 여러 장의 가로 이미지들에 액션 기능이 적용되어 4:5 비율의 세로 이미지로 변경되었습니다.

• **실습파일** : 포토샵\03\블로그사진 폴더 • **완성파일** : 포토샵\03\사진파일.pdf

Quick 활용 여러 장의 이미지를 하나의 PDF 파일로 저장하기

여러 장의 이미지를 한 장의 PDF 파일로 저장하면 출력이 쉽고, 프레젠테이션 형식으로 상대방에게 전달하여 PC나 스마트폰에서 한번에 볼 수 있는 장점이 있습니다.

01 포토샵에서 PDF 프레젠테이션 파일을 만들기 위해 메뉴에서 [File] → Automate → PDF Presentation을 실행합니다. PDF Presentation 대화상자가 표시되면 사진이 저장된 폴더를 선택하기 위해 ❶ 〈Browse〉 버튼을 클릭합니다. 열기 대화상자가 표시되면 ❷ 포토샵 → 03 → 블로그사진 폴더를 지정한 다음 ❸ 파일들을 드래그하여 전체 이미지 파일을 선택하고 ❹ 〈열기〉 버튼을 클릭합니다.

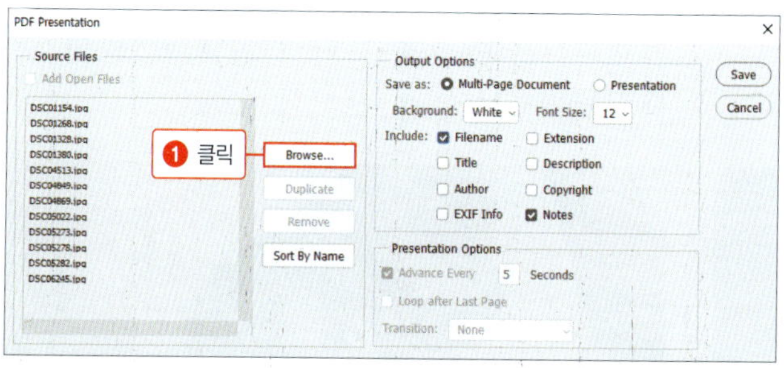

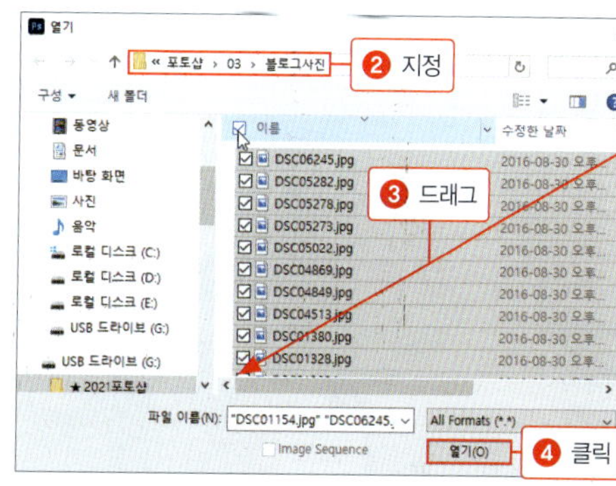

02 Output Options 항목에서 배경색을 지정하기 위해 ❶ Background를 'Black'으로 지정한 다음 파일 이름이 표시되도록 ❷ Include의 'Filename'에 체크 표시하고 ❸ 〈Save〉 버튼을 클릭합니다.

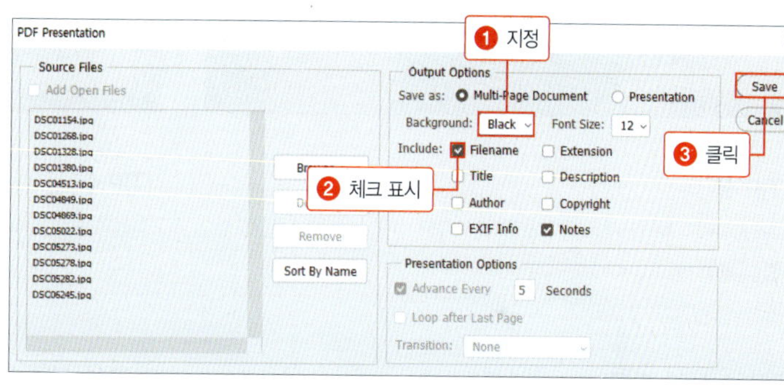

03 다른 이름으로 저장 대화상자가 표시되면 ❶ 파일 이름을 입력한 다음 ❷ 〈저장〉 버튼을 클릭합니다. Save Adobe PDF 대화상자가 표시되면 기본 값으로 저장하기 위해 ❸ 〈Save PDF〉 버튼을 클릭하여 저장합니다.

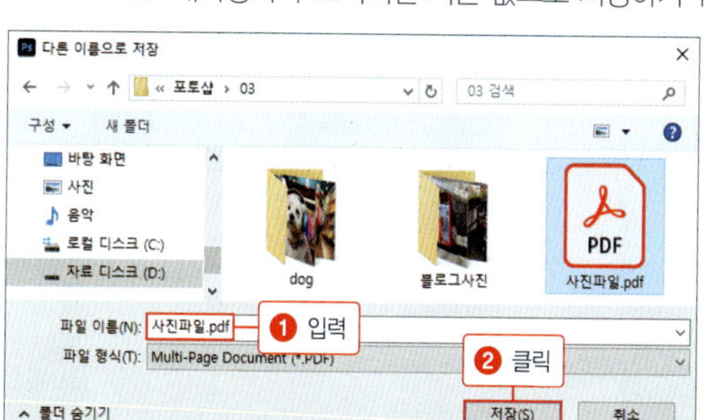

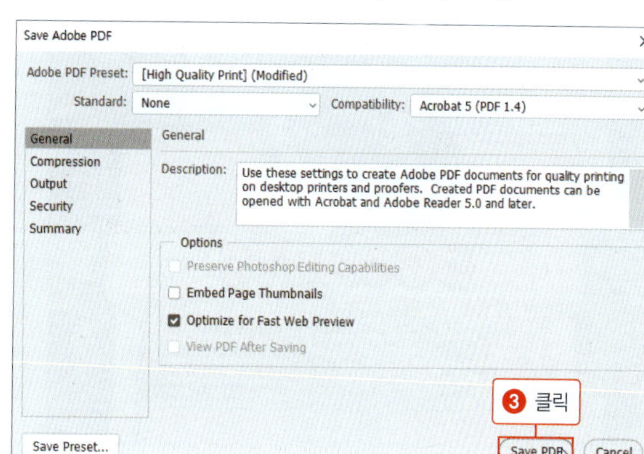

LESSON 06

작업의 반은 완성, 콕! 선택하는 선택 영역

❶ 고정된 영역을 선택하는 도구 알아보기

사각형 선택 도구

사각형 선택 도구(⬚)는 사각형으로 선택 영역을 지정할 때 사용합니다.

TIP ✦
Shift를 누른 상태에서 드래그하면 정사각형 선택 영역을 지정할 수 있습니다.

원형 선택 도구

원형 선택 도구(◌)는 원형으로 선택 영역을 지정할 때 사용합니다.

TIP ✦
Shift를 누른 상태에서 드래그하면 정원 선택 영역을 지정할 수 있습니다.

세로선 선택 도구

세로선 선택 도구(⋮)는 세로 방향으로 1px 굵기의 선택 영역을 지정할 때 사용합니다.

가로선 선택 도구

가로선 선택 도구(⋯)는 가로 방향으로 1px 굵기의 선택 영역을 지정할 때 사용합니다.

❷ 선택 영역 이동 및 복제하기

드래그 방식으로 도형 형태의 선택 영역을 지정하는 것은 가장 기본적인 선택 영역 지정 방법입니다. 선택 영역이 지정되었다면 이동 도구로 이동 또는 복제할 수 있습니다.

선택 영역 이동하기

특정 개체를 선택 영역으로 지정한 다음 이동시키거나 복제해 보겠습니다. 이동하려는 부분을 ❶ 사각형 선택 도구로 ❷ 드래그하여 선택한 다음 ❸ 이동 도구(✥)를 선택하고 ❹ 선택 영역을 드래그하면 드래그한 위치로 이동됩니다. 기존 영역에는 배경색이 표시됩니다.

인물을 선택한 모습

왼쪽으로 드래그하여 이동한 모습

선택 영역 복제하기

복제하려는 부분을 ❶ 사각형 선택 도구로 ❷ 드래그하여 선택한 다음 ❸ 이동 도구(✥)를 선택하고 ❹ Alt 를 누른 채 드래그하면 드래그한 위치로 선택 영역이 복제됩니다. 기존 영역은 이미지가 그대로 표시됩니다.

인물을 선택한 모습

Alt 를 누른 상태에서 왼쪽으로 드래그하여 복제한 모습

❸ 다양한 형태의 이미지 선택하기

드래그하는 대로 선택하기

올가미 도구( )는 자유롭게 드래그하여 선택할 때 이용하는 도구로, 다른 도구로 지정하기 어려운 불규칙한 영역을 선택 영역으로 지정할 수 있습니다.

마우스 커서를 따라 드래그하는 대로 선택 영역이 지정되기 때문에 정교한 형태의 선택 영역을 지정하기에는 무리입니다.

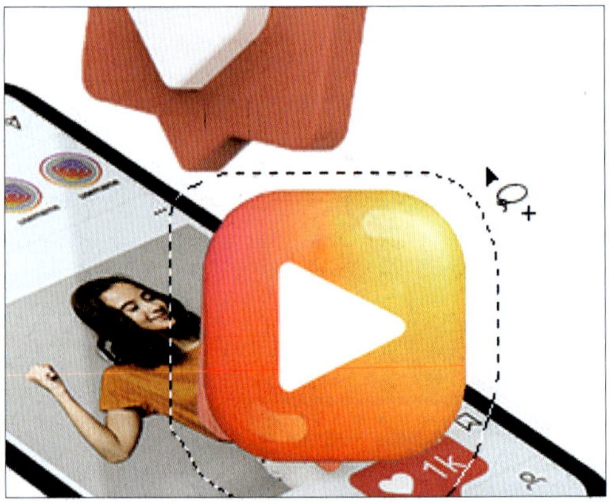

드래그하는 방식으로 영역을 선택한 모습

클릭하면서 선택하기

다각형 올가미 도구( )는 클릭하면서 선택 영역을 지정하기 때문에 드래그하는 방법으로 선택 영역을 지정하는 올가미 도구보다 정확하게 선택 영역을 지정할 수 있습니다.

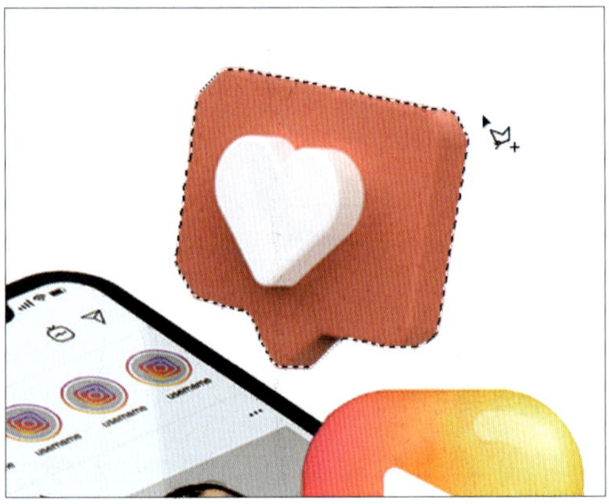

클릭하는 방식으로 영역을 선택한 모습

드래그하는 대로, 자동으로 선택하기

자석 올가미 도구( )는 이미지 경계면의 색상 차를 자동으로 인식해서 선택 영역을 지정하므로 색상 차가 많이 나는 영역을 선택하기 쉽습니다.

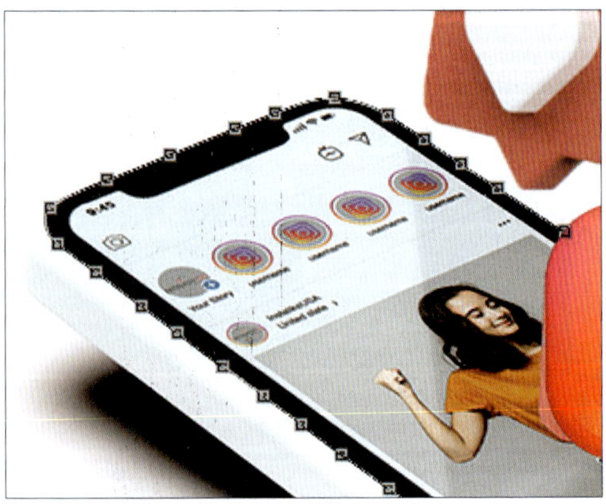

경계면을 따라 드래그하여 영역을 선택한 모습

EASY 실습 다각형 도구로 게시판 테두리 완성하기

게시판 이미지에 다각형 도구를 이용하여 선택 영역을 지정한 다음 두께를 지정해 테두리 선을 만들어 보겠습니다.

01 포토샵 → 03 폴더에서 'game.jpg' 파일을 불러옵니다. 게시판에만 다각형 선택 영역을 지정하기 위해 ❶ 다각형 올가미 도구( )를 선택합니다. ❷ 게시판 위쪽 모서리를 클릭해 그림과 같이 시작점으로 지정합니다.

02 연속으로 ❶ 왼쪽 모서리를 클릭한 다음 ❷ 그림과 같이 아래쪽 모서리를 클릭합니다. ❸ 오른쪽 모서리를 클릭하고 ❹ 시작점인 위쪽 모서리를 다시 클릭합니다.

> **TIP**
> 작업 중 잘못 클릭하거나 이전 단계로 돌아가려면 Backspace를 누릅니다.

03 선택 영역이 지정되면 메뉴에서 (Edit) → Stroke를 실행합니다. Stroke 대화상자가 표시되면 ❶ Width를 '20px'로 설정한 다음 ❷ Color의 색상 상자를 클릭하여 색상을 지정합니다. 예제에서는 '검은색'으로 지정했습니다. ❸ 〈OK〉 버튼을 클릭하면 선택 영역에 맞게 검은색 테두리 선이 생성됩니다.

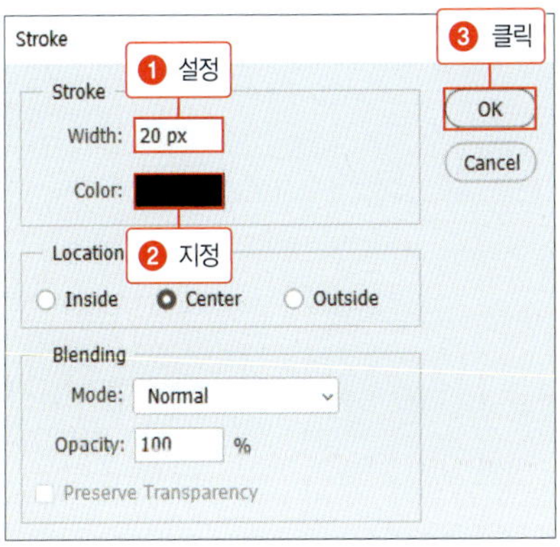

❹ 오브젝트 선택 도구로 이미지 선택하기

오브젝트 선택 도구( )는 자동으로 선택 영역을 인식하거나 사각형 선택 도구처럼 사각형 선택 영역을 지정하면 영역 안의 복잡한 오브젝트 형태도 자동으로 인식하여 선택 영역으로 지정합니다.

❶ **Object Finder** : 자동으로 이미지 안의 오브젝트 영역을 검색합니다.

원본 이미지(포토샵\03\kids2.jpg)

마우스 커서를 이미지 위에 위치

클릭하여 선택 영역 지정

❷ **Click to refresh object finder** : 새롭게 오브젝트를 재검색합니다.

❸ **Show all objects** : 이미지 안의 모든 오브젝트를 영역으로 지정합니다.

❹ **Set additional options** : 추가 설정 옵션을 지정합니다.

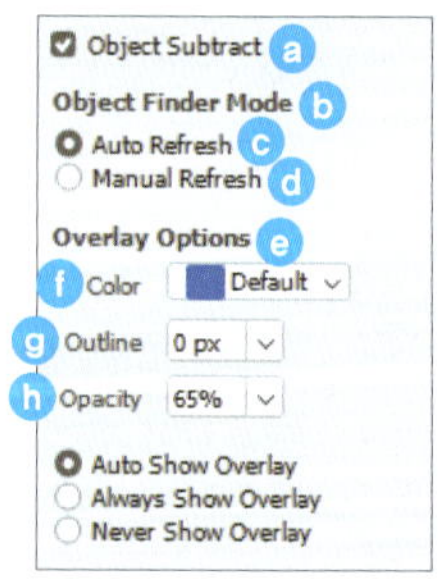

- ⓐ **Object Subtract** : 선택 영역을 지정할 때 안쪽 영역을 자동으로 제외합니다.
- ⓑ **Object Finder Mode** : 선택 영역 검색 방식을 자동이나 수동으로 선택할 수 있습니다.
- ⓒ **Auto Refresh** : 파일을 열 때마다 자동으로 영역을 검색합니다.
- ⓓ **Manual Refresh** : 'refresh object finder' 아이콘( )을 클릭할 때마다 영역을 검색합니다.
- ⓔ **Overlay Options** : 선택 영역을 표시하는 색상을 선택할 수 있으며, 경계 영역과 불투명도를 조절할 수 있습니다.
- ⓕ **Color** : 영역을 표시하는 오버레이 색상을 선택할 수 있습니다.
- ⓖ **Outline** : 영역의 외곽선 두께를 설정합니다.
- ⓗ **Opacity** : 영역의 오버레이 색상의 불투명도를 조절합니다.

❺ **Mode** : 선택 영역을 사각형 선택 도구와 올가미 도구 방식으로 지정할 수 있습니다.

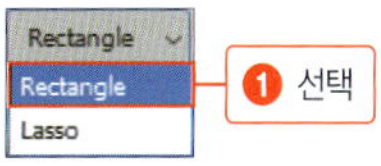

인물 의상을 포함해 드래그(포토샵\03\track01.png)

자동으로 의상만 선택 영역으로 지정

의상만 색상을 변경하여 완성된 이미지

❺ Contextual Task Bar에서 자동 이미지 선택하기

Contextual Task Bar에서도 자동으로 이미지를 인식하여 선택 영역을 지정할 수 있습니다. Contextual Task Bar의 〈Select subject〉 버튼을 클릭하면 자동으로 인물을 인식하여 선택 영역으로 지정합니다. 이 상태에서 배경 이미지를 선택하려면 Contextual Task Bar의 'Invert selection' 아이콘을 클릭해 선택 영역을 반전합니다.

다음의 이미지는 배경이 복잡하고 인물의 의상 색상과 배경 색상이 동일한 노란색임에도 AI 기능이 정확하게 인물만 인식해 선택 영역으로 지정했습니다. 정확한 영역의 설정은 이미지 생성 기능으로 다른 형태의 배경을 생성하더라도 자연스러운 합성 효과를 얻을 수 있습니다.

〈Select subject〉 버튼 클릭(포토샵\03\여행.jpg)

'Invert selection' 아이콘을 클릭하여 선택 영역 반전

새로운 배경 이미지 생성

❻ 선택 브러시 도구로 이미지 생성 영역 지정하기

새롭게 추가된 선택 브러시 도구는 선택 영역을 더 직관적으로 선택할 수 있는 도구입니다. 주로 이미지 생성 영역을 선택할 때 사용하며, 선택 영역의 경계를 자연스럽게 지정할 수 있어 기존 이미지와 새로 생성된 이미지의 합성 효과를 기대할 수 있습니다.

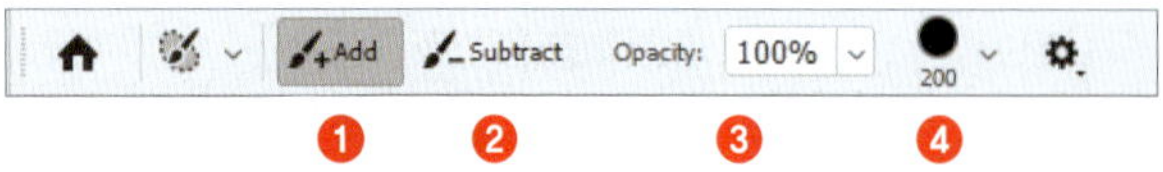

❶ **Add** : 선택 브러시 도구로 드래그하면 드래그한 부분이 영역으로 추가됩니다.

❷ **Subtract** : 선택 영역으로 지정된 영역을 제거할 때 사용합니다.

❸ **Opacity** : 브러시의 불투명도를 조정합니다.

❹ **Brush Size/Hardness** : 브러시의 크기와 강도를 슬라이더로 조정할 수 있습니다.

원본 이미지(포토샵\03\생성.png)

선택 브러시 도구로 벽 부분을 영역 지정

벽에 그래피티 생성+ 머리 영역 지정

헬멧 생성

전체 영역 지정

비보이 춤을 추는 소녀 생성(포토샵\03\생성_완성.png)

❼ 선택 영역 편집하기

선택 영역을 편집하는 작업은 포토샵에서 이미지의 특정 부분을 수정하거나 변형할 때 매우 중요한 역할을 합니다. 선택 영역을 사용하면 이미지의 일부를 정확하게 정의하고, 그 부분에만 적용할 수 있는 다양한 편집 작업을 효율적으로 수행할 수 있습니다. 예를 들어, 이미지에서 특정 부분을 수정하거나 제거할 때, 선택 영역을 통해 해당 영역을 정확하게 선택하고, 나머지 부분에는 영향을 주지 않도록 할 수 있습니다. 이는 실수 없이 필요한 부분만 빠르고 정확하게 수정할 수 있도록 도와줍니다.

또한, 이미지의 특정 부분을 복사하거나 이동할 때, 선택 영역을 통해 원하는 영역을 선택한 후, 복사하거나 이동하는 작업을 쉽게 할 수 있습니다. 예를 들어, 사진에서 일부 객체를 다른 위치로 옮기거나, 여러 이미지를 합성할 때 선택 영역을 활용하면 각 요소를 독립적으로 조작하여 자연스럽게 결합할 수 있습니다.

❶ **New selection** : 영역을 지정할 때마다 기존 선택 영역은 없어지고 새로운 영역이 만들어집니다.

❷ **Add to selection** : 선택 영역을 지정할 때마다 기존 선택 영역에 새로운 선택 영역이 추가됩니다.

❸ **Subtract from selection** : 기존 선택 영역에서 선택한 영역을 삭제할 때 이용합니다.

❹ **Intersect with selection** : 기존 선택 영역과 새로운 선택 영역 가운데 겹치는 부분만 남깁니다.

원형 선택 도구로 바깥쪽 원을 선택 영역으로 지정한 모습

Subtract from selection 기능으로 안쪽 원 영역을 뺀 모습

원형 선택 도구로 바깥쪽 원을 선택 영역으로 지정한 모습

Intersect with selection 기능으로 안쪽 원 영역을 지정하여 겹치는 영역만 남은 모습

❺ **Feather** : 선택한 이미지의 경계선을 부드럽게 표현합니다. 값이 클수록 경계선이 부드럽게 처리됩니다.

Feather : 0

Feather : 20

Feather : 50

❻ **Anti-alias** : 이미지 외곽 부분을 부드럽게 나타내기 위해 비슷한 색상으로 처리합니다. 'Anti-alias'에 체크 표시하지 않으면 거칠게 표현됩니다.

Anti-alias : Off

Anti-alias : On

❼ **Style** : 선택 영역 스타일을 지정합니다.

ⓐ **Normal** : 드래그하는 영역만큼 자유롭게 선택 영역을 만듭니다.

ⓑ **Fixed Ratio** : 가로와 세로의 비율을 지정하여 선택 영역을 만듭니다.

ⓒ **Fixed Size** : 특정 값을 입력하여 선택 영역의 가로와 세로 크기를 고정합니다.

자유롭게 드래그하여 선택 영역을 지정한 모습

Width와 Height를 각각 '154px'로 설정해 정사각형 선택 영역으로 지정한 모습

Width를 '300px', Height를 '200px'로 설정해 특정 크기의 선택 영역으로 지정한 모습

EASY 실습 다채로운 색상의 이미지를 빠르고 간편하게 선택하기

이미지 형태가 복잡하거나 색상이 다양하면 선택 영역을 지정하기가 쉽지 않습니다. 이때 빠른 선택 도구를 이용하면 드래그하는 방향에 따라 빠르고 간편하게 선택 영역을 지정할 수 있습니다.

01 포토샵 → 03 폴더에서 'instagram.jpg' 파일을 불러옵니다. 열기구 이미지를 선택 영역으로 지정하기 위해 ❶ 빠른 선택 도구( )를 선택합니다. ❷ 옵션바에서 브러시 팝업 아이콘을 클릭한 다음 ❸ Size를 '25px'로 설정합니다.

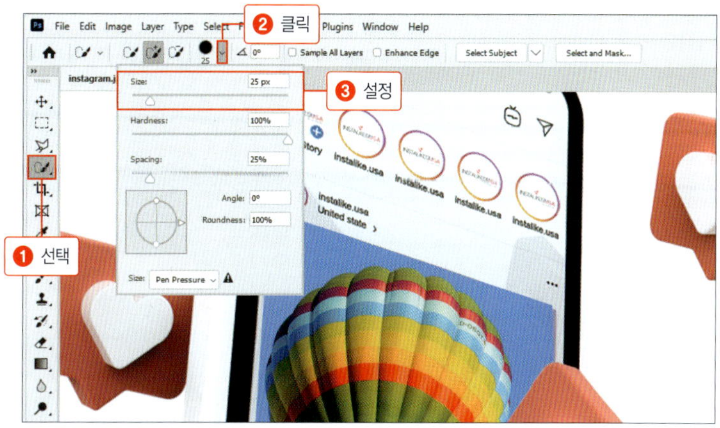

02 ❶ 열기구를 드래그하면 선택 영역으로 지정됩니다. ❷ 색상이 다른 부분도 드래그하는 방향대로 선택 영역이 지정되는 것을 확인할 수 있습니다.

03 선택 영역 지정이 완료되면 ❶ 이동 도구( )를 선택한 다음 ❷ 선택 영역 안에 마우스 커서를 위치시키고, Alt를 누른 채 오른쪽으로 드래그합니다. 열기구가 복제된 것을 확인할 수 있습니다. ❸ Ctrl+D를 눌러 선택 영역을 해제해 작업을 마칩니다.

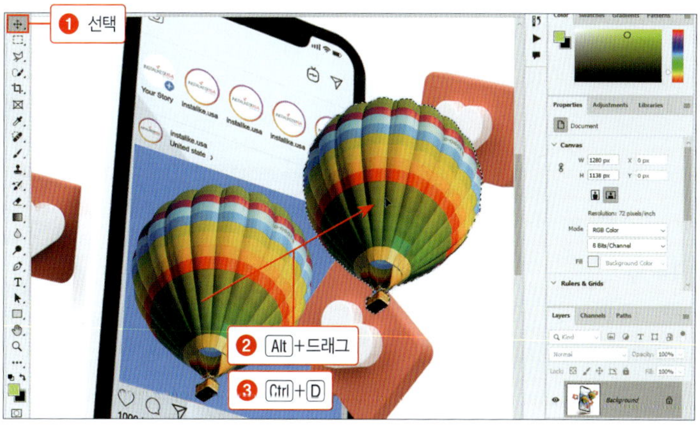

EASY 실습 복잡한 배경과 분리하여 인물 선택하기

오브젝트 선택 도구로 복잡한 형태의 인물을 배경과 분리해 선택 영역으로 지정한 다음 합성하기 쉽도록 투명 배경으로 만들어 봅니다.

01 포토샵 → 03 폴더에서 'baseball2.png' 파일을 불러옵니다. ❶ Layers 패널의 'Background' 레이어를 더블클릭하고 New Layer 대화상자에서 〈OK〉 버튼을 클릭하여 일반 레이어로 변경합니다. 인물을 선택 영역으로 지정하기 위해 ❷ 오브젝트 선택 도구(아이콘)를 선택합니다. ❸ 드래그하여 그림과 같이 선택 영역 안에 인물이 포함되도록 지정합니다.

02 인물이 선택 영역으로 지정되면 이외의 배경을 선택 영역으로 지정하기 위해 메뉴에서 [Select] → Inverse를 실행해 선택 영역을 반전하거나 Contextual Task Bar의 'Invert selection' 아이콘(아이콘)을 클릭합니다.

03 Delete를 눌러 배경을 삭제해서 투명 영역으로 만듭니다. 어떤 이미지도 복사나 드래그하여 합성할 수 있는 인물 이미지가 완성되었습니다.

TIP

PNG 파일은 선택 영역을 삭제하면 투명 영역으로 표시되어 손쉽게 합성할 수 있는 파일 포맷입니다.

AI EASY 실습 선택 브러시 도구로 피부 재생하기

선택 브러시 도구로 인물의 피부를 보정할 영역을 드래그해서 지정한 다음 Generative Fill 기능을 이용하여 마치 피부를 재생한 것처럼 깨끗한 피부를 생성해 봅니다.

01 포토샵 → 03 폴더에서 'teen.jpg' 파일을 불러옵니다. 얼굴에 주근깨가 있는 인물 이미지가 나타나면 선택 브러시 도구( )를 선택합니다.

02 파이어플라이 옵션바에서 ❶ 브러시 크기를 '120'으로 설정하고 ❷ 주근깨가 있는 부분을 드래그합니다. ❸ 영역을 그림과 같이 표시한 다음 〈Generative Fill〉 버튼을 클릭합니다.

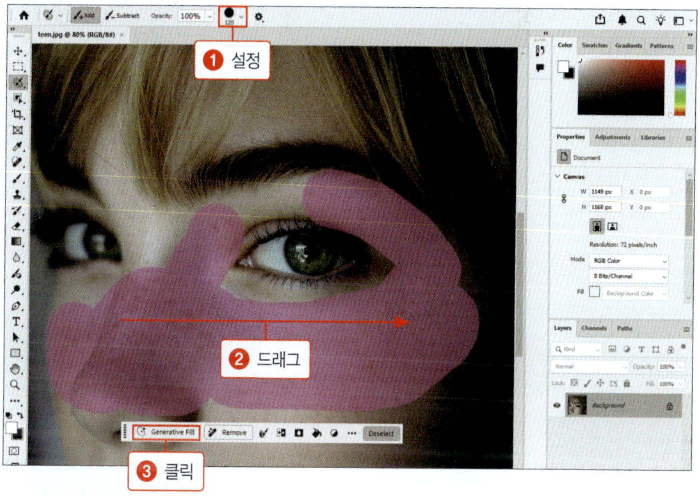

TIP
생성형 기능 사용시 1회당 1~10크레딧이 소모될 수 있습니다. 크레딧이 부족하면 사용이 어려우니 추가 크레딧을 구매하거나 요금제를 업그레이드하세요(47, 48쪽 참고).

03 ❶ 〈Generate〉 버튼을 클릭하면 얼굴에 표시한 영역 안에 있는 피부를 재생하듯이 깨끗한 피부를 생성합니다. ❷ Properties 패널에서 다른 피부 결을 선택하여 적용할 수도 있습니다.

AI Quick 활용 피사체를 직접 보면서 구분하여 배경 바꾸기

오브젝트 선택 도구를 이용하면 이미지를 구성하는 피사체 위에 마우스 커서를 위치하는 것만으로도 피사체와 배경을 구분하여 선택 영역을 지정할 수 있습니다. 예제에서는 꽃밭 배경의 인물을 구분하여 배경을 변경해 봅니다.

01 포토샵 → 03 폴더에서 'sleep.jpg' 파일을 불러옵니다. 오브젝트 선택 도구(   )를 선택합니다.

02 커서를 인물 위 정수리에 위치시키면 인물 부분만 마스크 효과처럼 외곽선과 영역을 붉은색으로 표시합니다.

03 파이어플라이 ❶ 배경에 커서를 위치시키면 인물 이외 영역이 표시됩니다. 배경을 선택 영역으로 만들기 위해 ❷ 배경 영역을 클릭한 다음 ❸ 〈Generative Fill〉 버튼을 클릭합니다.

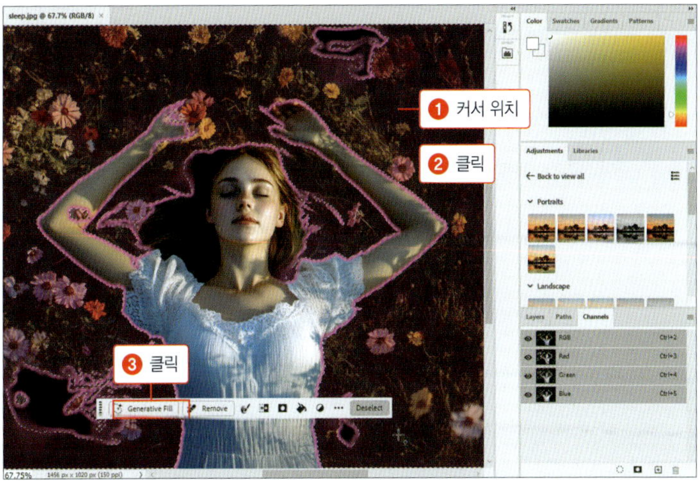

> **TIP**
> 생성형 기능 사용시 1회당 1~10크레딧이 소모될 수 있습니다. 크레딧이 부족하면 사용이 어려우니 추가 크레딧을 구매하거나 요금제를 업그레이드하세요(47, 48쪽 참고).

04 프롬프트 입력창에 ❶ 배경을 묘사하는 문장을 입력한 다음 ❷ 〈Generate〉 버튼을 클릭합니다.

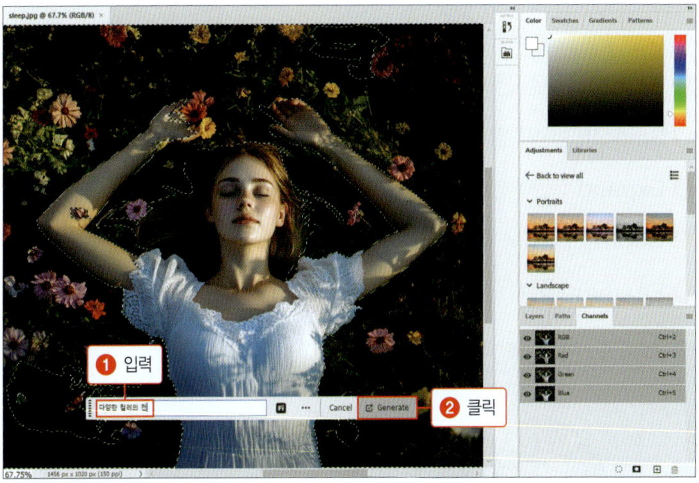

> **TIP**
> 마우스 커서를 작업 창 이외의 영역으로 이동하면 마스크 효과의 영역 표시는 없어지고, 선택 영역만 표시됩니다.

| 프롬프트

다양한 컬러의 천

05 꽃밭 배경이 다양한 컬러의 천으로 생성되었으며, 인물의 경계선과 그림자에 맞게 구겨진 천의 그림자가 생성된 것을 확인할 수 있습니다.

⑧ 선택 영역 변형하기

선택 영역을 지정한 후에도 필요에 따라 형태를 변경할 수 있습니다. 선택 영역을 수정하기 위해서는 〔Select〕 → Modify 메뉴에서 원하는 명령을 실행합니다.

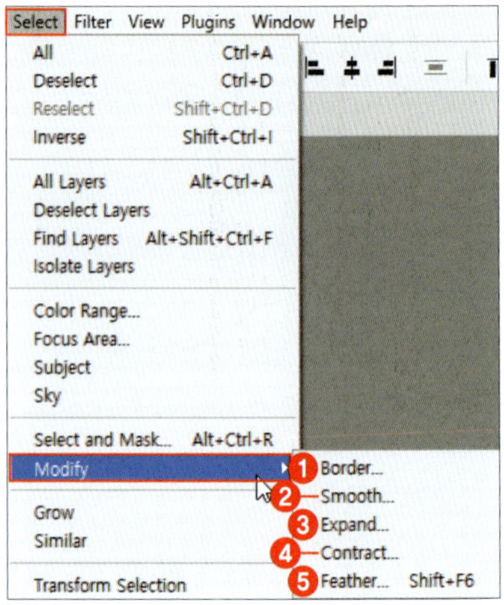

TIP ✦
이미지뿐만 아니라 선택 영역도 다양한 Modify 명령을 이용해 변형할 수 있습니다. 선택 영역의 변형은 곧 이미지 변형의 기준이 됩니다.

❶ Border : 기존 선택 영역을 기준으로 테두리 형태의 선택 영역을 만듭니다.

❷ Smooth : 선택 영역의 모서리를 둥글게 만듭니다. 둥근 사각형 형태의 바 또는 버튼을 만들 때 유용합니다.

❸ Expand : 선택 영역을 바깥쪽으로 확대합니다.

❹ Contract : 선택 영역을 안쪽으로 축소합니다.

❺ Feather(Shift+F6) : 선택 영역 가장자리를 부드럽게 처리합니다.

원본 이미지(포토샵\03\도넛.jpg)

Border : 0

Border : 100

Contract : 100

Feather : 0

Feather : 100

선택 영역을 지정한 상태에서 회전하거나 주변 영역을 기준으로 선택 영역을 확장할 수도 있습니다. 〔Select〕 메뉴에서 선택 영역을 변형할 수 있는 Transform Selection 명령과 선택 영역을 확장할 수 있는 Grow, Similar 명령을 실행할 수 있습니다.

선택 영역에 표시된 바운딩박스(포토샵\03\한복.jpg)

조절점을 드래그하여 이동한 상태

선택 영역을 확장히기는 Grow 기능

비슷한 색을 찾아 선택 영역을 지정하는 Similar 기능

선택 도구를 이용해 선택 영역을 만든 다음 메뉴에서 〔Select〕 → Save Selection을 실행하면 선택 영역을 알파 채널로 저장할 수 있습니다.

메뉴에서 〔Select〕 → Load Selection을 실행하거나 Channels 패널에서 Ctrl을 누른 상태로 알파 채널을 클릭하면 저장한 알파 채널을 선택 영역으로 불러올 수 있습니다.

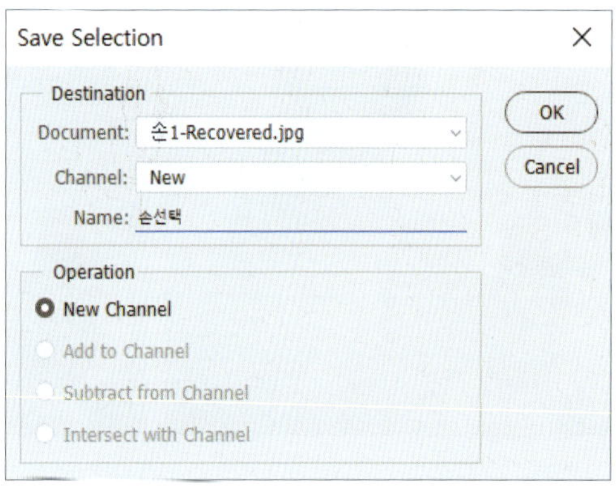

Save Selection 대화상자

❾ 비슷한 색 범위를 선택 영역으로 지정하기

메뉴에서 [Select] → Color Range를 실행하면 직접 선택하려는 색상을 미리 보기 창에서 클릭한 다음 색상 범위를 설정하여 선택 영역을 지정할 수 있습니다.

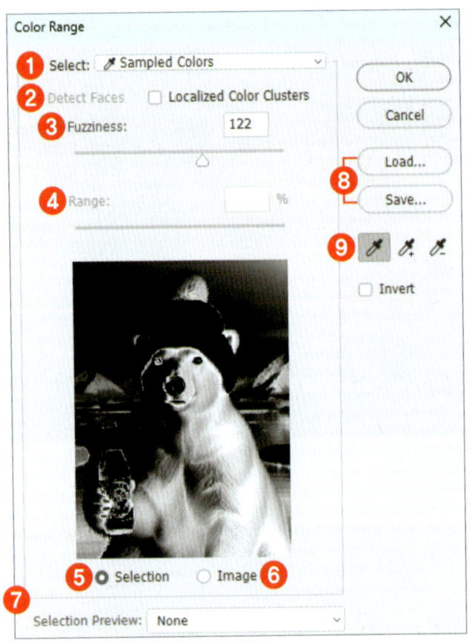

❶ **Select** : 색상이나 색조 범위를 선택합니다.

❷ **Detect Faces** : Select를 'Skin Tones'로 지정하면 체크 표시할 수 있으며 피부만 선택할 수 있습니다.

❸ **Fuzziness** : 색상 범위를 설정합니다. 선택 영역에서 색상 범위를 제어하고 부분적으로 선택된 픽셀, 즉 선택 영역 미리 보기에서 회색 영역의 양을 늘리거나 줄입니다. 색상 범위를 제한하려면 낮게 설정하고 색상 범위를 늘리려면 높게 설정합니다.

❹ **Range** : 'Localized Color Clusters'를 체크 표시하면 설정할 수 있고 샘플 포인트를 기준으로 선택 영역에 포함할 색상 범위를 조절합니다.

❺ **Selection** : 이미지에서 샘플링 색상을 적용해 만들어지는 선택 영역을 미리 확인합니다. 기본으로 흰색 영역은 선택된 픽셀, 검은색 영역은 선택되지 않은 픽셀, 회색 영역은 부분 선택된 픽셀을 나타냅니다.

❻ **Image** : 이미지 전체를 미리 보기로 표시합니다. 예를 들어, 화면에 표시되지 않은 이미지 부분을 샘플링해야 할 수도 있습니다.

❼ **Selection Preview** : 이미지 창에서 선택 영역을 미리 보기 위한 옵션을 지정합니다.

❽ **Load, Save** : 색상 범위 설정을 저장하거나 불러올 수 있습니다.

❾ **스포이트** : 선택 영역을 조절합니다. 색상을 추가하려면 + 스포이트를 선택한 다음 미리 보기 영역이나 이미지를 클릭합니다. 색상을 빼려면 – 스포이트를 선택한 다음 미리 보기 영역이나 이미지를 클릭합니다.

Fuzziness : 50(포토샵\03\곰.png)

Fuzziness : 100

Fuzziness : 150

⑩ 초점에 따라 선택 영역 지정하기

메뉴에서 〔Select〕 → Focus Area를 실행하면 배경이 흐릿하게 표현된 이미지에서 초점이 맞춰진 특정 부분을 선택 영역으로 지정할 수 있습니다.

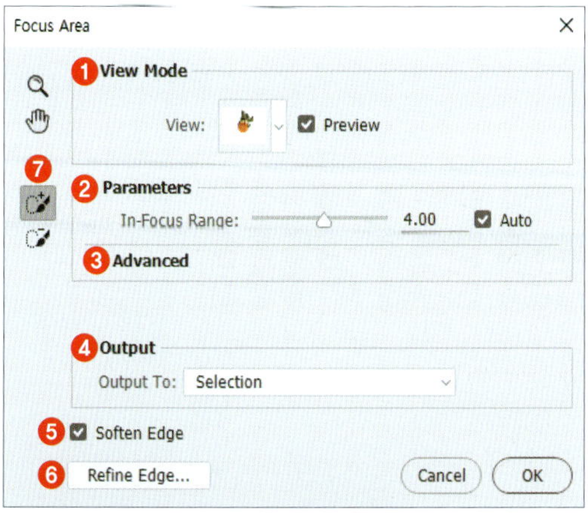

❶ **View Mode** : 보기 옵션을 지정합니다.

❷ **Parameters** : In-Focus Range 범위를 조절해 선택 영역을 넓히거나 좁힙니다.

❸ **Advanced** : 노이즈를 제어할 수 있습니다.

❹ **Output** : 어떤 방식으로 결과물을 만들지 지정합니다.

❺ **Soften Edge** : 선택 영역 가장자리를 부드럽게 만듭니다.

❻ **Refine Edge** : 선택 영역 가장자리를 미세하게 조절합니다.

❼ **브러시 컨트롤** : 수동으로 선택 영역을 추가하거나 제거합니다.

❶ 인물에 초점이 맞춰진 원본 사진

❷ In-Focus Range를 '2.5'로 조절한 사진

❸ 브러시 컨트롤로 풀밭 배경을 제거한 모습

❹ 선택 영역 지정

❺ 선택된 부분을 복제 및 이동한 모습

❻ 아래 레이어에 효과를 적용해 속도감을 준 모습

❶ 소녀에 초점이 맞춰진 사진에서 이미지 배경에 속도감을 주기 위해 ❷ Focus Area를 실행합니다. ❸ 흐릿한 배경 이미지의 범위를 조정해 투명 영역으로 표시합니다. ❹ Output To를 'Selection'으로 지정하면 배경을 제외한 인물만 선택 영역으로 지정됩니다. ❺ 인물을 복제하여 이동한 다음 ❻ 메뉴에서 〔Filter〕 → Motion Blur를 실행하여 속도감을 적용해 완성합니다.

Part 04

이미지를 놀랍도록 아름답게! AI 이미지 생성과 변형하기

| Adobe Firefly | Topaz Gigapixel 〈 20/26 〉

AI | Crop | Transform | Filter

PHOTOSHOP
&ILLUSTRATOR CC 2026

CC/26
PHOTOSHOP
Gemini / Nano Banana

LESSON 07 디자인? 이제 누구나 포토샵 AI로 이미지를 생성한다!

Ps

• **완성파일** : 포토샵\04\twins, eagles.jpg

AI EASY 실습 정보 검색형 나노 바나나로 이미지 생성하기

나노 바나나는 정보 검색과 프롬프트 텍스트 인식 기능을 결합하여 정확도 높은 이미지를 생성합니다. 예제에서는 프로야구 유니폼과 인물을 프롬프트에 맞게 변경하여 이미지를 생성해 보겠습니다.

01 포토샵을 실행한 다음 ❶ 〈New file〉 버튼을 클릭합니다. New Document 대화상자에서 문서 크기를 설정합니다. 예제에서는 ❷ [Photo] 탭을 선택하고 ❸ 'Default Photoshop Size'를 선택한 다음 ❹ 〈Create〉 버튼을 클릭합니다.

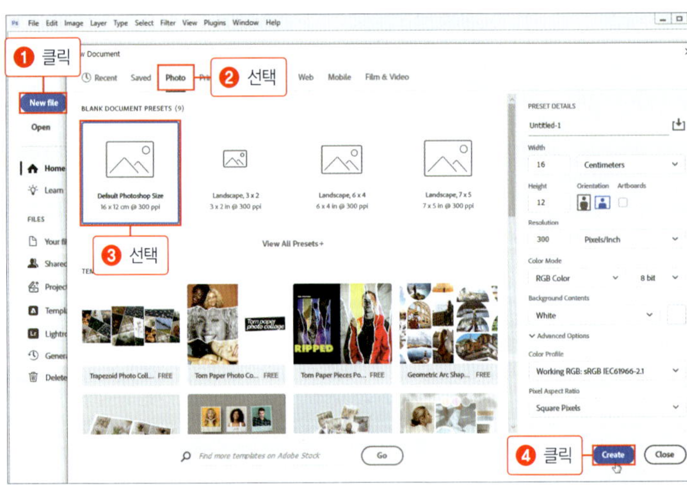

TIP Tools 패널 아래에 위치한 'Generate image' 아이콘(🖼)을 클릭하여 Generate image 대화상자를 표시할 수도 있습니다.

02 도큐먼트 전체에 이미지를 생성하기 위해 메뉴에서 [Select] → All(Ctrl + A)을 실행하여 먼저 도큐먼트 전체를 선택 영역으로 지정합니다.

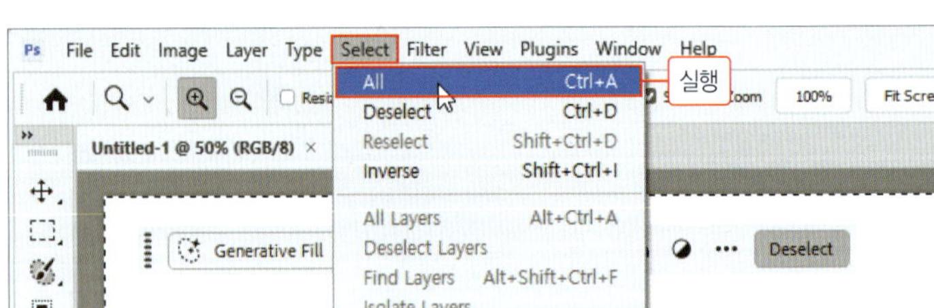

03 이미지를 생성하기 위해 Contextual Task Bar에서 〈Generative Fill〉 버튼을 클릭합니다.

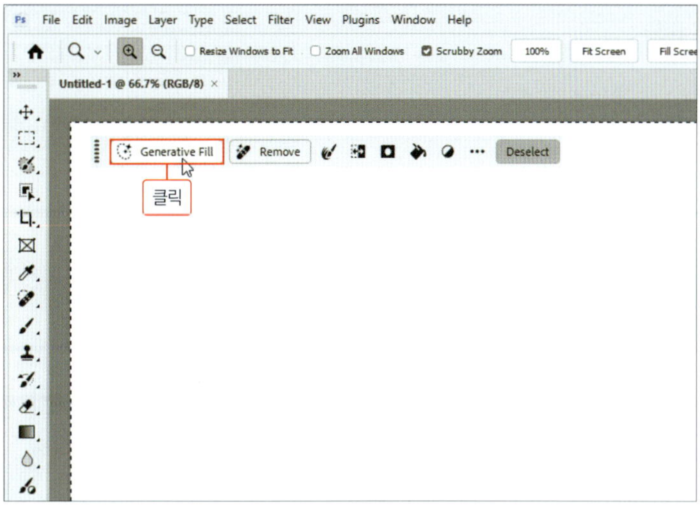

04 G 나노 바나나 생성 모델을 나노 바나나로 사용하기 위해 ❶ 'Choose a model' 아이콘을 클릭하고 ❷ 'Gemini 3 (wiht Nano Banana Pro)'를 선택합니다.

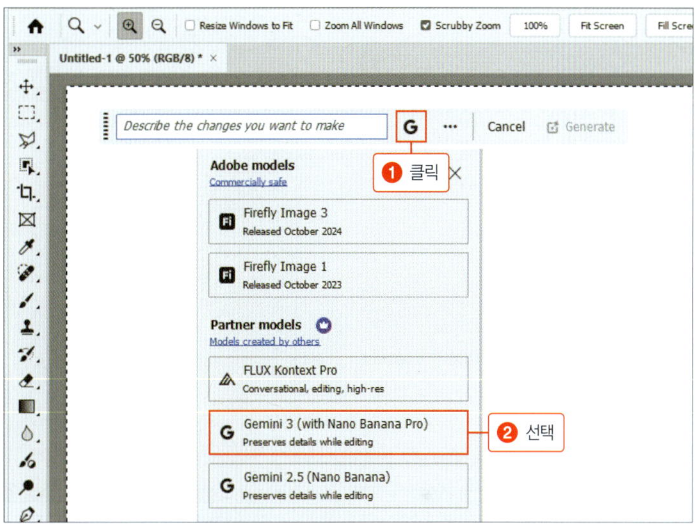

TIP ✦

나노 바나나 모델로 사용시 1회당 10크레딧 이상 소모됩니다. 크레딧이 부족하면 사용이 어려우니 추가 크레딧을 구매하거나 요금제를 업그레이드하세요(47, 48쪽 참고).

05 Contextual Task Bar의 ❶ 프롬프트 입력창에 생성하려는 이미지를 묘사하는 프롬프트를 입력하고 ❷ 〈Generate〉 버튼을 클릭합니다.

| 프롬프트

20대 한국 케이팝 스타일 남성이 "LG TWINS" 야구 유니폼과 모자 착용. 배경은 스튜디오의 노란색 배경, 2026이 새겨진 커다란 우승 트로피를 들고 있는 바스트 샷

06 나노 바나나 모델이 LG 트윈스 유니폼을 인식하여 해당 유니폼을 입고 트로피를 든 한국 남성 이미지를 생성했습니다.

07 유니폼과 인물을 변경하기 위해 Contextual Task Bar의 ❶ 프롬프트 입력창에서 '남성'을 '여성'으로, 'LG TWINS'를 'Hanwha Eagles'로 변경한 다음 ❷ 〈Generate〉 버튼을 클릭합니다.

| 프롬프트

20대 한국 케이팝 스타일 **여성**이 **"Hanwha Eagles"** 야구 유니폼과 모자 착용. 배경은 스튜디오의 노란색 배경, 2026이 새겨진 커다란 우승 트로피를 들고 있는 바스트 샷

08 나노 바나나 모델이 한화 이글스 유니폼을 인식하여 해당 유니폼을 입고 트로피를 든 한국 여성 이미지를 생성했습니다.

AI EASY 실습 나노 바나나와 파이어플라이로 레이어 합성하기

생성형 AI 모델을 변경하며 이미지 수정 작업을 할 수 있습니다. 전체 이미지를 생성할 때는 주로 나노 바나나를 사용하고, 부분적으로 이미지를 수정할 때는 파이어플라이를 사용합니다.

After 1

After 2

After 3

01 포토샵을 실행한 다음 ❶ 〈New file〉 버튼을 클릭합니다. New Document 대화상자에서 문서 크기를 설정합니다. 예제에서는 ❷ [Photo] 탭을 선택하고 ❸ 'Default Photoshop Size'를 선택한 다음 ❹ 〈Create〉 버튼을 클릭합니다.

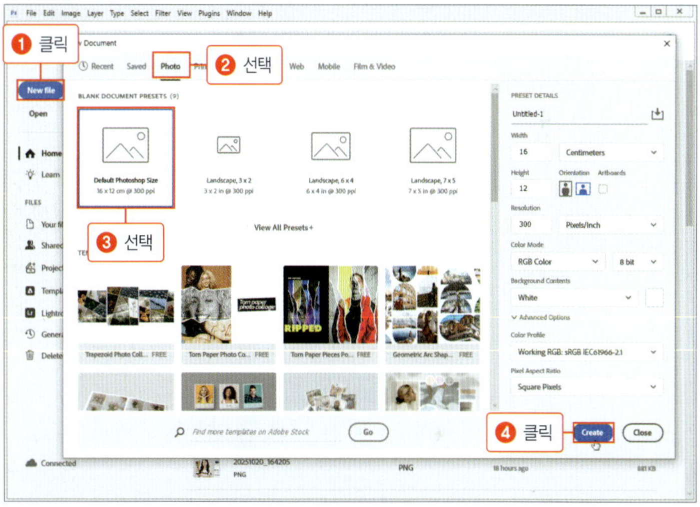

02 도큐먼트 전체에 이미지를 생성하기 위해 메뉴에서 [Select] → All(Ctrl+A)을 실행하여 먼저 도큐먼트 전체를 선택 영역으로 지정합니다.

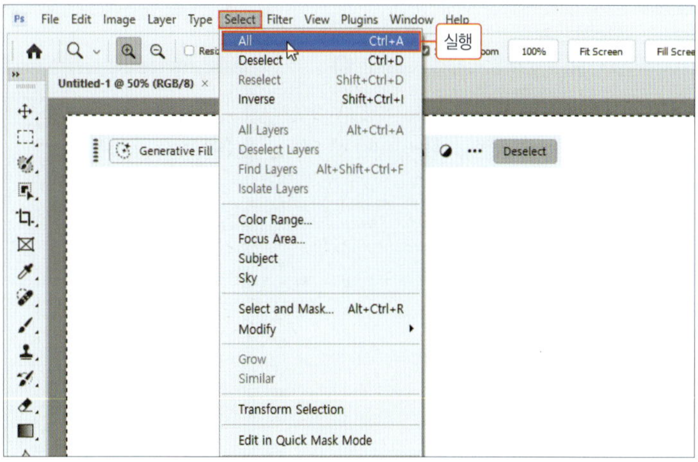

03 이미지를 생성하기 위해 Contextual Task Bar에서 〈Generative Fill〉 버튼을 클릭합니다.

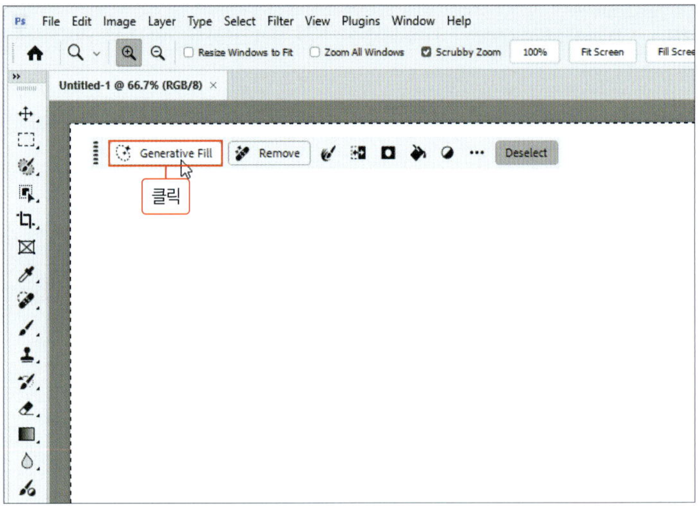

04 G 나노 바나나 생성 모델을 나노 바나나로 사용하기 위해 ❶ 'Choose a model' 아이콘을 클릭하고 ❷ 'Gemini 3 (wiht Nano Banana Pro)'를 선택합니다.

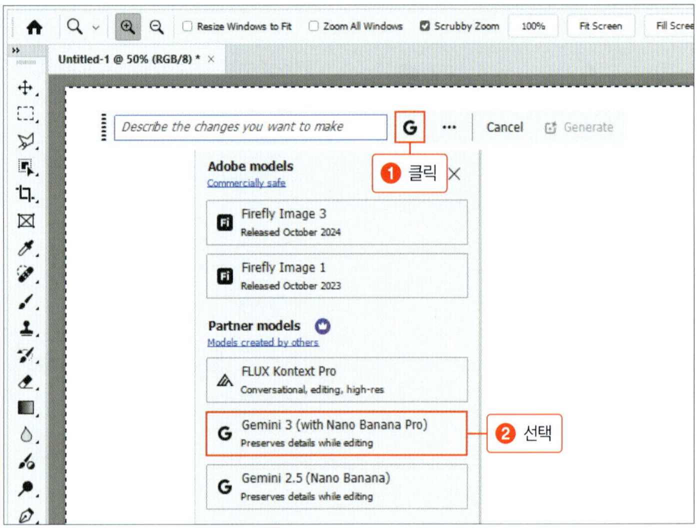

TIP

나노 바나나 모델로 사용시 1회당 10크레딧 이상 소모됩니다.

05 Contextual Task Bar의 ❶ 프롬프트 입력창에 생성하려는 이미지를 묘사하는 프롬프트를 입력하고 ❷ 〈Generate〉 버튼을 클릭합니다.

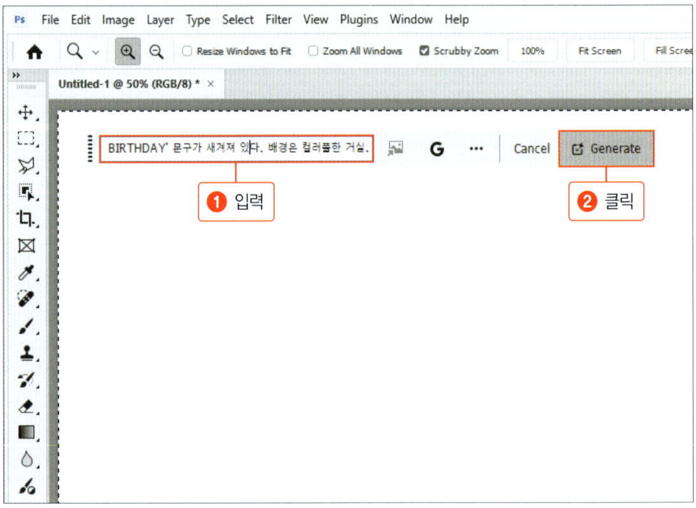

| 프롬프트

고급스러운 생일 풍선 및 선물 세트. 컬러풀한 거실 벽면, 핑크색과 흰색, 브라운 색의 풍선이 떠 있다. 풍선에는 'HAPPY BIRTHDAY' 문자가 새겨 있다.

06 거실에 풍선과 선물 세트가 생성되며, 프롬프트에 입력한 영문이 풍선에 표시된 것을 확인할 수 있습니다.

07 추가로 리본으로 묶인 선물 상자와 숫자 풍선이 들어갈 영역을 지정하기 위해 ❶ 사각형 선택 도구(⬚)를 선택한 후 ❷ 그림과 같이 드래그하여 선택 영역을 지정합니다.

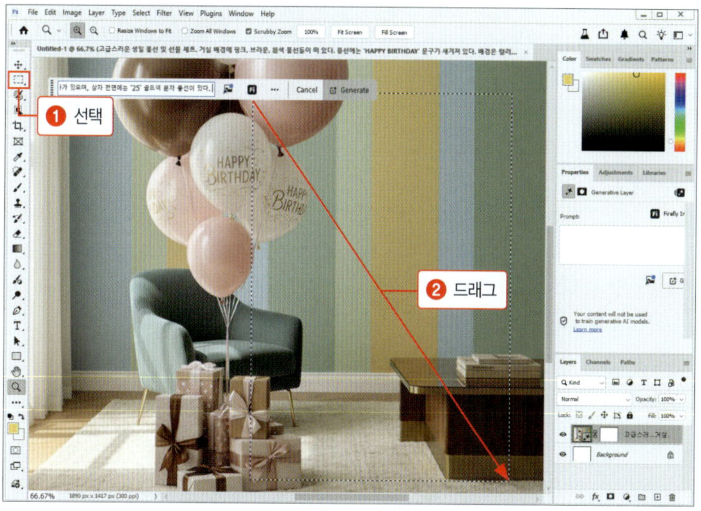

08 파이어플라이 이번에는 파이어플라이 모델로 이미지를 추가하기 위해 ❶ 'Choose a model' 아이콘을 클릭하고 ❶ 'Firefly Image 3'을 선택합니다.

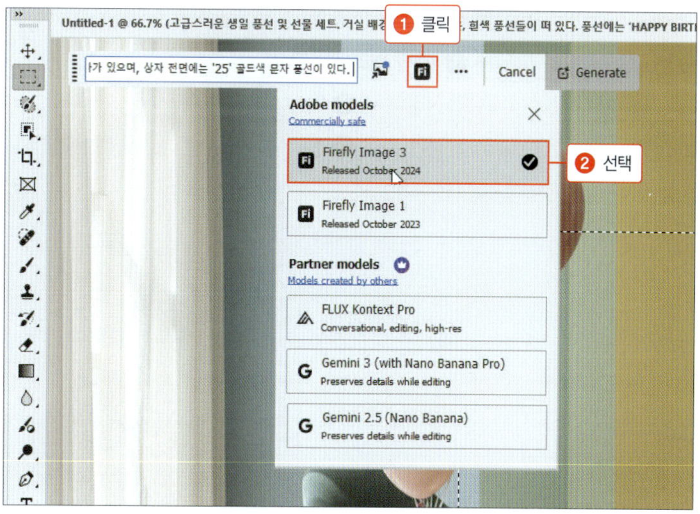

TIP

파이어플라이 모델로 사용시 1회당 1~10크레딧이 소모될 수 있습니다. 크레딧이 부족하면 사용이 어려우니 추가 크레딧을 구매하거나 요금제를 업그레이드하세요(47, 48쪽 참고).

09 선물 상자와 숫자 풍선을 생성하기 위해 Contextual Task Bar의 〈Generative Fill〉 버튼을 클릭합니다.

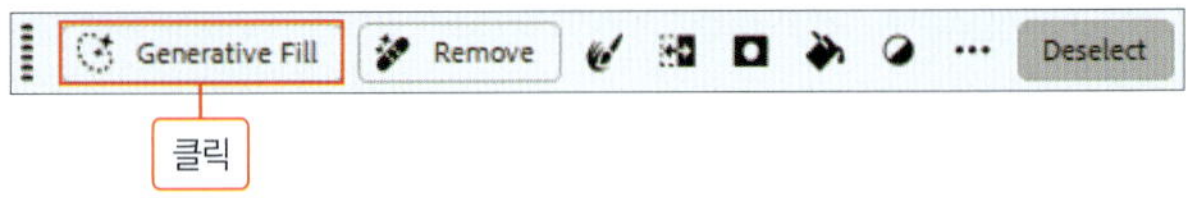

10 ❶ 프롬프트 입력창에 생성하려는 이미지를 묘사하는 프롬프트를 입력하고 ❷ 〈Generate〉 버튼을 클릭합니다.

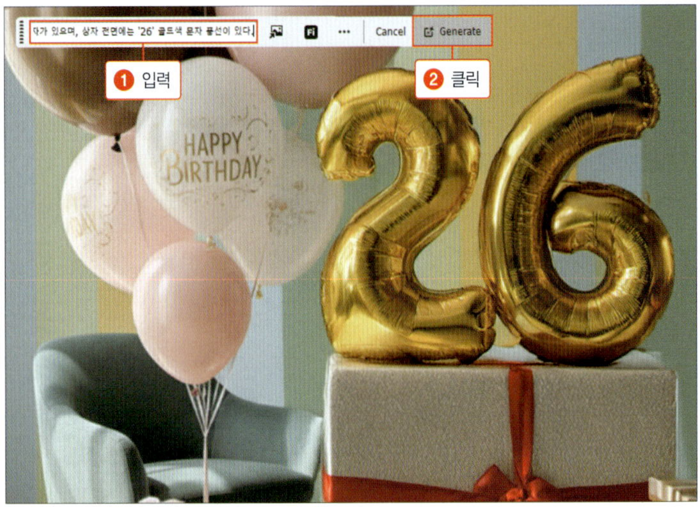

| 프롬프트

빨간색 리본으로 장식된 커다란 선물 상자가 있으며, 상자 전면에는 '26' 골드색 문자 풍선이 있다.

TIP

파이어플라이(Firefly)는 기존 이미지를 확장하여 여백을 채우거나, 선택 영역을 지정해 세밀한 부분을 수정 생성하는 데 강점을 보입니다. 따라서 사물, 배경, 환경 등 인물이 아닌 요소를 생성하거나, 이미지 편집 보조용으로 활용할 때 적합합니다. 특히 포토샵의 편집 기능과 결합하면, 배경 확장이나 부분 생성 작업에서 자연스럽고 통일감 있는 결과를 얻을 수 있습니다.

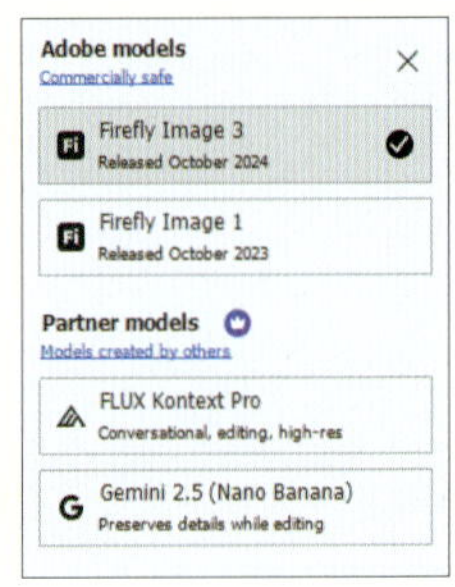

11 이번에는 곰 인형이 생성될 영역을 지정하기 위해 ❶ 선택 브러시 도구( )를 선택합니다. 옵션바에서 ❷ 브러시 크기를 '200px'로 지정한 다음 ❸ 선물 상자 옆 부분을 드래그합니다.

12 ❶ 그림과 같이 드래그하면 선택 영역으로 지정됩니다. Contextual Task Bar의 ❷ 〈Generative Fill〉 버튼을 클릭합니다.

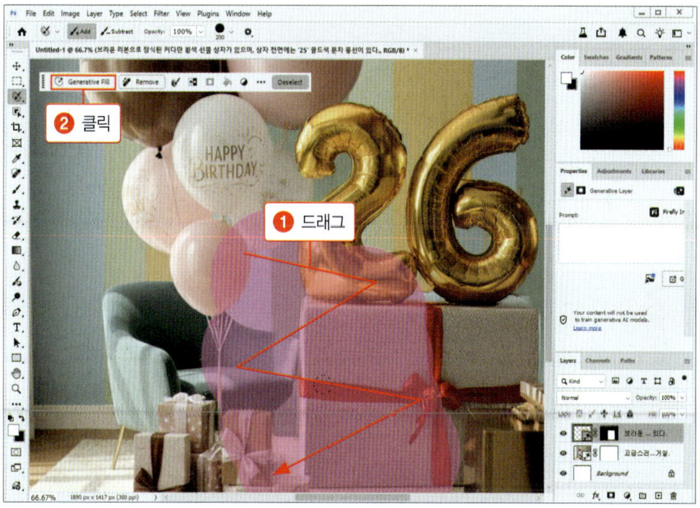

13 ❶ 프롬프트 입력창에 생성하려는 이미지를 묘사하는 프롬프트를 입력하고 ❷ 〈Generate〉 버튼을 클릭합니다. 그림과 같이 선물 상자 옆에 앉아 있는 곰 인형이 생성되었습니다.

| 프롬프트

파티 모자를 쓴 곰 인형이 앉아 있다.

TIP ✧ AI 기능을 이용한 문자 이미지 생성

포토샵 CC 2026에서는 프롬프트 기반 문자 생성 기능을 크게 향상시켜, 단순히 텍스트를 배치하는 수준을 넘어 사용자가 제공한 입력에 맞춘 정교한 타이포그래피 디자인을 자동으로 생성하는 능력을 갖추고 있습니다. 이 새로운 AI 기능은 사용자가 디자인 작업 중에 설정한 스타일뿐만 아니라, 이미지의 전반적인 시각적 맥락과 메시지를 깊이 분석하여, 텍스트가 디자인의 주제와 시각적 흐름에 완벽하게 조화를 이루도록 합니다.

AI는 이미지의 색상 팔레트, 질감, 조명의 특성뿐만 아니라, 디자인의 목표와 전달하고자 하는 메시지의 방향성을 면밀히 고려하여 텍스트의 형태, 크기, 두께, 질감, 색상, 입체감까지 최적화합니다.

자연스러움이 한층 강화된 문자 이미지

• **실습파일** : 포토샵\04\경복궁1.jpg • **완성파일** : 포토샵\04\경복궁2, 라이더_완성.jpg

EASY 실습 인물을 유지하면서 인물 의상과 행동 변경하기

나노 바나나 모델의 가장 큰 장점은 인물의 얼굴을 유지하면서 다양하게 수정하거나 변형할 수 있다는 점입니다. 예제에서는 고궁 앞의 캐주얼한 인물의 얼굴은 그대로 유지하면서 라이더 의상을 입고 경기장에서 포즈를 취하는 모습으로 변경해 보겠습니다.

01 포토샵 → 04 폴더에서 '경복궁1.jpg' 파일을 불러옵니다. 고궁 앞에 캐주얼한 의상을 입은 인물이 표시됩니다. 메뉴에서 [Select] → All(Ctrl+A)을 실행하여 도큐먼트 전체를 선택 영역으로 지정합니다.

02 Contextual Task Bar에서 〈Generative Fill〉 버튼을 클릭합니다.

03 G 나노 바나나 생성 모델을 나노 바나나로 사용하기 위해 ❶ 'Choose a model' 아이콘을 클릭하고 ❷ 'Gemini 3 (wiht Nano Banana Pro)'를 선택합니다.

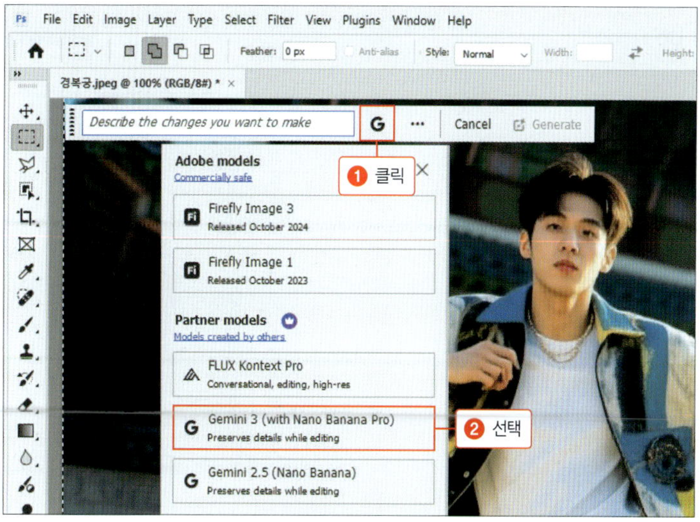

TIP

나노 바나나 모델로 사용시 1회당 10크레딧 이상 소모됩니다. 크레딧이 부족하면 사용이 어려우니 추가 크레딧을 구매하거나 요금제를 업그레이드하세요(47, 48쪽 참고).

04 Contextual Task Bar의 ❶ 프롬프트 입력창에 생성하려는 이미지를 묘사하는 프롬프트를 입력하고 ❷ 〈Generate〉 버튼을 클릭합니다.

| 프롬프트

인물은 유지한 상태로, 인물의 의상은 빨간색 가죽 라이더 점퍼와 헬멧을 들고 있다.

05 인물의 얼굴과 의상, 포즈는 그대로 유지한 채 라이더 의상과 헬멧이 추가로 변경된 것을 확인할 수 있습니다.

06 이 상태에서 인물의 얼굴은 유지하며 행동과 배경을 변경하기 위해 먼저 메뉴에서 [Select] → All(Ctrl+A)을 실행하여 도큐먼트 전체를 선택 영역으로 지정합니다.

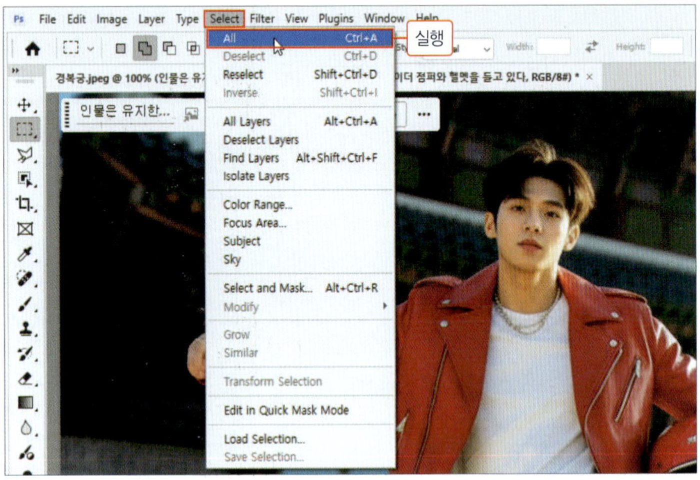

07 Contextual Task Bar에서 〈Generative Fill〉 버튼을 클릭합니다.

08 Contextual Task Bar의 ❶ 프롬프트 입력창에 생성하려는 인물의 행동과 배경을 묘사하는 프롬프트를 입력하고 ❷ 〈Generate〉 버튼을 클릭합니다.

| 프롬프트

인물의 얼굴을 유지한 상태로, 노란색 오토바이를 타고 포즈를 취하고 있다. 배경은 오토바이 경기장

09 인물의 얼굴과 의상은 그대로 유지한 채 경기장에서 오토바이를 타고 포즈를 취한 이미지가 생성되었습니다.

• **완성파일** : 포토샵\04\용기, 용기_완성.png

AI EASY 실습 세제 용기 목업과 홍보 이미지 만들기

포토샵의 나노 바나나는 인물뿐만 아니라 사물도 동일하게 유지하면서 수정 및 생성할 수 있습니다. 예제에서는 세제 용기 목업을 생성한 후 이를 활용하여 홍보 이미지를 만들어 보겠습니다.

After 1

After 2

01 포토샵을 실행한 다음 ❶ 〈New file〉 버튼을 클릭합니다. New Document 대화상자에서 문서 크기를 설정합니다. 예제에서는 ❷ [Photo] 탭을 선택하고 ❸ 'Default Photoshop Size'를 선택한 다음 ❹ 〈Create〉 버튼을 클릭합니다.

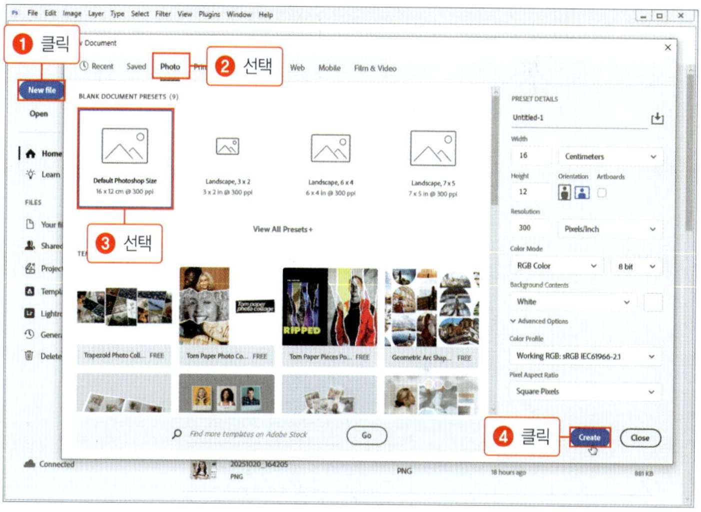

TIP Tools 패널 아래에 위치한 'Generate image' 아이콘()을 클릭하여 Generate image 대화상자를 표시할 수도 있습니다.

02 도큐먼트 전체에 이미지를 생성하기 위해 ❶ 메뉴에서 [Select] → All(Ctrl+A)을 실행하여 먼저 도큐먼트 전체를 선택 영역으로 지정합니다. 이미지를 생성하기 위해 Contextual Task Bar에서 ❷ 〈Generative Fill〉 버튼을 클릭합니다.

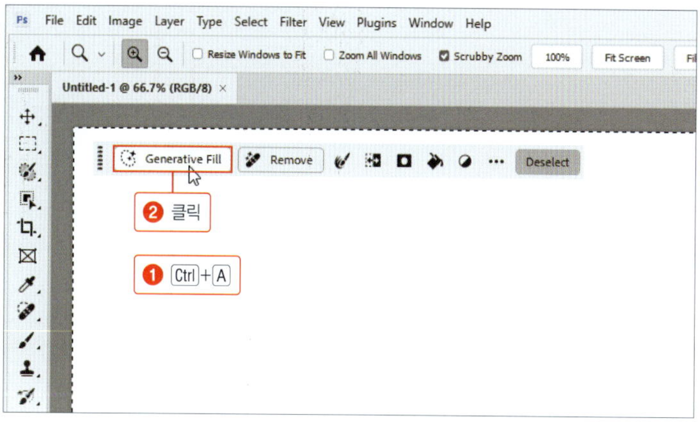

03 **(G 나노 바나나)** 생성 모델을 나노 바나나로 사용하기 위해 ❶ 'Choose a model' 아이콘을 클릭하고 ❷ 'Gemini 3 (wiht Nano Banana Pro)'를 선택합니다.

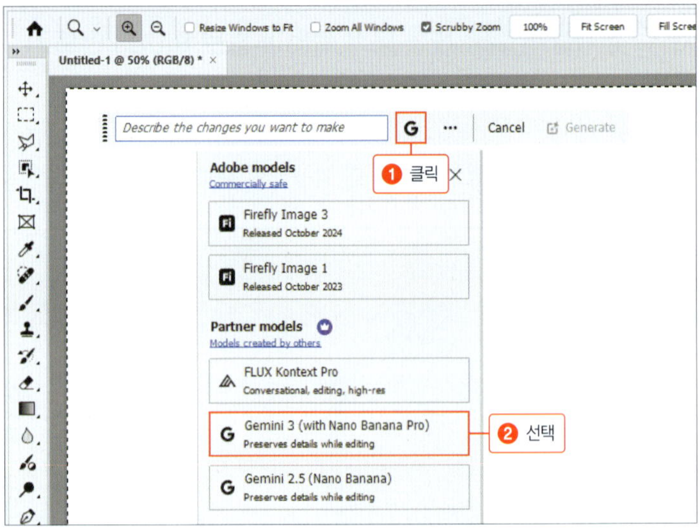

TIP ✦

나노 바나나 모델로 사용시 1회당 10크레딧 이상 소모됩니다. 크레딧이 부족하면 사용이 어려우니 추가 크레딧을 구매하거나 요금제를 업그레이드하세요(47, 48쪽 참고).

04 Contextual Task Bar의 ❶ 프롬프트 입력창에 생성하려는 세제 용기 이미지를 묘사하는 프롬프트를 입력하고 ❷ 〈Generate〉 버튼을 클릭합니다.

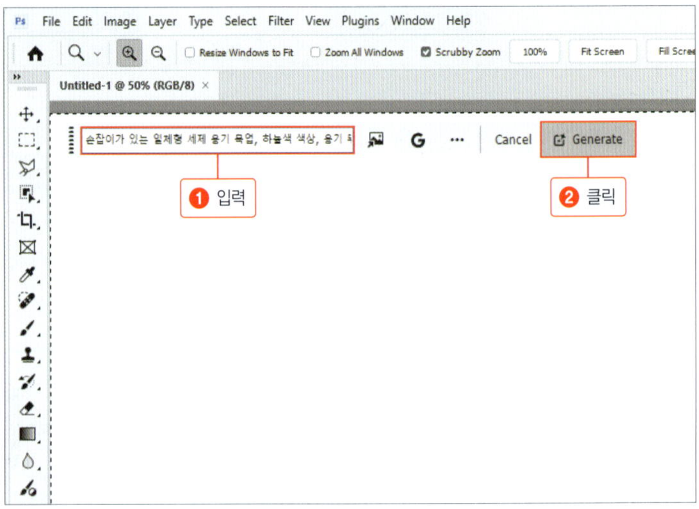

| 프롬프트

손잡이가 있는 일체형 세제 용기 목업, 하늘색 색상, 용기 뚜껑은 빨간색

05 라벨이 없는 손잡이 달린 세제 용기 목업이 생성되었습니다.

06 라벨을 생성하기 위해 ❶ 사각형 선택 도구(⬚)를 선택한 다음 그림과 같이 ❷ 세제 용기의 라벨 위치를 드래그하여 선택 영역으로 지정합니다. 프롬프트를 입력하기 위해 ❸ 〈Generative Fill〉 버튼을 클릭합니다.

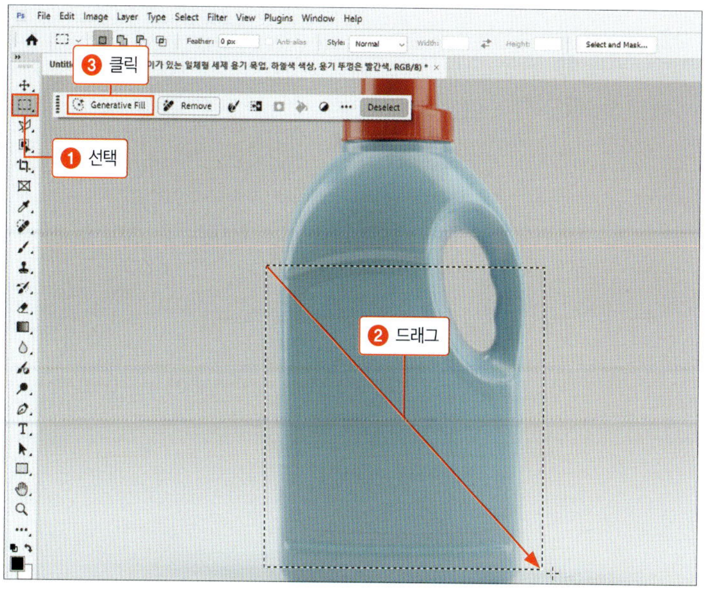

07 ❶ 프롬프트 입력창에 생성할 라벨을 프롬프트로 입력한 다음 ❷ 〈Generate〉 버튼을 클릭합니다.

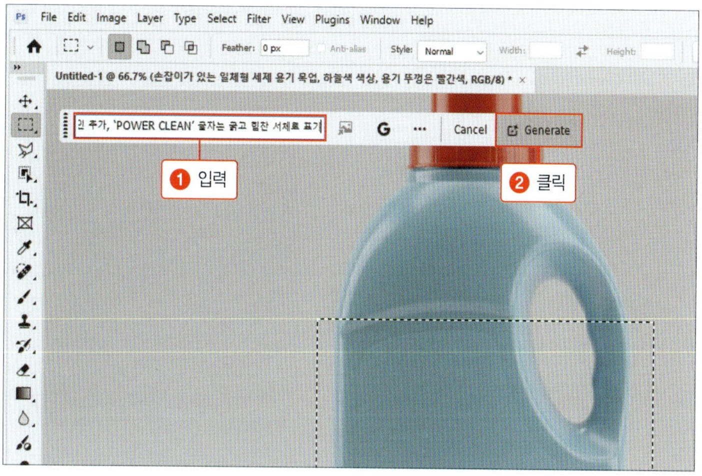

| 프롬프트

생성한 세제 용기 목업은 그대로 유지한 상태로, "POWER CLEAN"이라는 이름의 가정용 세제 용기에 어울리는 라벨 디자인 추가, 'POWER CLEAN' 글자는 굵고 힘찬 서체로 표기

08 프롬프트에 입력한 문구와 함께 라벨 이미지가 생성되었습니다.

09 라벨 이미지에 캐릭터를 추가하기 위해 ❶ 원형 선택 도구( )를 선택한 다음 ❷ 그림과 같이 라벨 상단을 드래그하여 원형 선택 영역을 지정합니다.

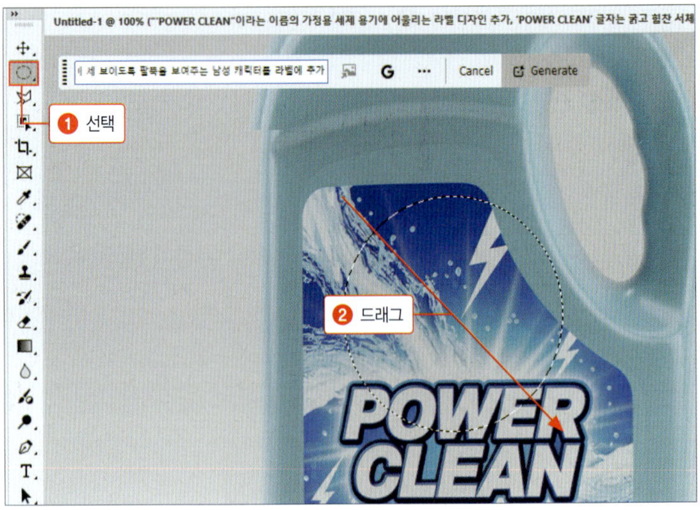

10 프롬프트 입력창에 생성할 캐릭터를 묘사하여 입력하고 〈Generate〉 버튼을 클릭합니다. 기존 라벨 디자인에 남성 캐릭터가 합성되어 세제 용기 라벨 디자인이 완성되었습니다.

| 프롬프트

힘이 세 보이도록 팔뚝을 보여주는 남성 캐릭터를 라벨에 추가

11 완성된 목업 이미지를 이용하여 홍보 이미지를 제작하겠습니다. 먼저 생성된 레이어들을 하나로 합치기 위해 Layers 패널의 ❶ 패널 메뉴 아이콘을 클릭한 다음 Merge Visible(Shift+Ctrl+E)을 실행합니다. 도큐먼트 전체에 이미지를 생성하기 위해 ❷ 메뉴에서 [Select] → All(Ctrl+A)을 실행하여 도큐먼트 전체를 선택 영역으로 지정합니다.

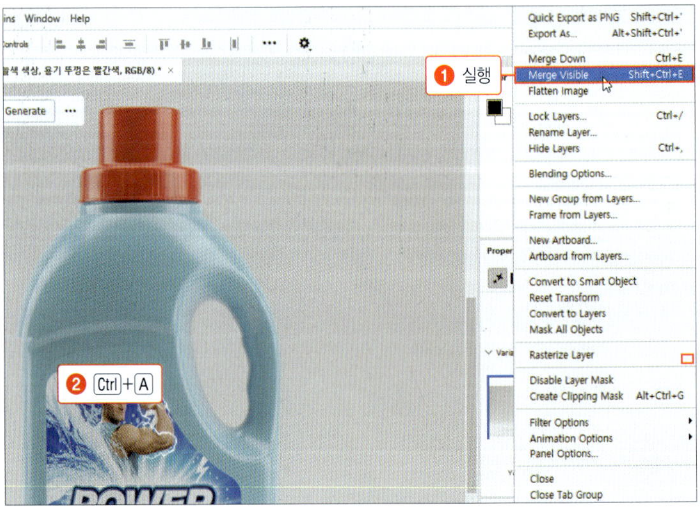

12 용기를 홍보하는 이미지를 생성하기 위해 Contextual Task Bar에서 ❶ 〈Generative Fill〉 버튼을 클릭합니다. ❷ 프롬프트 입력창에 홍보를 위한 프롬프트를 입력하고 ❸ 〈Generate〉 버튼을 클릭합니다.

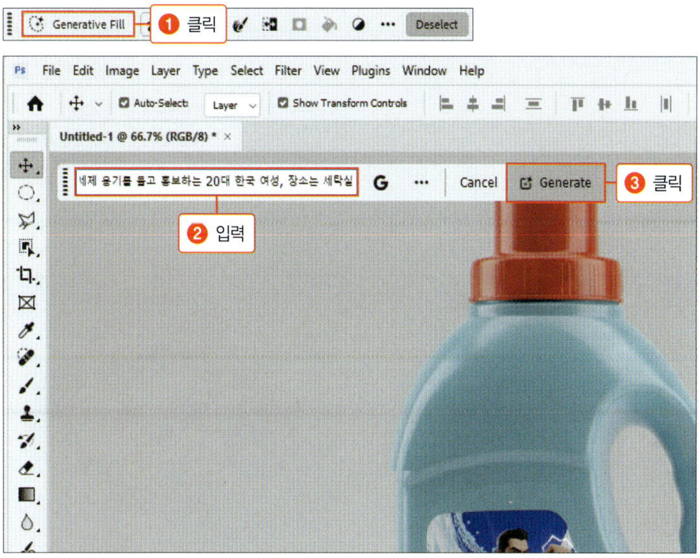

| 프롬프트

세제 용기를 들고 홍보하는 20대 한국 여성, 장소는 세탁실

13 AI로 생성한 세제 용기를 들고 세탁실을 배경으로 홍보하는 인물 이미지가 완성되었습니다.

TIP ✧
예제처럼 여러번 생성을 요청할 시 1회당 크레딧이 동일하게 소모되니 참고해 주세요.

TIP ✧
포토샵의 AI 기능으로 전체 이미지를 한 번에 생성하려면, 여러 레이어로 나뉘어 있는 이미지를 하나의 레이어로 합치는 것이 필요한 이유는 다음과 같습니다.

❶ AI가 '하나의 장면'으로 인식해야 정확한 결과 생성 가능
AI 기반 전체 이미지 생성 기능은 입력된 화면을 하나의 통합된 이미지(픽셀 맵) 로 인식하고 분석합니다. 레이어가 여러 개로 나뉘어 있으면, 어떤 레이어를 기준으로 장면을 생성해야 하는지 판단하기 어려워지고, AI가 전체 구도를 일관되게 해석하지 못합니다.

❷ 전체 이미지 생성은 '최종 결과 상태'를 기준으로 해야 하기 때문
부분 생성은 특정 영역만 처리하므로 레이어 구조를 유지해도 괜찮지만, 전체 생성은 디자인의 최종 렌더링된 모습 전체를 입력으로 필요로 합니다.

❸ 레이어 간의 투명도 · 혼합 모드 등을 AI가 정확히 해석하기 어렵기 때문
포토샵의 레이어는 블렌딩 모드, 투명도, 마스크, 레이어 간의 관계처럼 복잡한 요소들을 포함하고 있으며, 이러한 구조를 AI가 그대로 이해하고 정확히 반영하기에는 기술적 제약이 존재합니다. 그래서 전체 이미지 생성을 위해서는 여러 레이어를 하나의 최종 시각 결과물로 병합해 AI에게 입력해야 보다 정확하고 일관된 결과를 얻을 수 있습니다.

• **실습파일** : 포토샵\04\토끼캐릭터.jpg • **완성파일** : 포토샵\04\강아지캐릭터, 펭귄캐릭터.jpg

AI EASY 실습 외부 참조 이미지로 유사한 캐릭터 만들기

참조 이미지를 등록하면 세부적인 형태나 스타일, 배경 색상, 조명, 그림자 효과를 따로 입력하지 않아도 참조 이미지와 같은 스타일로 이미지를 생성합니다. 토끼 캐릭터 이미지를 참조하여 강아지, 펭귄과 같은 동물 캐릭터 이미지를 생성해 보겠습니다.

After 1

After 2

After 3

01 포토샵을 실행한 다음 ❶ 〈New file〉 버튼을 클릭합니다. New Document 대화상자에서 문서 크기를 설정합니다. 예제에서는 ❷ [Photo] 탭을 선택하고 ❸ 'Default Photoshop Size'를 선택한 다음 ❹ 〈Create〉 버튼을 클릭합니다.

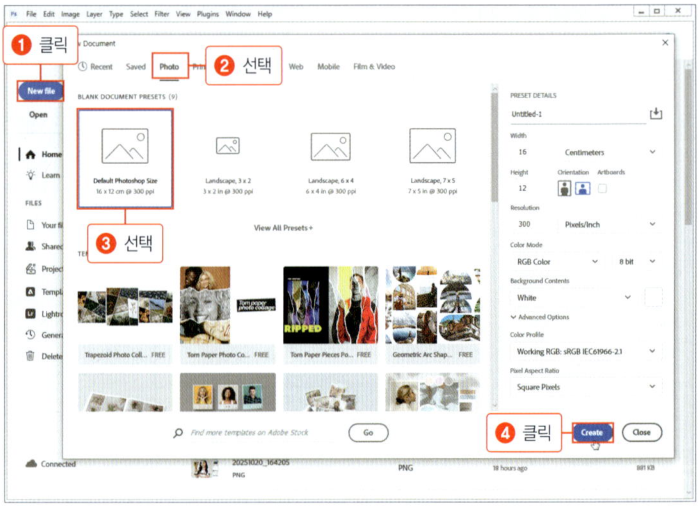

02 이미지 생성을 위해 Contextual Task Bar에서 〈Generatie image〉 버튼을 클릭합니다.

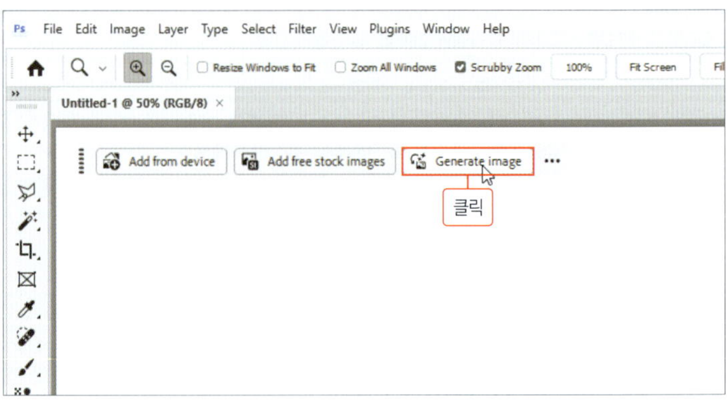

03 파이어플라이 Generate image 대화상자에서 ❶ 프롬프트 입력창에 강아지 캐릭터를 묘사하는 문장을 입력하고 ❷ Content type에서 'Art'를 클릭합니다. ❸ Reference image에서 'Style'을 클릭합니다.

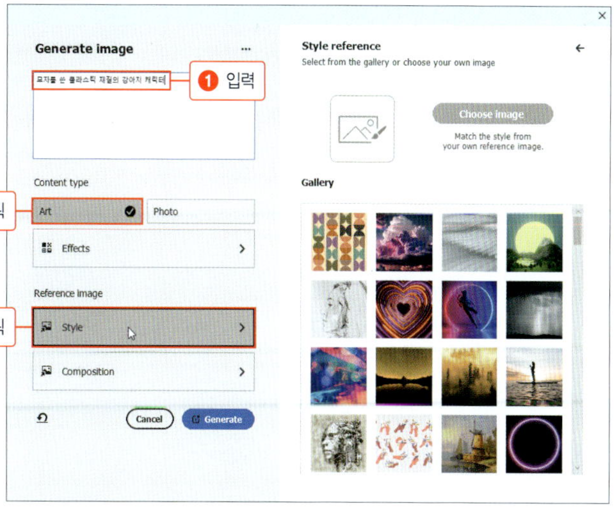

| 프롬프트

모자를 쓴 플라스틱 재질의 강아지 캐릭터

04 오른쪽 Style reference에서 〈Choose image〉 버튼을 클릭합니다.

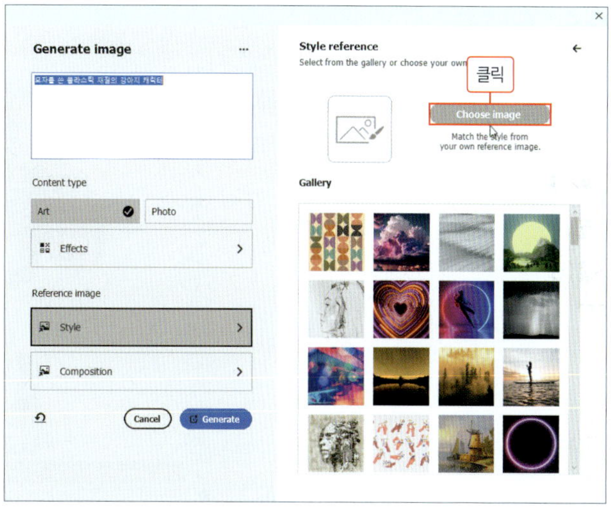

TIP ✧

디자인 분야에서 레퍼런스(Reference)는 디자이너가 작업할 때 참고하는 자료나 예시를 의미합니다. 이는 영감을 얻거나 스타일, 색상, 구성 등 특정 요소를 결정할 때 도움을 줍니다.

05 열기 대화상자가 표시되면 ❶ 포토샵 → 04 폴더에서 ❷ '토끼캐릭터.jpg'를 선택하고 ❸ 〈열기〉 버튼을 클릭합니다.

06 참조 이미지가 대화상자 오른쪽 상단에 표시되면 〈Generate〉 버튼을 클릭합니다.

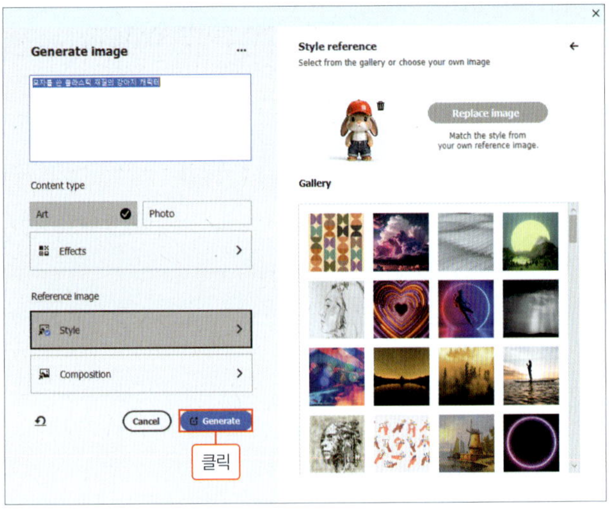

07 업로드한 토끼 이미지를 참조해 같은 스타일로 3D 강아지 캐릭터 이미지를 생성합니다. 프롬프트 입력창에서 동물 종류를 변경하여 다양한 캐릭터를 만들 수 있습니다.

TIP ✦ 참조 이미지 사용

텍스트 프롬프트만으로는 원하는 이미지를 완벽하게 설명하기 어려운 경우가 많기 때문에, 참조 이미지를 함께 사용하는 것은 매우 효과적인 방법입니다. 아무리 세밀하게 묘사하려 해도 언어 표현에는 한계가 있어, 실제 시각적 요소가 전달하는 풍부한 정보량을 온전히 담아내기 어렵습니다. 반면 하나의 참조 이미지는 색감, 질감, 조명, 구도, 비율, 스타일과 같은 다양한 요소를 한눈에 보여줄 수 있어, 텍스트로는 표현하기 힘든 미묘한 디테일까지도 정확하게 전달할 수 있습니다.

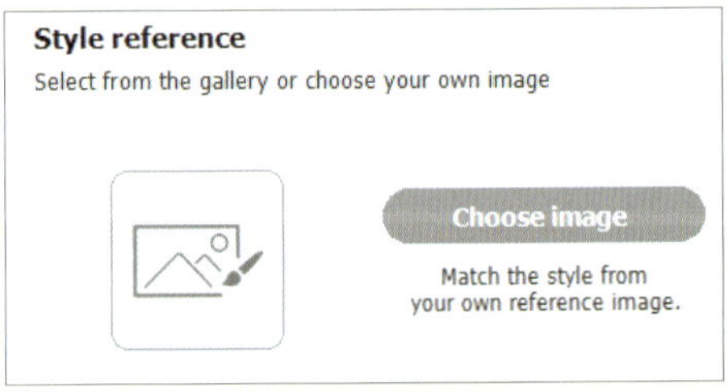

Style reference

이러한 시각 정보는 AI가 사용자의 의도를 더 깊이 이해하는 데 큰 도움을 주며, 결과적으로 이미지 생성 과정의 정확도와 효율성을 높입니다. 특히 복잡한 디자인, 특정한 감성, 독특한 스타일을 요구하는 경우에는 참조 이미지가 텍스트 설명을 보완하여 더욱 일관되고 만족스러운 결과물을 얻는 데 결정적인 역할을 합니다.

AI EASY 실습 배경 삭제와 이미지 생성하기

Generate Background 기능은 배경을 자동으로 인식하여 삭제한 후, 텍스트 입력만으로 간단하게 새로운 배경을 생성하거나 수정할 수 있는 AI 기능입니다. 예제에서는 불필요한 배경과 문자, 디자인 요소를 한 번에 제거하고 원하는 배경을 생성하겠습니다.

01 포토샵 → 04 폴더에서 '표지.jpg' 파일을 불러옵니다. 표지 이미지에서 인물 이외의 배경과 문자, 디자인 요소를 삭제하기 위해 〈Remove background〉 버튼을 클릭합니다.

02 파이어플라이 배경이 삭제되어 그림과 같이 투명 영역으로 표시되면 배경을 생성하기 위해 〈Generate background〉 버튼을 클릭합니다.

03 프롬프트 입력창에 ❶ '야외 캠핑장'을 입력한 다음 ❷ 〈Generate〉 버튼을 클릭합니다.

| 프롬프트

야외 캠핑장

04 인물은 그대로 유지한 채 그림과 같이 야외 캠핑장 배경으로 이미지가 생성된 것을 확인할 수 있습니다.

TIP ✦

생성형 기능 사용시 1회당 1~10크레딧이 소모됩니다. 크레딧이 부족하면 사용이 어려우니 추가 크레딧을 구매하거나 요금제를 업그레이드하세요(47, 48쪽 참고).

05 프롬프트 입력창에 배경 장소만 변경하여 입력하면 원하는 배경으로 수정 및 교체할 수 있습니다.

| 프롬프트

유럽풍 키친

LESSON 08 거침없이 자르고, 변형하는 것도 기술!

❶ 필요한 부분만 선택하여 자르기

자르기 도구는 필요한 부분만 남기고 이외의 영역을 자를 때 이용하는 도구로, 드래그하여 간편하게 이미지를 자를 수 있습니다. 이미지를 자르는 방법과 자르기 도구를 선택했을 때 표시되는 옵션바의 옵션에 대해 알아봅니다.

자르기 도구 알아보기

자르기 도구(![crop])는 원본 이미지에서 필요한 부분만 드래그하여 선택한 다음 잘라내는 도구입니다. 드래그한 다음 표시되는 조절점을 이용하여 자르기 영역을 조절할 수 있으며 회전할 수도 있습니다. 자를 영역을 지정한 다음 더블클릭하거나 Enter를 누르면 간단하게 자르기 작업이 마무리됩니다.

원본 이미지(포토샵\04\crop.jpg)

자르기 도구로 영역을 지정한 모습

더블클릭해서 자른 모습

원본 이미지

잘라낼 영역을 회전한 모습

회전한 상태로 자른 모습

TIP

이미지를 자르면 해상도가 변경될 수 있습니다. 자른 후에 이미지의 해상도가 떨어지거나 확대되면 품질이 저하될 수 있으므로, 작업 전에 해상도와 크기를 고려하는 것이 중요합니다. 지르기 도구로 자른 부분은 기본으로 삭제됩니다. 만약 원본을 유지하고 싶다면, 자르기 전에 이미지를 복사해 두는 것이 좋습니다.

자르기 도구 옵션바 살펴보기

❶ **프리셋** : 포토샵에서 제공하는 크기대로 자르기 영역을 지정할 수 있습니다.

❷ **Width, Height** : 이미지를 자르기 전에 미리 가로와 세로 크기를 입력하여 해당 크기대로 자릅니다.

❸ **Clear** : 값을 지웁니다.

❹ **Straighten** : 드래그하여 이미지를 회전해서 자를 수 있습니다.

❺ **Set the overlay options for the Crop Tool** : 이미지를 자를 때 보조선을 제공합니다.

❻ **Set additional Crop options** : 자르기 영역 사용 옵션을 지정합니다.

ⓐ **Use Classic Mode(클래식 모드)** : 자르기 영역의 모서리를 드래그하면 이미지가 고정된 상태에서 자르기 영역이 회전합니다.

ⓑ **Enable Crop Shield(크롭 보호 모드)** : 자르기 영역 모서리를 드래그하면 자르기 영역이 고정된 상태에서 이미지가 회전합니다. 잘라낼 부분과 나머지 영역을 구분하기 쉽도록 색상과 불투명도를 설정할 수 있습니다.

❼ **Delete Cropped Pixels** : 자른 이미지의 바깥쪽을 어떻게 처리할 것인지 지정합니다. 이 옵션을 이용하면 자르기 도구로 자른 이미지를 삭제하거나 남길 수 있습니다.

❽ **Fill** : 자르고 남은 빈 영역에 채우는 방식을 선택합니다.

ⓐ **Transparent (default)** : 빈 영역을 투명 영역으로 채웁니다.

ⓑ **Generative Expand** : 생성형 AI 기능으로 잘린 이미지를 복원하여 채웁니다.

ⓒ **Content-Aware Fill** : 자르고 남은 빈 영역에 이미지를 늘려 채웁니다.

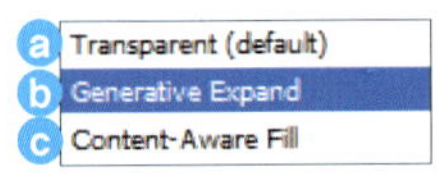

원본 이미지

회전하여 확장된 여백까지 영역 포함

Generative Expend 기능으로 여백에 이미지 생성

TIP ✧

기존 Content-Aware Fill 기능으로 이미지를 채우면 억지로 이미지가 늘어나지만, 생성형 AI 기능은 잘린 이미지를 복원해 이미지를 채웁니다.

EASY 실습 가로 이미지를 세로 이미지로 자르기

자르기 도구로 특정한 부분을 자르기 위해 해당 부분을 직접 드래그하는 방식을 사용합니다. 자를 영역을 고려하며 이미지를 드래그한 후 Enter를 눌러 이미지를 자릅니다.

01 포토샵 → 04 폴더에서 'crop.jpg' 파일을 불러옵니다. 이미지를 원하는 크기로 자르기 위해 자르기 도구( )를 선택합니다.

TIP 옵션바에서 Preset이 기본 값인 'Ratio'로 지정되어 있는지 확인합니다. Ratio는 드래그하는 대로 이미지를 자를 수 있습니다.

02 ❶ 인물의 왼쪽 위에서 오른쪽 아래로 드래그합니다. 잘릴 영역이 흐릿하게 표시되면 ❷ Enter를 누르거나 영역 안쪽을 더블클릭하여 이미지를 자릅니다.

TIP 만약 특정 비율로 드래그된다면 옵션바에서 〈Clear〉 버튼을 클릭해 비율을 초기화한 다음 자를 영역을 조절합니다.

EASY 실습 비뚤어진 사진 바르게 자르기

자르기 도구를 이용하면 비뚤어진 이미지를 바르게, 비율에 맞춰 자를 수 있습니다. Straighten 기능을 이용하여 기준선을 지정하고 이미지를 잘라 봅니다.

01 포토샵 → 04 폴더에서 'painting1.png' 파일을 불러옵니다. ❶ 자르기 도구(![crop])를 선택하고 원본 사진 비율로 자르기 위해 ❷ 옵션바에서 'Original Ratio'로 지정합니다.

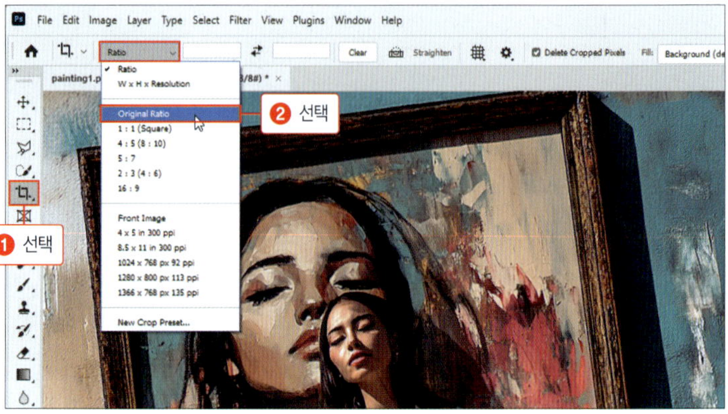

02 옵션바에서 ❶ 'Straighten' 아이콘(![straighten])을 클릭한 다음 ❷ 기울어진 액자 방향에 맞게 드래그합니다. 그림과 같이 잘라질 여백이 생기지 않도록 이미지가 회전하며, 기존 이미지 비율을 유지합니다.

03 자르기 영역 안쪽을 더블클릭하거나 Enter를 눌러 이미지를 자릅니다.

AI EASY 실습 자유롭게 드래그 방식으로 이미지 확장하기

이미지 소스를 활용하여 디자인 결과물을 만들 때는 다양한 크기에 맞춰 디자인을 조정하는 과정이 필요합니다. 캔버스 크기를 자유롭게 변경하고, 잘린 이미지를 자연스럽게 연결하여 생성하는 방법에 대해 알아봅니다.

01 포토샵 → 04 폴더에서 '보드.jpg' 파일을 불러옵니다. 그림과 같이 눈 위에 팔을 벌리고 스노보드를 타고 있는 상반신 인물이 표시됩니다.

02 파이어플라이 ❶ 자르기 도구(⧉)를 선택합니다. 확장되는 영역을 AI 기능으로 이미지를 생성하고 채우기 위해 ❷ 옵션바에서 Fill을 'Generative Expand'로 지정합니다.

03 자를 영역이 표시되면 ❶ 이미지 아래쪽 가운데 조절점을 그림과 같이 아래로 드래그합니다. ❷ 이미지가 확장되면서 영역이 생성되면 Enter를 누릅니다.

04 확장된 영역에 인물의 하반신과 스노보드 이미지가 비율에 맞게 생성된 것을 확인할 수 있습니다.

05 마음에 드는 이미지가 생성되지 않았다면 ❶ Properties 패널의 〈Generate〉 버튼을 클릭하여 이미지를 추가 생성합니다. ❷ 마음에 드는 생성된 이미지를 선택해 이미지를 완성합니다.

TIP 재생성 시에도 크레딧이 동일하게 소모되니 참고하여 진행하세요.

❷ 이미지를 자유자재로 변형하기

Transform 기능은 이미지나 레이어의 크기, 위치, 각도 등을 자유롭게 조정할 수 있는 도구입니다. 이 기능을 통해 개체를 왜곡하거나 회전하고, 비율을 조정하며, 시각적인 조정까지 할 수 있어 디자인과 편집 작업에 매우 유용합니다.

변형하려는 이미지를 선택 영역으로 지정한 다음 메뉴에서 〔Edit〕 → Transform을 실행하면 이미지를 변형할 수 있는 다양한 메뉴가 표시됩니다.

TIP ✦

버전에 따라 'Rotate 90° CW'가 'Rotate 90° Clockwise'로, 'Rotate 90° CCW'가 'Rotate 90° Counter Clockwise'로 표시될 수 있습니다.

❶ **Again**(Shift+Ctrl+T) : 이전에 실행한 Transform 명령을 다시 실행합니다.

❷ **Scale** : 이미지 크기를 조절합니다.

❸ **Rotate** : 이미지를 회전합니다.

❹ **Skew** : 이미지나 개체를 좌우로 기울일 수 있습니다. 특정 각도로 왜곡할 때 유용하며, 주로 투시 효과를 적용할 때 사용합니다.

❺ **Distort** : 각각의 모서리를 자유롭게 드래그하여 변형합니다.

❻ **Perspective** : 원근감을 더하는 변형으로, 주로 사진이나 그래픽을 특정 각도에서 보이는 것처럼 연출할 때 유용합니다. 기준점을 드래그하여 원근을 조절할 수 있습니다.

원본 이미지(포토샵\04\scooter.psd)

❼ **Warp** : 개체의 형태를 그물망 형태의 격자로 자유롭게 변형하는 도구입니다. 포인트마다 드래그해 원하는 형태로 조정할 수 있어 특히 포스터나 광고 그래픽 제작에 효과적입니다.

Scale

Rotate

Skew

Distort

Perspective

Warp

Split Warp Horizontally

Split Warp Vertically

Split Warp Crosswise

❽ **Rotate 180˚, Rotate 90˚ CW(Clockwise), Rotate 90˚ CCW(Counter Clockwise)** : 이미지를 180˚, 시계 방향으로 90˚, 반시계 방향으로 90˚ 회전합니다.

원본 이미지(포토샵\04\crosswalk.jpg)

Rotate 180˚

❾ **Flip Horizontal, Flip Vertical** : 이미지를 수평, 수직으로 반전합니다.

Flip Horizontal

Flip Vertical

EASY 실습 이미지에 그림자 효과 적용하기

인물을 선택 영역으로 지정한 다음 그림자로 변형하여 합성 이미지를 완성해 보겠습니다.

01 포토샵 → 04 폴더에서 '선수.jpg' 파일을 불러옵니다.

02 ❶ 빠른 선택 도구( )를 선택한 다음 ❷ 옵션바에서 브러시 팝업 아이콘을 클릭하고 ❸ Size를 '20px'로 설정합니다.

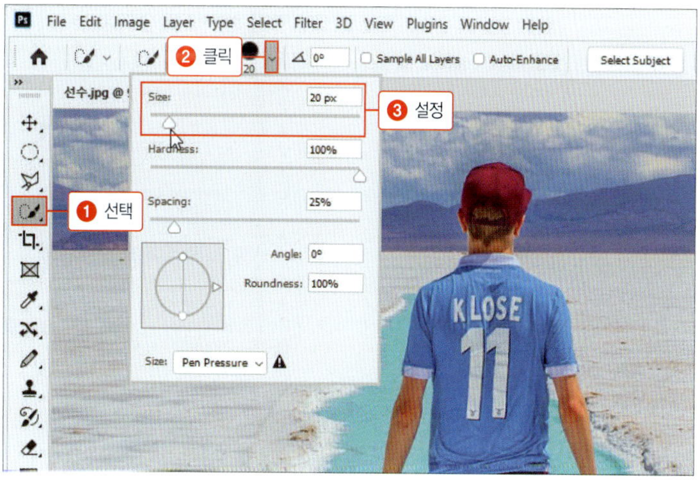

03 ❶ 인물의 머리부터 등, 팔과 다리까지 드래그하여 선택 영역으로 지정합니다. 선택된 인물을 복제하기 위해 ❷ Ctrl+C를 누른 다음 ❸ Ctrl+V를 누릅니다.

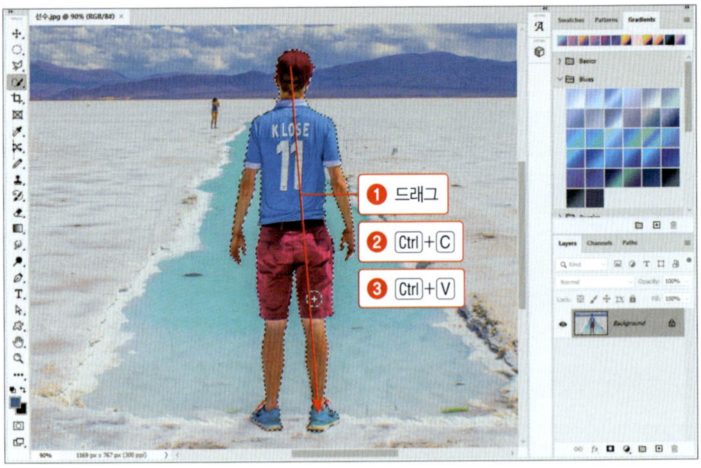

> **왜?**
> 복제된 이미지는 그림자로 사용합니다. 복제된 인물과 원본 인물이 겹쳐서 화면에는 한 명으로 보이지만, 실제로 인물 사진은 두 장입니다. 새로 그리는 것보다 이미지를 복제하여 사용하는 것이 훨씬 효과적이기 때문입니다.

04 복제된 이미지에 검은색을 채워 그림자를 만들기 위해 메뉴에서 [Edit] → Fill(Shift+F5)을 실행합니다. ❶ Fill 대화상자가 표시되면 Contents를 'Black'으로 지정합니다. ❷ Opacity를 '100%'로 설정한 다음 ❸ 'Preserve Transparency'를 체크 표시하고 ❹ 〈OK〉 버튼을 클릭합니다.

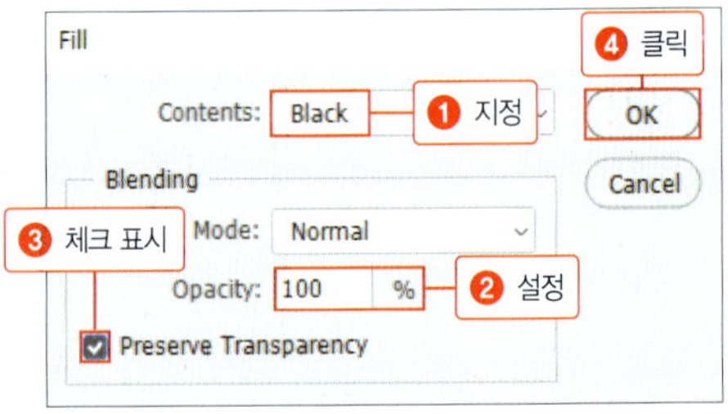

> **왜?**
> 'Preserve Transparency'를 체크 표시하는 이유는 인물에만 색을 채우기 위해서입니다. 이 옵션의 체크 표시를 해제하면 인물 외 투명 영역까지 전부 색이 채워집니다.

05 인물에 검은색이 채워지면 그림자 형태를 만들기 위해 메뉴에서 [Edit] → Transform → Distort를 실행합니다.

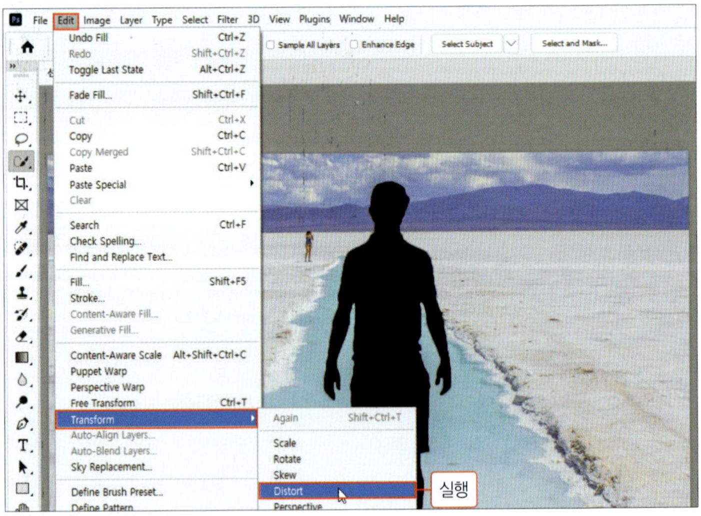

06 조절점이 표시되면 ❶ 양쪽 윗부분의 조절점을 클릭하여 선택한 다음 그림과 같이 왼쪽 아래로 드래그해 조절하고 ❷ Enter를 누릅니다.

왜? ✧

그림자를 사선 방향으로 한 번에 비틀기 위해 Distort 기능을 적용했습니다. 검은색으로 채워진 인물의 위치를 조절하면 아래에 겹친 원본 인물 이미지가 화면에 표시됩니다.

07 그림자 색상을 반투명하게 만들기 위해 ❶ Layers 패널에서 Opacity를 '35%'로 설정합니다. ❷ 검은색 이미지에서 반투명한 회색으로 변경된 것을 확인할 수 있습니다.

08 그림자가 인물 위에 있어 겹치므로 인물을 그림자 위에 붙여넣기 위해 ❶ Ctrl+V를 누릅니다. ❷ 이동 도구(✥)를 선택한 다음 ❸ 원본 이미지와 겹치도록 위치를 조절하여 완성합니다.

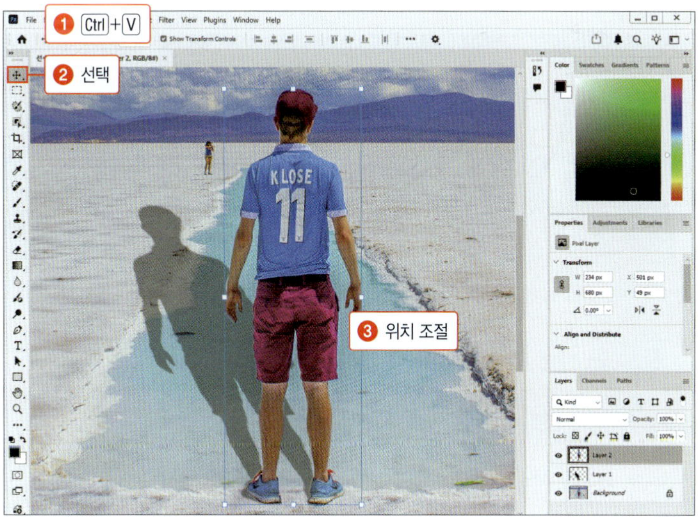

TIP ✧

이미지를 미세하게 이동하기 위해서는 키보드의 방향키를 이용합니다. 방향키를 누를 때마다 1픽셀씩 이동합니다.

EASY 실습 원근감 표현하기

Perspective 기능으로 원근 효과를 적용하면 이미지를 입체적이고, 현실감 있게 표현할 수 있습니다. 예제에서는 인물의 배경인 문자 이미지에 원근감을 표현해 봅니다.

01 포토샵 → 04 폴더에서 'vogue.psd' 파일을 불러옵니다. ❶ Layers 패널에서 'VOGUE' 레이어를 선택하고 원근 효과를 적용하기 위해 ❷ 메뉴에서 [Edit] → Transform → Perspective를 실행합니다.

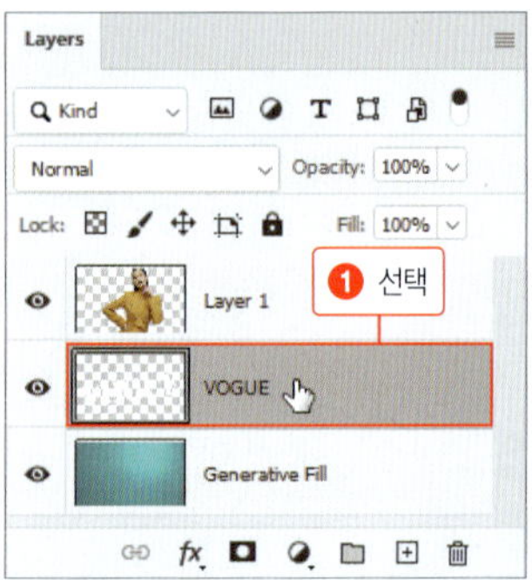

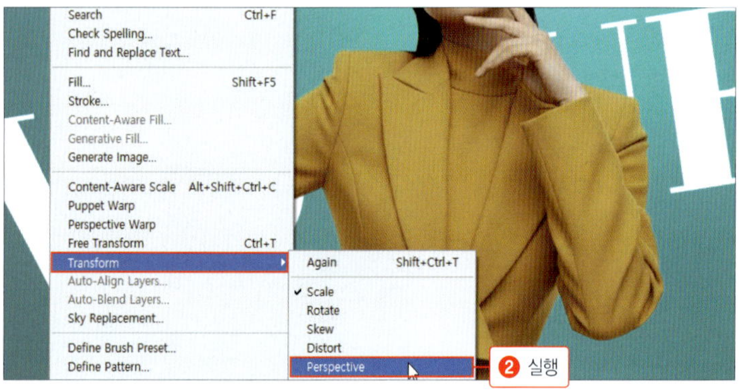

02 문자의 조절점을 위아래 또는 좌우로 드래그하여 문자 형태를 변경합니다. 한쪽이 확대되면 다른 반대쪽은 축소되면서 원근감 있는 문자로 변형됩니다.

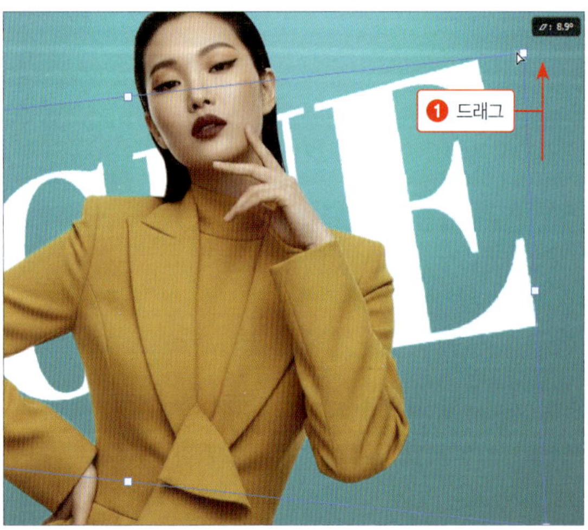

• **실습파일** : 포토샵\04\calm.jpg, sking2.jpg • **완성파일** : 포토샵\04\calm_완성.psd

Quick 활용 이미지를 변형하여 감성 사진 만들기

Free Transform 기능을 이용하면 특정 비율이나 형태에 상관없이 조절점을 드래그하는 방향대로 자유롭게 변형할 수 있습니다. 예제에서는 인물 사진을 종이 액자에 맞게 회전 정도와 크기를 조절해서 합성해 봅니다.

01 포토샵 → 04 폴더에서 'calm.jpg', 'sking2.jpg' 파일을 불러옵니다. 'sking2.jpg' 작업 창을 선택하고 ❶ Ctrl+A를 눌러 이미지를 전체 선택한 다음 ❷ Ctrl+C를 눌러 복사합니다.

02 ❶ 'calm.jpg' 작업 창을 선택한 다음 ❷ Ctrl+V를 눌러 인물 사진을 붙여넣고 반투명하게 만들기 위해 ❸ Layers 패널에서 Opacity를 '50%'로 설정합니다.

왜? ✧
사진 이미지를 반투명하게 만들어야 종이 액자와 비교하면서 인물 사진 크기를 쉽게 조절할 수 있습니다.

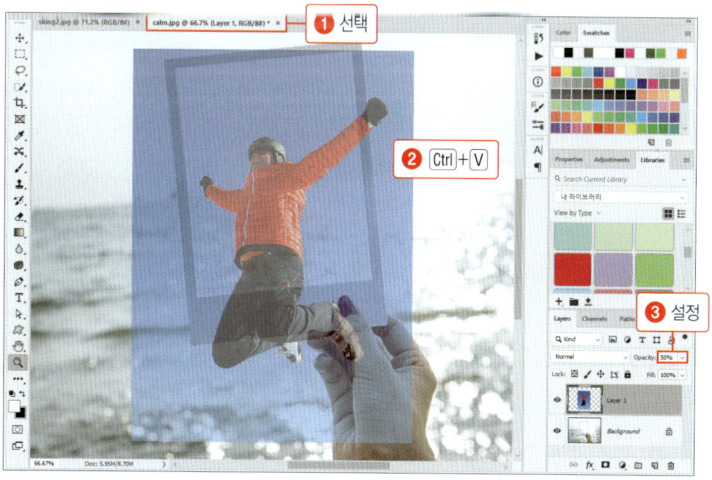

03 액자에 맞게 인물 사진을 회전하기 위해 ❶ 메뉴에서 [Edit] → Free Transform(Ctrl+T)을 실행합니다. ❷ 자유 변형 상태에서 왼쪽 위 조절점을 종이 액자 각도에 맞게 드래그합니다.

> **TIP** ✧
> Free Transform 기능은 Scale과 Rotate 명령을 동시에 실행한 것과 같습니다. 각 조절점을 드래그하여 이미지를 회전하고 크기를 변형할 때 사용하면 편리합니다.

04 인물 사진의 고정 비율을 해제하기 위해 ❶ 옵션바에서 'Maintain aspect ratio' 아이콘(⊖)을 클릭합니다. 크기를 조절하기 위해 ❷ 인물 사진의 왼쪽 위 조절점을 종이 액자 왼쪽 위로, 오른쪽 아래 조절점을 종이 액자 오른쪽 아래로 드래그하여 알맞게 배치합니다.

05 인물 사진이 종이 액자에 알맞게 맞춰지면 ❶ Enter를 누릅니다. ❷ Layers 패널에서 Opacity를 '100%'로 설정해 원본 사진을 나타내어 완성합니다.

> **TIP** ✧
> 레이어의 불투명도 설정은 261쪽을 참고하세요.

EASY 실습 요가 자세의 인물 변형하기

인물의 자세 수정을 위해 관절 부분에 고정점을 만들어 자연스럽게 변형해 보겠습니다.

01 포토샵 → 04 폴더에서 '요가포즈.psd' 파일을 불러옵니다. 인물 이미지를 변형하기 위해 ❶ Layers 패널에서 '인물' 레이어를 선택한 다음 ❷ 메뉴에서 [Edit] → Puppet Warp를 실행합니다.

02 인물 이미지 위에 그물망 형태로 변형 영역이 표시됩니다. 머리카락부터 머리, 목, 허리, 다리, 발등 등 관절 부분을 클릭하여 고정점을 만듭니다.

> **TIP ✧**
> 사람이 움직일 때 기준이 되는 관절 부분에 고정점을 만들면 자연스러운 자세로 변형할 수 있습니다. 만든 고정점을 삭제하려면 해당 고정점을 선택하고 Delete를 누릅니다.

03 ❶ 첫 번째 고정점인 머리카락을 좌우로 드래그하면 자연스럽게 위치가 변경되는 것을 확인할 수 있습니다. ❷ 발등에 위치한 고정점을 위로 드래그하면 다리와 연결되어 자연스럽게 다리가 위로 이동되는 것을 확인할 수 있습니다.

❸ 자연스러운 이미지 변형을 위한 Neural Filters

Neural Filters는 마치 인물의 신경망을 이용한 것처럼 자연스러운 성형이나 보정을 할 수 있는 필터입니다. Neural Filters 패널에서는 다양한 보정 필터를 제공하며, 원하는 필터 항목을 선택하고 '다운로드' 아이콘(☁)을 클릭하여 필터를 다운로드해서 사용할 수 있습니다.

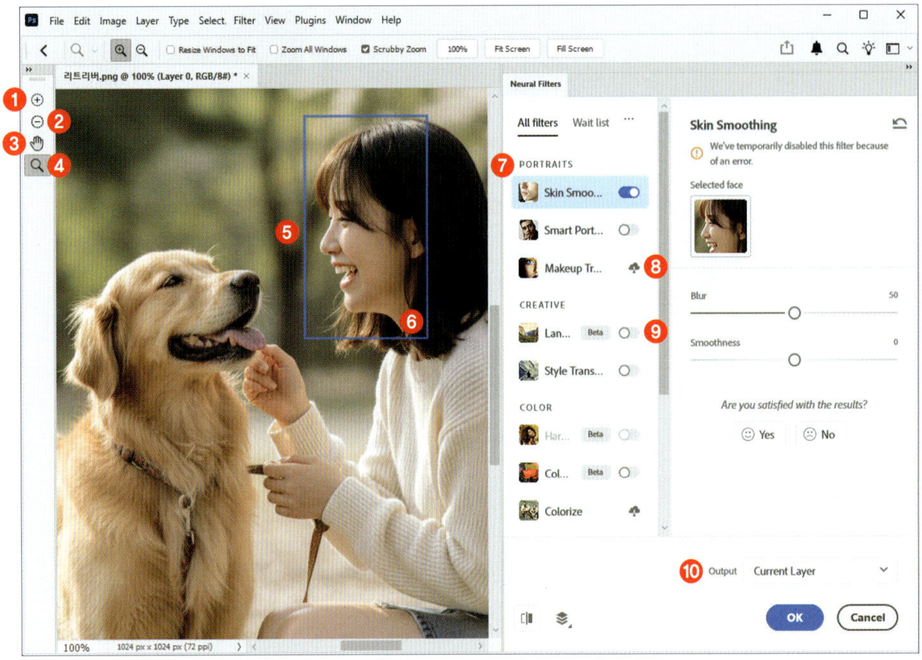

❶ **영역 추가 도구** : 필터가 적용되는 영역을 추가합니다.

❷ **영역 제거 도구** : 필터가 적용되는 영역을 제거합니다.

❸ **손 도구** : 드래그 방식으로 미리 보기 창의 이미지를 이동합니다.

❹ **돋보기 도구** : 미리 보기 창의 이미지를 확대 또는 축소합니다.

❺ **미리 보기 창** : 이미지의 필터 적용 결과를 미리 보여 줍니다.

❻ **변형 영역** : 인물의 얼굴을 인식한 경우 변형 영역을 표시합니다.

❼ **필터 항목** : 포토샵에서 제공하는 필터 항목을 표시합니다.

❽ **'다운로드' 아이콘** : 선택한 필터를 다운로드한 다음 설치합니다.

❾ **'필터 활성화' 아이콘** : 필터를 활성화하여 원하는 옵션의 수치를 조절합니다.

❿ **Output** : 적용된 필터의 저장 방식을 설정합니다.

TIP ✧

포토샵을 설치하고 Neural Filters를 처음 실행하면 원하는 필터를 다운로드해야 합니다. 원하는 필터 항목을 선택한 다음 〈Download〉 버튼이 표시되면 클릭하여 필터를 다운로드합니다.

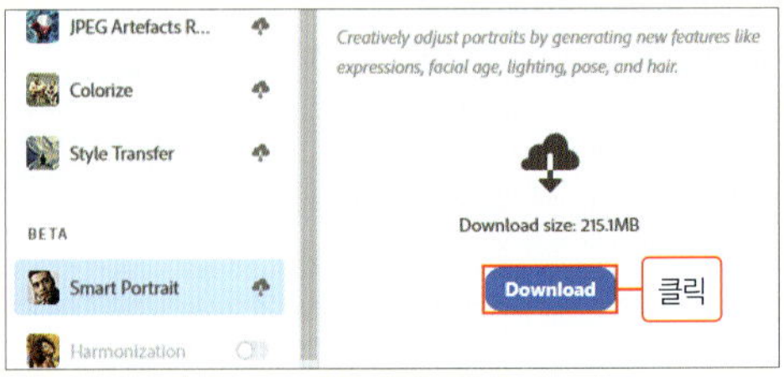

• **실습파일** : 포토샵\04\kids.jpg • **완성파일** : 포토샵\04\kids_완성.jpg

Quick 활용 인물 표정과 피부 보정하기

Neural Filters를 이용하면 인물의 표정을 자연스럽게 보정할 수 있습니다. 예제에서는 자연스럽게 인물의 시선 방향을 변경하고, 부드러운 피부 보정 방법을 알아 봅니다.

01 포토샵 → 04 폴더에서 'kids.jpg' 파일을 불러옵니다. 인물의 표정을 변경하기 위해 메뉴에서 [Filter] → Neural Filters를 실행합니다.

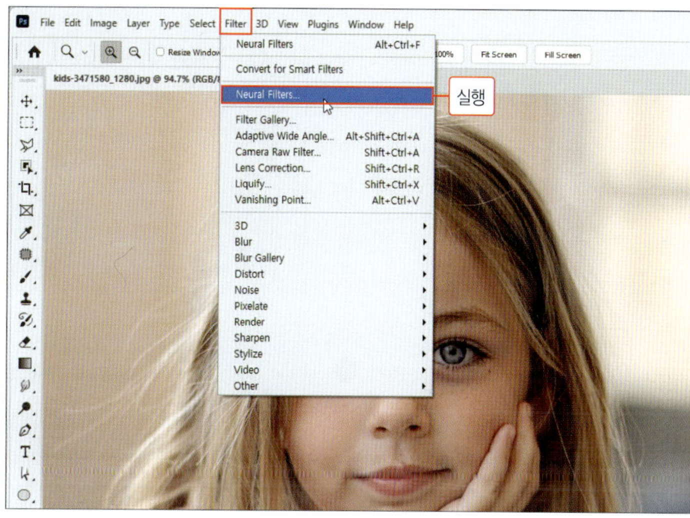

02 'Smart Portrait' 아이콘( )을 클릭하여 활성화합니다. 인물의 표정을 보정할 수 있는 옵션들이 나타납니다.

03 인물의 시선을 오른쪽으로 변경하기 위해 Eye direction 슬라이더를 오른쪽으로 드래그해 '+50'으로 설정하면 인물의 눈동자가 오른쪽을 바라보는 형태로 변경됩니다.

04 미소 짓는 표정을 만들기 위해 Be Happy! 슬라이더를 오른쪽으로 드래그하여 '+40'으로 설정합니다. 치아까지 표현되어 환한 미소가 만들어집니다.

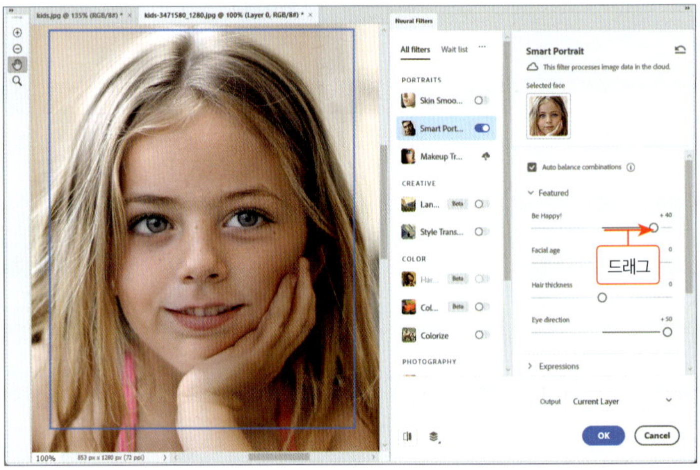

05 이번에는 피부 보정을 위해 ❶ 'Skin Smoothing' 아이콘( )을 클릭하여 활성화합니다. ❷ Blur를 '100', Smoothness를 '50'으로 설정해 피부를 부드럽게 보정한 다음 ❸ 〈OK〉 버튼을 클릭합니다.

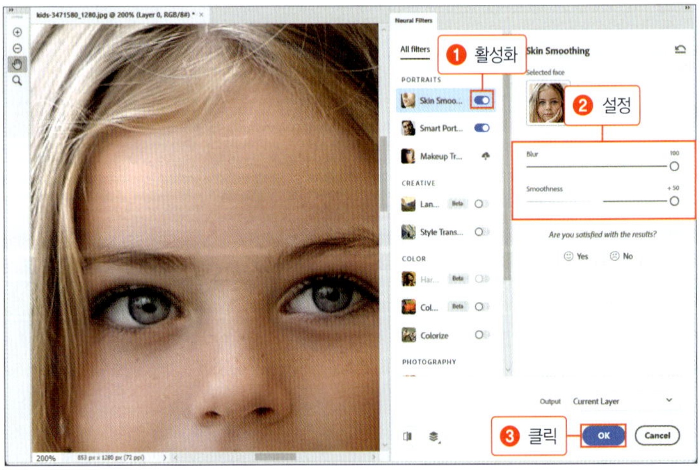

• **실습파일** : 포토샵\04\skin.png • **완성파일** : 포토샵\04\skin_완성.png

EASY 실습 광고처럼 부드러운 피부 보정하기

Skin Smoothing 기능은 보정 도구를 사용하지 않아도 전체적인 피부 트러블을 자연스럽게 없애거나 부드럽게 보정할 수 있습니다. 예제에서는 거친 인물 이미지를 광고 이미지처럼 부드러운 이미지로 보정해 봅니다.

01 포토샵 → 04 폴더에서 'skin.png' 파일을 불러옵니다. 거친 인물 이미지가 표시됩니다. 인물의 피부를 보정하기 위해 메뉴에서 (Filter) → Neural Filters를 실행합니다.

02 ❶ 'Skin Smoothing' 아이콘(토글)을 클릭하여 활성화합니다. 인물의 얼굴이 인식되면 먼저 피부의 픽셀을 블러 처리해 부드럽게 보정하기 위하여 ❷ Blur 슬라이더를 드래그해 '100'으로 설정합니다.

03 추가로 세밀하게 피부를 부드럽게 처리하기 위해 ❶ Smoothness를 '+40'으로 설정하고 ❷ 〈OK〉 버튼을 클릭합니다.

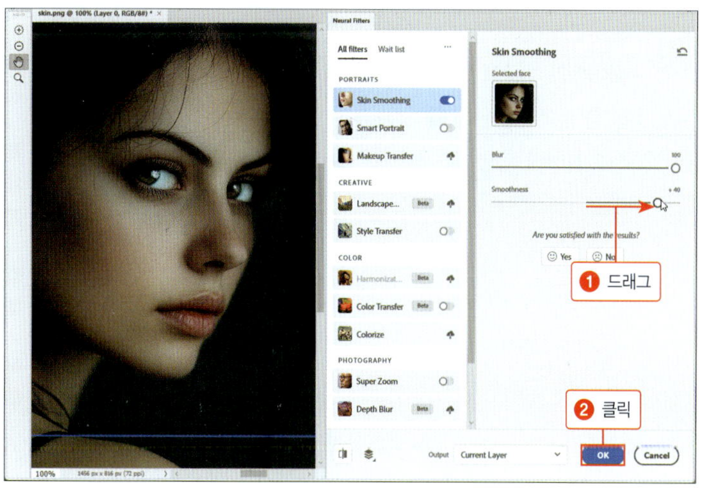

• **실습파일** : 포토샵\04\zoo.png • **완성파일** : 포토샵\04\zoo_완성.png

EASY 실습 이미지를 크게 늘려도 노이즈 제거와 선명도 유지하기

이미지를 확대하면 노이즈가 발생하며, 픽셀이 뭉개지는 현상이 발생하여 전반적으로 이미지의 품질이 저하됩니다. 이러한 단점을 보완하기 위해 이미지를 확대할 때 노이즈는 줄이고 선명함을 조절할 수 있는 Super Zoom 기능에 대해 알아봅니다.

01 포토샵 → 04 폴더에서 'zoo.png' 파일을 불러옵니다. 메뉴에서 [Filter] → Neural Filters를 실행합니다. Zoom image의 '확대' 아이콘(🔍)을 연속으로 3번 클릭하여 이미지를 3배 확대합니다.

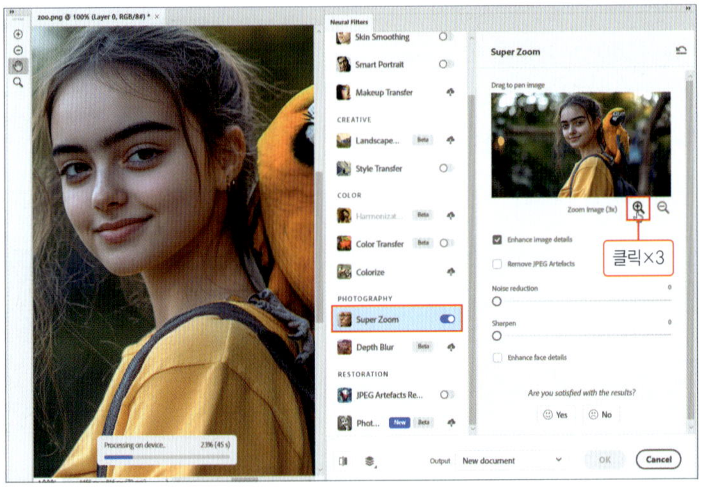

TIP Zoom image의 확대 아이콘을 클릭할 때마다 이미지가 2배, 3배, 4배로 확대되며, 단순히 이미지가 확대되는 것이 아니라 실제 이미지 크기도 커집니다.

02 이미지가 확대되는 과정에서 생성된 노이즈를 제거하기 위해 Noise reduction을 오른쪽으로 드래그해 '6'으로 설정합니다. 노이즈가 제거된 이미지를 확인할 수 있습니다.

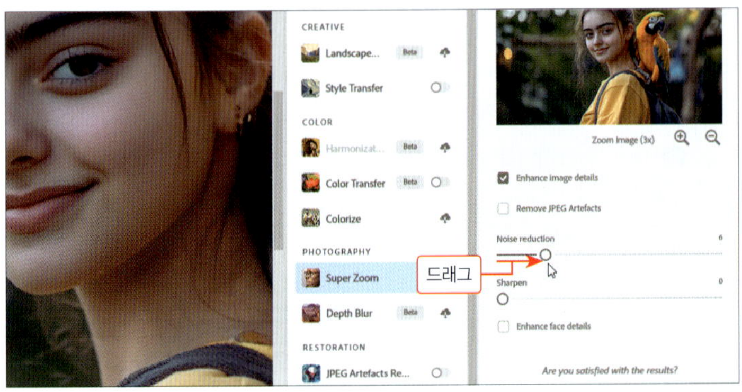

03 노이즈가 줄어드는 대신 선명도가 줄어들기 때문에 머리카락이나 앵무새 깃털 등의 형태를 위해 ❶ Sharpen을 '12'로 설정하여 선명도를 높이고 ❷ 〈OK〉 버튼을 클릭합니다.

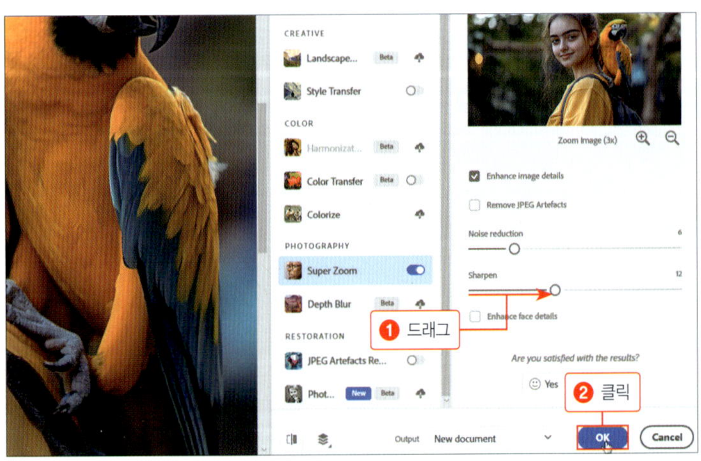

Quick 활용 이미지 왜곡을 방지하면서 가로형 배너 만들기

이미지를 늘려 영역을 확장하거나 가로로 넓은 배너를 만들 때 왜곡이 발생합니다. 이때 특정 부분을 왜곡하지 않으면서 이미지를 늘리는 기능이 바로 Content-Aware Scale입니다. 예제에서는 인물을 왜곡하지 않고, 배경만 늘려 배너 이미지를 확장하여 가로형 배너를 만들어 봅니다.

01 포토샵 → 04 폴더의 '요가.psd' 파일을 불러옵니다. 'Background' 레이어를 일반 레이어로 전환하기 위해 ❶ Layers 패널에서 'Background' 레이어를 더블클릭합니다. New Layer 대화상자가 표시되면 ❷ 〈OK〉 버튼을 클릭합니다.

02 캔버스를 확대하기 위해 메뉴에서 [Image] → Canvas Size(Alt+Ctrl+C)를 실행합니다. Canvas Size 대화상자가 표시되면 ❶ Width를 '1,200Pixels'로 설정하고 ❷ Anchor에서 오른쪽 가운데 아이콘(→)을 클릭한 다음 ❸ 〈OK〉 버튼을 클릭합니다.

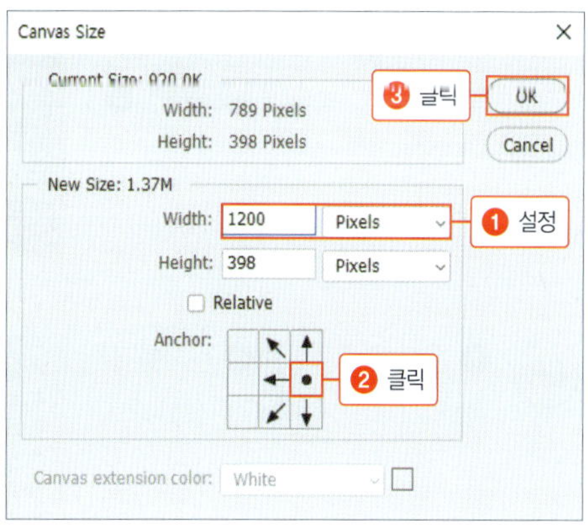

> **TIP**
> Canvas Size 대화상자 가운데 'Relative'의 체크 표시가 해제되어 있어야 캔버스 크기를 자유롭게 늘릴 수 있습니다.

03 이미지 왼쪽에 투명 영역이 추가됩니다. 캔버스가 확장되면 인물 부분을 보호하기 위해 ❶ 사각형 선택 도구(⬚)를 선택한 다음 ❷ 인물 부분을 드래그하여 선택 영역으로 지정합니다.

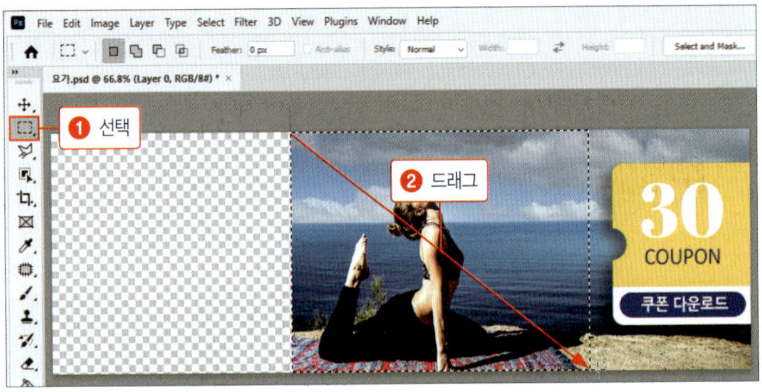

04 선택 영역을 저장하기 위해 메뉴에서 [Select] → Save Selection을 실행합니다. Save Selection 대화상자가 표시되면 ❶ Name에 '보호'를 입력한 다음 ❷ 〈OK〉 버튼을 클릭합니다. ❸ Ctrl+D를 눌러 선택 영역을 해제합니다. 확장된 캔버스에 맞춰 배경 이미지를 채우기 위해 ❹ 메뉴에서 [Edit] → Content-Aware Scale(Alt+Shift+Ctrl+C)을 실행합니다.

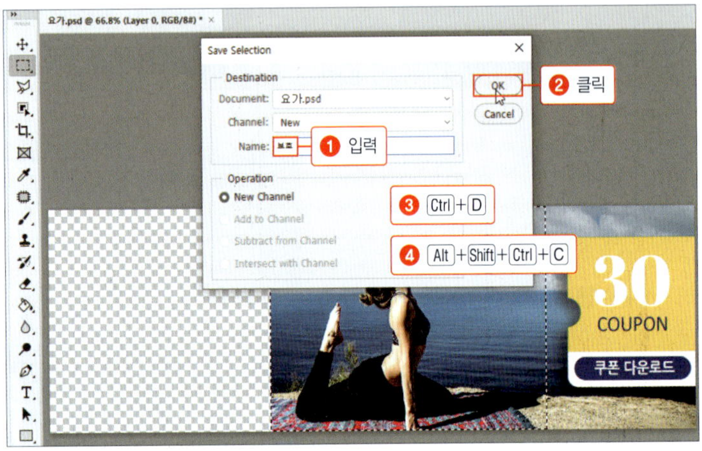

05 인물을 보호하며 배경을 늘리기 위해 옵션바에서 ❶ Protect를 '보호'로 지정한 다음 ❷ 'Protect skin tones' 아이콘(🚹)을 클릭합니다. ❸ 이미지 조절점을 그림과 같이 확장된 영역까지 드래그하면 인물은 변형되지 않고 배경만 확장됩니다. 확장이 완료되면 ❹ Enter를 누릅니다.

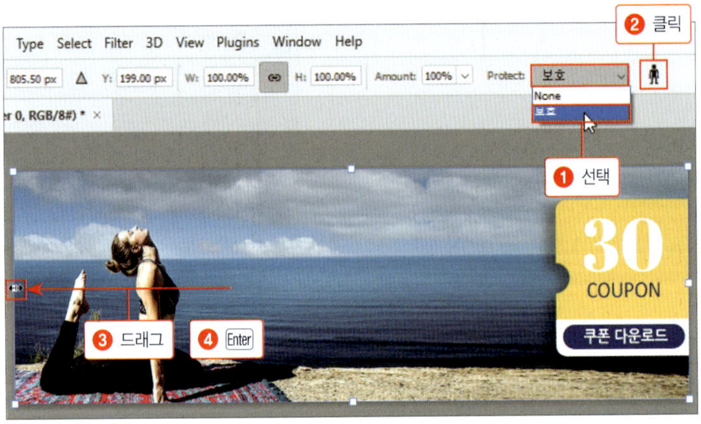

06 ❶ 문자 도구(T.)로 ❷ 문자를 입력하여 배너 이미지를 완성합니다.

TIP ✦
문자 입력 방법은 198쪽을 참고하세요.

Quick 활용 여러 장의 사진으로 파노라마 사진 만들기

사진 한 장에 피사체를 모두 담을 수는 없을까요? 포토샵은 자동으로 파노라마 사진을 만드는 기능을 제공합니다. 한 컷으로 담지 못하는 사진이라면 끝부분을 겹치게 촬영한 다음 Photomerge 기능을 이용해 여러 장의 사진을 한 장의 파노라마 사진으로 만들 수 있습니다.

01 파노라마 사진을 만들기 위해 메뉴에서 [File] → Automate → Photomerge를 실행합니다. Photomerge 대화상자가 표시되면 Layout 항목의 'Auto'가 선택된 상태에서 Source Files 항목의 〈Browse〉 버튼을 클릭합니다.

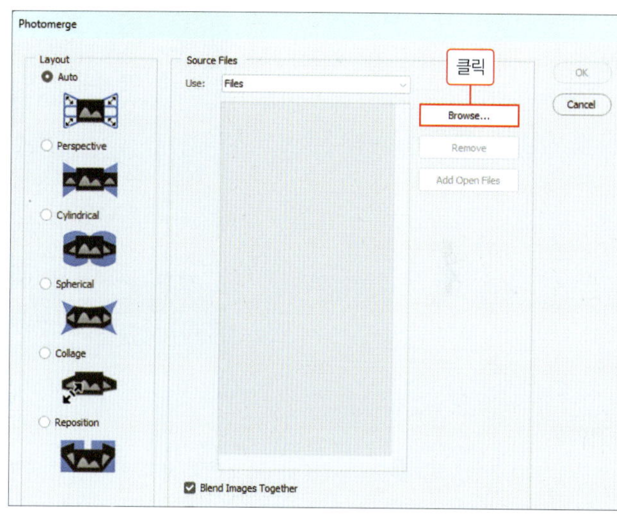

02 ❶ 포토샵 → 04 폴더에서 Shift를 누른 채 'sea1.jpg'~'sea3.jpg' 파일을 선택하고 〈열기〉 버튼을 클릭해 파일을 불러옵니다. ❷ Photomerge 대화상자의 〈OK〉 버튼을 클릭합니다.

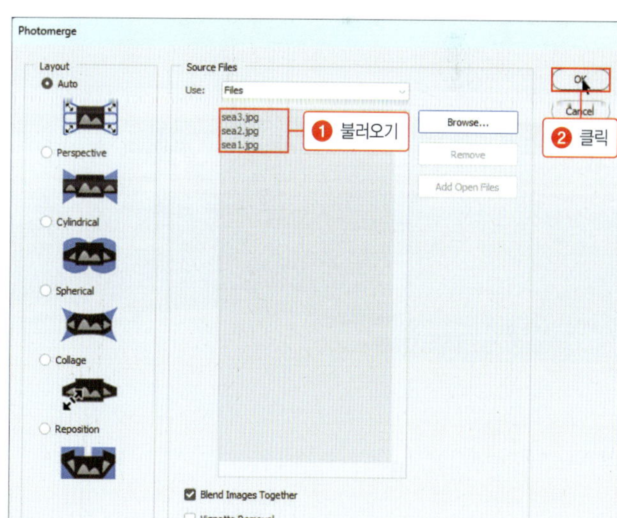

TIP

간혹 Photomerge 기능이 작동하지 않는 경우가 발생하는데, 그 이유는 사진이 너무 크기 때문입니다. 만약 실행되지 않으면 사진 크기를 줄여서 실행해 보세요.

03 연결 부분 탐색에 시간이 걸릴 수 있습니다. 사진이 연결되면 투명 영역과 사진이 서로 연결된 영역으로 나뉩니다.

TIP
이미지가 서로 연결되면서 특정 부분에 투명 영역이 표시됩니다. 촬영할 때 각도 차이로 인해 발생하는 현상이므로, 이러한 영역은 자르거나 채우는 방식으로 없앱니다.

04 격자 모양으로 표시된 투명 영역을 없애기 위해 ❶ 자르기 도구(⌗)로 자르기 영역의 위아래 조절점을 드래그해 투명 영역이 포함되지 않게 자를 영역을 지정하고 ❷ Enter를 누릅니다.

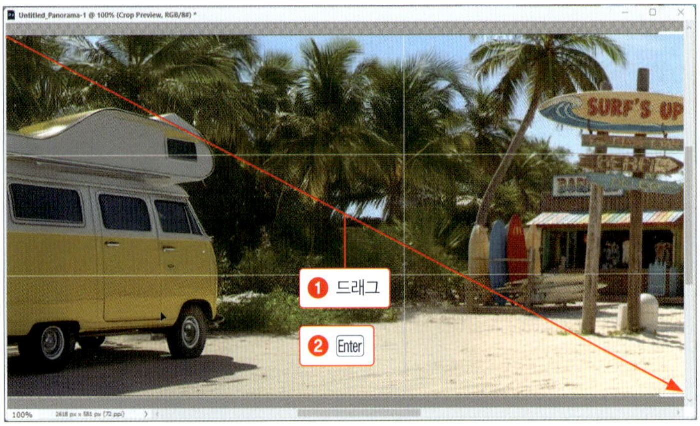

TIP
연결된 이미지를 병합하고 투명한 부분을 마술봉 도구(🪄)를 이용하여 선택 영역으로 지정한 다음 메뉴에서 [Edit] → Fill(Shift+F5)을 실행합니다. Fill 대화상자에서 Use를 'Content-Aware'로 지정하고 〈OK〉 버튼을 클릭하면 투명 영역이 자연스럽게 이미지로 채워집니다.

05 파노라마 사진이 완성되었습니다.

❹ 필터 종류와 사용 방법 알아보기

Filter 메뉴 살펴보기

[Filter] 메뉴를 선택하면 몇 개의 그룹으로 묶여 있는 필터를 확인할 수 있습니다. 해당 그룹 이름 오른쪽에 삼각형(▸)이 있는 필터를 선택하면 그룹에 속한 필터가 표시됩니다. 이 외에도 Filter Gallery를 실행하면 화면을 미리 보면서 필터를 적용할 수 있습니다.

포토샵에서는 AI 기능을 이용한 어도비 센세이(Sensei)로 인물 얼굴을 인식하고 자연스럽게 변형할 수 있는 Neural Filters를 제공합니다. Neural Filters를 이용하면 증명사진이나 프로필 사진 촬영 후 인물의 표정을 변형할 수 있어 유용합니다.

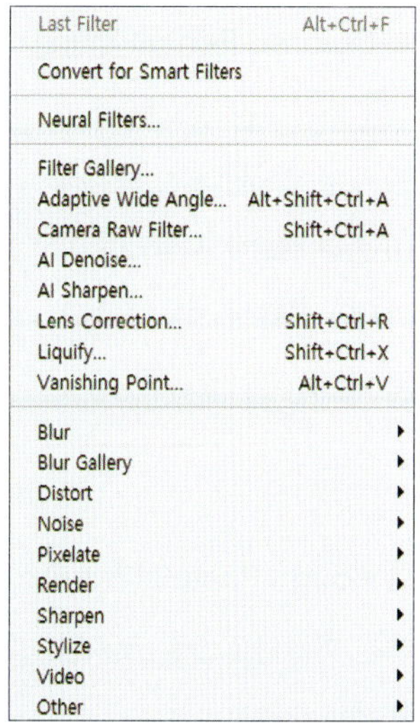

Filter Gallery 사용하기

Filter Gallery를 이용하면 미리 보기 창에서 필터 효과를 확인하거나 바로 옵션을 설정할 수 있습니다. 이펙트 레이어를 이용하여 여러 개의 필터를 함께 적용하고 쉽게 되돌리거나 삭제할 수 있습니다.

원본 이미지(포토샵\04\포즈.jpg)

Halftone Pattern

Charcoal

Cutout 필터가 적용된 이미지

회화 효과를 표현하는 Artistic 필터 살펴보기

Artistic 계열 필터는 회화 효과를 표현합니다. 메뉴에서 [Filter] → Filter Gallery를 실행한 다음 Artistic 항목에서 이용할 수 있습니다.

❶ Colored Pencil(색연필)

색연필로 그린 것처럼 효과를 주는 필터입니다. 배경색이 종이 색으로 지정되며 이미지에 사용된 색을 기준으로 색연필 색이 결정됩니다.

❷ Cutout(오려내기)

이미지의 색상 변화를 뚜렷하게 표시해 색종이를 오려 붙인 듯한 효과를 주는 필터입니다.

❸ Rough Pastels(거친 파스텔 효과)

거친 파스텔로 그린 것처럼 표현합니다.

❹ Smudge Stick(문지르기 효과)

붓을 이용하여 수채화를 그린 것처럼 만드는 필터입니다. 비교적 어두운 느낌의 이미지를 만들 때 사용합니다.

❺ Plastic Wrap(플라스틱 포장)

이미지에 랩을 씌운 것처럼 번들거리는 효과를 만드는 필터입니다.

❻ Water Color(수채화 효과)

색상의 경계 부분을 어두운색으로 표현해 수채화 느낌을 주는 필터입니다.

❼ Paint Daubs(페인트 덥스)

페인트 붓을 이용해 이미지에 덧칠한 효과를 나타내는 필터입니다. 여섯 가지 브러시를 제공하여 원하는 브러시의 터치를 표현할 수 있습니다.

❽ Post Edges(포스터 가장자리)

어두운 부분에 검은색 외곽선을 만들어 포스터 느낌을 주는 필터입니다. 강한 느낌의 이미지를 표현할 때 사용합니다.

이미지를 변형하는 Distort 필터 살펴보기

Distort 계열의 필터는 이미지를 비틀거나 회전, 특정 형태로 변형시킵니다. 메뉴에서 〔Filter〕 → Distort를 실행한 다음 다양한 형태로 이미지를 변형해 보세요.

❶ Polar Coordinates(극좌표)

선택한 옵션에 따라 선택 영역을 직교 좌표에서 극좌표로, 또는 극좌표에서 직교좌표로 변환하는 필터입니다.

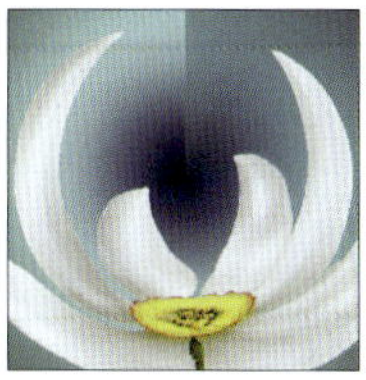

❷ Shear(기울임)

Shear 대화상자의 선을 변형하여 이미지를 곡선이나 대각선 방향으로 기울여 왜곡하는 필터입니다.

❸ ZigZag(지그재그)

이미지를 수면에 나타나는 동심원 모양으로 변형하는 필터입니다.

❹ Spherize(구형화)

돋보기로 보는 것처럼 둥글게 처리하는 필터로, Amount가 클수록 볼록해집니다.

❺ Ripple(잔물결)

이미지 표면을 물결 형태로 굴절시키는 필터입니다.

❻ Wave(파도)

물결 모양처럼 이미지를 다양하게 변형할 수 있으며 여러 가지 옵션을 이용하는 만큼 복잡하게 변형할 수도 있습니다.

회화적인 Sketch 필터 살펴보기

Sketch 계열 필터는 이미지에 분필이나 목탄, 크레용 펜 등으로 스케치한 효과를 내거나 독특한 재질을 표현할 때 사용합니다. 메뉴에서 〔Filter〕 → Filter Gallery를 실행해 Sketch 계열에서 사용할 수 있습니다.

❶ Charcoal(목탄)

이미지를 목탄으로 그린 것처럼 표현하는 필터입니다. 배경색이 종이 색상으로, 전경색이 목탄 색상으로 지정됩니다.

❷ Graphic Pen(그래픽 펜)

가는 펜을 이용해 스케치한 느낌을 주는 필터입니다. 어두운색이 전경색으로 표현되며, 밝은 색이 배경색으로 표현됩니다.

❸ Halftone Pattern(하프톤 패턴)

인쇄 망점을 표현하는 필터로, 신문에 인쇄된 사진을 보는 것 같은 효과를 줍니다.

❹ Tone Edges(가장자리 찢기)

이미지의 외곽선이 찢긴 것처럼 표현하는 필터입니다.

Quick 활용 사각형을 물결 형태로 만들기

기본 도형 이미지를 웨이브 필터를 이용하여 물결 형태로 변경해 봅니다. 파형과 파장의 길이를 조절해 원하는 형태의 물결로 만들어 봅니다.

01 포토샵 → 04 폴더에서 'board.psd' 파일을 불러옵니다. 'Layer 1'이 선택된 채 메뉴에서 [Filter] → Distort → Wave를 실행합니다.

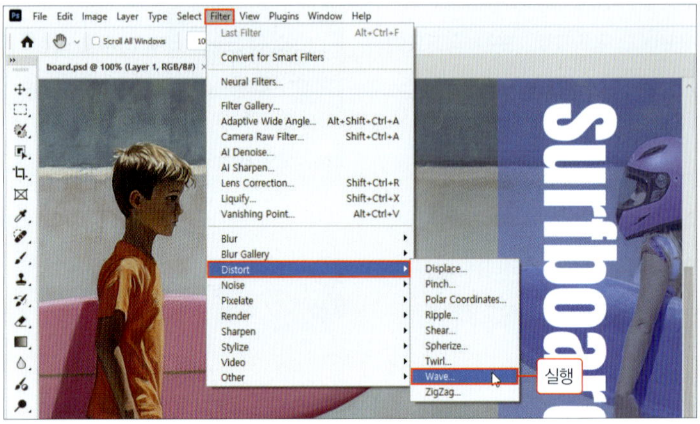

02 Wave 대화상자에서 파장이 골고루 변형되도록 ❶ Number of Generators를 '1'로 설정합니다. ❷ Wavelength(파장의 길이)의 Min과 Max를 각각 '5', '214', Amplitude(진폭)의 Min과 Max를 각각 '20', '168', Scale을 각각 '60', '100%'로 설정하고 ❸ 〈OK〉 버튼을 클릭합니다.

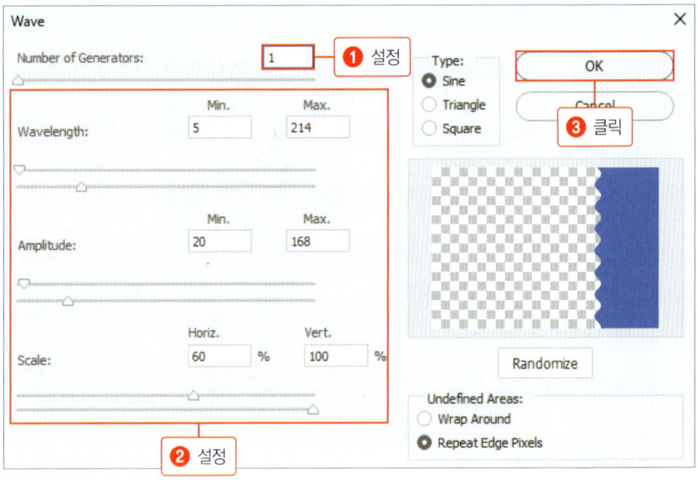

03 사각형이 물결 형태로 변경된 것을 확인할 수 있습니다.

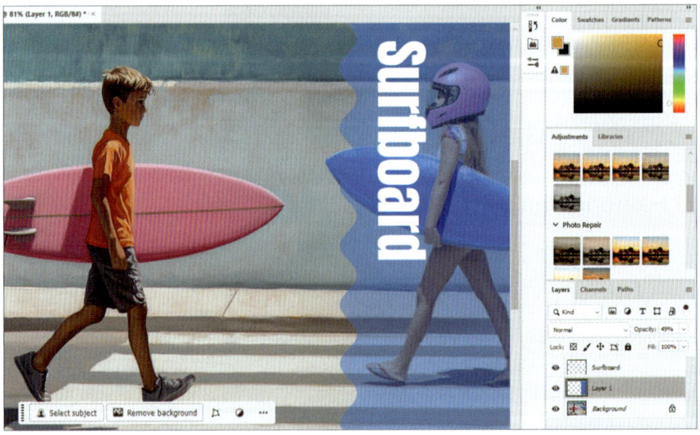

• **실습파일** : 포토샵\04\speed.psd • **완성파일** : 포토샵\04\speed_완성.png

Quick 활용 자연스럽고 동적인 느낌의 패스 블러 사용하기

Path Blur 필터는 픽셀 흐림 효과를 적용하여 사진이나 이미지를 더욱 자연스럽고 동적인 느낌으로 만드는 필터입니다. 모션 블러(Motion Blur)보다 정교하게 흐림의 방향과 강도를 제어하여 배경에 속도감을 표현해 봅니다.

01 포토샵 → 04 폴더에서 'speed.psd' 파일을 불러옵니다. 패스 블러를 적용하기 위해 메뉴에서 [Filter] → Blur Gallery → Path Blur를 실행합니다. 이때 Layers 패널에서 배경 이미지인 'Layer 0' 레이어가 선택되어 있는 것을 확인합니다.

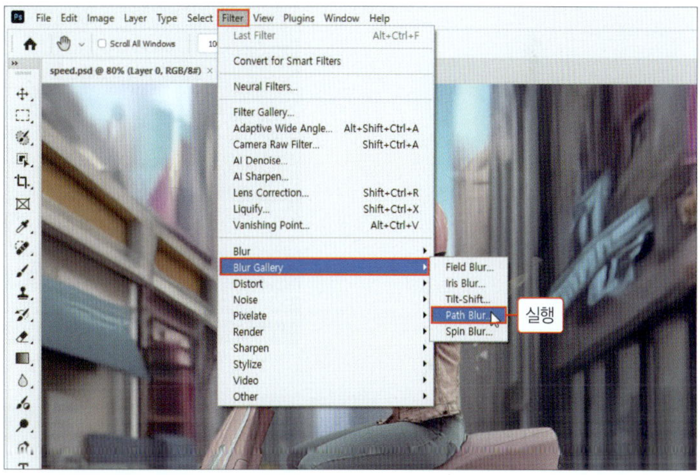

02 화면이 편집 모드로 전환되면 화면에 화살표가 표시됩니다. 화살표를 이용해 블러 경로를 추가하기 위해 인물 기준으로 ❶ 왼쪽 위를 클릭한 다음 ❷ 오른쪽 아래를 클릭합니다. 경로를 고정하기 위해 ❸ 마지막 클릭한 기준점을 다시 클릭합니다. 블러의 방향이 왼쪽 위에서 오른쪽 아래로 표현되는 것을 확인할 수 있습니다.

03 블러의 강도를 조정하기 위해 오른쪽 Speed를 '120%'로 증가시킵니다. 블러의 강도가 증가되어 속도감이 강하게 표시됩니다.

TIP

패스 블러는 자동차, 사람 또는 동물이 빠르게 움직이는 장면을 모션 시뮬레이션으로 사용할 수 있습니다. 특히 상업 광고, 스포츠 이미지, 속도감 있는 차량 등을 표현할 때 매우 효과적입니다.

04 화살표의 가운데 기준점을 위로 드래그하여 곡면 형태의 화살표로 변경합니다. 블러 방향이 인물을 중심으로 곡면 형태의 블러가 적용되는 것을 확인할 수 있습니다.

05 붉은색 화살표 앞에 표시된 ❶ 기준점을 클릭하고 ❷ 오른쪽 아래로 드래그하면 그림과 같이 블러 방향과 강도를 수정할 수 있습니다.

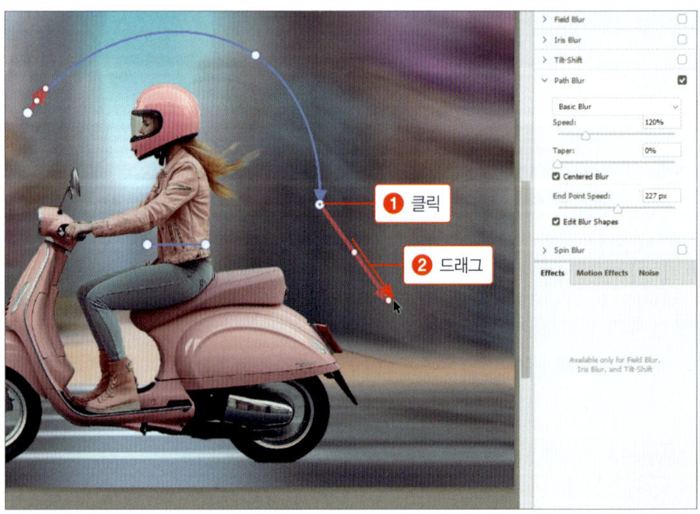

TIP

여러 개의 경로를 추가해 복잡한 모션 효과를 만들 수 있습니다. 예를 들어, 자동차나 사람의 움직임을 시뮬레이션할 때 경로를 여러 개 추가하고 각 경로의 방향을 다르게 설정할 수 있습니다.

❶ 작업자의 역량 : 선택의 안목과 지속적 개선의 차이

생성형 AI는 완성된 결과물 하나를 창조하는 도구라기보다, 수많은 가능성을 빠르게 제시하는 도구입니다. 포토샵의 생성형 AI를 활용하면 다양한 시안을 손쉽게 얻을 수 있지만, 그중에서 최적의 결과물을 선별하고 다듬는 과정은 전적으로 작업자의 몫입니다.

숙련된 작업자는 원하는 이미지를 얻을 때까지 스타일, 색감, 구도 등 세부 요소를 세밀하게 조정하며 프롬프트를 반복적으로 끊임없이 개선합니다. 이처럼 AI의 특성과 한계를 이해하고 결과물을 원하는 방향으로 이끄는 프롬프트 엔지니어링 능력과 시각적 판단력이 결과물의 품질을 좌우하는 첫 번째 요인입니다.

프롬프트가 동일하더라도 사용자의 역량과 반복적인 개선의 차이가 있다.

❷ 시스템의 차이 : 계정 등급과 우선 순위 차이는 있다

계정의 무료/유료 여부는 결과물의 품질에 직접적인 영향을 줍니다. 이는 단순히 해상도 차이에 그치지 않습니다. 유료 구독자는 더 정교한 최신 모델, 고해상도 출력, 다양한 편집 기능, 빠른 처리 속도, 높은 서버 우선 순위 등 전반적으로 향상된 환경을 제공합니다. 반면 무료 계정은 기능적 · 기술적 제한이 존재하며, 동일한 프롬프트를 입력해도 할당되는 기본 품질 옵션 자체가 다를 수 있습니다.

❸ 경험의 축적 : AI처럼 생각하고 이해하기

사용자 계정의 학습화는 AI가 사용자를 학습한다기보다 사용자가 해당 AI의 특성을 익혀가는 과정으로 보는 것이 더 정확합니다. 각 생성형 AI는 고유한 반응 패턴과 강점을 갖고 있으며, 특정 플랫폼에서 효과적이던 프롬프트가 다른 플랫폼에서는 전혀 다른 결과를 낳을 수 있습니다.

따라서 동일 계정을 꾸준히 사용한다는 것은 동일 주제의 히스토리를 기억하고 있지만, 어떤 표현에 잘 반응하는지, 어떤 스타일을 안정적으로 구현하는지 등 AI의 성향을 파악해 나가는 과정이기도 합니다. 이러한 경험의 축적이 프롬프트의 완성도를 높이고, 결국 더 높은 품질의 결과물을 만드는 기반이 됩니다.

Part 05

탁월한 선명함과 밝기, 풍부한 색감을 위한 색상 보정하기

| Adobe Firefly | Topaz Gigapixel

〈 20/26 〉

Color

Levels

Adjustments

PHOTOSHOP
&ILLUSTRATOR CC 2026

CC/26
PHOTOSHOP
Gemini / Nano Banana

LESSON 09

자신만의 취향에 맞는 컬러 고르기

❶ 전경색과 배경색 지정하기

Tools 패널 아래에 위치한 색상 상자는 원하는 색상을 선택할 때 사용하며 위쪽의 전경색은 주로 색상을 칠하거나 채울 때, 아래쪽의 배경색은 색상을 지우거나 배경색을 지정할 때 사용합니다.

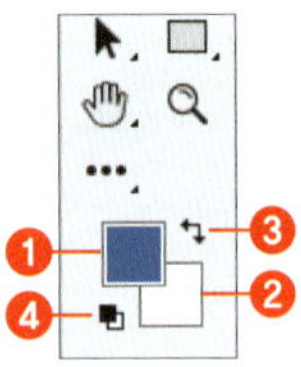

❶ **전경색(Foreground Color)** : 색을 채울 때 사용합니다.

❷ **배경색(Background Color)** : 배경에 색을 채우거나 지울 때 사용합니다.

❸ **색상 교체(Switch Color)** : 전경색과 배경색을 바꿉니다.

❹ **기본 색상(Default Color)** : 전경색은 '검은색', 배경색은 '흰색'으로 지정합니다.

전경색 또는 배경색을 클릭하면 Color Picker 대화상자가 표시됩니다. 직접 색상을 클릭해 지정하거나, 색상 값을 입력하여 원하는 색상을 지정합니다.

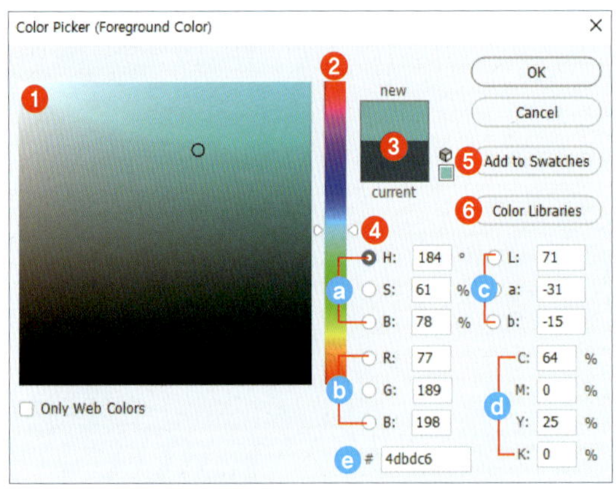

❶ **샘플 컬러** : 클릭하여 원하는 색상을 지정합니다.

❷ **스펙트럼 바** : 색상 슬라이더로 색상을 지정합니다.

❸ **New, Current** : New는 새로 지정하는 색상을 표시하고, Current는 현재 지정된 색상을 표시합니다.

❹ **색상** : 색상 값을 입력하여 색상을 지정합니다.

- ⓐ **HSB** : 색상(Hue)과 채도(Saturation), 명도(Brightness)를 이용하여 색상을 표현합니다.
- ⓑ **RGB** : 빛의 3원색인 빨간색(Red)과 녹색(Green), 파란색(Blue)을 혼합하여 색상을 표현합니다.
- ⓒ **Lab** : 밝기(Lightness)와 더불어 a는 Red와 Green의 색상 정보, b는 Blue와 Yellow의 색상 정보를 나타냅니다.
- ⓓ **CMYK** : 청록색(Cyan), 자주색(Magenta), 노란색(Yellow), 검은색(Black)의 네 가지 채널로, 인쇄할 때 사용하는 색상 모드입니다.
- ⓔ **Web Color** : 16진수 코드로 색상을 지정합니다.

❺ **Add to Swatches** : 지정한 색상을 추가합니다.

❻ **Color Libraries** : 색상 차트별로 색상을 선택할 수 있습니다.

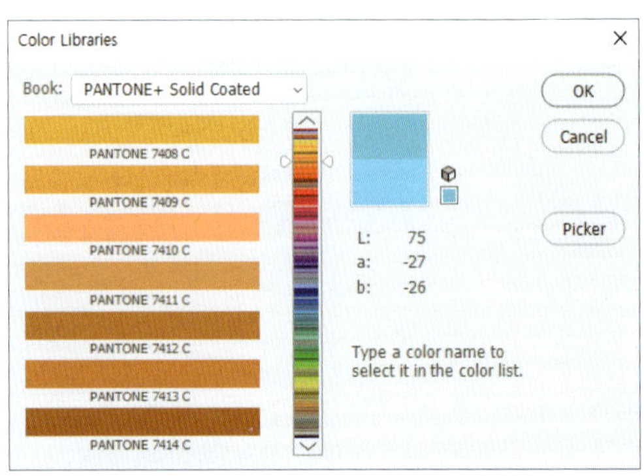

❷ 페인트 통 도구 사용하기

페인트 통 도구는 빠르게 색을 채우거나 패턴을 적용할 때 많이 사용하는 도구입니다. 페인트 통 도구를 이용해 색상을 채울 때 Tools 패널의 전경색을 기준으로 하며, 옵션바의 Fill Source를 'Pattern'으로 지정해 패턴을 채울 수도 있습니다.

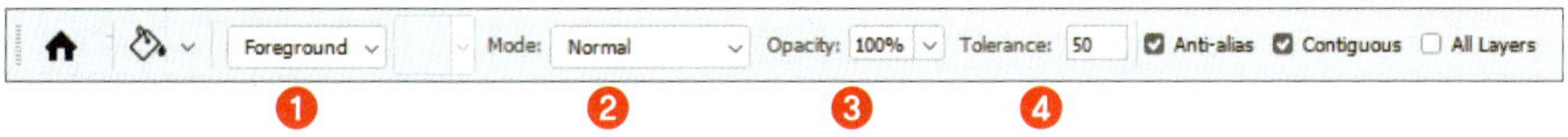

❶ **Fill Source** : 전경색으로 색을 채울지, 패턴으로 색을 채울지 선택합니다.

❷ **Mode** : 혼합 모드를 설정하는 옵션으로 색상이나 패턴 이미지를 채울 때 원본 이미지와의 혼합 형태를 지정합니다.

❸ **Opacity** : 색상이나 패턴의 불투명도를 지정하는 옵션으로 값이 작을수록 투명하게 적용됩니다.

원본 이미지(포토샵\05\studio.jpg)

Fill : Foreground

Fill : Pattern, Trees

Fill : Pattern, Water

❹ **Tolerance** : 색상의 적용 범위를 설정하는 옵션으로 값이 클수록 비슷한 색상까지 선택되어 선택 범위가 넓어집니다.

Tolerance : 10

Tolerance : 50

❸ 색, 이미지, 패턴으로 선택 영역 채우기

Fill은 선택 영역을 색, 인접한 이미지, 패턴 등으로 채우는 기능입니다. 메뉴에서 〔Edit〕 → Fill(Shift+F5)을 실행하면 표시되는 Fill 대화상자에서 색 또는 이미지, 블렌딩 모드, 불투명도를 지정하여 설정한 대로 채울 수 있습니다.

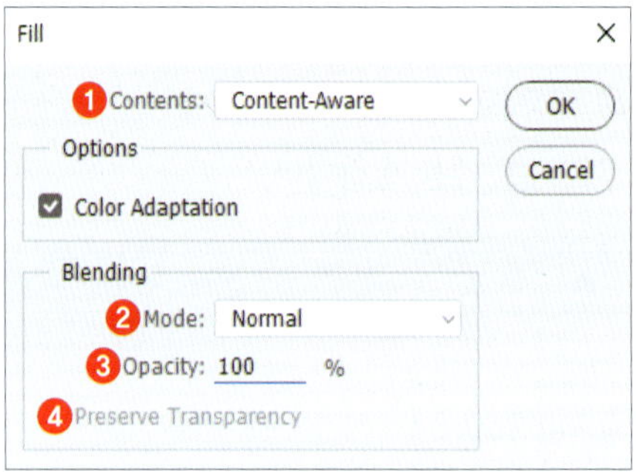

❶ **Contents** : 채우려는 색상을 지정하는 옵션입니다. 전경색, 배경색, 색, 패턴, 검은색, 흰색, 회색 등을 직접 선택할 수 있고, Content-Aware 기능도 이용할 수 있습니다. Content-Aware는 주로 넓은 영역에서 불필요한 부분을 없애고 자동으로 배경을 합성할 때 사용합니다.

❷ **Mode** : 지정된 색상과 이미지의 블렌딩 모드를 지정합니다.

❸ **Opacity** : 색상의 불투명도를 지정합니다.

❹ **Preserve Transparency** : 투명 영역을 유지하는 기능으로 투명 영역에는 색상이 채워지지 않습니다.

Content-Aware 옵션으로 관련 이미지를 채운 모습(포토샵\05\glass.png)

Color 옵션으로 색을 채운 모습

Water Pattern 옵션으로 물결 패턴을 채운 모습

50% Gray 옵션으로 색을 채운 모습

• **실습파일** : 포토샵\05\webtoon.png • **완성파일** : 포토샵\05\webtoon_완성.jpg

Quick 활용 외곽선을 손상하지 않으면서 웹툰 채색하기

페인트 통 도구를 이용하여 펜 선으로 그려진 인물 웹툰 이미지에 채색할 때 펜 선을 손상하지 않고, 색상을 채우는 방법에 대해 알아봅니다.

01 포토샵 → 05 폴더에서 'webtoon.png' 파일을 불러옵니다. Layers 패널에서 'Create a new layer' 아이콘(⊞)을 클릭하여 색이 채워질 레이어를 생성합니다.

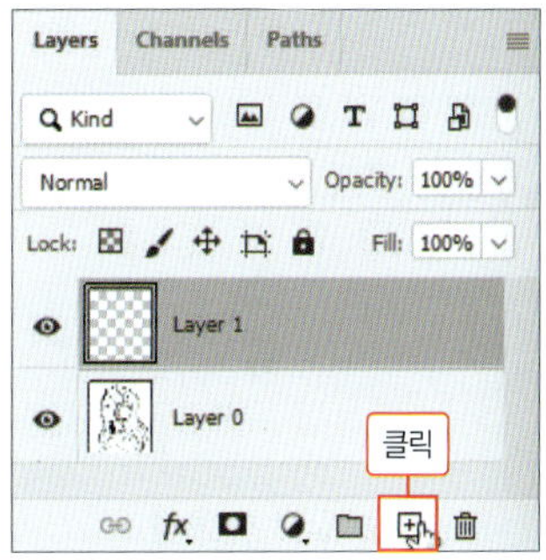

02 ❶ 옵션바의 'All Layers'를 체크 표시하고 ❷ 페인트 통 도구(⬙)를 선택합니다.

TIP

'All Layers'를 체크 표시하면 현재 선택된 레이어가 아니라 모든 레이어에서 데이터를 가져와 도구가 작동합니다. 예를 들어, 페인트 통 도구를 사용할 때 'All Layers'를 체크 표시하면, 다른 레이어의 이미지 데이터를 참고하여 색을 채웁니다.

03 캐릭터의 머리카락 색상을 지정하기 위해 ❶ 전경색을 클릭한 다음 Color Picker 대화상자에서 ❷ 색상을 각각 'R:253, G:176, B:132'로 설정하고 ❸ 〈OK〉 버튼을 클릭합니다.

04 Layers 패널에서 블렌딩 모드를 ❶ 'Linear Burn'으로 지정합니다. ❷ 머리카락 부분을 연속 클릭하여 색상을 채웁니다.

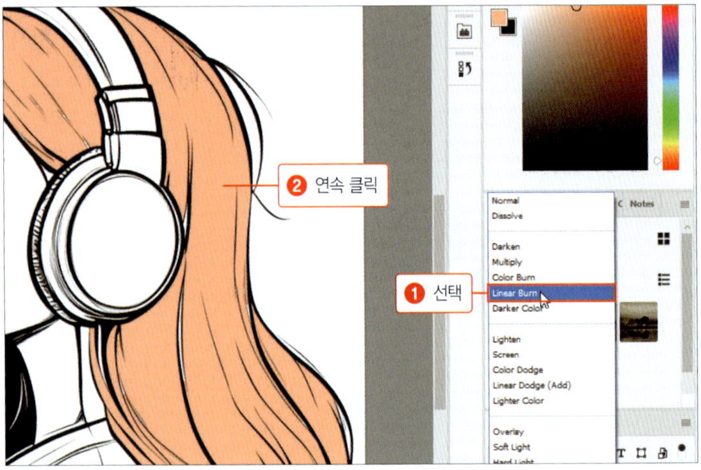

TIP

'Linear Burn'은 두 레이어를 혼합하여 어두운 부분은 더 어둡게 표현하므로 색을 채워도 검은색 외곽선은 그대로 유지되는 것을 확인할 수 있습니다.

05 같은 방법으로 전경색을 '노란색'으로 지정한 다음 헤드폰과 의상에 색상을 채우고, 피부색을 지정하여 인물 채색을 완성합니다.

EASY 실습 선택 영역을 지정하여 Fill 기능으로 요소 삭제하기

정확하게 선택 영역을 지정하여 해당 이미지를 제거하는 경우 Content-Aware 기능을 이용하면 손쉽게 이미지를 수정할 수 있습니다. 예제에서는 백조를 배경 이미지로 채워 감쪽같이 사라지게 수정해 봅니다.

01 포토샵 → 05 폴더에서 'swan.png' 파일을 불러옵니다. ❶ 오브젝트 선택 도구(▣)를 선택한 다음 ❷ 지우려는 백조 부분을 클릭하여 선택 영역으로 지정합니다.

> **TIP**
> 불규칙한 형태의 선택 영역을 지정할 때 오브젝트 선택 도구(▣)를 이용하면 손쉽게 선택할 수 있습니다. 잘못 선택했을 때는 Ctrl+D를 눌러 선택 영역을 해제한 다음 다시 선택 영역을 지정합니다.

02 선택 영역을 확장하기 위해 메뉴에서 [Select] → Modify → Expand를 실행합니다. Expand Selection 대화상자가 표시되면 ❶ Expand By를 '5pixels'로 설정한 다음 ❷ 〈OK〉 버튼을 클릭합니다.

> **왜?**
> 선택 영역이 지우려는 이미지 경계선에 딱 맞게 지정되면 이미지가 사라지면서 흔적이 남을 수 있습니다. 깔끔하게 이미지를 제거하려면 선택 영역을 여유 있게 지정해야 합니다.

03 선택 영역이 백조 바깥쪽으로 5픽셀 확장됩니다. 선택 영역으로 지정된 백조를 지우고, 지워진 영역에 배경을 채우기 위해 메뉴에서 (Edit) → Fill(Shift+F5)을 실행합니다.

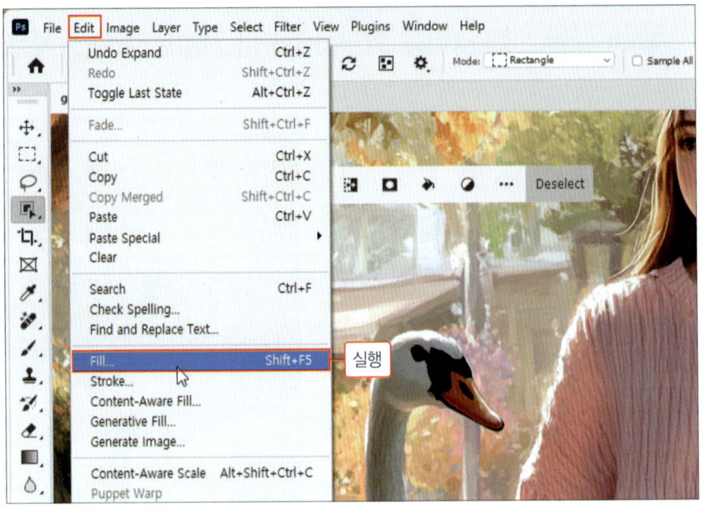

04 Fill 대화상자에서 ❶ Contents를 'Content-Aware'로 선택하고 ❷ 〈OK〉 버튼을 클릭합니다.

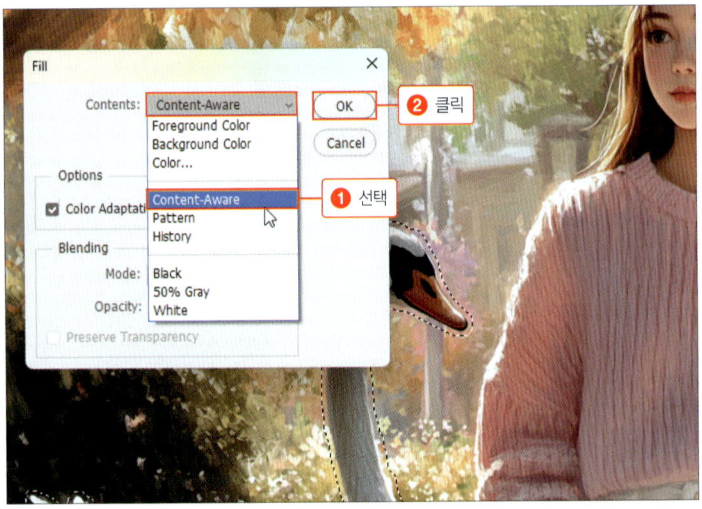

05 선택된 백조가 감쪽같이 지워지고 해당 영역에는 자동으로 배경이 채워졌습니다. Ctrl+D를 눌러 선택 영역을 해제하고 작업을 마무리합니다.

❹ 스마트한 그라데이션 사용하기

그레이디언트 도구(■)를 이용하면 색이 점진적으로 변하는 형태로 채울 수 있습니다. 그레이디언트 도구 옵션바에서는 다음과 같은 기능을 설정할 수 있습니다.

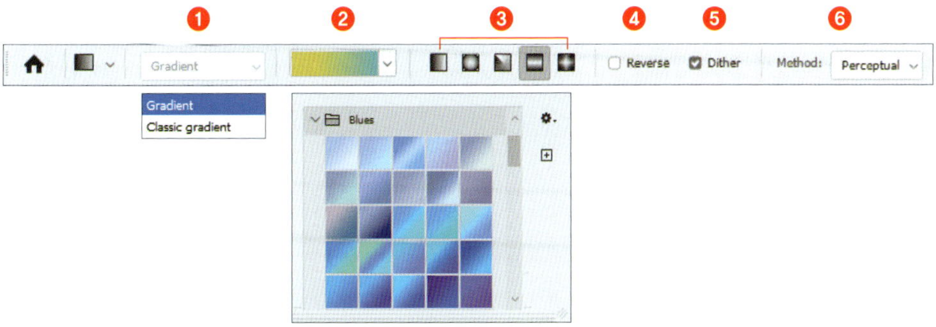

❶ **그러데이션 종류** : 기본 그러데이션과 클래식 그러데이션 기능을 선택합니다.

❷ **그러데이션 스타일** : 전경색과 배경색을 기준으로 그러데이션을 표현하거나 저장된 그러데이션 스타일 중 선택된 그러데이션을 선택합니다.

❸ **그러데이션 형태** : 선형(Linear)과 원형(Radial), 앵글(Angle), 리플렉트(Reflected), 다이아몬드(Diamond) 형태의 그레이디언트 도구를 아이콘으로 제공합니다.

❹ **Reverse** : 그러데이션 색상 단계를 반전합니다.

❺ **Dither** : 그러데이션 색상 단계를 부드럽게 표현합니다.

❻ **Method** : 그러데이션 표현 방식을 선택합니다.

ⓐ **Perceptual** : 빛을 인식해 혼합하는 방식과 가장 근접하게 그러데이션을 표현합니다.

ⓑ **Linear** : 자연광이 표시되는 방식에 더 가깝게 그러데이션을 표현합니다.

ⓒ **Classic gradient** : 기존 그러데이션을 표시했던 것과 같은 방식으로 그러데이션을 표현합니다.

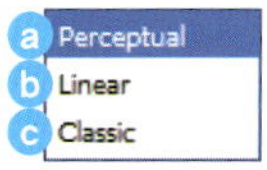

EASY 실습 그레이디언트 효과를 마음대로 변경하기

이전까지 이미지에 그레이디언트 효과를 적용하기 위해서는 반복 적용해야 하는 불편함이 있었습니다. 조절점을 이용해 한 번에 그레이디언트 효과를 적용하고 변경하는 방법을 알아봅니다.

01 포토샵 → 05 폴더에서 'lighthouse.jpg' 파일을 불러옵니다. ❶ 오브젝트 선택 도구(![])로 ❷ 등대와 지면이 포함되도록 드래그합니다.

02 하늘 부분을 선택 영역으로 지정하기 위해 ❶ Contextual Task Bar의 'Invert selection' 아이콘(![])을 클릭하여 반전합니다. ❷ 그레이디언트 도구(![])를 선택한 다음 ❸ 옵션바에서 원하는 형태의 그레이디언트를 선택합니다. 예제에서는 'Purples' – 'Purple22'를 선택했습니다.

03 ❶ 옵션바의 'Radial gradient(원형 그레이디언트)' 아이콘(![])을 클릭하고 ❷ 등대 부분을 클릭한 다음 그림과 같이 드래그해 그레이디언트 영역을 지정합니다. 선택된 그레이디언트 효과가 적용된 것을 확인할 수 있습니다.

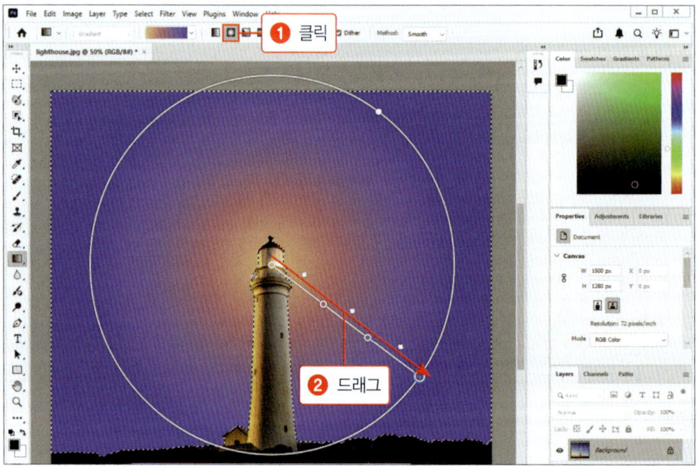

04 원형 조절점을 원의 안쪽으로 드래그할수록 색상 범위가 축소되며, 바깥쪽으로 드래그할수록 확장됩니다.

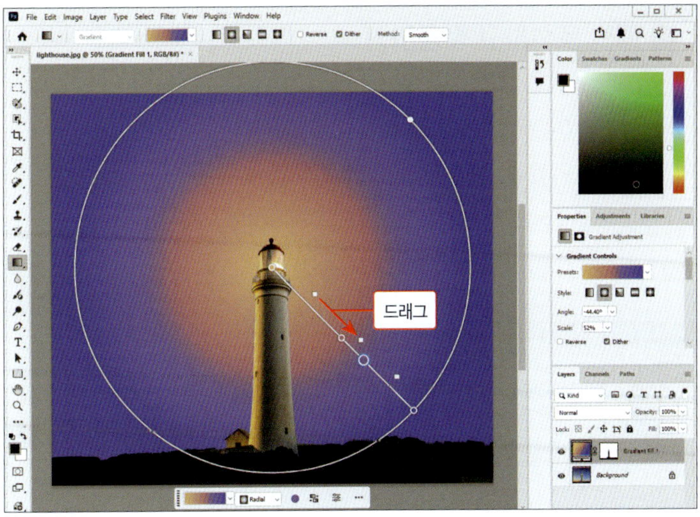

05 ❶ 그레이디언트에서 가장 안쪽 조절점 색상을 변경하기 위해 가운데 조절점을 클릭한 다음 ❷ 마우스 오른쪽 버튼을 클릭한 상태에서 ❸ 색상 스펙트럼을 드래그하여 원하는 색상을 선택합니다.

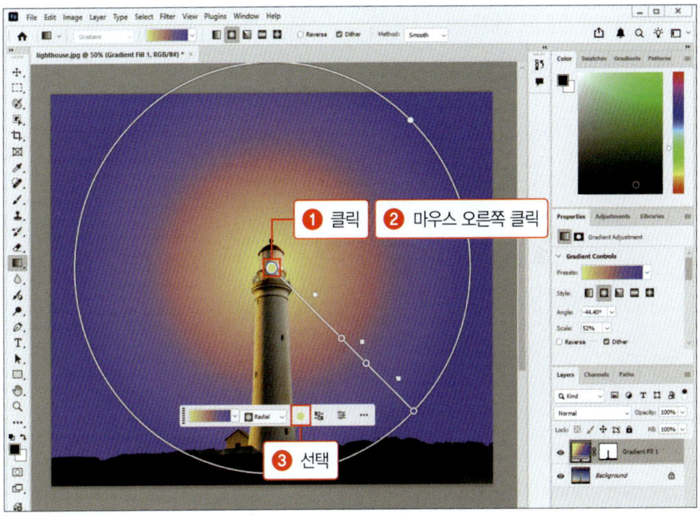

TIP 그레이디언트 조절점을 더블클릭하면 표시되는 Color Picker 대화상자에서 색상을 선택할 수도 있습니다.

TIP Properties 패널에서 그레이디언트 스타일 중 'Angle Gradient' 아이콘(■)을 클릭하면 그레이디언트 색상 설정이 유지된 상태로 스타일만 변경되는 것을 확인할 수 있습니다.

❺ 패턴 등록하고 적용하기

이미지를 패턴으로 등록한 다음 단조로운 패턴의 단점을 보완해 원하는 형태로 이미지 패턴을 사용하는 방법에 대해서 알아봅니다.

이미지를 패턴으로 등록하기 위해서는 패턴으로 등록하려는 이미지를 불러오고 메뉴에서 〔Edit〕 → Define Pattern을 실행하여 이미지를 등록합니다. 등록된 패턴은 Fill 명령으로 언제든지 불러와 사용할 수 있습니다.

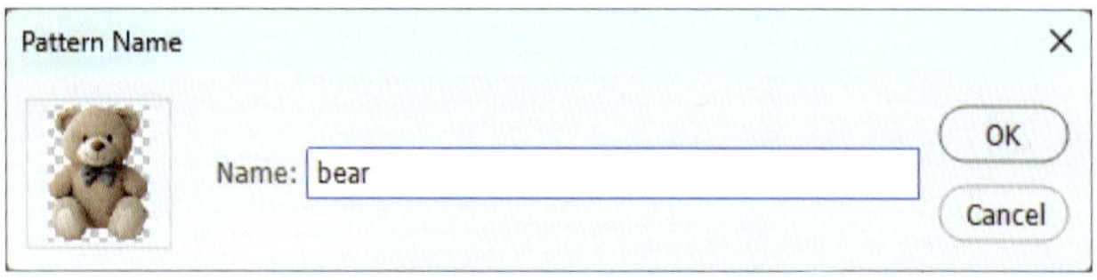

Pattern Name 대화상자에서 패턴 이름을 입력하여 패턴을 등록합니다.

패턴은 패턴 스탬프 도구( )를 선택하고 옵션바에서 만든 패턴을 선택한 다음 드래그하면 부분적으로 적용할 수 있습니다. 또한 메뉴에서 〔Edit〕 → Fill(Shift+F5)을 실행하고 Fill 대화상자에서 Contents를 'Pattern'으로 지정하면 패턴으로 사용할 수 있습니다.

등록한 패턴을 영역에 채우면 일정한 간격으로 배열되어 패턴화됩니다.

TIP ✧

포토샵에서 패턴을 이용해 반복적인 텍스처는 벽지, 직물, 웹 배경 등을 디자인할 때 간단하게 제작할 수 있습니다. 패턴을 등록하면 특정 영역에 일일이 그림을 그리지 않고도 효과적으로 디자인에 반복 무늬를 넣을 수 있습니다.

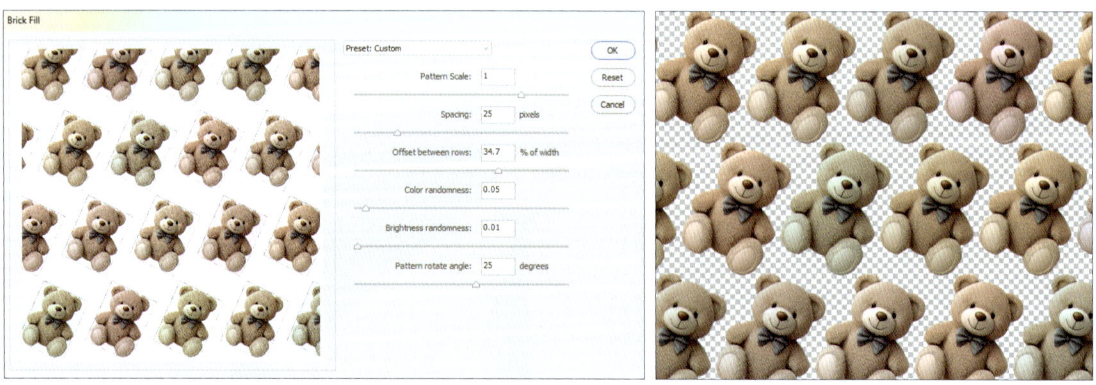

Brick Fill 기능을 이용하여 패턴의 크기나 간격, 색상과 밝기, 패턴 회전 각도를 변경할 수 있습니다.

EASY 실습 나비를 패턴화하여 이미지 채우기

패턴을 이용하면 비교적 넓은 영역을 자연스럽게 반복된 이미지로 채울 수 있습니다. 예제에서는 인물 사진에 나비 패턴을 적용해 봅니다.

01 포토샵 → 05 폴더에서 이미지로 사용할 'yellow.png' 파일과 패턴으로 만들 'butterfly.png' 파일을 불러옵니다. 먼저 나비를 패턴 이미지로 등록하기 위해 메뉴에서 [Edit] → Define Pattern을 실행합니다.

02 Pattern Name 대화상자가 표시되면 ❶ Name에 패턴 이름을 입력한 다음 ❷ 〈OK〉 버튼을 클릭합니다.

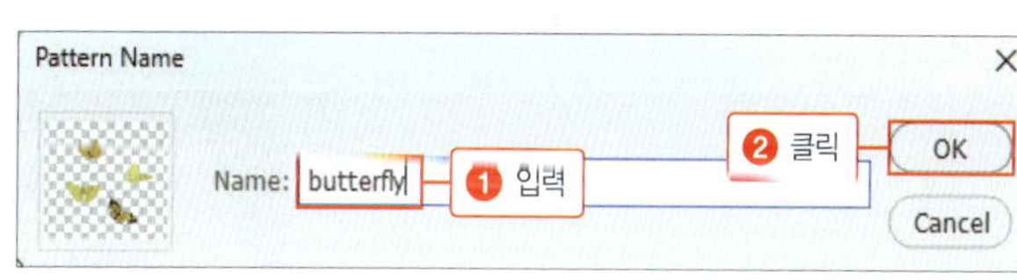

03 인물 사진에 나비 패턴을 채우기 위해 메뉴에서 [Edit] → Fill(Shift+F5)을 실행합니다. Fill 대화상자에서 ❶ Contents를 'Pattern'로 지정합니다. ❷ Custom Pattern에서 팝업 아이콘을 클릭한 다음 ❸ 등록한 나비 패턴을 선택하고 ❹ 〈OK〉 버튼을 클릭합니다.

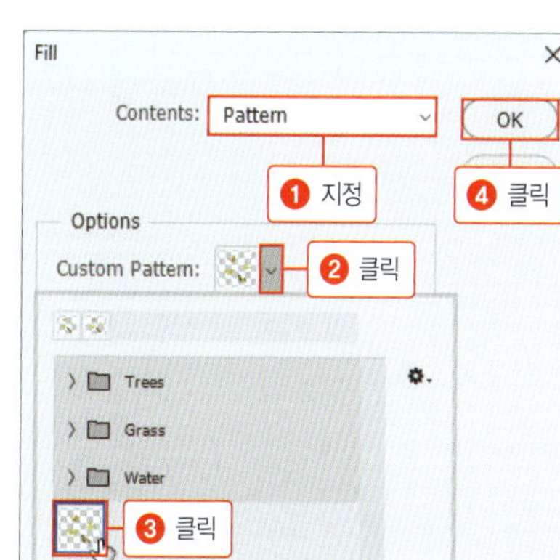

04 ❶ 'Script'를 체크 표시한 다음 ❷ 'Brick Fill'로 지정하고 ❸ 〈OK〉 버튼을 클릭합니다.

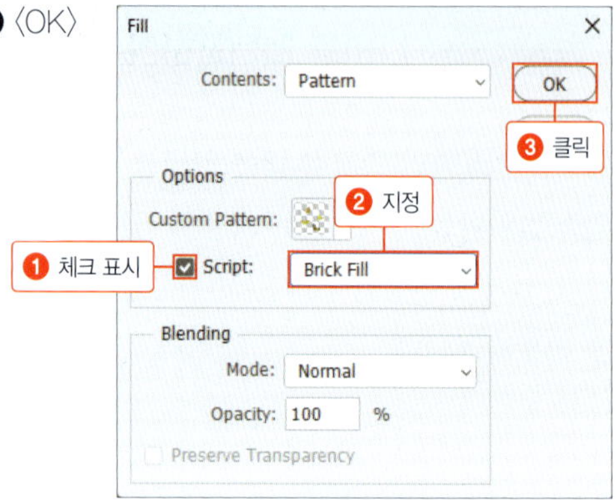

05 Brick Fill 대화상자가 표시되면 패턴 크기와 간격, 각도를 조정할 수 있습니다. 예제에서는 패턴을 회전하기 위해 ❶ Pattern rotate angle을 '–50degrees'로 설정한 다음 ❷ 〈OK〉 버튼을 클릭합니다.

TIP ✦

Pattern Scale은 패턴 크기를 지정하므로 값이 클수록 패턴 크기도 커집니다. Color randomness는 패턴 색상을 임의로 변경합니다. Pattern rotate angle은 설정한 각도에 따라 패턴이 회전합니다.

06 인물 사진 위에 나비 패턴이 적용된 것을 확인할 수 있습니다.

Quick 활용 잘라도 완벽한 패턴 이미지 만들기

패턴 이미지를 만들 때 경계 영역의 간격을 맞추기는 쉽지 않습니다. 이때 패턴 미리 보기 기능을 이용하면 경계 영역 밖의 패턴을 미리 보면서 연속되는 패턴 이미지를 구성할 수 있습니다. 여러 개의 패턴 이미지를 연속 출력하여 붙일 경우 자연스럽게 배열될 수 있도록 패턴 이미지를 만들어 봅니다.

01 포토샵 → 05 폴더의 'Package.psd' 파일을 불러옵니다. 메뉴에서 [View] → Pattern Preview를 실행합니다. 스마트 오브젝트일 때 가장 좋은 결과가 나온다는 메시지 창이 표시되면 〈OK〉 버튼을 클릭합니다.

02 패턴 이미지 경계선과 경계 영역 밖에도 패턴이 표시됩니다. 현재 곰 이미지의 배치는 비정형적인 배열로 구성되어 있습니다.

03 이동 도구(✥)를 선택하고 패턴 요소를 드래그하여 규칙적으로 위치를 변경합니다. 진한 갈색의 곰을 재단선 모서리 부분에 위치하면 전체 패턴으로 이동되는 것을 확인할 수 있습니다. 같은 방법으로 다른 곰들도 이동해 규칙적인 배열을 만들어 패턴 배열을 완성합니다.

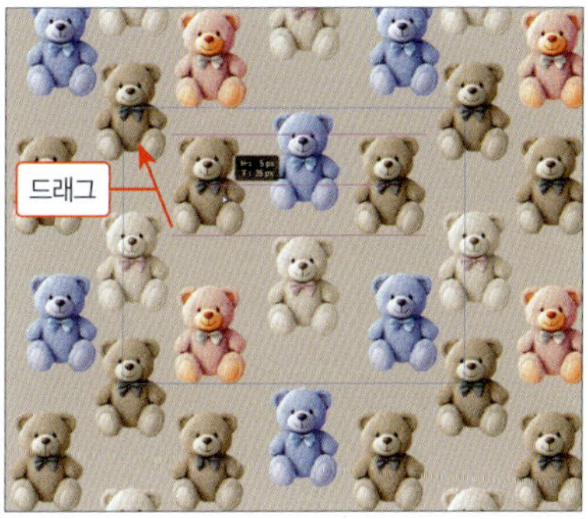

TIP ✦

곰을 선택하면 규칙적인 배열을 돕는 가이드라인이 표시되어 가로/세로 간격을 일정하게 배치할 수 있습니다.

LESSON 10

쉽지만 놀라운 색상 보정의 정석

Ps

• **실습파일** : 포토샵\05\비보이.jpg • **완성파일** : 포토샵\05\비보이_완성.png

EASY 실습 자동 색상 톤 조정하기

포토샵의 자동 보정 기능을 이용하면 간단하게 색상 톤을 보정할 수 있습니다. 예제에서는 왜곡된 이미지의 밝기와 채도를 Auto Tone 명령으로 보정해 봅니다.

01 포토샵 → 05 폴더의 '비보이.jpg' 파일을 불러옵니다. 빛바랜 듯한 사진의 색상을 보정하기 위해 메뉴에서 [Image] → Auto Tone(Shift+Ctrl+L)을 실행합니다.

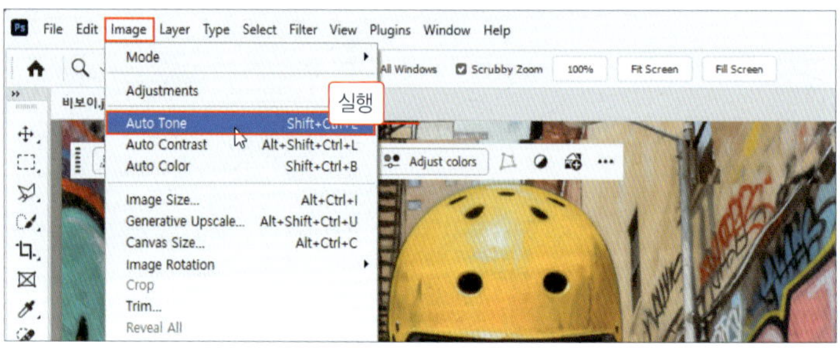

02 이미지가 자동으로 보정되어 최적의 이미지 밝기와 채도가 적용되었습니다.

TIP ✦
Auto Tone과 Auto Color 기능은 많은 사진을 빠르게 보정할 때 유용합니다. 다만 빠른 보정이 가능한 만큼 색상이나 채도를 완벽하게 조정하기는 어렵습니다.

EASY 실습 조정 기능으로 인물 머리 염색과 배경 보정하기

Contextual Task Bar의 보정 기능을 이용하면 이미지를 직접 보면서 특정 부분만 섬세하게 보정할 수 있습니다. 예제에서는 인물의 머리카락 색상을 변경하고 배경을 밝게 보정해 보겠습니다.

01 포토샵 → 05 폴더에서 어두운 이미지인 '염색.png' 파일을 불러옵니다. 특정 부분만 보정하기 위해 ❶ 조정 브러시 도구( )를 선택한 다음 옵션바에서 ❷ 브러시 크기를 '65px'로 설정합니다.

왜? Contrast를 설정하면 이미지를 선명하게 만들지만 중간 톤을 사라지게 하여 세밀한 부분이 표현되지 않을 수도 있습니다.

02 ❶ 머리 부분을 그림과 같이 드래그합니다. ❷ Contextual Task Bar의 보정 항목에서 'Hue/Saturation'을 선택한 다음 ❸ 머리카락 부분을 연속해서 드래그합니다. Properties 패널에서 ❹ Hue/Saturation을 각각 '34', '30'으로 설정한 다음 ❺ 인물의 머리카락 부분을 드래그하면 그림과 같이 색상이 보정됩니다.

03 인물만 선택하기 위해 Contextual Task Bar의 ❶ 〈Select subject〉 버튼을 클릭합니다. 선택 영역을 반전하기 위해 ❷ 메뉴에서 [Select] → Inverse(Shift+Ctrl+I)를 실행하여 배경 부분을 선택 영역으로 지정합니다.

04 Contextual Task Bar의 ❶ 보정 항목에서 'Brightness/Contrast'를 선택한 다음 ❷ 배경 부분을 클릭합니다. Properties 패널에서 ❸ Brightness/Contrast를 각각 '140', '50'으로 설정합니다.

05 인물을 제외한 배경이 그림과 같이 밝게 보정된 것을 확인할 수 있습니다.

❶ 특정 톤의 명도와 대비 조절하기

Levels 기능은 이미지의 명도와 대비를 조절하며 주로 색상을 풍부하게 보정할 때 이용합니다. 밝은 부분과 중간 부분, 어두운 부분을 나눠 보정할 수 있는 장점이 있습니다.

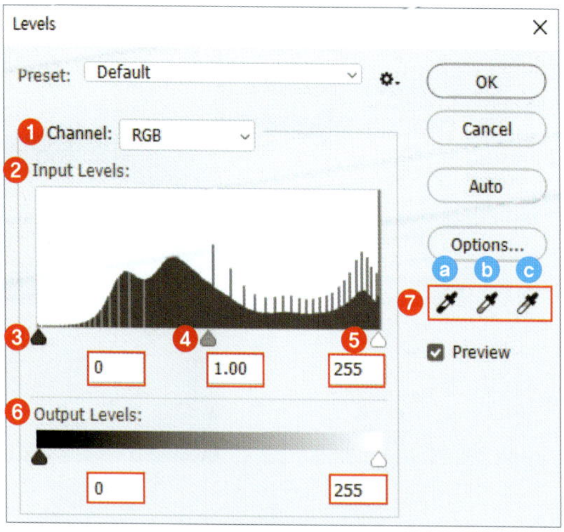

TIP ✦

Levels 대화상자에서는 이미지를 히스토그램이라는 그래프로 표시합니다. 히스토그램이 오른쪽으로 치우치면 밝은 이미지, 왼쪽으로 치우치면 어두운 이미지로 예측할 수 있습니다. 전반적으로 골고루 분포한 그래프일 경우에는 적정한 명도와 대비로 구성된 이미지입니다.

❶ **Channel** : 작업할 채널을 선택합니다.

❷ **Input Levels** : Shadows, Midtones, Highlights 값을 설정하여 색상 대비를 조절합니다.

❸ **그림자 톤 영역** : 가장 어두운 그림자 색조 영역을 조절합니다.

❹ **중간 톤 영역** : 중간 톤 밝기의 색조 영역을 조절합니다.

❺ **하이라이트 톤 영역** : 가장 밝은 색조 영역을 조절합니다.

❻ **Output Levels** : 이미지의 전체 명도를 조절합니다.

❼ **스포이트** : 이미지에서 톤을 선택하여 보정합니다.

- ⓐ **Set Black Point** : 클릭한 지점보다 어두운 픽셀은 모두 어두워집니다.
- ⓑ **Set Gray Point** : 클릭한 지점의 명도를 이미지 전체의 중간 명도로 설정하여 중간 톤을 만듭니다.
- ⓒ **Set White Point** : 클릭한 지점보다 밝은 픽셀은 모두 밝아집니다.

Shadows : 0, Midtones : 1

Midtones : 1.55, Highlight : 210

Quick 활용 이미지의 하이라이트와 미드, 섀도 톤 보정하기

밝기와 명암을 조절하여 전체적인 이미지의 분위기와 디테일을 향상하기 위하여 Levels 기능을 이용합니다. 예제에서는 인물 사진에서 밝은 부분과 중간 톤 부분을 조정하여 보정해 봅니다.

01 포토샵 → 05 폴더에서 'level.png' 파일을 불러옵니다. 이미지의 밝은 부분과 중간 부분, 어두운 부분의 색조가 전반적으로 약해 다소 어둡고 밋밋한 이미지가 표시됩니다. 보정을 위해 메뉴에서 (Image) → Adjustments → Levels(Ctrl+L)를 실행합니다.

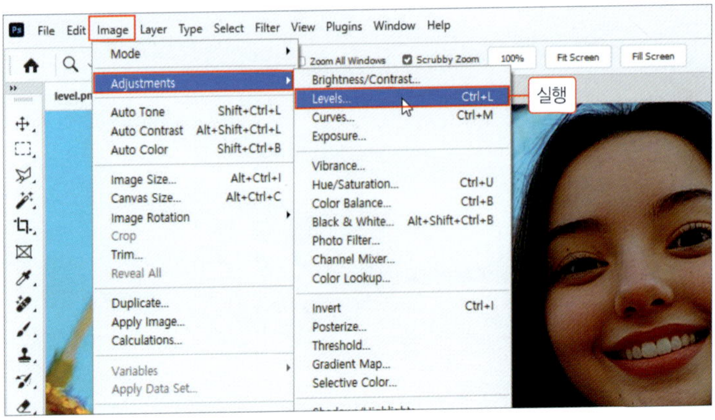

02 Levels 대화상자에서 가운데 미드 탭을 왼쪽으로 드래그합니다. 예제에서는 '1.70'로 설정했습니다. 이미지의 중간 톤이 밝게 표시됩니다.

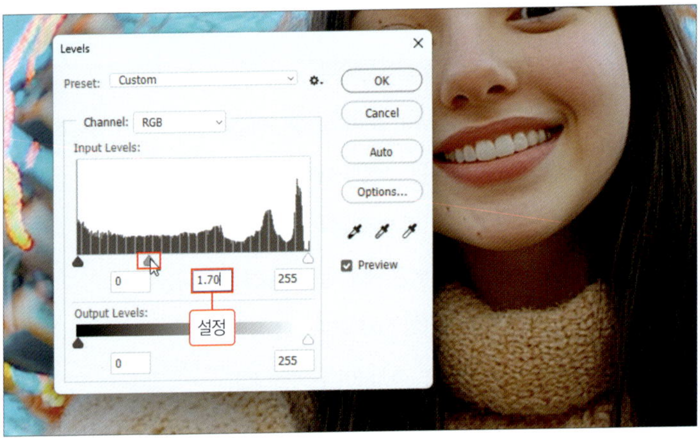

TIP ✦

히스토그램의 오른쪽 끝부분을 보면 그래프가 표시되지 않은 부분을 확인할 수 있습니다. 탭을 히스토그램이 표시된 부분으로 드래그만 해도 균형 잡힌 사진으로 보정할 수 있습니다.

03 ❶ 왼쪽 섀도 탭을 오른쪽으로 살짝 드래그하여 어두운 부분을 좀 더 어둡게 조절하고, ❷ 오른쪽 하이라이트 탭을 왼쪽으로 약간 드래그합니다. 예제에서는 각각 '10', '231'로 설정했습니다. 이미지가 밝고, 대비가 증가되어 선명하게 보정되었습니다. ❸ 〈OK〉 버튼을 클릭하여 마무리합니다.

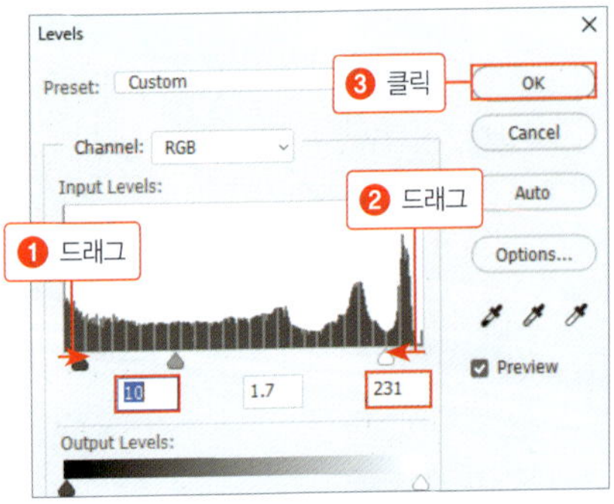

❷ 명도와 대비를 조절하여 사진에 강약주기

Curves는 이미지의 명도와 대비를 조절하는 기능으로 Curves 대화상자의 곡선을 드래그해 조절할 수 있습니다. 곡선 위치에 따라 이미지의 Highlights, Midtones, Shadows 영역이 구분되면서 보정됩니다.

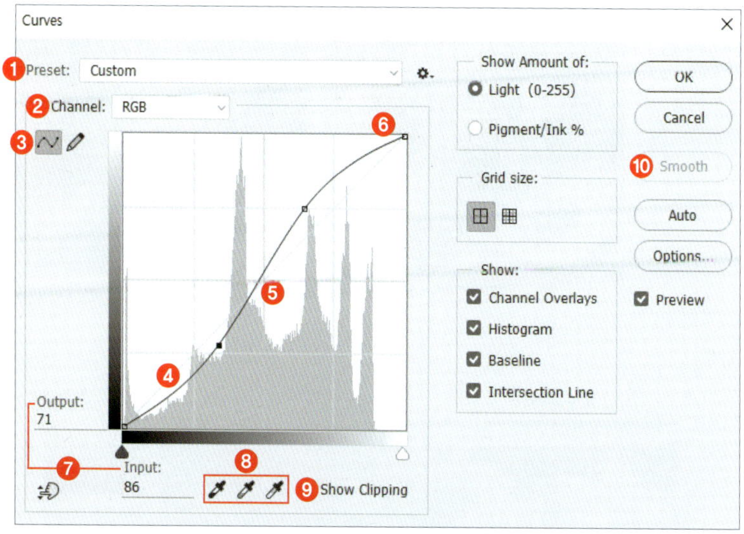

> **TIP**
> 곡선의 기울기가 가파르면 대비가 강해지고, 완만하면 대비가 약해집니다. 또한 중간 부분을 올리면 중간 밝기 영역을 중심으로 이미지가 밝게 보정되며, 중간 부분을 내리면 어둡게 보정됩니다. 만약 'S'자 형태로 곡선을 수정하면 밝은 곳은 더 밝게, 어두운 곳은 더 어둡게 표현됩니다.

❶ **Preset** : 미리 설정한 값으로 이미지를 보정할 수 있습니다.

❷ **Channel** : 작업할 채널을 선택할 수 있습니다. 기본 값은 'RGB'입니다.

❸ **곡선, 직선 아이콘** : 곡선 또는 직선을 이용하여 보정합니다.

❹ **Shadows 포인트** : 어두운 영역을 대상으로 조절합니다.

❺ **Midtones 포인트** : 중간 명도 영역을 대상으로 조절합니다.

❻ **Highlights 포인트** : 밝은 영역을 대상으로 조절합니다.

❼ **Output, Input** : 값이 표시되며 기준점을 만든 다음에는 직접 보정 값을 설정할 수 있습니다.

❽ **스포이트** : 이미지에서 톤을 선택하여 보정합니다.

❾ **Show Clipping** : Curves 대화상자에 표시될 요소를 선택할 수 있습니다.

❿ **Smooth** : 직선으로 보정할 때 이용하는 버튼으로 직선 보정 작업을 부드럽게 처리하는 기능입니다.

커브선을 아래로 내려 어둡게 보정

커브선을 위로 올려 밝게 보정

EASY 실습 보정 레이어를 이용하여 생동감 있는 컬러로 보정하기

보정 레이어를 이용하면 원본 이미지를 유지한 상태에서 색상을 보정할 수 있습니다. 보정 레이어의 장점을 활용해 낮은 채도의 이미지를 생동감 있는 컬러로 보정하는 방법을 알아봅니다.

01 포토샵 → 05 폴더에서 '김밥.jpg' 파일을 불러옵니다. 전반적으로 채도가 낮은 이미지가 표시됩니다.

02 Layers 패널에서 ❶ 'Create new fill or adjustment layer' 아이콘(◐)을 클릭하고 ❷ 'Color and vibrance'를 선택합니다.

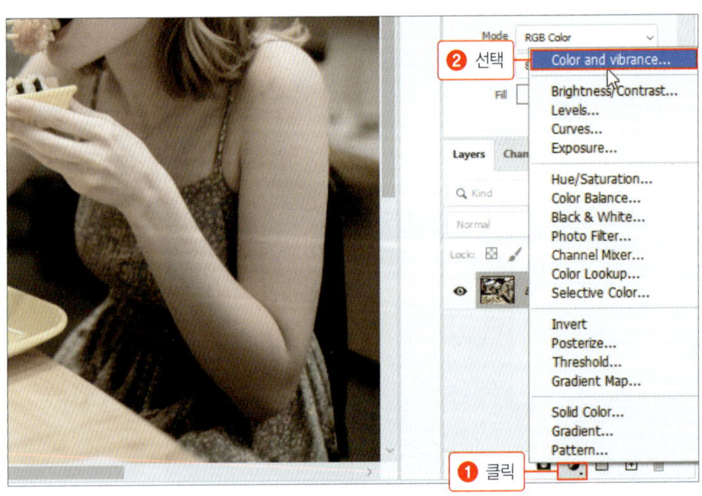

03 Properties 패널에서 Saturation을 '80'으로 증가시키면 그림과 같이 채도가 높아진 것을 확인할 수 있습니다.

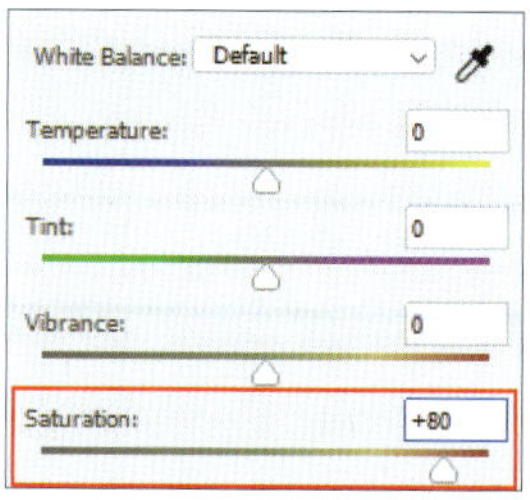

04 이번에는 이미지에 생동감을 주기 위해 Vibrance를 '80'으로 증가시킵니다. 낮은 채도의 이미지가 생동감 있는 컬러로 보정되었습니다.

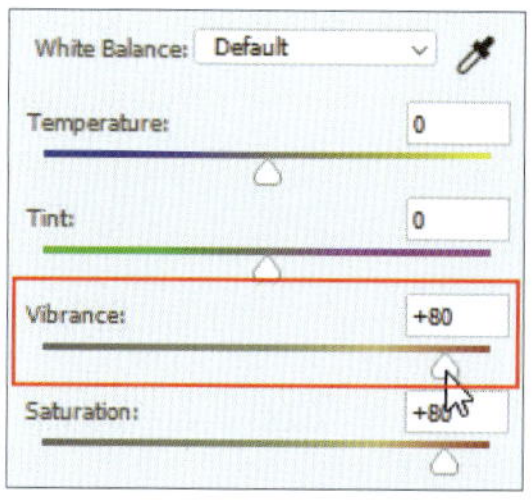

TIP ✦

포토샵에서 Vibrance와 Saturation은 모두 색의 강도를 높이는 기능이지만, 작동 방식과 결과물의 성향이 완전히 다릅니다. 영상 · 이미지 작업 기준에서 전문적으로 구분하면 다음과 같습니다.

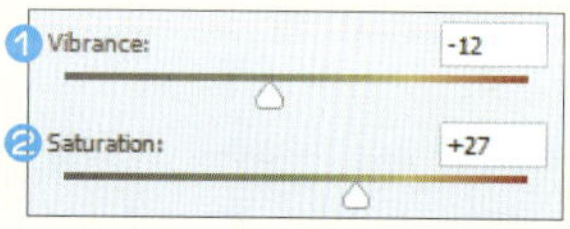

❶ Vibrance

색보정 과정에서 피부톤 보호와 과포화 방지를 위해 설계된 지능형 채도 조정 기능입니다.

- 채도가 낮은 색부터 우선적으로 증가 → 이미지 전체가 균형 있게 선명해짐
- 피부톤(오렌지 · 레드 계열)을 과하게 올리지 않음 → 인물 촬영에서 자연스러움 유지
- 채도가 이미 높은 영역은 변화를 최소화 → 색 뭉개짐, 색 번짐 없이 안정적인 보정 가능
- 인물 사진, 패션 촬영에서 과포화를 피하면서 전체적인 '생동감'만 올리고 싶을 때 사용

❷ Saturation

이미지 전체의 모든 색을 동일한 비율로 높이거나 낮추는 전통적인 채도 조정 기능입니다.

- 전체 색상에 균일하게 적용 → 원색, 보색이 빠르고 강하게 보정
- 색이 이미 강한 영역도 강제로 올리기 때문에 → 채널 클리핑, 색 뭉개짐, 계조 손실 위험
- 로고, 제품 패키지처럼 명확한 컬러 강조하거나 의도적으로 강렬하게 만들고 싶을 때

LESSON 11

디테일하거나 크리에이티브한 색상 보정

❶ 색상 균형 조절하기

Color Balance는 주로 사진에 색감을 추가하거나 색다르게 변화시킬 때 색감을 더하고 강조할 수 있습니다.

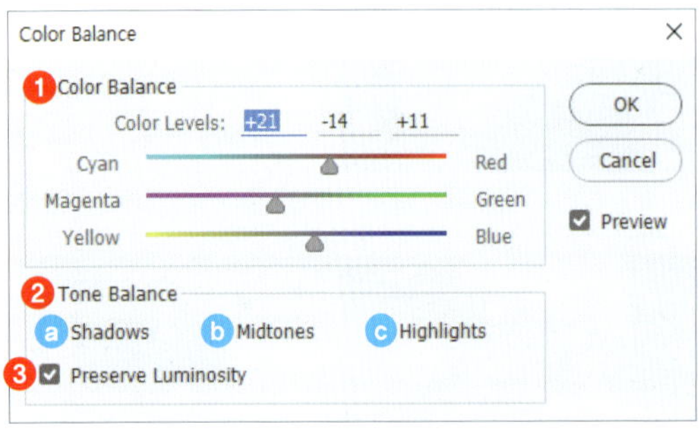

TIP ✦
Color Balance 기능은 이미지에서 특정 색상의 보색 관계에 있는 색상을 강화해 전체적으로 색상 톤의 균형을 조정할 수 있는 기능입니다. Cyan의 보색 관계인 Red, Magenta의 보색 관계인 Green, Yellow의 보색 관계인 Blue로 구성해 슬라이더를 드래그하여 색 균형을 조정할 수 있습니다.

❶ **Color Balance** : 슬라이더를 이용하여 색상을 더하거나 뺍니다.

❷ **Tone Balance** : 작업이 적용될 영역을 지정합니다.

- ⓐ **Shadows** : 어두운 부분에 색상을 추가합니다.
- ⓑ **Midtones** : 중간 톤 부분에 색상을 추가합니다.
- ⓒ **Highlights** : 밝은 부분에 색상을 추가합니다.

❸ **Preserve Luminosity** : 원본 이미지의 명도를 유지한 상태로 색감을 더하거나 뺄 수 있습니다.

원본 이미지

Green, Yellow 톤을 추가한 이미지

Red, Magenta 톤을 추가한 이미지

❷ 흑백 이미지로 전환하기

Black & White는 이미지를 흑백으로 전환할 때 사용하며 임의로 검은색과 흰색 부분을 지정할 수 있습니다. 세피아 톤을 만들거나 빨간색 채널을 흰색으로 표시할 수도 있어 독특한 색감의 흑백 사진을 만들 때 사용하면 좋습니다.

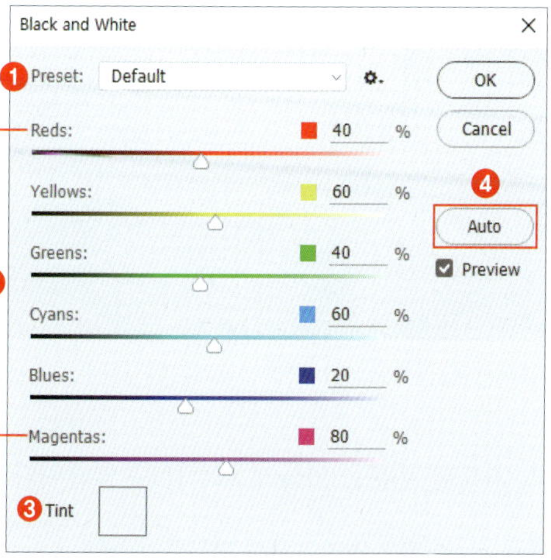

❶ **Preset** : 포토샵에서 제공하는 프리셋을 이용합니다.

❷ **색상 채널별 슬라이더** : 채널별로 필터링할 수 있습니다.

❸ **Tint** : 흑백 이미지에 색상을 추가해 세피아 톤 이미지를 만들 수 있습니다.

❹ **Auto** : 최적의 흑백 이미지를 만듭니다.

특히 인물의 흑백 사진을 만들 때 피부는 Red 값을 기준으로 보정되므로, Red 값이 낮을수록 피부 톤이 어둡게, 높을수록 피부 톤이 밝게 보정됩니다.

원본 이미지(포토샵\05\stage.png)

Blue 값을 '180'으로 증가시킨 이미지

Cyans 값을 '-190'으로 낮춘 이미지

Blue와 Cyan 값을 각각 '170'으로 증가시킨 이미지

❸ 채도와 노출 상태 조절하기

Desaturate는 원본 이미지에서 색상을 감소시켜 흑백으로 전환하는 기능입니다. 채도만 제거하므로 색상 속성은 남아 있어 색을 더할 수 있습니다.

원본 이미지

채도가 제거되어 변경된 흑백 이미지

Shadows/Highlights는 노출이 부족한 부분은 밝게 보정하고, 과도한 부분은 어둡게 보정할 수 있습니다.

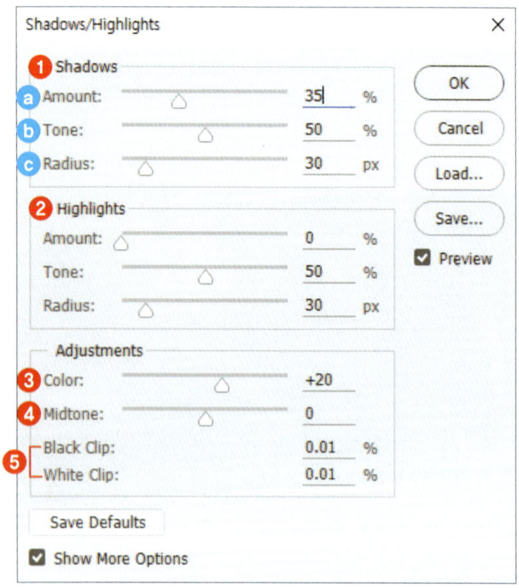

❶ **Shadows** : 어두운 영역의 세부 묘사를 개선합니다.

ⓐ **Amount** : 해당 영역의 수정할 양을 제어합니다.

ⓑ **Tone** : 해당 영역의 색조 범위를 조절합니다.

ⓒ **Radius** : 각 픽셀 주위의 픽셀 크기를 제어합니다. 값이 작을수록 작은 영역이 지정되고, 값이 클수록 큰 영역이 지정됩니다.

❷ **Highlights** : 밝은 영역의 세부 묘사를 개선합니다.

❸ **Color** : 회색 음영 이미지의 명도를 조절합니다.

❹ **Midtone** : 중간 색조 대비를 조절합니다.

❺ **Black Clip, White Clip** : 최대 어두운 영역과 최대 밝은 영역을 얼마만큼 클리핑할지 지정합니다. 값이 크면 이미지 대비도 커집니다.

원본 이미지

Shadows – Amount : 100

Adjustments – Midtone : 100

EASY 실습 보정 스타일을 확인하면서 색 보정하기

Adjustments 패널에서는 원하는 보정 스타일을 직접 확인하면서 사진을 보정할 수 있습니다. 보정 스타일이 분류별 섬네일 아이콘으로 제공되므로 마우스 커서를 올리거나 클릭하여 보정하는 방법을 알아봅니다.

01 포토샵 → 05 폴더에서 '남산.jpg' 파일을 불러옵니다. Adjustments 패널을 표시하면 보정 스타일이 섬네일 아이콘 형태로 나타납니다.

02 Adjustments 패널에서 Photo Repair → Soft Contrast 위로 마우스 커서를 위치하면 이미지에 부드러운 색상 대비 보정이 적용되는 것을 확인할 수 있습니다.

TIP
보정 섬네일을 연속으로 클릭할수록 효과가 누적되어 더 강한 보정 효과를 얻을 수 있습니다.

03 Photo Repair → Sepia 위로 마우스 커서를 위치하여 갈색 세피아 톤 색감으로 이미지를 보정합니다.

• **실습파일** : 포토샵\05\색상보정.jpg • **완성파일** : 포토샵\05\색상보정_완성.jpg

EASY 실습 원하는 색상만 콕콕 집어 색상 보정하기

이미지를 구성하는 색상을 컬러 아이콘으로 표시하여 원하는 색상만 선택해 채도, 밝기, 색조를 보정할 수 있습니다. 예제에서는 Adjust Colors 기능으로 원하는 색상만 보정해 보겠습니다.

01 포토샵 → 05 폴더에서 '색상보정.jpg' 파일을 불러옵니다. 이미지를 구성하는 컬러를 보정하기 위해 Contextual Task Bar의 〈Adjust colors〉 버튼을 클릭합니다.

02 이미지를 구성하는 컬러가 그림과 같이 원형의 컬러 아이콘으로 나타나면 '노란색' 컬러 아이콘을 클릭합니다.

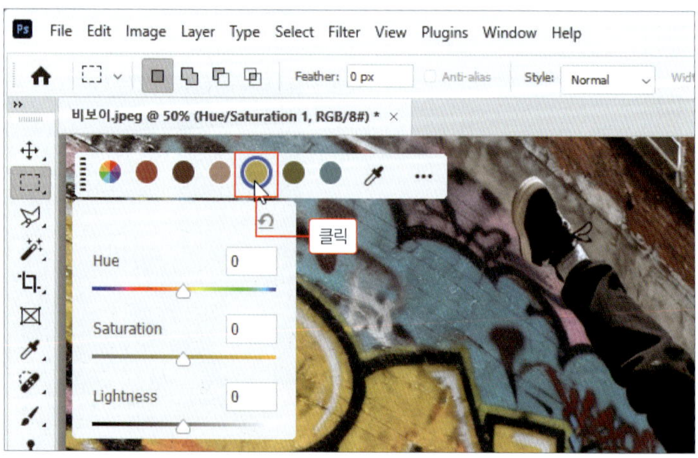

TIP

Adjust Colors 기능은 기존 색보정 기능을 향상한 것으로 크레딧을 소모하지 않습니다.

03 Saturation을 '50'으로 증가하면 이미지에서 노란색으로 구성된 영역만 채도가 높아진 것을 확인할 수 있습니다.

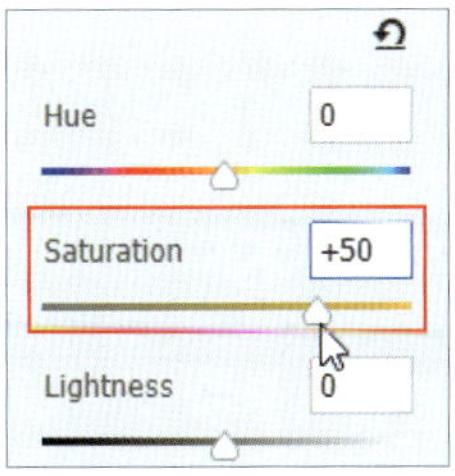

04 이번에는 ❶ '파란색' 컬러 아이콘을 클릭한 다음 ❷ Hue 슬라이더를 드래그하면 이미지의 파란색 영역만 색조가 변경되는 것을 확인할 수 있습니다. 예제에서는 Hue를 '−110'으로 설정하여 파란색 영역을 녹색으로 변경하였습니다.

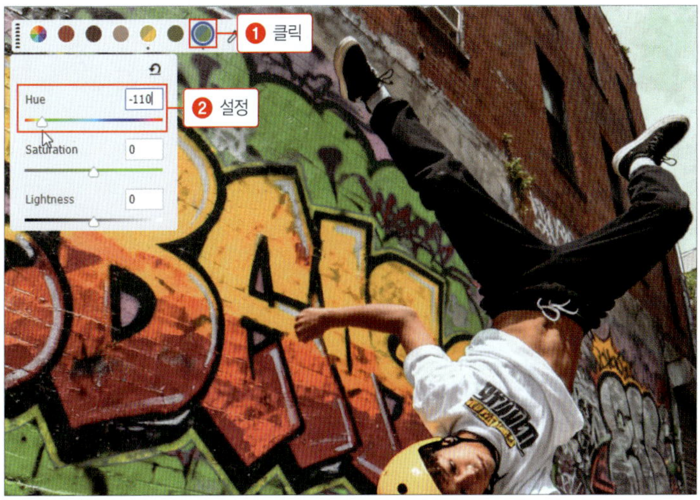

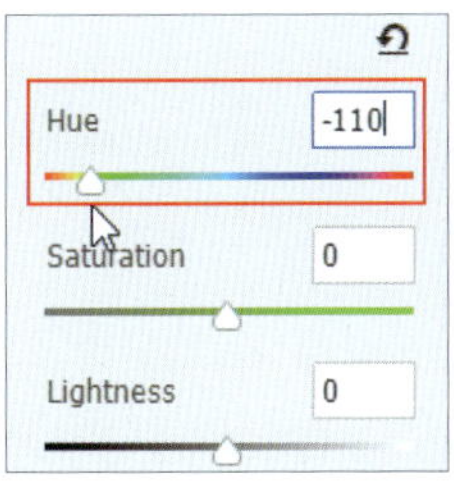

05 이미지 전체를 보정하기 위해서는 '혼합' 아이콘을 클릭한 다음 슬라이더를 드래그합니다. 예제에서는 Lightness 값을 '8'로 설정하면 전체 이미지 밝기가 밝게 보정됩니다.

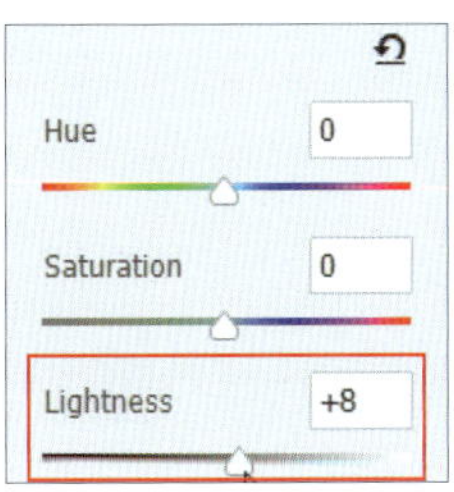

Part 06

메시지의 시각적 전달을 위한 맞춤 문자 디자인하기

| Adobe Firefly | Topaz Gigapixel 〈 20/26 〉

Text | Typography | Warped Text

PHOTOSHOP
&ILLUSTRATOR CC 2026

CC/26

Gemini / Nano Banana

LESSON 12

초간단 입력부터 맞춤형 문자 입력 방법

❶ 문자 도구 종류 알아보기

가로쓰기 문자 도구 알아보기

가로쓰기 문자 도구(T)를 이용하면 문자를 가로 방향으로 입력할 수 있습니다. 이 책에서는 간편하게 문자 도구로 설명합니다.

가로쓰기 문자 도구로 입력한 모습

세로쓰기 문자 도구 알아보기

세로쓰기 문자 도구(↓T)를 이용하면 문자를 세로 방향으로 입력할 수 있습니다.

세로쓰기 문자 도구로 입력한 모습

세로쓰기 선택 영역 문자 도구 알아보기

세로쓰기 선택 영역 문자 도구(↓T)를 이용하면 세로로 문자 형태의 선택 영역이 지정됩니다.

가로쓰기 선택 영역 문자 도구 알아보기

가로쓰기 선택 영역 문자 도구(T)를 이용하면 가로로 문자 형태의 선택 영역이 지정됩니다. 일반 문자 도구와 입력 방식은 같지만 실제로 문자가 입력되지 않고 문자 형태의 마스크가 만들어집니다.

가로쓰기 선택 영역 문자 도구로 입력한 모습

입력을 마치고 선택 영역으로 지정된 모습

❷ 입력을 위한 패널과 옵션바 사용하기

Character 패널 – 문자 다루기

문자를 입력하고 문자 레이어를 선택하거나 문자의 일부를 드래그하여 선택한 다음 Character 패널을 표시하면 선택한 레이어의 문자 또는 드래그하여 선택한 일부 문자에 글꼴, 크기, 자간 등의 스타일을 지정할 수 있습니다. Character 패널의 주요 기능은 문자 도구 옵션바에서도 이용할 수 있습니다.

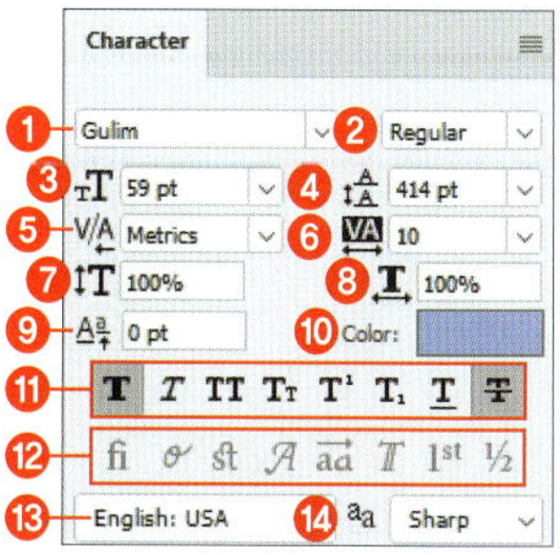

❶ **글꼴(Font)** : 적용 중인 글꼴 이름이 표시되고 사용할 글꼴을 지정할 수 있습니다.

❷ **글꼴 스타일(Font Style)** : 글꼴 스타일을 선택하며 이탤릭체, 볼드체 등을 지정할 수 있습니다.

❸ **글자 크기(Size)** : 글자 크기를 설정할 수 있습니다. 직접 값을 입력하거나 마우스 커서를 좌우로 드래그하여 글자 크기를 설정합니다.

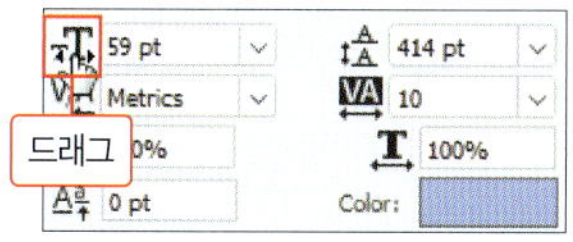

❹ **행간(Leading)** : 입력한 문장의 행과 행 간격을 설정하는 옵션입니다. 너무 가까우면 답답해 보이고 읽기 어려우며, 너무 멀리 떨어져 있으면 의미를 파악할 때 방해될 수 있으므로 문자 크기에 따라 적당하게 설정합니다.

Leading : Auto

Leading : 10

❺ **커닝(Kerning)** : 커서가 위치한 지점의 양쪽 문자 간격을 설정합니다.

❻ **자간(Tracking)** : 문자를 블록으로 지정할 때 활성화되는 옵션으로 선택한 문자들의 간격을 설정합니다.

Tracking : 0

Tracking : –100

❼ **높이 조절(Vertically Scale)** : 문자의 세로 길이를 설정합니다. 값이 클수록 문자가 길어집니다.

❽ **장평(Horizontally Scale)** : 문자 너비를 조절하는 옵션으로 100%가 해당 글꼴의 기본 너비입니다.

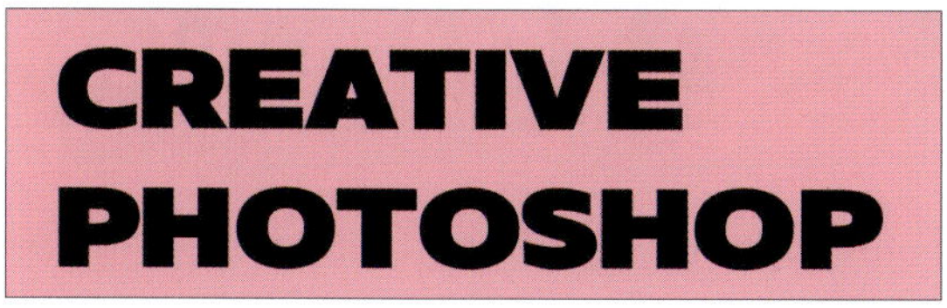

Horizontally Scale : 120%

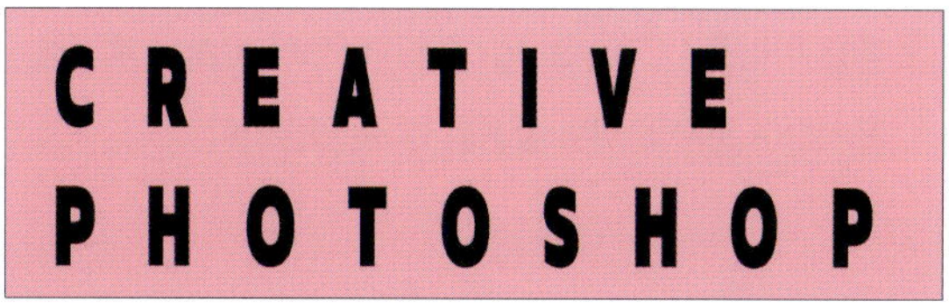

Horizontally Scale : 80%

❾ **기준선 설정(Baseline Shift)** : 선택한 문자의 기본 높이를 설정하는 옵션으로 첨자 문자를 만들 때 이용합니다.

❿ **Color** : 문자 색상을 지정합니다.

⓫ **문자 속성** : 선택한 문자의 속성을 조절하는 기능이며, 다양한 옵션이 있으므로 작업에 따라 선택합니다.

⓬ **OpenType** : OpenType 표시(O)가 있는 글꼴을 작업할 때 합자, 작은 대문자, 분수 같은 대체 글리프를 이용할 수 있습니다.

⓭ **언어 설정** : 영어권 언어인 프랑스어, 독일어, 이탈리아어 등을 입력할 때 해당 언어를 선택하는 것으로 하이픈과 맞춤법 기능이 선택 언어에 맞춰집니다.

⓮ **안티에일리어싱** : 선택한 문자의 외곽선 형태를 지정합니다.

문자 도구 옵션바 살펴보기

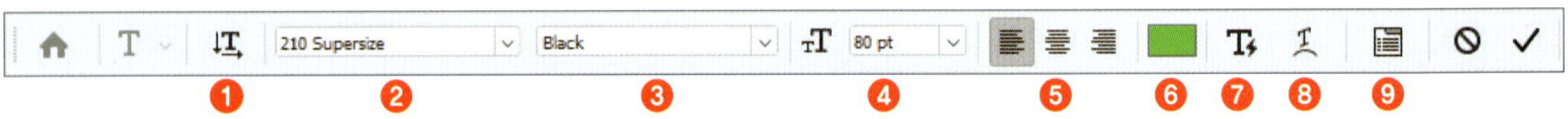

❶ **문자 회전** : 가로로 입력한 문자는 세로로, 세로로 입력한 문자는 가로로 회전합니다.

❷ **글꼴 선택** : 글꼴을 지정하여 문자 모양을 결정합니다.

❸ **글꼴 유형** : 글꼴 스타일을 선택합니다. 이탤릭체나 볼드체 등을 지정할 수 있으며 글꼴마다 다른 스타일을 제공합니다.

Italic

Underline

❹ **글자 크기** : 글자 크기를 설정하는 것으로 직접 값을 입력할 수 있습니다.

❺ **문자 정렬** : 왼쪽, 가운데, 오른쪽으로 정렬할 수 있습니다.

❻ **글꼴 색** : 글꼴 색상을 지정합니다.

❼ **Dynamic Text** : 텍스트 상자에 꽉 차게끔 각 줄의 문자 크기가 자동으로 늘어나거나 줄어들어 유연하게 조절할 수 있습니다.

❽ **Warp Text** : 문자 형태를 왜곡할 수 있습니다.

❾ **패널 아이콘** : Character 패널과 Paragraph 패널을 표시하여 문자의 세부 설정을 할 수 있습니다.

❸ 단락 다루기

문자 도구(T)를 선택하고 캔버스에 드래그하여 영역을 지정한 후 문자를 입력하면 단락(Paragraph Text)으로 인식하여 Paragraph 패널의 기능을 이용할 수 있습니다.

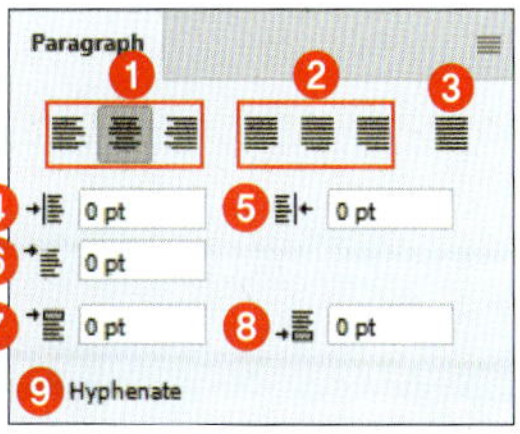

❶ **Align Text** : 문단을 왼쪽 정렬, 가운데 정렬, 오른쪽 정렬합니다.

Left align text

Center text

Right align text

❷ **Justify** : 단락 끝부분에 만들어지는 여백을 왼쪽, 가운데, 오른쪽으로 정렬합니다.

❸ **Justify all** : 단락 끝부분에 여백이 있으면 양쪽 혼합으로 정렬합니다.

❹ **Indent left margin** : 문장의 왼쪽 여백 정도를 설정합니다.

❺ **Indent right margin** : 문장의 오른쪽 여백 정도를 설정합니다.

❻ **Indent first line** : 단락 첫 번째 줄에서 왼쪽 들여쓰기 간격을 조절합니다.

❼ **Add space before paragraph** : 문서 위쪽 여백의 정도를 설정합니다.

❽ **Add space after paragraph** : 문서 아래쪽 여백의 정도를 설정합니다.

❾ **Hyphenate** : 긴 영단어를 입력할 때 자동으로 줄이 바뀌어 단어가 나뉘면 하이픈을 표시하여 한 단어임을 나타냅니다.

TIP ✦ 가변 글꼴 사용하기

글꼴의 두께, 폭, 사선 형태 등을 슬라이더를 드래그하여 간단하게 변경할 수 있습니다. Properties 패널에서 제공하는 슬라이더를 이용해 두께, 폭 및 사선을 조절할 수 있는 여러 가변 글꼴이 제공됩니다.

가변 글꼴을 찾기 위해서는 Character 패널이나 옵션바의 글꼴 목록에서 'Variable'을 입력해 검색하거나 글꼴 이름 옆에 있는 아이콘(Ⓥ)을 찾습니다.

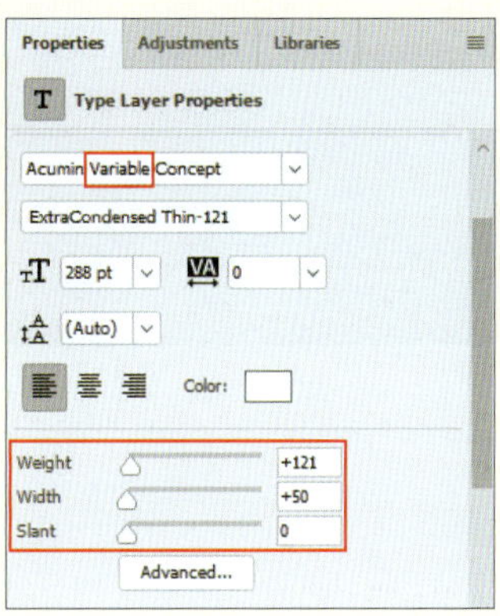

❹ 문자 입력과 수정하기

문자 입력하기

문자를 입력하기 위해서는 먼저 Tools 패널에서 문자 도구를 선택합니다. ❶ 문자를 입력하고자 하는 위치를 클릭하면 샘플 텍스트가 표시되며, ❷ 샘플 텍스트를 이용해 문자의 글꼴이나 크기를 조절한 다음 원하는 문자를 입력합니다.

자동으로 샘플 텍스트가 블록으로 표시된 모습

글꼴과 크기, 색상을 지정한 다음 문자를 입력한 모습

문자 수정하기

문자 도구가 선택된 상태에서 ❶ 문자를 드래그하여 블록으로 지정합니다. ❷ 수정하거나 Delete를 눌러 지울 수 있습니다. 입력한 문자는 색상이나 크기, 정렬 방식 등의 속성을 변경할 수 있습니다.

곡선 형태의 문자 입력하기

문자를 직선이 아닌 이미지 형태에 따라 자유롭게 입력하려면 ❶ 펜 도구()를 이용하여 원하는 형태의 자유 곡선을 만들고 ❷ 문자 도구로 곡선을 클릭하면 패스를 따라 흐르는 문자를 입력할 수 있습니다.

패스선을 따라 입력한 문자

❺ 문자 입력하고 속성 변경하기

문자를 이미지로 변경할 때

문자 속성을 버리고 문자를 이미지로 변환하기 위해서는 ❶ Layers 패널의 문자 레이어에서 마우스 오른쪽 버튼을 클릭한 다음 ❷ Rasterize Type을 실행하면 문자 이미지로 변환됩니다.

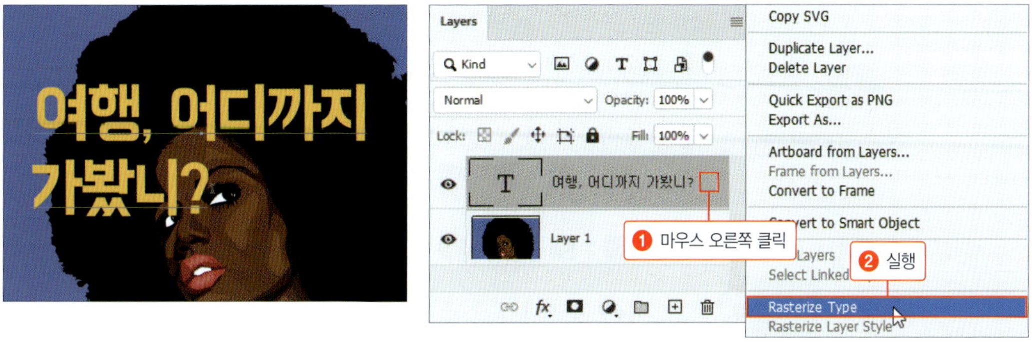

문자를 패스로 변경할 때

Layers 패널의 문자 레이어에서 마우스 오른쪽 버튼을 클릭한 다음 Create Work Path를 실행하면 문자가 패스선으로 변경됩니다. Paths 패널에는 'Work Path'가 만들어집니다.

문자를 셰이프로 변경할 때

Layers 패널의 문자 레이어에서 마우스 오른쪽 버튼을 클릭한 다음 Convert to Shape를 실행하면 문자가 셰이프로 변경됩니다. Layers 패널을 확인하면 셰이프 레이어가 만들어집니다.

• **실습파일** : 포토샵\06\해먹.jpg

EASY 실습 포토샵에서 제공하는 글꼴 사용하기

어도비에서 제공하는 다양한 언어의 글꼴 스타일과 특징을 검색하고 개인적, 상업적으로 모두 사용할 수 있는 글꼴 사용 방법을 알아봅니다.

01 ❶ 윈도우 바탕화면에서 '시작' 아이콘(⊞)을 클릭한 다음 ❷ Adobe Creative Cloud를 실행합니다. Creative Cloud Desktop 앱이 실행되면 글꼴을 추가하기 위해 ❸ 'Adobe Fonts'를 선택합니다.

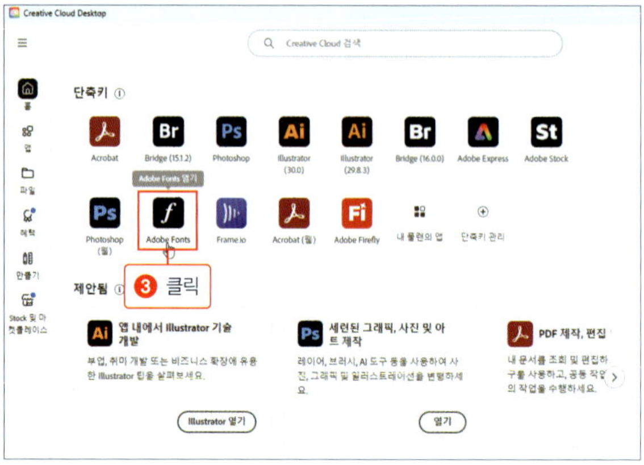

02 디자인 스타일의 한글 폰트를 검색하기 위해 언어 및 쓰기 시스템을 '한국어'로 지정합니다.

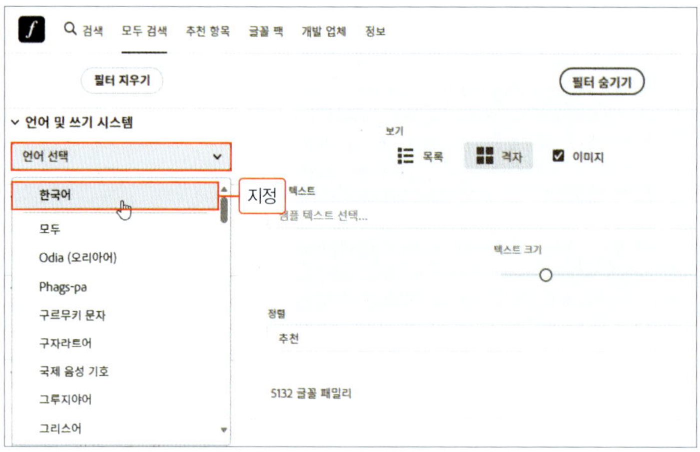

TIP
Creative Cloud Desktop 앱에서는 별도의 추가 요금 없이 다양한 글꼴을 제공하며, 개인 및 상업적인 용도로 자유롭게 사용할 수 있습니다.

03 샘플 텍스트에 원하는 문장을 입력합니다. 예제에서는 '나노 바나나 AI 사용법'을 입력하였습니다.

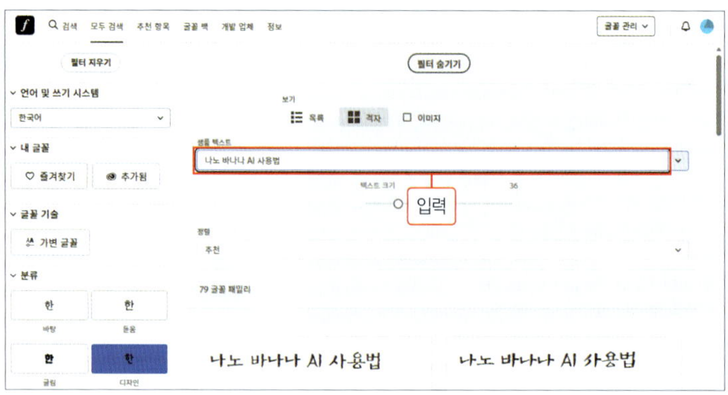

04 원하는 형태의 한글 글꼴을 미리 볼 수 있습니다. 포토샵에서 사용하기 위해 마음에 드는 글꼴의 〈패밀리 추가〉 버튼을 클릭합니다. 예제에서는 '생거진천체' 글꼴의 〈패밀리 추가〉 버튼을 클릭했습니다.

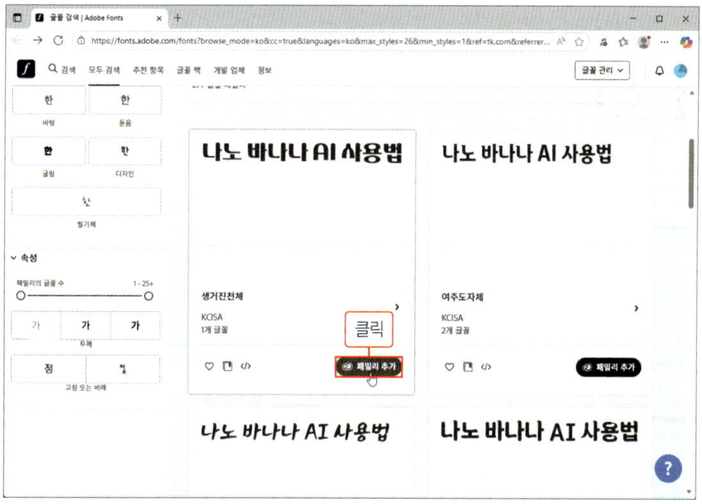

05 포토샵을 실행한 다음 포토샵 → 06 폴더에서 '해먹.jpg' 파일을 불러옵니다. ❶ 문자 도구(T)를 선택한 다음 옵션바에서 ❷ 글꼴을 방금 활성화한 글꼴로 지정합니다. 예제에서는 '생거진천체'로 지정했습니다.

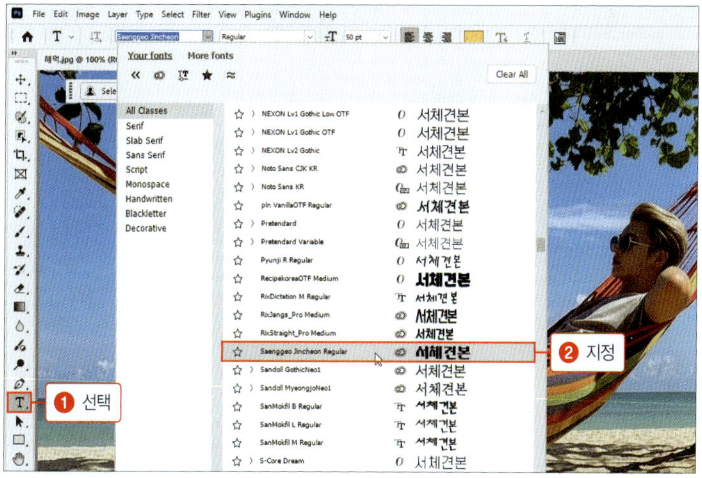

06 문자를 입력하면 선택한 글꼴로 문자가 입력되는 것을 확인할 수 있습니다.

EASY 실습 다이내믹 문자 기능으로 문자 재배치하기

텍스트 상자 크기를 조절할 때 텍스트가 자동으로 크기 조정되고 재배치되어 박스 안에 항상 잘 맞도록 합니다. 예제에서는 서로 다른 크기의 문자를 자동으로 조정해 보겠습니다.

01 포토샵 → 06 폴더에서 '피트니스.psd' 파일을 불러옵니다. 한글과 영문 문자를 입력하기 위해 문자 도구(T)를 선택합니다.

02 옵션바에서 글꼴과 글꼴 크기를 지정합니다. 예제에서는 ❶ 글꼴을 '210 Supersize', ❷ 글꼴 크기를 '80'으로 설정하였습니다.

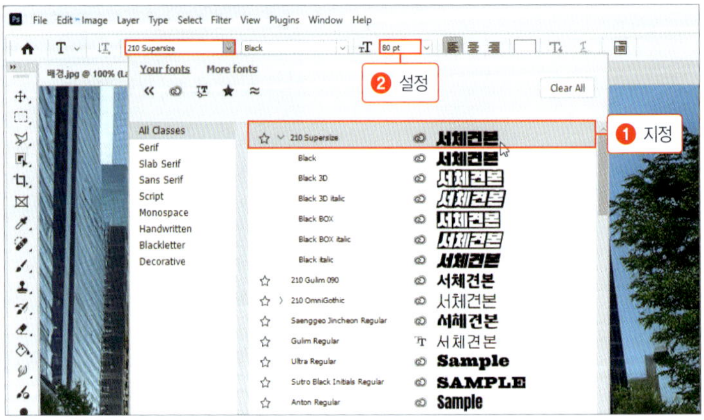

03 광고 글을 입력하기 위해 ❶ 이미지 중앙 상단을 클릭합니다. ❷ 그림과 같이 '지금 참여하세요'를 입력합니다.

04 ❶ Enter를 눌러 다음 줄로 바꿉니다. ❷ 한/영을 눌러 ❸ 영문으로 'FITNESS'를 입력하고 ❹ Enter를 누른 다음 ❺ 'CLASS'를 입력합니다.

> **TIP**
> 한/영을 눌러 영문과 한글을 번갈아 선택하여 문자를 입력합니다.

05 입력한 문자 길이가 서로 다른 것을 확인할 수 있습니다. 문자 크기를 자동으로 조정하기 위해 'Dynamic Text' 아이콘(T)을 클릭합니다.

06 가장 짧은 CLASS 문자를 그림과 같이 가장 크게 조정하여 각각의 문자 길이가 동일하게 조정되었습니다.

07 ❶ 이동 도구(✥)를 선택하고 ❷ 문자의 모서리 부분을 드래그하여 문자 크기를 조정한 다음 원하는 위치로 드래그하여 이동합니다.

08 문자를 인물 뒤로 이동하기 위해 Layers 패널에서 문자 레이어를 인물 레이어인 'Layer 1' 레이어 아래로 드래그하여 완성합니다.

LESSON 13 이미지와의 필연적 결합, 문자 스타일

• **실습파일** : 포토샵\06\노트.jpg, 문장.txt • **완성파일** : 포토샵\06\노트_완성.psd

EASY 실습 긴 문장을 가져와 입력하기

긴 문장을 글상자 안에 입력하는 방법에 대해 알아 봅니다.

01 포토샵 → 06 폴더에서 '노트.jpg' 파일을 불러옵니다. ❶ 문자 도구(T)를 선택한 다음 글상자를 만들기 위해 그림과 같이 ❷ 왼쪽 위에서 오른쪽 아래로 드래그합니다.

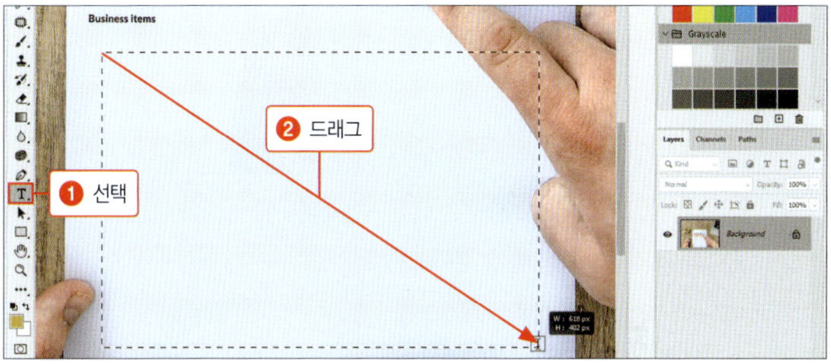

02 ❶ 포토샵 → 06 폴더의 '문장.txt' 파일을 열고 Ctrl+A, Ctrl+C를 차례대로 눌러 텍스트를 복사합니다. 포토샵에서 Ctrl+V를 눌러 글상자에 텍스트를 붙여넣습니다. ❷ 문장 전체를 드래그해 블록으로 지정합니다. ❸ Character 패널에서 글꼴을 'Rix Straight_Pro', 글자 크기(T)를 '9pt', 행간(A)을 '12pt'로 지정합니다.

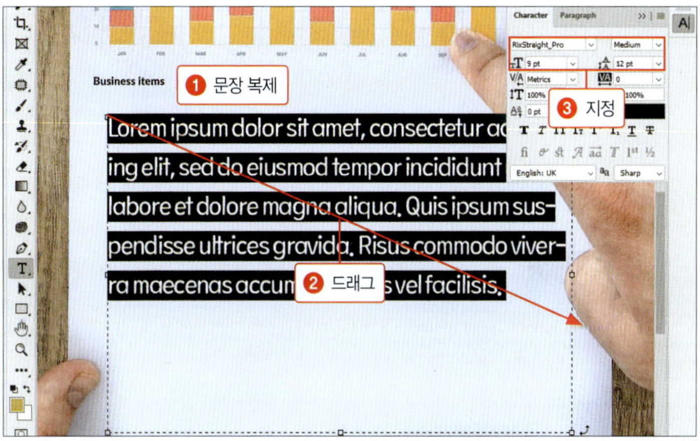

03 옵션바에서 ❶ 'Left align text' 아이콘(≣)을 클릭합니다. 문장이 왼쪽 정렬되면 입력을 마치기 위하여 ❷ Ctrl+Enter를 누릅니다.

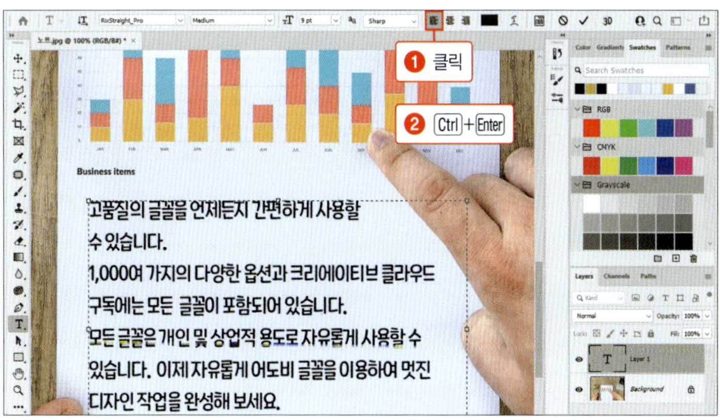

• **실습파일** : 포토샵\06\로켓.png • **완성파일** : 포토샵\06\로켓_완성.psd

EASY 실습 형태를 따라 흐르는 패스 문자 입력하기

개체의 형태를 따라 흐르는 듯한 문자를 입력할 수 있습니다. 예제에서는 개체를 선택하고 외곽을 확장한 다음 패스를 따라 문자를 입력해 봅니다.

01 포토샵 → 06 폴더의 '로켓.png' 파일을 불러옵니다. ❶ 빠른 선택 도구()를 선택하고 ❷ 타원형의 로켓 몸체를 드래그하여 선택 영역으로 지정합니다.

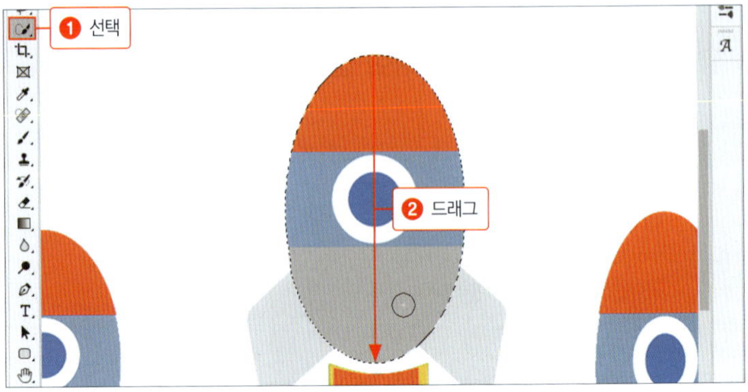

02 선택 영역을 확장하기 위하여 메뉴에서 [Select] → Modify → Expand를 실행합니다. Expand Selection 대화상자에서 ❶ Expand By를 '20pixels'로 설정하고 ❷ <OK> 버튼을 클릭합니다.

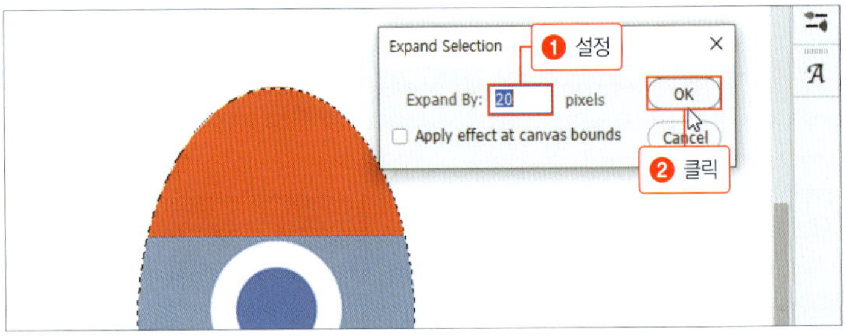

03 기존 선택 영역에서 그림과 같이 20픽셀 확장되어 나타납니다.

왜?
선택 영역을 확장하는 이유는 입력할 문자의 경로로 사용하기 위해 일러스트 영역과 간격을 두기 위해서입니다.

04 선택 영역을 패스선으로 변경하기 위해 ❶ Paths 패널을 표시하고 ❷ 'Make work path from selection' 아이콘()을 클릭합니다.

05 ❶ 문자 도구(T.)를 선택한 후 ❷ 옵션바에서 글꼴을 지정합니다. 예제에서는 어도비 글꼴인 'Gilbert Color'로 선택했습니다.

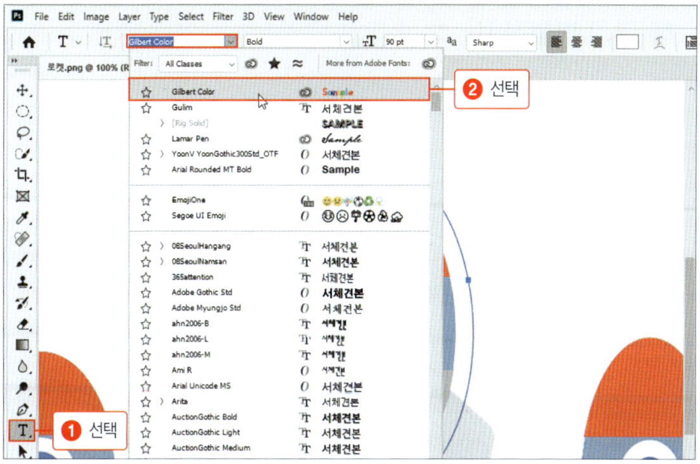

TIP ✦
Gilbert Color 글꼴은 어도비 크리에이티브 클라우드에서 무료로 사용할 수 있습니다. 예제에서 이용한 글꼴이 없다면 원하는 글꼴이나 비슷한 글꼴을 사용하세요.

06 문자 도구가 선택된 상태에서 패스선에 마우스 커서를 위치시키면 커서의 형태가 변경됩니다. ❶ 패스선을 클릭하면 샘플 텍스트가 표시됩니다. ❷ 글자 크기를 '90pt'로 지정합니다.

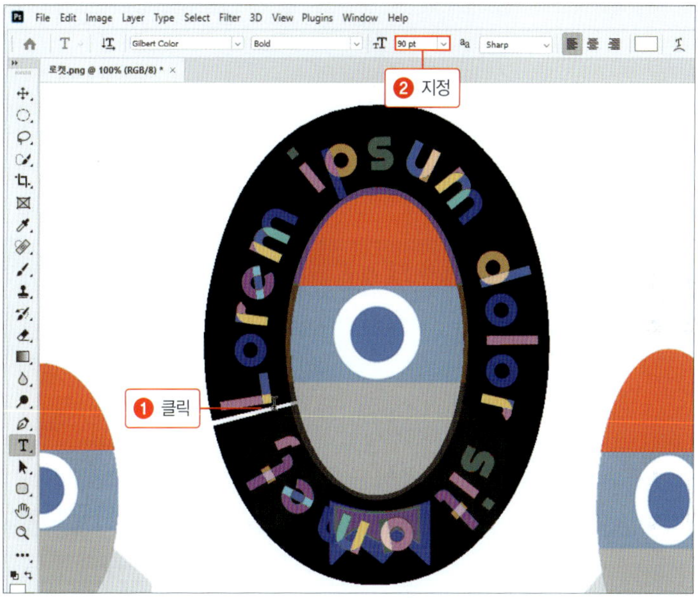

TIP ✦
입력된 문자의 위치를 조절하려면 Spacebar를 눌러 문자를 조절하거나 패스선을 변형하여 조절할 수 있습니다.

07 'GOOGLE PLAY'를 입력합니다. 패스선을 따라 문자가 입력되는 것을 확인할 수 있습니다.

❶ 문자 변형하기

문자를 입력하고 옵션바에서 'Create Warped Text' 아이콘( )을 클릭하거나 메뉴에서 [Type] → Warp Text를 실행하면 문자를 변형할 수 있는 Warp Text 대화상자가 표시됩니다.

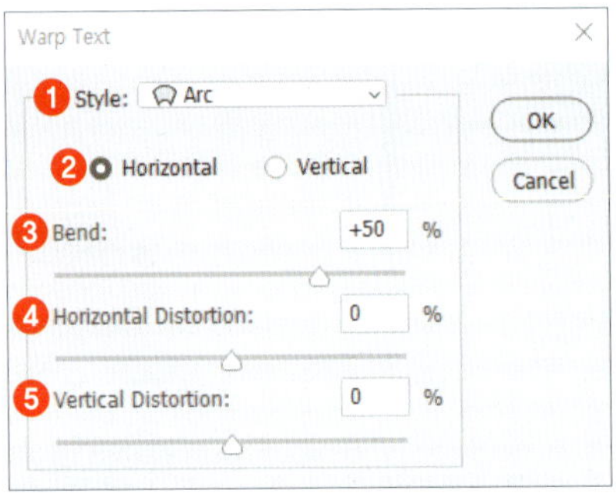

원본 이미지

(포토샵\06\snack.psd)

> **TIP ✧**
>
> Faux Bold 스타일이 적용된 문자 레이어나 윤곽선 데이터를 포함하지 않은 글꼴은 변형할 수 없습니다.

❶ **Style** : 변형 또는 왜곡 등의 특수 효과 스타일을 선택할 수 있습니다.

Arc

Arc Upper

Bulge

Flag

❷ **Horizontal, Vertical** : 적용 방향을 선택합니다.

❸ **Bend** : 휘어지는 강도를 조절합니다.

❹ **Horizontal Distortion** : 왼쪽, 오른쪽으로 굴절되는 강도를 조절합니다.

❺ **Vertical Distortion** : 위, 아래로 굴절되는 강도를 조절합니다.

Quick 활용 문자 스타일로 전단지 만들기

입력된 문자에 문자 속성을 지정하면 문자 속성을 한번에 변경할 수 있습니다. 문자 스타일 지정과 변경 방법에 대해 알아보겠습니다.

01 포토샵 → 06 폴더에서 '스타일.psd' 파일을 불러옵니다. 위쪽부터 제목글과 광고글, 정보글로 구성되어 있습니다.

TIP

예제에서 사용한 글꼴은 제목글 : 210 Supersize(130pt), 광고글 : 210 Supersize(70pt, 이탤릭체), 정보글 : NanumGothic(45pt)입니다. 미리 해당 글꼴을 사용 중인 PC에 설치하세요.

02 제목글의 문자 속성을 저장하기 위해 ❶ 문자 도구(T)를 선택하고 ❷ '플라잉 요가' 문자를 드래그해 블록으로 지정합니다. Character Styles 패널에서 ❸ 'Create new character style' 아이콘(⊡)을 클릭합니다. ❹ 'Character Style 1'이 표시되면 더블클릭합니다.

TIP

Character Styles 패널은 메뉴의 [Window] → Character Styles를 실행하여 표시할 수 있습니다.

03 Character Style Options 대화상자가 표시되면 ❶ Style Name에 '제목글'을 입력하고 ❷ 〈OK〉 버튼을 클릭합니다.

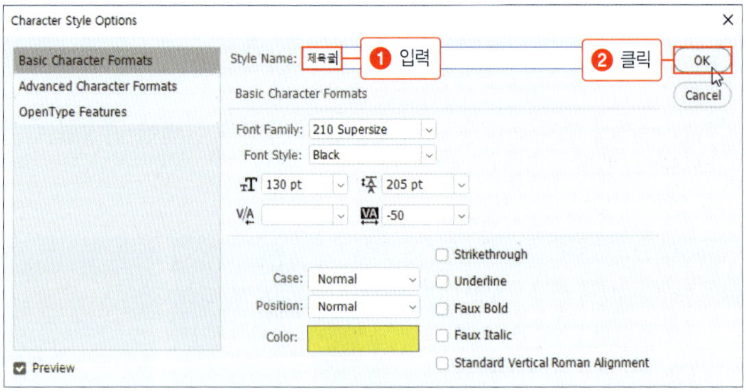

04 광고글의 문자 속성을 지정하기 위해 ❶ '당신의... 드립니다!' 문장을 드래그하여 블록으로 지정합니다. Character Styles 패널에서 ❷ 'Create new character style' 아이콘(⊞)을 클릭합니다. ❸ 'Character Style 1'이 표시되면 더블클릭합니다.

05 Character Style Options 대화상자가 표시되면 ❶ Style Name에 '광고글'을 입력하고 ❷ 〈OK〉 버튼을 클릭합니다.

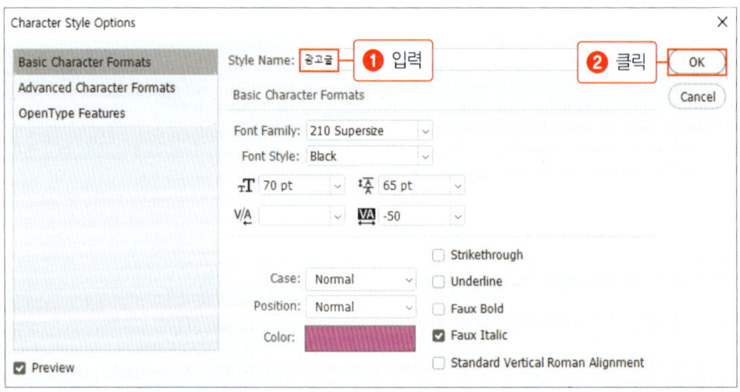

TIP ✦

문자가 저장된 포토샵 파일을 열었을 때 경고 대화상자가 표시되는 경우가 있습니다. 포토샵 업데이트로 인해 해당 레이어를 업데이트할 것인지 확인하는 것으로, 이때 〈Update〉 버튼을 클릭하여 해결합니다.

06 정보글의 문자 속성을 지정하기 위하여 ❶ '오픈3주년... 한정' 문자를 드래그하여 블록으로 지정합니다. Character Styles 패널에서 ❷ 'Create new character style' 아이콘(⊞)을 클릭합니다. ❸ 'Character Style 1'이 표시되면 더블클릭합니다.

07 Character Style Options 대화상자가 표시되면 ❶ Style Name에 '정보글'을 입력하고 ❷ 〈OK〉 버튼을 클릭합니다.

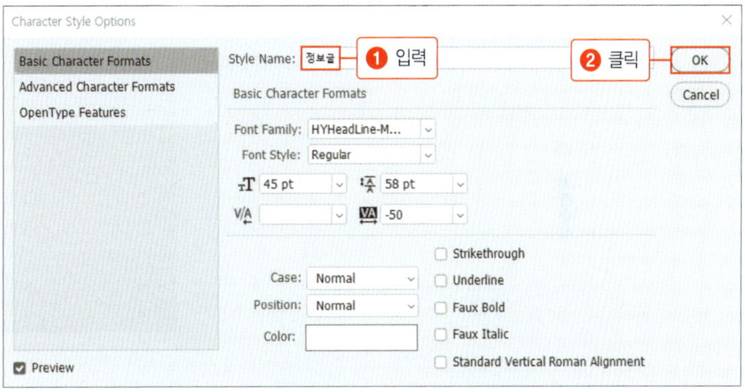

08 정보글의 문자 속성을 변경해 보겠습니다. ❶ 정보글을 드래그해 블록으로 지정하고 Character Styles 패널에서 ❷ '광고글' 스타일을 선택합니다. 정보글 속성이 내용은 그대로 유지된 상태에서 문자 색상과 글꼴, 글자 크기가 '광고글' 속성으로 변경됩니다.

09 이번에는 스타일을 수정하겠습니다. Character Styles 패널에서 ❶ '광고글' 스타일을 더블클릭하여 Character Style Options 대화상자가 표시되면 ❷ Color의 색상 상자를 클릭합니다.

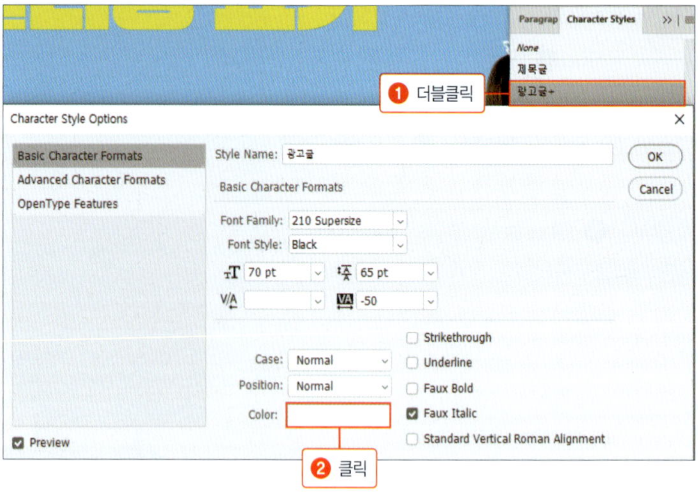

10 Color Picker 대화상자가 표시되면 ❶ 색상을 'R:255, G:255, B:255(흰색)'으로 지정하고 ❷ 〈OK〉 버튼을 클릭합니다. Character Styles Options 대화상자에서도 〈OK〉 버튼을 클릭합니다.

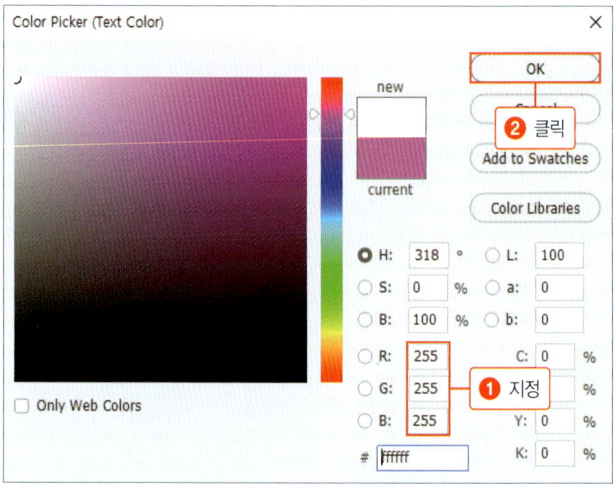

11 광고글 스타일 색상이 그림과 같이 흰색으로 변경되며, 광고글 스타일이 적용된 문장 색상도 흰색으로 변경됩니다.

Quick 활용 다양한 형태의 로고 문자 만들기

로고 이미지에 맞게 문자를 패스선을 따라 곡선 형태로 입력하는 방법을 알아 봅니다.

01 포토샵 → 06 폴더의 '로고.psd' 파일을 불러옵니다. 곡선 패스를 그리기 위해 ❶ 펜 도구( )를 선택하고 ❷ 옵션바에서 Pick tool mode를 'Path'로 지정합니다. 그림과 같이 ❸ 시작점을 클릭한 다음 ❹ 두 번째 기준점을 클릭하고 ❺ 오른쪽으로 드래그합니다. 호 형태의 곡선이 만들어집니다.

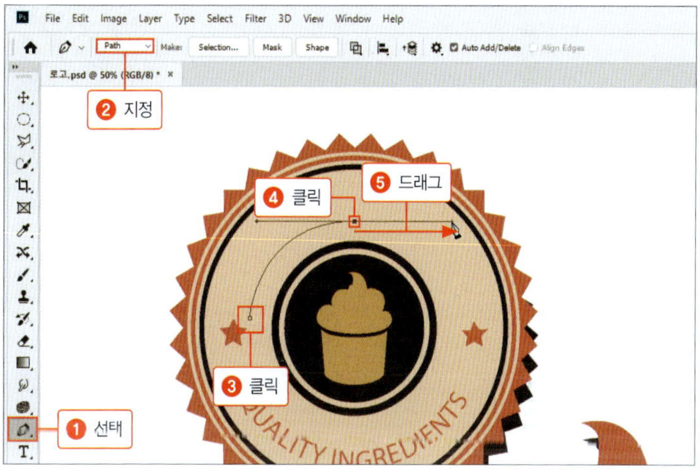

02 이어서 그림과 같이 기준점을 클릭해 반원 형태의 패스선을 만듭니다.

03 ❶ 문자 도구(T)를 선택하고 ❷ 옵션바에서 글꼴과 글자 크기, 색상을 지정합니다. 예제에서는 글꼴을 'NanumBarun Gothic', 글꼴 스타일을 'Bold', 글자 크기를 '33pt', 색상을 '검은색'으로 지정했습니다.

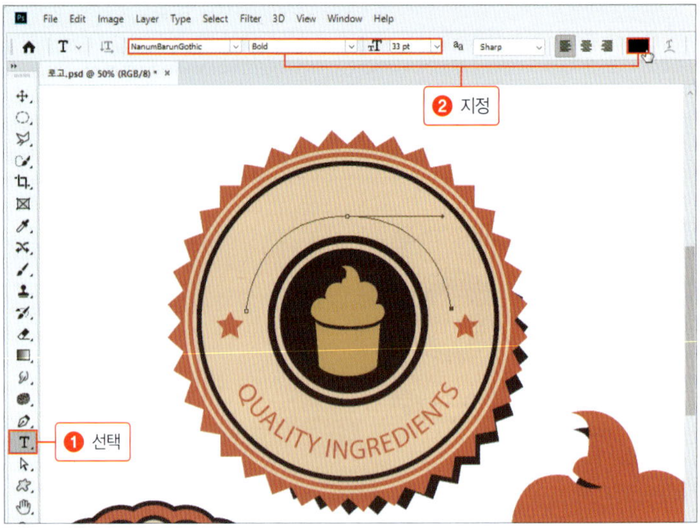

04 패스의 시작점을 클릭하면 샘플 텍스트가 표시됩니다. 커서가 패스선 위에 나타납니다.

05 '맛있는 베이커리'를 입력하면 그림과 같이 패스선을 따라 문자가 곡선 형태로 입력됩니다.

TIP ✧
문자가 잘려서 표시되면 직접 선택 도구로 문자의 시작 부분을 드래그하여 변경할 수 있습니다.

06 두 번째 로고에 문자를 입력하기 위해 ❶ 문자 도구(T)를 선택한 다음 ❷ 옵션바에서 글꼴과 글자 크기, 색상을 지정합니다. 예제에서는 글꼴을 'NanumBarunGothic', 글꼴 스타일을 'Bold', 글자 크기를 '33pt', 색상을 '흰색'으로 지정했습니다.

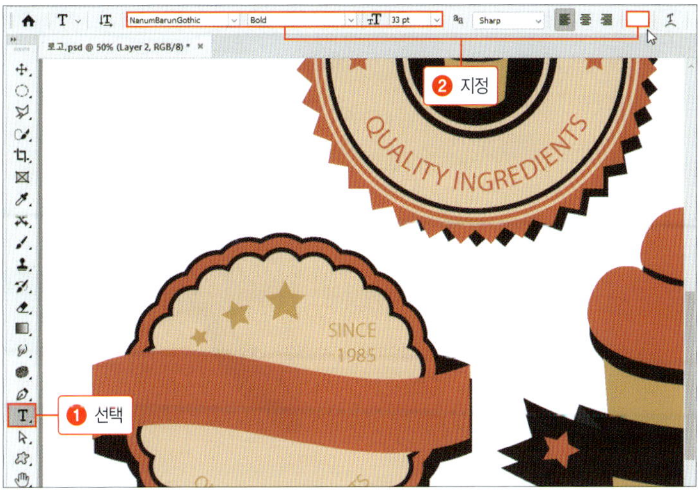

07 로고에 '맛있는 베이커리'를 입력합니다.

08 로고의 띠 형태에 맞게 변경하기 위해 메뉴에서 [Type] → Warp Text를 실행합니다. Warp Text 대화상자가 표시되면 ❶ Style을 'Flag'로 지정합니다. 문자가 그림과 같이 휘날리는 깃발처럼 변형되었습니다. 띠에 맞게 변형하기 위해 ❷ Bend를 '65%'로 설정한 다음 ❸ 〈OK〉 버튼을 클릭합니다. 로고 형태에 맞게 그림과 같이 입력한 문장이 곡선으로 나타납니다.

09 세 번째 로고도 두 번째 로고와 같은 방법으로 '맛있는 베이커리'를 입력합니다.

10 로고 띠 형태에 맞게 변경하기 위해 메뉴에서 [Type] → Warp Text를 실행합니다. Warp Text 대화상자가 표시되면 Style을 'Arc'로 지정합니다. 입력한 문자가 그림과 같이 위로 볼록한 호 형태로 변형됩니다.

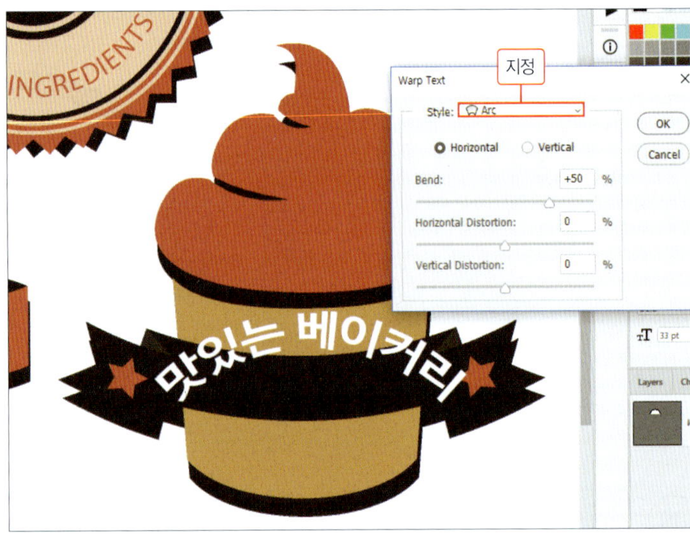

11 형태에 맞게 변형하기 위해 ❶ Bend를 '-14%'로 설정한 다음 ❷ 〈OK〉 버튼을 클릭합니다. 문자가 그림과 같이 로고에 맞게 아래쪽으로 휘어진 곡선으로 변경됩니다. 로고 형태에 맞게 모든 문자가 변형되었습니다.

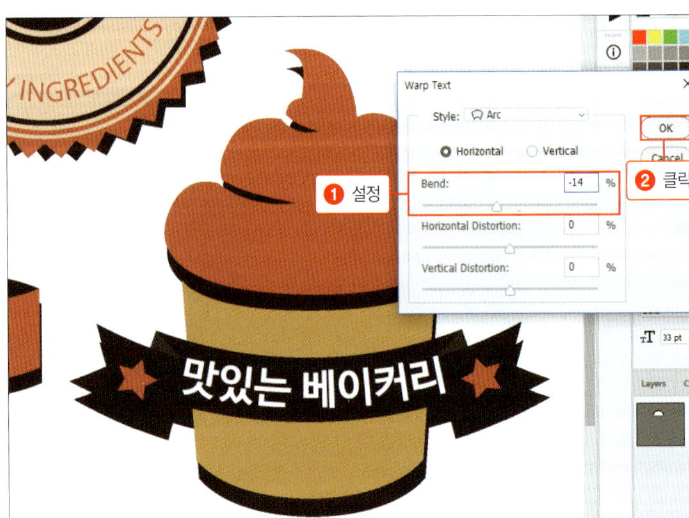

• **실습파일** : 포토샵\06\인물.png, 컬러.jpg, 프레임.psd • **완성파일** : 포토샵\06\프레임_완성.psd

Quick 활용 프레임으로 문자 이미지 구성하기

프레임 도구를 이용해서 프레임과 문자 프레임 안에 이미지를 삽입하여 이미지를 완성해 봅니다.

01 포토샵 → 06 폴더의 '프레임.psd' 파일을 불러옵니다. 사각형 프레임을 만들기 위해 ❶ 프레임 도구(⊠)를 선택하고 ❷ 옵션바에서 'Rectangular Frame' 아이콘(⊠)을 클릭합니다. ❸ 그림과 같이 드래그하여 사각형 프레임을 만듭니다.

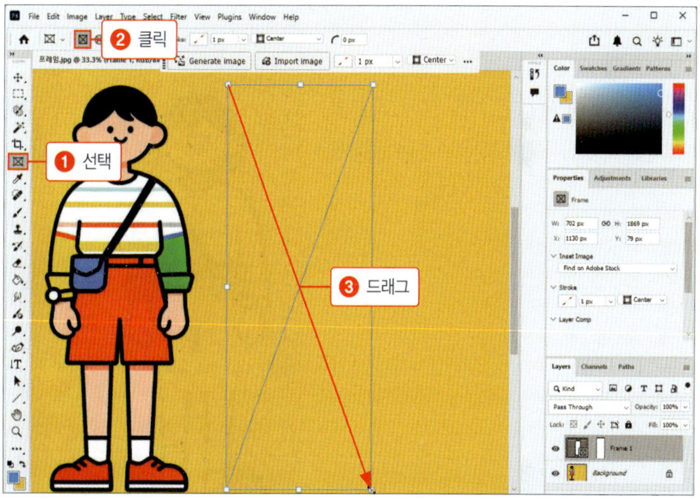

02 포토샵 → 06 폴더에서 '인물.png' 파일을 선택하고 사각형 프레임으로 드래그하면 사각형 프레임 안에 이미지가 삽입됩니다.

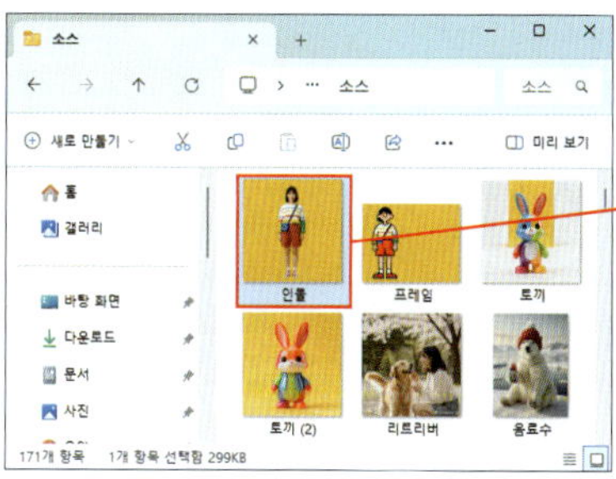

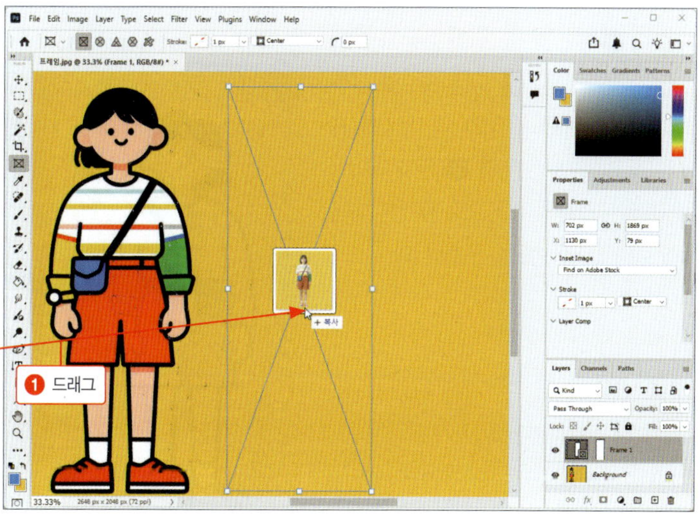

03 그림과 같이 인물 사진이 프레임 안에 삽입되었습니다. ❶ 이동 도구를 클릭한 다음 ❷ 삽입된 인물의 조절점을 드래그하여 크기를 확대합니다.

04 이번에는 문자를 입력하기 위해 ❶ 세로 문자 도구를 클릭한 다음 옵션바에서 ❷ 문자 크기를 '320', 폰트를 '210 Supersize', ❸ 색상 박스를 클릭하여 글자 색상을 흰색으로 지정합니다.

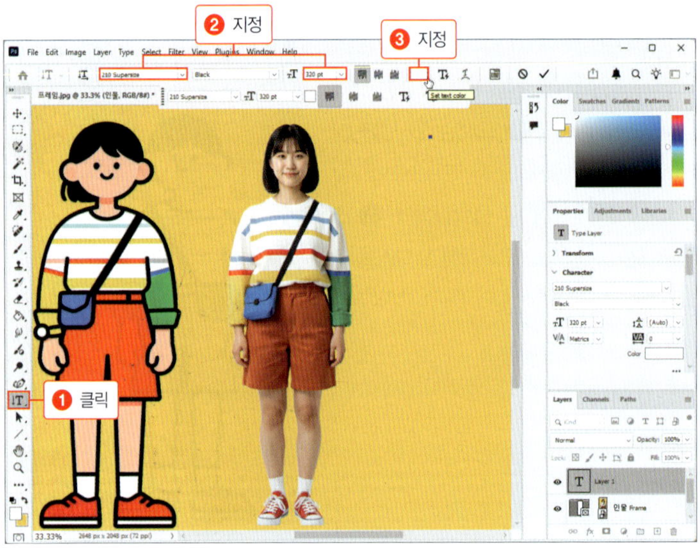

05 ❶ 'PEOPLE'이라고 문자를 입력한 다음 ❷ 이동 도구를 클릭하여 문자 위치를 조정합니다. 문자를 프레임으로 변경하기 위해 ❸ 문자 레이어를 마우스 오른쪽 버튼으로 클릭한 다음 Convert to Frame을 선택합니다.

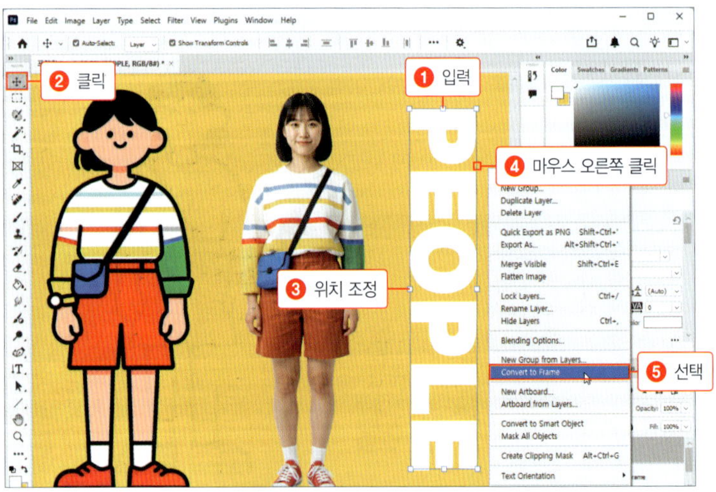

06 New Frame 대화상자가 표시되면 Name에 'PEOPLE'이 지정된 상태에서 〈OK〉 버튼을 클릭합니다.

07 입력한 문자가 문자 프레임 형태로 변경됩니다. 포토샵 → 06 폴더에서 '컬러.jpg' 파일을 문자 프레임으로 드래그합니다.

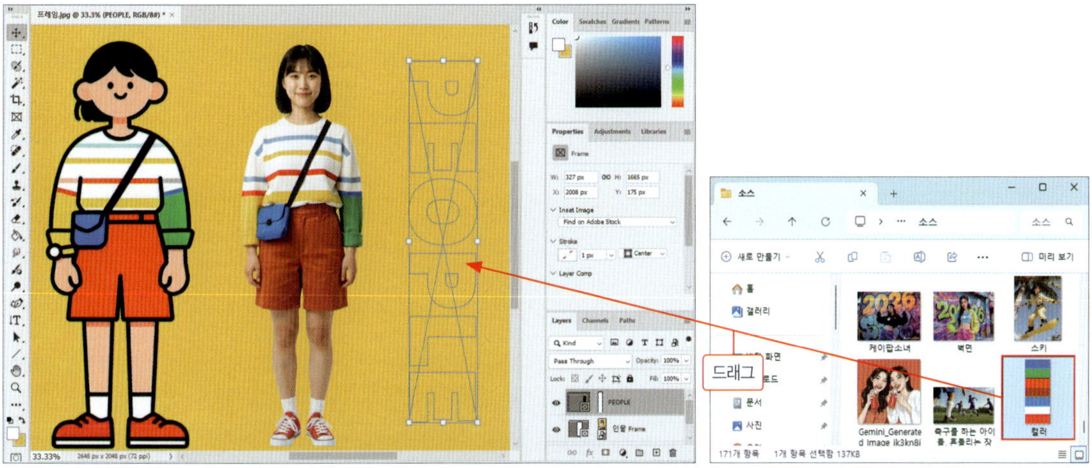

08 문자 프레임 안에 컬러 색상 띠 형태의 이미지가 삽입되었습니다.

Part 07

그림 챌린지! 브러시와 펜, 셰이프로 그림 그리기

| Adobe Firefly | Topaz Gigapixel

〈 20/26 〉

Brush | Pencil | Pen

PHOTOSHOP
&ILLUSTRATOR CC 2026

CC/26
PHOTOSHOP
Gemini / Nano Banana

LESSON 14 브러시와 연필, 펜 선으로 그림 그리기

❶ 브러시 도구와 연필 도구 알아보기

브러시 도구 옵션바 살펴보기

브러시 도구(🖌)를 이용하면 넓은 면적을 칠하여 이미지에 붓 터치를 적용할 수 있습니다. 브러시 옵션바에서 브러시 모양을 선택하고 크기나 불투명도 등을 설정합니다.

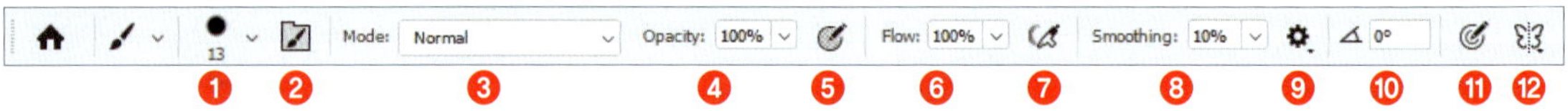

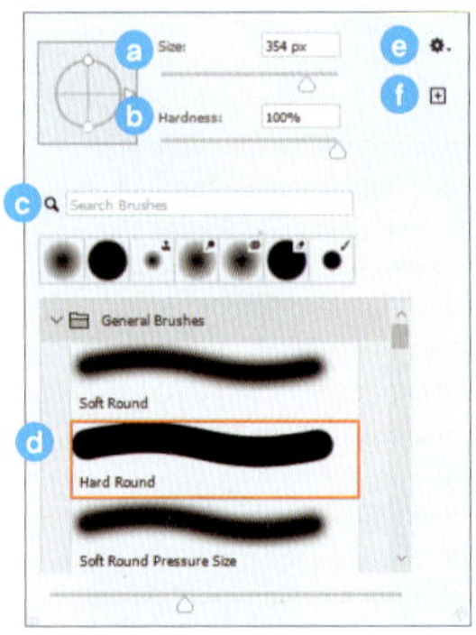

❶ **브러시 설정 창** : 옵션바에서 현재 선택된 브러시 오른쪽 팝업 아이콘을 클릭하면 표시되며 브러시 크기와 모양을 선택할 수 있습니다. 다양한 브러시가 목록으로 표시됩니다.

- ⓐ Size : 브러시 크기를 조절합니다.
- ⓑ Hardness : 브러시 강도를 조절하며, 값이 클수록 브러시 끝부분이 단단해집니다.
- ⓒ **브러시 검색창** : 브러시 이름을 입력하여 브러시를 검색합니다.
- ⓓ **프리셋** : 포토샵에서 제공하는 브러시 견본의 이름과 크기, 모양을 표시합니다.
- ⓔ **브러시 설정 메뉴** : 브러시를 불러오거나 브러시 표시 방법을 설정할 수 있습니다.
- ⓕ Create a new preset from this brush : 직접 여러 가지 옵션을 설정해 새롭게 만든 브러시 모양과 크기를 프리셋에 등록합니다.

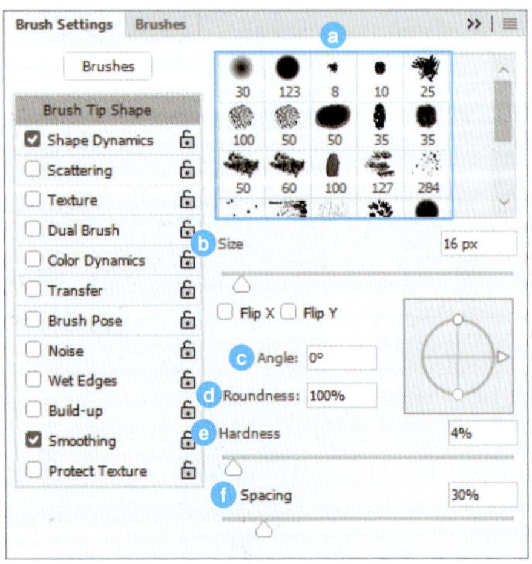

❷ Toggle the Brush settings panel : Brush Settings 패널을 표시하는 아이콘으로, 포토샵에서 제공하는 브러시 외에 자신만의 독특한 브러시를 직접 만들고자 할 때 Brush Settings 패널에서 다양한 옵션을 설정합니다.

- ⓐ **브러시 선택 창** : 원하는 브러시 스타일을 선택합니다.
- ⓑ Size : 브러시의 크기를 설정합니다. 값이 클수록 브러시가 커집니다.
- ⓒ Angle : 브러시 각도를 조절합니다.
- ⓓ Roundness : 브러시의 둥근 정도를 조절합니다.
- ⓔ Hardness : 브러시의 단단한 정도를 조절합니다.
- ⓕ Spacing : 브러시의 간격을 조절합니다.

❸ **Mode** : 브러시 도구를 이용하여 드로잉할 때 브러시의 색상과 배경 이미지 합성 방식을 지정합니다.

❹ **Opacity** : 브러시의 불투명도를 조절합니다. 값이 작을수록 투명하게 채색됩니다. Opacity를 줄여 작업하면 투명하게 표현되어 여러 번 덧칠한 듯이 겹치는 느낌을 표현할 수 있습니다.

Opacity : 100%

Opacity : 50%

❺ **Pressure for Opacity** : 태블릿 PC로 작업할 때 펜 압력을 이용하여 브러시의 불투명도를 변경합니다.

❻ **Flow** : 브러시의 강약을 조절하며 값이 작을수록 강도가 낮아져서 브러시 터치가 축소됩니다.

Flow : 100%

Flow : 30%

❼ **Airbrush-style build-up effects** : 에어브러시 기능을 설정합니다. 클릭하는 동안 이동하지 않아도 계속 색상이 뿌려집니다.

❽ **Smoothing** : 브러시 획의 부드러운 정도를 설정합니다.

❾ **Smoothing Options** : 브러시 획을 조정할 수 있는 옵션을 제공합니다. 연필 도구나 브러시 도구, 지우개 도구를 선택한 다음 옵션바의 Smoothing을 설정(0~100)하고 설정 아이콘을 클릭하여 브러시 획을 설정할 수 있습니다.

ⓐ **Pulled String Mode** : 브러시를 드래그하면 표시되는 안내선이 팽팽한 경우에 드로잉되며, 원형의 보정 영역 안에서 마우스 커서를 이동하면 표시가 남지 않습니다.

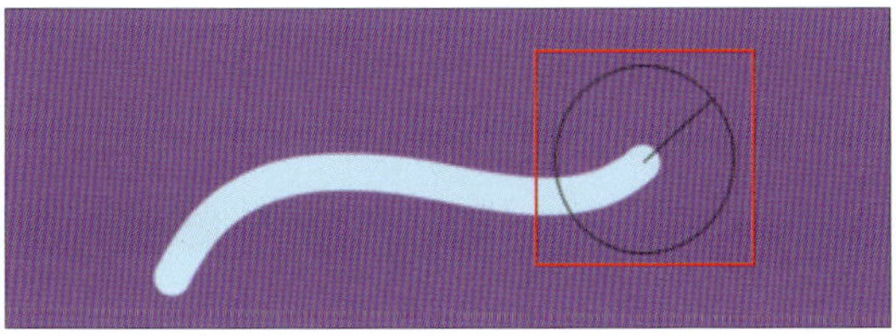

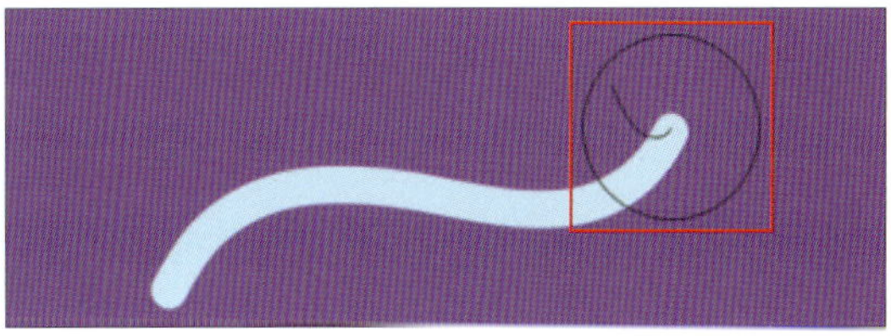

브러시 안내선이 팽팽할 경우에만 브러시가 표시되는 모습

ⓑ Stroke Catch-up : 드래그하다가 위치 이동 없이 계속 클릭하면 마우스 커서가 위치한 지점까지 그려집니다.

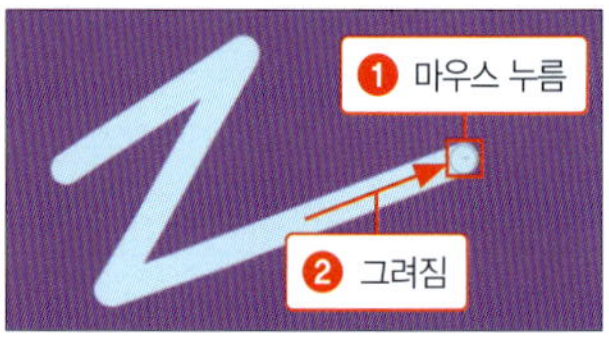

ⓒ Catch-up on Stroke End : 드래그하다가 클릭하면 마우스 커서가 위치한 위치까지 그려집니다.

ⓓ Adjust for Zoom : 보정을 조정해 획이 지저분해지지 않도록 합니다. 문서를 확대하면 보정이 감소하고, 축소하면 보정이 증가합니다.

⑩ Set the brush Angle : 브러시 각도를 조절합니다.

⑪ Pressure for Size : 태블릿 PC로 작업할 때 펜 압력을 이용하여 브러시 크기를 변경합니다.

⑫ Symmetry : 대칭축을 표시해 한 번에 대칭축을 기준으로 여러 개의 이미지를 작성할 때 이용합니다.

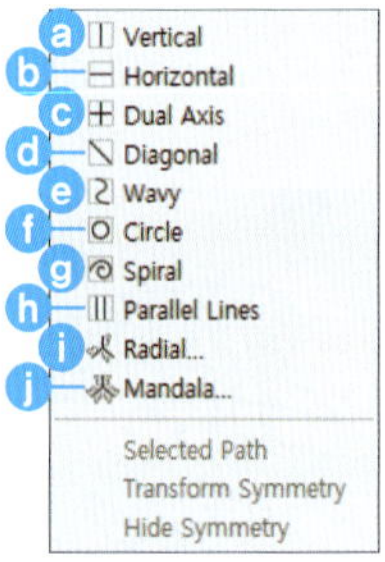

ⓐ Vertical : 세로축을 중심으로 대칭축을 만듭니다.

ⓑ Horizontal : 가로축을 중심으로 대칭축을 만듭니다.

ⓒ Dual Axis : 십자 형태의 대칭축을 만듭니다.

ⓓ Diagonal : 사선 형태의 대칭축을 만듭니다.

ⓔ Wavy : 물결 형태의 대칭축을 만듭니다.

ⓕ Circle : 원 형태의 대칭축을 만듭니다.

ⓖ Spiral : 나선 형태의 대칭축을 만듭니다.

ⓗ Parallel Lines : 평행선 형태의 대칭축을 만듭니다.

ⓘ Radial : 방사 형태의 대칭축을 만듭니다.

ⓙ Mandala : 만다라 형태의 대칭 그림을 그릴 수 있는 대칭축을 만듭니다.

연필 도구 알아보기

연필 도구( )는 주로 가느다란 선을 그릴 때 사용하며 좁은 영역을 색칠하거나 수정할 때 이용합니다.

브러시 도구와 마찬가지로 드래그한 방향대로 선이 그려지고 옵션바에서 굵기 등을 지정할 수 있습니다. 연필 도구 옵션바는 브러시 도구 옵션바와 같지만, Enable airbrush mode 기능이 없고 그린 선을 지우는 Auto Erase 기능이 있습니다.

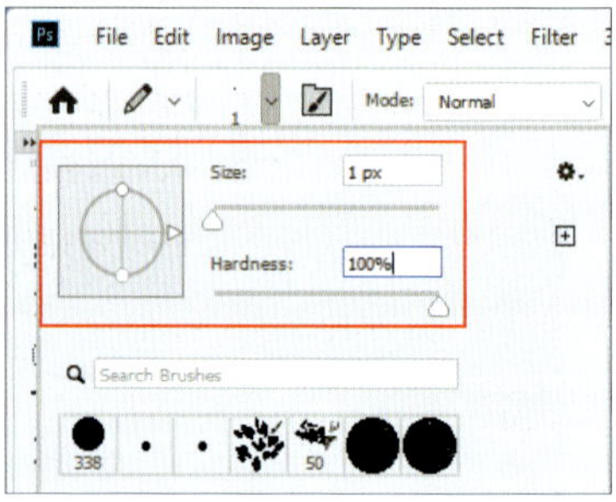

Brush Settings 패널 알아보기

Brush Settings 패널은 메뉴에서 [Window] → Brush Settings(F5)를 실행하거나, 브러시 도구 옵션바에서 'Toggle the Brush Settings panel' 아이콘(☑)을 클릭하여 표시할 수 있습니다.

Brushes 패널 알아보기

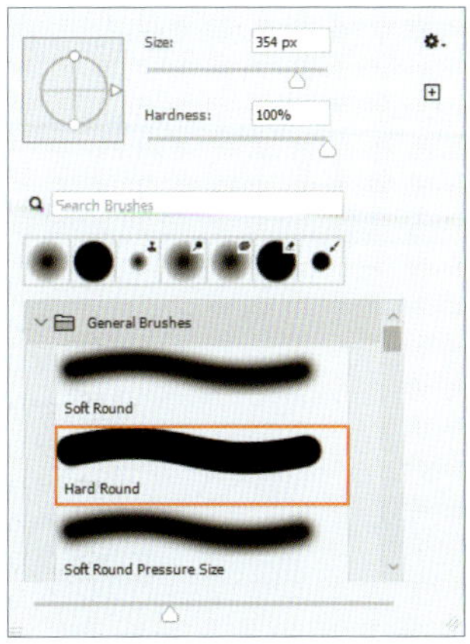

Brushes 패널은 브러시의 모양, 크기, 질감 등 다양한 속성을 조정하고 관리할 수 있는 강력한 도구로, 디지털 드로잉, 페인팅, 이미지 리터칭 등 다양한 작업에 널리 활용됩니다. 이 패널을 통해 사용자는 기본 제공되는 다양한 브러시를 선택하거나, 자신만의 맞춤형 브러시를 생성하고 저장할 수 있습니다. 또한 브러시의 크기, 모양, 흐름, 불투명도 등 세부 설정을 조정하여 작업 스타일에 맞는 다양한 효과를 쉽게 구현할 수 있습니다. Brushes 패널의 주요 항목에 대해 알아봅니다.

Brush Tip Shape 항목 살펴보기

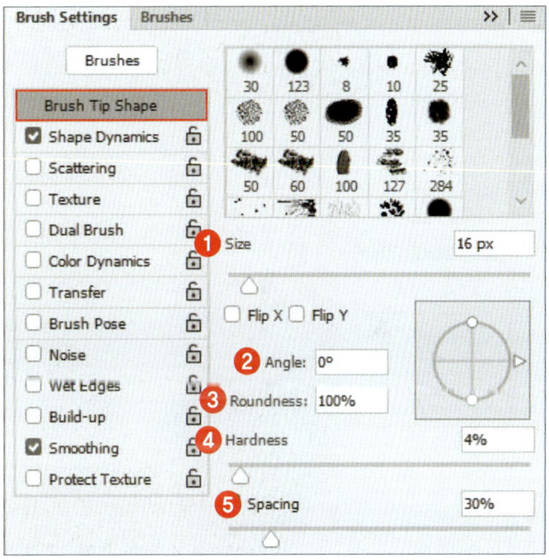

Brush Settings 패널의 Brush Tip Shape 항목은 브러시 끝 모양을 다듬을 수 있는 옵션으로, 브러시 질감 및 느낌을 결정합니다. 옵션을 조절하면 브러시 하나를 여러 가지 느낌으로 표현할 수 있습니다.

1. **Size** : 브러시 크기를 조절합니다.
2. **Angle** : 브러시 각도를 조절합니다.
3. **Roundness** : 브러시 끝 모양을 조절합니다. 100%는 완전한 원형, 0%는 선형이 됩니다.
4. **Hardness** : 브러시 외곽 테두리를 조절합니다. 값이 작을수록 연해집니다.
5. **Spacing** : 브러시가 그려지는 간격을 조절합니다. 값이 클수록 간격이 넓은 점선이 됩니다.

Spacing : 1%

Spacing : 150%

Quick 활용 마우스로도 손쉽게! 토끼 캐릭터 그리기

브러시 도구로 토끼 캐릭터를 이용해 드로잉 연습을 합니다. 예제에서는 토끼 캐릭터를 이용하여 마우스로도 손쉽게 자연스러운 라인 일러스트 형태로 캐릭터 드로잉 해 보겠습니다.

01 포토샵 → 07 폴더에서 '토끼.psd' 파일을 불러옵니다. 밑그림으로 사용하기 위해 ❶ Layers 패널에서 'Create a new layer' 아이콘(⊞)을 클릭하여 'Layer 1' 레이어를 추가합니다. ❷ 메뉴에서 [Edit] → Fill(Shift+F5)을 실행해 Fill 대화상자가 표시되면 ❸ Contents를 'White'로 지정한 다음 ❹ <OK> 버튼을 클릭합니다.

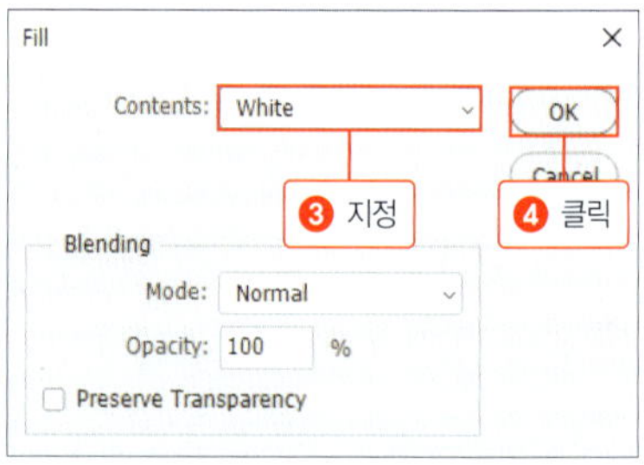

왜?
흰색 이미지 레이어를 만드는 이유는 이미지를 반투명하게 만들기 위해서입니다.

02 Layers 패널에서 ❶ 'Layer 1' 레이어를 아래로 드래그해 이동하고 ❷ 레이어 이름을 더블클릭한 다음 '배경'으로 변경합니다.

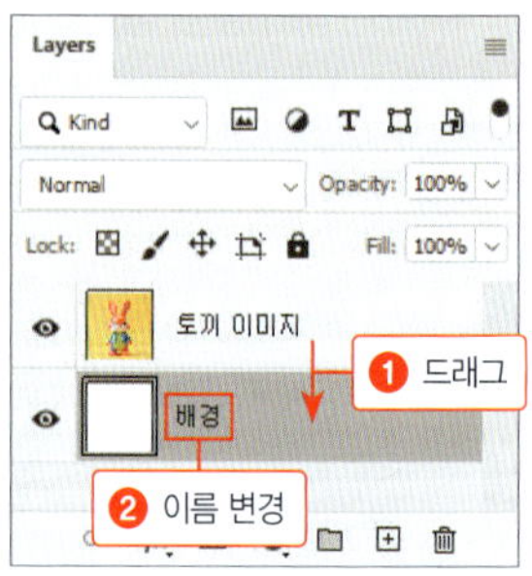

03 ❶ 브러시 도구( )를 선택합니다. ❷ 옵션바에서 브러시 팝업 아이콘을 클릭하고 ❸ 브러시를 'Hard Round'로 지정한 다음 ❹ Size를 '13px'로 설정합니다. ❺ Smoothing을 '90%'로 설정합니다.

TIP

Smoothing이 100%에 가까워질수록 선이 매끄럽게 그려집니다. 이 옵션을 변경하지 않으면 마우스를 이용하여 드로잉하기 어렵습니다.

04 Layers 패널의 ❶ '토끼 이미지' 레이어를 선택하고 ❷ Opacity를 '50%'로 설정하여 희미하게 적용합니다.

왜?

원본 이미지의 Opacity 값을 낮추면 새로 그리는 일러스트의 작업 상태를 상대적으로 뚜렷하게 확인할 수 있고, 원본 이미지 위에 작업하는 실수를 줄일 수 있습니다.

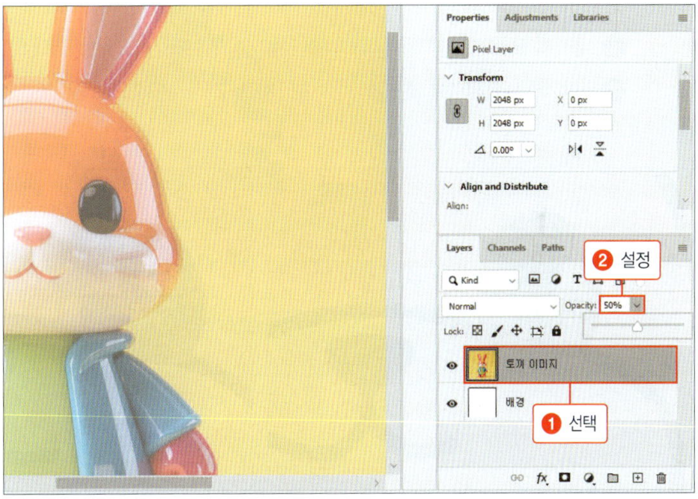

05 Layers 패널에서 ❶ 'Create a new layer' 아이콘( )을 클릭해 새 레이어를 추가합니다. ❷ 브러시 도구( )가 선택된 상태에서 토끼 캐릭터를 따라 이목구비를 그립니다.

05 같은 방법으로 브러시 도구로 그림과 같이 토끼 의상과 발 부분도 이어서 드로잉합니다.

06 ❶ 브러시 도구가 선택된 상태에서]를 눌러 브러시 크기를 확대하고, 눈동자의 검은색을 드래그하여 채웁니다. ❷ 전경색과 배경색을 전환하기 위해 X를 눌러 '흰색'으로 변경한 다음, 빛을 받는 위치에 흰색 원을 그려 눈을 완성합니다.

TIP 브러시 도구가 선택된 상태에서 [,]를 누르면 손쉽게 브러시 크기를 확대하거나 축소할 수 있습니다.

07 작업이 마무리되면 Layers 패널에서 '토끼 이미지' 레이어의 '눈' 아이콘(👁)을 클릭하여 비활성화하면 이미지가 숨겨져 토끼 캐릭터 라인 일러스트를 확인할 수 있습니다.

❷ 패스를 그리는 도구 알아보기

펜 도구 알아보기

포토샵의 펜 도구는 정밀한 선택, 경로 생성, 벡터 형태를 만드는 데 사용하는 강력한 도구입니다. 디지털 드로잉, 선택, 클리핑 패스, 그리고 모양을 만드는 데 주로 사용하며, 비트맵 이미지를 벡터 형태로 변환할 때 유용합니다. 펜 도구(✒)를 선택한 다음 클릭해서 기준점과 패스를 만들고 원하는 모양으로 드래그해 그림을 그립니다. 처음에는 펜 도구를 다루는 것이 쉽지 않으므로 연습을 많이 하는 것이 좋습니다.

프리폼 펜 도구

프리폼 펜 도구(✒)를 이용하면 연필로 그림을 그리듯 자유롭게 패스를 그릴 수 있지만 정교한 패스를 그리기에는 무리가 있습니다.

내용 인식 추적 도구

내용 인식 추적 도구(✒)는 포토샵의 AI 알고리즘을 사용하여 이미지의 시각 정보를 분석하고 개체의 경계를 인식해 패스선을 자동으로 작성합니다. 이 도구를 사용하기 위해서는 포토샵 메뉴에서 〔Edit〕 → Preferences–Technology Previews를 실행한 다음 Preferences 대화상자가 표시되면 'Enable Content-Aware Tracing Tool'을 체크 표시합니다.

개체 가장자리에 마우스 커서를 위치하고, 클릭하면 주위에 패스선을 쉽게 그릴 수 있습니다.

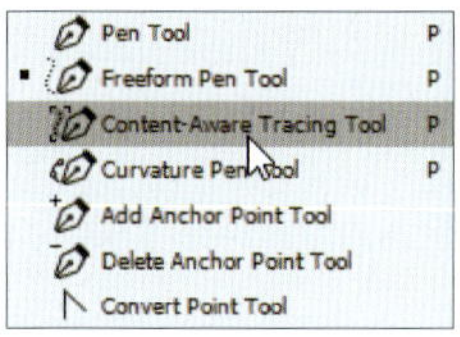

곡률 펜 도구

곡률 펜 도구(✒)를 이용하면 부드러운 곡선과 직선을 쉽게 그릴 수 있습니다. 패스를 정확하고 미세하게 조절할 수 있으며, 도구를 전환할 필요 없이 매끄러운 점 또는 모퉁이 점을 만들거나 전환, 편집, 추가, 제거할 수 있습니다.

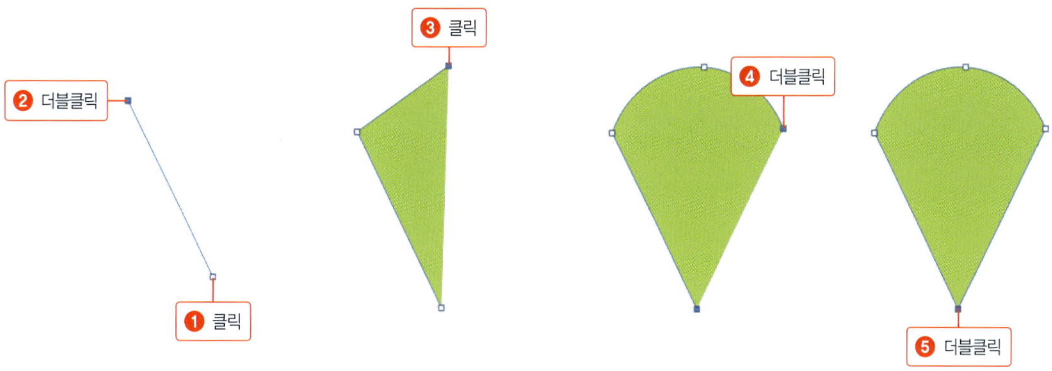

기준점 추가/삭제/변환 도구 알아보기

기준점 추가 도구( )로 그려진 패스에 새로운 기준점을 추가할 수 있고, 기준점 삭제 도구( )로 기존 기준점을 삭제할 수도 있습니다.

기준점 변환 도구( )는 패스를 이루는 기준점 속성을 변경해 패스 모양을 수정할 때 이용합니다. 즉, 곡선의 패스를 직선으로, 직선의 패스를 곡선으로 변경할 때 이용하는 도구입니다.

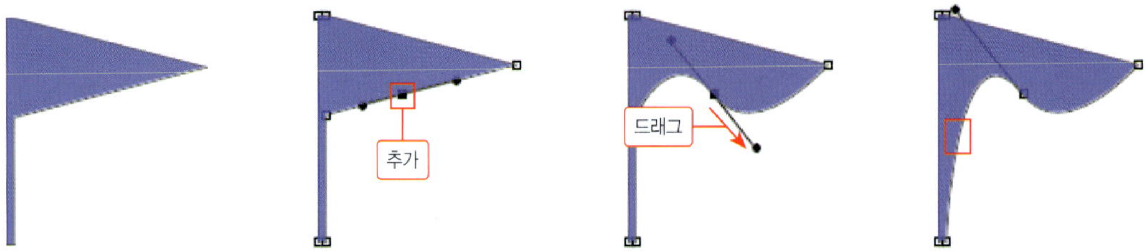

원본 이미지 기준점을 추가한 모습 기준점을 변환한 모습 기준점을 삭제한 모습

> **TIP**
> 기준점을 조절할 때 Alt를 누르면 양쪽 방향선 중 하나의 방향선만 조절할 수 있습니다.

직선 패스 그리기

펜 도구로 시작점을 클릭하고 두 번째 지점을 클릭하면 직선 패스가 만들어집니다. 처음 클릭한 시작점과 마지막으로 클릭한 끝점이 만나면 패스가 닫히면서 셰이프가 만들어집니다. Shift를 누른 상태로 클릭하면 45°, 수직, 수평의 직선을 그릴 수 있습니다.

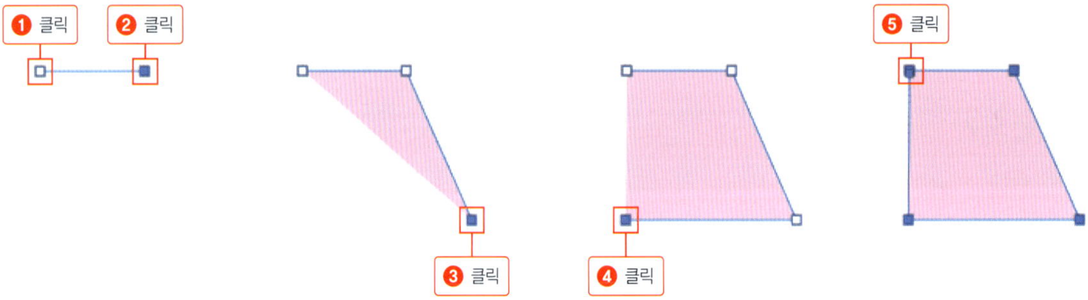

> **TIP**
> 패스선을 그리다가 단계별로 취소할 경우에는 Ctrl+Z를 눌러 기준점을 순차적으로 삭제할 수 있습니다. 그리는 도중에 패스선 전체를 삭제할 경우에는 Delete를 누릅니다. 한 번에 정확한 패스선을 그리기 어려운 경우에는 패스선을 그린 다음 직접 선택 도구( )를 이용해 수정하는 방법을 사용합니다.

곡선 패스 그리기

곡선 패스를 그리는 방법은 직선 패스를 그리는 방법과 같으며, 방향선을 이용하여 형태를 만드는 것만 차이가 있습니다. 시작점을 클릭한 다음, 두 번째 지점을 클릭한 상태로 드래그하여 만들어지는 방향선을 원하는 대로 조절하고 방향을 조절해 곡선 패스를 그립니다.

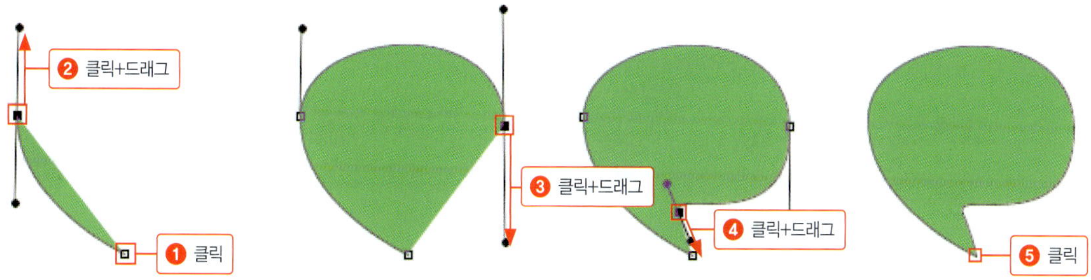

TIP

패스를 그릴 때 방향선을 잘 이용하는 것이 중요합니다. 처음에는 어려울 수 있으므로 많은 연습이 필요하며 한 번에 정확하게 그리려 하기보다는 패스를 그린 다음 직접 선택 도구를 이용하여 수정하는 것이 편리합니다.

자유롭게 패스 수정하기

① 패스 선택 도구

패스 선택 도구()는 패스로 이루어진 개체를 선택할 때 사용하는 도구로, 클릭하면 하나의 패스 또는 개체를 선택할 수 있고 특정 영역을 드래그하면 드래그한 영역 안의 모든 패스를 함께 선택할 수 있습니다.

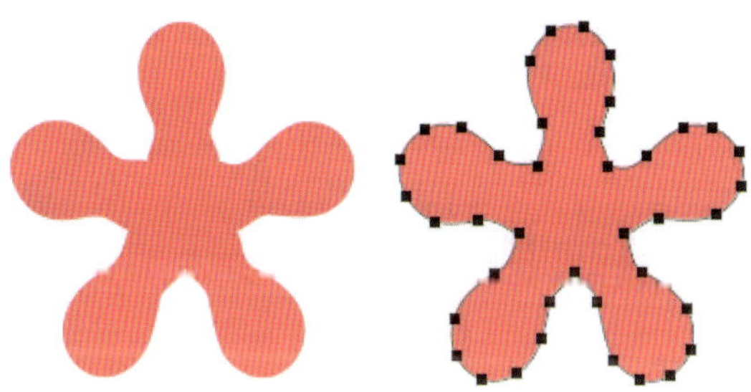

패스 선택 도구로 패스선을 선택하여 이동이나 복제, 삭제할 수 있습니다.

② 직접 선택 도구

직접 선택 도구()는 기준점이나 선을 하나씩 선택할 수 있어 패스 선택 도구보다 정교하게 패스를 수정할 수 있습니다.

클릭하여 패스를 선택한 모습

직접 선택 도구로 패스를 수정한 모습

AI EASY 실습 곡선과 직선 선택 영역과 콘텐츠 수정하기

매끄럽고 정교한 선택 영역을 지정하려면 패스선을 이용합니다. 패스선을 정확하게 그릴수록 이미지의 완성도가 높아집니다. 예제에서는 펜 도구로 곡선과 직선의 패스를 그린 후 선택 영역으로 지정하여 인물을 합성해 봅니다.

01 포토샵 → 07 폴더에서 '잡지.jpg' 파일을 불러옵니다. ❶ 펜 도구( )를 선택한 다음 ❷ 옵션바에서 Pick tool mode를 'Path'로 지정합니다. 곡면의 패스선을 작성하기 위해 ❸ 오른쪽 위에 시작점을 클릭한 다음 ❹ 이어서 그림과 같이 두 번째 기준점을 클릭한 상태로 드래그하여 방향선을 만듭니다. 패스선이 곡선으로 변형됩니다.

02 이어서 ❶ 세 번째 기준점을 클릭하고 ❷ 네 번째 기준점을 클릭한 다음 드래그해 조정합니다.

03 ❶ 다섯 번째 기준점을 클릭하고 ❷ 여섯 번째 기준점을 클릭합니다. ❸ 일곱 번째 기준점을 클릭한 다음 드래그해 곡면을 조정합니다.

04 잡지의 오른쪽 면도 왼쪽 면의 패스선 작성 방법과 동일하게 연속하여 패스선을 작성한 다음 시작점을 클릭하여 곡선 패스를 완성합니다.

05 패스선을 선택 영역으로 변경하기 위해 ❶ Paths 패널에서 'Load path as a selection' 아이콘(⬚)을 클릭한 다음 Contextual Task Bar에서 ❷ 〈Generative Fill〉 버튼을 클릭합니다.

06 G 나노 바나나 ❶ Contextual Task Bar에서 프롬프트 입력창에 인물의 행동을 묘사하는 문장을 입력합니다. ❷ 생성 모델을 나노 바나나로 사용하기 위해 'Choose a model' 아이콘을 클릭하고 ❸ 'Gemini 3 (wiht Nano Banana Pro)'를 선택합니다.

| 프롬프트

이미지를 유지한 상태에서 인물이 춤을 추는 장면

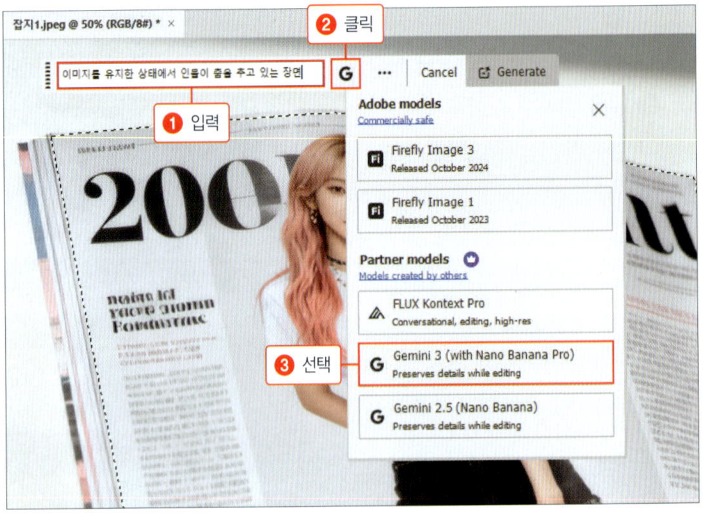

07 〈Generate〉 버튼을 클릭하면 그림과 같이 잡지 형태의 이미지는 그대로 유지하면서 인물이 춤추는 형태로 생성되었습니다.

08 생성된 인물 이미지가 마음에 들지 않을 경우에는 다시 〈Generate〉 버튼을 클릭하여 다양한 형태의 인물 이미지를 생성합니다.

TIP ✦

나노 바나나 모델로 사용시 1회당 10크레딧 이상 소모됩니다. 크레딧이 부족하면 사용이 어려우니 추가 크레딧을 구매하거나 요금제를 업그레이드하세요(47, 48쪽 참고).

Quick 활용 펜 도구로 곰돌이 캐릭터 만들기

펜 도구를 이용한 가장 기본적인 작업은 원하는 형태대로 패스를 만드는 작업입니다. 예제에서는 곡면을 따라 패스선을 만드는 작업을 연습하고, 생성된 패스선을 이용하여 면에 색상을 입혀 곰 캐릭터를 완성합니다.

01 포토샵 → 07 폴더에서 '곰.psd' 파일을 불러옵니다. ❶ 펜 도구(✒)를 선택하고 ❷ 옵션바에서 Pick tool mode를 'Path'로 지정합니다. 곰 얼굴부터 패스를 만들겠습니다. 먼저 ❸ 한 지점을 클릭해서 패스의 시작점을 만듭니다. 스케치 선을 따라 이어서 기준점을 만들어 나타나는 방향선을 조절합니다.

> **TIP ✦**
> 패스를 따라 패스선을 만들 때 Alt를 누른 상태로 패스의 중심점을 클릭하여 방향선을 끊으면 형태를 따라 패스를 작성할 수 있습니다.

02 펜 도구(✒)를 이용하여 곰 스케치의 몸과 귀, 눈, 코, 입, 헤드폰 등을 모두 각각의 패스로 만듭니다.

> **TIP ✦**
> Ctrl을 누른 상태로 여백을 클릭하면 패스 작업을 마칠 수 있습니다.

03 Layers 패널에서 ❶ 'Create a new layer' 아이콘(⊞)을 3번 클릭하여 새 레이어 3개를 추가합니다. ❷ 각 레이어의 이름을 더블클릭하여 '몸과 귀', '얼굴', '눈코입', '헤드폰'으로 변경하고 그림과 같은 순서로 만듭니다.

04 ❶ '몸과 귀' 레이어를 선택한 후 ❷ Color 패널에서 전경색을 'C:0%, M:66%, Y:78%, K:0%'로 지정합니다. ❸ 패스 선택 도구(▶)로 ❹ 몸 부분을 선택하고 ❺ 마우스 오른쪽 버튼을 클릭한 다음 ❻ Fill Subpath를 실행합니다.

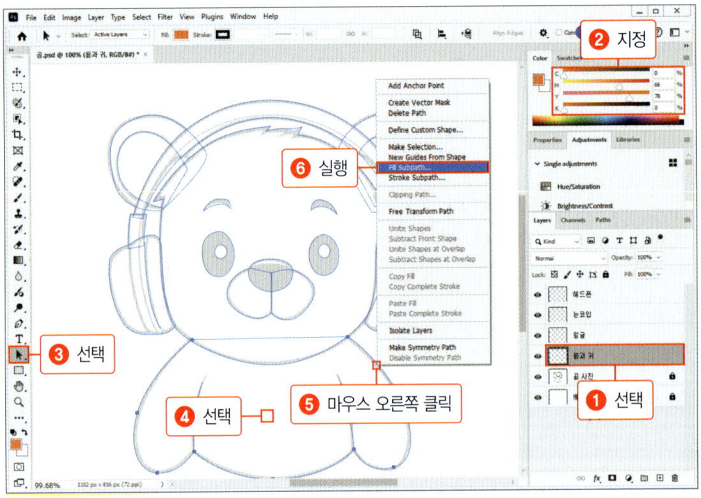

05 선택된 패스에 색상이 적용됩니다. 같은 방법으로 귀 부분은 'C:0%, M:83%, Y:47%, K:0%', 얼굴 부분에는 'C:6%, M:41%, Y:89%, K:0%' 색상을 적용합니다.

06 ❶ 패스 선택 도구( )로 곰의 입 주위를 선택한 다음 ❷ 마우스 오른쪽 버튼을 클릭하고 Fill Subpath를 실행합니다. Fill Subpath 대화상자에서 Contents를 'White'로 지정한 다음 ❸ 〈OK〉 버튼을 클릭합니다.

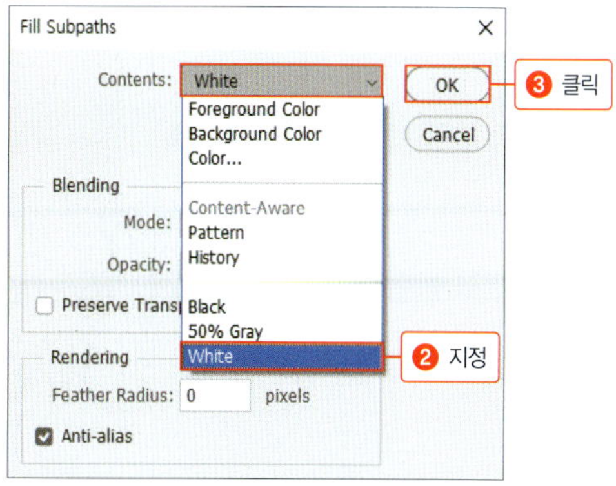

07 ❶ 브러시 도구( )를 선택하고 ❷ 옵션바에서 브러시 팝업 아이콘을 클릭한 다음 ❸ 'General Brushes' – 'Hard Round' 브러시로 지정하고 ❹ Size를 '6px'로 설정합니다. 설정한 브러시 크기로 테두리 두께를 적용할 예정입니다.

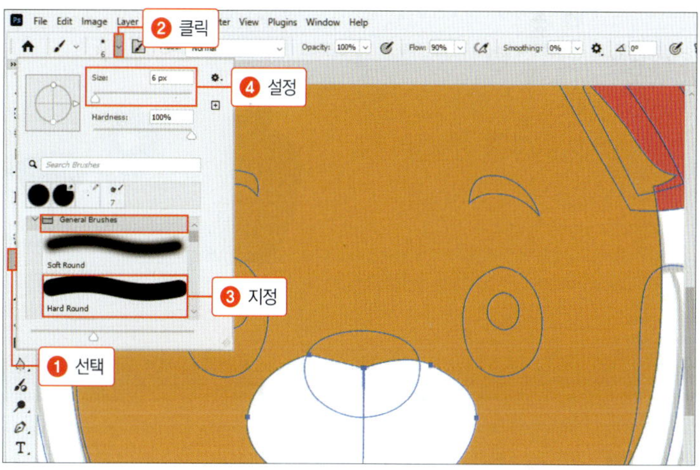

08 ❶ 전경색을 '검은색'으로 지정합니다. ❷ 패스 선택 도구( )로 ❸ 입 주위 오브젝트를 선택하고 ❹ 마우스 오른쪽 버튼을 클릭한 다음 ❺ Stroke Subpath를 실행합니다. Fill Subpath 대화상자에서 〈OK〉 버튼을 클릭하면 입 주위 오브젝트에 테두리를 적용할 수 있습니다.

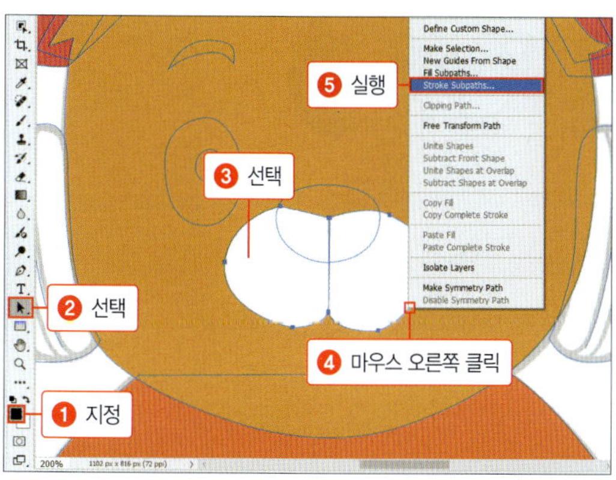

09 같은 방법을 이용하여 패스 선택 도구(▶)로 눈썹, 눈, 코를 각각 선택하고 **06**번과 동일하게 마우스 오른쪽 버튼을 클릭한 다음 Fill Subpath를 실행합니다. 지정한 색상을 선택된 패스 영역에 적용합니다.

10 눈동자 흰색 부분도 적용합니다. 같은 방법으로 ❶ '헤드폰' 레이어를 선택하고 ❷ 패스 선택 도구(▶)로 헤드폰을 선택한 다음 ❸ Color 패널에서 색상을 설정합니다. 예제에서는 'C:70%, M:20%, Y:90%, K:0%'를 적용했습니다.

11 ❶ 남은 부분을 채색한 다음 Layers 패널에서 '곰 사진' 레이어의 '눈' 아이콘(👁)을 클릭하여 비활성화합니다. ❷ Paths 패널에서 ❸ 여백을 클릭하여 'Work Path'의 선택을 해제하면 패스선이 화면에 나타나지 않습니다.

EASY 실습 문자 형태 그대로 패스선 추출하기

주변의 디자인 요소를 사용하려고 할 때 내용 인식 추적 도구를 이용하면 마우스 커서를 위치시키는 것만으로도 패스선을 제작할 수 있습니다. 예제에서는 이미지에서 문자 형태를 그대로 가져오기 위해 문자 부분을 패스선으로 저장하는 방법에 대해 알아보겠습니다.

01 내용 인식 추적 도구를 사용하기 위해 메뉴에서 [Edit] → Preferences → Technology Previews를 실행합니다. Preferences 대화상자가 표시되면 ❶ 'Enable Content-Aware Tracing Tool'을 체크 표시하고 ❷ 〈OK〉 버튼을 클릭합니다.

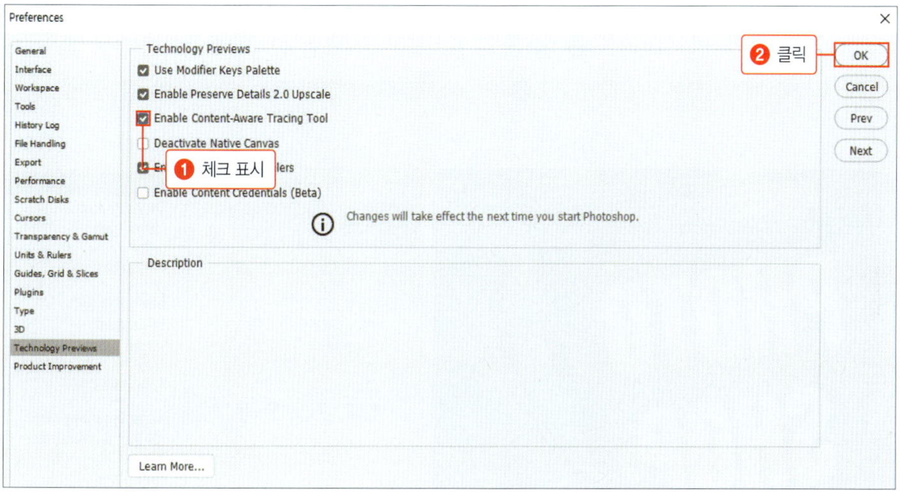

TIP
Preferences 대화상자에서 옵션을 설정한 다음 포토샵을 재실행하면 이후부터 내용 인식 추적 도구를 사용할 수 있습니다.

02 포토샵 → 07 폴더에서 'trophy.png' 파일을 불러옵니다. ❶ 트로피의 문자 부분을 확대하고 ❷ 내용 인식 추적 도구()를 선택합니다.

03 'P' 문자 부분에 마우스 커서를 위치하면 패스선으로 변환될 문자의 외곽선을 따라 점선으로 표시됩니다.

TIP ✧
알파벳 문자에서 안쪽에 테두리가 있는 부분도 경계선을 클릭해야 완전한 알파벳 패스 형태로 패스선이 생성됩니다.

04 같은 방법으로 문자에 마우스 커서를 위치하고 ❶ 점선으로 표시되면 클릭하는 방식으로 문자 부분을 패스선으로 작성합니다. 문자 부분을 패스선으로 작성하였다면 ❷ Paths 패널에서 '패널 메뉴' 아이콘(≡)을 클릭한 다음 ❸ Save Path를 실행합니다.

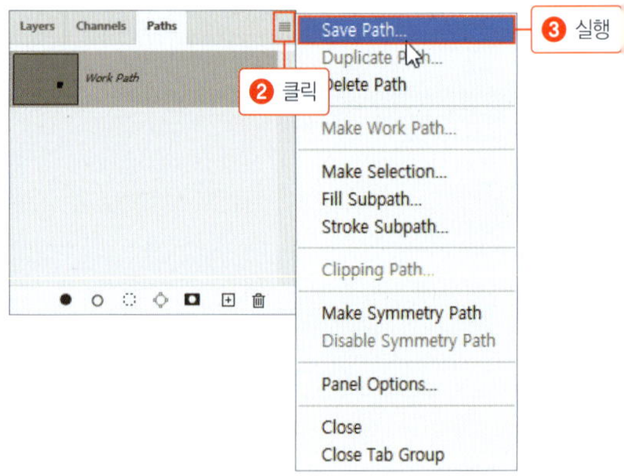

05 Save Path 대화상자가 표시되면 ❶ Name에 이름을 입력하고 ❷ 〈OK〉 버튼을 클릭하여 작성한 패스선을 저장해 마무리합니다.

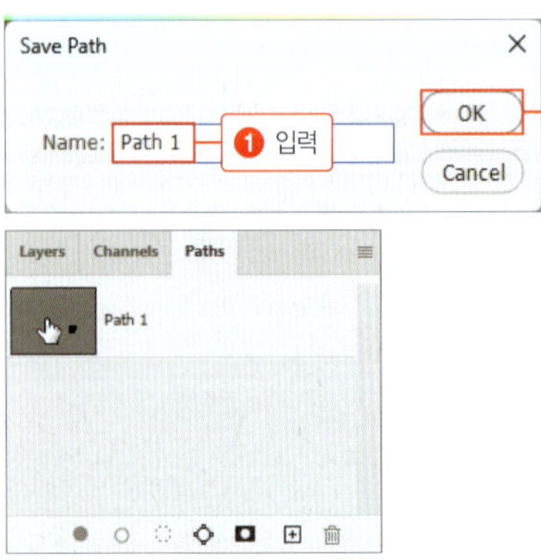

TIP ✧
Paths 패널에서 생성된 패스의 미리 보기 부분을 Ctrl을 누른 상태에서 클릭하면 패스선이 점선으로 표시되며, Alt를 누른 상태에서 클릭하면 저장된 패스선을 불러올 수 있습니다.

❸ 선과 도형을 그리는 도구 알아보기

선 도구 알아보기

선 도구( )를 이용할 때 옵션바의 Set shape stroke width에서 선의 두께를 설정할 수 있습니다. Shift를 누른 상태로 드래그하면 45° 기울기로 직선을 만들 수 있습니다.

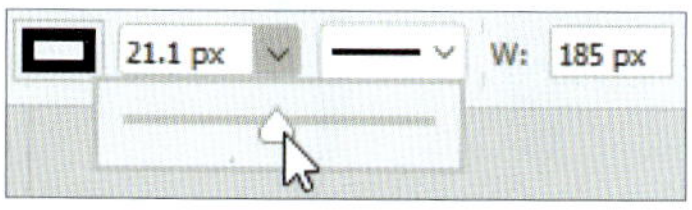

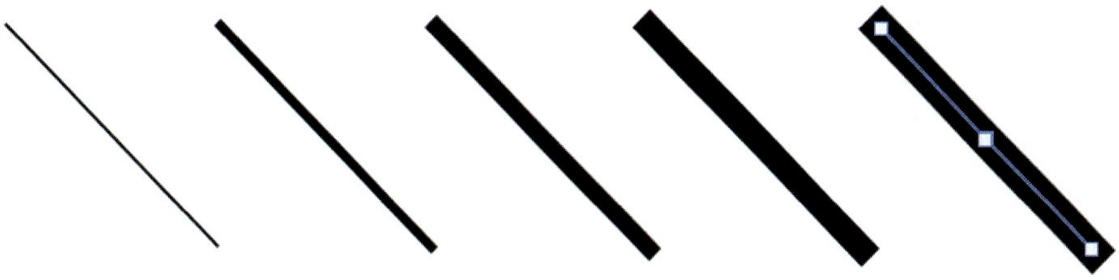

끝점을 드래그하여 선 위치를 변경할 수 있습니다.

삼각형 도구 알아보기

삼각형 도구( )를 이용해 정삼각형이나 직삼각형 등의 삼각형을 만들 수 있습니다. 도형 안의 조절점을 드래그하는 방식으로 모서리 부분을 둥글게 처리합니다.

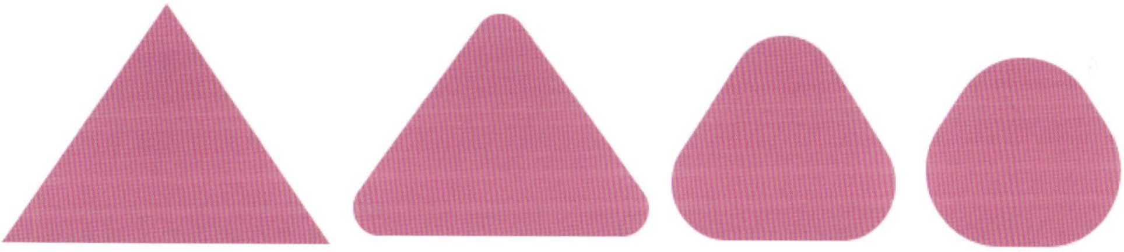

조절점을 드래그하여 모서리를 한 번에 둥글게 수정할 수 있습니다.

사각형 도구 알아보기

사각형 도구( )를 이용하면 정사각형, 직사각형 등의 사각형을 만들 수 있습니다.

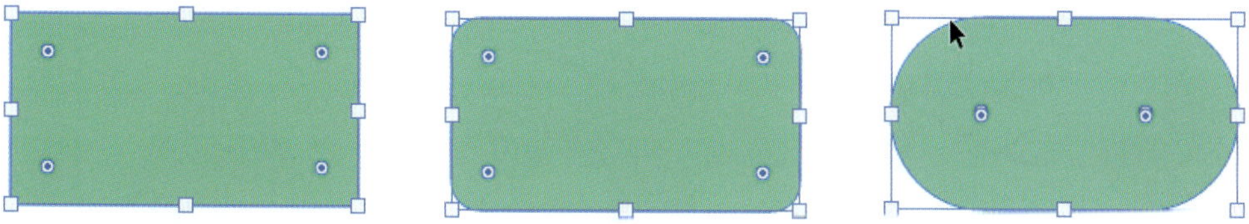

사각형 도구로 그린 사각형

원형 도구 알아보기

원형 도구( )를 이용하면 여러 모양의 원형을 만들 수 있어 아이콘 이미지를 만들 때 사용하면 편리합니다.

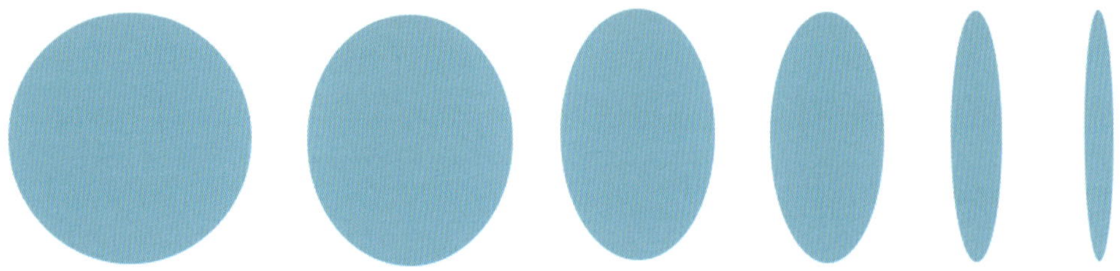

원형 도구로 그린 원형

다각형 도구 알아보기

다각형 도구( )는 마름모, 오각형, 별 등 다양한 형태를 만들 수 있는 도구입니다. 옵션바의 Sides에서 3부터 100까지 각의 개수를 설정할 수 있습니다.

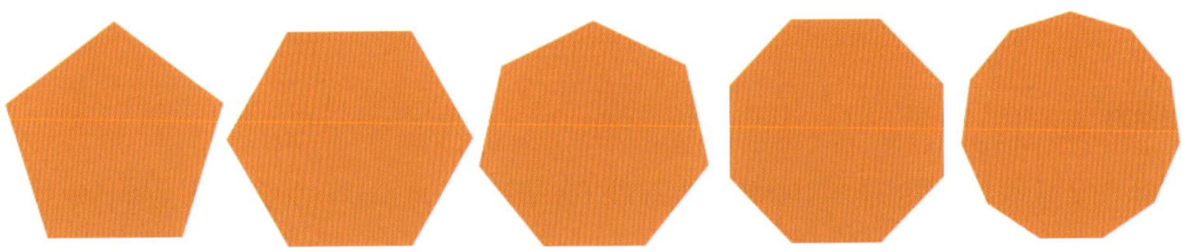

다각형 도구로 그린 다각형

사용자 셰이프 도구 알아보기

사용자 셰이프 도구( )는 다양한 벡터 형태를 생성하고 편집할 수 있는 기능입니다. 이 도구를 사용하면 기본으로 제공하는 셰이프를 활용하거나, 사용자가 직접 디자인한 맞춤형 셰이프를 만들 수 있습니다. 특히 로고 디자인, 아이콘 제작, 배너 디자인 등에서 자주 사용하며, 그래픽 요소를 쉽게 추가할 수 있도록 도와줍니다. 벡터 그래픽의 특성상, 셰이프는 확대해도 품질이 저하되지 않으며, 여러 차례 편집할 수 있습니다.

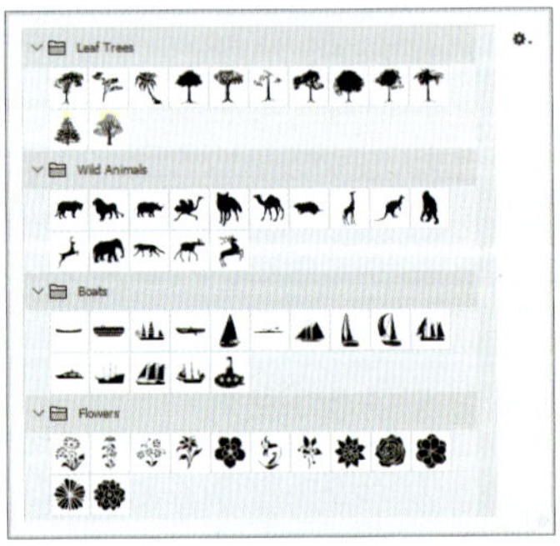

사용자 셰이프로 만든 다양한 셰이프

셰이프의 Properties 패널 살펴보기

사각형 도구를 선택하면 Properties 패널에 옵션이 표시됩니다. 사각형 모서리의 호를 서로 다르게 조절할 수 있어 손쉽게 다양한 형태를 만들 수 있습니다.

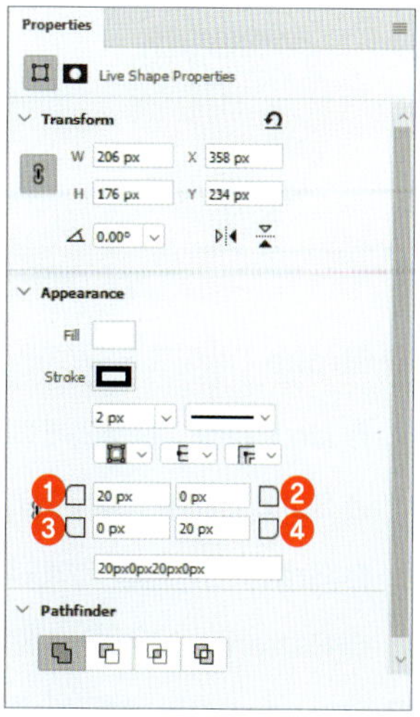

❶ **Top left corner radius** : 왼쪽 위 모서리의 호 값을 설정합니다.

❷ **Top right corner radius** : 오른쪽 위 모서리의 호 값을 설정합니다.

❸ **Bottom left corner radius** : 왼쪽 아래 모서리의 호 값을 설정합니다.

❹ **Bottom right corner radius** : 오른쪽 아래 모서리의 호 값을 설정합니다.

셰이프 도구 옵션바 살펴보기

셰이프 도구를 선택하면 옵션바에서 패스 형태를 지정하거나 다양한 연산 도구 및 정렬 기능을 이용할 수 있습니다.

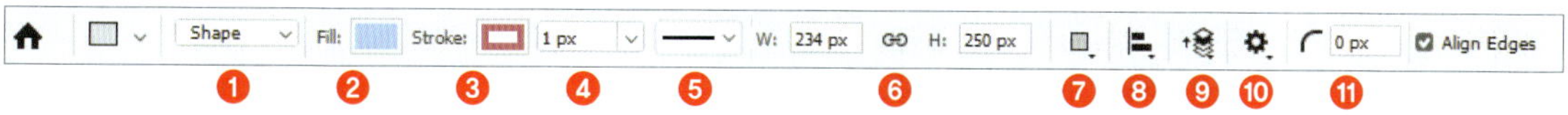

❶ **Pick tool mode** : 셰이프 레이어, 패스, 채워진 범위를 만들 때 원하는 형식을 지정합니다.

- ⓐ **Shape** : 패스를 만들면 전경색이나 선택된 레이어 스타일로 영역이 채워집니다. Layers 패널에는 Shape 레이어가 만들어지고 Paths 패널에는 'Shape Path'가 표시됩니다.
- ⓑ **Path** : 저장되지 않는 가상의 Work Path를 만듭니다.
- ⓒ **Pixels** : 셰이프 도구를 드래그하면 전경색을 기준으로 영역이 채워집니다. 이때 레이어와 패스는 만들어지지 않습니다.

Shape

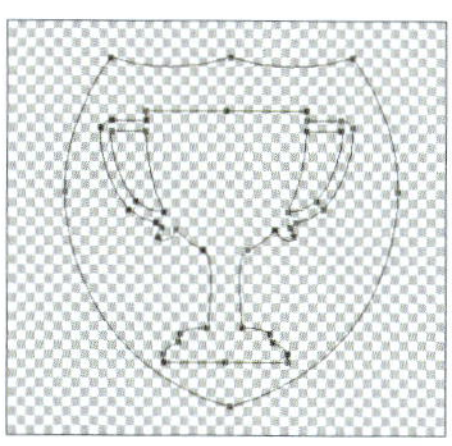
Path

Pixels

❷ **Fill** : 셰이프에 색상을 채우는 방식을 선택할 수 있습니다.

- ⓐ **No Color** : 셰이프에 채워진 색상을 없앱니다.
- ⓑ **Solid Color** : 셰이프에 단일 색상을 채웁니다.
- ⓒ **Gradient** : 셰이프에 그러데이션 색상을 채웁니다.

ⓓ **Pattern** : 셰이프에 패턴을 채웁니다.

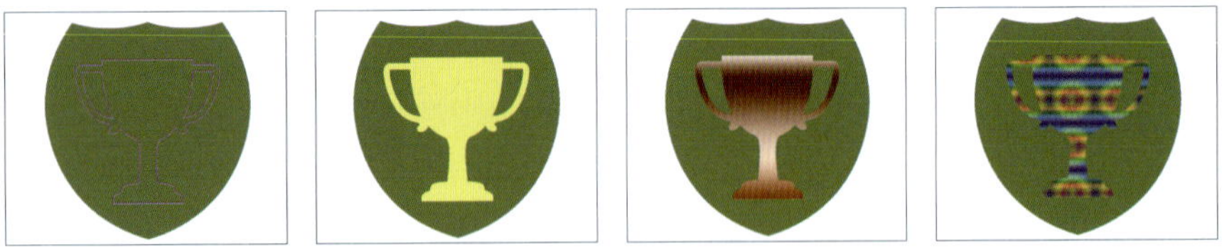

No Color　Solid Color　Gradient　Pattern

❸ **Stroke** : 셰이프 외곽선에 적용될 색상이나 그러데이션, 패턴을 지정합니다.

ⓐ **No Color** : 테두리에 채워진 색상을 없앱니다.

ⓑ **Solid Color** : 테두리에 단일 색상을 채웁니다.

ⓒ **Gradient** : 테두리에 그러데이션으로 색상을 채웁니다.

ⓓ **Pattern** : 테두리에 패턴을 채웁니다.

❹ **Stroke width** : 테두리 선 두께를 설정합니다.

❺ **Stroke type** : 실선 또는 점선 등의 테두리 선 유형을 지정할 수 있어 셰이프로 시선을 사로잡는 디자인을 만들 수 있습니다.

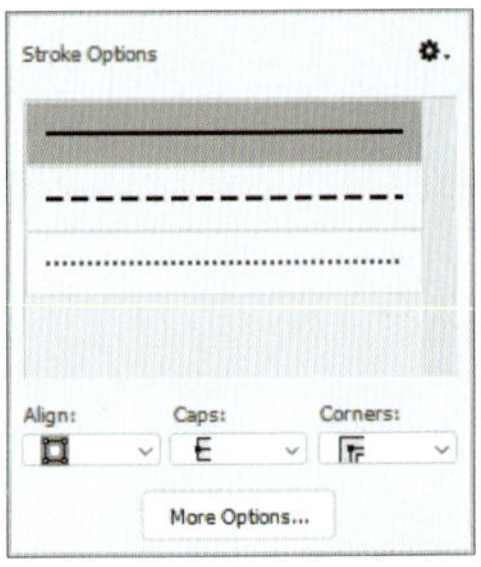

❻ **W, H** : 셰이프의 가로와 세로 길이를 조절합니다.

❼ **Path operations** : 셰이프를 연산하여 형태를 조절합니다.

ⓐ **Combine Shapes** : 만들어진 셰이프에 새로운 셰이프 영역을 합칩니다.

ⓑ **Subtract Front Shape** : 만들어진 셰이프에서 새로운 셰이프 영역을 뺍니다.

ⓒ **Intersect Shape Areas** : 만들어진 셰이프와 새로운 셰이프의 교차된 부분만 표시합니다.

ⓓ **Exclude Overlapping Shapes** : 만들어진 셰이프와 새로운 셰이프의 교차되지 않은 부분만 표시합니다.

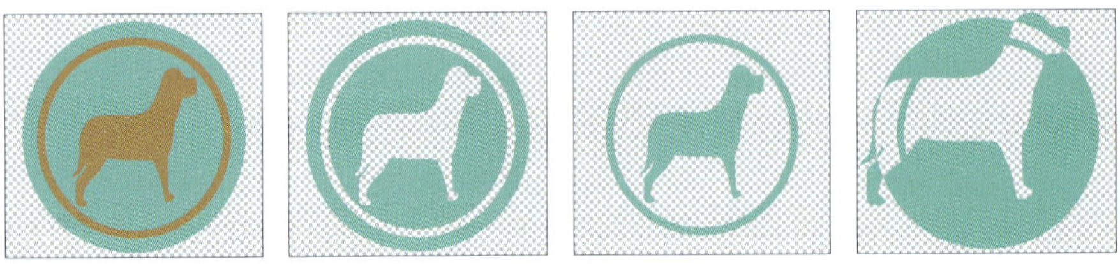

Combine Shapes　Subtract Front Shape　Intersect Shape Areas　Exclude Overlapping Shapes

❽ **Path alignment** : 만들어진 셰이프의 위치를 정렬합니다.

❾ **Path arrangement** : 셰이프의 순서를 지정합니다.

❿ **Path options** : 셰이프부터 크기와 비율을 조절합니다. 선택한 셰이프에 따라 지정할 수 있는 옵션이 다릅니다.

⓫ **Set radius of rounded corners** : 셰이프 모서리의 호 값을 설정합니다.

Quick 활용 밤하늘 이미지 연출하기

기본 도형을 이용하여 셰이프를 만들고, 일괄적으로 그룹에 포함된 셰이프 이동과 복사, 레이어 스타일 적용 방법을 이용해서 그래픽 효과를 적용해 봅니다.

01 포토샵 → 07 폴더에서 '배경.jpg' 파일을 불러옵니다. 구름 형태의 셰이프를 만들기 위해 ❶ 원형 도구(◯)를 선택한 다음 옵션바에서 ❷ Pick tool mode를 'Shape', Fill을 '흰색', Stroke를 'No Color'로 지정합니다.

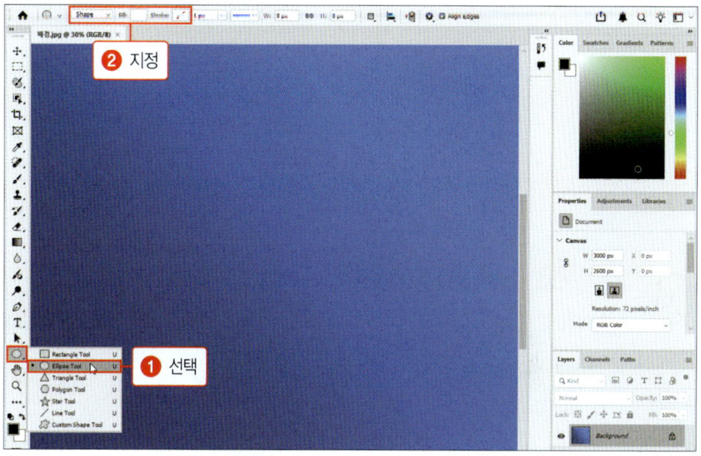

02 Layers 패널에서 ❶ 'Create a new group' 아이콘(▭)을 클릭하여 그룹을 만들고 ❷ 'Group 1' 이름을 더블클릭한 다음 '구름'으로 변경합니다. ❸ 배경 이미지에 드래그해 그림과 같이 원형 셰이프를 만듭니다.

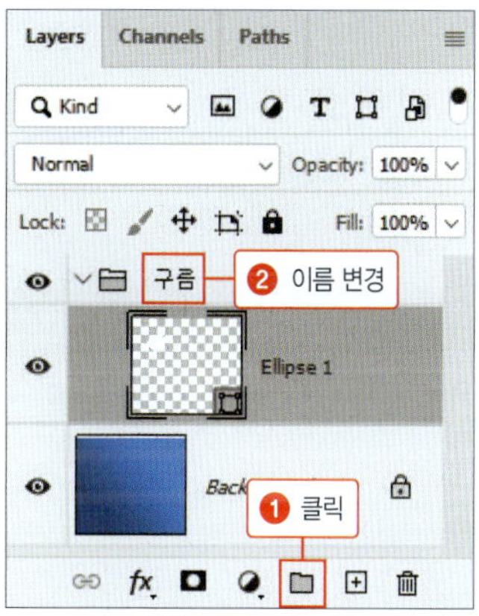

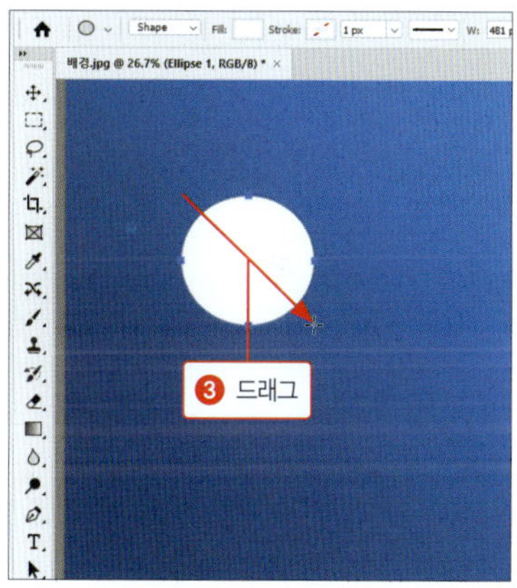

03 ❶ 연속으로 드래그하여 원이 겹치게 구름 형태의 셰이프를 만듭니다. 그룹으로 포함된 구름 셰이프에 그림자 효과를 한 번에 적용하기 위해 Layers 패널에서 ❷ '구름' 그룹을 선택한 다음 ❸ 'Add a layer style' 아이콘(fx)을 클릭하고 ❹ Drop Shadow를 실행합니다.

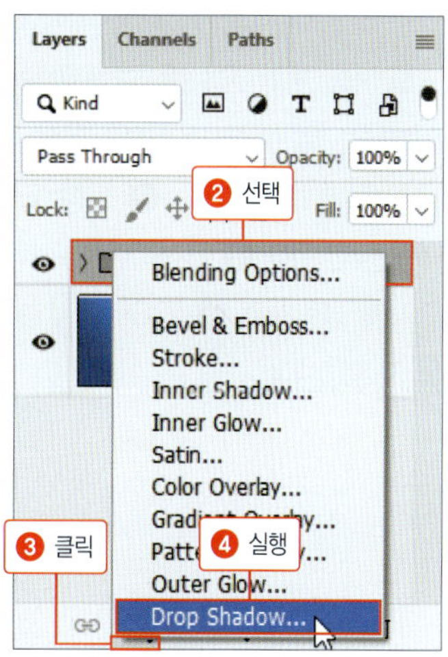

04 Layer Style 대화상자가 표시되면 ❶ Opacity를 '31%' Angle을 '47°', Distance를 '102px', Spread를 '43%', Size를 '84px'로 설정한 다음 ❷ 〈OK〉 버튼을 클릭합니다.

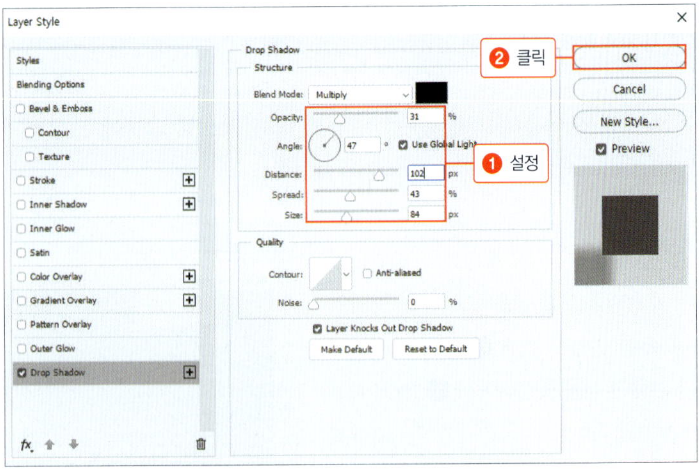

05 Layers 패널에서 ❶ '구름' 그룹을 선택합니다. ❷ 이동 도구(✥)를 선택한 다음 ❸ Alt+Shift를 누른 채 구름 셰이프를 클릭하고 ❹ 오른쪽 위로 드래그하여 복제합니다.

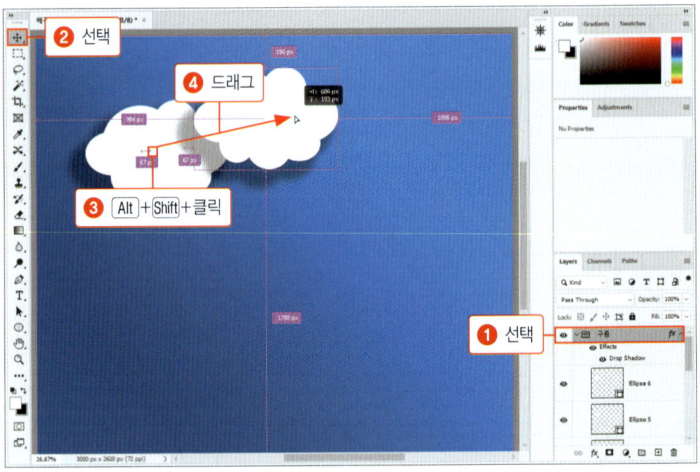

TIP ✧
셰이프를 자유롭게 이동하려면 Shift를 누르지 않은 채 드래그합니다.

왜? ✧
Alt+Shift를 누른 상태에서 구름 셰이프를 드래그해야 셰이프가 개별 복제되지 않고, 구름 형태의 셰이프를 한번에 복제할 수 있습니다.

06 같은 방법으로 ❶ 복제된 구름 이미지를 Alt+Shift를 누른 채 드래그해 여러 개의 구름 셰이프를 만듭니다. 이번에는 달 모양 셰이프를 연산 기능으로 만들어 보겠습니다. ❷ 원형 도구(◯)를 선택한 다음 ❸ 옵션바에서 Fill의 색상 상자를 클릭하고 ❹ 'RGB'에서 '노란색'을 지정합니다.

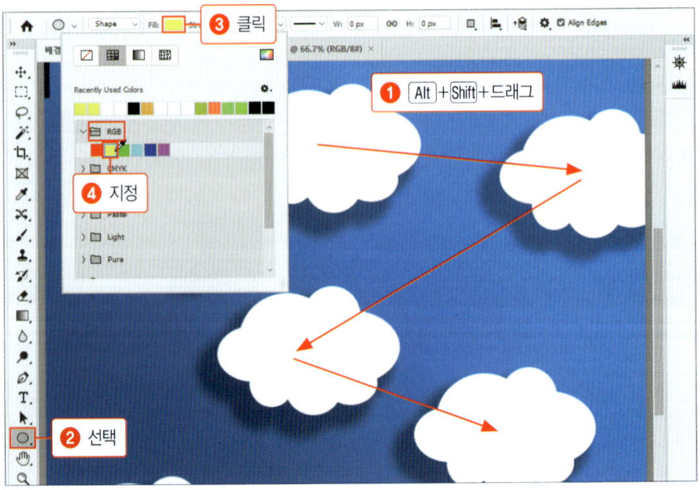

07 ❶ Layers 패널에서 'Create a new group' 아이콘( )을 클릭해 그룹을 만든 다음 ❷ 그룹 이름을 더블클릭하고 '달'로 변경합니다.

08 초승달 형태를 만들기 위해 옵션 바에서 ❶ Path operations를 'Subtract Front Shape'로 지정합니다. ❷ 캔버스에 드래그하여 정원형 셰이프를 만듭니다.

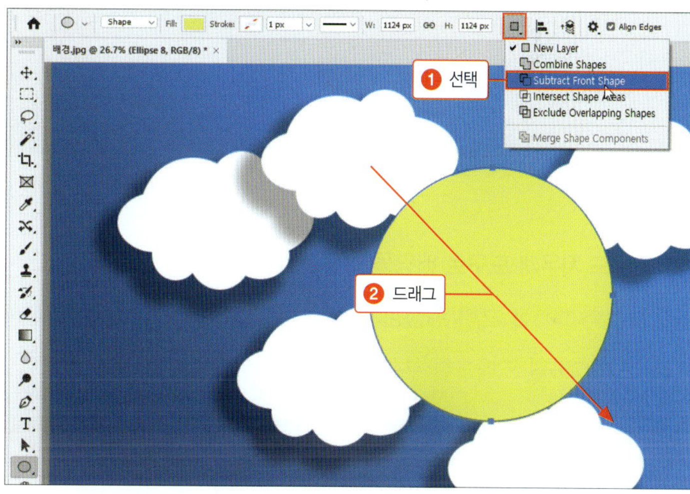

TIP

Subtract Front Shape 기능은 셰이프가 서로 겹칠 때 겹치는 영역을 빼는 셰이프 편집 기능입니다.

09 기존 원형 셰이프와 겹치도록 그림과 같이 작은 원형 셰이프를 드래그하여 만듭니다. 기존 원형 셰이프에서 새로 그린 원형 셰이프 영역이 빠진 것을 볼 수 있습니다.

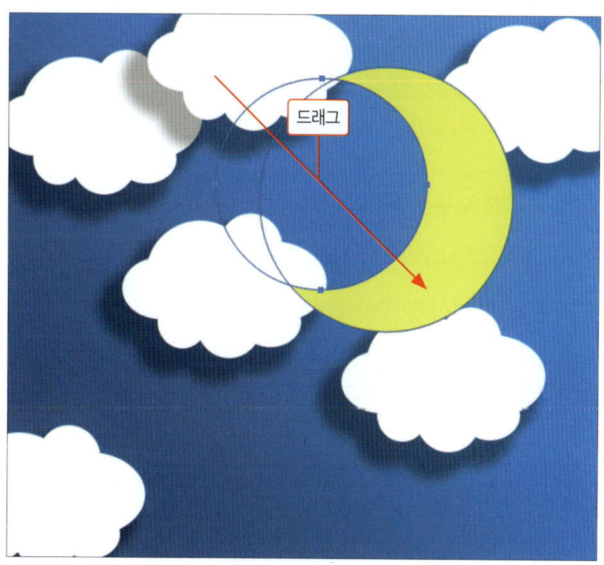

LESSON 15

스페셜한 기능이 있는 브러시 사용

❶ 원하는 부분만 드래그하는 대로 지우기

지우개 도구로 이미지 쉽게 지우기

지우개 도구()는 이미지를 색상 구분 없이 지우는 도구로, 드래그한 부분이 지워집니다.

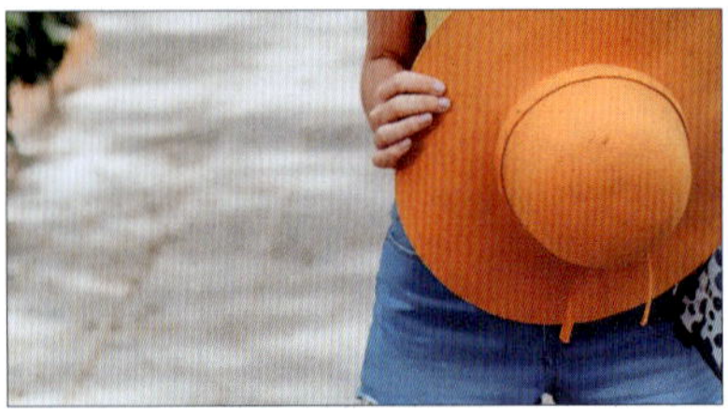

원본 이미지

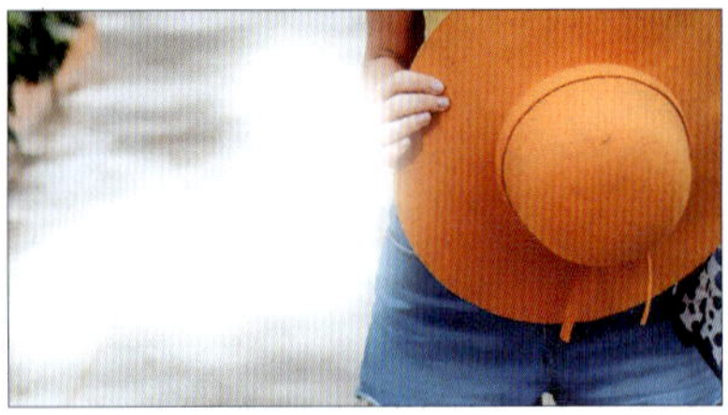

원본 이미지를 브러시 모드로 일부 지운 모습

백그라운드 지우개 도구로 배경을 말끔하게 지우기

지우개 도구()와 묶인 백그라운드 지우개 도구()는 배경과 배경이 아닌 부분을 구분하여 지우는 도구입니다. 드래그하면 드래그한 부분의 배경만 지워집니다.

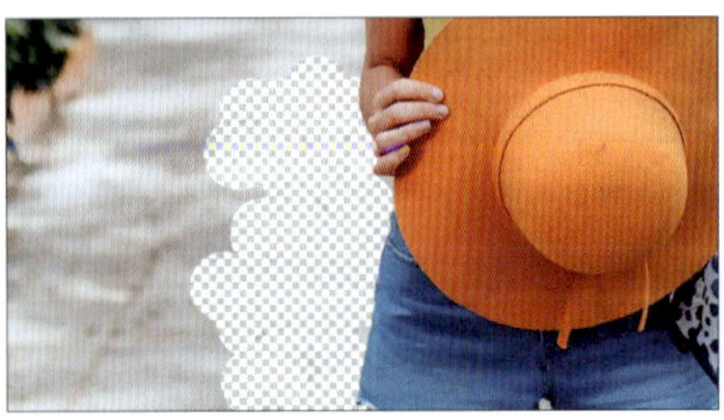

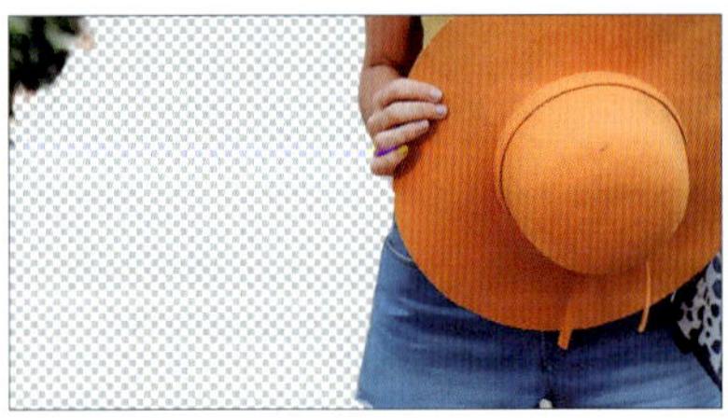

Limits를 'Find Edges'로 지정하여 경계선을 기준으로 배경 이미지를 지운 모습

매직 지우개 도구로 원하는 색상만 한번에 지우기

매직 지우개 도구()는 같은 색상을 한번에 지울 때 이용하는 도구입니다. 이미지를 클릭하면 클릭한 부분과 연결된 같은 색상 영역이 한번에 지워집니다.

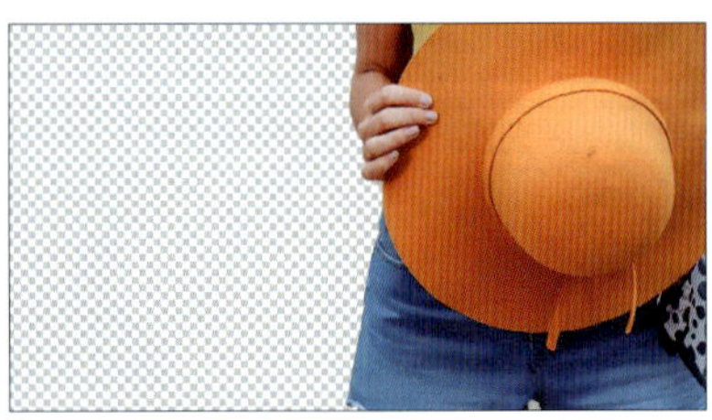

'Contiguous'를 체크 표시한 상태에서 넓은 배경 영역을 간단하게 지운 모습

❷ 아트 히스토리 도구 사용하기

아트 히스토리 브러시 도구는 이미지를 예술적인 스타일로 변환하는 강력한 도구입니다. 이 도구는 이미지의 특정 상태를 바탕으로 선택 영역을 브러시로 칠해, 독특하고 창의적인 효과를 만들 수 있습니다. 기존 사진이나 이미지를 바탕으로 새로운 디지털 아트를 창작할 때 유용하며, 특히 패턴이나 질감이 두드러지는 부분을 강조하는 데 적합합니다.

❶ **Mode** : 아트 브러시 페인팅 모드를 표현하는 옵션입니다. 'Nomal'로 지정된 경우에는 페인팅 스타일에 따라 원본 이미지에 붓 터치가 적용됩니다.

❷ **Opacity** : 불투명도를 조절하는 옵션으로, 값이 클수록 불투명하게 표현됩니다.

❸ **Style** : 페인팅 스타일을 지정합니다. 지정한 브러시에 따라 하나의 스타일로 다양한 붓 터치를 표현할 수 있습니다.

❹ **Area** : 브러시 터치 영역을 설정하는 옵션으로 값이 작을수록 적용 범위가 좁아집니다.

❺ **Tolerance** : 브러시 터치가 적용되는 간격을 조절하는 옵션으로 값이 작을수록 세밀하게 적용됩니다.

Tight Medium

Loose Medium

Loose Long

Dab

❸ 이미지 복제하기

스탬프 도구 – 이미지 복제하기

스탬프 도구(　)를 이용하면 일정 위치를 기준으로 그림을 복제하거나 지울 수 있습니다. Alt를 누른 상태로 복사할 부분을 클릭한 다음 복제할 부분에 드래그하면 클릭했던 영역부터 그대로 복제됩니다. 스탬프 도구 옵션바에서 블렌딩 모드, 불투명도 등을 조절할 수 있습니다.

원본 이미지(포토샵\07\향수.png)

스탬프 도구로 복제한 이미지

패턴 스탬프 도구 – 반복적인 이미지 사용하기

패턴 스탬프 도구(　)를 이용하면 포토샵에서 지원하는 패턴이나 사용자가 등록한 패턴을 드래그해 이미지에 적용할 수 있어 반복적인 이미지 작업에 매우 유용합니다.

패턴 스탬프 도구를 사용하기 위해서는 미리 이미지를 선택하고 메뉴에서 [Edit] → Define Pattern을 실행하여 등록해야 합니다. 등록한 패턴 이미지는 메뉴에서 [Edit] → Fill을 실행해 표시된 Fill 대화상자의 옵션에서 등록한 패턴 이미지를 선택하여 패턴을 채웁니다.

패턴으로 등록한 이미지

패턴 스탬프 도구로 복제한 이미지

EASY 실습 도장 도구로 인물 복제 배열하기

스탬프 도구를 사용하면 도장을 찍듯이 특정 이미지를 복제할 수 있습니다. 예제에서는 스탬프 도구로 드래그하여 인물을 복제합니다.

01 포토샵 → 07 폴더에서 '스튜디오.jpg' 파일을 불러옵니다. 인물을 복제하기 위해 ❶ 스탬프 도구( )를 선택한 다음 ❷ 옵션바에서 브러시 크기를 '200px'로 설정합니다.

TIP 브러시 크기가 너무 크면 인물 외의 불필요한 영역까지 복제되고, 너무 작으면 작업이 번거로워질 수 있습니다.

02 ❶ Alt를 누른 채 인물의 얼굴 부분을 클릭하여 복제 기준점을 지정하고 ❷ 복제하려는 영역을 클릭한 다음 ❸ 드래그합니다. 예제에서는 인물을 얼굴부터 상반신을 드래그하여 복제합니다.

03 원본 인물을 기준으로 하반신까지 드래그하여 복제된 인물이 생성되는 것을 확인할 수 있습니다.

❹ 피부 보정과 이미지 복원하기

스팟 힐링 브러시 도구 – 인접 픽셀을 이용하여 복원하기

스팟 힐링 브러시 도구()는 주로 이미지의 특정 영역을 클릭하여 복원하거나 작은 결점을 제거할 때 이용합니다. 클릭한 지점의 인접 픽셀을 가져와 복원하기 때문에 사용법도 간단하고 이음새가 드러나지 않아 편리합니다.

원본 이미지(포토샵\07\innocent.png)

스팟 힐링 브러시 도구로 피부의 잡티를 제거하는 모습

잡티가 제거된 모습(포토샵\07\innocent_완성.png)

힐링 브러시 도구 – 특정 소스를 이용하여 복원하기

힐링 브러시 도구()는 주로 특정 소스 색상으로 복원할 때 이용합니다. Alt를 누른 상태로 원하는 부분을 클릭하면 소스 색상이 추출되고, 복원하려는 영역을 드래그하면 추출된 소스 색상이 덧칠되면서 이미지를 복원할 수 있습니다. 오래된 사진이나 품질이 나쁜 인물 사진을 복원할 때 유용합니다.

원본 이미지

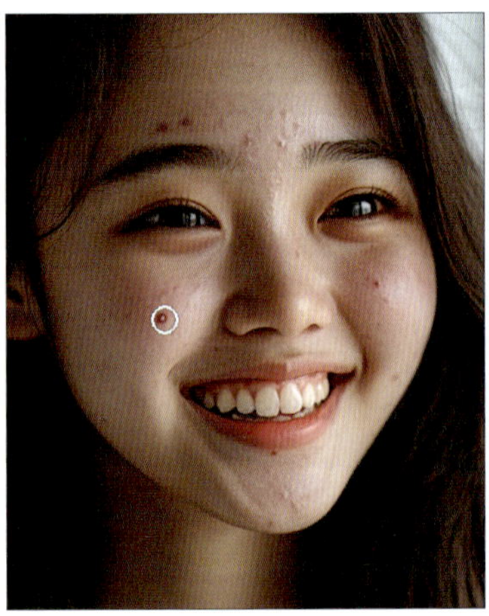

힐링 브러시 도구로 점과 피부 트러블을 제거한 모습(포토샵\07\innocent2_완성.png)

패치 도구 – 넓은 영역을 간단하게 복원하기

패치 도구( )는 인접 영역에서 가장 비슷한 이미지나 색상을 가져와 특정 영역을 천 조각으로 패치하듯 붙일 수 있는 도구로, 넓은 영역을 복원할 때 유용합니다.

원본 이미지

슈퍼맨을 선택하여 지운 이미지

콘텐츠 인식 이동 도구 – 이동하고 자동으로 채우기

특정 영역의 위치를 이동하면서 배경을 자동으로 채울 때 콘텐츠 인식 이동 도구( )를 이용합니다.

선택 영역 지정

Mode : Move

Mode : Extend

레드 아이 도구 – 적목 현상 보정하기

적목 현상으로 빨갛게 된 눈동자를 원래대로 보정할 때 레드 아이 도구( )를 이용합니다.

적목 현상이 발생한 모습

레드 아이 도구를 선택하고 드래그하여 적목 현상을 제거한 모습

AI EASY 실습 가는 선 형태의 복잡한 이미지 제거하기

가는 선 형태의 와이어나 케이블 등의 이미지는 제거하기 힘든 요소입니다. 이러한 가는 선 형태를 AI가 인식하여 자동으로 제거하는 기능이 추가되었습니다. 예제에서는 벽면에 거미줄처럼 엉켜 있는 전선을 한번에 제거해 봅니다.

01 포토샵 → 07 폴더에서 'line.png' 파일을 불러옵니다. 벽에 복잡한 전선이 있는 이미지를 확인할 수 있습니다. 이를 제거하기 위해 AI 기능이 탑재된 리무브 도구( )를 선택합니다.

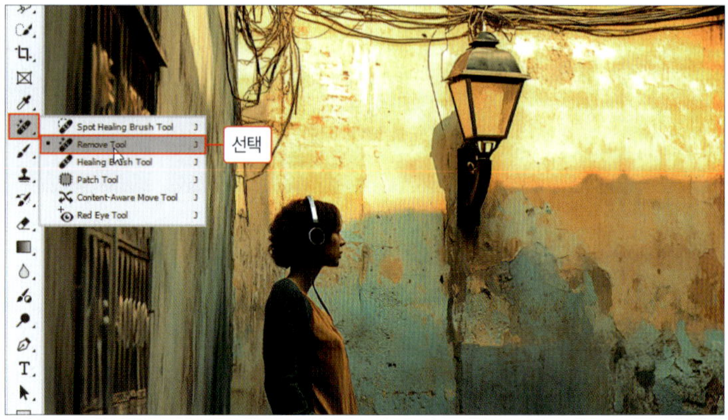

02 파이어플라이 기존 벽면 배경과 인물은 그대로 둔 상태에서 복잡한 전선 부분만 제거하기 위해 ❶ 옵션바에서 [Find distractions]를 클릭한 다음 ❷ [Wires and cables]를 클릭합니다.

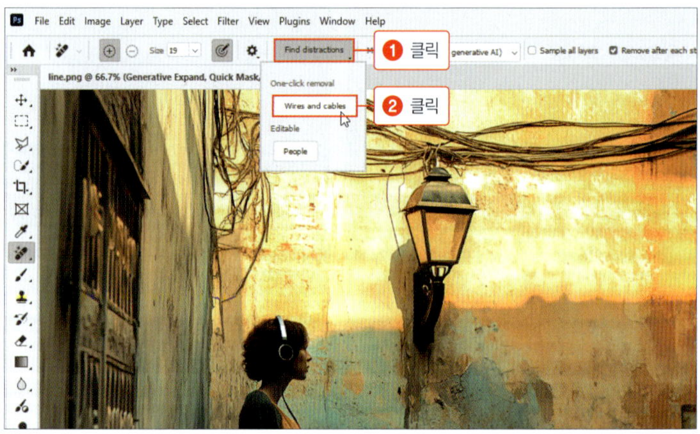

03 벽면에 걸쳐있던 복잡한 전깃줄만 그림과 같이 제거된 것을 확인할 수 있습니다.

TIP
생성형 기능 사용시 1회당 1~10크레딧이 소모될 수 있습니다. 크레딧이 부족하면 사용이 어려우니 추가 크레딧을 구매하거나 요금제를 업그레이드하세요(47, 48쪽 참고).

AI EASY 실습 여러 명의 인물을 인식하고 한번에 지우기

촬영한 사진에 의도하지 않은 여러 명의 인물이 포함되어 있을 경우 제거하는 보정 작업을 진행해야 합니다. 포토샵에서 새롭게 제공하는 산만한 요소들을 제거하는 기능에서 인물 제거 기능에 대해 알아봅니다.

01 파이어플라이 포토샵 → 07 폴더에서 'posing.png' 파일을 불러옵니다. 가운데 모델 주변에 의도하지 않은 인물들을 확인할 수 있습니다. ❶ 리무브 도구( )를 선택하고 배경 인물들을 제거하기 위해 ❷ 옵션바에서 [Find distractions]를 클릭한 다음 ❸ [People]을 클릭합니다.

02 가운데 모델 이외의 의도하지 않은 배경 인물들은 삭제될 영역으로 표시되어 있습니다. 예제에서는 네 곳의 배경 인물이 붉은색 영역으로 표시되었습니다. 'Apply' 아이콘을 클릭합니다.

TIP
만약 배경 인물에서 살리고 싶은 인물이 있다면 옵션바에서 'Subtract from brushed area' 아이콘( )을 클릭한 다음 살릴 인물을 드래그하여 삭제될 영역을 지웁니다.

03 한번에 네 명의 배경 인물이 제거되고, 제거된 배경 영역을 생성하여 감쪽같이 배경 이미지가 복원된 것을 확인할 수 있습니다.

Part 08

이미지 합성을 위한 레이어와 마스크, 채널

| Adobe Firefly | Topaz Gigapixel 〈 20/26 〉

Layer Mask Channel

PHOTOSHOP
&ILLUSTRATOR CC 2026

CC/26
2026
PHOTOSHOP
Gemini / Nano Banana

LESSON 16

합치면 놀라운 이미지 합성, 레이어

❶ 레이어 알아보기

레이어 구조 이해하기

레이어(Layer)는 미술 시간에 사용하는 셀로판지와 비슷한 개념입니다. 투명한 비닐에 그림을 그린 다음 겹치는 것과 같은 기법으로 작업이 이루어지며 이때 겹친 이미지 층이 레이어가 됩니다.

화면에 보이는 이미지(포토샵\08\레이어구조.psd)

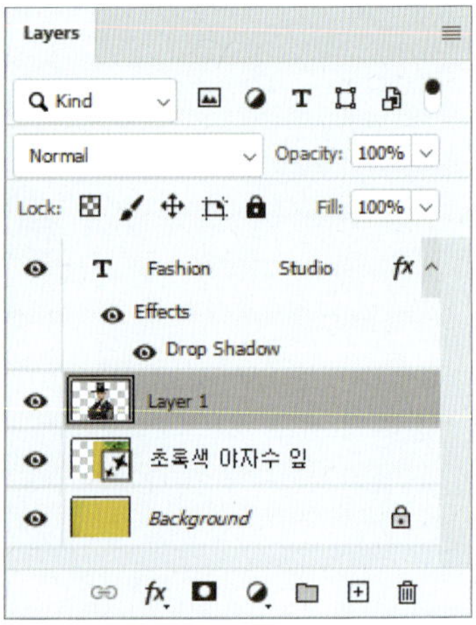

Layers 패널에 구성된 이미지

레이어 종류 알아보기

① 문자 레이어 : 문자를 입력하면 만들어지고 섬네일 부분에 'T' 자가 표시되어 일반 레이어와 구분할 수 있습니다.

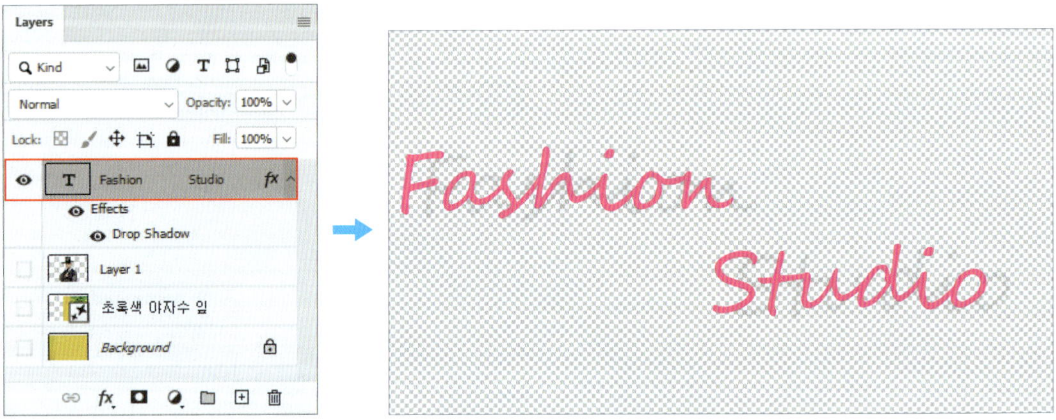

❷ **일반 레이어** : 이미지 속성을 가지며 투명 영역을 만들 수 있고 자유롭게 수정하거나 배치할 수 있습니다.

❸ **생성 레이어(Generate Layer)** : 포토샵의 생성형 AI 기능인 Generate 기능으로 이미지를 생성하면, 생성 레이어가 만들어집니다. 추가로 이미지를 생성할 때마다 생성 레이어가 만들어지며, 레이어 이름은 프롬프트로 작성한 문자로 지정됩니다. 레이어 섬네일에는 별 모양의 마크( )가 표시되어 있습니다.

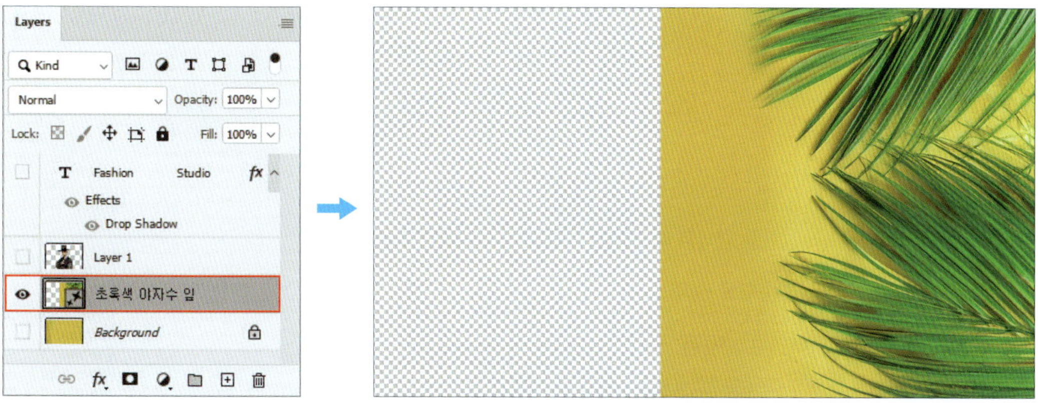

❹ **배경 레이어** : 포토샵에서 새로운 작업 창을 만들면 기본으로 나타나는 레이어입니다. 흰색, 현재 지정된 배경색, 투명 중 하나를 지정할 수 있습니다.

TIP

'Background' 레이어는 배경 레이어라고 하며, 보통 자물쇠 표시가 있어 레이어를 움직일 수 없습니다. 레이어를 일반 레이어로 변경하려면 레이어 섬네일을 더블클릭해서 New Layer 대화상자를 표시한 다음 〈OK〉 버튼을 클릭합니다.

Layers 패널 살펴보기

Layers 패널의 구성 요소와 기능을 알아보겠습니다.

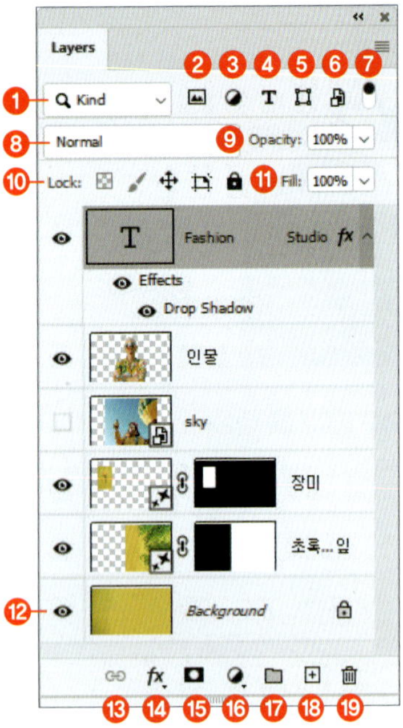

TIP

Layers 패널의 오른쪽 위 '패널 메뉴' 아이콘(≡)을 클릭하여 표시되는 메뉴에서도 레이어 기능을 실행할 수 있습니다. **Panel Options**를 실행하여 레이어 섬네일 크기를 조정하기 위해 Thumbnail Size를 선택할 수도 있습니다.

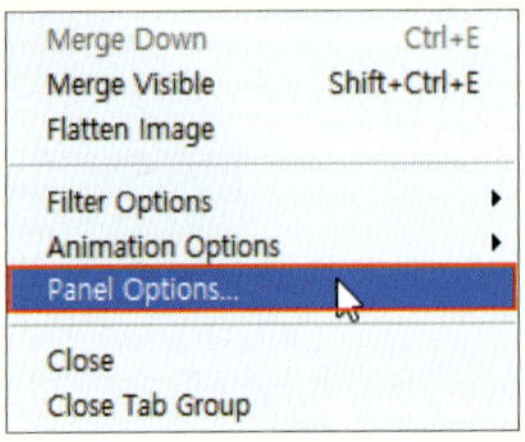

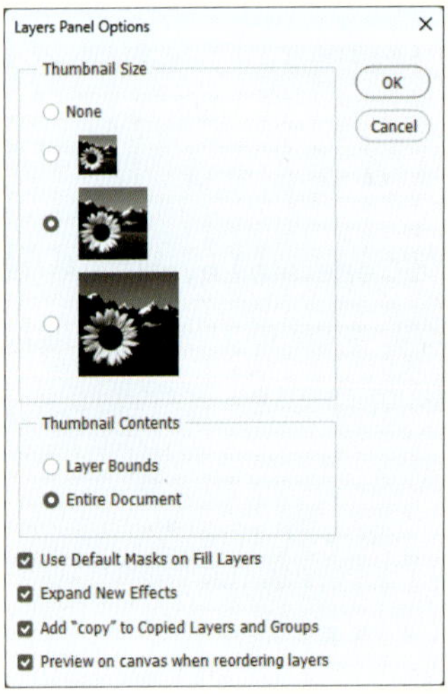

❶ **Pick a filter type** : 레이어를 검색할 때 필터를 이용하여 레이어를 찾습니다.

ⓐ **Kind** : 레이어 종류를 기준으로 검색합니다.

ⓑ **Name** : 레이어 이름을 기준으로 검색합니다.

ⓒ **Effect** : 이펙트 효과가 적용된 레이어를 기준으로 검색합니다.

ⓓ **Mode** : 모드가 적용된 레이어를 기준으로 검색합니다.

ⓔ **Attribute** : 레이어 속성을 기준으로 검색합니다.

ⓕ **Color** : 레이어 색상을 기준으로 검색합니다.

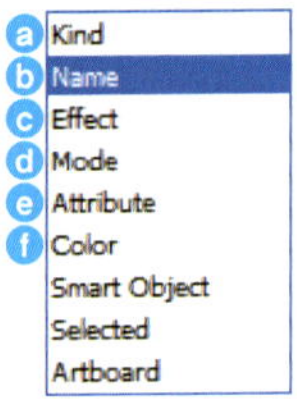

❷ **Filter for pixel layers** : 픽셀로 구성된 레이어를 검색합니다.

❸ **Filter for adjustments layer** : 색상을 보정한 레이어를 검색합니다.

❹ **Filter for type layers** : 문자 레이어를 검색합니다.
검색하여 조건에 맞는 레이어만 Layers 패널에 표시됩니다.

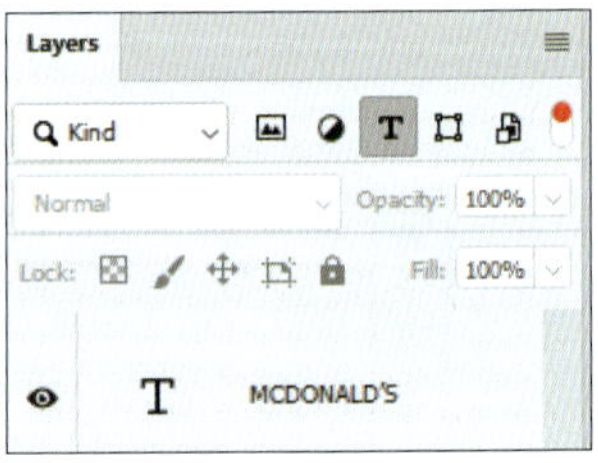

❺ **Filter for shape layers** : 셰이프 레이어를 검색합니다.

❻ **Filter for smart objects** : 스마트 오브젝트 레이어를 검색합니다.

❼ **Turn layer filtering on/off** : 레이어를 검색하는 기능을 켜거나 끕니다.

❽ **블렌딩 모드** : 선택한 레이어와 아래에 위치한 레이어의 합성 방식을 지정합니다.

원본 이미지(포토샵\08\rubber.psd)

Darker Color

Luminosity

Multiply

❾ **Opacity(불투명도)** : 선택된 레이어의 불투명도를 설정할 수 있으며 기본 값은 100%입니다. 0~100%의 값을 설정합니다.

Opacity : 100%

Opacity : 70%

Opacity : 50%

Opacity : 20%

❿ **Lock(잠그기)** : 선택된 레이어에 작업이 적용되지 않도록 기능별로 잠글 수 있습니다.

- ⓐ **투명 영역 잠그기** : 투명 영역에 작업할 수 없습니다.
- ⓑ **브러시 잠그기** : 브러시 도구를 이용할 수 없습니다.
- ⓒ **위치 잠그기** : 이동할 수 없습니다.
- ⓓ **모두 잠그기** : 어떤 작업도 할 수 없습니다.
- ⓔ **아트보드와 프레임 이미지 이동 잠그기** : 아트보드와 프레임 제작 시 이미지 이동을 제한합니다.

⓫ **Fill** : Opacity와 마찬가지로 불투명도를 조절하는 옵션이지만, 선택된 레이어의 전체 불투명도를 조절하는 Opacity와는 다르게 색상 영역의 불투명도만 조절합니다.

⓬ **눈 아이콘** : 해당 레이어를 화면에 표시하거나 감출 때 사용하며, 눈 아이콘을 한 번 클릭하면 아이콘이 비활성화되면서 해당 레이어 이미지가 화면에 보이지 않습니다.

⓭ **Link layers** : Ctrl 이나 Shift를 이용하여 두 개 이상의 레이어를 선택한 다음, 선택한 레이어를 연결하여 함께 이동할 수 있습니다.

⓮ **Add a layer style** : 메뉴의 [Layer] → **Layer Style**과 같은 기능으로 레이어에 다양한 스타일을 적용합니다.

⓯ **Add a mask** : 메뉴의 [Layer] → **Layer Mask**와 같은 기능으로 해당 레이어에 마스크 효과를 적용할 수 있습니다.

⓰ **Create new fill or adjustment layer** : 메뉴의 [Layer] → **New Adjustment Layer**와 같은 기능으로 아래쪽 레이어의 색상, 밝기, 채도 등을 설정할 수 있는 보정 레이어가 만들어집니다.

⓱ **Create a new group** : 레이어들을 하나의 묶음으로 관리할 수 있는 그룹을 만듭니다.

⓲ **Create a new layer** : 새로운 레이어를 만드는 기능으로 투명한 배경의 레이어를 만들 수 있습니다.

⓳ **Delete layer** : 선택한 레이어를 삭제합니다.

❷ 꼭 알아야 할 레이어 사용법

레이어 선택하기

❶ 원하는 레이어를 선택합니다.

❷ 선택한 레이어가 진하게 표시됩니다.

> **TIP ✦**
> Ctrl을 누른 채 레이어를 클릭하면 여러 레이어를 한번에 선택할 수 있습니다. Shift를 누른 채 레이어를 클릭하면 원래 선택되어 있는 레이어와 클릭한 레이어 사이에 있는 모든 레이어가 선택됩니다.

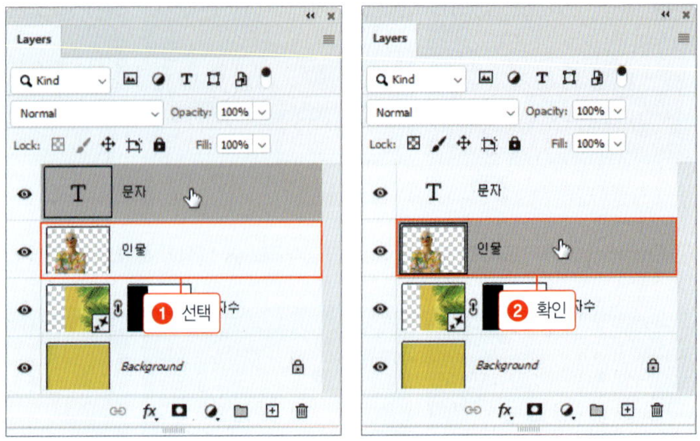

레이어 이동하기

❶ 이동하려는 레이어를 선택합니다.

❷ 원하는 위치로 드래그합니다.

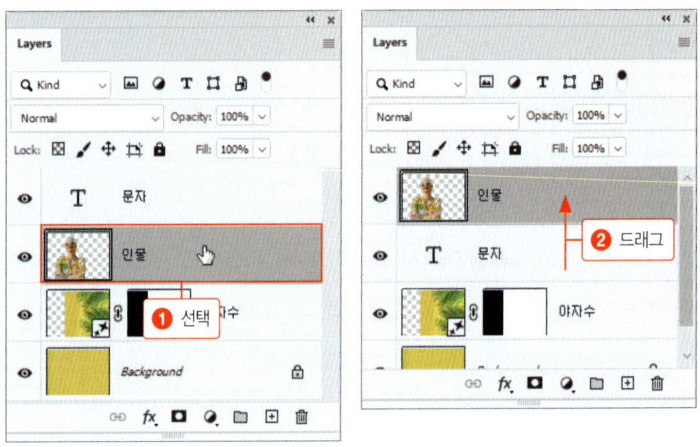

레이어 숨기기

❶ 숨기려는 레이어의 '눈' 아이콘(👁)을 클릭합니다. ❷ 눈 아이콘이 비활성화되면서 해당 이미지가 화면에서 사라집니다.

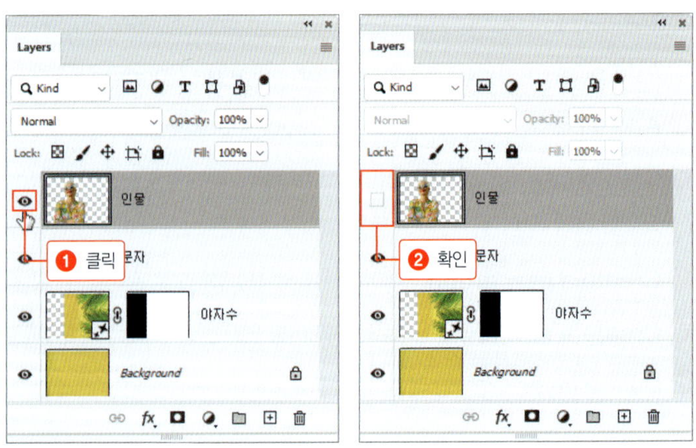

레이어 복제하기

❶ 복사하려는 레이어를 'Create a new layer' 아이콘(⊞)으로 드래그합니다. ❷ 레이어가 복제됩니다.

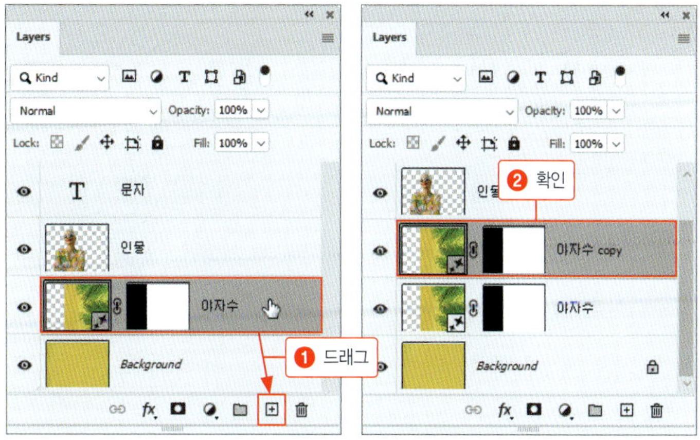

레이어 삭제하기

❶ 삭제하려는 레이어를 'Delete layer' 아이콘(🗑)으로 드래그합니다.

❷ 레이어가 삭제됩니다.

> **TIP ✧**
> 삭제하려는 레이어를 선택한 다음 Delete를 눌러도 레이어가 삭제됩니다.

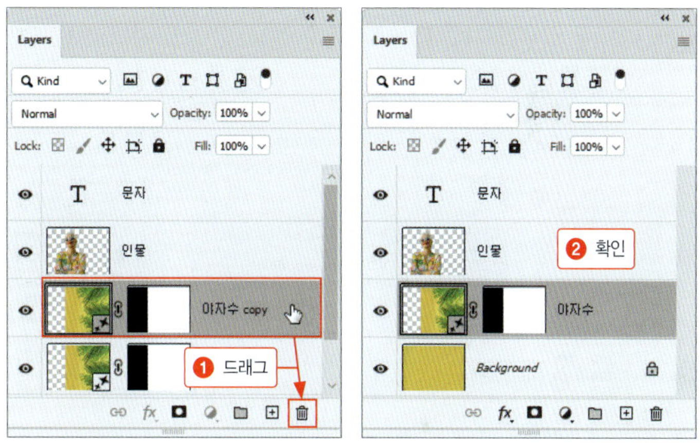

레이어 이름 바꾸기

❶ 변경하려는 레이어의 이름 부분을 더블클릭합니다. ❷ 이름을 입력합니다.

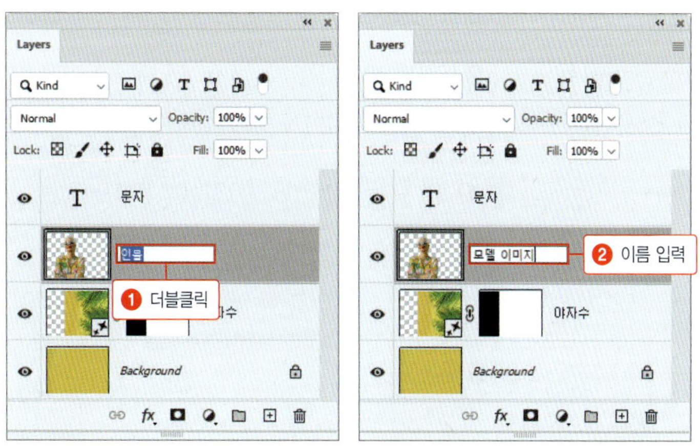

레이어 묶기

❶, ❷ Ctrl을 누른 상태에서 묶으려는 레이어를 선택합니다. ❸ 'Link layers' 아이콘(⊖)을 클릭합니다.

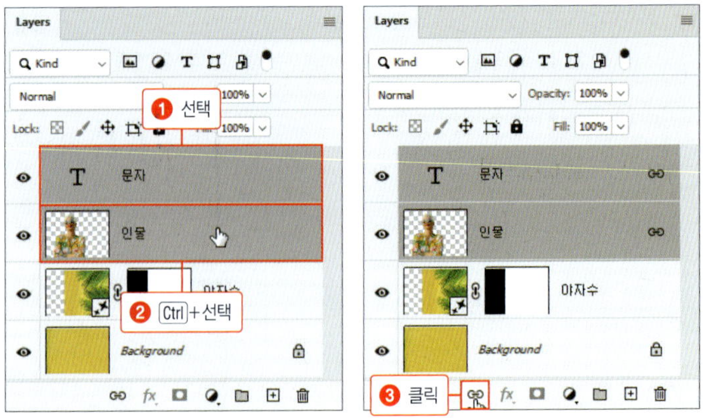

레이어 합치기

❶, ❷ Ctrl을 누른 채 합치려는 레이어를 선택하고 ❸ 패널 메뉴 아이콘(≡)을 클릭한 다음 ❹ Merge Layers (Ctrl+E)를 실행합니다. ❺ 위쪽 레이어를 기준으로 하나로 합쳐집니다.

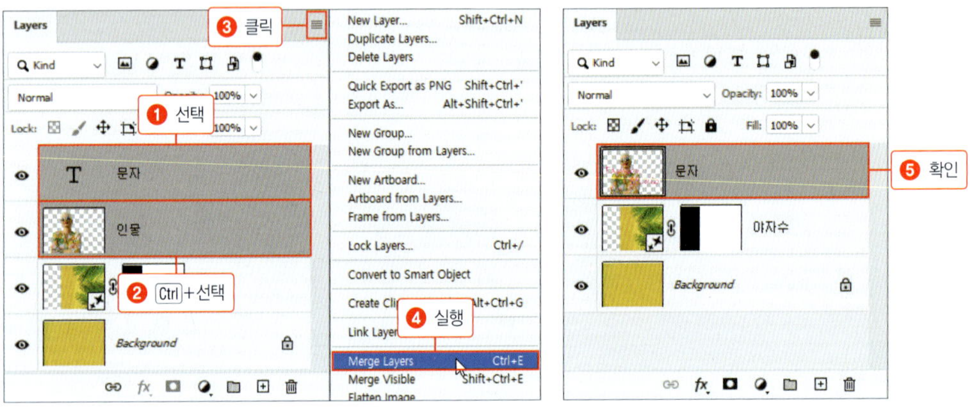

보이는 레이어만 합치기

❶ 눈 아이콘(◉)이 활성화된 레이어를 확인하고 ❷ 패널 아이콘을 클릭한 다음 ❸ Merge Visible(Shift+Ctrl+E)을 실행합니다. ❹ 보이는 레이어가 하나의 레이어로 합쳐집니다.

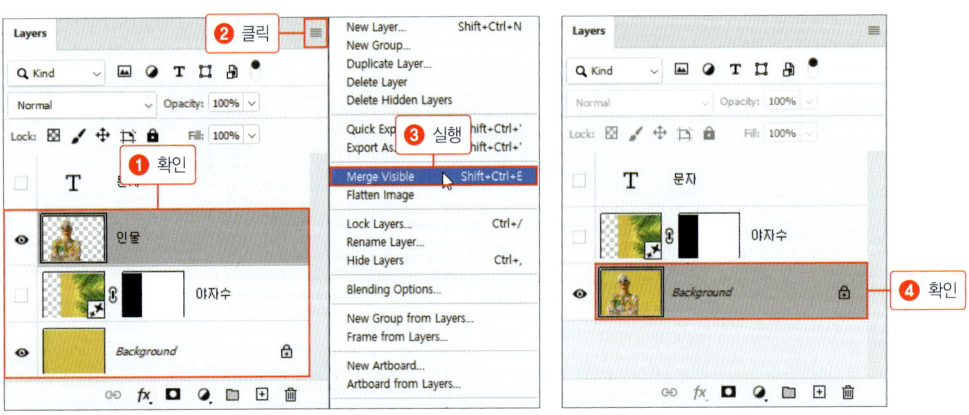

레이어 그룹 만들기

❶, ❷ Ctrl을 누른 상태에서 그룹으로 지정하려는 레이어를 선택한 다음 ❸ 패널 아이콘을 클릭하고 ❹ New Group을 실행합니다. ❺ 그룹 이름을 입력하면 ❻ 그룹 안에 해당 레이어가 포함됩니다.

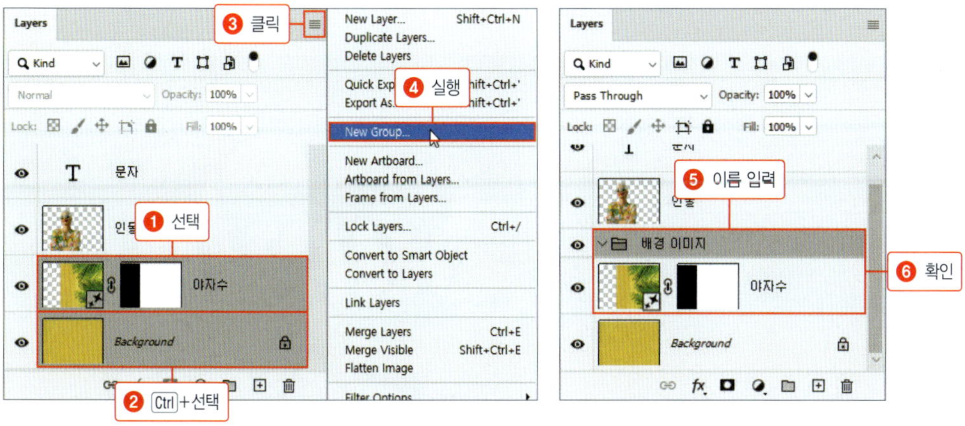

레이어 잠그기

❶ 잠금 기능을 적용하려는 레이어를 선택합니다. ❷ 'Lock all' 아이콘(🔒)을 클릭하여 이미지 편집이나 수정을 할 수 없게 잠급니다.

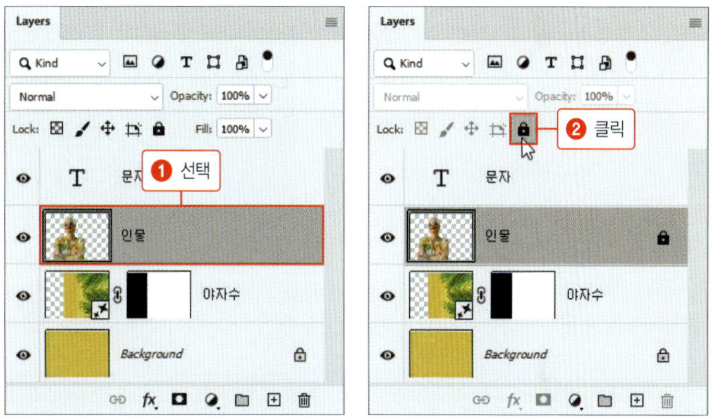

레이어 색상 지정하기

❶ 레이어 구분을 위해 색상을 지정할 레이어를 선택합니다. ❷ 마우스 오른쪽 버튼을 클릭한 다음 ❸ 메뉴에서 원하는 색상을 선택하여 지정합니다.

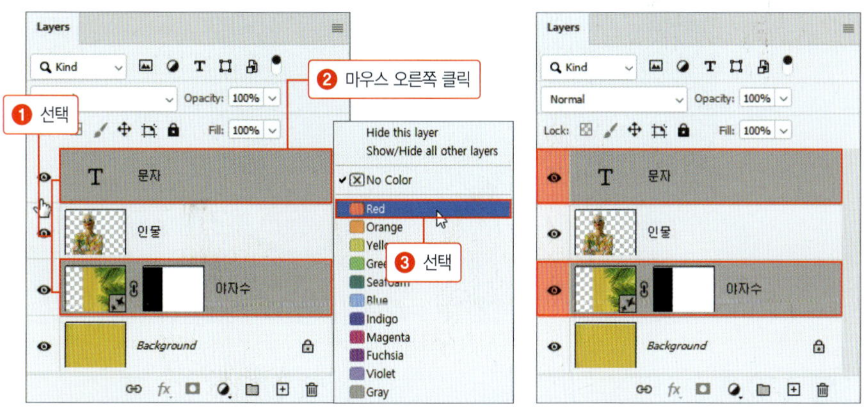

Quick 활용 콜라주 이미지 만들기

포토샵 작업 시 이미지를 각각의 레이어로 저장해 두면 이미지 위치 수정이나 합성 작업이 훨씬 수월해집니다. 합성 이미지를 이용하여 레이어 사용 방법을 학습해 봅니다.

01 포토샵 → 08 폴더에서 '레이어배치.psd' 파일을 불러옵니다. Layers 패널을 확인하면 이미지별로 레이어가 저장된 것을 확인할 수 있습니다.

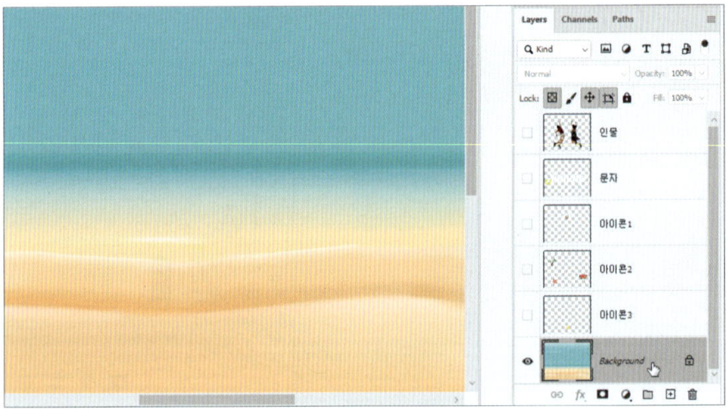

02 먼저 아이콘 일러스트를 화면에 나타내기 위해 Layers 패널에서 '아이콘1' 레이어부터 '아이콘3' 레이어까지 '눈' 아이콘()을 클릭해 활성화합니다. 과일 형태의 일러스트가 표시됩니다.

03 이번에는 문자를 화면에 나타내기 위해 Layers 패널에서 '문자' 레이어의 '눈' 아이콘(👁)을 클릭해 활성화합니다. Summer 문자가 표시됩니다.

04 ❶ '인물' 레이어의 '눈' 아이콘(👁)을 클릭해 활성화하면 문자 위로 인물이 표시되어 문자가 가려지는 것을 확인할 수 있습니다. ❷ '인물' 레이어를 선택하고 '문자' 레이어 아래로 드래그합니다.

05 인물 이미지가 문자 이미지 뒤로 이동하면서 문자가 인물 앞으로 정확하게 표시된 것을 확인할 수 있습니다.

06 ❶ 이동 도구(![move])를 선택한 다음 코코넛 일러스트인 ❷ '아이콘1' 레이어를 선택하고 ❸ 인물 사이로 드래그하여 이동합니다.

07 레몬 일러스트를 삭제하기 위해 Layers 패널에서 '아이콘3' 레이어를 선택하고 'Delete layer' 아이콘(🗑)으로 드래그합니다.

08 레몬 일러스트가 그림과 같이 화면에서 사라진 것을 확인할 수 있습니다.

EASY 실습 그룹 레이어로 유튜브 섬네일 이미지 구성하기

이미지 구성별로 레이어를 그룹으로 지정하면 손쉽게 이미지를 찾을 수 있고, 수정 작업 및 관리가 편합니다. 그룹으로 레이어를 구성하는 방법을 알아봅니다.

01 포토샵 → 08 폴더에서 '섬네일.psd' 파일을 불러옵니다. Layers 패널을 확인하면 이미지가 각각의 레이어로 저장된 것을 확인할 수 있습니다.

TIP

여러 레이어를 하나의 그룹으로 묶으면 작업 파일이 깔끔해지고, 특정 요소를 쉽게 찾아 관리할 수 있습니다. 특히 복잡한 디자인이나 많은 레이어를 포함한 프로젝트에서 그룹을 사용하면 작업을 정리하는 데 큰 도움이 됩니다. 그룹으로 묶인 레이어들은 전체를 한 번에 선택할 수 있어 이동, 변형, 크기 조절, 회전 등의 작업을 한 번에 적용할 수 있습니다. 이로 인해 개별 레이어를 일일이 수정할 필요 없이 시간과 노력을 절약할 수 있습니다.

02 여러 개의 이미지를 하나의 그룹으로 지정하기 위해 ❶ '마크' 레이어를 선택한 다음 ❷ Shift를 누른 상태에서 '문자' 레이어를 선택합니다. 2개의 레이어가 선택됩니다.

03 선택된 2개의 레이어를 하나의 그룹으로 지정하기 위해 Layers 패널의 ❶ '패널 메뉴' 아이콘(≡)을 클릭한 다음 ❷ New Group from Layers를 실행합니다.

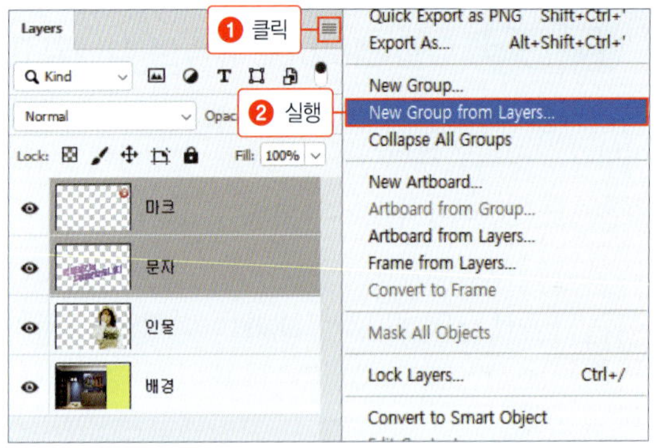

04 New Group from Layers 대화상자에서 ❶ Name에 '타이틀'을 입력하고 ❷ 〈OK〉 버튼을 클릭합니다.

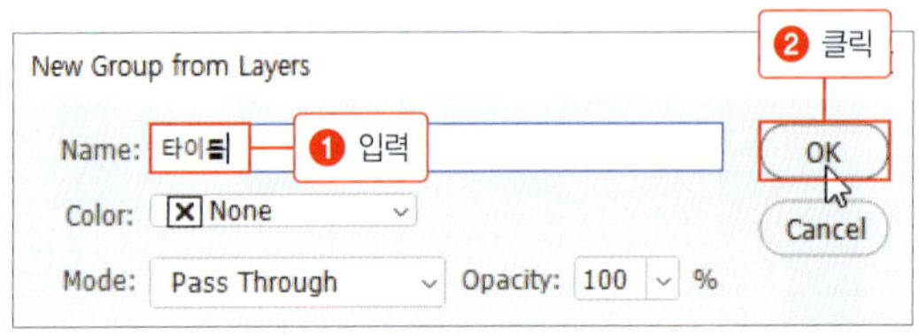

05 Layers 패널을 보면 '타이틀' 그룹 안에 '마크' 레이어와 '문자' 레이어가 포함된 것을 확인할 수 있습니다.

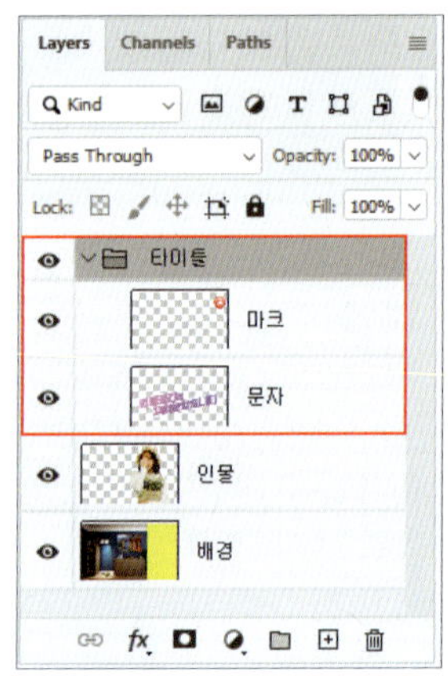

06 '타이틀' 그룹의 '눈' 아이콘(👁)을 클릭하여 비활성화하면 그룹에 포함된 레이어가 화면에서 모두 사라진 것을 확인할 수 있습니다.

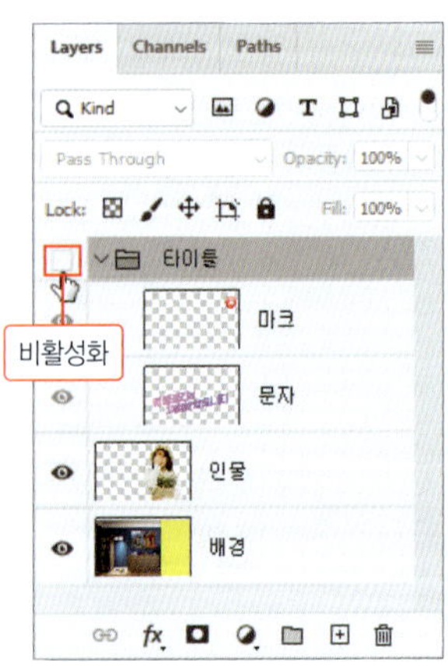

07 ❶ 다시 '눈' 아이콘(👁)을 클릭하여 활성화하고 ❷ Layers 패널에서 '타이틀' 그룹을 선택한 채 'Lock all' 아이콘(🔒)을 클릭합니다. '타이틀' 그룹에 포함된 레이어가 모두 잠긴 것을 확인할 수 있습니다.

08 '배경' 레이어의 '눈' 아이콘(👁)을 클릭하여 비활성화하면 투명 영역이 표시됩니다. '타이틀' 그룹에 포함된 '문자' 레이어를 선택한 상태에서 브러시 도구(🖌)나 이동 도구(✥) 아이콘을 클릭합니다. 레이어가 잠겨 그림과 같이 이미지가 보호됩니다.

TIP ✦

레이어 잠금 설정을 해제하기 위해서는 Layers 패널에서 '타이틀' 그룹을 선택한 채 'Lock all' 아이콘(🔒)을 다시 클릭합니다.

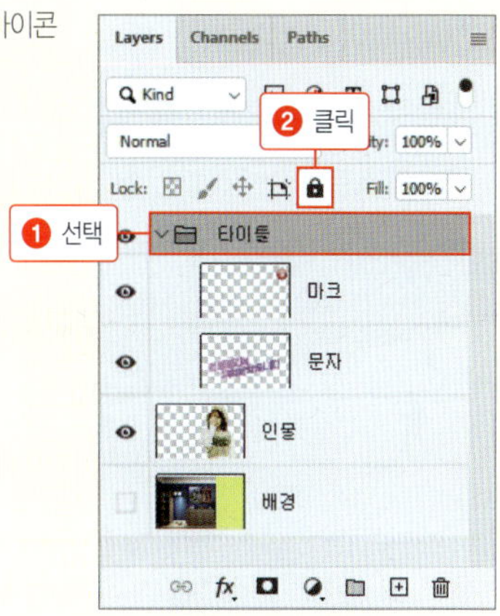

❸ 겹친 레이어 합성하기

블렌딩 모드는 두 개 이상의 레이어가 겹쳐져 있는 경우 위에 있는 레이어와 아래에 있는 레이어를 어떻게 합성할지 지정하는 기능입니다. 블렌딩 모드를 변경하려면 ❶ 변경할 레이어를 선택한 다음 ❷ Layers 패널 위 목록에서 원하는 블렌딩 모드를 선택합니다.

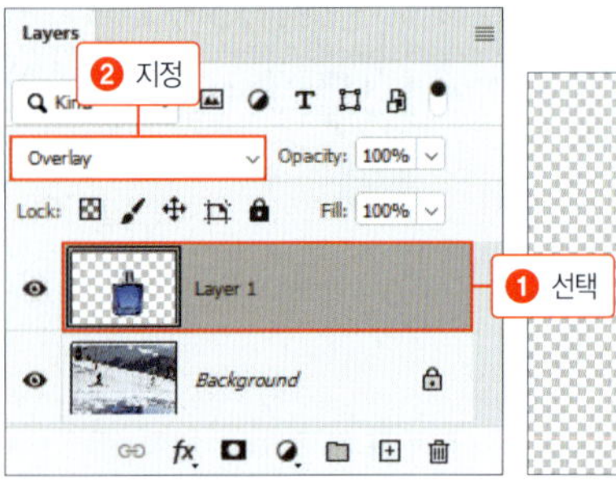

Layers 패널(포토샵\08\블렌딩.psd)

위쪽 레이어 이미지

아래쪽 레이어 이미지

TIP ✦

Layers 패널의 블렌딩 모드 메뉴에 마우스 커서를 위치시키면 이미지에 각각 적용하지 않아도 미리 결과물을 확인할 수 있습니다.

❶ Normal

가장 기본적인 모드로, 위쪽 레이어 이미지를 위로 위치시킵니다.

❷ Linear Light

밝은색은 아주 밝게, 어두운색은 아주 어둡게 만듭니다.

❸ Difference

검은색은 변화가 없고, 흰색은 색상을 완전히 반전시킵니다.

❹ Overlay

밝은 부분은 더 밝게 이미지의 대비(콘트라스트)를 높입니다.

❺ Linear Burn

이미지를 태우는(Burn) 듯한 어두운 효과를 줍니다.

❻ Luminosity

흑백 레이어를 사용해 컬러 이미지의 밝기만 조절할 때 유용합니다.

• **실습파일** : 포토샵\08\flower.png • **완성파일** : 포토샵\08\flower_완성.png

AI Quick 활용 생성 이미지를 합성하여 명함 만들기

AI 기능을 이용하여 이미지를 생성하면 Layers 패널에 생성 레이어가 만들어지며, 블렌딩 모드를 이용해 자연스러운 이미지로 합성할 수 있습니다. 인물 일러스트에 들꽃 이미지를 생성해 이미지 합성 방법을 알아봅니다.

01 포토샵 → 08 폴더에서 'flower.png' 파일을 불러옵니다. ❶ 선택 브러시 도구( )를 선택하고 ❷ 옵션바에서 브러시 크기를 '200px'로 지정합니다. ❸ 인물 주변을 드래그해 그림과 같이 생성 영역을 지정한 후 ❹ 〈Generative Fill〉 버튼을 클릭합니다.

TIP 파이어플라이 기능 사용시 1회당 1크레딧이 소모됩니다. 크레딧이 부족하면 사용이 어려우니 추가 크레딧을 구매하거나 요금제를 업그레이드하세요(47, 48쪽 참고).

02 파이어플라이 프롬프트 입력창에 ❶ '다양한 색의 들꽃'을 입력하고 ❷ 〈Generate〉 버튼을 클릭하면 들꽃 이미지가 생성되며, 생성 레이어도 만들어집니다.

03 Layers 패널의 블렌딩 모드를 'Multiply'로 지정합니다. 생성된 들꽃 이미지와 인물 이미지의 흰색 배경이 투명하게 혼합되어 합성됩니다.

Quick 활용 블렌딩 모드로 간편하게 음료수 목업 디자인하기

이미지를 합성할 때 블렌딩 모드만 잘 사용해도 자연스러운 합성 효과를 얻을 수 있습니다. 다양한 합성 효과를 적용하여 병에 라벨을 합성해 봅니다.

01 포토샵 → 08 폴더의 'bottle2.png', 'label.png' 파일을 불러옵니다. ❶ 이동 도구(✥)를 선택한 다음 ❷ 라벨 이미지를 세 개의 병으로 각각 드래그합니다.

02 ❶ 첫 번째 라벨을 선택한 다음 Layers 패널에서 ❷ 블렌딩 모드를 'Darken'으로 지정합니다. 어두운 부분만 표현되어 그림과 같이 투명한 비닐 라벨처럼 합성되었습니다.

03 ❶ 두 번째 라벨을 선택한 다음 Layers 패널에서 ❷ 블렌딩 모드를 'Hard Light'로 지정합니다. 강한 조명을 비춘 것처럼 반사광이 표현되면서 자연스럽게 합성되었습니다.

❹ 그러데이션과 패턴 레이어 스타일 적용하기

Layers 패널에서 'Add a layer style' 아이콘(fx)을 클릭하면 레이어 스타일을 적용할 수 있습니다. Layer Style 대화상자 왼쪽에는 레이어 스타일 항목이 표시되며, 오른쪽에는 옵션을 설정할 수 있는 각종 입력 창과 그래프, 슬라이더로 구성되어 있습니다.

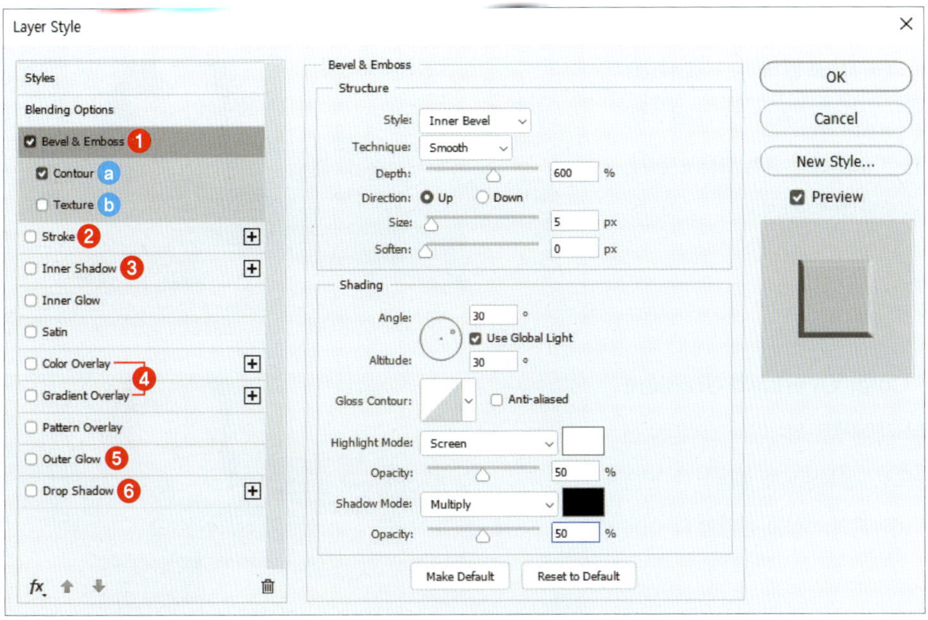

Layer Style 대화상자

문자에 레이어 스타일이 적용된 모습

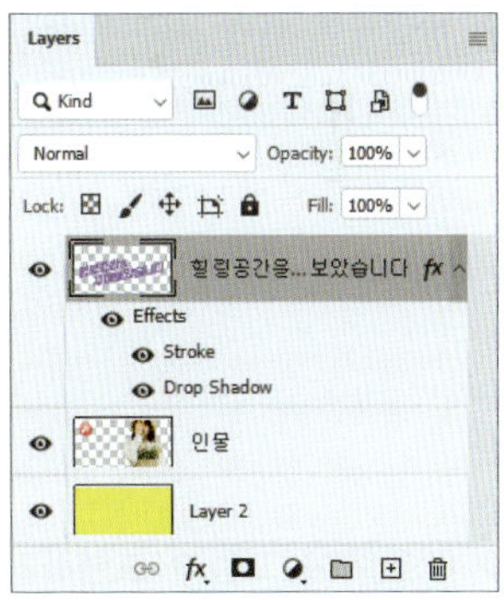

레이어 스타일이 적용된 Layers 패널

❶ **입체 효과 만들기 – Bevel & Emboss** : 레이어 이미지에 하이라이트와 섀도를 적용해 입체 느낌을 줄 수 있습니다.

ⓐ **Contour** : 입체 효과의 정도를 조절합니다.

ⓑ **Texture** : 입체 효과와 함께 질감을 입힙니다.

❷ 외곽선 만들기 - Stroke : 해당 레이어의 테두리를 만드는 기능으로, Outside와 Inside, Center 등 테두리 선의 기준을 지정하고 선 색상과 두께를 설정할 수 있습니다.

❸ 레이어 안쪽에 그림자 표현하기 - Inner Shadow : 레이어 안쪽에 그림자 스타일을 적용하는 기능으로, 옵션 값을 조절하여 그림자 위치, 방향, 길이 등을 설정할 수 있습니다.

❹ 색상 덧씌우기 - Color Overlay와 Gradient Overlay : 해당 레이어에 색상이나 그러데이션을 덧씌우는 기능으로, 불투명도를 설정할 수 있습니다. 주로 특정 이미지의 색상을 변경할 때 이용합니다.

❺ 레이어 바깥쪽에 발광 효과 만들기 - Outer Glow : 레이어 테두리에 발광 효과를 만드는 기능으로, 색상, 발광 효과 정도, 블렌딩 모드를 지정할 수 있습니다.

❻ 레이어 바깥쪽에 그림자 표현하기 - Drop Shadow : 레이어 바깥쪽에 그림자 스타일을 적용하는 기능으로, 위에 떠 있는 듯한 입체감을 표현할 수 있습니다.

Quick 활용 다양한 레이어 스타일로 투명한 입체 문자 만들기

레이어 스타일 기능을 이용하면 독특한 그래픽 효과를 만들 수 있습니다. 특히 문자에 다양한 레이어 스타일을 추가하여 입체 효과를 적용할 수 있습니다. 예제에서는 투명한 입체 문자를 만들어 봅니다.

01 포토샵 → 08 폴더의 '아쿠아.jpg' 파일을 불러옵니다. 문자를 입력하기 위해 문자 도구(T)를 선택합니다.

02 Character 패널에서 ❶ 글꼴을 'BM JUA_TTF', 글자 크기를 '396pt', 색상을 '흰색'으로 지정한 다음 ❷ 'SUMMER EVENT'를 입력합니다.

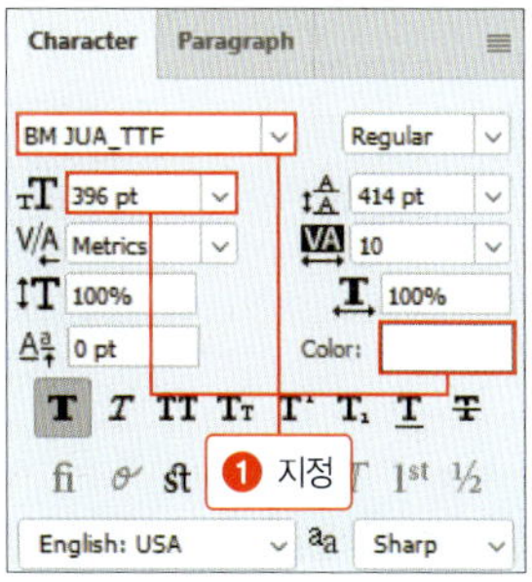

03 문자가 화면에서 안 보이도록 ❶ Layers 패널의 Fill을 '0%'로 설정합니다. 그림자 효과를 적용하기 위해 ❷ 'Add a layer style' 아이콘(fx)을 클릭한 다음 ❸ Drop Shadow를 실행합니다.

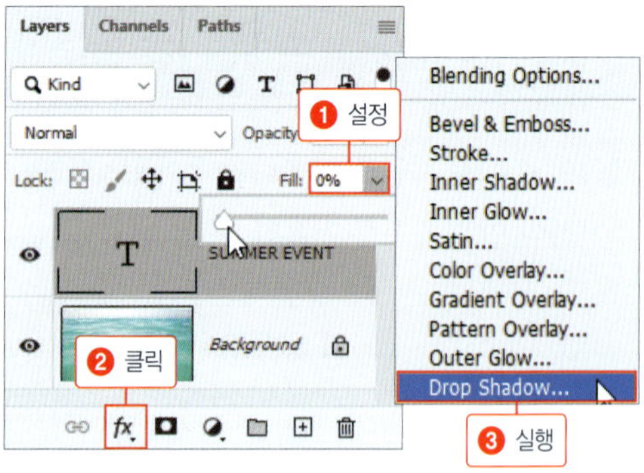

04 Layer Style 대화상자가 표시되면 Blend Mode를 'Multiply', Opacity(불투명도)를 '49%', Angle(각도)을 '90°', Distance(거리)를 '20px', Spread(흩어짐)를 '16%', Size(크기)를 '12px'로 설정합니다.

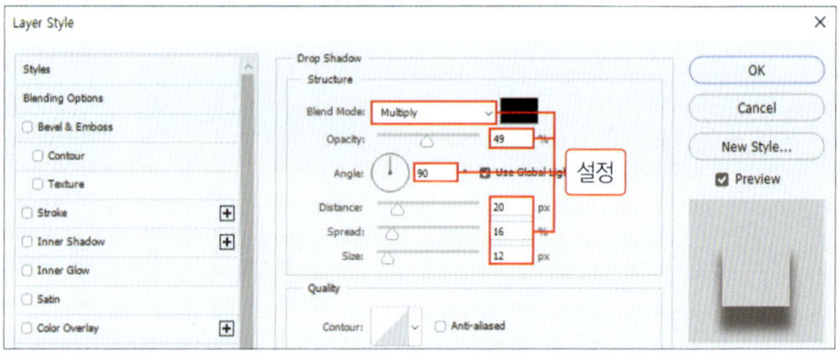

05 문자 주변에 그림자 효과가 적용된 것을 확인할 수 있습니다.

06 문자 안쪽에 그림자 효과를 적용하기 위해 ❶ 'Inner Shadow'를 체크 표시한 다음 ❷ Opacity를 '100%', Angle을 '90°', Distance를 '20px', Size를 '10px'로 설정합니다. ❸ 색상 상자를 클릭해 Color Picker 대화상자가 표시되면 ❹ 색상을 민트색인 'R:61, G:235, B:221'로 지정하고 ❺ 〈OK〉 버튼을 클릭합니다.

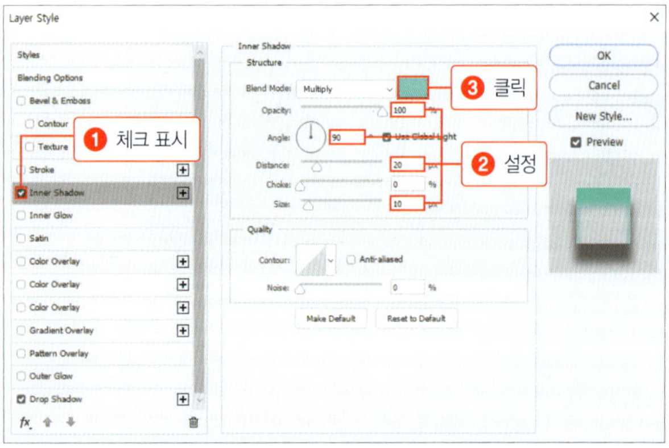

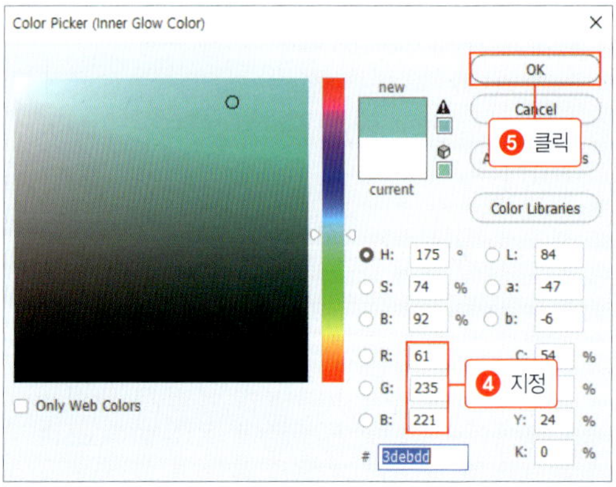

07 문자 안쪽에 민트색 그림자가 적용되었습니다.

08 이번에는 입체 반사광을 표현하기 위해 ❶ 'Bevel & Emboss'를 체크 표시한 다음 ❷ Style을 'Inner Bevel', Depth를 '43%', Size를 '35px', Soften을 '0px', Angle을 '90°'로 설정합니다. ❸ Highlight Mode를 'Linear Dodge (Add)', Opacity를 '100%', Shadow Mode를 'Color Dodge'로 지정합니다.

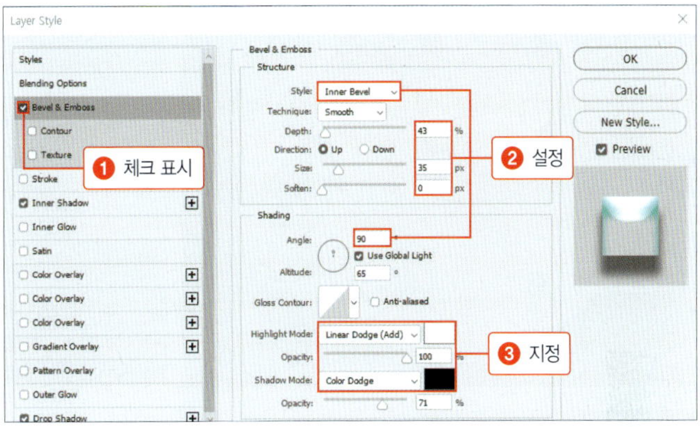

09 문자에 입체 반사광이 적용되었습니다.

10 ❶ 'Contour'를 체크 표시하여 문자의 윤곽선이 돋보이게 적용한 다음 ❷ 〈OK〉 버튼을 클릭합니다. 다양한 레이어 스타일 기능을 이용하여 투명한 입체 문자가 완성되었습니다.

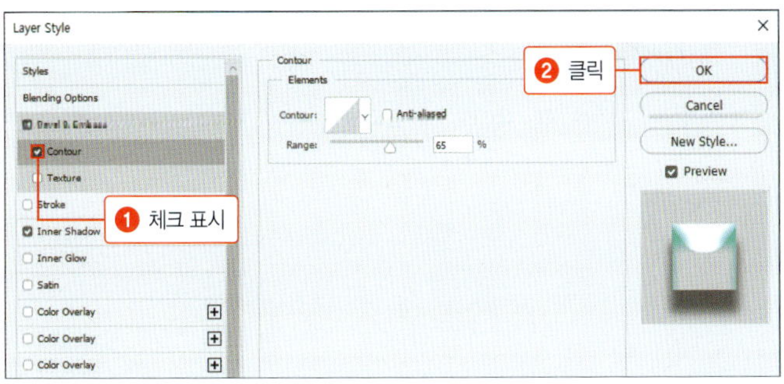

❺ 레이어 마스크로 이미지 합성하기

레이어 마스크는 이미지를 구성하는 픽셀을 손상하지 않으면서 화면에 숨기거나 드러내어 이미지를 보정 또는 합성할 때 이용합니다. 마스크 영역을 만드는 작업은 흰색 종이에 검은색 영역을 가위로 오려 구멍을 뚫는 개념입니다. 구멍이 뚫린 영역에는 바로 아래에 위치한 레이어의 이미지가 보입니다.

다음의 'Layer 0' 레이어는 커피잔 이미지이며, 'Layer 1' 레이어는 파도 이미지입니다. 레이어 마스크를 이용하면 커피잔에 파도 이미지를 간단하게 합성할 수 있습니다.

Layers 패널에서 레이어 마스크를 이용하여 투명하게 만들 이미지의 레이어 순서는 합성할 이미지 위에 위치합니다.

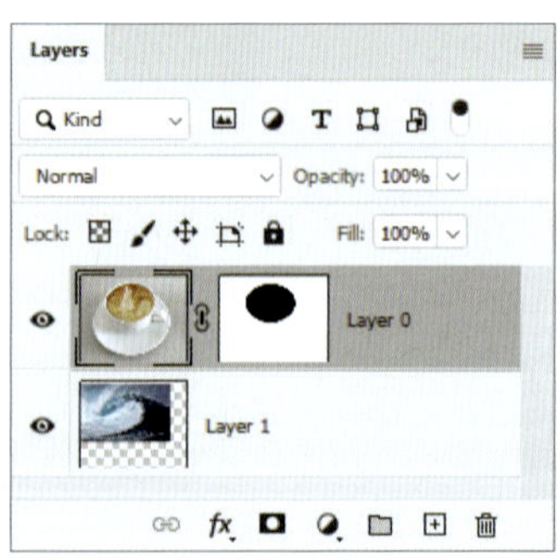

Layers 패널에서 'Add layer mask' 아이콘(■)을 클릭해 레이어 마스크를 만들고 커피잔 안쪽만 검은색을 채워 파도 이미지와 합성한 모습 (포토샵\08\커피잔.psd)

Quick 활용 인스타그램 화면 구성하기

스마트 오브젝트 레이어 기능을 이용하여 인스타그램 화면을 구성해 봅니다.

01 포토샵 → 08 폴더에서 '인스타그램.jpg', '아이스크림.jpg' 파일을 불러옵니다. ❶ '아이스크림.jpg' 작업 창에서 Ctrl+A를 눌러 아이스크림 이미지 전체를 선택 영역으로 지정한 다음 ❷ Ctrl+C를 눌러 복사합니다.

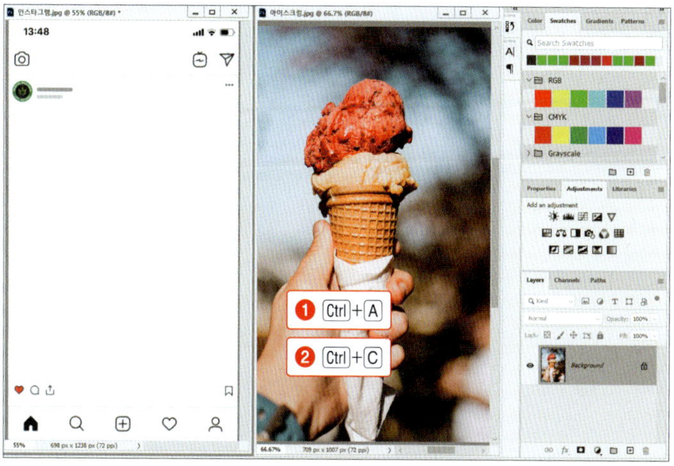

02 ❶ '인스타그램.jpg' 작업 창에서 Ctrl+V를 눌러 아이스크림 이미지를 붙여넣은 다음 ❷ Layers 패널에서 'Background' 레이어를 더블클릭합니다. ❸ New Layer 대화상자가 표시되면 〈OK〉 버튼을 클릭합니다.

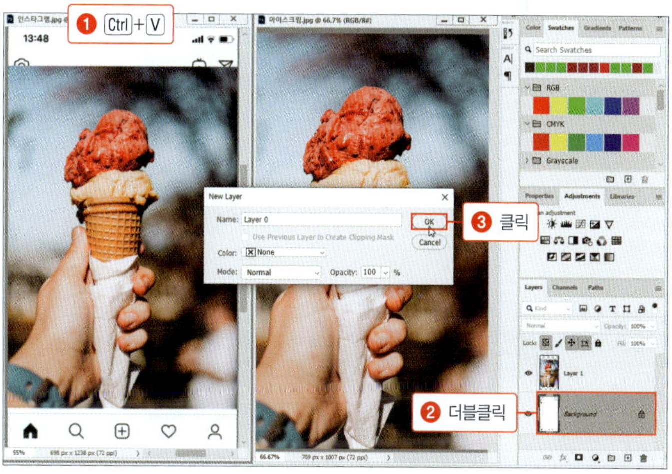

> **왜?**
> 'Background' 레이어는 이동할 수 없지만, 일반 레이어로 변경하면 이동할 수 있어 편리합니다.

03 Layers 패널에서 아이스크림 이미지 레이어인 'Layer 1' 레이어를 'Layer 0' 레이어 아래로 드래그하여 이동합니다.

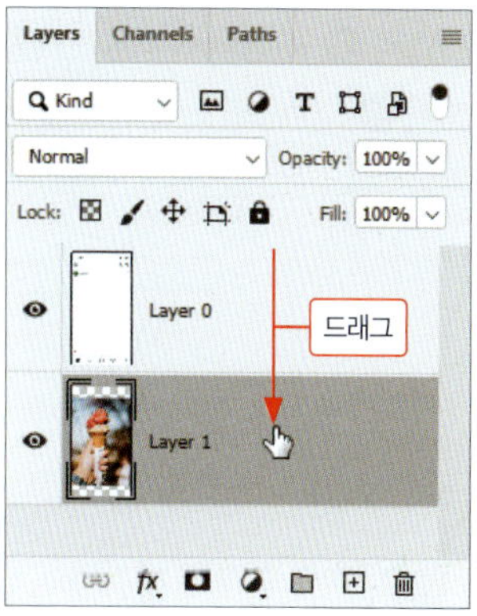

04 ❶ Layers 패널에서 'Layer 0' 레이어를 선택한 다음 ❷ 'Add layer mask' 아이콘(◘)을 클릭하여 레이어 마스크를 만듭니다. 인스타그램 이미지 안쪽을 선택 영역으로 지정하기 위해 ❸ 사각형 선택 도구(⬚)를 선택하고 ❹ 드래그하여 그림과 같이 선택 영역을 지정합니다.

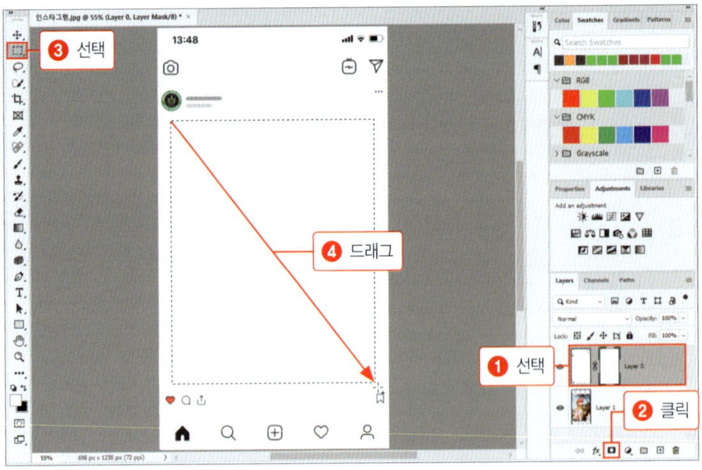

05 메뉴에서 (Edit) → Fill(Shift+F5)을 실행합니다. Fill 대화상자가 표시되면 ❶ Contents를 'Black'으로 지정한 다음 ❷ 〈OK〉 버튼을 클릭합니다. Layers 패널을 살펴보면 레이어 마스크에 검은색 사각형 영역이 만들어지고 영역에 이미지가 표시됩니다. ❸ Ctrl+D를 눌러 선택 영역을 해제합니다.

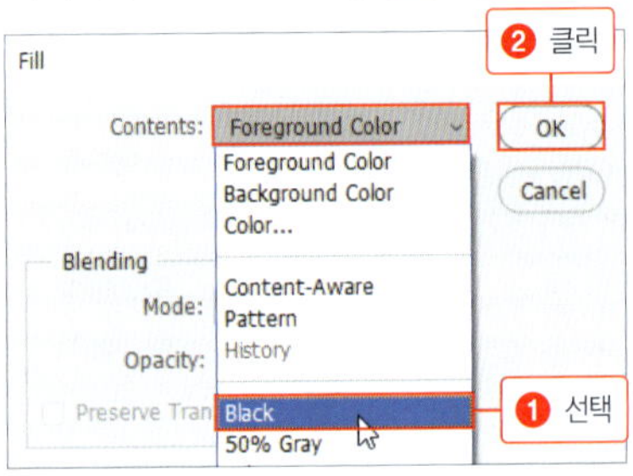

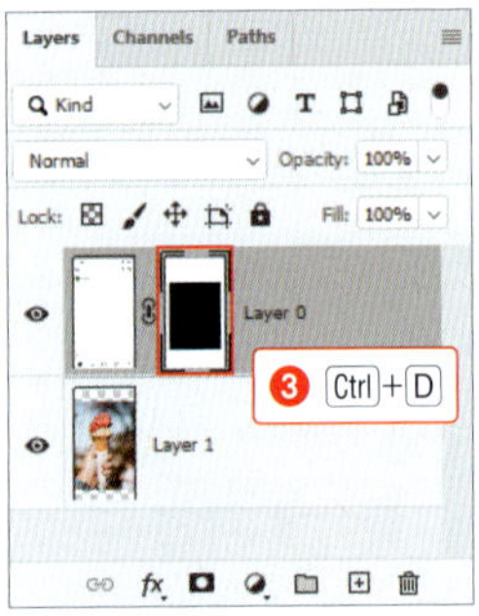

TIP

레이어 마스크는 마치 흰색 종이에 검은색 부분을 가위로 오려 배경 이미지가 보이는 효과를 표현합니다.

06 ❶ 'Layer 1' 레이어를 선택하고 메뉴에서 (Edit) → Transform → Scale을 실행합니다. ❷ 조절점을 드래그해 아이스크림 이미지 크기를 인스타그램 프레임에 맞게 조절합니다. Layers 패널의 ❸ '패널 메뉴' 아이콘(☰)을 클릭하고 ❹ Convert to Smart Object를 실행합니다.

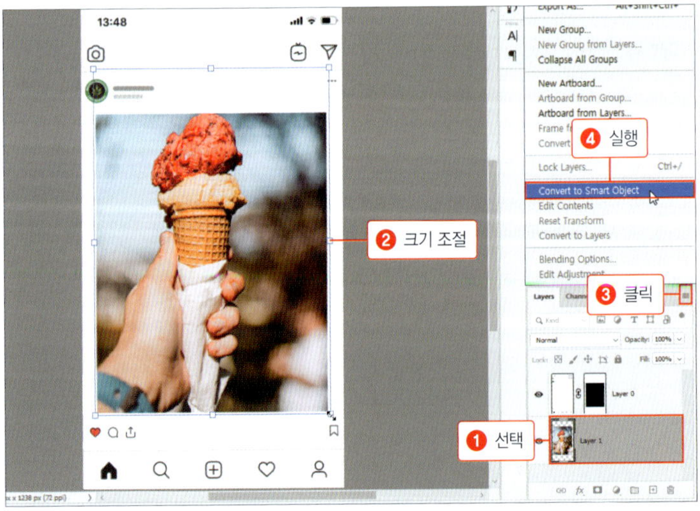

07 'Layer 1' 레이어가 스마트 오브젝트 레이어로 변경되었습니다. 'Layer 1' 레이어 섬네일을 더블클릭하면 원본 이미지인 'Layer 1.psb' 작업 창이 표시됩니다.

> **왜? ✧**
> 스마트 오브젝트 레이어로 변경하는 이유는 합성된 이미지와 원본 이미지가 서로 연결돼 원본 이미지를 변경하면 바로 합성된 이미지도 동일하게 변경하기 위해서입니다.

08 'Layer 1.psb' 작업 창에서 원본 아이스크림 이미지 색상을 변경하기 위해 메뉴에서 [Image] → Adjustments → Color Balance를 실행합니다. Color Balance 대화상자가 표시되면 ❶ 'Cyan' 방향으로 슬라이더를 드래그하고 ❷ 〈OK〉 버튼을 클릭합니다. 아이스크림 이미지에 파란색이 추가되었습니다.

09 'Layer 1.psb' 작업 창에서 Ctrl+S를 눌러 저장하면 바로 '인스타그램.jpg' 작업 창의 합성된 아이스크림 이미지도 자동으로 색상이 동일하게 변경된 것을 확인할 수 있습니다.

• **실습파일** : 포토샵\08\배너.psd, 패턴.jpg • **완성파일** : 포토샵\08\배너_완성.psd

Quick 활용 오브젝트 레이어 마스크로 팝업 광고 만들기

문자 안에 특정 이미지를 넣기 위한 방법으로 클리핑 마스크를 이용하면 손쉽게 이미지와 문자를 합성할 수 있습니다. 예제에서는 문자를 입력하고 클리핑 마스크로 문자 안에 패턴 이미지를 넣어 표현해 봅니다.

01 포토샵 → 08 폴더의 '배너.psd' 파일을 불러옵니다. ❶ 문자 도구(T)를 선택하고 ❷ 옵션바에서 원하는 글꼴과 글자 크기를 지정합니다. 예제에서는 글꼴을 'BM EULJIRO TTF', 글꼴 스타일을 'Regular', 글자 크기를 '180pt'로 지정했습니다.

02 '홈캉스 기획전'을 그림과 같이 두 줄로 입력합니다. Layers 패널에 '홈캉스 기획전' 문자 레이어가 만들어집니다.

03 문자에 넣을 패턴 이미지를 추가하기 위하여 포토샵 → 08 폴더에서 '패턴.jpg' 파일을 불러옵니다. ❶ Ctrl+A를 눌러 패턴 이미지를 전체 선택한 다음 ❷ Ctrl+C를 눌러 복사합니다.

04 '배너.psd' 작업 창에서 ❶ Ctrl+V를 눌러 복사한 패턴 이미지를 붙여넣습니다. 클리핑 마스크 레이어를 만들기 위해 ❷ Layers 패널에서 '패널 메뉴' 아이콘(☰)을 클릭하고 ❸ Create Clipping Mask(Alt+Ctrl+G)를 실행합니다.

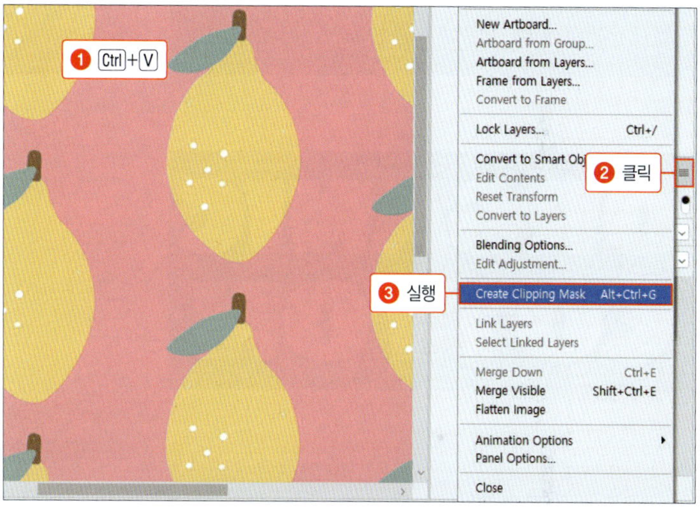

05 클리핑 마스크 레이어가 만들어지면서 패턴 이미지가 문자 형태대로 나타납니다. ❶ 이동 도구(✥)를 선택한 다음 ❷ 문자 안의 패턴 이미지 위치를 적절하게 조절합니다.

❻ 문자에 패턴 이미지 합성하기

클리핑 마스크는 특정 부분에 이미지를 합성할 때 주로 사용하는 방법으로, 특정 부분만 화면에서 보이지 않게 만듭니다. 다음의 이미지를 보면 나뭇잎 배경과 문자, 천 형태의 패턴 이미지로 구성되어 있습니다.

❶ 원본 나뭇잎 배경 이미지와 ❷ 패턴으로 사용할 이미지를 불러온 다음 ❸ 문자 도구로 문자를 입력합니다. 입력된 문자에 ❹ 메뉴에서 〔Layer〕 → Layer Style을 실행해 그림자 효과(Drop Shadow)와 테두리 효과(Stroke)를 적용합니다.

❶ 원본 나뭇잎 배경 이미지

❷ 문자 패턴에 사용할 천 형태의 패턴 이미지

❸ 문자 입력

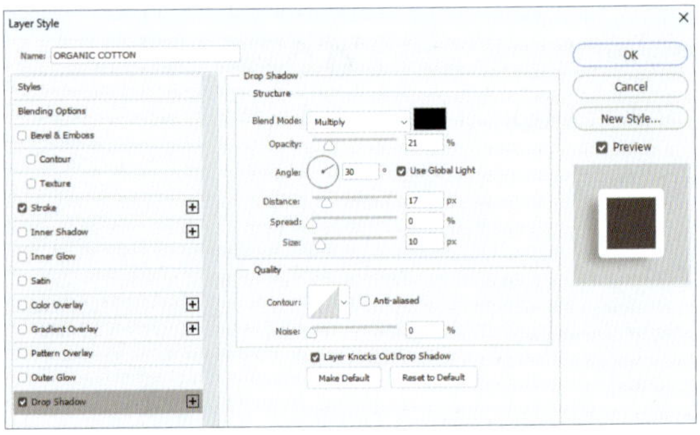

❹ Layer Style 대화상자

❺ 패턴 이미지 레이어가 선택된 채 Layers 패널의 '패널 메뉴' 아이콘(≡)을 클릭한 다음 Create Clipping Mask(Alt+Ctrl+G)를 실행하면 ❻ 문자 형태 이외의 이미지 부분은 감춰지고, 문자 안에 패턴 이미지가 적용된 것을 확인할 수 있습니다.

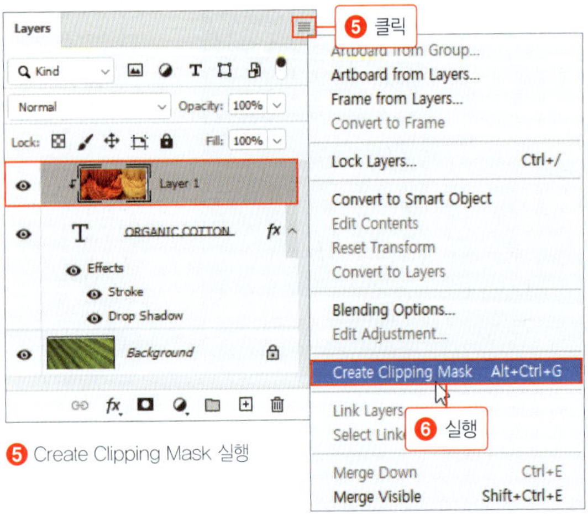

❺ Create Clipping Mask 실행

(포토샵\08\오가닉.psd)

❻ 클리핑 마스크 기능이 적용된 패턴 이미지가 문자 안에 들어간 모습

❼ 스마트 오브젝트 사용하기

스마트 오브젝트 레이어란 말 그대로 '똑똑한 오브젝트가 있는 레이어'입니다. 즉, 스마트 오브젝트는 기존 개체와는 다르게 포토샵 효과를 적용해도 언제든지 복원할 수 있도록 원본을 보관하며, 이미지를 줄였다가 다시 키워도 해상도에 상관없이 언제나 깨끗한 품질을 보여 줍니다.

스마트 오브젝트 생성하기

❶ Convert to Smart Object 기능 사용

스마트 오브젝트로 변환할 레이어를 선택하고 메뉴에서 [Layer] → Smart Objects → Convert to Smart Object를 실행합니다. 스마트 오브젝트가 적용된 이미지 레이어 섬네일에 문서 표시가 있는 것을 확인할 수 있습니다.

Convert to Smart Object 실행(포토샵\08\track01.png)

일반 레이어가 아닌 스마트 오브젝트 레이어를 의미하는 표시이며, 더블클릭하면 원본 이미지가 표시됩니다.

❷ Place Embedded 또는 이미지를 직접 드래그하여 사용

포토샵에서 새로운 문서를 만든 후 메뉴에서 [File] → Place Embedded(또는 Place)를 실행하여 스마트 오브젝트로 만들 오브젝트를 가져옵니다. 일러스트레이터 파일도 같은 방법을 사용할 수 있습니다.

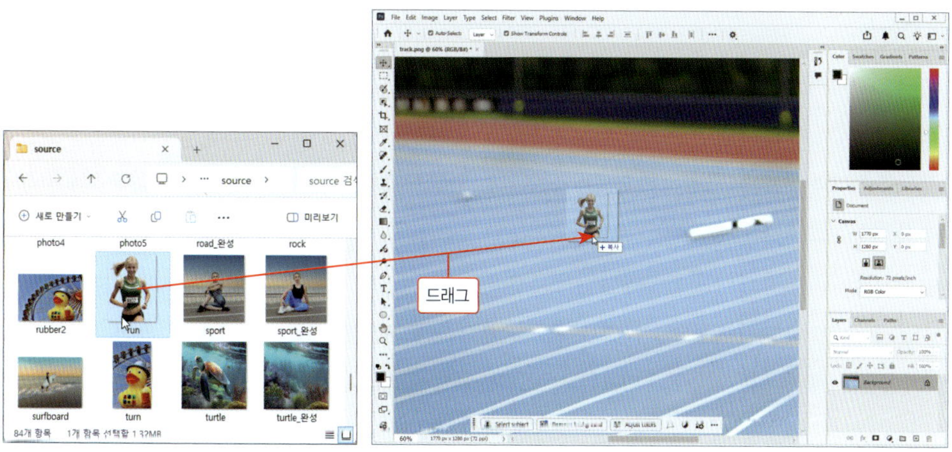

Place Embedded 기능이나 이미지를 직접 포토샵 문서로 드래그(포토샵\08\track.png, run.png)

스마트 필터

이미지 위에 ×가 표시되며, 이 상태에서는 여러 번 이미지를 변형해도 원본 이미지가 손상되지 않습니다. 스마트 오브젝트에 필터를 사용하면 수정할 수 있는 스마트 필터가 됩니다. 다음 이미지에서는 인물에 Smudge Stick 필터를 적용했습니다.

Smudge Stick 필터 적용

다음과 같이 스마트 필터 레이어가 표시되며, 해당 스마트 필터 레이어를 클릭하여 필터 값을 수정해서 원본 이미지의 손상 없이 적용된 필터를 수정할 수도 있습니다.

스마트 필터의 주요 장점은 다음과 같습니다.

❶ 비파괴적 편집

원본 이미지를 손상하지 않으므로 언제든지 필터를 수정, 추가, 삭제할 수 있습니다. 작업 중에 품질 손실이 발생하지 않아 고해상도 이미지를 다룰 때도 안전합니다.

❷ 필터 조정의 유연성

필터의 설정값을 쉽게 조정할 수 있어 효과를 미세하게 수정하거나 완전히 변경할 때 유리합니다.

❸ 다중 필터 적용

여러 개의 필터를 하나의 레이어에 적용하고 순서를 조정하거나 개별적으로 수정할 수 있습니다. 필터 순서에 따라 결과가 달라질 수 있어 다양한 조합을 시도할 수 있습니다.

❹ 적용 해제 및 재사용

필터를 일시적으로 숨기거나 다시 활성화할 수 있어 작업의 진행 상황을 손쉽게 비교할 수 있습니다. 또한, 스마트 오브젝트를 복사하여 동일한 필터를 다른 레이어나 이미지에 쉽게 재사용할 수 있습니다.

EASY 실습 원본 손상 없이 이미지 관리하기

이미지를 작게 줄인 상태에서 다시 확대하면 원본 이미지 품질이 손상되기 마련입니다. 스마트 오브젝트 레이어를 이용하면 이미지 크기 조절에 상관없이 깨끗하게 이미지 품질을 관리할 수 있습니다. 예제에서는 일반 레이어를 작게 줄인 다음 다시 크기를 조절하고, 스마트 오브젝트 레이어를 작게 줄인 다음 다시 크기를 조절해서 비교해 봅니다.

01 포토샵 → 08 폴더의 '쿠폰.png' 파일을 불러옵니다. 이미지 크기를 줄이기 위해 메뉴에서 [Image] → Image Size(Alt+Ctrl+I)를 실행합니다. Image Size 대화상자에서 ❶ Width를 '200Pixels'로 설정하고 ❷ 〈OK〉 버튼을 클릭합니다.

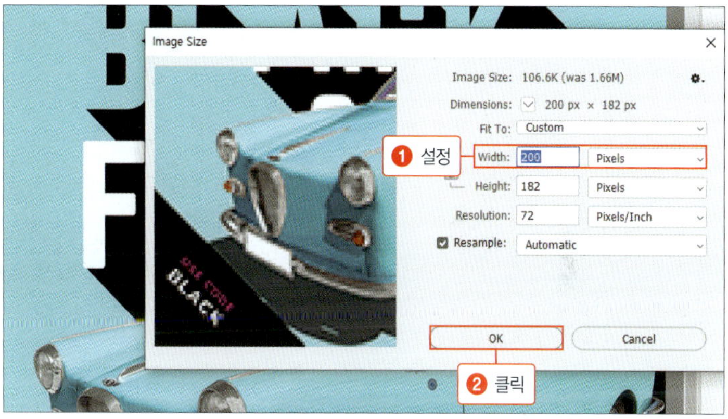

02 이미지가 작게 줄어듭니다. 다시 이미지 크기를 키우기 위해 메뉴에서 [Image] → Image Size(Alt+Ctrl+I)를 실행합니다. Image Size 대화상자에서 ❶ Width를 '1200Pixels'로 설정하고 ❷ 〈OK〉 버튼을 클릭합니다.

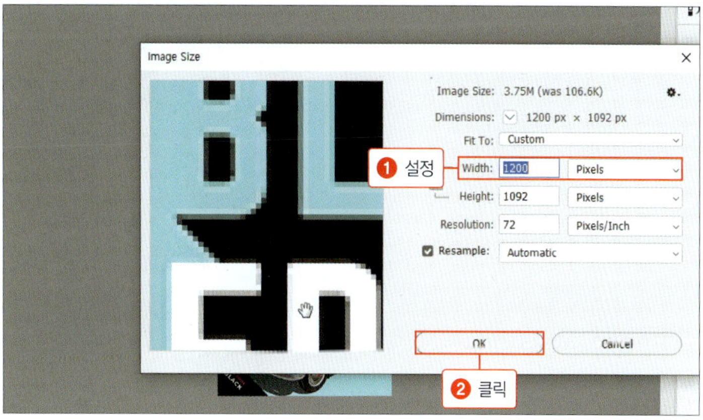

03 이미지가 다시 크게 조절됐지만 원본 이미지가 깨지는 것처럼 픽셀이 뭉개지고 경계선도 흐릿하게 표현되었습니다. 파일을 저장하지 않고 닫습니다.

왜? ✧

큰 이미지를 작게 줄여 이미지 품질이 저하되는 것보다 작게 줄인 이미지를 큰 이미지로 키우는 게 이미지 품질을 더 저하시키는 원인입니다. 예제에서는 품질 저하 정도를 비교하기 위해 이미지 크기를 작게 줄인 다음 키웠습니다.

04 이번에는 스마트 오브젝트 레이어로 만들어 이전 과정처럼 이미지를 줄였다가 다시 키웠을 때 일반 레이어와의 차이를 살펴보겠습니다. 다시 포토샵 → 08 폴더에서 '쿠폰.png' 파일을 불러옵니다.

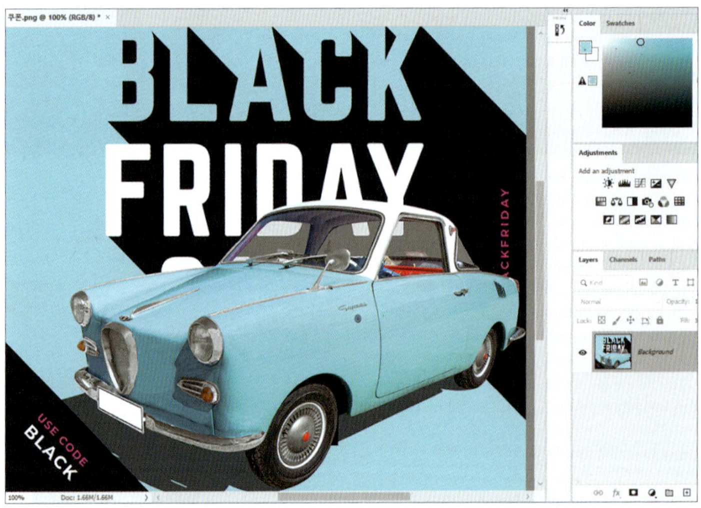

05 스마트 오브젝트로 전환하기 위해 메뉴에서 [Layer] → Smart Objects → Convert to Smart Object를 실행합니다.

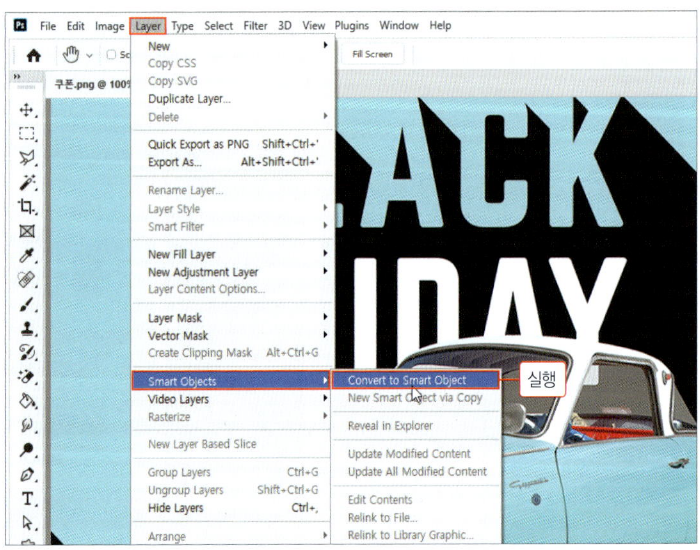

포토샵

06 ❶ Layers 패널을 보면 그림과 같이 일반 레이어에서 스마트 오브젝트 레이어로 변환된 것을 확인할 수 있습니다. 이미지를 줄이기 위해 메뉴에서 [Image] → Image Size(Alt+Ctrl+I)를 실행하여 ❷ Image Size 대화상자가 표시되면 Width를 '200Pixels'로 설정한 다음 ❸ 〈OK〉 버튼을 클릭합니다.

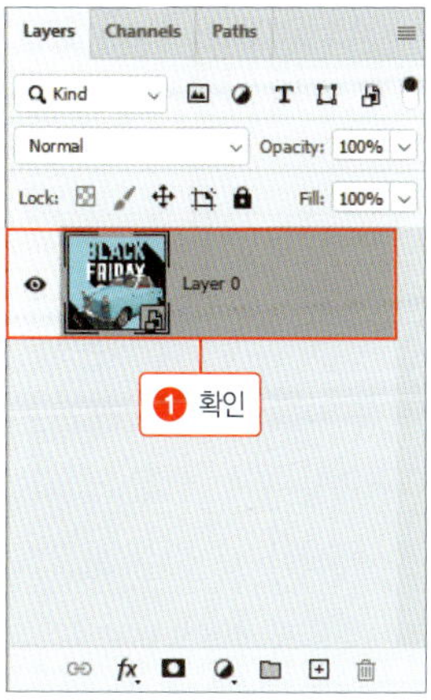

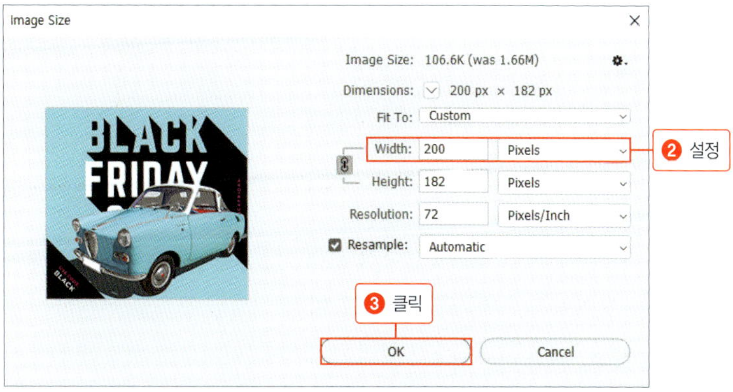

07 이미지가 작게 줄어듭니다. 다시 이미지를 크게 키우기 위해 메뉴에서 [Image] → Image Size(Alt+Ctrl+I)를 실행합니다. ❶ Image Size 대화상자가 표시되면 Width를 '1200Pixels'로 설정한 다음 ❷ 〈OK〉 버튼을 클릭합니다.

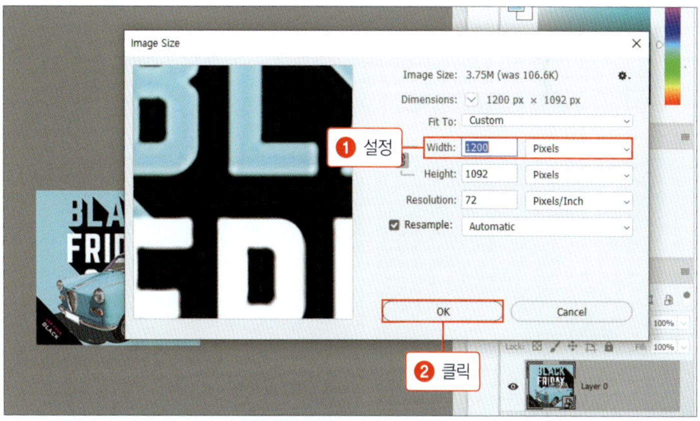

08 이미지 크기를 줄이거나 키워도 그림과 같이 깨끗한 품질과 해상도가 유지된 것을 확인할 수 있습니다.

TIP ✦

03번 과정과 비교하면 이미지의 품질 전도를 확인할 수 있습니다.

LESSON 17 색상 정보와 마스크를 위한 채널 사용

❶ 색상 모드 알아보기

색상 모드(Color Mode)는 이미지를 표현하기 위해 사용하는 색상의 모델을 정의하는 방식입니다. 각 색상 모드는 색을 표현하는 방법이 다르며, 사용 목적에 따라 적합한 모드를 선택하는 것이 중요합니다. 색상 모드는 이미지의 색 구성, 품질, 파일 크기, 출력 방식에 영향을 미치므로 포토샵에서 작업을 시작할 때 색상 모드를 올바르게 설정하는 것이 매우 중요합니다. 포토샵에서 자주 사용하는 주요 색상 모드는 다음과 같습니다.

Bitmap 모드

이미지를 흰색과 검은색으로만 표현하는 모드로, Grayscale 모드로 전환한 다음에 변환할 수 있습니다. 용량이 작지만 표현력이 떨어져 많이 이용하지 않습니다.

원본 이미지(포토샵\08\갈매기.jpg)

Bitmap 모드 이미지

Bitmap 모드 색상 채널

Grayscale 모드

Grayscale 모드는 8bit 컬러인 256색의 Black 채널만으로 구성됩니다. 웹 이미지나 인쇄물을 흑백으로 출력할 때 이용합니다.

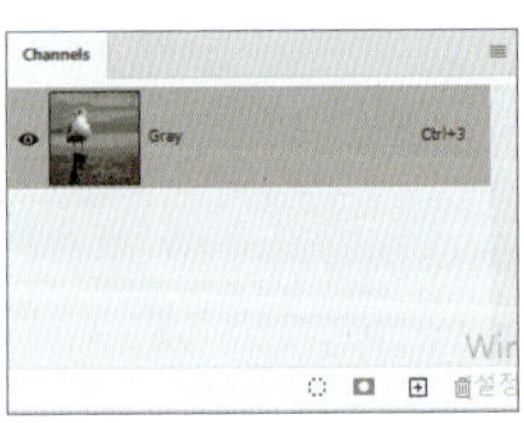

Grayscale 모드 색상 채널

Grayscale 모드 이미지

Duotone 모드

흑백 이미지에 한 개 이상의 특수 잉크를 추가해 한정된 컬러 이미지를 인쇄하는 기법입니다. Duotone 모드로의 전환은 Grayscale 모드일 때만 가능합니다.

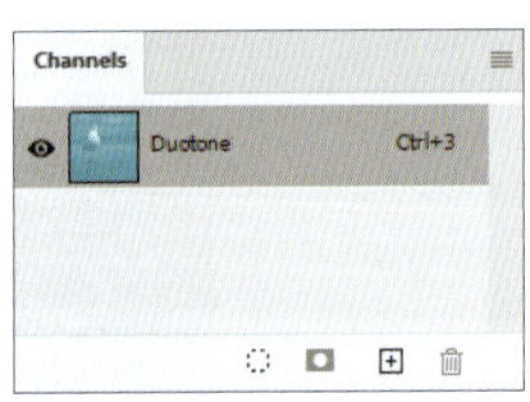

Duotone 모드 색상 채널

Duotone 모드 이미지

Indexed Color 모드

256 이하 색상으로 이미지를 표현하는 모드입니다. 파일 용량이 작고 RGB Color 모드에서 사용된 색상만을 추려 재구성하므로 이미지를 크게 손상시키지 않습니다. 웹 페이지에 올릴 때 파일 용량을 최소화하기 위해 이용합니다.

RGB Color 모드

R(Red), G(Green), B(Blue)를 혼합해서 색을 만드는 모드이며, 각각의 색상 채널과 이를 합친 RGB 채널을 포함해 총 네 개로 구성됩니다. 주로 웹 이미지를 작업할 때 이용합니다.

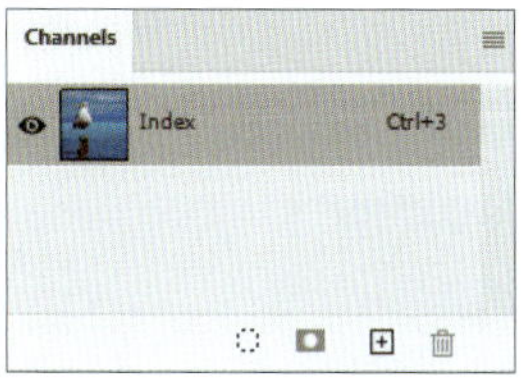

Indexed Color 모드 색상 채널

Indexed Color 모드 이미지

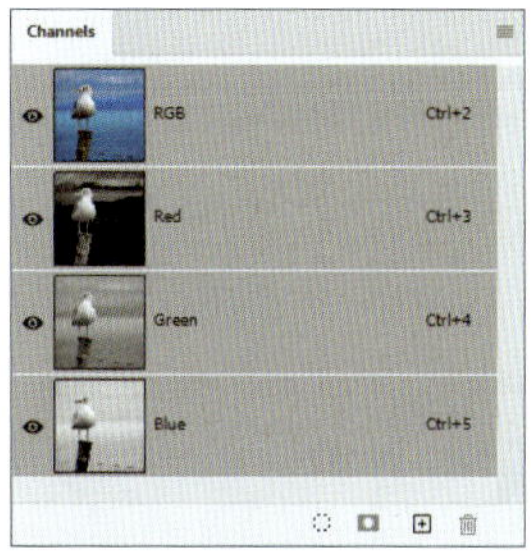

RGB Color 모드 색상 채널

RGB Color 모드 이미지

CMYK Color 모드

청록색, 자주색, 노란색, 검은색을 원색으로 하여 Cyan 채널, Magenta 채널, Yellow 채널, Black 채널, CMYK 채널로 구성되는 모드입니다.

CMYK Color 모드의 색을 섞으면 명도가 낮아져 흰색을 제외한 모든 색을 표현할 수 있으며, 필름을 현상하여 인쇄하는 오프셋 인쇄에 사용합니다.

RGB Color 모드보다 표현할 수 있는 색이 적지만, 작업물과 실제 인쇄물의 색 차이가 있는 RGB Color 모드와 다르게 CMYK Color 모드의 색상은 작업물과 출력물의 색이 같습니다. 인쇄나 출력을 목적으로 편집이나 디자인을 한다면 CMYK Color 모드를 이용하는 것이 좋습니다.

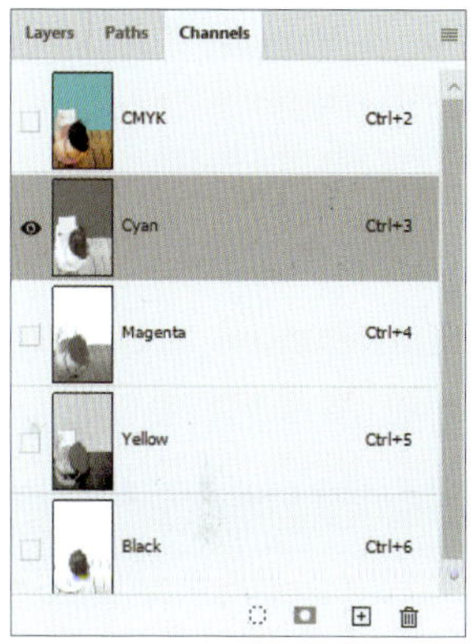

CMYK Color 모드 색상 채널

CMYK Color 모드 이미지
(포토샵\08\독서.psd)

Cyan 채널

Magenta 채널

Yellow 채널

Black 채널

Lab Color 모드

Lab Color 모드는 Lab 채널, 색상의 명도를 나타내는 Lightness 채널, Green과 Magenta의 두 가지 보색으로 나타나는 a 채널, Blue와 Yellow의 두 가지 보색으로 나타나는 b 채널로 구성됩니다. RGB Color 모드나 CMYK Color 모드보다 색상의 표현 범위가 넓어 모드를 전환할 때 거쳐서 이용하면 급격한 색상 변화를 막을 수 있습니다.

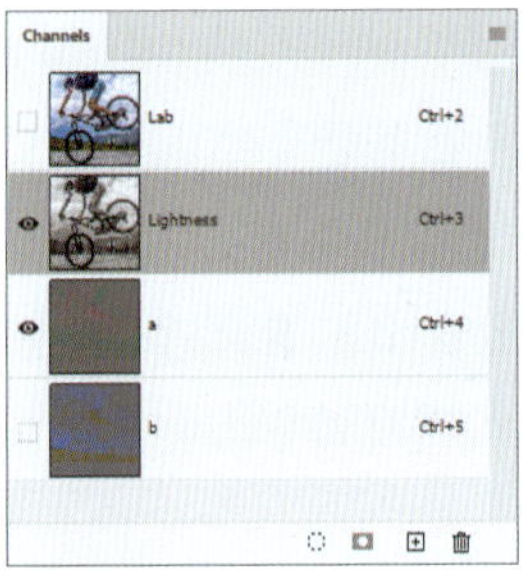

Lab Color 모드 색상 채널

Lightness 채널

a 채널

b 채널

Multichannel 모드

Multichannel 색상 모드는 여러 개의 독립적인 채널을 사용해 이미지를 구성하는 특수한 색상 모드입니다. 일반적으로 CMYK, RGB 등의 전통적인 색상 모드와 달리, Multichannel 모드는 각 채널을 개별적인 그레이스케일 이미지로 처리하며, 특정한 인쇄 작업이나 특수 효과를 위해 사용됩니다. Multichannel 모드에서는 일반적인 색상 편집 기능이 제한적입니다. 예를 들어, 색조 및 채도 조정과 같은 기능이 제대로 작동하지 않을 수 있습니다.

Multichannel 모드 이미지
(포토샵\08\바이크.psd)

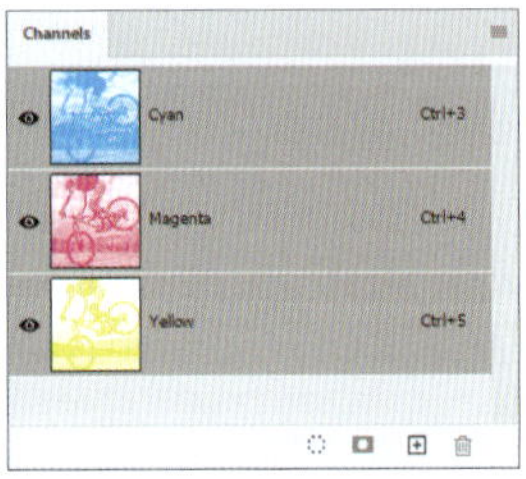

Multichannel 모드 색상 채널

❷ 채널 알아보기

채널(Channel)은 이미지를 구성하는 색상 정보를 저장하는 단위입니다. 채널은 이미지의 색상 모델에 따라 다르게 구성되며, 각 채널은 그 색상 구성 요소의 밝기와 정보를 그레이스케일 이미지로 나타냅니다. 채널은 이미지의 색상 조정과 선택 영역을 정밀하게 조작하는데 매우 유용합니다. 채널의 주요 사용 방법은 다음과 같습니다.

❶ 정밀한 선택 영역 생성

채널은 이미지의 특정 색상 영역을 정밀하게 선택할 때 유용합니다. 예를 들어, 복잡한 머리카락이나 모양을 선택할 때 색상 채널의 대비를 이용하여 선택 영역을 쉽게 조정할 수 있습니다.

❷ 마스크 작업

채널을 사용하여 마스크를 생성하고 편집할 수 있습니다. 마스크는 이미지의 특정 부분에 효과를 적용하거나 제외할 때 사용합니다. 마스크를 채널로 저장하면 언제든지 다시 불러와 사용할 수 있습니다.

❸ 색상 보정

특정 색상 채널을 수정하여 이미지의 색조나 대비를 조정할 수 있습니다. 예를 들어, RGB 이미지에서 빨간색 채널을 조정하면 빨간색 성분에 영향을 주어 전체적인 색조를 변경할 수 있습니다.

❹ 특수 효과

채널을 활용하여 이미지에 특수한 효과를 추가할 수 있습니다. 예를 들어, Lab 모드에서 a나 b 채널을 조작해 특정 색상을 강조하거나 왜곡하는 등의 작업을 할 수 있습니다.

Channels 패널의 구성은 다음과 같습니다.

RGB 모드의 Channels 패널

❶ **Load channel as selection** : 채널을 선택 영역으로 만듭니다.

❷ **Save selection as channel** : 선택 영역을 채널로 만듭니다.

❸ **Create new channel** : 새로운 알파 채널을 만듭니다.

❹ **Delete current channel** : 선택한 채널을 삭제합니다.

TIP

메뉴에서 [Edit] → Preferences → Interface를 실행해 표시되는 Preferences 대화상자의 Options에서 'Show Channels in Color'를 체크 표시하면 Channels 패널의 채널 색상이 원래의 색상(Red, Green, Blue)으로 변경됩니다.

채널은 각 색상 성분(RGB, CMYK 등)의 밝기 정보를 흑백 이미지 형태로 저장합니다. 밝기 값이 높을수록 밝은 영역을 나타내고, 낮을수록 어두운 영역을 나타냅니다. 이 때문에 특정 채널을 선택하면 화면에서 실제 색상 대신 밝기 값에 따른 회색조 이미지가 표시됩니다.

예를 들어, 빨간색(Red) 채널을 선택하면 화면에 표시되는 회색 이미지는 빨간색 성분의 강도를 나타냅니다. 이 회색조 이미지는 밝은 영역일수록 해당 영역이 많은 빨간색 성분을 포함하고 있음을 의미하고, 어두운 영역은 적은 빨간색 성분을 나타냅니다.

Red 채널을 선택한 모습

Green 채널을 선택한 모습

Blue 채널을 선택한 모습

TIP ✦ 채널의 종류 알아보기

1. **색상 채널** : 이미지 색상 모드를 기준으로 만들어지는 기본 채널로, 이미지를 구성하는 색상 정보를 저장합니다.
2. **스팟 채널** : 출력할 때 직접 별도의 색상을 만들어 이미지에 적용하는 채널로, 특수한 목적을 위해 별색 인쇄를 할 때 만듭니다. 잘 이용하면 독특한 색감을 연출할 수 있어 이미지에 활력을 줄 수 있습니다.
3. **알파 채널** : 직접 관리하기 위해 선택 범위를 지정해서 추가한 채널을 말하며, 보통 합성할 때 임의로 추가하여 이용할 수 있습니다.

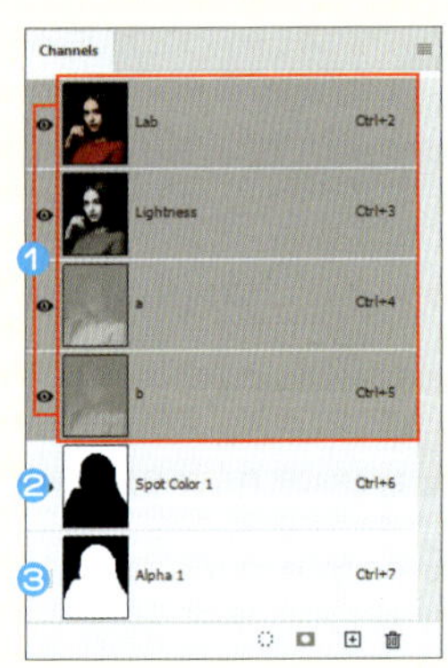

AI EASY 실습 채널 만들어 선택 영역 저장하고 사용하기

선택 도구로 선택 영역을 지정하여 알파 채널로 저장하면 필요할 때 언제든지 해당 영역을 불러올 수 있습니다. 예제에서는 특정 인물을 선택 영역으로 지정한 후 알파 채널로 저장하여 배경 이미지를 변경해 봅니다.

01 포토샵 → 08 폴더에서 '댄스.jpg' 파일을 불러옵니다. ❶ Contextual Task Bar의 〈Select subject〉 버튼을 클릭하여 인물만 선택 영역으로 지정합니다. 선택 영역을 저장하기 위해 메뉴에서 [Select] → Save Selection을 실행합니다. Save Selection 대화상자가 표시되면 ❷ Name에 '댄서'를 입력하고 ❸ 〈OK〉 버튼을 클릭합니다.

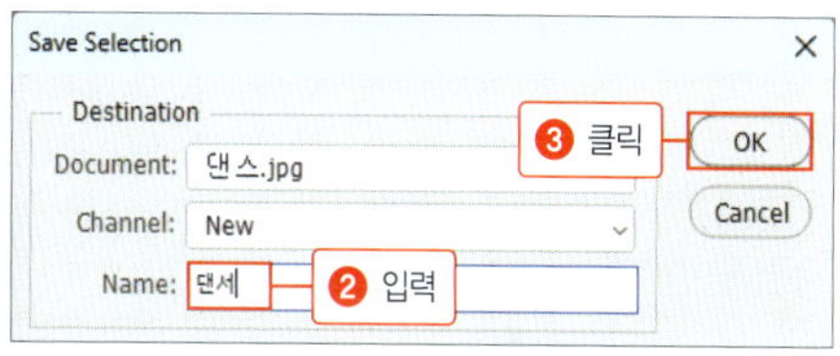

02 Channels 패널에 알파 채널이 만들어졌습니다. ❶ Ctrl+D를 눌러 선택 영역을 해제합니다. ❷ '댄스' 알파 채널의 '눈' 아이콘(👁)을 클릭하여 활성화하면 그림과 같이 나머지 배경 이미지는 빨간색 영역으로 표시됩니다.

03 ❶ '댄서' 알파 채널의 '눈' 아이콘([눈])을 다시 클릭하여 비활성화한 다음 ❷ Ctrl을 누른 상태에서 '댄스' 알파 채널을 클릭하면 다시 선택 영역이 표시됩니다. 선택 영역을 반전시키기 위해 ❸ 'Invert selection' 아이콘([아이콘])을 클릭합니다.

TIP

생성형 기능 사용시 1회당 1~10크레딧이 소모될 수 있습니다. 부족하면 추가 크레딧을 구매하거나 요금제를 업그레이드하세요(47, 48쪽 참고).

04 파이어플라이 ❶ 〈Generative Fill〉 버튼을 클릭한 다음 ❷ '야자수' 배경을 묘사하는 문장을 입력하고 ❸ 〈Generate〉 버튼을 클릭해 배경을 생성합니다. 생성 채널이 추가되었습니다.

| 프롬프트

야자수가 있는 서핑보드 상점 앞

05 선택 영역으로 지정된 배경이 그림과 같이 그래피티 벽면에서 서프보드가 있는 배경으로 변경되었습니다.

TIP

Ctrl을 누른 채 선택 영역을 불러와 추가로 원하는 위치에 이미지를 생성할 수 있습니다.

❸ 마스크 알아보기

마스크는 이미지를 보호하는 가림판이라고 생각할 수 있습니다. 예를 들어, 검은색 가림판에 문자를 입력하고 가위로 오려 문자에 구멍을 냅니다. 그 밑에 이미지를 배치하고 노란색 스프레이를 뿌리면 구멍이 뚫린 문자 부분에는 노란색 페인트가 뿌려져 사진에 문자가 표시되고, 나머지 사진 배경은 보호됩니다. 이처럼 보호 역할을 하는 검은색 가림판을 마스크라고 이해하면 됩니다.

문자 입력

문자를 오려 구멍을 낸 가림판과 뒤쪽의 이미지

스프레이로 페인트를 뿌린 모습

배경이 보호된 상태에서 문자만 표시

채널 마스크(Channel Mask)는 이미지를 편집할 때 특정 영역을 선택하거나 보호하는 데 사용하는 도구입니다. 이는 주로 정밀한 선택 영역을 만들고, 이미지의 특정 부분에 효과를 적용하거나 수정할 때 활용됩니다. 채널 마스크는 기존의 알파 채널과 밀접한 관련이 있으며, 각 채널의 밝기 정보를 기반으로 하기 때문에 매우 세밀하게 조정할 수 있습니다.

채널 마스크는 이미지의 특정 부분을 가리거나 드러내는 데 사용하는 흑백 기반의 마스크입니다. 흰색(White)은 보이는 부분을, 검은색(Black)은 숨기는 부분을 나타내며, 회색(Gray)은 반투명 상태를 의미합니다.
채널 마스크는 기본적으로 알파 채널에서 생성되며, 이미지의 색상 정보가 아닌 명암 대비 정보를 사용해 이미지의 특정 영역을 조정합니다. 예를 들어, 밝은 부분을 강조하거나 어두운 부분을 보호하고 싶을 때, 채널 마스크를 이용하면 원하는 영역만 선택적으로 수정할 수 있습니다.

포토샵에서 채널 마스크를 만드는 방법도 같은 원리입니다. 이미지를 불러오면 그림과 같이 Channels 패널에는 해당 컬러의 채널이 위치합니다. 먼저 손 이미지에서 손 부분을 마스크로 보호할 것인지, 배경 부분을 보호할 것인지 정해야 합니다.

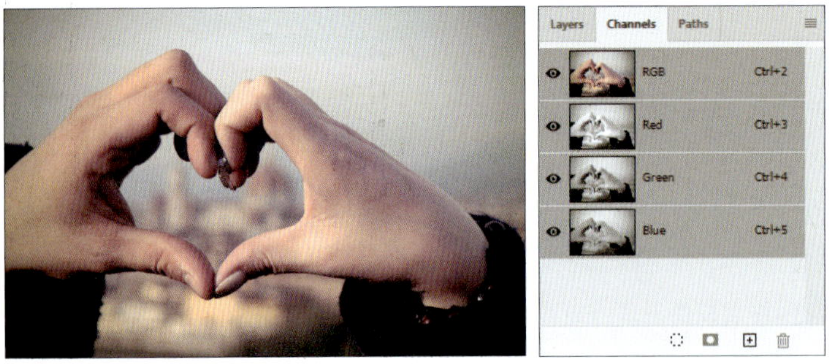

원본 이미지

검은색은 보호되는 부분이고, 흰색은 뚫리는 부분입니다. 선택 영역인 손 부분은 흰색, 배경 부분은 검은색으로 표시됩니다. 선택 영역을 불러온 다음 효과를 적용하면 손 부분만 효과가 적용됩니다.

손 이외의 배경 부분만 마스크로 보호

손 부분만 선택 영역으로 지정된 상태에서 필터 적용

Ctrl+I를 눌러 채널을 반전시키면 손 부분은 검은색, 배경은 흰색으로 변경됩니다. 물론 마스크로 보호되는 부분은 손이 됩니다.

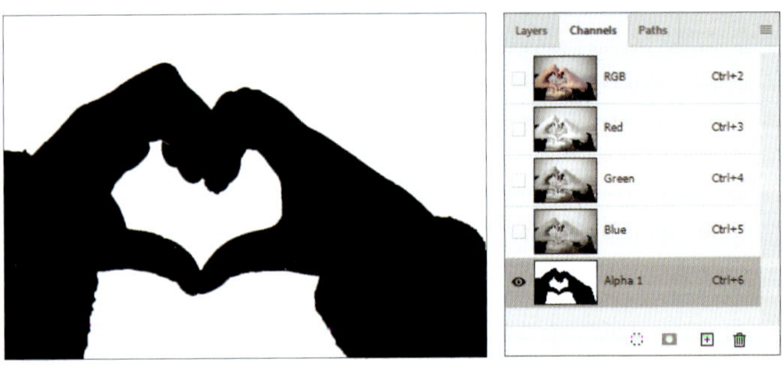

손 부분만 마스크로 보호

배경만 선택 영역으로 지정된 상태에서 배경 이미지 교체

TIP ✦ 마스크의 종류 알아보기

채널 마스크와 레이어 마스크, 클리핑 마스크의 차이는 다음과 같습니다.

1. **레이어 마스크** : 특정 레이어에 적용되어 해당 레이어의 특정 부분을 숨기거나 보여주는 데 사용합니다. 이는 레이어의 가시성을 제어하는 역할을 합니다.
2. **채널 마스크** : 이미지 전체에서 색상 정보나 밝기 정보를 기반으로 마스크를 생성하며, 더욱 정밀하게 조정할 수 있습니다. 또한, 채널로 저장할 수 있어 반복 사용할 수 있습니다.
3. **클리핑 마스크** : 하위 레이어의 가시성을 상위 레이어의 형태로 제한하는 기능입니다. 이는 특정 레이어 간의 관계를 조정하는 데 사용합니다. 반면, 채널 마스크는 이미지의 특정 부분을 수정하거나 보호하는 데 중점을 둡니다.

❹ 마스크로 특정 이미지 추출하기

포토샵의 Select and Mask 기능을 이용하면 특정 이미지를 선택하여 추출할 수 있습니다. 추출한 이미지는 이미지 합성 작업에 유용하게 사용할 수 있습니다.

Select and Mask 기능 알아보기

이미지에서 특정 영역을 선택할 때 Select and Mask 기능을 이용하면 간단하게 이미지를 추출할 수 있습니다. 특정 부분을 마스크 영역으로 지정하면 해당 부분은 제거되지 않고 그대로 유지되며, 나머지 부분은 투명 영역으로 변환할 수 있습니다. 이 기능을 사용하면 이미지 합성 작업에서 불필요한 부분이 제거되어 결과물을 미리 보며 합성할 수 있는 장점이 있습니다.

다음과 같이 인물 부분만 마스크로 지정한 상태에서 하늘 배경 부분만 투명하게 만들면 미리 위치시킨 여름 관련 일러스트가 인물과 합성되어 보입니다.

원본 이미지

인물만 추출한 이미지

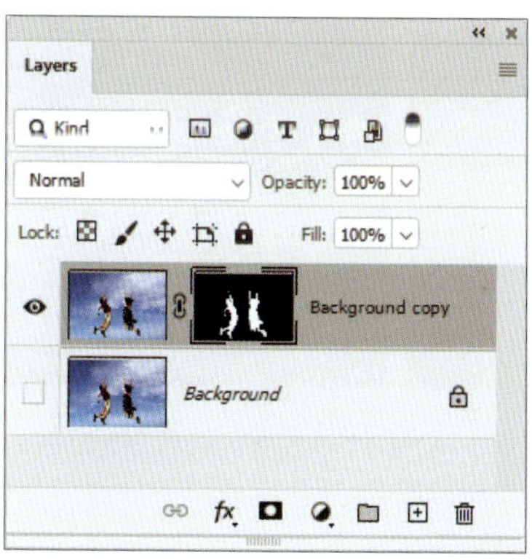

레이어 마스크가 적용된 상태

배경을 합성한 이미지(포토샵\08\레이어배치_완성.psd)

Select and Mask 옵션 살펴보기

메뉴에서 [Select] → Select and Mask(Alt+Ctrl+R)를 실행하면 Tools 패널과 Properties 패널이 표시됩니다. 여기에서 추출할 영역의 마스킹 작업을 정교하게 조절할 수 있습니다. 털이나 머리카락을 자동으로 추출하는 〈Refine Hair〉 버튼이 있습니다.

❶ **빠른 선택 도구** : 빠르게 영역을 지정합니다.

❷ **리파인 에지 브러시 도구** : 영역 가장자리를 다듬을 때 사용합니다.

❸ **브러시 도구** : 브러시로 영역을 지정할 때 사용합니다.

❹ **오브젝트 선택 도구** : 드래그한 부분을 기준으로 빠르게 영역을 선택합니다.

❺ **올가미 도구** : 직접 드래그하는 방식으로 영역을 지정합니다.

❻ **손 도구** : 화면을 이동할 때 사용합니다.

❼ **돋보기 도구** : 화면을 확대 또는 축소합니다.

❽ Select Subject : 선택 영역을 자동으로 지정합니다.

❾ Refine Hair : 머리카락이나 외곽선 부분을 자동으로 선택 영역으로 지정합니다.

❿ View : 미리 보기 모드를 지정합니다. 기본 설정은 반투명한 Onion Skin 모드로 영역을 지정한 부분만 또렷하게 표시합니다.

Onion Skin

Marching Ants

Overlay

On Black

On White

Black & White

On Layers

AI EASY 실습 레이어 마스크로 복잡한 선택 영역 편집하기

Mask All Objects 기능을 이용하면 이미지에서 각각의 피사체를 자동으로 레이어 마스크로 만들 수 있습니다. 예제에서는 인물 레이어 마스크를 자동으로 생성한 다음 한번의 클릭으로 특정 인물을 선택 영역을 지정하여 제거해 보겠습니다.

01 포토샵 → 08 폴더에서 '직장인.png' 파일을 불러옵니다. 메뉴에서 [Layer] → Mask All Objects를 실행합니다.

02 Layers 패널을 확인하면 자동으로 인물을 인식해 각각의 오브젝트 마스크 레이어가 만들어진 것을 확인할 수 있습니다. 먼저 왼쪽 인물을 제거하기 위해 Ctrl을 누른 채 'Background Object 5' 레이어의 섬네일을 클릭합니다.

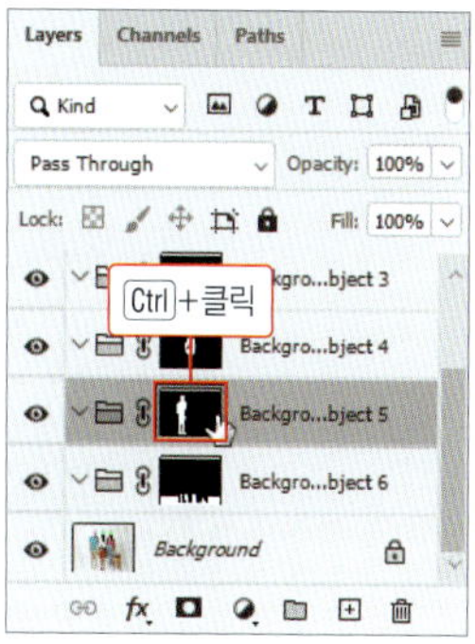

TIP ✧ Mask All Objects 기능 알아보기

Mask All Objects 기능을 사용하면 개체를 수동으로 선택하고 마스크를 적용할 필요가 없습니다. 포토샵이 자동으로 각 개체를 식별하고 마스크를 생성하므로 편집 시간을 크게 단축할 수 있습니다. AI 기술을 이용하여 개체의 가장자리를 정밀하게 감지하므로 비교적 정확한 마스크를 자동으로 생성합니다. 특히 복잡한 배경에서 개체를 분리할 때 유용합니니.

03 파이어플라이 왼쪽 인물만 선택 영역으로 지정되었습니다. ❶ 인물을 제거하기 위해 'Background' 레이어를 선택한 다음 ❷ 〈Remove〉 버튼을 클릭합니다.

04 그림과 같이 선택 영역으로 지정되었던 왼쪽 인물이 제거된 것을 확인할 수 있습니다.

TIP

레이어 마스크로 선택 영역 편집을 이용하여 이미지 생성이나 제거 뿐만 아니라 색상 보정 등 다양한 포토샵 기능 적용이 가능합니다.

05 Layers 패널에서 'Remove tool edits' 레이어의 눈 아이콘( )을 클릭하여 비활성화하면 제거한 인물이 다시 화면에 표시된 것을 확인할 수 있습니다.

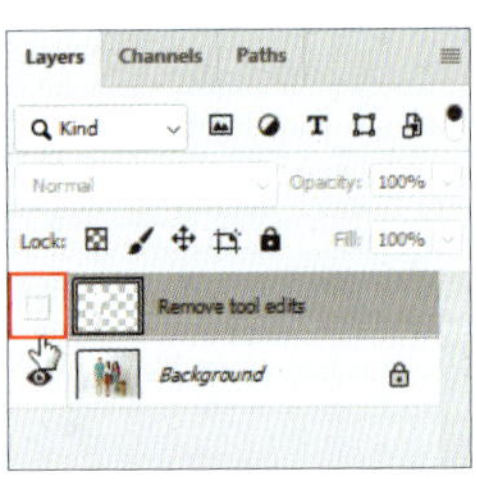

EASY 실습 털이 있는 이미지 선택하고 합성하기

Select and Mask 기능의 Refine Hair 옵션을 이용하면 드래그만으로도 세밀한 선택 영역을 지정할 수 있습니다. 예제에서는 털이 있는 의상 부분을 섬세하게 선택한 다음 배경을 합성해 봅니다.

01 포토샵 → 08 폴더에서 'bunny.png' 파일을 불러옵니다. 메뉴에서 [Select] → Select and Mask를 실행합니다.

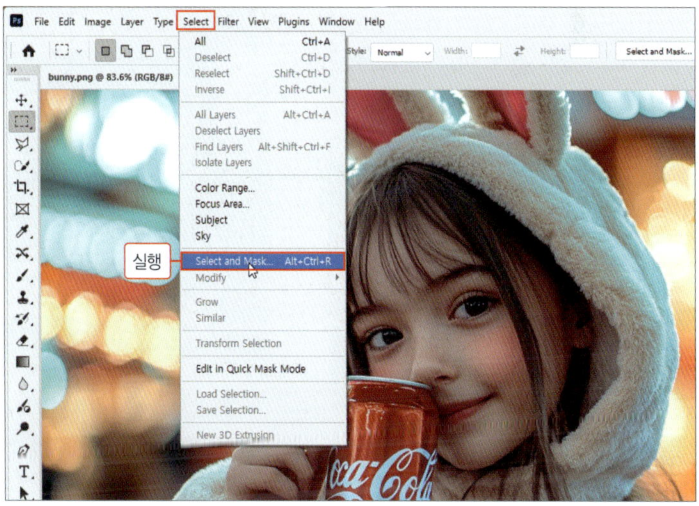

02 Properties 패널에서 ❶ View 미리 보기 섬네일의 팝업 아이콘을 클릭한 다음 'Onion Skin'으로 지정합니다. ❷ 빠른 선택 도구( )로 ❸ 인물을 드래그하여 인물만 화면에 표시합니다.

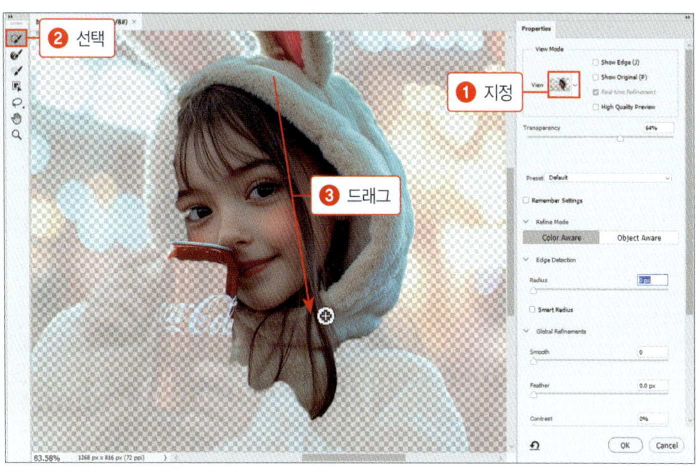

03 인물이 화면에 표시되면 ❶ 리파인 에지 브러시 도구(🖌)를 선택하고 ❷ 옵션바에서 〈Refine Hair〉 버튼을 클릭합니다. ❸ 옷의 털과 배경의 경계 부분을 드래그해 세밀하게 영역을 지정한 다음 ❹ 〈OK〉 버튼을 클릭합니다.

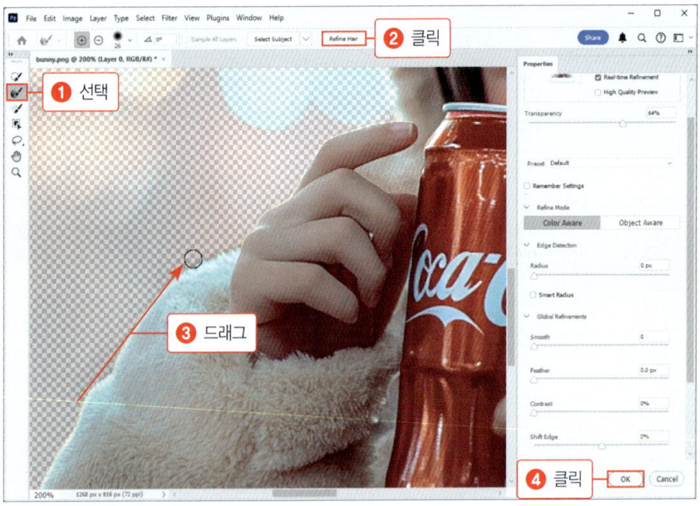

04 ❶ 포토샵 → 08 폴더의 'bears.png' 파일을 불러옵니다. 'bunny.png' 파일로 드래그하여 배치한 다음 Enter를 누릅니다. ❷ Layers 패널에서 'bears' 레이어를 인물 레이어 아래로 드래그하여 배경으로 지정합니다.

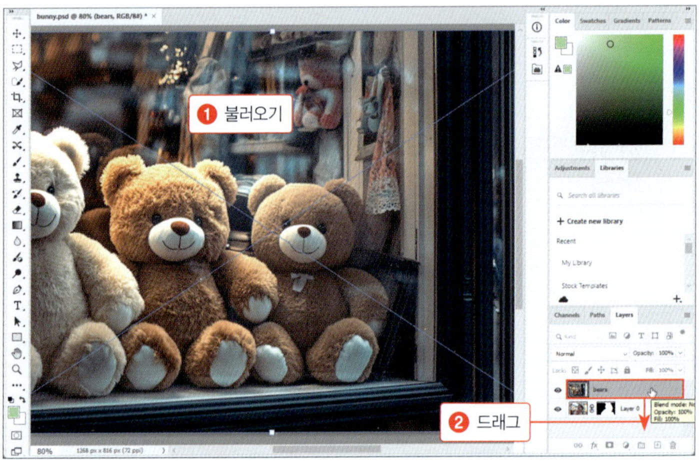

05 털옷을 입은 인물과 배경 이미지가 자연스럽게 합성된 것을 확인할 수 있습니다.

동영상 강의

AI 기능으로 크리스마스 홍보 배너 디자인하기

파이어플라이를 활용하면 단순한 이니셜 하나도 브랜드 분위기에 맞춘 새로운 그래픽으로 재해석할 수 있습니다. 파이어플라이를 활용해 이니셜 'B'를 크리스마스 무드의 타이포그래피로 변환하고, 이를 활용해 홍보 배너를 제작해 봅니다.

#생성형AI #배너 #브랜드홍보 #크리스마스

이미지 크기	1065×1500pixels
해상도	300ppi
실습 파일	포토샵\동영상\크리스마스홍보배너-예제.psd, 크리스마스사탕 프롬프트.txt
완성 파일	포토샵\동영상\크리스마스홍보배너-완성.psd

#파이어플라이 #타이포그래피 #참조이미지

기본 레이아웃 구성된 예제 파일 열기

브랜드 이니셜인 'B'를 화면 중앙에 크게 배치하기

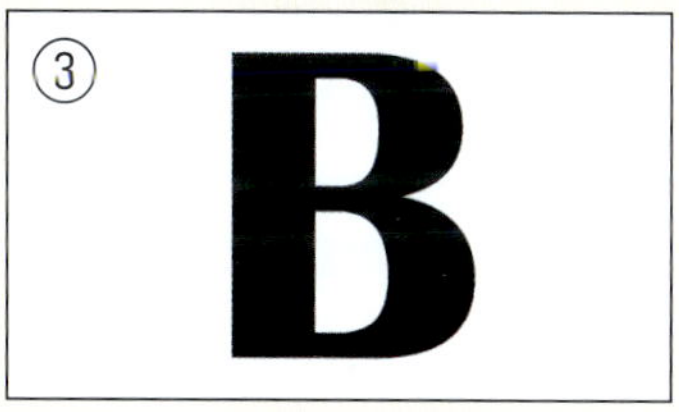

도안 활용을 위해 'B' 이니셜만 따로 JPG로 저장하기

파이어플라이를 켜고 프롬프트 입력하여, '크리스마스 사탕' 이미지 생성하기

파이어플라이에서 이니셜을 컴포지션 설정, '크리스마스 사탕' 이미지를 참조 스타일로 지정하여 새로운 스타일의 타이포그래피 생성하기

'B' 이니셜 타이포그래피를 활용하여 크리스마스 홍보 배너 디자인 완성하기

동영상 강의

AI 기능으로 UI · UX 디자인하기

더 빠르고 효율적인 웹 디자인을 위해, 이제는 AI가 초기 설계부터 시안 제작까지 함께합니다. 복잡한 레이아웃과 사용자 흐름도 AI를 활용하면 단 몇 분 만에 시각화할 수 있습니다. AI 기능으로 이미지를 생성하여 페이지를 구성해 봅니다.

#UIUX #배너 #제너레이트 #웹 디자인

- **이미지 크기** 1920×1080pixels
- **해상도** 300ppi
- **실습 파일** 포토샵\동영상\추가의자이미지.png, UIUX_메인화면_텍스트.txt
- **완성 파일** 포토샵\동영상\UIUX_완성.psd

#클리핑 마스크 #Generate image #Harmonize

① 사각형 도구로 기본 레이아웃 구성하기

② Generate image → 레퍼런스 기능을 활용하여 원하는 스타일의 배경이미지 생성하기

③ 레이어 클리핑 마스크 기능을 활용하여 레이아웃에 맞춰 메인화면 꾸미기

④ 새로운 의자 이미지를 불러오고, 배경 지우기 버튼을 클릭하여, 의자 이미지 배치하기

⑤ 조화(Harmonize) 기능을 활용하여 새로운 의자 이미지를 자연스럽게 합성하기

⑥ 텍스트를 입력하여 UI · UX 메인 페이지 디자인 완성하기

동영상 강의

이미지 변형을 이용해 디자인 명함 제작하기

포토샵 이미지 변형(Transform) 도구는 이미지의 크기, 모양 변형부터 각도 조정까지 다방면으로 유용하게 사용하는 도구입니다. 변형 도구를 단순히 이미지 크기 조정에만 사용하지 않고 멋스러운 그래픽 효과를 내는 데 활용해 봅니다.

#명함 제작 #로고 #퍼스널 브랜딩

이미지 크기	90×50mm
해상도	300ppi
완성 파일	포토샵\동영상\namecard.psd

#그러데이션 #Warp #문자 도구 #Create Warped Text #다각형 도구

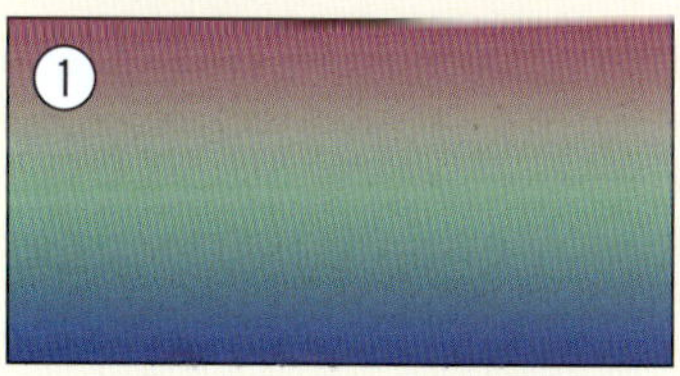

새로운 레이어 추가하여 그러데이션 배경 만들기

Warp 기능으로 그레이디언트 형태를 왜곡 변형하기

문자 도구로 'PERSONAL BRAND' 문자 입력하기

Create Warped Text 기능으로 문자 변형하기

다각형 도구와 Free Transform 기능으로 별 만들기

문자 도구를 이용하여 명함 아래쪽에 개인 정보 입력하기

동영상 강의

채도와 색상을 이용한 음원 레이블 만들기

포토샵에는 색상, 명도, 채도 등을 조정할 수 있는 다양한 기능과 도구들이 있습니다. 포토샵 이미지 색상 조절 기능에 대해 익혔다면 이를 활용하여 개성 있는 그래픽 디자인에 도전해 봅니다.

#음원 레이블 **#바이닐** **#레코드** **#LP**

- **이미지 크기** 120×120mm
- **해상도** 300ppi
- **실습 파일** 포토샵\동영상\image01.jpg, image02.jpg
- **완성 파일** 포토샵\동영상\albumcover.psd

#사각형 도구 **#Place Embedded** **#Gradient Map** **#Hue/Saturation** **#문자 도구**

① 사각형 도구로 레이블의 기본 레이아웃 구성하기

② Place Embedded 기능으로 이미지 불러와 중앙에 배치하기

③ Gradient Map 기능을 실행하여 색상 변경하기

④ 빈티지 꽃 이미지 불러와 배치하기

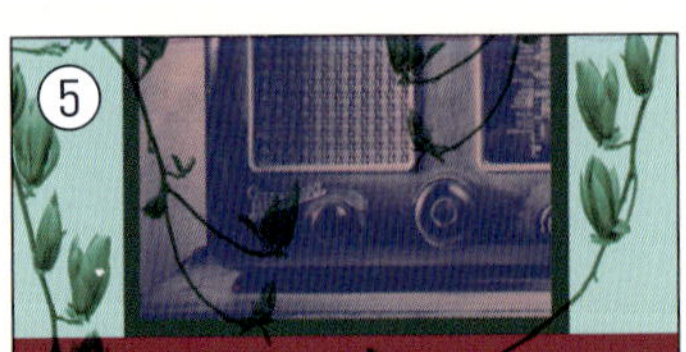

⑤ Hue/Saturation 기능을 이용해 청록색 계열로 색상 조정하기

⑥ 문자 도구를 이용하여 타이틀 문자 입력하기

동영상 강의

레이어 합성 기능으로 포스터 제작하기

포토샵의 강력한 기능 중 하나는 레이어 스타일(Layer Style)입니다. 레이어 스타일 기능을 활용하면 그림자 효과부터 독특한 질감 표현까지 많은 그래픽 효과를 매우 간단한 방법으로 구현할 수 있습니다.

#포스터 디자인 #일러스트 #텍스처

이미지 크기 1080×1500pixels

해상도 300ppi

실습 파일 포토샵\동영상\image-sky.jpg, 우주배경.jpg, 황야.jpg

완성 파일 포토샵\동영상\space-poster.psd

#도형 도구 #레이어 #클리핑 마스크 #Layer Style #블렌딩 모드

① 도형 도구와 레이어를 이용하여 둥근 사각형 그리기

② 하늘 배경 이미지에 클리핑 마스크 적용하기

③ 둥근 사각형에 레이어 스타일의 Outer Glow 효과 적용하기

④ 원에 Gradient Overlay, Drop Shadow 적용하고 배치하기

⑤ 아래쪽에 불투명 그러데이션과 레이어 블렌딩 모드 적용하기

⑥ 문자 도구를 이용하여 타이틀 문자 레이어 만들기

동영상 강의

채널 기능을 이용한 상품 패키지 디자인하기

포토샵의 채널 개념을 이해하고 있다면, 채널을 활용해 감각적인 그래픽 이미지를 만들 수 있습니다. 흑백 이미지에서 색상 채널을 분리하여 채널 분할 색상 요소를 만들어 역동적이고 독특한 분위기의 이미지를 제작해 봅니다.

#패키지 디자인 #로고 #포장 디자인

이미지 크기 120×100mm

해상도 300ppi

실습 파일 포토샵\동영상\image_sports.jpg

완성 파일 포토샵\동영상\패키지 라벨.psd, 라벨.jpg, 목업.jpg

#오브젝트 선택 도구 #복제 #픽셀 유동화 필터 #뒤틀기 도구 #도형 도구

RGB 모드의 문서로 그러데이션 배경 만들기

오브젝트 선택 도구로 인물 이미지 추출 후 흑백 전환하기

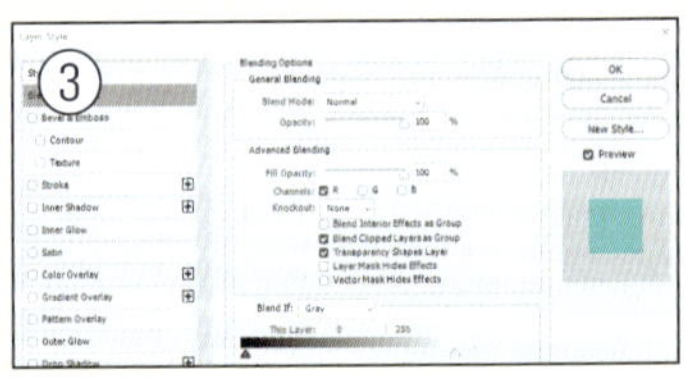

인물 레이어 복제 후 레이어 스타일의 R(빨간색)만 체크 표시하기

픽셀 유동화 필터와 뒤틀기 도구로 사진의 일부 변형하기

인물 레이어 아래쪽에 도형 도구로 그러데이션 직사각형 만들기

문자 도구를 이용해 제품 이름과 제품 정보 입력하기

동영상 강의

문자를 이용한 쿠폰 제작하기

포토샵 도형 도구와 문자 도구를 이용해 쇼핑몰이나 마케팅 디자인에서 자주 볼 수 있는 쿠폰을 간단하고 짜임새 있게 디자인할 수 있습니다.

#쿠폰 디자인 #스탬프 #버튼

이미지 크기 800×600pixels

해상도 72ppi

완성 파일 포토샵\동영상\쿠폰디자인.psd, 쿠폰디자인.jpg

#도형 도구 #래스터화 #둥근 사각형

① 새 레이어에 배경색 채우기

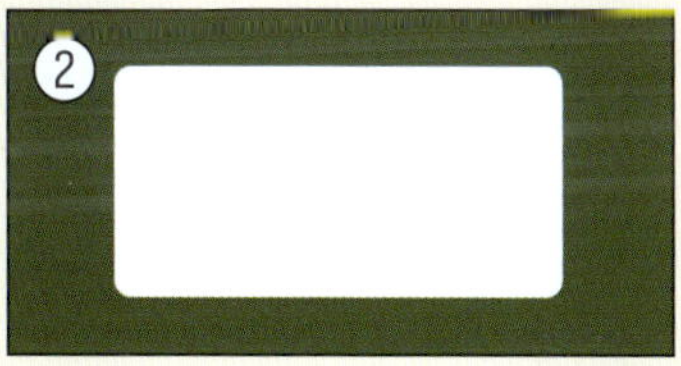

② 사각형 도구로 쿠폰 형태의 둥근 모서리 만들기

③ 원형 도구로 양쪽 가장자리 중앙에 원 그리기

④ 쿠폰 프레임을 래스터화하고, 흰색 원형의 선택 영역을 만든 후 삭제하기

⑤ 문자 작업 부분 강조하기

⑥ 쿠폰 정보 입력하고, 사각형 도구로 다운로드 버튼 만들기

찾아보기

N - O

P

R

S

T

U - Z

ㄱ

ㄴ - ㄹ

ㅁ

ㅂ

ㅅ

ㅇ

ㅈ

ㅊ - ㅌ

ㅍ

ㅎ

포토샵 + 일러스트레이터

CC 2026 무작정 따라하기

문수민, 민지영, 전은재, 앤미디어 지음

길벗

학습계획표

체계적으로 일러스트레이터 학습 계획을 세워 보세요!

schedule

본격적으로 공부를 시작하기 전에 자신에게 맞는 학습 계획을 세워 보세요. 여기서 안내하는 계획표대로 내 실력에 맞게 일러스트레이터를 마스터할 수 있습니다.

✧ 1단계 ✧	일러스트레이터를 처음 배우는 분이세요?	
레슨 1일차	크리에이티브하게 디자인하는 일러스트레이터의 시작	028 쪽
레슨 2일차	생성형 AI로 상상을 현실 디자인으로! 일러스트레이터 CC 2026 신기능	012 쪽
레슨 3일차	AI 기능이 돋보이는 일러스트레이터 CC 2026	032 쪽
레슨 4일차	작업 준비! 쉽고 빠르게 캔버스 만들기	062 쪽
레슨 5일차	상상을 현실로! 일러스트 드로잉	077 쪽
레슨 6일차	컬러 취향에 맞는 배색	098 쪽
레슨 7일차	직관적인 타이포그래피 디자인	144 쪽
✧ 2단계 ✧	일러스트레이터 이전 버전을 사용한 적이 있으신가요?	
레슨 1일차	작업 준비! 쉽고 빠르게 캔버스 만들기	062 쪽
레슨 2일차	상상을 현실로! 일러스트 드로잉	077 쪽
레슨 3일차	컬러 취향에 맞는 배색	098 쪽
레슨 4일차	직관적인 타이포그래피 디자인	144 쪽
레슨 5일차	완성도를 높이는 일러스트의 재구성	159 쪽
✧ 3단계 ✧	일러스트레이터로 원하는 작업물을 만들고 싶은가요?	
레슨 1일차	상상을 현실로! 일러스트 드로잉	077 쪽
레슨 2일차	컬러 취향에 맞는 배색	098 쪽
레슨 3일차	직관적인 타이포그래피 디자인	144 쪽
레슨 4일차	완성도를 높이는 일러스트의 재구성	159 쪽
✧ 동영상 강의 ✧	동영상을 이용하여 실전 활용 강의	

책 소개

최신 AI 모델의 포토샵과 일러스트레이터 CC 2026을 한 권으로 공부하세요.

이 책은 포토샵과 일러스트레이터의 핵심 기능과 신기능을 기능과 예제 형식으로 나눠 설명합니다. 예제를 통해 쉽고 빠르게 학습할 수 있도록 구성하였고, CC 2026에서 새롭게 도입된 생성형 AI 기능을 학습하여 효율적인 그래픽 작업을 익혀 보세요.

2권 〉 일러스트레이터

그림 실력이 없어도 쉽고 빠르게 손그림 또는 디지털 일러스트레이션을 완성할 수 있고 최신 일러스트레이터 CC 2026을 이용하여 그래픽 디자인, 편집 디자인, 인포그래픽 등 원하는 형태의 패스와 오브젝트 편집까지 학습할 수 있도록 구성하였습니다. 일러스트레이터의 정교한 기능으로 벡터 그래픽을 마스터해 보세요.

책 구성

체계적인 구성을 따라 빠르고 간편하게 공부하세요.

필수 기능

일러스트레이터를 다루기 위해 꼭 알아야 할 기능을 다룹니다. 개념을 알아 두면 일러스트레이터를 실습하는데 기초가 됩니다.

실습파일

예제를 직접 따라하기 위한 실습파일을 제공합니다. 길벗 홈페이지에서 다운로드 받을 수 있습니다.

Before, After

예제를 위해 제공하는 원본 일러스트와 따라하기 결과물의 일러스트를 미리 볼 수 있도록 표시합니다.

Easy 실습

일러스트레이터 명령이나 기능을 이용하여 일러스트에 적용하는 방법을 따라하기 형식으로 설명합니다.

TIP

예제 관련 기본 팁을 제공합니다. 개념에 대한 부연 설명, 관련 기능 정보, 주의할 점 등을 설명합니다.

AI 모델

예제 작업에서 선택한 AI 모델을 표시합니다.

프롬프트

이미지 생성이나 수정을 위한 프롬프트를 표시합니다.

동영상을 이용한 실전 예제 학습

이론과 실습 예제를 이용하여 일러스트레이터의 기본기를 배웠다면 본서에서 제공하는 동영상 활용 예제를 만들어 보세요. 스마트폰이나 태블릿 PC 카메라로 QR 코드를 찍거나 PC의 유튜브 채널(youtube.com/@photoshop_follow)에서 일러스트레이터 전문 저자 강의 동영상으로 활용 예제 제작 방법을 배워 보세요.

동영상 강의

도형 도구로 캐릭터 일러스트 에코백 디자인하기

일러스트레이터에서 가장 기본이 되는 도형 도구와 Swatches 패널에서 제공하는 다양한 색, 패턴을 활용하여 개성있는 캐릭터를 완성하고, 이를 활용하여 직접 팬시 용품 디자인까지 도전해 봅니다.

#캐릭터 #일러스트 #에코백

이미지 크기 210×297mm

완성 파일 일러스트레이터\동영상\eco bag.ai, eco bag.jpg

#패턴 #사각형 도구 #별 도구 #원형 도구 #문자 도구

① 사각형 만들고 패턴 적용하기

② 사각형 도구를 이용하여 배경 만들기

③ 별 도구로 캐릭터 얼굴 만들기

④ 원형 도구로 캐릭터 눈과 볼터치 만들기

⑤ 사각형 도구로 캐릭터 다리와 신발 만들기

⑥ 반짝이 무늬를 배경에 복제하고 문자 입력하기

172

활용 예제

필수 활용 예제를 제공합니다. 작업 과정을 이해한 다음 작업해 보고, 동영상으로 확인합니다.

예제 소개 영상(QR 코드)

스마트폰이나 태블릿 PC로 QR 코드를 촬영해 예제 작업 과정을 동영상으로 확인할 수 있습니다. PC에서 볼륨을 키우고, 동영상 플레이어의 재생 버튼을 눌러 일러스트레이터 강사의 강의를 듣고, 보면서 학습해요.

동영상 강의

블렌드 기능으로 타이포그래피 폰케이스 디자인하기

일러스트레이터의 블렌드 기능은 두 개 이상 오브젝트의 중간 단계를 색 또는 형태로 자동으로 만드는 그러데이션 기능의 일종입니다. 블렌드 도구를 이용해 두 개의 문자 형태를 연결해서 입체적이고 감각적인 타이포그래피 디자인을 연출합니다.

#타이포그래피 #입체 #폰케이스

이미지 크기 120×180mm

완성 파일 일러스트레이터\동영상\phonecase.ai, phonecase.jpg

#Make Envelope - Wave #블렌드 #별 도구

① 배경색 적용하고 문구 입력하기

② Make Envelope – Wave 기능으로 문자 왜곡 변형하기

③ 문자를 복제하고 기존 타이틀 아래쪽에 위치한 다음 크기, 컬러, 위치 조절하기

④ 블렌드 도구의 Specified Steps 기능을 이용하여 타이포그래피에 입체감 표현하기

⑤ 상단 메인 타이틀을 복제하고 컬러를 변경한 다음 테두리를 만들어 눈에 잘 띄도록 수정하기

⑥ 별 도구로 별 무늬 더하기

173

작업 과정 영상(QR 코드)

작업 과정을 일러스트레이터 강사의 해설과 함께 동영상을 제공합니다. QR 코드를 이용하거나 PC에서 유튜브 채널 강의 영상을 확인합니다.

작업 과정 소개

예제 작업 시 사용 기능과 작업 과정을 소개합니다. 가장 효율적인 작업 과정을 확인해 보세요.

목차

part01 > 일러스트레이터 CC 2026 원포인트로 시작하기

contents

part02 > 더 크리에이티브하게! 꼭 알아야 할 드로잉의 기본기

part03 > 배색과 채색, 손쉬운 관리를 위한 레이어

Part 01

일러스트레이터 CC 2026 원포인트로 시작하기

Adobe Firefly 〈 20/26 〉

AI | Mockup | Interface

PHOTOSHOP
&ILLUSTRATOR CC 2026

CC/26
ILLUSTRATOR
Generate

LESSON 01 생성형 AI로 상상을 현실 디자인으로! 일러스트레이터 CC 2026 신기능

벡터 그래픽 편집 소프트웨어인 일러스트레이터의 최신 버전인 일러스트레이터 CC 2026을 공개했습니다. 이번 버전은 AI 기술과 직관적 인터페이스 개선을 중심으로, 전문 디자이너부터 창의적 작업을 시작하는 사용자까지 모두가 더 빠르고 정교하게 작업할 수 있도록 구성되었습니다.

❶ 아이디어를 실시간으로 구현하는 빠른 작업 속도

일러스트레이터 CC 2026은 업계 표준 벡터 디자인 도구로, 이전 버전보다 현저히 향상된 속도와 효율성을 제공합니다. 최신 업데이트에서는 주요 그래픽 효과와 변형 기능의 처리 속도가 최대 5배까지 빨라져, 복잡한 벡터 작업도 지연 없이 부드럽게 수행할 수 있습니다. 따라서 디자이너는 아이디어를 구상하고 시각화하는 전 과정을 더 짧은 시간 안에 완성할 수 있으며, 대용량 아트워크나 고해상도 프로젝트에서도 안정적인 퍼포먼스를 경험할 수 있습니다.

Illustrator CC 2026은 혁신적인 성능 개선과 함께, 창의적인 작업 흐름을 한층 더 자연스럽게 지원합니다. 특히, 어도비 파이어플라이 기반의 AI 디자인 도구가 통합되어, 텍스트 프롬프트만으로 아이콘, 패턴, 브러시 등을 자동 생성할 수 있습니다. 또한 AI 색상 추천과 자동 레이아웃 기능이 추가되어, 초보 디자이너도 전문가 수준의 결과물을 빠르게 완성할 수 있습니다.

일러스트레이터 CC 2026

❷ 향상된 글꼴 브라우저(Font Browser)

새롭게 도입된 글꼴 브라우저는 수천 종의 서체를 시각적으로 탐색하실 수 있는 인터페이스를 제공합니다. 글꼴별 미리보기가 실시간으로 표시되어, 시각적 분위기나 타이포그래피의 질감을 즉시 비교할 수 있습니다. 굵기, 너비, 자간, 스타일(세리프, 산세리프, 필기체 등), 그리고 '감정 톤'(클래식, 모던, 친근함 등)과 같은 다양한 속성별 필터링 기능이 강화되었습니다. 또한 Adobe Fonts와 로컬 글꼴이 완전히 통합되어, 하나의 패널 안에서 온라인과 오프라인 글꼴을 동시에 관리할 수 있습니다.

디자이너의 경우 프로젝트 중에도 별도의 창 전환 없이 바로 서체를 검색하고 적용할 수 있으며, 즐겨찾기 및 자동 동기화 기능을 통해 브랜드 서체를 보다 체계적으로 관리할 수 있습니다. 이를 통해 편집 디자인이나 UI 가이드 제작 시 시각적 일관성을 유지하면서도 작업 효율성을 높일 수 있습니다.

실시간으로 비교 수정이 가능한 글꼴 브라우저 ▶ 16쪽 참고

❸ 생성형 확장(Generative Expand)

AI 기반 이미지 확장 기술인 생성형 확장 기능은 선택한 오브젝트의 가장자리 정보를 인식하여 주변 영역을 자연스럽게 확장합니다. 오브젝트의 질감, 조명 방향, 배경 패턴을 자동으로 분석해 왜곡 없이 공간을 보완하기 때문에, 단순한 크기 조정 이상의 품질을 경험할 수 있습니다.

예를 들어 제품 이미지의 캔버스를 넓혀 새로운 레이아웃을 시도하거나, 포스터 디자인에서 인물 주변을 자연스럽게 연장하여 비율을 변경할 수 있습니다. 리얼한 질감 재현 덕분에 인쇄물, 패키지, 웹 배너 등 다양한 시각물에서도 일관된 완성도를 유지할 수 있습니다. 특히 대형 인쇄물 제작처럼 고해상도 확장이 필요한 경우, AI가 자동으로 픽셀 디테일을 보정해 리터칭 작업 시간을 크게 줄입니다.

AI 생성형 확장 기능으로 다양한 비율 변경이 가능

❹ 세밀한 색상 조정(Color Precision Tools)

새롭게 개선된 색상 피커와 그레이디언트 툴은 색상 전환을 더욱 정교하게 제어할 수 있도록 업그레이드되었습니다. 색상 피커에서는 대비, 명도 차이, 브랜드 팔레트 일치율 등을 실시간으로 확인할 수 있어, 시각적 조화를 빠르게 판단할 수 있습니다. 그레이디언트 편집 시에도 각 색상 지점의 곡선 전환이 물리 기반으로 보정되어, 실제 광원의 변화처럼 자연스러운 색상 흐름을 구현합니다.

자주 사용하는 브랜드 색상은 프리셋(Preset)으로 등록하여 언제든 자동으로 불러올 수 있으며, Pantone 라이브 동기화 기능을 통해 인쇄 과정에서의 색상 오차도 최소화할 수 있습니다. 이를 통해 색상 실험의 자유도는 높아지고, 결과물의 색상 정확도는 한층 향상됩니다.

실시간으로 색상 보정으로 색상 오차 최소화 ▶ 19쪽 참고

❺ 정교한 디자인 제어(Enhanced Precision Design)

스마트 스냅(Smart Snap) 기능이 한층 정교해져, 곡선의 접선이나 벡터 경로의 교차점을 더 정확하게 맞출 수 있습니다. 특정 아트보드 단위로 스냅 기능을 개별 설정할 수 있어, 복잡한 멀티보드 프로젝트에서도 정밀한 배치가 가능합니다.

예를 들어 캐릭터 일러스트의 윤곽선 정렬이나 아이콘의 중심 맞춤 작업을 자동으로 보정해 주어 수작업을 줄입니다. 또한 픽셀 단위의 미세 조정이 가능하기 때문에, 제품 렌더링이나 UI 심볼, 인포그래픽 제작 시 뛰어난 제어력을 경험할 수 있습니다.

곡선의 접선이나 벡터 경로의 교차점을 정교하게 편집 ▶ 21쪽 참고

❻ 턴테이블(Turntable) 기능

턴테이블 기능은 2D 벡터 오브젝트를 가상의 3D 축 위에서 회전시켜 볼 수 있는 시각화 도구입니다. 이를 통해 평면 일러스트의 구조를 다양한 각도에서 미리 확인할 수 있으며, 형태 왜곡이나 원근 비율을 직관적으로 파악할 수 있습니다. 예를 들어 캐릭터를 좌우로 회전시키며 포즈를 구상하시거나, 제품의 외형을 프로토타입 형태로 검증하실 수 있습니다. 이 기능은 단순한 회전 도구를 넘어, 2D 디자인을 3D 관점으로 확장할 수 있도록 돕는 시각적 피드백 시스템입니다. 덕분에 아이디어 단계에서도 완성도 높은 시안을 보다 빠르게 생성할 수 있습니다. 턴테이블 기능은 베타 앱에서 제공합니다. 어도비 크리에이티브 클라우드에서 베타 앱을 설치하여 기능을 사용해 보세요.

2D 오브젝트를 3D 오브젝트로 간단하게 변환
▶ 23쪽 참고

❼ 간편한 아트보드 관리(Smart Artboard Management)

새롭게 개선된 아트보드 관리 패널은 프로젝트 내 다수의 콘텐츠를 보다 효율적으로 정리할 수 있도록 설계되었습니다. 아트보드 미리보기가 썸네일 형태로 표시되어 콘텐츠 배치와 순서를 한눈에 확인할 수 있으며, 드래그 한 번으로 손쉽게 재정렬, 복제, 내보내기가 가능합니다.

자동 그룹화 기능을 통해 동일 규격의 시리즈 콘텐츠(SNS 카드, 광고 세트, 제품 페이지 등)를 일괄 관리할 수 있고, 내보내기 속도 역시 이전보다 빨라졌습니다. 이를 통해 브랜드 캠페인, 온라인 프로모션, 멀티포맷 콘텐츠 제작 등 다중 아트보드 기반 프로젝트에서 업무 효율성과 일관성을 모두 확보할 수 있습니다.

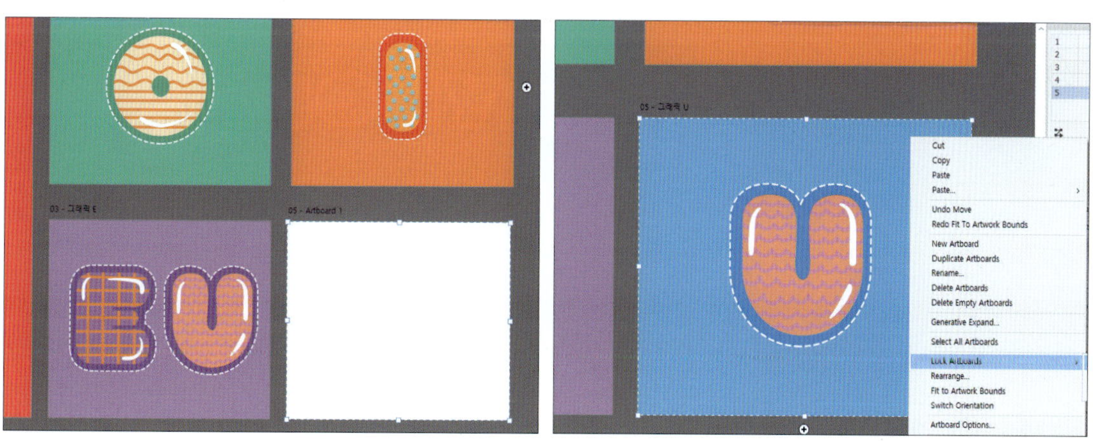

효율적으로 프로젝트 콘텐츠 정리 ▶ 25쪽 참고

EASY 실습 글꼴 브라우저로 이미지에 맞는 글꼴 선택하기

새로 도입된 글꼴 브라우저는 방대한 서체 라이브러리를 직관적으로 탐색할 수 있는 환경을 제공하며, 각 글꼴의 미리보기가 실시간으로 갱신되어 디자인의 스타일을 바로 확인하고 조정할 수 있습니다.

01 Ctrl+O를 누르고 일러스트레이터 → 01 폴더에서 'font browser.ai' 파일을 불러옵니다. 효과가 적용된 'GREYHOUND' 문자 오브젝트가 이미지와 함께 배치되어 있습니다.

02 [Window] → Type → Character를 실행하거나 ❶ Ctrl+T를 눌러 Character 패널을 표시합니다. ❷ 선택 도구(▶)로 문자 오브젝트를 클릭한 다음 ❸ Character 패널에서 폰트 이름에 마우스 커서를 위치하면 효과가 적용된 오브젝트를 확인할 수 있습니다.

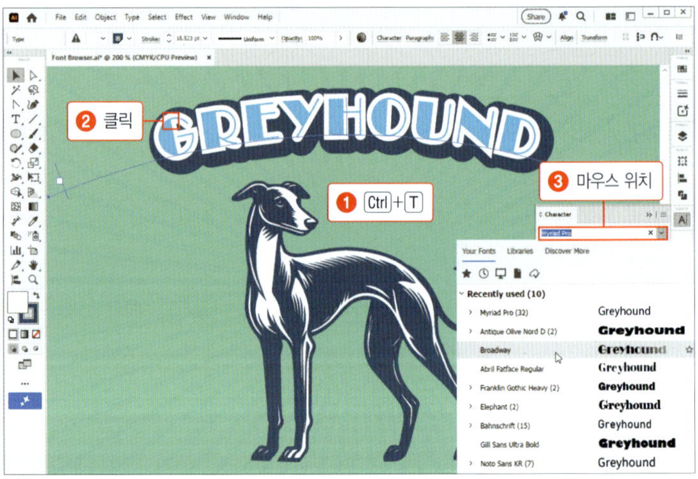

03 여기서는 'Antique Olive Nore D' 폰트를 선택하여 완성합니다.

EASY 실습 생성형 확장 기능으로 카드 비율 조정하기

AI 기반 이미지 확장 기능은 기존 장면을 자연스럽게 이어붙여 캔버스를 확장해 주며 공간을 매끄럽게 보완해 비율이나 구성 변화를 자유롭게 조정이 가능합니다.

01 Ctrl+O를 누르고 일러스트레이터 → 01 폴더에서 'generate expand.ai' 파일을 불러옵니다. '텍스트', '메인 이미지', '배경' 3개의 그룹 오브젝트가 있습니다. ❶ 선택 도구(▶)로 '배경' 오브젝트를 클릭한 다음 ❷ Contexthul Task Bar에서 〈Generative Expand〉 버튼을 클릭합니다.

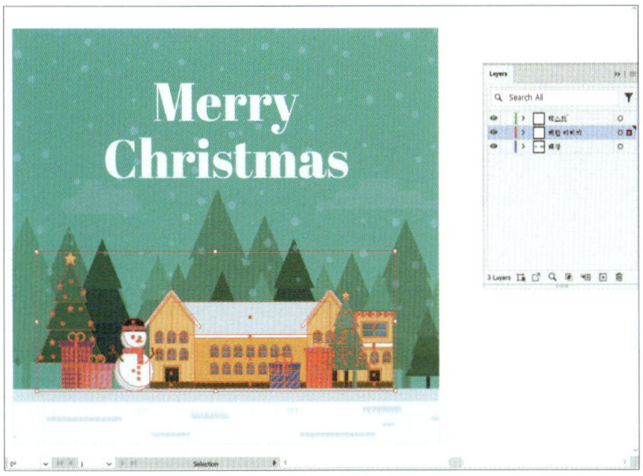

02 파이어플라이 〈Generative Expand〉 버튼을 클릭하면 선택한 그룹 오브젝트 상하좌우에 핸들이 나타납니다. 여기서는 오른쪽 핸들을 클릭하고 ❶ Alt를 누른채 오른쪽으로 드래그한 다음, ❷ Contexthul Task Bar에서 〈Generate〉 버튼을 클릭합니다.

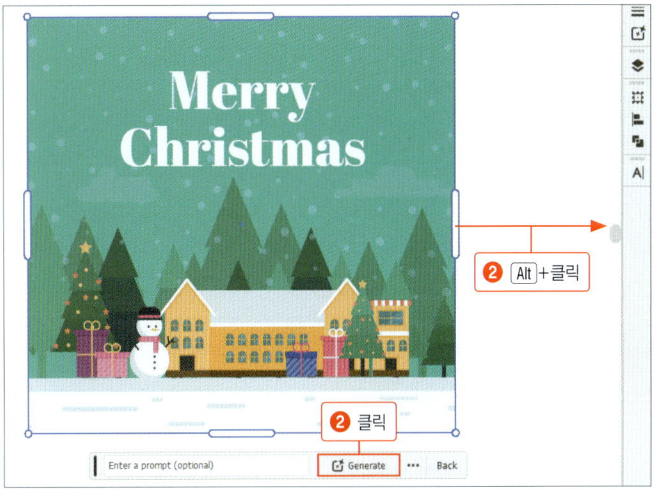

03 AI가 확장되는 부분을 자동으로 계산하여 결과물을 보여줍니다. 이때, 그림과 같이 경고창이 나타나면 〈Combine〉 버튼을 클릭합니다.

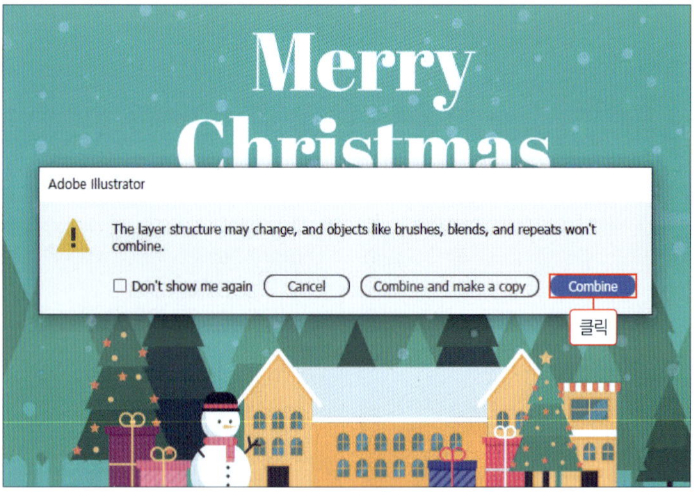

TIP ✦
경고창은 레이어 구조가 변경될 수 있으며, 브러시 · 블렌드 · 리핏(repeats) 같은 객체는 결합되지 않는다는 내용을 안내합니다.

04 핸들을 드래그하여 확장한 만큼 이미지가 자동으로 생성된 것을 확인할 수 있습니다.

TIP ✦
Generative Expand 기능은 핸들을 조절해 원하는 디자인이 나올 때까지 수정할 수 있습니다. 디자인이 완성되면 〈Combine〉 버튼을 클릭해, 생성된 그래픽을 효과가 적용된 일반 오브젝트로 변환할 수 있습니다.

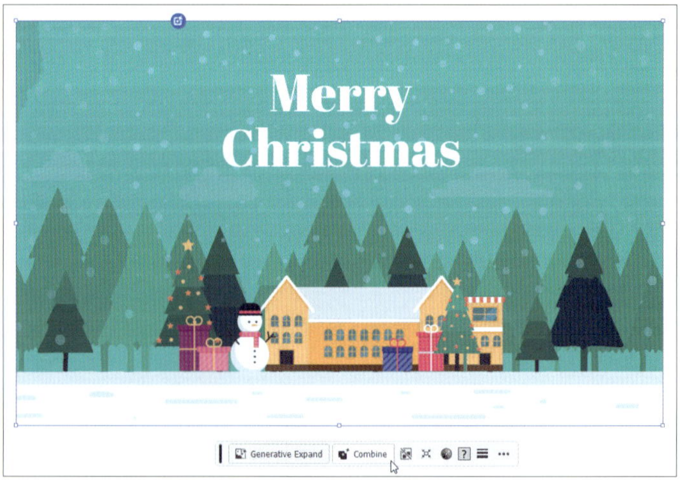

• **실습파일** : 일러스트레이터\01\color precision tools.ai • **완성파일** : 일러스트레이터\01\color precision tools_완성.ai

EASY 실습 색상 조정 기능으로 색상과 그라디언트 효과 적용하기

업데이트된 색상 피커와 그라디언트 도구는 색상 변화를 더 정밀하게 다룰 수 있도록 기능이 확장되었습니다. 실시간으로 확인하면서 색상과 그라디언트 효과를 수정해 보겠습니다.

01 Ctrl+O를 누르고 일러스트레이터 → 01 폴더에서 'color precision tools.ai' 파일을 불러옵니다.

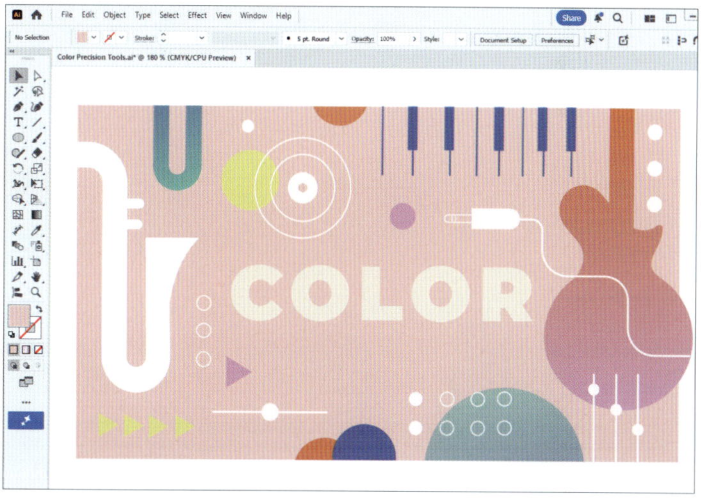

02 ❶ 선택 도구로 왼쪽 '섹소폰' 형태의 오브젝트를 클릭한 다음 ❷ Gradient 패널에 Presets에서 'Gem and Jewels'를 선택합니다. ❸ 하위 항목에서 'Pink Tourmaline'을 클릭하여 그라디언트 색상을 적용합니다.

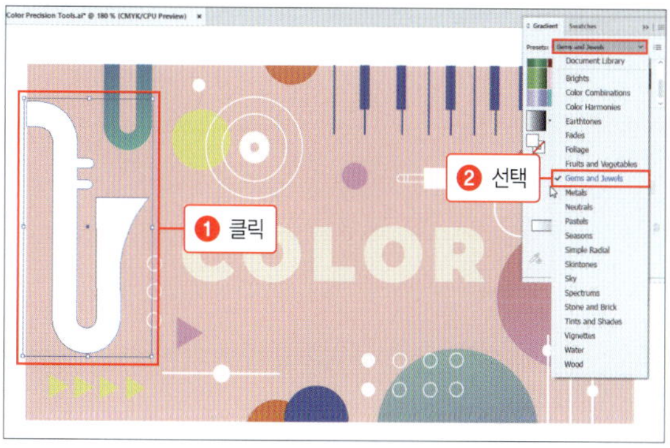

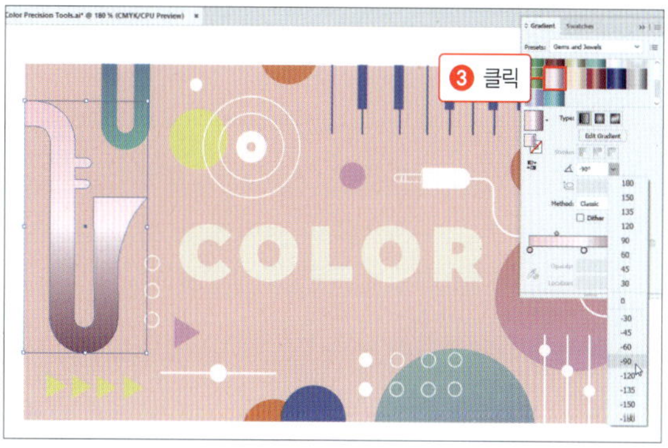

03 ❶ 선택 도구( )로 'color' 오브젝트를 선택하고 ❷ 스포이트 도구( )를 클릭합니다.

04 원하는 색상을 가진 오브젝트에 Shift 를 누른 상태로 커서를 위치하면 본래의 색상과 비교하면서 적용할 수 있습니다.

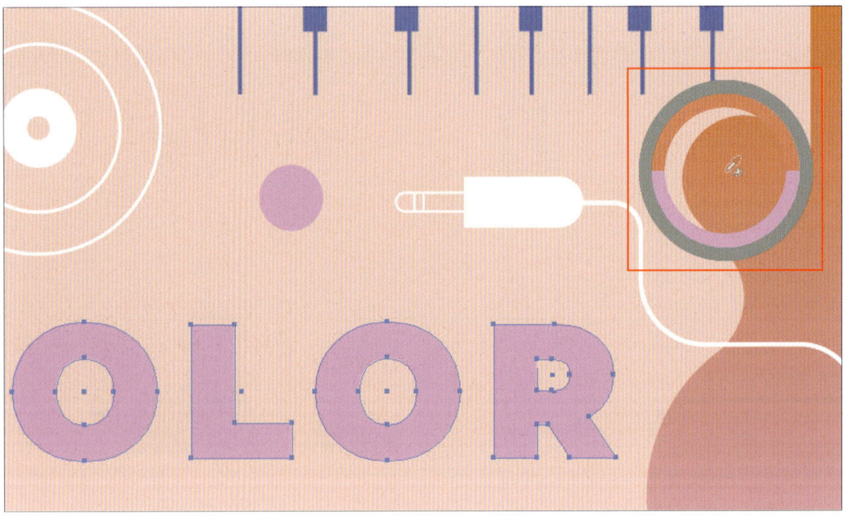

• **실습파일** : 일러스트레이터\01\smart snap.ai • **완성파일** : 일러스트레이터\01\smart snap_완성.ai

EASY 실습 스마트 가이드 기능으로 정밀하게 배치하기

향상된 스마트 스냅 기능은 곡선의 흐름이나 벡터 경로가 만나는 지점을 보다 정확하게 정렬이 가능하며, 스냅 옵션을 아트보드별로 따로 설정할 수 있습니다. 여러 오브젝트를 정밀하게 정렬해 보겠습니다.

01 Ctrl+O를 누르고 일러스트레이터 → 01 폴더에서 'smart snap.ai' 파일을 불러옵니다. 해당 기능을 적용하려면 Edit → Preferences → Smart Guides에서 'Geometric Guides'이 체크되어 있어야 합니다.

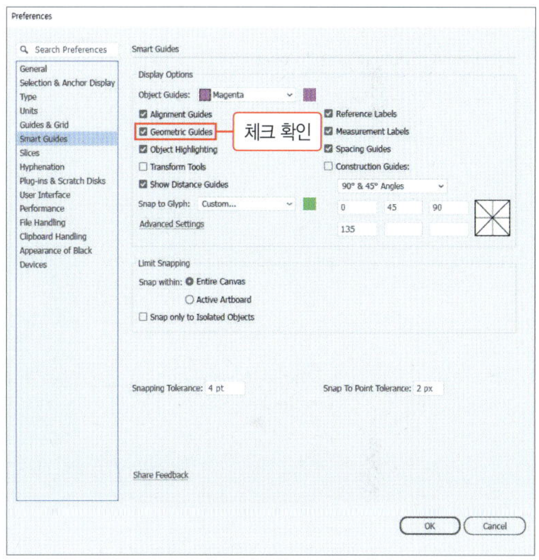

02 ❶ 펜 도구( )로 '목마' 이미지 콧등의 패스를 클릭하고 ❷ 왼쪽 상단으로 드래그하면 목마의 패스 오브젝트에 반응하여 가이드 수치 등을 화면에 나타내고 스냅 기능이 적용되어 정확한 작업을 가능하게 도와줍니다.

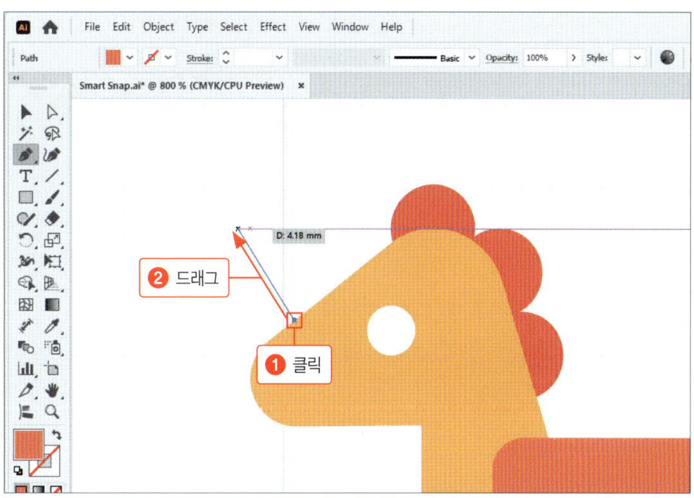

03 ❶ 펜 도구( )를 선택하고 ❷ 목마의 코 부분과 수직이 되게 클릭하여 뿔을 작성합니다.

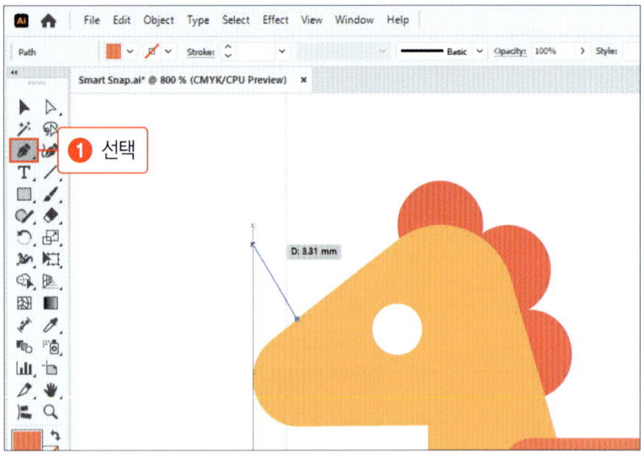

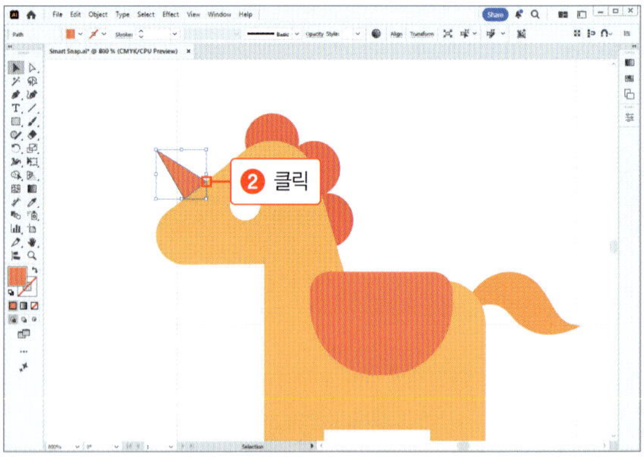

04 선택 도구( )로 오른쪽의 '배' 오브젝트를 클릭하여 선택한 다음 '집' 오브젝트 주위로 드래그합니다.

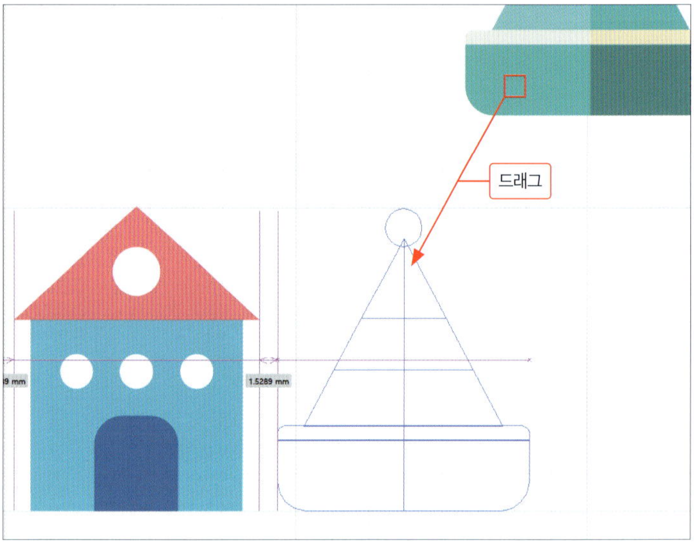

05 주변 오브젝트를 인식하여 위치, 간격 등 가이드를 보여줄 뿐만 아니라 스냅 기능으로 쉽게 오브젝트를 정렬할 수 있어 아이콘 작업에 유용합니다.

EASY 실습 턴테이블 기능으로 2D 오브젝트를 3D 오브젝트로 전환하기

턴테이블 기능은 2D 벡터 오브젝트를 가상의 3D 축에 올려놓은 듯 회전시키며 확인할 수 있는 시각화 도구로, 캐릭터의 측면 각도를 검토하거나 다양한 포즈를 구상할 때 유용합니다. 회전 목마를 다양한 각도의 3D 오브젝트로 전환해 보겠습니다.

01 턴테이블 기능은 일러스트레이터 베타버전에서만 사용할 수 있는 기능이기 때문에 별도로 설치한 다음 Ctrl+O를 누르고 'turntable.ai' 파일을 불러옵니다.

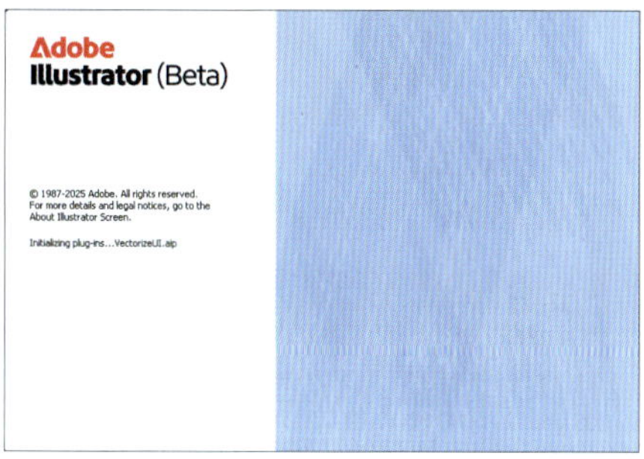

02 파이어플라이 ❶ 선택 도구(▶)로 '말' 그룹 오브젝트를 클릭하여 선택한 다음 ❷ Contexthul Task Bar에서 〈Turntable〉 버튼을 클릭합니다. 컴퓨터의 성능에 따라 시간이 소요됩니다.

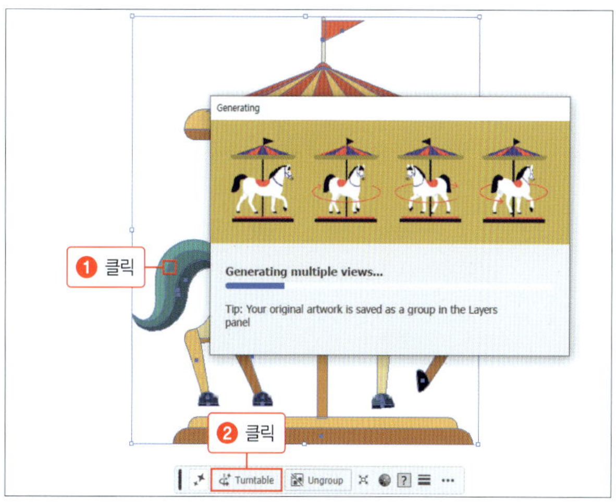

TIP ✦

딘테이블 기능을 사용하기 위해서는 일러스드레이디 CC 2026 베타 앱을 설치해야 합니다. 어도비 크리에이티브 클라우드에서 베타 앱을 설치하여 기능을 사용해보세요.

03 작업이 완료되면 Contexthul Task Bar에 있는 조절점을 드래그하면, 각도를 변경하여 자동으로 생성한 이미지를 확인할 수 있습니다.

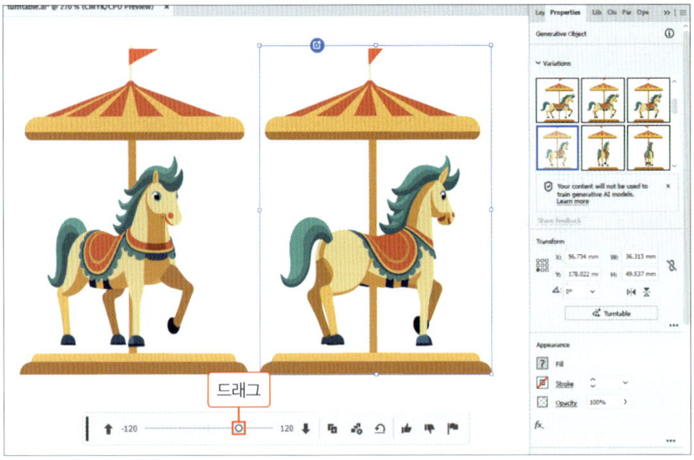

04 Contexthul Task Bar에서 위아래 화살표를 클릭하면 상하 시점으로 변경된 오브젝트를 확인할 수 있습니다.

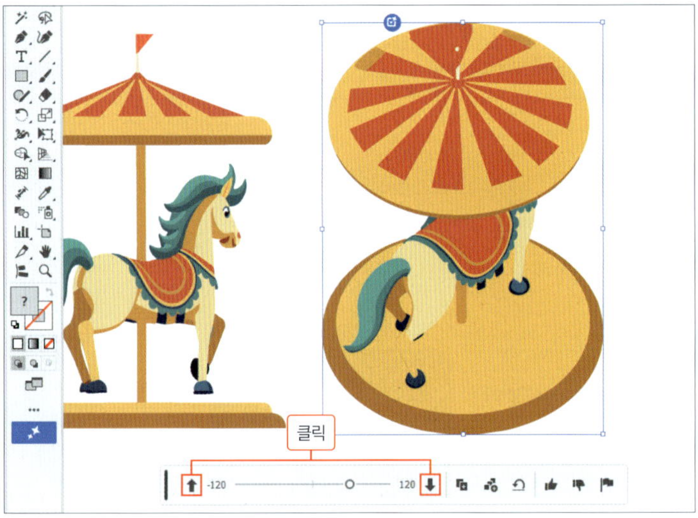

05 Contexthul Task Bar에서 'Place All Views on canvas' 아이콘( )을 클릭하고 화면에 드래그하면 상하좌우 각도의 전체 이미지를 생성합니다.

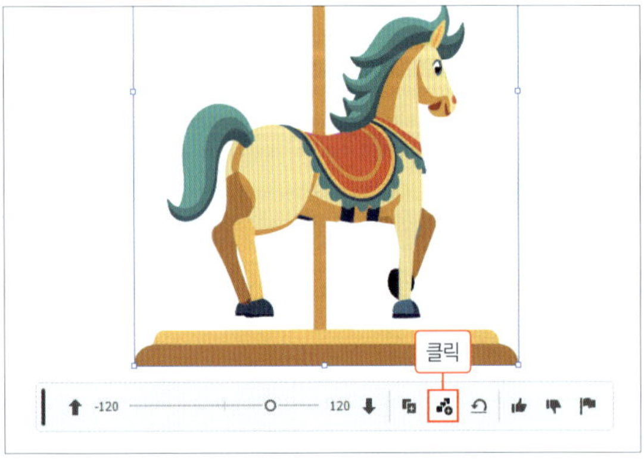

TIP

일러스트레이터의 신기능 Turntable은 좌우 15도, 상하는 45도 각도의 이미지를 AI 생성합니다.

EASY 실습 효율적으로 아트보드 정리하기

업데이트된 아트보드 관리 패널은 여러 콘텐츠를 동시에 다루는 작업 흐름을 더욱 체계적으로 정리할 수 있도록 구성되었습니다. 아트보드 복제부터 정렬까지 효율적인 아트보드 정리 방법에 대해 알아보겠습니다.

01 Ctrl+O를 누르고 일러스트레이터 → 01 폴더에서 'smart artboard.ai' 파일을 불러옵니다. ❶ 4개의 아트보드가 나타나면 아트보드 도구( )를 선택한 다음 ❷ '03 - 그래픽 E' 아트보드의 오른쪽 를 클릭합니다.

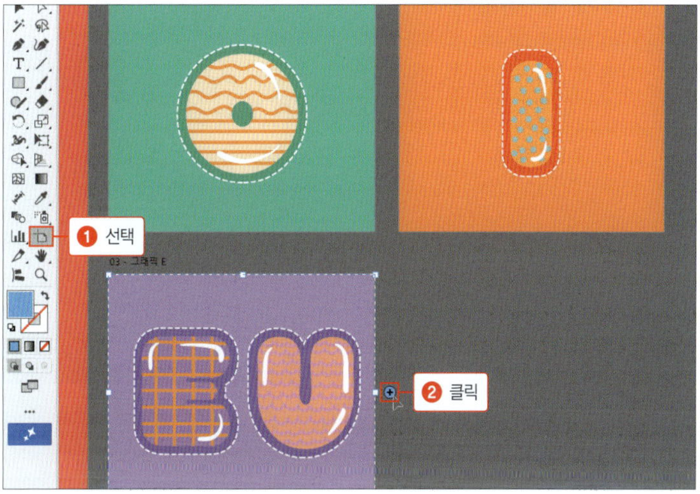

02 선택한 아트보드가 복제됩니다. Artboard 패널을 통해 확인할 수 있습니다.

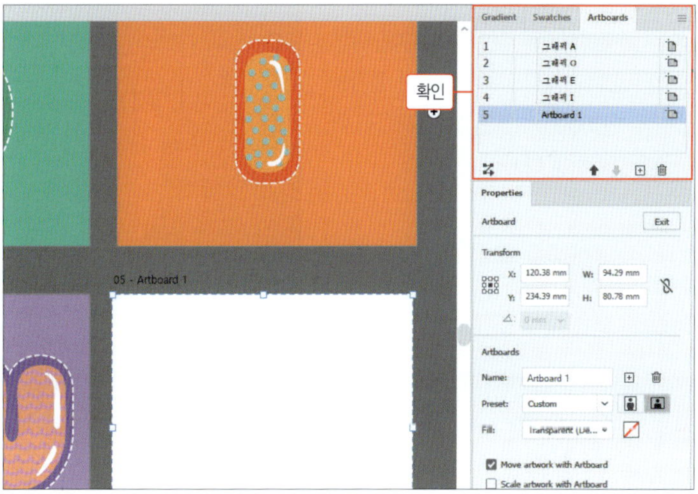

03 ❶ 아트보드 도구( )로 복제된 아트보드를 클릭한 다음 ❷ Properties → Fill에서 색상 아이콘을 더블클릭하면 Color Picker 대화상자가 나타납니다. ❸ 'C: 63, M: 13, Y: 0, K: 0'으로 설정하고 ❹ 〈OK〉 버튼을 클릭합니다.

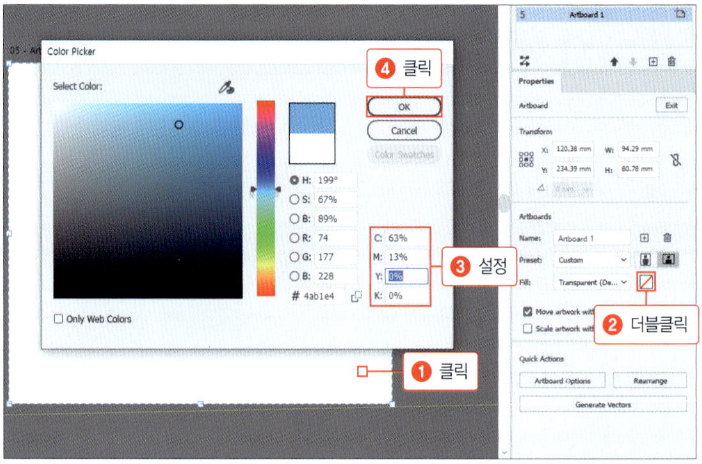

04 ❶ 아트보드 도구( )로 아트보드 이름을 더블클릭하고 ❷ '그래픽 U'로 이름을 변경합니다.

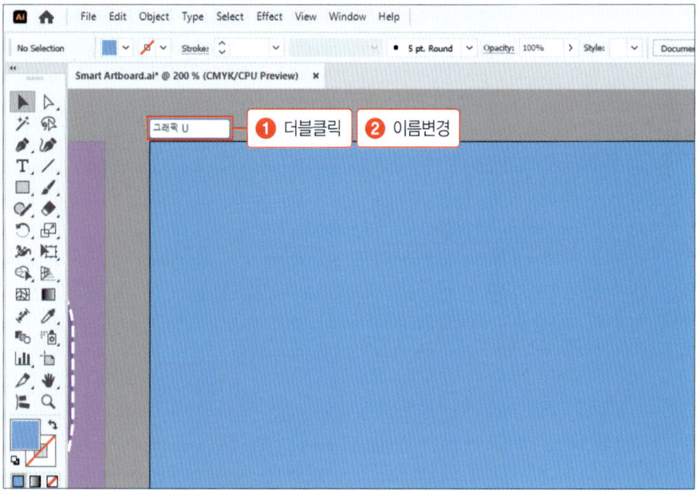

05 ❶ 아트보드 도구( )로 '05-그래픽 U' 아트보드를 마우스 오른쪽 클릭하고 ❷ Lock Artboards → Lock Selected를 실행하면, 해당 아트보드가 잠금 상태가 되어 수정이 불가능합니다. Artboards 패널에 ❸ 자물쇠 아이콘을 클릭하여 다시 해제합니다.

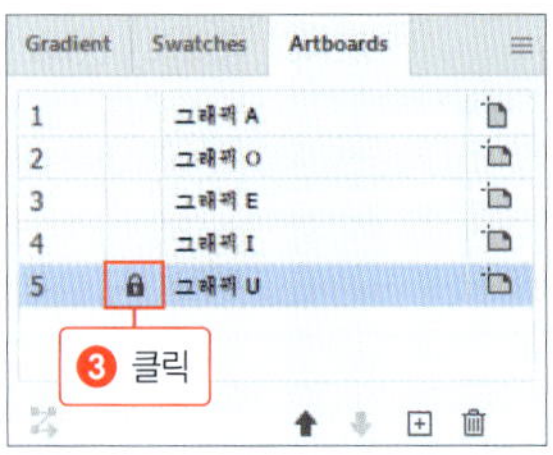

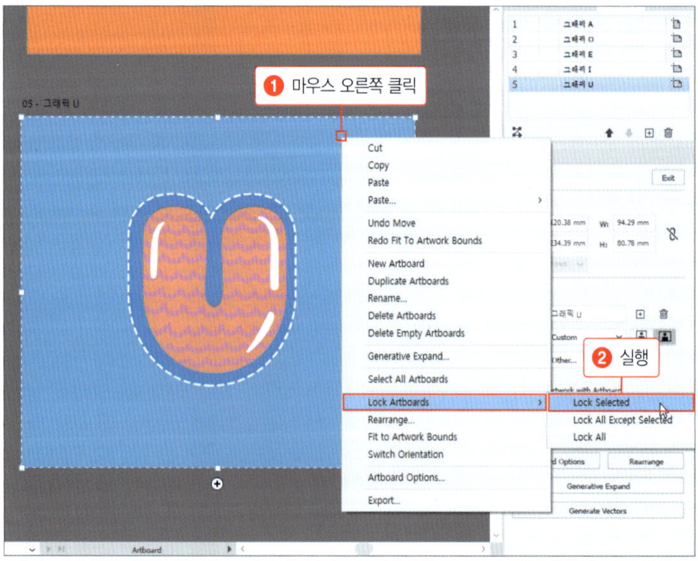

06 각각의 아트보드를 아트보드 도구(![])로 클릭하여 드래그하면 위치와 크기를 변경할 수 있지만, 마우스 오른쪽 클릭하여 Rearrange를 실행하면 빠르게 아트보드를 정렬할 수 있습니다.

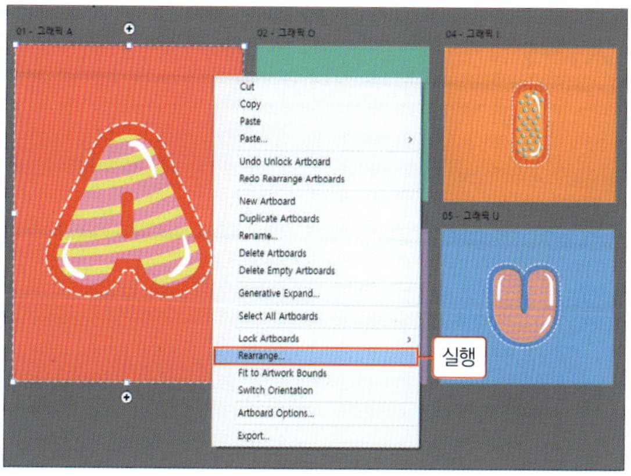

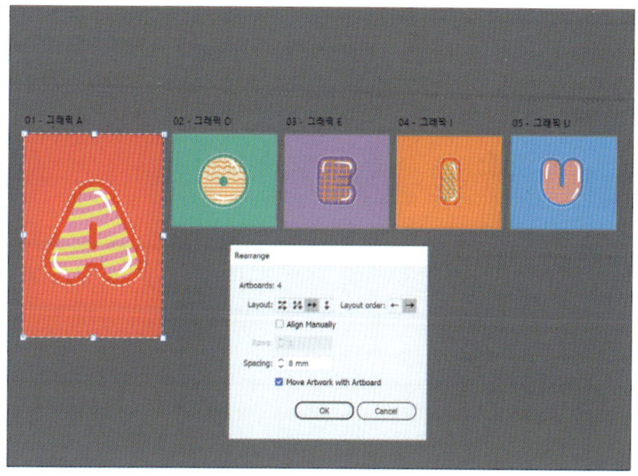

07 ❶ 아트보드 도구(![])로 Shift를 누른 상태에서 3, 4번째 아트보드를 클릭합니다. ❷ 마우스 오른쪽 버튼 클릭 → ❸ Export를 실행합니다. ❹ Export for Screens 대화상자에서 Format를 'PDF'로 지정한 다음 ❺ 〈Export Artboard〉 버튼을 클릭하면 선택된 2개의 아트보드가 PDF로 저장된 것을 확인할 수 있습니다.

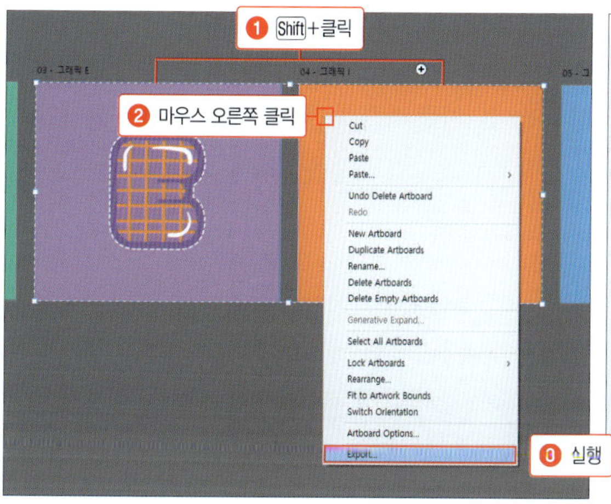

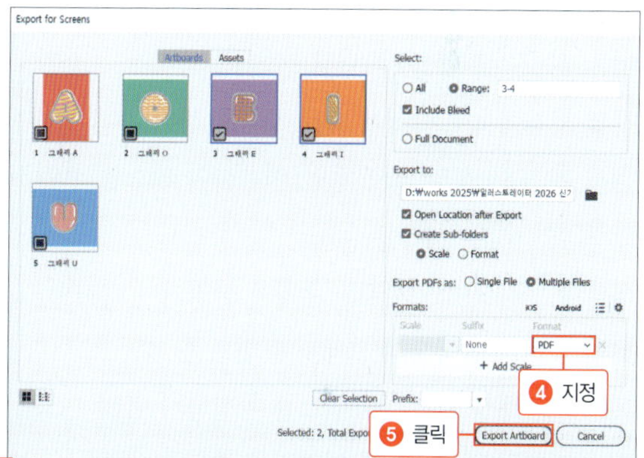

TIP

PDF 형태로 저장된 파일만 확인하고자한다면 다운로드한 **일러스트레이터 → 01 폴더**에서 '그래픽 E, I.pdf' 파일을 확인할 수 있습니다.

LESSON 02

크리에이티브하게 디자인하는 일러스트레이터의 시작

어도비 일러스트레이터는 직관적인 인터페이스와 다양한 도구를 통해 고품질 벡터 그래픽을 만들 수 있습니다. 여기서는 일러스트레이터 사용 범위와 인공지능 시대에 맞게 발전하는 일러스트레이터에 대해 알아봅니다.

❶ 수작업과 디지털 작업, 어떤 걸 선택할까?

일러스트레이터에서는 클릭 또는 드래그해 자동으로 사각형, 원형, 다각형 등 정해진 형태의 일러스트를 만들 수 있고, 태블릿 펜이나 마우스로 드래그해서 손그림 형태의 자유로운 일러스트도 완성할 수 있습니다. 예를 들어, 별 도구로 드래그해서 별을 그리거나 연필, 브러시 도구 등을 이용하여 삐뚤빼뚤하지만 개성 있는 손그림을 그릴 수 있습니다. 작업 스타일에 따라 정교한 아트워크를 만들기 위해서는 어떤 방법으로 그리는 것이 어울리는지 선택해야 합니다.

작업 시간에서도 방식에 따라 차이가 생깁니다. 정해진 형태의 이미지를 빠른 시간 안에 깔끔하게 표현하기 위해서 펜 또는 모양 도구 등을 이용하여 패스를 그리거나, 자유로운 손그림 느낌을 위해서 패스를 한 땀 한 땀 드로잉할 수도 있습니다.

아날로그 감성이 느껴지는 손맛을 살리거나 디지털 드로잉의 한계를 극복해 그래픽 표현도 할 수 있습니다. 독특하고 개성 있는 아트워크를 완성하기 위해 손그림 또는 디지털 일러스트에 이미지를 결합해 새로운 영역으로 확장하면 발전 가능성이 무궁무진합니다.

손그림 형태의 일러스트

면 형태의 일러스트

❷ 작업을 위한 일러스트레이터 기본 지식

베지어 곡선

베지어 곡선은 두 개 이상의 점과 그 점 사이를 수학적으로 연결하는 곡선으로 이루어져 있습니다. 여기서 말하는 점을 이 책에서는 기준점(Anchor Point)이라고 설명합니다. 각각의 기준점을 연결하는 선을 세그먼트(Segment)라 하며, 세그먼트가 모여 패스

닫힌 패스

열린 패스

(Path)를 만들고, 이 패스들이 형태(오브젝트)를 구성합니다. 일러스트레이터에서 기본으로 제공하는 사각형 도구(▢), 원 도구(◯) 등과 같은 도구는 정해진 형태를 만들 수 있으며, 펜 도구(✒)는 원하는 대로 자유로운 형태를 만들 수 있고 직선뿐만 아니라 곡선도 그릴 수 있습니다. ▸ 77쪽 참고

이미지 변환

이미지 트레이스(Image Trace)는 이미지를 고화질 벡터 그래픽으로 변환하는 기능으로, 특정 이미지를 가공해 사용할 수 있습니다. 벡터 이미지는 해상도 설정이 필요 없어 확대 또는 축소해도 깨끗이 출력되어 인쇄용으로도 많이 이용합니다. 비트맵 이미지인 사진을 벡터 일러스트로 변환해서 자유로운 편집도 할 수 있습니다.

비트맵 일러스트

벡터 일러스트

❸ 함께 하면 더 편리한, 포토샵과 일러스트레이터!

일러스트레이터에서 포토샵(PSD) 파일 열기

메뉴에서 〔File〕 → Open을 실행해 PSD 파일을 불러오면 Photoshop Import Options 대화상자가 표시되어 PSD 파일에서 가져올 구성 요소를 선택할 수 있습니다. 이때 탐색기에서 PSD 파일을 일러스트레이터로 드래그하면 해당 대화상자가 표시되지 않습니다.

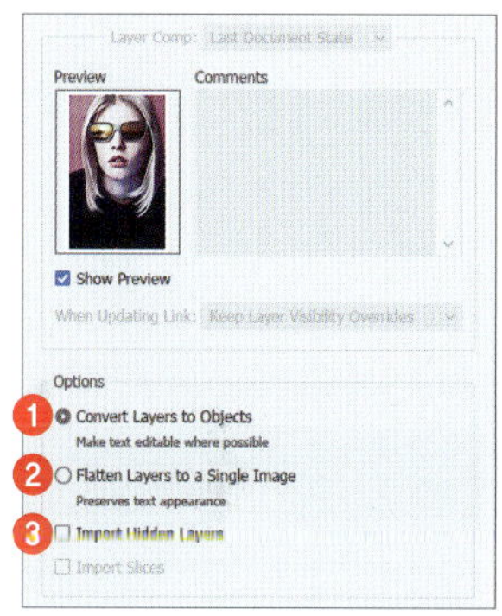

❶ **Convert Layers to Objects** : 포토샵 레이어를 각각의 오브젝트로 불러옵니다.

❷ **Flatten Layers to a Single Image** : 포토샵 레이어를 하나로 합쳐 불러옵니다.

❸ **Import Hidden Layers** : 숨겨진 레이어를 불러옵니다.

일러스트레이터에서 이미지(JPG) 파일 저장하기

메뉴에서 〔File〕 → Export → Export for Screens를 실행해 Export for Screens 대화상자가 표시되면 Format을 지정하여 저장 옵션을 설정할 수 있습니다.

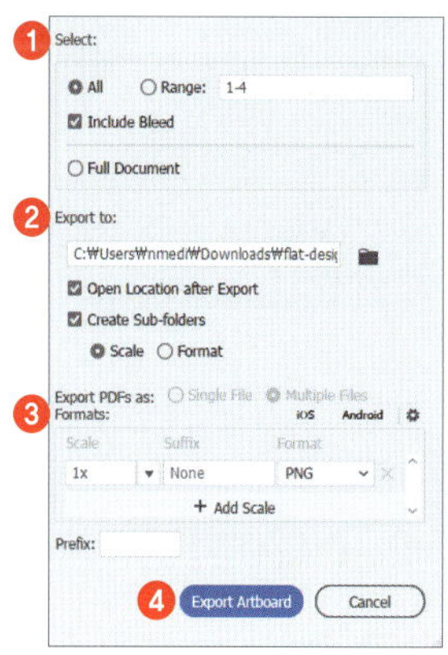

❶ **Select** : 아트보드 전체, 아트보드 번호, 문서 전체 중에서 내보내려는 아트워크를 선택할 수 있습니다.

❷ **Export to** : 이미지 파일을 내보내려는 위치를 지정합니다.

❸ **Formats** : 내보내려는 이미지 크기, 포맷 등을 지정합니다.

❹ **Export Artboard** : 버튼을 클릭하여 아트보드를 내보낼 수 있습니다.

❹ 이미지를 활용하는 다양한 방법! 파일을 불러오는 방식

이미지를 Link로 가져오면 작업 파일 크기가 작아지는 장점이 있어 프로그램 사용에 대한 부담이 적습니다. Link로 가져온 이미지는 선택했을 때 × 표시가 나타나 포함한 이미지와 구분할 수 있습니다.

Embed된 이미지는 Link된 이미지보다 파일 용량이 더 크고, 실시간으로 수정해도 반영되지 않아 불편하지만 삽입한 파일은 유실되지 않고 아트보드에 포함됩니다.

Link된 이미지

Embed로 불러온 이미지

포토샵(PSD) 이미지를 링크할 때 Alt 를 누른 상태에서 더블클릭하면 자동으로 포토샵이 실행되어 실시간으로 작업할 수 있습니다. 링크된 파일을 수정할 때 일러스트레이터로 돌아오면 자동으로 이미지가 수정되므로 유용합니다. 하지만 링크된 이미지가 삭제되거나 원본 폴더에서 이동하면 일러스트레이터는 유실 이미지로 여겨 유실된 부분은 편집 및 출력할 수 없습니다. 이미지 유실 경고 메시지가 표시되면 〈Replace〉 버튼을 클릭하고 이동한 이미지를 찾아 다시 링크를 연결해야 합니다.

Embed를 적용하는 방법은 세 가지가 있습니다. 첫 번째는 Place 대화상자에서 'Link'를 체크 표시하지 않고 이미지를 가져오는 것이며, 두 번째는 탐색기에서 일러스트레이터로 직접 파일을 가져와 Link로 불러온 이미지를 선택하고 Links 패널 오른쪽 위의 '패널 메뉴' 아이콘(☰)을 클릭한 후 Embed Image(s)를 실행하는 것입니다. 세 번째는 Link된 이미지를 선택하고 Properties 패널에서 〈Embed〉 버튼을 클릭하는 것입니다.

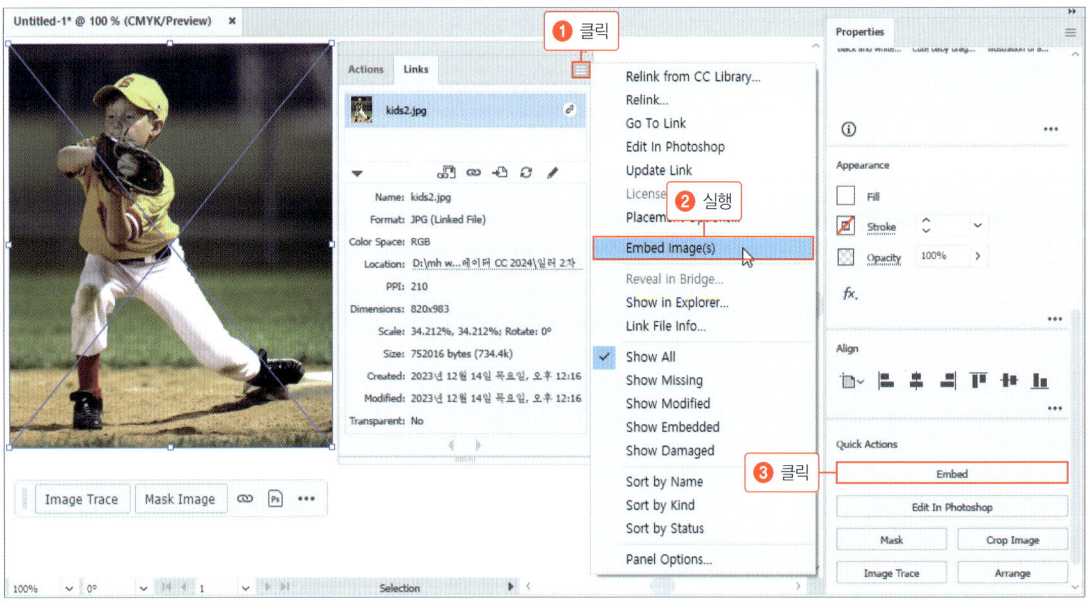

Embed로 불러온 이미지를 적용하는 방법

❺ 인쇄 시 주의해야 할 사항

해상도

인쇄용 일러스트를 작업할 때는 해상도에 주의해야 합니다. 일러스트레이터에서 만든 벡터 이미지만으로는 해상도에 문제가 없지만, 이미지나 디자인 소스 파일이 비트맵 이미지라면 신경 써서 작업해야 합니다. 일반 화면 해상도는 72, 96dpi 정도지만, 출력하면 화면 그대로 보이지 않습니다. 인쇄용 일러스트레이션은 대부분 고품질이므로 300~600dpi 정도의 고해상도로 지정하는 것이 좋지만, 고해상도 작업이 어렵다면 150~200dpi 정도로 작업할 수 있습니다.

잡지 표지, 포스터, 브로슈어, 북 디자인 등은 고품질 해상도를 요구하므로 300dpi 이상의 해상도로 지정하는 것이 좋고, 명함 등은 중간 품질의 해상도로도 작업할 수 있습니다. 고해상도일수록 파일 용량이 커지므로 편집 작업에 어려움을 겪을 수 있습니다.

작업 중 고해상도 일러스트레이션을 중간 정도 해상도로 낮추는 것은 문제되지 않지만, 중간 해상도 일러스트레이션을 고해상도로 올리는 것은 이미지 품질이 손상되어 출력에 문제가 생기므로 작업을 시작할 때 해상도를 신중하게 지정하고 유지하는 것이 좋습니다.

인쇄물은 화면 해상도보다 높은 해상도로 작업하기 때문에 화면에서 한눈에 전체 이미지를 작업하는 데 어려움이 있습니다. 그러므로 작업 과정에서 확대와 축소 기능을 이용하여 화면을 조절하면서 작업해야 출력할 때의 오차를 줄일 수 있습니다.

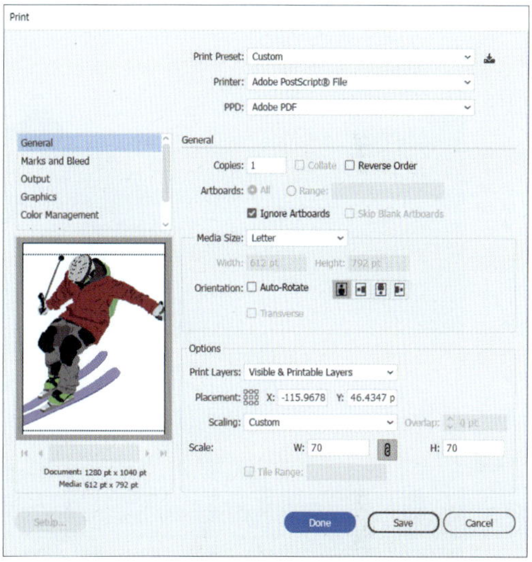

글꼴 변환

출력소에 출력을 의뢰하거나 다른 작업자와 작업물을 공유할 때 사용한 글꼴이 해당 컴퓨터에 없으면 원하지 않는 글꼴로 변경되어 출력 오류가 발생할 수도 있습니다. 이때 PDF 형태로도 출력을 넘길 수 있지만, 반드시 일러스트레이터 파일로 넘겨야 한다면 메뉴에서 〔Type〕 → Create Outlines(Shift+Ctrl+O)를 실행해 글꼴을 오브젝트(패스화)로 변경합니다. 그러면 글꼴이 유실될 염려 없이 출력 또는 공동 작업을 할 수 있습니다.

오브젝트로 변경된 문자는 기준점을 조절하여 원하는 스타일로 타입 구조를 변경해서 디자인 완성도를 높일 수 있습니다. 이때 목적에 맞게 시각 정보를 단순화하고 그리드를 적용하여 표현할 수 있습니다. ▶ 149쪽 참고

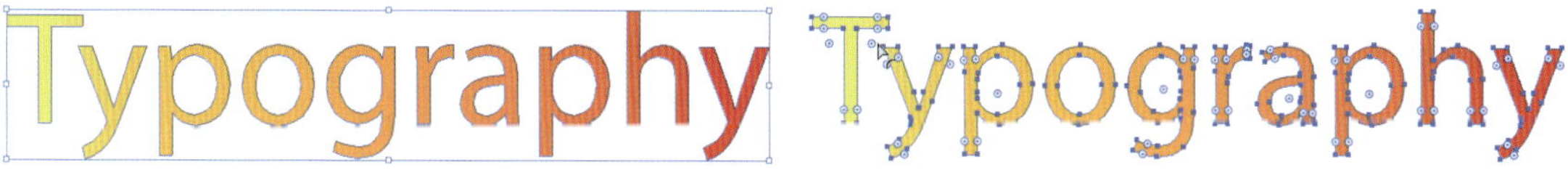

Ai

LESSON 03 AI 기능이 돋보이는 일러스트레이터 CC 2026

❶ 일러스트레이터 작업 화면 어떻게 생겼을까?

일러스트레이터 CC 2026를 실행하면 일러스트 작업을 할 수 있는 작업 영역과 각종 도구, 일러스트를 생성할 수 있는 Contextual Task Bar, 다양한 메뉴 화면을 볼 수 있습니다. 효율적인 일러스트 작업을 위해 일러스트레이터 작업 화면의 기본 구성과 기능에 대해 알아봅니다.

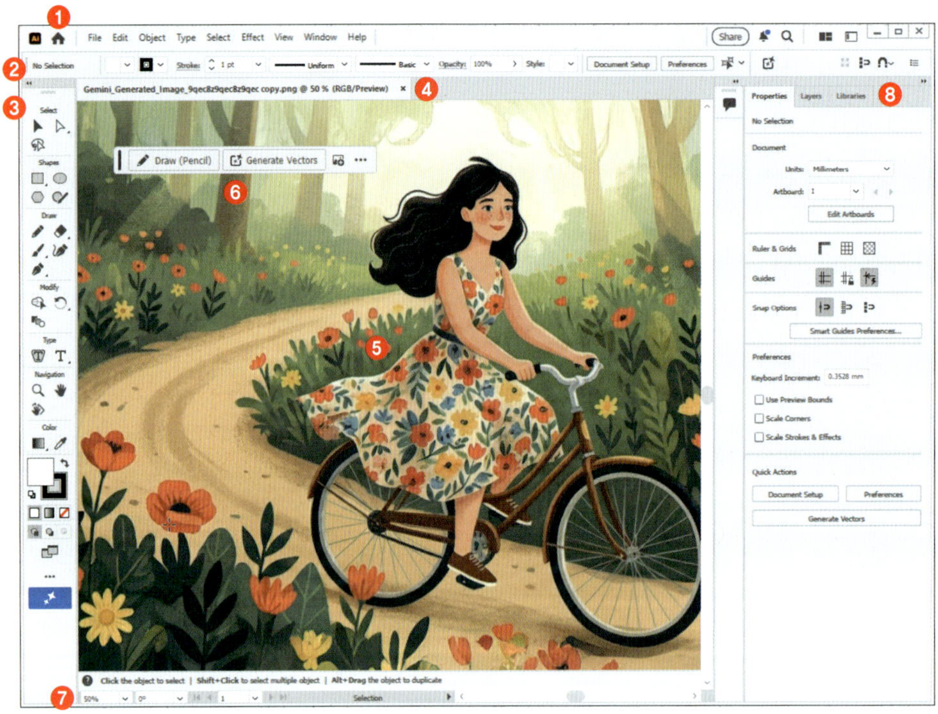

❶ **메뉴 표시줄** : 일러스트레이터 기능들이 탭으로 묶여 있습니다.

❷ **Control 패널** : 선택한 도구를 좀 더 세밀하게 조절할 수 있는 옵션이 표시됩니다.

❸ **Tools 패널** : 주요 기능들을 모아 아이콘 형식으로 만든 도구모음입니다.

❹ **파일 이름 탭** : 작업 일러스트 이름과 화면 확대 비율, 색상 모드가 표시되며 다른 일러스트로 전환하기 편리합니다.

❺ **아트보드** : 일러스트 작업을 하는 공간입니다.

❻ **Contextual Task Bar** : 일러스트 생성을 도와주는 프롬프트 입력창부터 선택 영역 편집, 문자 입력까지 다양한 도구를 제공합니다.

❼ **상태 표시줄** : 화면 비율을 설정할 수 있고, 작업 중인 일러스트 정보를 확인할 수 있습니다.

❽ **패널** : 작업에 필요한 옵션이 팔레트 형태로 표시됩니다. [Window] 메뉴에서 패널을 선택하여 표시할 수 있습니다.

❷ 만능 일러스트 생성형 명령 도구, Contextual Task Bar

일러스트레이터 CC 2026의 새로워진 Contextual Task Bar는 일러스트 생성부터 도구 선택에 따라 다양한 편집 도구를 제공합니다.

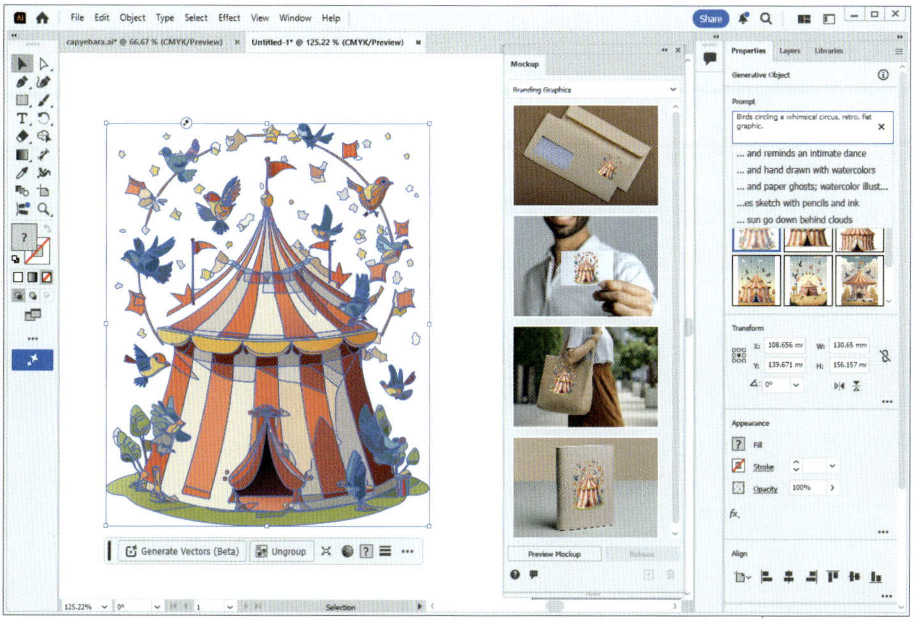

오브젝트를 처음 선택했을 때 Contextual Task Bar

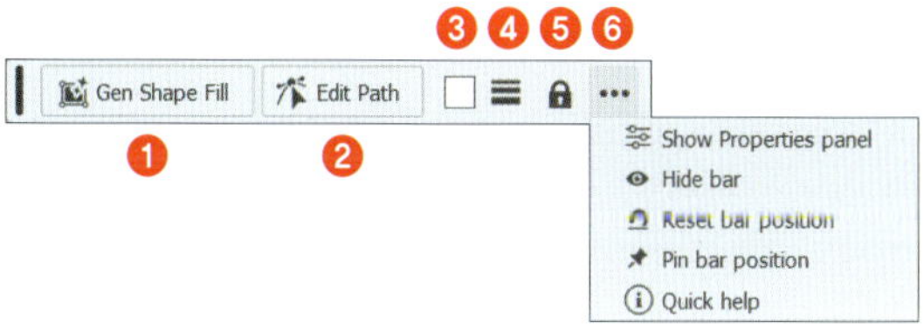

❶ **Gen Shape Fill** : 일러스트를 생성합니다.

❷ **Edit Path** : 패스를 수정합니다.

❸ **Fill** : 오브젝트의 내부 색상을 지정하거나 변경합니다.

❹ **Stroke** : 오브젝트의 외곽선 색상과 두께를 설정합니다.

❺ **Lock Object** : 오브젝트를 움직이지 않게 고정합니다.

❻ **More options** : Properties(속성) 패널을 표시하거나 Contextual Task Bar를 숨깁니다.

〈Gen Shape Fill〉 버튼을 클릭했을 때 Contextual Task Bar

❶ **아이콘** : (Subject(주제)), (Scene(장면)), (Icon(아이콘)), (Pattern(패턴))을 클릭해 원하는 형식에 맞게 일러스트를 생성할 수 있습니다.

❷ **프롬프트 입력창** : 생성하려는 이미지를 단어나 문장으로 입력합니다.

❸ **Style picker** : 스타일을 선택하여 적용할 수 있습니다.

❹ **Generate** : 일러스트를 생성하거나 영역을 채웁니다.

❺ **More options** : 사용자 가이드라인이나 Properties 패널을 표시할 수 있습니다.

❻ **Back** : 이전 단계로 되돌아갑니다.

• **실습파일** : 일러스트레이터\01\gen shape.ai • **완성파일** : 일러스트레이터\01\gen shape_완성.ai

Quick 활용 대충 그려도 완벽한 일러스트 생성하기

손그림 실력이 없어 원하는 모양을 간단하게 작성해도 Gen Shape 기능을 이용하여 다양한 형태의 일러스트를 손쉽게 제작할 수 있습니다. 예제에서는 기본 스케치 선을 이용하여 간편하게 곰 캐릭터를 제작해 봅니다.

01 Ctrl+O를 누르고 일러스트레이터 → 01 폴더에서 'gen shape.ai' 파일을 불러옵니다. 간단하게 작성된 기본 캐릭터와 틀 형태의 스케치가 나타납니다.

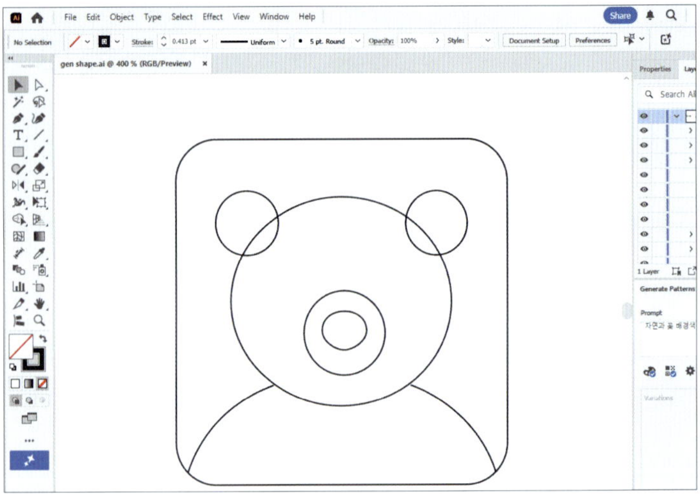

TIP
메뉴에서 [Window] → Toolbars → Advanced를 실행하면 다양한 도구를 이용할 수 있습니다. 원래대로 간략한 Tools 패널을 사용하려면 Basic을 실행합니다.

02 파이어플라이 ❶ 선택 도구(▶)로 ❷ 오브젝트를 전체 선택하고 ❸ Contextual Task Bar의 〈Gen Shape Fill〉 버튼을 클릭합니다.

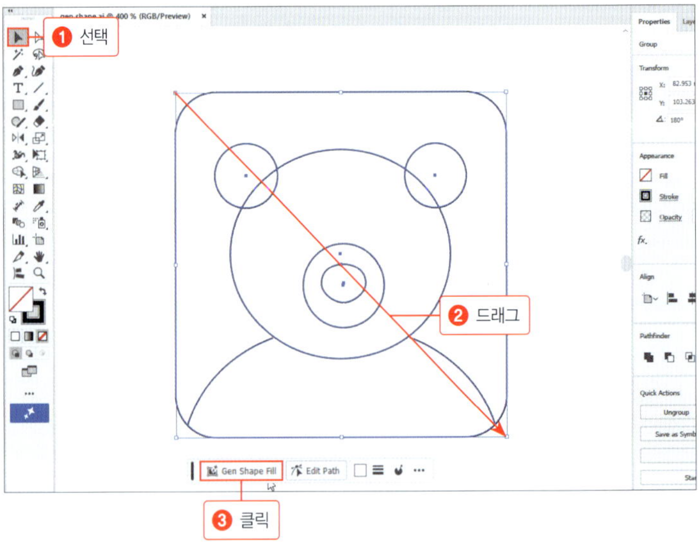

03 Contextual Task Bar에서 ❶ 프롬프트 입력창에 원하는 캐릭터를 묘사하는 단어를 입력한 다음 ❷ 〈Generate〉 버튼을 클릭합니다.

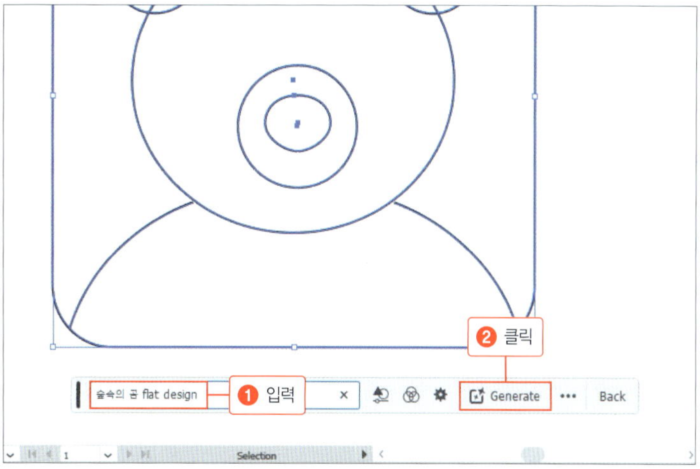

| 프롬프트

숲속의 곰 flat design

04 간단한 캐릭터 스케치가 숲속의 곰 캐릭터로 적용되면서 기본 틀을 유지하고 있습니다.

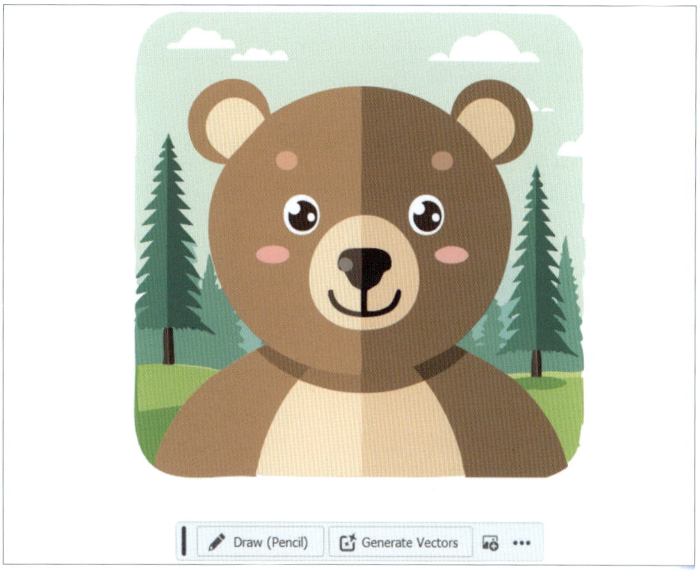

TIP ✧

일러스트레이터에서 생성된 이미지는 벡터 이미지이므로 이미지를 수정하는 것보다 쉽습니다.

05 작성된 일러스트를 위로 드래그해 이동하면 뒤쪽에 원본 이미지가 남아 있는 것을 확인할 수 있습니다.

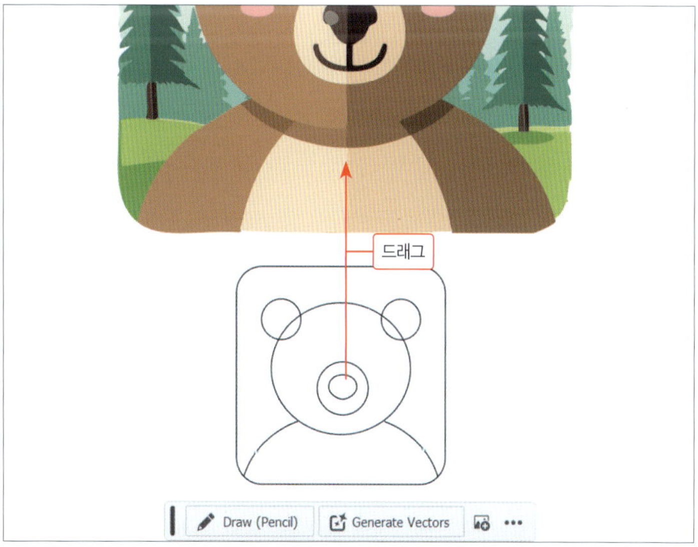

06 ❶ 남아 있는 스케치 이미지를 선택하고 같은 방법을 사용하여 프롬프트 입력창에 북극곰을 묘사하는 단어를 입력한 다음 ❷ 〈Generate〉 버튼을 클릭해서 AI 이미지를 생성합니다.

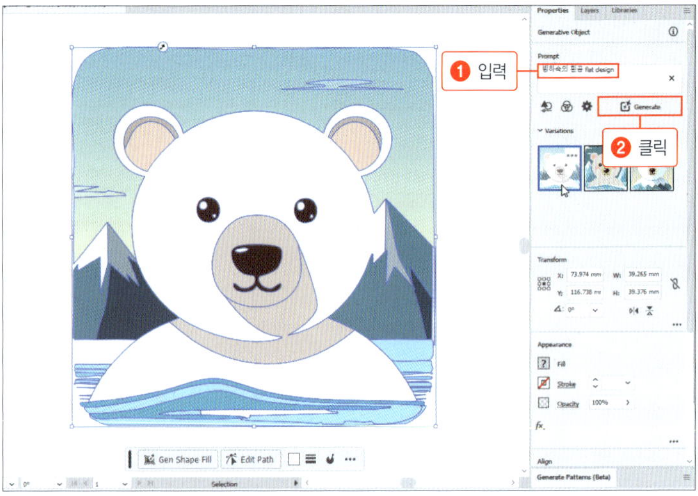

| 프롬프트

빙하 속의 흰곰 flat design

TIP

프롬프트 입력창에 좀 더 구체적으로 문장을 입력하면 원하는 이미지를 얻을 수 있는 확률이 높아집니다.

07 프롬프트 입력창에 ❶ 곰과 고양이를 묘사하는 단어를 입력하고 ❷ 〈Generate〉 버튼을 클릭해 AI 이미지를 생성합니다.

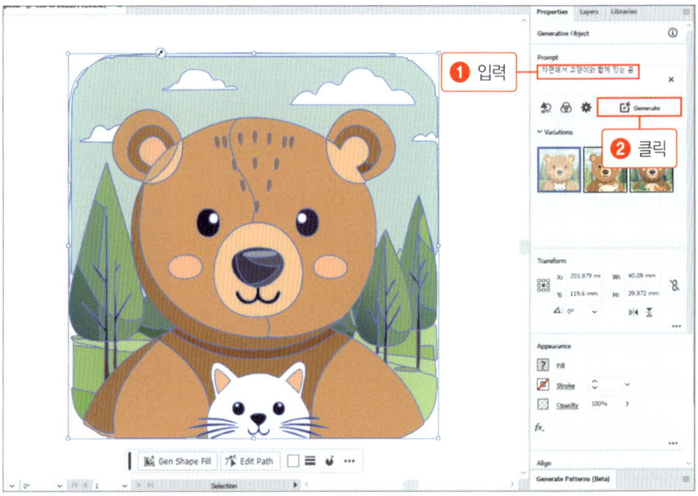

| 프롬프트

자연에서 고양이와 함께 있는 곰

08 작성된 스케치의 기본 틀을 유지하면서 원하는 느낌의 일러스트를 제작할 수 있습니다.

• **실습파일** : 일러스트레이터\01\mockup.ai • **완성파일** : 일러스트레이터\01\mockup_완성.ai

AI Quick 활용 클릭 한번에 사실적인 목업 만들기

Create Mockup 기능을 이용하면 이미지에 텍스트, 로고, 마크 등을 손쉽게 적용하여 목업 이미지를 만들 수 있습니다. 예제에서는 피자 박스와 음료 컵 목업 이미지에 로고를 적용해 봅니다.

01 파이어플라이 Ctrl+O를 누르고 일러스트레이터 → 01 폴더에서 'mockup.ai' 파일을 불러옵니다. 2개의 비트맵 이미지와 로고 벡터 이미지가 있습니다. ❶ 선택 도구(▶)로 ❷ 피자 박스 이미지와 로고 마크 이미지를 드래그하여 함께 선택합니다. ❸ Contextual Task Bar에서 'Create Mockup' 아이콘(👕)을 클릭합니다.

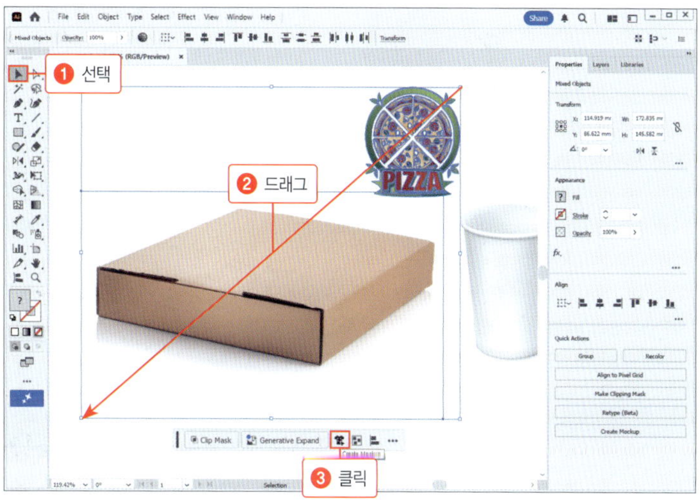

02 로고 이미지가 피자 박스 형태를 인식하면서 적용됩니다.

TIP ✧
AI가 자동으로 이미지를 분석해 적용하므로 사용하는 컴퓨터 성능에 따라 적용되는 속도가 달라집니다.

03 원형 조절점을 드래그하여 크기를 변경합니다. 조정하는 과정에도 피자 박스 이미지의 굴곡을 인식합니다.

04 원형 조절점에 커서를 위치해 회전 표시가 나타날 때 회전합니다.

TIP

원형 조절점이 화면에 나타나지 않으면 Contextual Task Bar에서 〈Edit Content〉 버튼을 클릭합니다. 〈Release〉 버튼을 클릭하면 목업 적용이 해제됩니다.

05 같은 방법으로 음료 컵에도 목업 디자인을 적용하여 완성합니다.

TIP

목업 효과가 적용된 로고를 더블클릭해서 레이어에 들어가 로고 마크만 복사하여 붙이면 원본 로고 이미지를 사용할 수 있습니다.

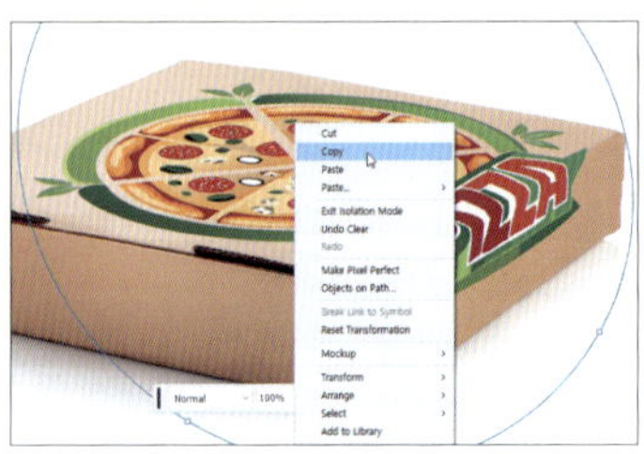

❸ 클릭으로 실행하는 도구 알아보기

Tools 패널은 일러스트레이터 기능을 아이콘 형태로 모은 패널입니다. 각 도구를 선택하면 Control 패널에서 세부 옵션을 설정할 수 있습니다. Tools 패널 오른쪽 아래의 작은 삼각형이 있는 도구를 잠시 클릭하면 숨은 도구모음이 표시되며 원하는 도구를 선택할 수 있습니다.

이 책에서 설명하는 Tools 패널처럼 다양한 도구를 살펴보기 위해서는 Tools 패널 아래의 'Edit Tool' 아이콘(···)을 클릭한 다음 표시되는 도구모음 오른쪽 위의 옵션 아이콘()을 클릭하고 Advanced를 실행합니다. 또는 메뉴에서 〔Window〕 → Toolbars → Advanced를 실행해도 다양한 도구를 이용할 수 있습니다. 원래대로 간략한 Tools 패널을 사용하려면 Basic을 실행합니다.

❶ 선택 도구() : 오브젝트를 선택하거나 드래그해 이동합니다.

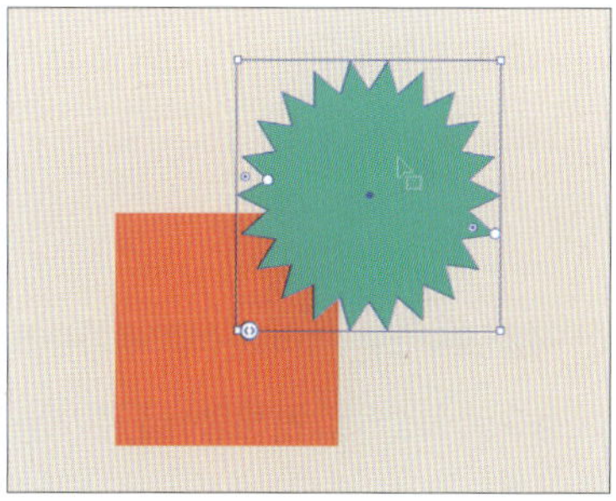

❷ 직접 선택 도구() : 오브젝트를 부분 선택하거나 기준점을 선택하여 세밀하게 수정합니다.

그룹 선택 도구() : 오브젝트를 그룹별로 선택해 세밀하게 수정합니다.

❸ 마술봉 도구() : 클릭하는 부분과 비슷한 속성의 오브젝트를 선택합니다.

TIP

손 도구를 더블클릭하면 문서가 화면에 딱 맞게 배치되며, 다른 도구를 선택한 상태에서도 Spacebar를 눌러 손 도구의 기능을 이용할 수 있습니다.

TIP

Tools 패널에서 Alt를 누른 상태로 도구를 선택하면 숨겨진 도구가 차례로 선택됩니다. 숨겨진 도구는 Tools 패널에서 분리하면 빠르게 선택할 수 있어 편리합니다. Tools 패널에서 도구를 선택하여 숨겨진 도구가 나타나면 오른쪽 끝에 있는 '▸'를 클릭하여 분리합니다. 분리된 도구를 되돌리기 위해서는 '닫기' 아이콘을 클릭합니다.

❹ **올가미 도구( )** : 드래그한 영역 안의 오브젝트를 모두 선택합니다.

❺ **펜 도구( )** : 기준점을 클릭하고 방향선을 조절하여 패스를 만듭니다.

기준점 추가 도구( ) : 패스에 기준점을 추가합니다.

기준점 삭제 도구( ) : 패스를 이루는 기준점을 삭제합니다.

기준점 변환 도구( ) : 새로운 방향선을 만들거나 직선을 곡선으로, 곡선을 직선으로 바꿉니다.

❻ **곡률 도구( )** : 기준점을 추가하면서 이전 기준점의 방향선과 연결하여 자동으로 곡선으로 된 방향선을 추가할 수 있습니다.

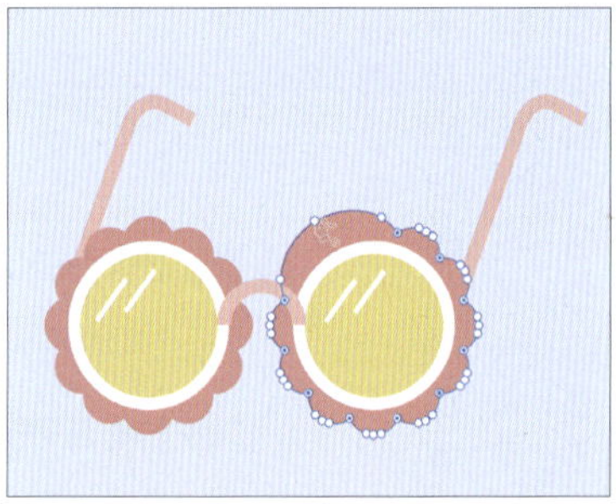

❼ **문자 도구( )** : 일반 가로형 문자를 입력할 수 있습니다.

영역 문자 도구( ) : 영역 안에 문자를 입력할 수 있습니다.

패스 문자 도구( ) : 패스 형태대로 문자를 입력할 수 있습니다.

세로 문자 도구( ) : 세로 방향으로 문자를 입력할 수 있습니다.

세로 영역 문자 도구( ) : 영역 안에 세로 문자를 입력할 수 있습니다.

세로 패스 문자 도구( ) : 패스 형태대로 문자를 세로로 입력할 수 있습니다.

터치 문자 도구( ) : 글자 하나를 각각의 오브젝트로 만들어 개별적으로 수정할 수 있습니다.

❽ **선 도구( )** : 드래그하는 방향과 크기대로 직선을 그릴 수 있습니다.

호 도구( ) : 드래그하는 방향과 크기대로 호를 그릴 수 있습니다.

나선 도구( ) : 드래그하는 방향과 크기대로 나선을 그릴 수 있습니다.

사각 그리드 도구( ) : 직사각형이나 정사각형 그리드를 그릴 수 있습니다.

원 그리드 도구( ) : 원형 그리드를 그릴 수 있습니다.

❾ 사각형 도구( ) : 직사각형이나 정사각형을 그릴 수 있습니다.

둥근 사각형 도구( ) : 모서리가 둥근 사각형을 만들 수 있습니다.

원 도구( ) : 타원 또는 정원을 만들 수 있습니다.

다각형 도구( ) : 각도와 면의 수에 따라 다각형을 만들 수 있습니다.

별 도구( ) : 각도와 각의 수에 따라 다양한 형태의 별을 만들 수 있습니다.

플레어 도구( ) : 빛의 중심과 끝점을 선택해 광선 효과를 만들 수 있습니다.

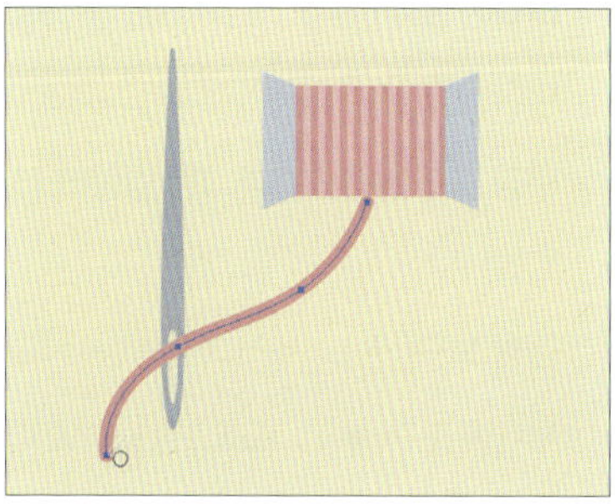

❿ 브러시 도구( ) : 브러시로 다양한 형태의 그림을 그리거나 표현합니다.

물방울 브러시 도구( ) : 자유롭게 드래그해 면으로 인식하는 패스를 그립니다.

TIP
패스, 열린 패스, 닫힌 패스에 대한 설명은 77쪽을 참고하세요.

⓫ 모양 도구( ) : 드래그하는 형태대로 직선, 곡선, 도형을 편리하게 그려줍니다.

연필 도구( ) : 자유로운 형태의 곡선 또는 손으로 그린 것처럼 자연스러운 선을 표현합니다.

스무드 도구( ) : 패스에 드래그하면 기준점 수를 줄여 거친 선을 부드럽게 만듭니다.

패스 지우개 도구( ) : 패스를 지웁니다.

조인 도구( ) : 떨어져 있는 기준점을 드래그하여 연결합니다.

⓬ 지우개 도구( ) : 포토샵의 지우개 도구처럼 오브젝트를 지워 닫힌 패스로 재구성합니다.

가위 도구( ) : 가위로 자르듯 패스를 분리하며, 잘린 패스는 열린 패스로 재구성됩니다.

나이프 도구( ) : 드래그하는 대로 패스를 자르며, 잘린 오브젝트는 닫힌 패스로 재구성되어 각각의 오브젝트가 됩니다.

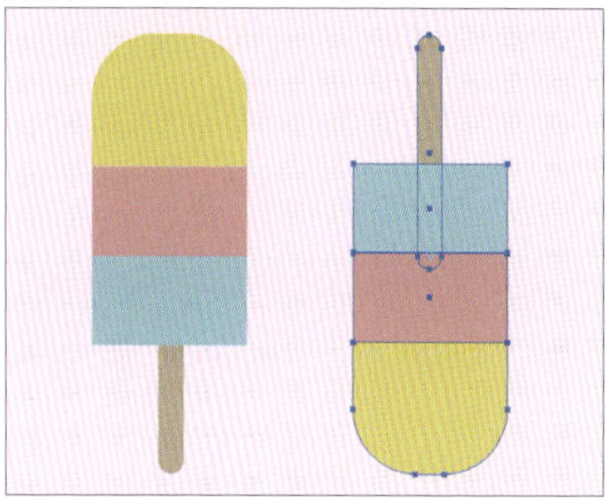

⓭ 회전 도구( ) : 오브젝트를 드래그하여 원하는 각도로 회전합니다.

반전 도구( ) : 선택한 오브젝트를 수직, 수평 또는 원하는 각도로 반전합니다.

⑭ **크기 조절 도구( )** : 오브젝트 크기를 자유롭게 조절합니다.

기울이기 도구( ) : 오브젝트를 기울입니다.

변형 도구( ) : 오브젝트를 자유롭게 변형합니다.

⑮ **폭 도구( )** : 선 폭을 조절하고 선 굵기 기준점을 이동, 복제, 삭제할 수 있습니다.

왜곡 도구( ) : 드래그한 방향에 따라 오브젝트가 왜곡됩니다.

비틀기 도구( ) : 드래그한 방향에 따라 둥글게 소용돌이 형태로 비틀어집니다.

구김 도구( ) : 드래그한 방향에 따라 오브젝트가 구겨진 형태로 축소 및 변형됩니다.

팽창 도구( ) : 드래그한 방향에 따라 오브젝트가 부풀어진 모양으로 팽창됩니다.

부채꼴 도구( ) : 드래그한 방향에 따라 부채꼴 모양의 주름이 만들어집니다.

크리스털 도구( ) : 드래그한 방향에 따라 바깥으로 퍼지는 주름이 만들어집니다.

주름 도구( ) : 드래그한 방향에 따라 수평 또는 수직의 주름이 만들어집니다.

⑯ **자유 변형 도구( )** : 자유롭게 오브젝트 크기, 기울이기, 회전 등을 조절합니다.

퍼펫 뒤틀기 도구( ) : 기본 모양을 유지하면서 일러스트를 변형하여 애니메이션을 만들 수 있습니다.

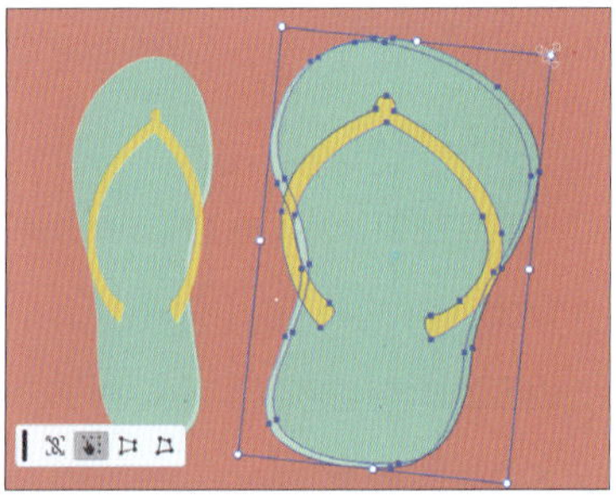

⑰ **도형 구성 도구( )** : 간단한 오브젝트를 클릭 또는 드래그해 형태를 재구성합니다.

라이브 페인트 통 도구( ) : 영역을 자동으로 감지하여 색을 적용합니다.

라이브 페인트 선택 도구( ) : 라이브 페인트 색을 적용한 부분을 선택합니다.

⑱ **원근 격자 도구( )** : 선택 면 위젯을 선택해 관찰자 시점 오브젝트를 그리기 위한 격자 면을 선택할 수 있습니다.

원근 선택 도구( ) : 원근감 있는 오브젝트를 선택하거나 가져올 수 있으며, 원근 격자에서 오브젝트를 자유롭게 이동하거나 편집할 수 있습니다.

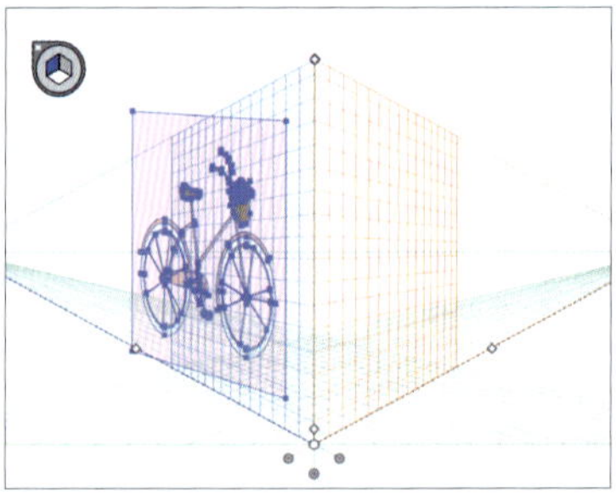

⑲ **메시 도구(▦)** : 메시 포인트를 배치해 정교하게 부드러운 그러데이션을 만듭니다.

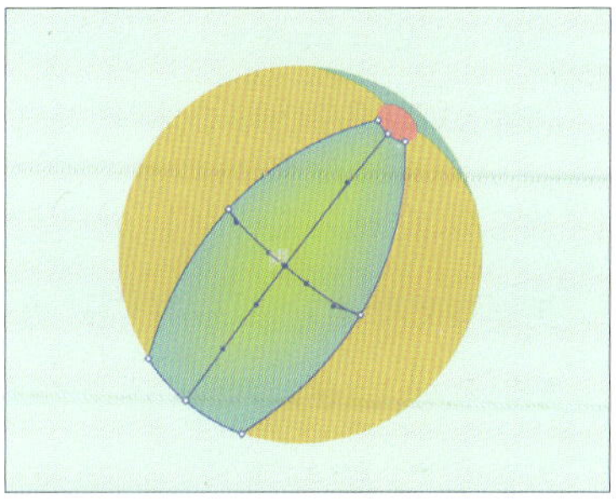

⑳ **그레이디언트 도구(▤)** : 오브젝트에 그러데이션을 적용하며, 그러데이션 방향과 거리를 조절할 수 있습니다.

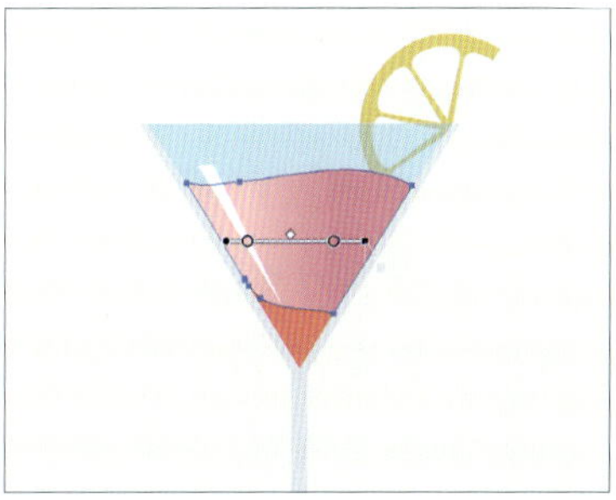

㉑ **치수 도구(✎)** : 드래그한 부분의 좌표와 길이를 확인합니다.

㉒ **스포이트 도구(✎)** : 이미지에서 색을 추출합니다.

㉓ **블렌드 도구(▣)** : 오브젝트끼리 연결해 자연스럽게 중간 단계의 변화를 나타냅니다.

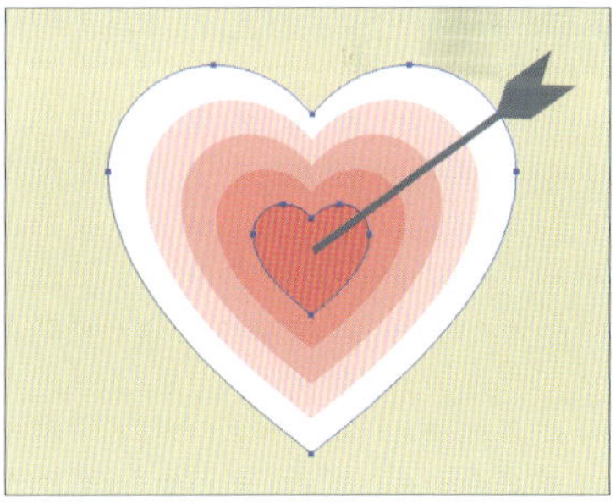

㉔ **심볼 스프레이어 도구(▣)** : Symbols 패널의 심볼을 아트보드에 뿌립니다.

심볼 이동 도구(▣) : 심볼을 드래그하여 이동합니다.

심볼 스크런처 도구(▣) : 심볼을 드래그해 안쪽으로 모읍니다. Alt를 누른 상태로 드래그하면 바깥쪽으로 흩어집니다.

심볼 크기 조절 도구(▣) : 심볼을 드래그해 확대합니다. Alt를 누른 상태로 드래그하면 축소됩니다.

심볼 회전 도구(▣) : 심볼을 드래그하여 회전합니다.

심볼 색조 도구(▣) : 심볼을 드래그하여 색을 변경합니다.

심볼 불투명도 도구( ) : 심볼을 드래그하여 불투명도를 조절합니다.

심볼 스타일 도구( ) : 심볼을 드래그하여 Graphic Styles 패널에 등록된 그래픽 스타일로 적용합니다.

㉕ **세로 막대그래프 도구( )** : 세로 형태의 막대그래프를 만들 수 있습니다.

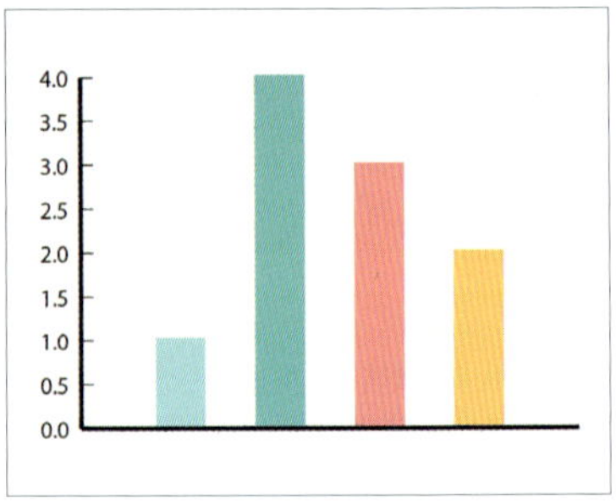

분할 세로 막대그래프 도구( ) : 둘 이상의 정보가 하나의 세로 막대에 누적되어 표시되는 분할 세로 막대그래프를 만들 수 있습니다.

가로 막대그래프 도구( ) : 가로 막대로 구성되는 그래프를 만들 수 있습니다.

분할 가로 막대그래프 도구( ) : 둘 이상의 정보가 하나의 가로 막대에 누적되어 표시되는 분할 가로 막대그래프를 만들 수 있습니다.

선 그래프 도구( ) : 점으로 이어지는 선 그래프를 만들 수 있습니다.

영역 그래프 도구( ) : 서로 다른 정보의 종합과 변화를 쉽게 파악할 수 있는 영역 그래프를 만들 수 있습니다.

분산 그래프 도구( ) : 데이터를 X, Y 좌표 위에 점 위치로 나타내는 분산 그래프를 만들 수 있습니다.

파이 그래프 도구( ) : 전체 데이터에서 하나의 데이터가 차지하는 비율을 확인하는 파이 그래프를 만들 수 있습니다.

레이더 그래프 도구( ) : 방사형으로 분할되어 점 위치로 데이터 변화를 쉽게 확인하는 레이더 그래프를 만들 수 있습니다.

㉖ **아트보드 도구( )** : 다양한 형태와 크기의 아트보드를 추가 및 삭제, 이동합니다.

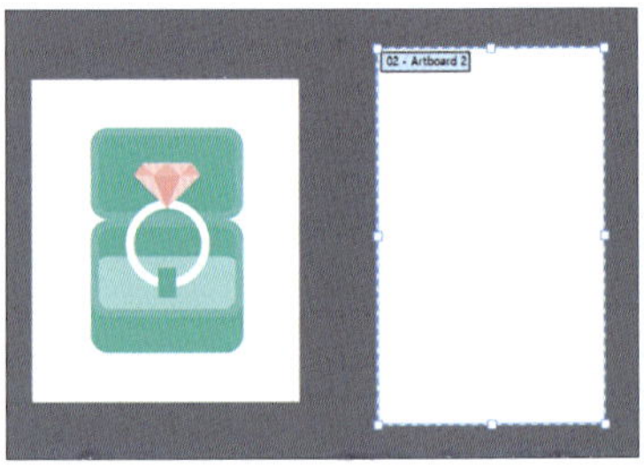

㉗ **슬라이스 도구( )** : 오브젝트를 부분적으로 나눌 수 있습니다.

슬라이스 선택 도구( ) : 분할된 이미지를 선택합니다.

㉘ **손 도구( )** : 작업 화면을 드래그하여 이동할 수 있습니다.

회전 보기 도구( ) : 아트보드를 회전하여 확인할 수 있습니다. Shift를 누른 상태에서 드래그하면 15°씩 회전할 수도 있습니다.

페이지 도구( ) : 인쇄 영역을 설정합니다.

㉙ **경로상의 오브젝트 도구( )** : 텍스트, 이미지, 아이콘 등의 요소를 경로에 알맞게 배치합니다.

30 돋보기 도구( ) : 편리한 작업을 위해 아트보드를 확대 및 축소합니다.

> **TIP ✦**
> ⊟를 누른 상태로 클릭하면 화면이 축소됩니다. 돋보기 도구를 더블클릭하면 100% 크기의 작업 화면을 확인할 수 있습니다.

31 면/선 색 : 면 색과 선 색을 설정합니다. '기본 색' 아이콘( )을 클릭해 면과 선 색을 각각 기본 색인 흰색과 검은색으로 바꿀 수 있습니다.

32 색 속성 : 색 속성을 단일 색( ), 그레이디언트( ), 색상 없음( ) 중에서 선택합니다.

33 그리기 모드( ) : 오브젝트 순서에 관계없이 원하는 레이어에 그리거나 지정한 부분에만 드로잉합니다.

34 화면 모드( ) : 아트보드, 메뉴, 스크롤 표시 방법을 지정합니다.

35 Edit Toolbar : Tools 패널에 자주 사용하는 도구를 추가하거나 제거 및 그룹화하여 작업 스타일에 맞게 최적화할 수 있습니다.

36 Generative 메뉴( ) : 일러스트레이터에서 자동으로 패턴, 색상, 벡터 그래픽 등을 생성하거나 수정할 수 있게 해줍니다.

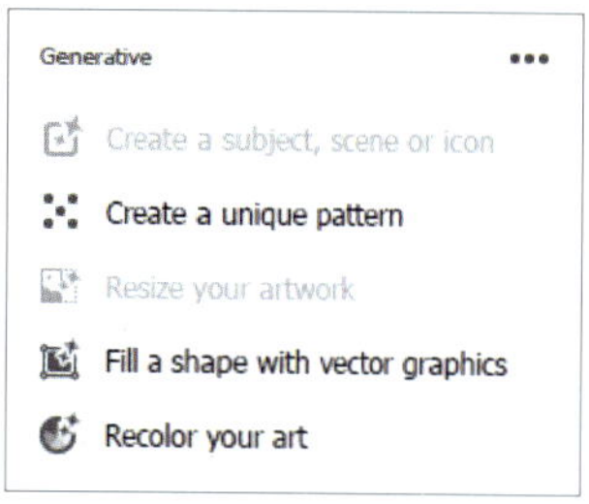

Create a subject, scene or icon : 주제, 장면, 아이콘 등을 텍스트 프롬프트를 바탕으로 생성합니다.

Create a unique pattern : 선택한 모양이나 색상을 바탕으로 AI가 새로운 패턴을 자동 생성합니다.

Resize your artwork : 아트워크 크기를 재조정합니다.

Fill a shape with vector graphics : 선택한 도형 내부를 AI가 생성한 벡터 그래픽으로 채웁니다.

Recolor your art : 새로운 컬러 조합을 제안하거나 자동으로 적용합니다.

> **TIP ✦ 비트맵과 벡터 이미지**
> 비트맵 이미지는 JPG나 GIF처럼 수많은 픽셀로 구성된 그림으로, 각 픽셀은 하나의 색을 가지고 모여 전체 이미지를 이루며, 픽셀 수가 많을수록 더욱 섬세하게 표현되지만 적을수록 품질이 떨어지고 크기를 확대하면 픽셀이 드러나며 해상도가 저하되는 특징이 있어 사진이나 회화처럼 자연스러운 표현에 주로 사용됩니다. 반면 벡터 이미지는 점, 선, 곡선 등 수학적 좌표를 기반으로 만들어지기 때문에 아무리 확대해도 해상도의 손실이 없고 항상 선명한 상태를 유지하며, 로고나 아이콘, 일러스트처럼 다양한 크기로 활용해야 하는 그래픽 작업에 적합합니다. 또한 벡터 이미지는 파일 크기가 상대적으로 작고 색상이나 스타일을 쉽게 변경할 수 있어 디자인 작업에서 높은 효율성과 유연성을 제공하는 중요한 그래픽 방식입니다.

벡터 이미지

❹ 옵션 설정은 여기에! 주요 패널 알아보기

패널은 도구를 선택했을 때 해당 도구의 옵션을 팔레트 형태로 제공하고, 주로 세밀한 설정 값을 지정할 때 이용합니다. 〔window〕 메뉴에서 선택하여 표시할 수 있습니다. 패널 옵션이 나타나지 않으면 패널 오른쪽 위의 '패널 메뉴' 아이콘(☰)을 클릭한 다음 Show Options를 실행합니다.

❶ Color 패널(, F6)

색을 조절해 오브젝트의 면과 선 색을 지정합니다. 문서의 색상 모드를 변경할 수도 있습니다.

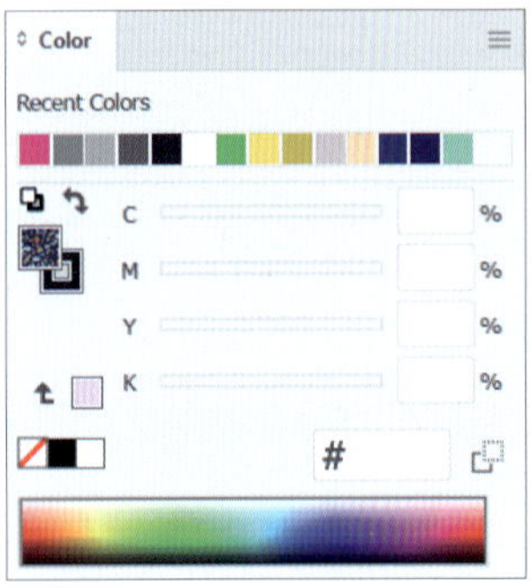

❷ Color Guide 패널(, Shift+F3)

오브젝트에 적용된 면과 선 색을 기준으로 여러 가지 배색을 적용하거나 저장합니다.

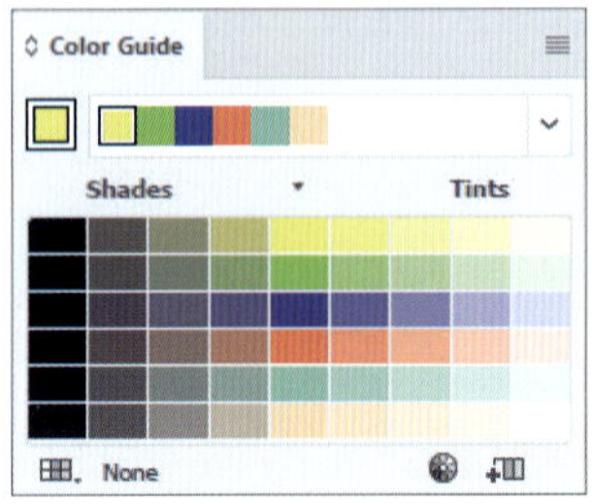

❸ Symbols 패널(, Shift+Ctrl+F11)

반복 요소를 파일 크기에 상관없이 쉽고 빠르게 심볼로 지정하여 관리합니다. 심볼 라이브러리에서 다양한 심볼을 불러와 사용할 수도 있습니다.

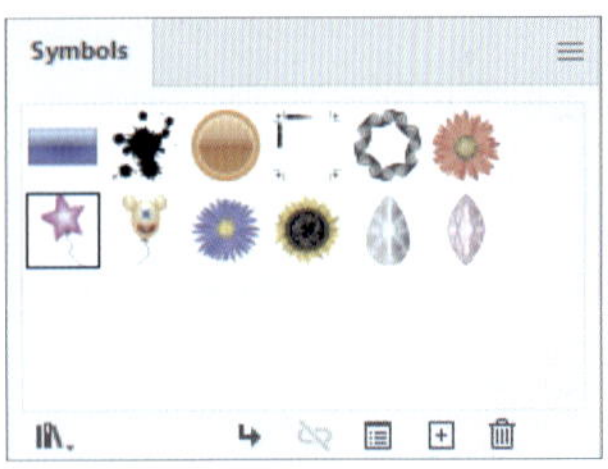

❹ Brushes 패널(, F5)

브러시를 만들거나 저장합니다. 캘리그래피, 분산, 아트, 패턴, 강모 브러시를 이용할 수 있으며 일러스트레이터에서 제공하는 다양한 브러시를 지정하여 이용할 수도 있습니다.

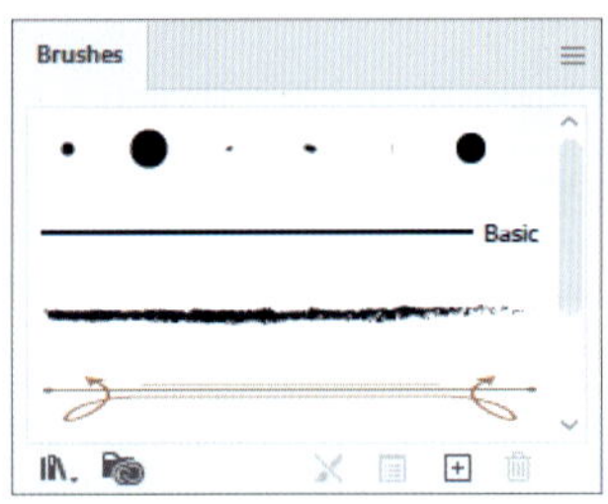

❺ Swatches 패널( )

색상, 패턴, 그러데이션 등을 적용합니다.

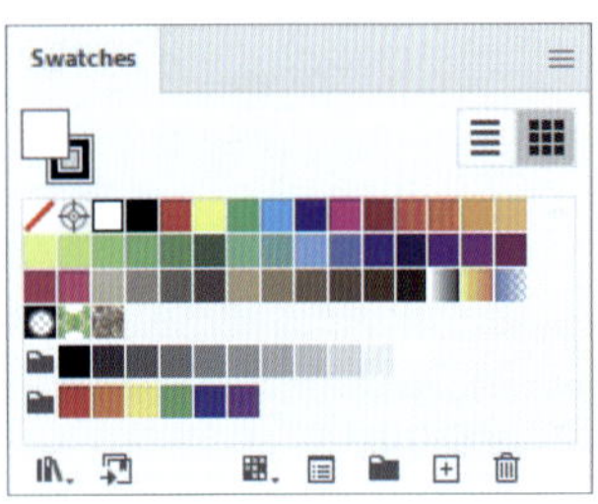

❻ Libraries 패널( )

자주 이용하는 색이나 글꼴, 이미지를 등록할 수 있으며, 바로 선택하여 이용할 수 있습니다.

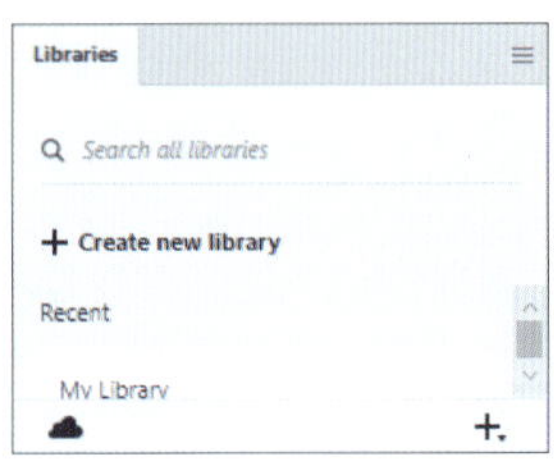

일러스트

❼ Stroke 패널(, Ctrl+F10)

선 두께, 종류 등 선을 세부적으로 설정합니다. 패널 오른쪽 위 '패널 메뉴' 아이콘()을 클릭한 다음 Show Options를 실행해 나타나는 세부 옵션에서는 점선이나 화살표를 만들 수 있습니다.

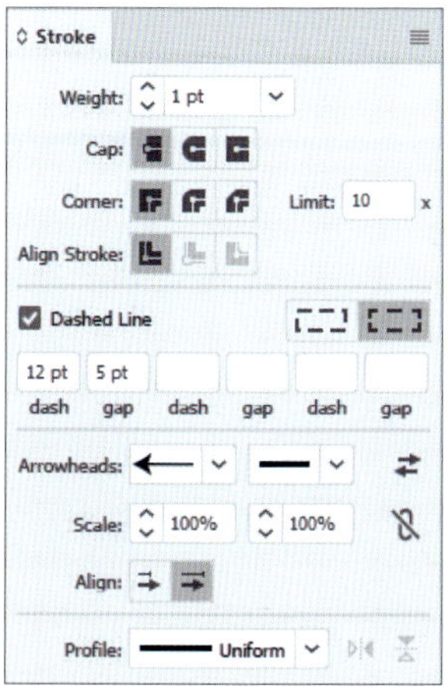

TIP ✧

오브젝트의 면뿐만 아니라 선에도 그러데이션을 적용할 수 있습니다.

❽ Gradient 패널(, Ctrl+F9)

다양한 형태의 그러데이션을 적용하거나 수정합니다. 그레이디언트 조절점으로 그러데이션 색을 지정하고 불투명도를 적용할 수 있어 좀 더 세밀하게 나타낼 수 있습니다.

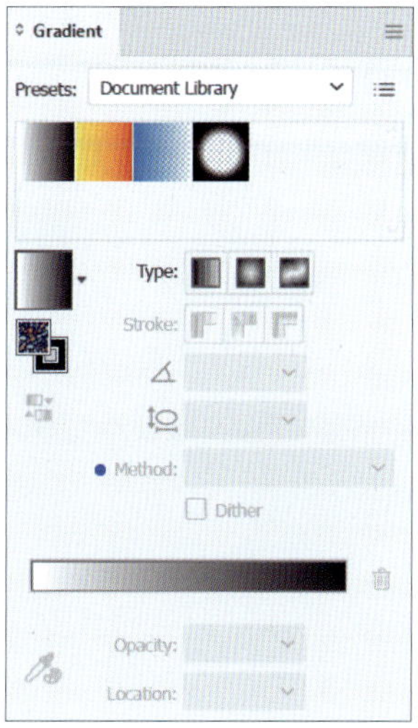

❾ Layers 패널(, F7)

문서에 있는 여러 오브젝트를 그룹 또는 레이어로 편리하게 관리합니다.

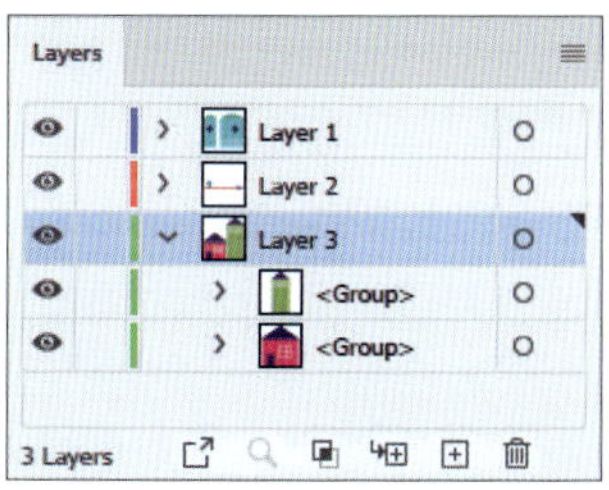

❿ Appearance 패널(, Shift+F6)

오브젝트, 그룹, 레이어에 적용된 면과 선 색, 불투명도, 효과 등의 속성을 설정합니다.

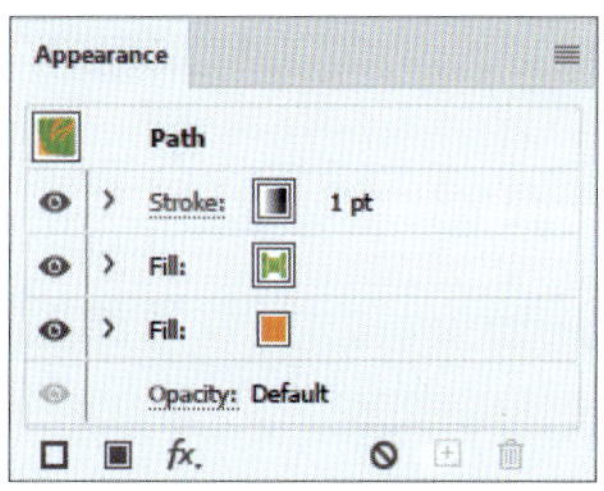

⓫ Graphic Styles 패널(, Shift+F5)

오브젝트에 쉽고 빠르게 다양한 그래픽 스타일을 적용합니다.

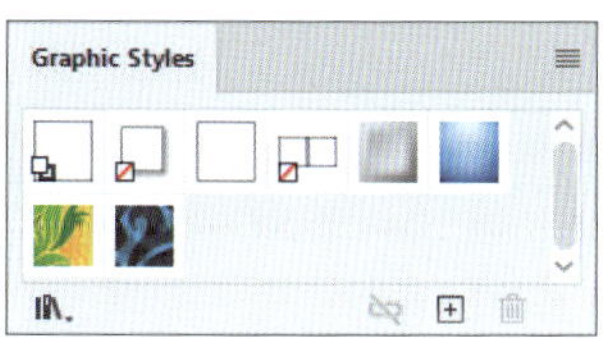

⓬ Transparency 패널(, Shift+Ctrl+F10)

오브젝트에 불투명도나 마스크, 블렌딩 모드를 적용합니다.

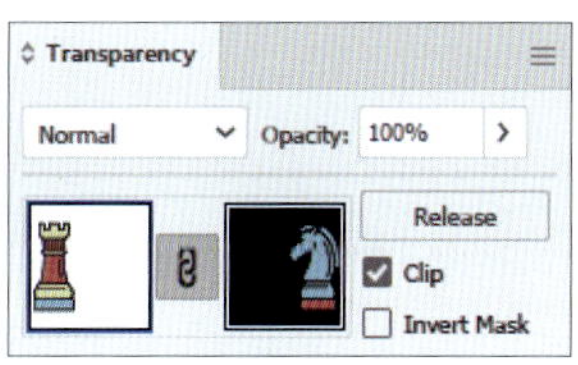

⑬ Align 패널(, Shift+F7)

선택한 오브젝트들을 특정 오브젝트나 아트보드를 기준으로 정렬하거나 배치합니다.

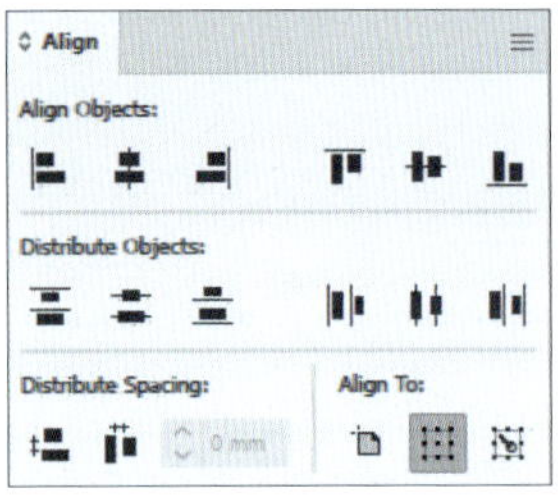

⑭ Pathfinder 패널(, Shift+Ctrl+F9)

두 개 이상의 오브젝트를 합치거나 빼서 새로운 형태를 만듭니다.

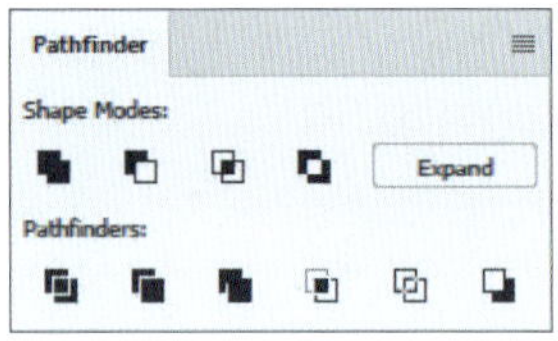

⑮ Character 패널(, Ctrl+T)

문자에 관한 글꼴, 크기, 자간, 행간 등 속성을 조절합니다. 대문자용 글리프, 위첨자 등을 이용할 수 있습니다.

⑯ Transform 패널(, Shift+F8)

선택한 오브젝트의 위치나 크기, 각도, 기울기 등을 세밀하게 조절합니다.

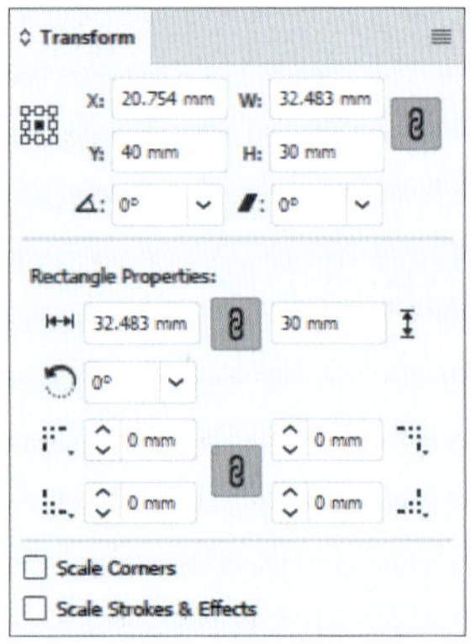

TIP

Rectangle Properties 항목을 이용해 다양한 형태로 오브젝트를 변형할 수 있습니다.

⑰ Artboards 패널( )

아트보드를 추가하거나 삭제 및 정리하고 순서를 변경하여 편리하게 작업합니다.

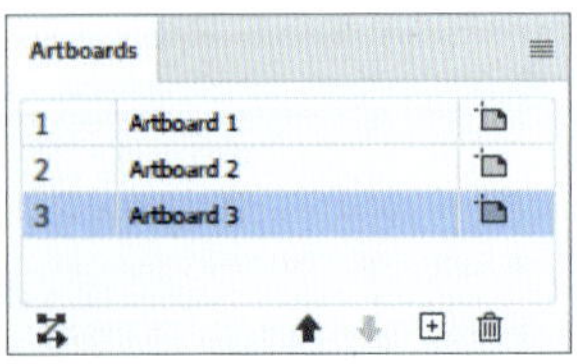

⑱ Info 패널(, Ctrl+F8)

선택한 오브젝트의 위치나 크기, 면과 선에 대한 정보를 표시합니다.

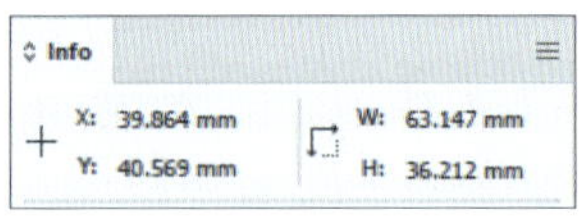

TIP

①, ⑤, ⑧, ㉞번의 패널은 Contextual Task Bar에서 'Fill' 아이콘( )을 클릭하면 쉽고 빠르게 실행할 수 있습니다.

⑲ Navigator 패널( )

빨간색 상자 형태의 미리 보기를 이용해 작업 화면을 확대하거나 축소해서 부분별 오브젝트를 쉽게 확인합니다.

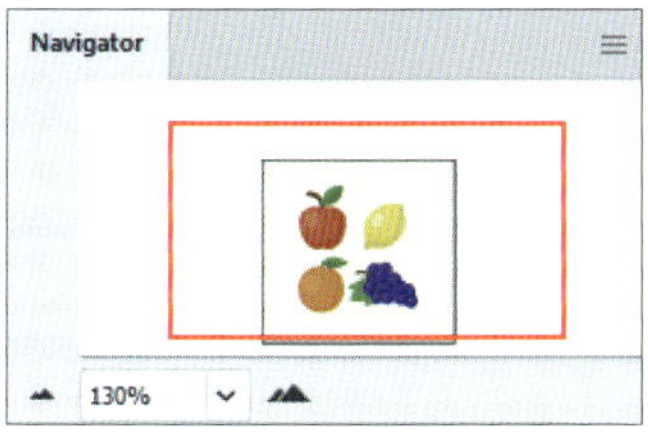

⑳ Flattener Preview 패널( )

아트보드, 오브젝트에 적용된 불투명도를 출력하거나 인쇄할 때 이용합니다.

㉑ Links 패널( )

링크 또는 삽입된 이미지, 아트워크 등을 확인하고 수정된 이미지를 갱신하거나 새로운 이미지로 대체할 수 있습니다.

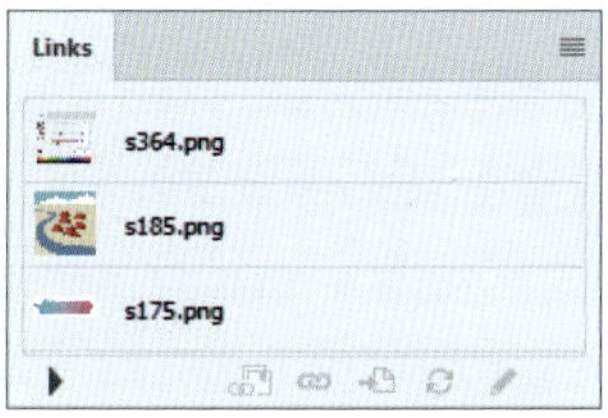

㉒ Paragraph 패널(, Alt+Ctrl+T)

문자, 문장의 단락 속성을 지정하고 정렬, 들여쓰기 등을 조절합니다.

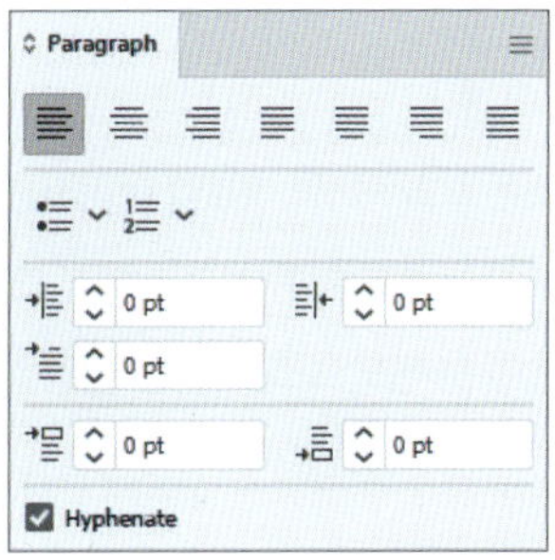

㉓ Character Styles 패널( )

문자 서식을 작성, 편집, 적용해 문자 스타일을 통일할 수 있습니다.

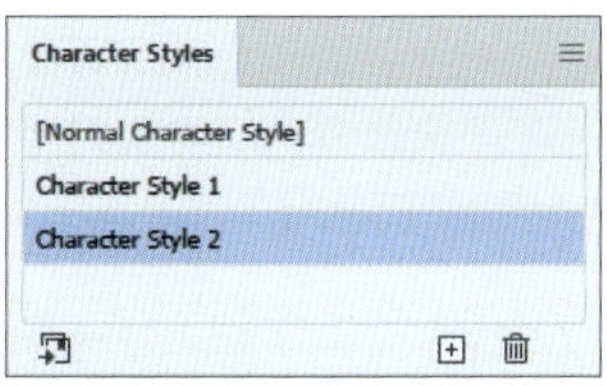

㉔ Paragraph Styles 패널( )

단락 서식을 작성, 편집, 적용하여 원하는 단락 스타일을 문장에 쉽고 빠르게 적용합니다.

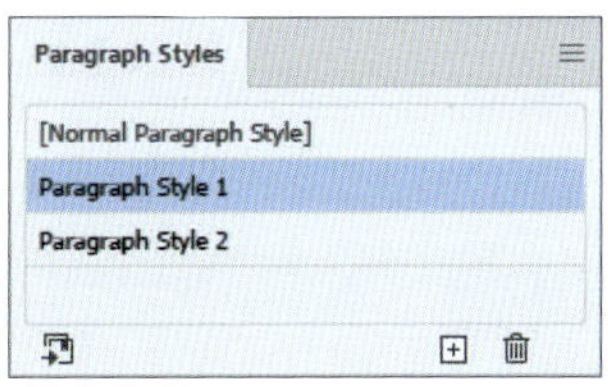

㉕ Glyphs 패널( )

특수 문자나 영문, 대체 문자를 입력할 수 있습니다.

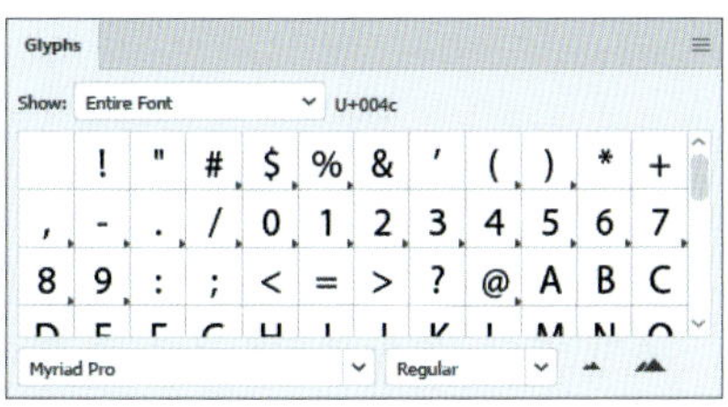

㉖ Tabs 패널(, Shift+Ctrl+T)

단락이나 문자의 탭 위치를 지정합니다.

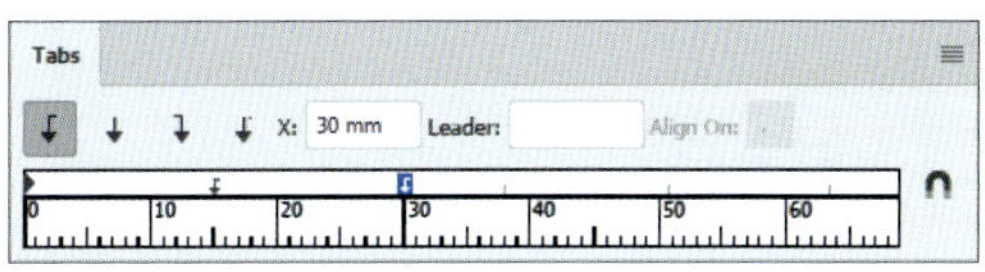

27 Actions 패널(▶)

작업 내역을 기록, 편집, 삭제하여 자주 실행하는 작업을 클릭 한 번에 간편하게 적용할 수 있습니다.

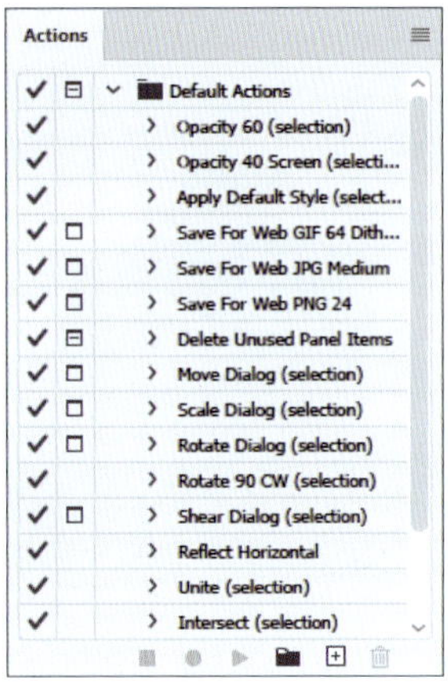

28 3D and Materials 패널( )

간단하게 오브젝트를 입체로 만들거나 다양한 질감과 조명을 쉽게 적용할 수 있습니다.

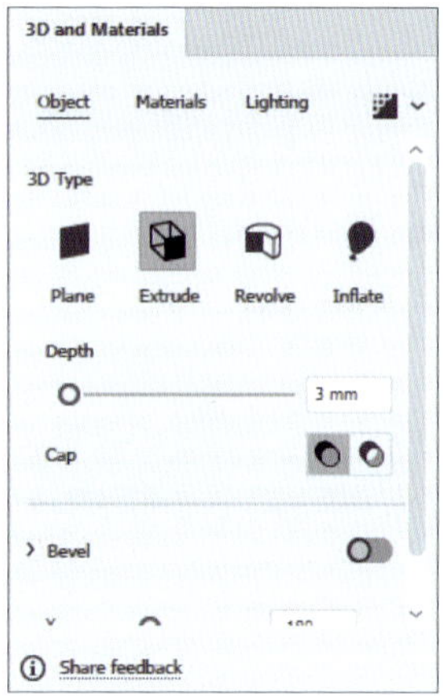

29 Image Trace 패널( )

〈Image Trace〉 버튼을 클릭하면 비트맵 이미지를 벡터 이미지로 만들 수 있습니다. 사전 설정, 보기, 모드, 팔레트, 고대비, 패스, 모서리, 노이즈 등을 설정할 수 도 있습니다.

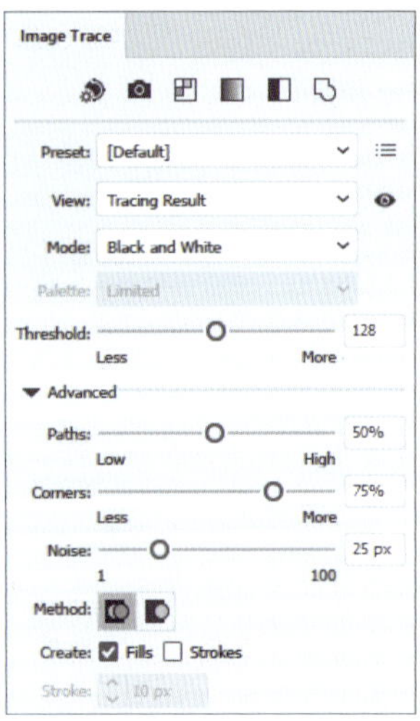

30 Pattern Options 패널( )

패턴 이름이나 타일 설정, 패턴 너비와 높이 등을 세밀하게 지정하여 다양하게 적용할 수 있습니다. 패턴 배열 형태나 개수 등을 조절해 개성 있게 표현합니다.

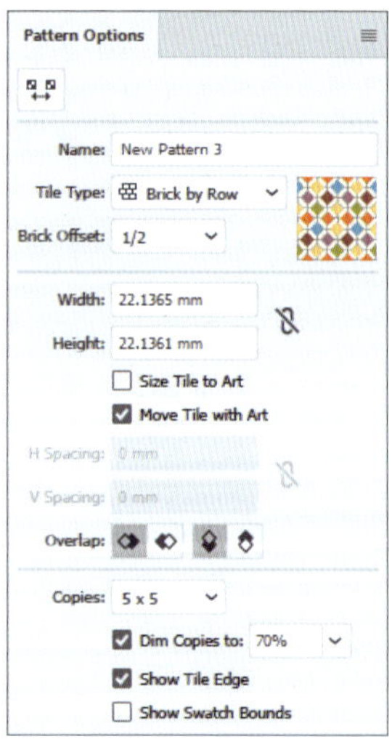

TIP

패널 이름 부분을 더블클릭하면 확장된 패널은 축소되고, 축소된 패널은 확장됩니다. 패널 이름 위 여백 부분을 드래그하면 원하는 위치로 이동할 수 있습니다. Tools 패널 왼쪽 위에 있는 'Collapse to Icons' 아이콘(◂◂)과 'Expand Panels' 아이콘(▸▸)을 클릭해 Tools 패널을 한 줄 또는 두 줄로 정렬할 수 있고, 오른쪽 패널 그룹도 최소화 또는 최대화할 수 있습니다.

㉛ Asset Export 패널(□)

Asset Export 패널에 드래그해 등록한 일러스트를 다양한 크기와 파일 형식으로 쉽고 빠르게 내보낼 수 있습니다.

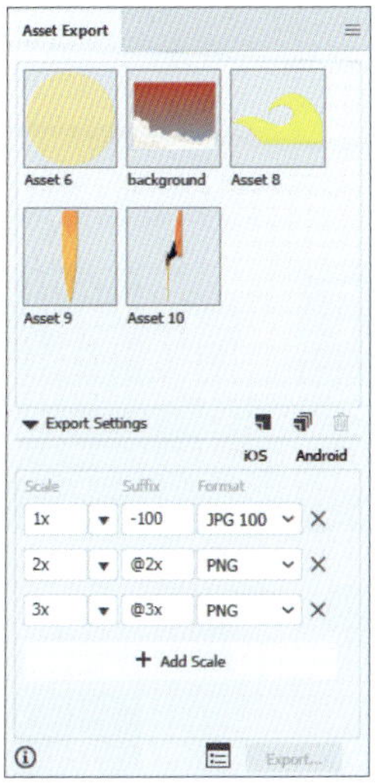

㉜ Properties 패널(□)

작업 과정을 빠르게 제어하고 편집할 수 있도록 도우며, 오브젝트 속성에 따라 유용한 패널을 항목으로 표시합니다.

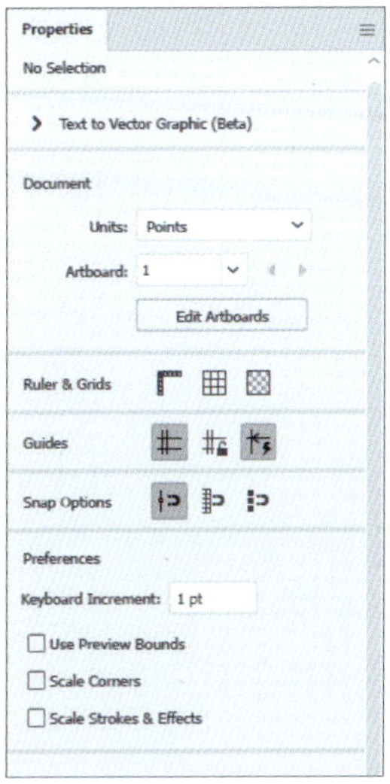

㉝ Mockup 패널(□)

실제 제품이나 앱, 웹사이트 등의 디자인을 시뮬레이션할 수 있습니다. 예를 들어, 스마트폰, 태블릿 PC, 컴퓨터 등의 기기 프레임을 선택하고, 그 안에 디자인 요소를 배치할 수 있습니다.

㉞ Generate Patterns 패널(□)

반복적인 패턴을 쉽게 생성할 수 있도록 돕는 도구로, 다양한 디자인 스타일을 지원하며, 패턴을 실시간으로 미리 볼 수 있고 수정할 수 있는 기능을 제공합니다. 패턴의 크기, 간격, 방향 등을 조정하며, 직관적인 방식으로 고유한 패턴을 만들 수 있습니다.

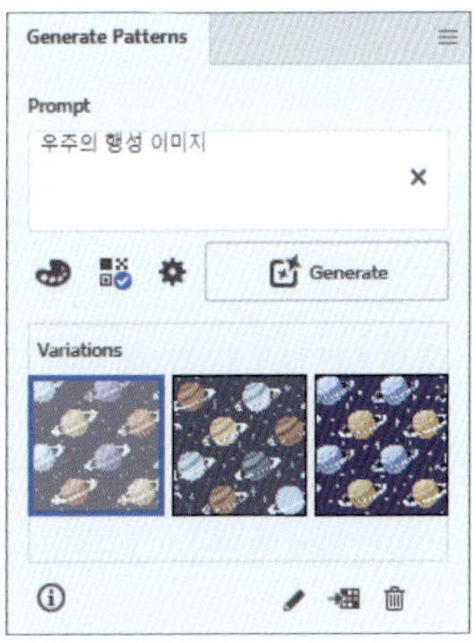

TIP

[Window] → Pattern Options → 〈Generate Patterns〉 버튼으로 실행하거나 Contextual Task Bar에서 'Fill' 아이콘(□)을 클릭한 다음, 'Generate Patterns' 아이콘(□)을 클릭하여 실행할 수 있습니다.

❺ 이미지 생성을 제어하는 생성형 이미지 옵션, Generate Vectors 대화상자

일러스트레이터 CC 2026에서는 Generate Vectors 대화상자를 통해 이미지 생성을 세부적으로 제어할 수 있습니다. 이 기능을 사용하면 텍스트 프롬프트를 입력하여 원하는 주제나 스타일을 지정할 수 있을 뿐만 아니라, 생성된 벡터 이미지를 더욱 세밀하게 조정할 수 있습니다.

Generate Vectors 대화상자에는 텍스트로 이미지를 생성할 수 있는 프롬프트 입력창과 〔Scene(장면)〕, 〔Subject(주제)〕, 〔Icon(아이콘)〕으로 구분하는 Content type, 특정 이미지나 디자인 요소를 포함하고 싶은 경우에 사용하는 〔Style Reference〕, 특정 질감 등을 편집할 수 있는 〔Effects〕, 벡터화할 때 색상 수와 색상 모드를 조정하고 이미지의 명암과 톤을 세밀하게 조정해 최적의 결과를 제공하는 〔Color and Tone〕 기능을 제공합니다.

이러한 옵션을 이용하여 사용자가 원하는 이미지를 디테일하게 생성할 수 있습니다.

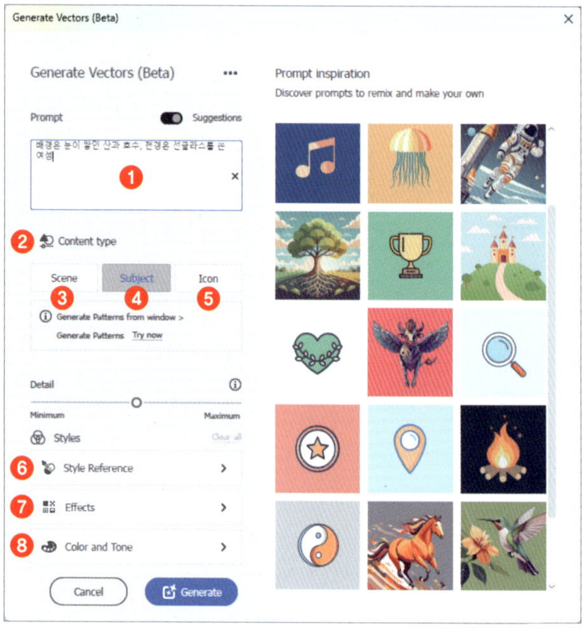

❶ **프롬프트 입력창** : 생성할 이미지를 묘사하는 프롬프트를 텍스트로 입력합니다. 한글도 지원하며, 단어나 문장으로도 작성할 수 있습니다.

❷ **Content type** : 생성할 이미지의 타입을 선택해 벡터 이미지를 생성할 수 있습니다.

❸ **Scene(장면)** : 일러스트의 배경이 될 자연, 도시, 우주, 해변 등의 장면을 선택할 수 있습니다.

❹ **Subject(주제)** : 일러스트의 주요 주제(동물, 식물, 사람, 건물 등)를 선택할 수 있습니다.

❺ **Icon(아이콘)** : 일러스트에 포함될 작은 아이콘(별, 하트, 꽃, 구름 등)을 선택할 수 있습니다.

❻ **Style Reference** : 특정 이미지나 디자인 요소를 참조 이미지를 이용하여 생성합니다.

❼ **Effects** : 일러스트레이터에서 제공하는 효과를 적용할 수 있습니다.

❽ **Color and Tone** : 일러스트레이터에서 제공하는 컬러 프리셋(Color Preset)을 이용해 생성되는 벡터 이미지의 컬러와 톤을 조정할 수 있습니다.

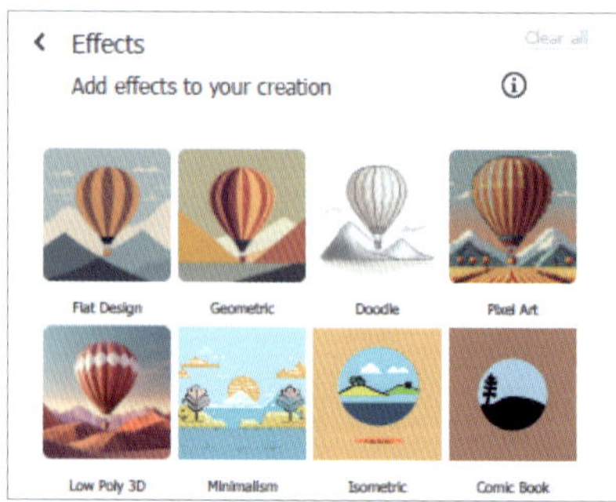

• **완성파일** : 일러스트레이터\01\capybara.ai

AI Quick 활용 벡터 이미지를 생성하여 목업 미리 보기

특정 주제의 일러스트를 생성하기 위해 프롬프트 입력창에 생성하려는 이미지를 문장으로 입력합니다. 예제에서는 자연주의 로고를 생성한 다음 로고가 적용된 다양한 목업에 적용하는 방법에 대해 알아봅니다.

After 1

After 2

After 3

01 일러스트레이터 시작 화면에서 ❶ 〈New file〉 버튼을 클릭합니다. New Document 대화상자가 표시되면 인쇄용 문서를 만들기 위해 ❷ [Print] 탭을 선택하고 ❸ 'Letter'를 선택한 다음 ❹ 〈Create〉 버튼을 클릭합니다.

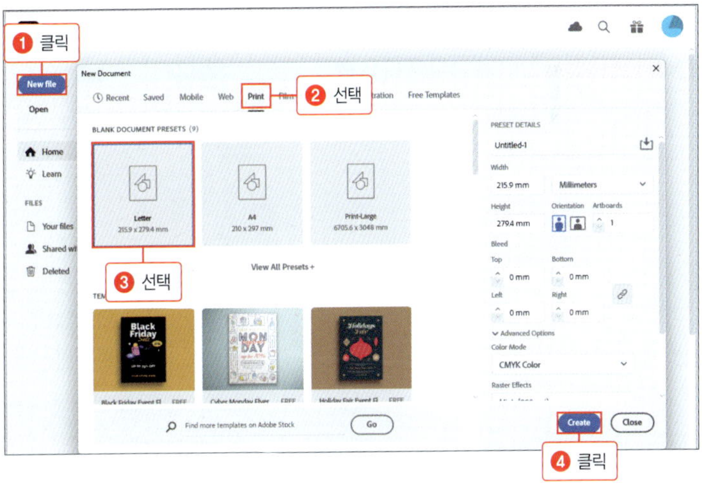

02 파이어플라이 ❶ 사각형 도구(□)를 선택하고 ❷ 로고를 만들 영역을 그림과 같이 드래그하여 지정합니다. Contextual Task Bar의 ❸ 프롬프트 입력창에 로고를 묘사하는 단어를 입력한 다음 ❹ 〈Generate〉 버튼을 클릭합니다.

| 프롬프트

카피바라를 이용한 자연주의 로고

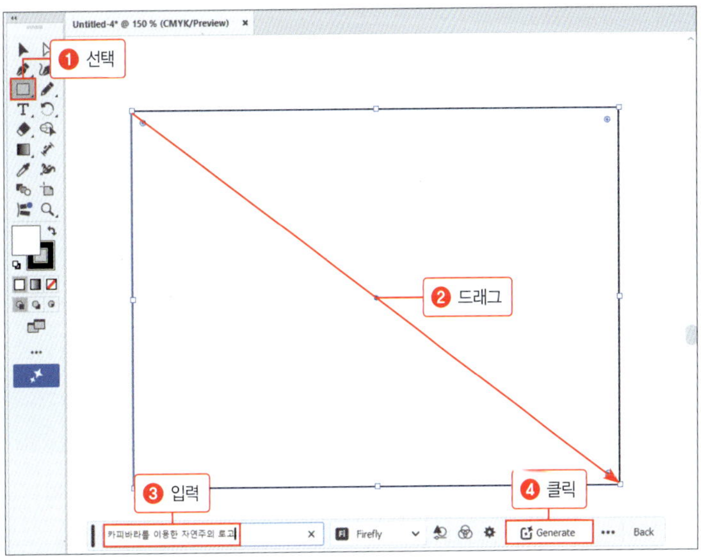

TIP

드래그 후 프롬프트 입력창이 바로 보이지 않는다면 〈Generate Vectors〉 버튼을 클릭하여 활성화시켜 주세요.

03 카피바라 캐릭터를 이용한 로고 이미지가 생성됩니다. Properties 패널에서 원하는 이미지를 선택하거나 〈Generate〉 버튼을 클릭해 이미지를 추가로 생성한 다음 선택합니다.

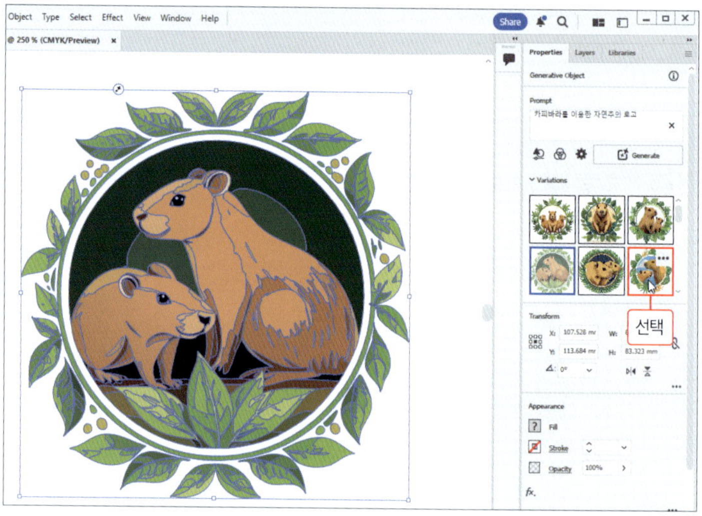

04 로고 이미지를 목업 이미지에 적용하기 위해 ❶ 로고를 선택하고 ❷ 마우스 오른쪽 버튼을 클릭한 다음 ❸ Mockup → Preview Mockup을 실행합니다.

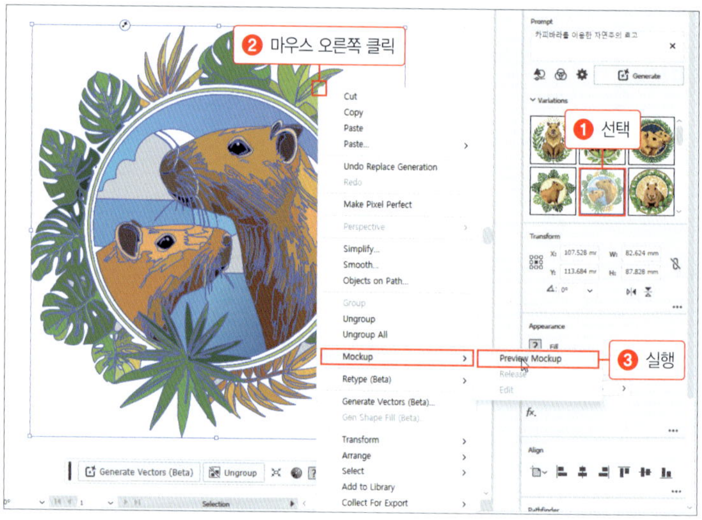

05 Mockup 패널이 표시되며, 생성한 로고가 자동으로 다양한 목업 이미지에 적용되는 것을 확인할 수 있습니다.

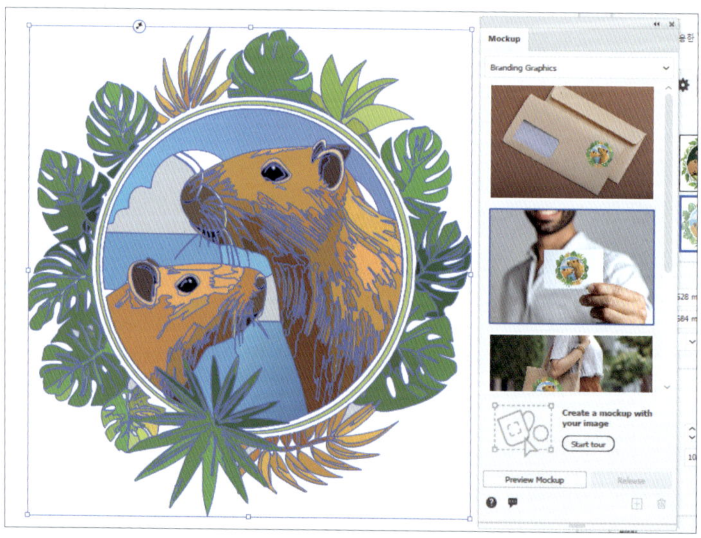

06 Mockup 패널에서 ❶ 미리 확인하려는 목업 이미지를 선택합니다. ❷ 생성된 로고를 에코백에 적용하기 위해 〈Preview Mockup〉 버튼을 클릭하고 ❸ 〈Place on Canvas〉 버튼을 클릭합니다.

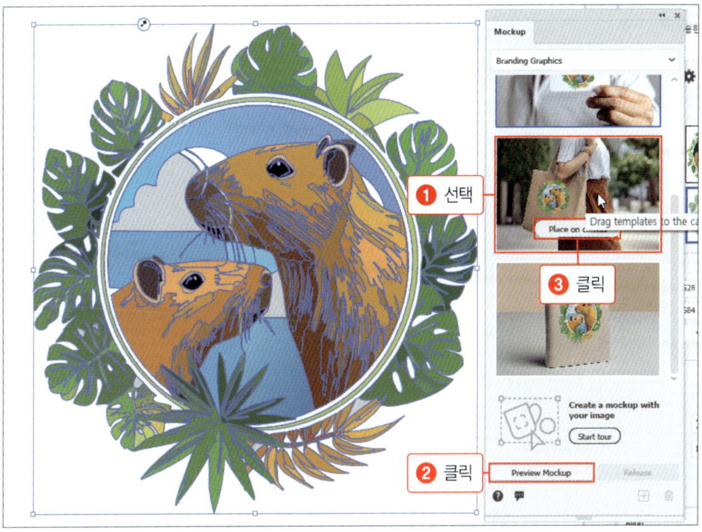

07 카피바라 로고가 에코백에 적용된 것을 확인할 수 있습니다. ❶ 원형 조절점을 드래그하여 로고 크기를 조정합니다. ❷ Mockup 패널에서 다른 목업 이미지를 더블클릭하여 로고가 적용된 이미지를 확인합니다.

TIP ✧

Mockup 패널에서는 Apparel, Branding Graphics, Packaging 등 목업 항목을 변경하여 생성된 로고가 목업에 어떻게 적용되는지 미리 확인할 수 있습니다.

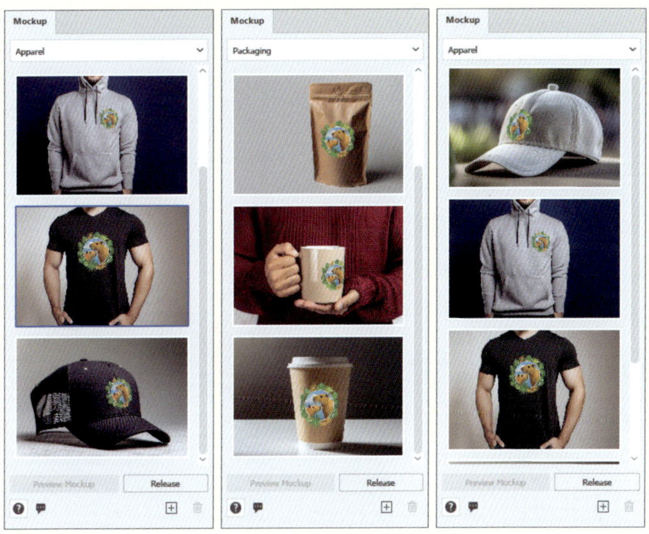

AI EASY 실습 목업 형태에 맞게 세밀한 패턴 채우기

AI 기능을 이용해 텍스트 입력만으로 패턴을 손쉽게 만들 수 있습니다. 패턴의 밀도 수준을 설정하고 설정을 쉽게 바꿀 수도 있습니다. 예제에서는 운동화에 프롬프트를 입력하여 꽃무늬 패턴을 적용해 봅니다.

01 Ctrl+O를 누르고 일러스트레이터 → 01 폴더에서 'pattern.ai' 파일을 불러옵니다. ❶ 선택 도구(▶)를 클릭하고 ❷ Shift을 누른 채 운동화의 분홍색 오브젝트 2개를 선택합니다. ❸ 메뉴에서 [Object] → Pattern → Generate Patterns를 실행합니다.

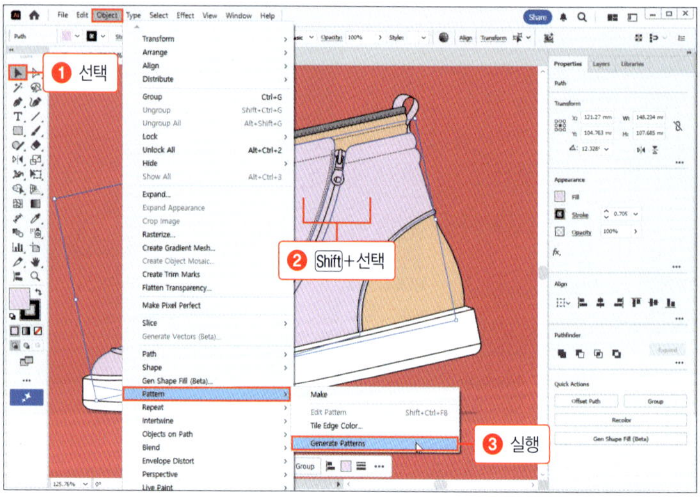

02 파이어플라이 Generate Patterns 패널에서 ❶ 프롬프트 입력창에 꽃무늬 패턴을 묘사하는 단어를 입력합니다. ❷ 'Add color or choose from color presets' 아이콘(🎨)을 클릭하고 ❸ Color presets를 'Warm tone', No. of colors를 '5'로 설정합니다.

프롬프트
자연과 꽃 배경색은 네이비블루

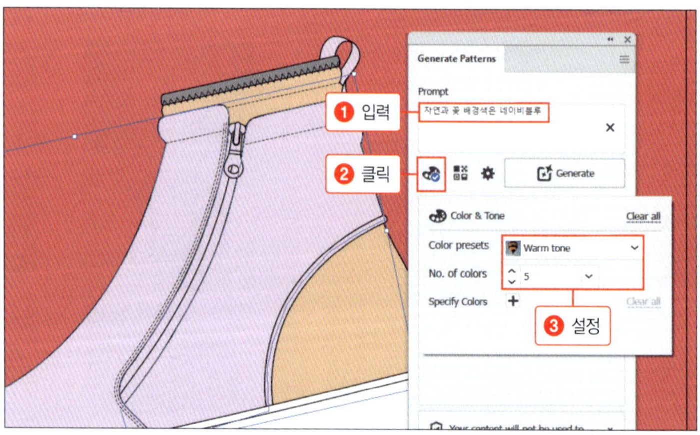

03 'Add effects to your creation' 아이콘(▦)을 클릭한 다음 'Flat Design'을 선택합니다.

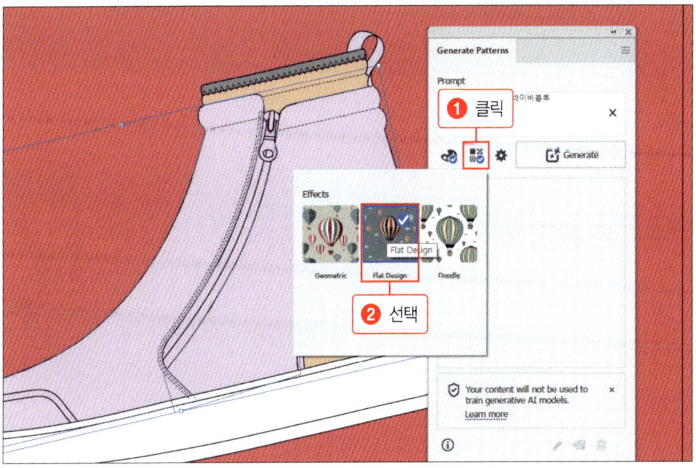

04 ❶ 'View all settings' 아이콘(⚙)을 클릭한 다음 ❷ Density 슬라이더를 'High'로 이동해 조밀도를 높이고 ❸ 〈Generate〉 버튼을 클릭합니다.

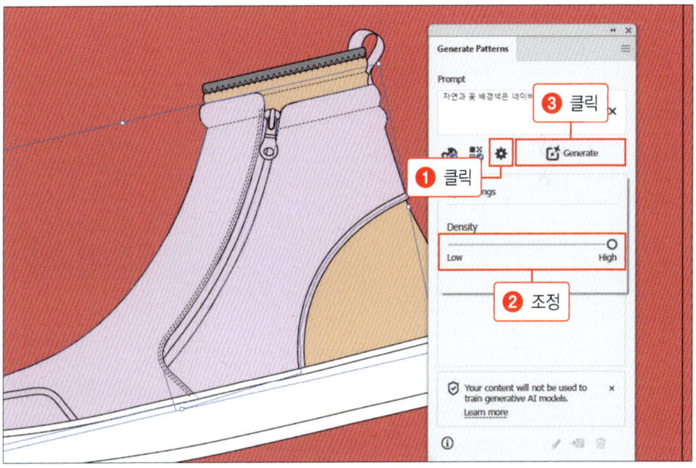

05 Variation에 AI가 작성한 패턴 이미지가 나타나고 선택한 오브젝트에 패턴이 적용됩니다. ❶ 각각의 오브젝트에 ❷ 서로 다른 패턴을 선택해 적용할 수 있습니다.

EASY 실습 이미지에 포함된 글꼴 확인하고 수정하기

Retype 기능을 사용하면 비트맵 이미지 또는 윤곽선 텍스트에 사용된 텍스트의 글꼴을 확인하거나 손쉽게 편집할 수 있습니다.

01 Ctrl+O를 누르고 일러스트레이터 → 01 폴더에서 'retype.ai' 파일을 불러옵니다. 일러스트에 텍스트가 포함된 비트맵 이미지가 포함되어 있습니다.

02 파이어플라이 ❶ 비트맵 이미지를 선택한 다음 ❷ Contextual Task Bar에서 〈Retype〉 버튼을 클릭합니다.

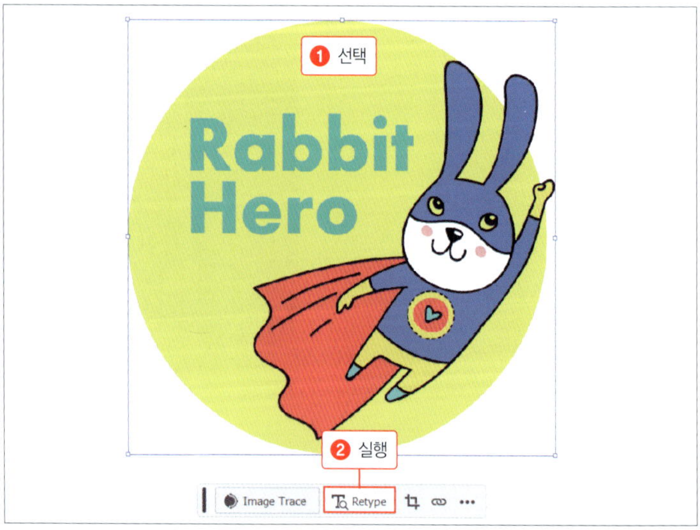

03 정확한 글꼴을 찾거나 스타일이 유사한 글꼴 목록을 나타냅니다. ❶ 검색된 글꼴 중에서 글꼴을 선택한 다음 ❷ 〈Apply〉 버튼을 클릭하고 ❸ 〈Exit〉 버튼을 클릭합니다.

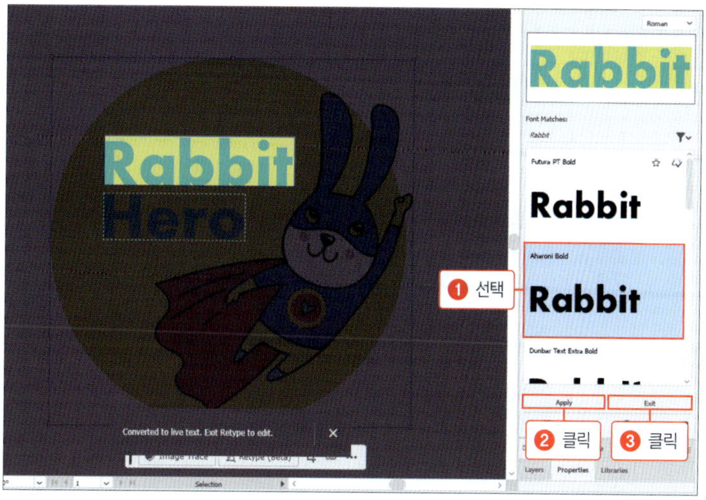

TIP ✧
선택한 이미지를 스캔해 Retype 패널에서 선택된 글꼴과 유사한 글꼴을 검색합니다.

04 비트맵 이미지였던 글꼴이 편집할 수 있는 글꼴로 변경됩니다.

05 문자를 드래그한 다음 'Super'를 입력하여 수정합니다.

Part 02

더 크리에이티브하게! 꼭 알아야 할 드로잉의 기본기

| Adobe Firefly < 20/26 >

New file | Path | Brushes

PHOTOSHOP
&ILLUSTRATOR CC 2026

CC/26
ILLUSTRATOR
Generate

LESSON 04

작업 준비! 쉽고 빠르게 캔버스 만들기

❶ 새 문서 작성하기

시작 화면의 〈New file〉 버튼을 클릭하거나 메뉴에서 〔File〕 → New(Ctrl+N)를 실행해 표시되는 New Document 대화상자에서 파일 이름, 크기, 단위, 색상 모드 등을 설정하여 새로운 문서를 만들 수 있습니다.

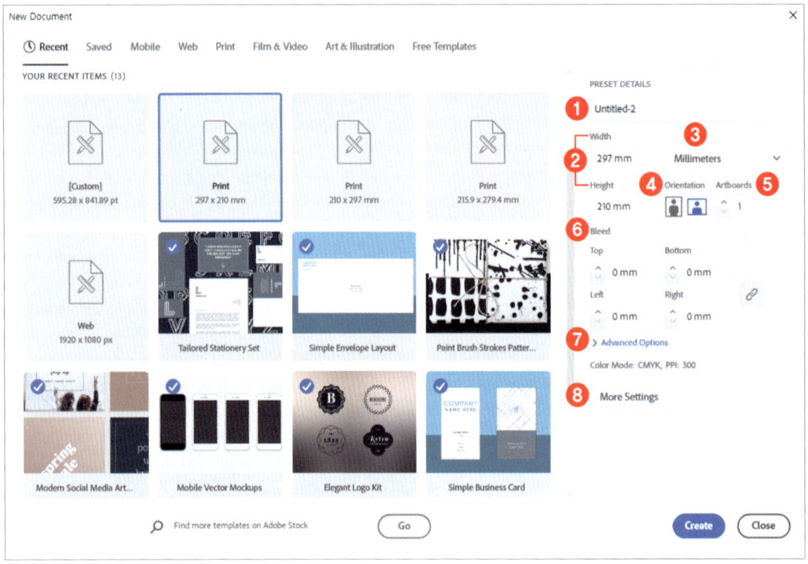

Recent는 최근에 설정한 파일들을 나타내며, Saved에는 직접 설정하여 저장한 파일 크기가 표시되고, Mobile/Web/Print/Film&Video/Art&Illustration/Free Templates에서는 다양한 그래픽 디자인과 템플릿의 문서 크기를 제공합니다.

❶ **Name** : 문서 이름을 입력합니다.

❷ **Width, Height** : 아트보드의 가로와 세로 크기를 직접 입력하여 설정합니다.

❸ **Units** : 크기 단위를 지정합니다.

❹ **Orientation** : 아트보드 방향을 지정합니다.

❺ **Artboards** : 아트보드 개수를 설정합니다.

❻ **Bleed** : 아트보드의 Top(위), Bottom(아래), Left(왼쪽), Right(오른쪽) 여백을 설정합니다. 오른쪽 '링크' 아이콘( )을 클릭하여 활성화하면 모든 여백이 같은 비율로 늘어납니다. 편집 디자인에서는 출력할 때 재단 부분을 생각하여 문서 바깥쪽으로 3~5mm 정도의 여백을 설정합니다.

❼ **Advanced Options** : 색상 모드는 주로 인쇄 출력용은 'CMYK', 화면 출력용은 'RGB'로 지정합니다. 해상도와 보기 모드도 지정할 수 있습니다.

❽ **More Settings** : 새 문서 크기를 자세하게 설정할 수 있는 More Settings 대화상자가 표시됩니다.

EASY 실습 새 문서 만들기

일러스트 작업을 시작하기 위해 시작 화면에서 〈New file〉 버튼을 클릭하거나 메뉴에서 〔File〕 → New(Ctrl+N)를 실행하여 표시되는 New Document 대화상자에서 문서 이름, 크기 등을 지정해 새 문서를 만듭니다.

01 일러스트레이터 시작 화면에서 〈New file〉 버튼을 클릭합니다.

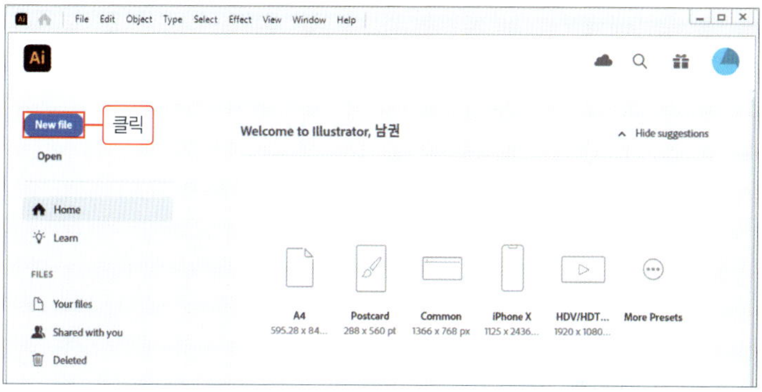

02 New Document 대화상자가 표시되면 인쇄용 문서를 만들기 위해 ❶ 〔Print〕 탭을 선택하고 ❷ 'A4'를 선택한 후 ❸ 〈Create〉 버튼을 클릭합니다.

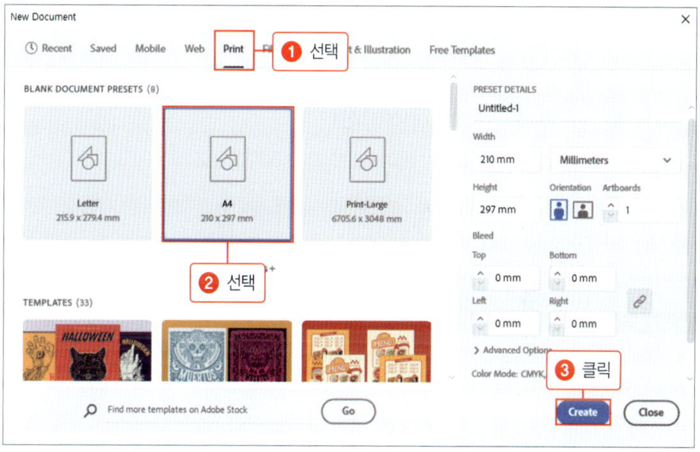

03 설정한 대로 새 문서가 만들어집니다.

TIP ✧

아트보드 외부 영역을 흰색으로 나타내기 위해서는 메뉴에서 〔Edit〕 → Preferences → User Interface를 실행합니다. Preferences 대화상자가 표시되면 Canvas Color를 'White'로 선택한 다음 〈OK〉 버튼을 클릭합니다.

EASY 실습 직접 설정한 크기대로 새 문서 만들기

직접 문서 크기와 해상도를 지정해 새 문서를 만들 수 있습니다. New 명령을 실행하여 새로운 문서를 만들고 저장해 봅니다.

01 시작 화면에서 〈New file〉 버튼을 클릭하거나 메뉴에서 [File] → New(Ctrl+N)를 실행합니다. New Document 대화상자가 표시되면 ❶ 파일 이름에 '카드'를 입력하고 ❷ 단위를 'Centimeters'로 지정합니다.

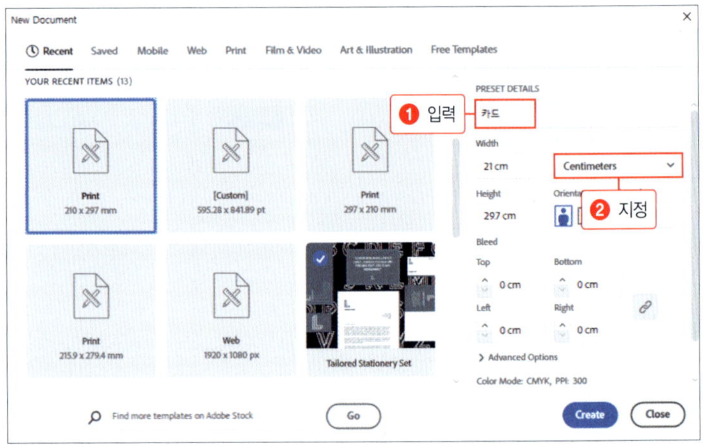

02 ❶ Width를 '14cm', Height를 '9cm'로 설정하고 ❷ 〈Create〉 버튼을 클릭하면 엽서 크기 문서가 만들어집니다.

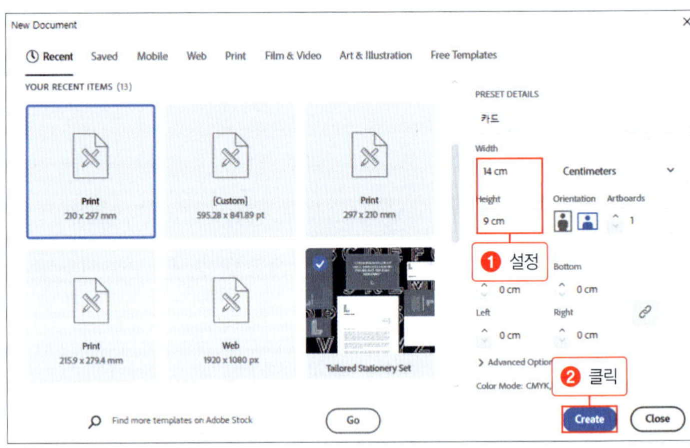

03 문서를 저장하기 위해 메뉴에서 [File] → Save As(Shift+Ctrl+S)를 실행합니다. Save As 대화상자가 표시되면 ❶ 파일 이름을 입력한 다음 ❷ 〈저장〉 버튼을 클릭합니다. Illustrator Options 대화상자가 표시되면 〈OK〉 버튼을 클릭하여 작업을 마칩니다.

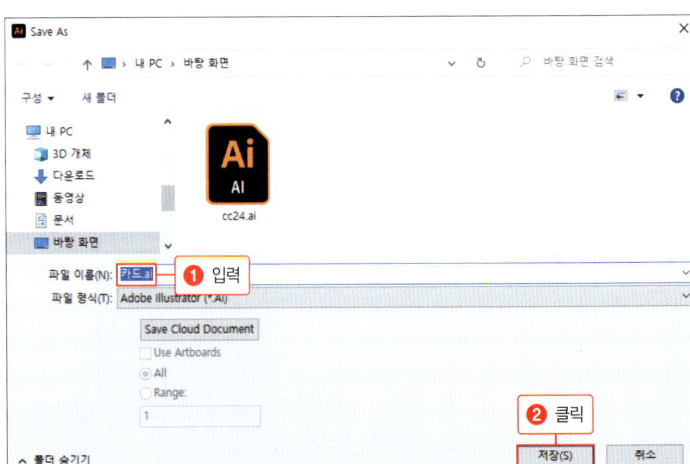

❷ 여러 개의 아트보드 지정하기

아트보드(Artboard)는 작업 공간에서 디자인 요소를 배치하고 조정할 수 있는 구역을 말합니다. 아트보드는 디자인의 캔버스와 같은 역할을 하며, 하나의 파일 안에 여러 개의 아트보드를 만들 수 있어 다양한 디자인 버전이나 페이지를 하나의 파일에서 작업할 수 있습니다. 메뉴에서 〔Window〕 → Artboards를 실행하면 Artboards 패널(⧉)이 표시되어 아트보드의 추가, 삭제, 순서 변경 등을 작업할 수 있습니다.

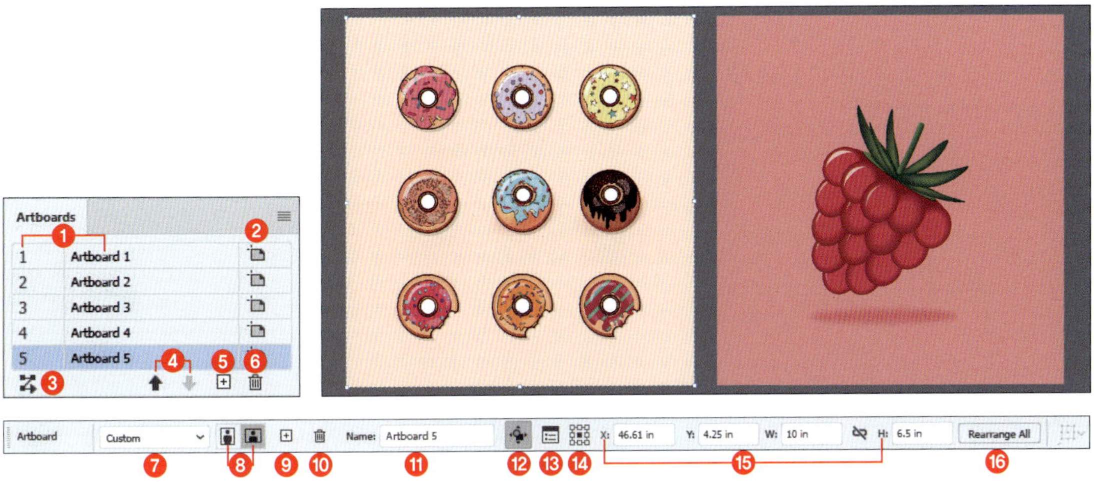

❶ 아트보드의 순서와 이름을 나타내며, 선택하면 해당 아트보드로 이동합니다.

❷ **Artboard Options** : 아트보드를 편집할 수 있는 Artboard Options 대화상자가 표시됩니다.

❸ **Rearrange All Artboards** : 모든 아트보드를 재정렬합니다.

❹ **Move Up / Down** : 아트보드 순서를 조절합니다.

❺ **New Artboard** : 아트보드를 추가합니다.

❻ **Delete Artboard** : 아트보드를 삭제합니다.

❼ **Select Preset** : 아트보드를 지정된 크기로 설정합니다.

❽ **Portrait , Landscape** : 아트보드를 가로 또는 세로 방향으로 지정합니다.

❾ **New Artboard** : 새 아트보드를 만듭니다.

❿ **Delete Artboard** : 선택한 아트보드를 삭제합니다.

⓫ **Name** : 아트보드 이름을 입력합니다.

⓬ **Move/Copy Artwork with Artboard** : 선택한 아트보드를 Alt를 누른 채 드래그하면 아트보드와 포함된 오브젝트들이 복제됩니다.

⓭ **Artboard Options** : Artboard Options 대화상자를 표시하여 아트보드를 자세하게 설정할 수 있습니다.

⓮ **Reference Point** : 아트보드 기준점을 지정합니다.

⓯ **X / Y, W / H** : 아트보드 위치 정보와 너비, 높이를 설정합니다.

⓰ **Rearrange All** : 모든 아트보드를 재정렬합니다.

EASY 실습 여러 개의 아트보드 만들기

문서에서 실제 작업 영역을 나타내는 아트보드 관리 방법에 대해 알아봅니다.

01 Ctrl+N을 눌러 New Document 대화상자가 표시되면 ❶ [Print] 탭을 선택한 다음 ❷ 'A4'를 선택하고 ❸ 단위를 'Centimeters'로 지정합니다. ❹ Artboards를 '4'로 설정한 다음 ❺ 〈Create〉 버튼을 클릭합니다.

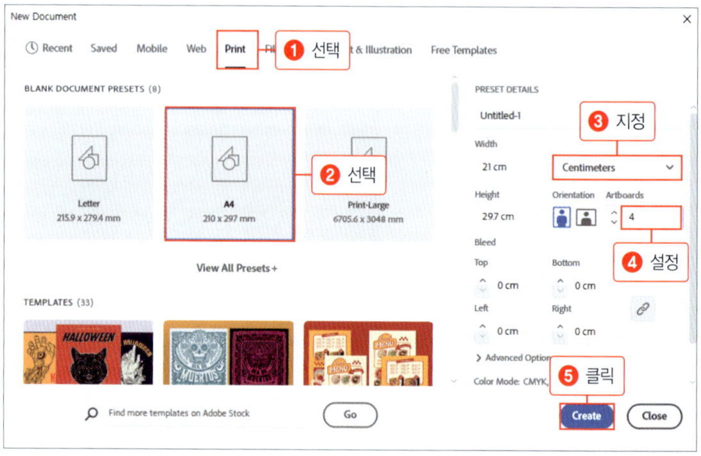

02 네 개의 아트보드가 나타나면 아트보드 설정을 변경하기 위해 ❶ 아트보드 도구(⧉)를 선택한 다음 ❷ 'Artboard 4'를 클릭합니다.

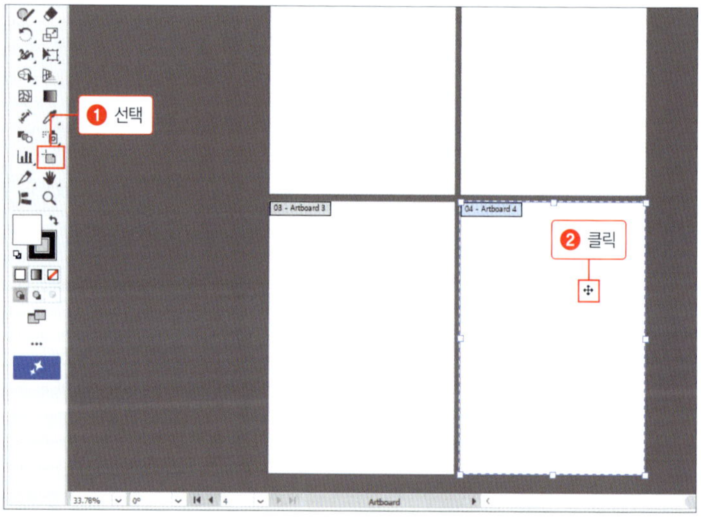

왜? ✦

편집 디자인 작업 중 하나의 문서에 여러 개의 아트보드나 마스터 페이지 및 페이지 번호 등을 적용하면 출력하거나 파일을 내보낼 때 편리합니다.

03 Properties 패널에서 Artboards의 'Delete Artboard' 아이콘(🗑)을 클릭하거나 Delete를 눌러 아트보드를 삭제할 수 있습니다.

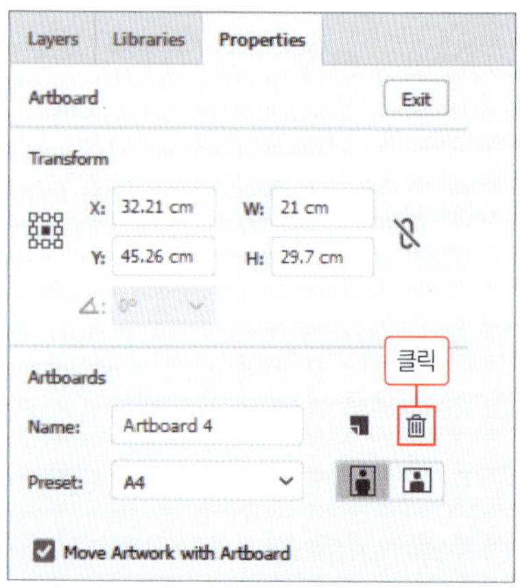

TIP ✦

Control 패널의 'Delete Artboard' 아이콘(🗑)을 클릭해도 됩니다.

04 아트보드를 조절하기 위해 ❶ 'Artboard 3'을 클릭한 다음 ❷ Properties 패널에서 'Horizontal' 아이콘(▣)을 클릭해 문서 방향을 변경합니다.

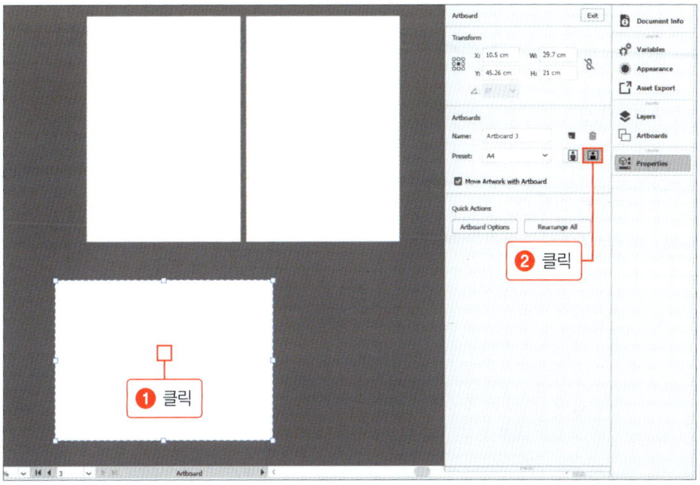

05 ❶ 'Artboard 3'을 위로 드래그하여 이동하고 ❷ Shift를 누른 상태에서 'Artboard 1'을 함께 클릭합니다. ❸ Properties 패널의 Align에서 'Horizontal Align Left' 아이콘(▙)을 클릭하여 왼쪽 정렬합니다.

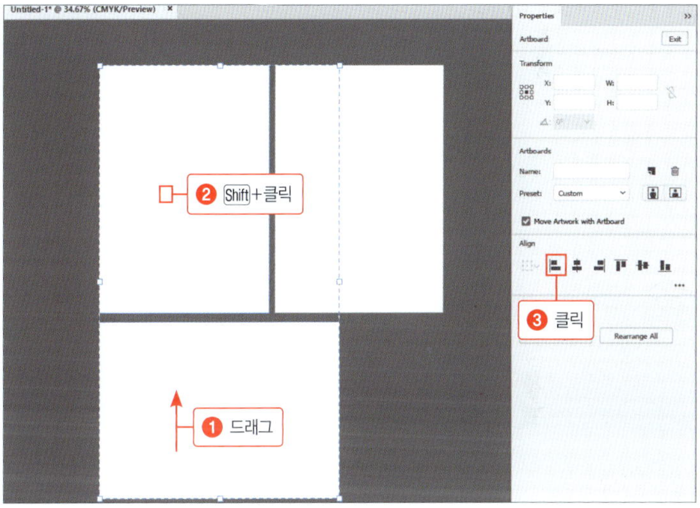

06 아트보드 설정을 마치고 Esc를 누르거나 Tools 패널의 다른 도구를 선택하면 아트보드 편집 모드가 해제됩니다.

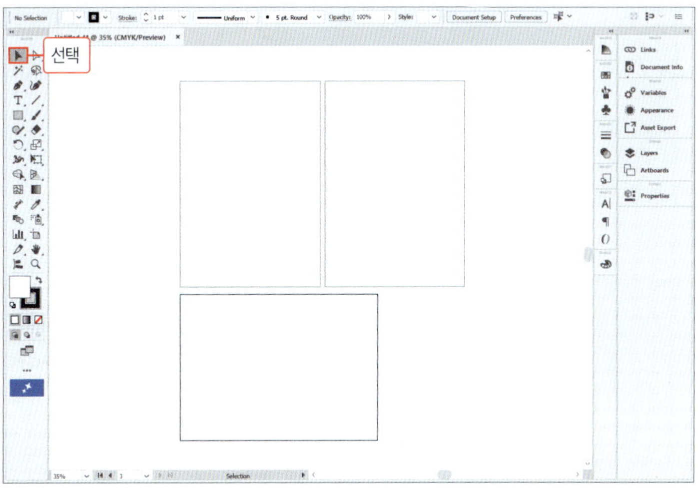

왜? ✧

작업 중에는 아트보드의 크기를 늘리거나 줄여야 할 때도 있습니다. 이때 새 문서를 만들기보다 아트보드를 재설정하면 편리합니다.

EASY 실습 파일 열고 이미지 불러오기

문서에 이미지를 불러오려면 메뉴에서 [File] → Open 또는 Place를 실행하거나 어도비 브리지에서 이미지를 일러스트레이터로 드래그합니다. 링크된 이미지를 문서에 삽입하면 다른 컴퓨터에서 불러들여도 이미지 파일이 유실되지 않으며 밑그림 이미지도 불러올 수 있습니다.

01 시작 화면에서 〈Open〉 버튼을 클릭하거나 메뉴에서 [File] → Open(Ctrl+O)을 실행합니다. Open 대화상자가 표시되면 ❶ 일러스트레이터 → 02 폴더에서 ❷ 'cover.ai' 파일을 선택한 다음 ❸ 〈Open〉 버튼을 클릭합니다.

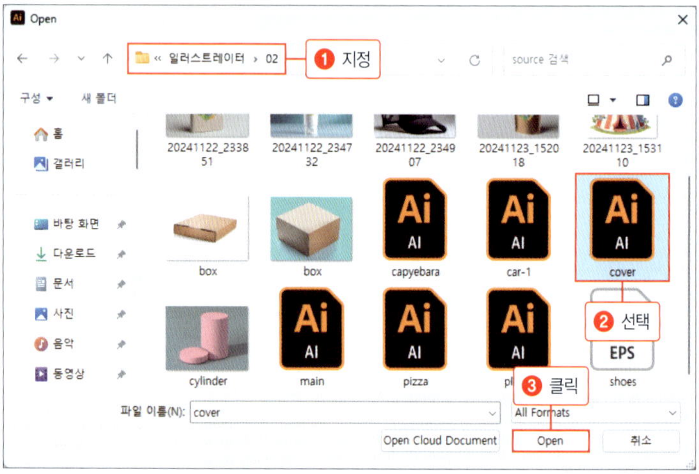

02 일러스트 배경 파일이 열리면 다른 이미지를 불러오기 위해 메뉴에서 [File] → Place(Shift+Ctrl+P)를 실행합니다.

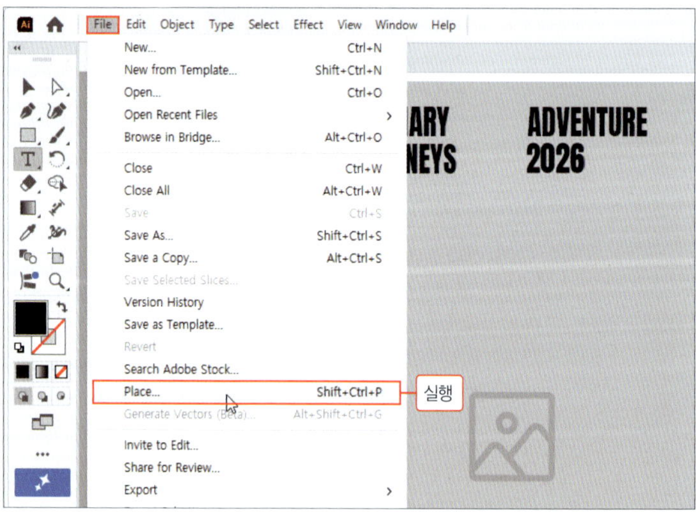

TIP
문서에 이미지를 추가할 때 Open 명령을 실행하면 새 문서에 불러들여집니다. Place 명령을 실행하면 작업 중인 문서에 파일을 가져올 수 있어 파일 이동이 필요 없으므로 매우 편리합니다.

TIP Link와 Embed 상태의 차이점

- Link : 외부 이미지 파일의 저장 위치를 기억해 미리 보기 데이터로 읽어 들인 상태입니다. 처음 Place를 실행했을 때와 이미지 경로가 달라지면 경로를 수정하거나 새로 불러와야 하고, 파일을 다른 곳으로 보낼 때 링크된 외부 파일도 함께 보내지 않으면 파일을 열었을 때 그림이 유실된 상태로 보이지 않기 때문에 유의해야 합니다. 대신 외부 파일을 수정하고 그 결과를 Links 패널에서 곧바로 갱신할 수 있습니다.
- Embed : 링크가 해제되면서 파일에 이미지가 포함된 상태입니다. 외부 파일을 따로 챙길 필요가 없어 편리하지만 대신 파일 용량이 커집니다. 링크가 해제된 상태이므로 원본 파일에 수정이 있으면 반영되지 않습니다.

03 Place 대화상자에서 일러스트레이터 → 02 폴더의 ❶ 'car-1.ai' 파일을 선택하고 ❷ 〈Place〉 버튼을 클릭합니다.

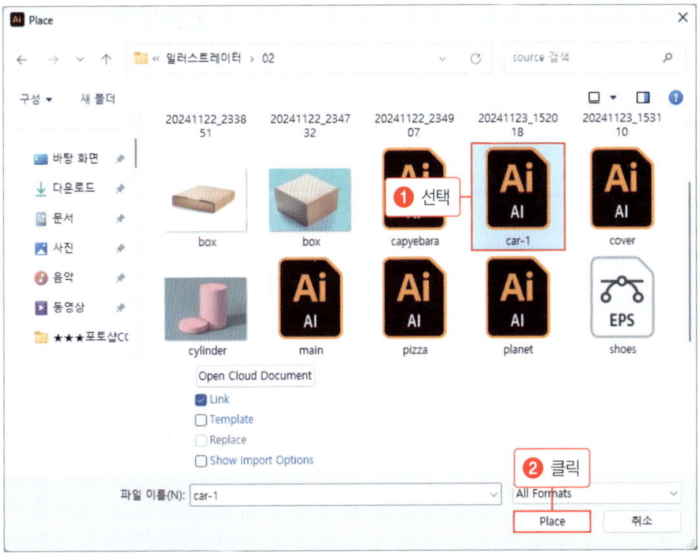

> **TIP**
> PNG 포맷은 GIF의 특수 효과를 그대로 이용하면서 JPG처럼 압축률을 높입니다. 불투명도를 지원해 이미지에 투명 영역이 포함되어도 해당 부분을 그대로 유지한 상태로 작업할 수 있어 편리합니다.

04 자동차 이미지를 배경 영역에 맞게 드래그하여 조정합니다. 예제에서는 ❶ 자동차 이미지 왼쪽 위 기준점을 드래그하는 방식으로 회색 배경 영역에 맞췄습니다. 자동차 이미지를 뒤로 배열하기 위해 ❷ 마우스 오른쪽 버튼을 클릭한 다음 ❸ Arrange → Send Backward을 실행합니다.

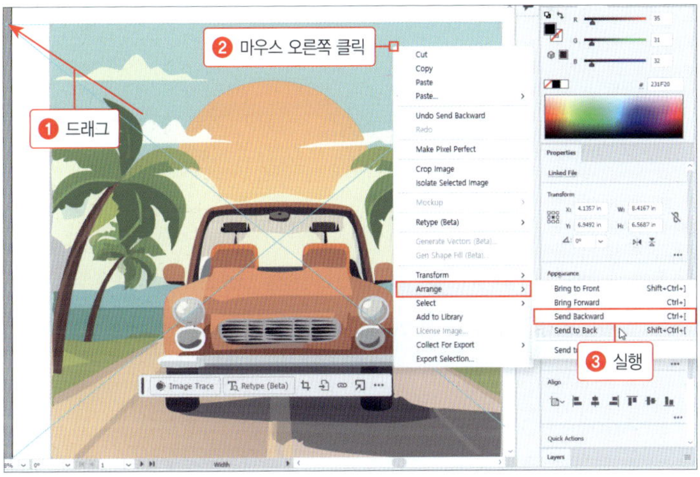

05 자동차 이미지 위로 문자가 표시됩니다. 링크된 이미지를 편집할 수 있도록 문서에 삽입하기 위해 이미지가 선택된 상태에서 Properties 패널의 〈Embed〉 버튼을 클릭합니다. 링크 이미지가 삽입되고 Links 패널에 삽입 이미지 표시가 나타나는 것을 확인합니다.

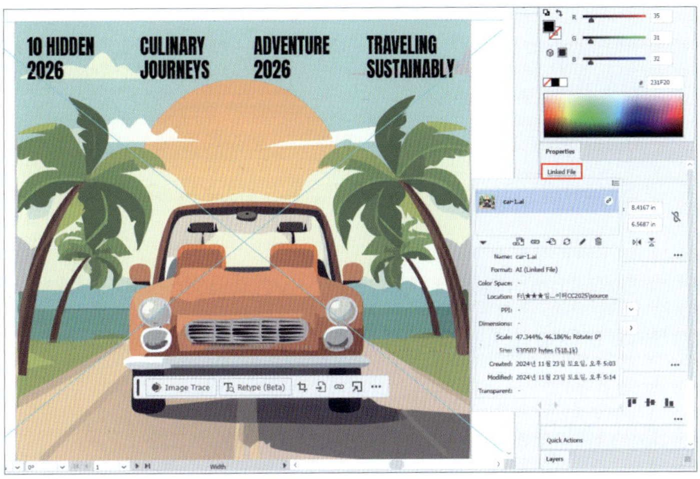

> **TIP**
> Control 패널에서도 〈Embed〉 버튼을 클릭하는 등 링크된 이미지를 편집할 수 있습니다.

❸ 파일 저장하기

메뉴에서 [File] → Save(Ctrl+S)를 실행하면 AI 파일로 저장됩니다. 일러스트레이터에서 작업한 내용을 저장하는 방법에는 기본 저장 외에도 다른 파일 포맷으로 저장하거나 하위 버전으로 저장하는 등 여러 가지가 있습니다. [File] 메뉴의 저장 관련 메뉴를 실행하여 다양한 형식으로 저장합니다.

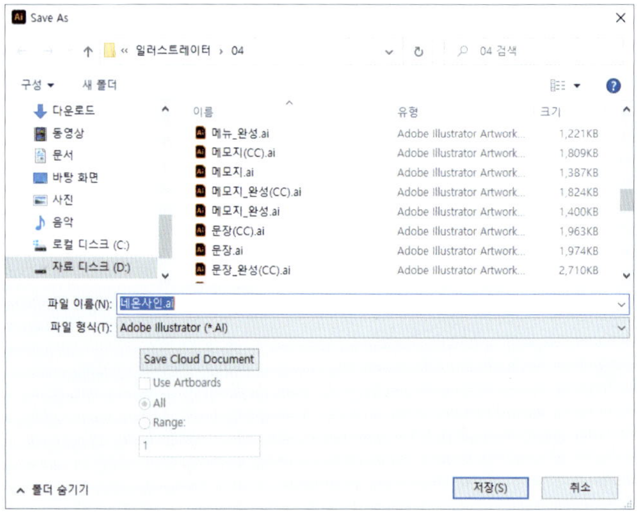

1 Save(Ctrl+S) : 작업 중인 파일을 저장합니다.

2 Save As(Shift+Ctrl+S) : 작업 중인 파일을 새로운 이름으로 저장합니다.

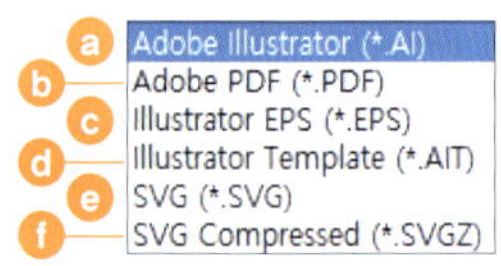

- a **Adobe Illustrator (*.AI)** : 일러스트레이터에서 작업한 모든 구성 요소를 기본으로 저장하는 벡터 형식의 파일입니다.
- b **Adobe PDF (*.PDF)** : 각각 다른 시스템에서도 같은 정보를 확인할 수 있습니다. 아이디어나 정보를 공유하기 편리하고 출판물, 전자책(e-Book)을 만들거나 인쇄할 때 이용할 수 있으며, 그대로 출력하므로 쉽게 교정할 수 있습니다.
- c **Illustrator EPS (*.EPS)** : 인쇄하기 가장 적합한 파일로 비트맵/벡터 형식 모두를 지원하며 CMYK를 지원하여 분판 출력할 수 있습니다.
- d **Illustrator Template (*.AIT)** : 일러스트레이터에서 이용할 수 있는 템플릿 형식으로 저장합니다.
- e **SVG (*.SVG)** : 벡터 그래픽을 표현하기 위한 XML 기반의 파일 형식으로, 문서 편집기로도 편집할 수 있는 파일로 저장합니다.
- f **SVG Compressed (*.SVGZ)** : SVG 파일 형식을 압축하여 저장하는 방식입니다.

3 Save a Copy(Alt+Ctrl+S) : 작업 중인 파일의 복사본을 저장합니다. 이름에 'copy'가 붙는 것 외에는 Save 명령과 같습니다.

4 Save Selected Slices : 선택된 분할 이미지를 저장합니다.

5 Save as Template : 작업 중인 파일을 템플릿으로 저장합니다.

❹ 파일 내보내기

일러스트레이터에서 작업한 내용을 다른 프로그램에서 이용하기 위해 내보내려면 메뉴에서 〔File〕 → Export를 실행합니다. Export 대화상자가 표시되면 이용 목적에 따라 다양한 종류의 그래픽 포맷으로 지정할 수 있고 포토샵, 캐드 등과 호환되는 다양한 그래픽 파일을 만들 수도 있습니다.

❶ Export for Screens...	Alt+Ctrl+E
❷ Export As...	
❸ Save for Web (Legacy)...	Alt+Shift+Ctrl+S

❶ **Export for Screens(Alt+Ctrl+E)** : 모바일에서 이용할 수 있도록 Export for Screens 대화상자를 이용하여 iOS 또는 Android 형식으로 아트보드 형태의 이미지 파일을 저장합니다.

❷ **Export As** : Export 대화상자에서 JPEG, PNG 등 다양한 파일 포맷으로 저장할 수 있습니다.

❸ **Save for Web (Legacy)(Alt+Shift+Ctrl+S)** : 작업 중인 파일을 웹용 이미지로 최적화하여 저장합니다.

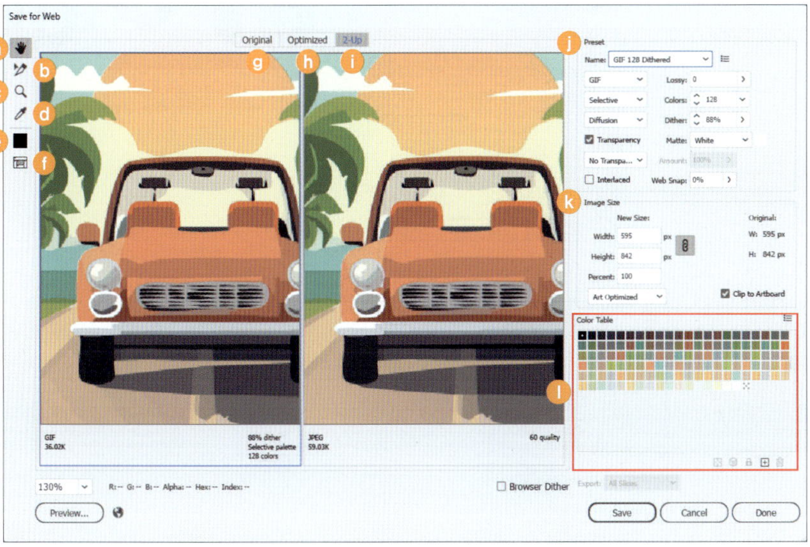

ⓐ **손 도구(Hand Tool)** : 화면을 이동하여 안 보이는 이미지를 확인할 때 이용합니다.

ⓑ **분할 선택 도구(Slice Select Tool)** : 분할된 이미지를 선택할 때 이용합니다.

ⓒ **돋보기 도구(Zoom Tool)** : 이미지를 확대 또는 축소할 때 이용합니다.

ⓓ **스포이트 도구(Eyedropper Tool)** : 이미지 색을 추출할 때 이용합니다.

ⓔ **스포이트 색상(Eyedropper Color)** : 스포이트 도구로 선택한 색을 표시합니다.

ⓕ **분할 보기(Toggle Slices Visibility)** : 분할된 상태의 격자를 표시합니다.

ⓖ **Original** : 원본 오브젝트 그대로 비트맵 이미지를 표시합니다.

ⓗ **Optimized** : Preset에서 설정한 이미지를 표시합니다.

ⓘ **2-Up** : Original과 Optimized 상태를 함께 표시합니다.

ⓙ **Preset** : 이미지 저장 방식을 지정합니다.

ⓚ **Image Size** : 이미지 크기나 품질을 지정합니다.

ⓛ **Color Table** : GIF 파일과 같은 8Bit 미만의 색상 체계에서 색상 구성을 표시합니다.

EASY 실습 일부 그래픽 또는 아이콘만 따로 내보내기

파일의 일부 그래픽 또는 아이콘만 Asset Export 패널을 이용해 다양한 크기와 포맷으로 내보낼 수 있습니다.

01 일러스트레이터 → 02 폴더에서 '아이콘.ai' 파일을 불러옵니다. 메뉴에서 (Window) → Asstet Export를 실행해 Asset Export 패널을 표시합니다. ❶ Ctrl+A를 눌러 아이콘을 전체 선택한 다음 ❷ Asset Export 패널로 드래그해 등록합니다. ❸ 패널 아래쪽의 〈Export〉 버튼을 클릭합니다.

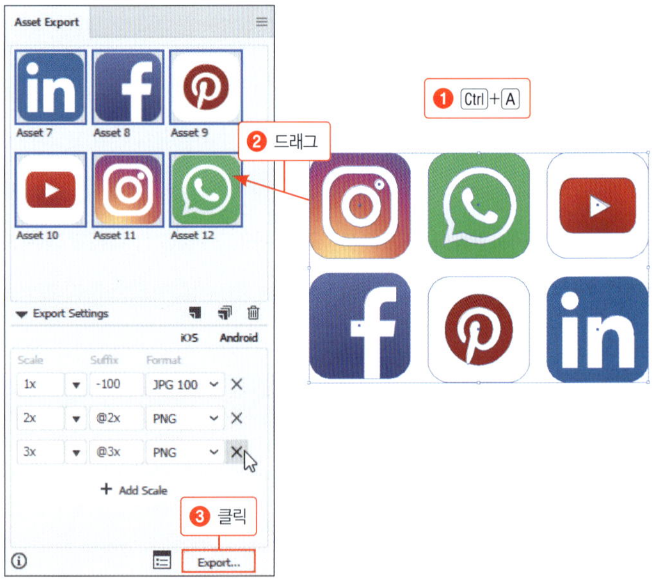

02 Pick Location 대화상자가 표시되면 ❶ 저장 위치를 지정한 다음 ❷ 〈폴더 선택〉 버튼을 클릭합니다.

TIP
다양한 크기를 지정하고 동시에 내보내기를 진행할 수 있습니다. 또한 PNG, JPG, SVG, PDF 등 다양한 파일 포맷으로 저장하여 내보내기할 수 있습니다.

03 클릭 한 번에 지정된 폴더 안에 각각의 아이콘이 동시에 저장됩니다.

⑤ 원하는 대로 오브젝트 선택하기

선택 도구(▶)로 아트보드의 오브젝트를 선택하여 이동하거나 변형할 수 있습니다. 오브젝트를 선택했을 때 표시되는 사각형의 바운딩 박스 조절점을 드래그하여 크기를 조절하고 회전합니다.

❶ 오브젝트 선택하기

오브젝트를 한 번 클릭하면 선택됩니다. 아트보드 여백을 클릭하면 선택이 해제됩니다.

❷ 여러 개의 오브젝트 선택하기

Shift를 누른 상태로 여러 개의 오브젝트를 클릭하거나 선택하고자 하는 오브젝트를 드래그하면 선택할 수 있습니다.

❸ 오브젝트 이동하기

선택된 오브젝트를 드래그하면 이동할 수 있습니다.

❹ 수직/수평 이동하기

Shift를 누른 상태로 오브젝트를 드래그하면 수직, 수평, 45° 각도로 이동할 수 있습니다.

TIP ✧

바운딩 박스는 오브젝트를 선택했을 때 기본으로 나타나는 사각형 형태의 조절점을 말합니다.

❺ 오브젝트 회전하기

바운딩 박스 조절점에 마우스 커서를 가까이 가져가면 곡선 형태의 회전 화살표(⤴)가 나타납니다. 이때 드래그해 오브젝트를 회전할 수 있습니다. Shift를 누른 상태로 오브젝트를 회전하면 45° 각도로 회전할 수 있습니다.

❻ 크기 조절하기

바운딩 박스 조절점에 마우스 커서를 가져가면 양방향 화살표(↕)가 나타납니다. 이때 드래그해 오브젝트 크기를 조절할 수 있습니다. Shift를 누른 상태에서 오브젝트 크기를 조절하면 같은 비율로 확대 및 축소할 수 있습니다.

❼ 오브젝트 복제하기

복제할 오브젝트를 선택하고 Alt를 누른 채 드래그하면 오브젝트를 복제할 수 있습니다. Alt+Shift를 누른 채 드래그하면 오브젝트를 수평, 수직, 45° 각도로 복제할 수 있습니다.

❽ 다단 복제하기

다단 복제(Ctrl+D)는 이전에 작업한 복제나 이동 등의 간단한 작업을 반복하는 기능입니다. 적절히 이용하면 규칙적인 패턴이나 형태를 만들 수 있어 유용합니다.

TIP ✧

오브젝트를 선택했을 때 패스가 보이지 않으면 메뉴에서 [View] → Show Edges를 실행합니다. 바운딩 박스가 보이지 않으면 메뉴에서 [View] → Show Bounding Box를 실행합니다.

EASY 실습 동일한 속성의 문자 한 번에 선택하기

선택하려는 속성의 오브젝트를 선택하고 메뉴에서 [Select] → Same을 실행하거나 마술봉 도구를 이용하면 면 또는 선, 블렌딩 모드 등에 따라 같은 속성의 오브젝트를 클릭 한번에 선택할 수 있습니다.

01 일러스트레이터 → 02 폴더의 'text.ai' 파일을 불러옵니다.

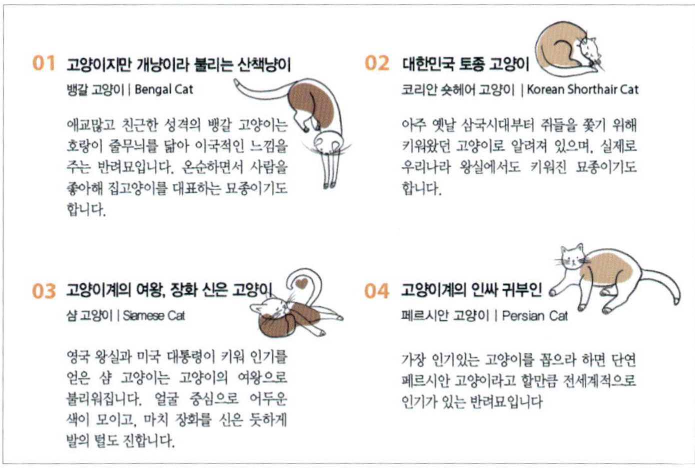

TIP ✧
Missing Font 대화상자가 표시되며 예제에 사용한 글꼴이 없다면 〈Replace Fonts〉 버튼을 클릭해 찾아서 바꾸거나 〈Close〉 버튼을 클릭해 대화상자를 닫습니다.

02 ❶ '고양이계의 여왕, 장화 신은 고양이' 문자를 선택한 다음 ❷ 메뉴에서 [Select] → Same → Font Family & Style을 실행합니다.

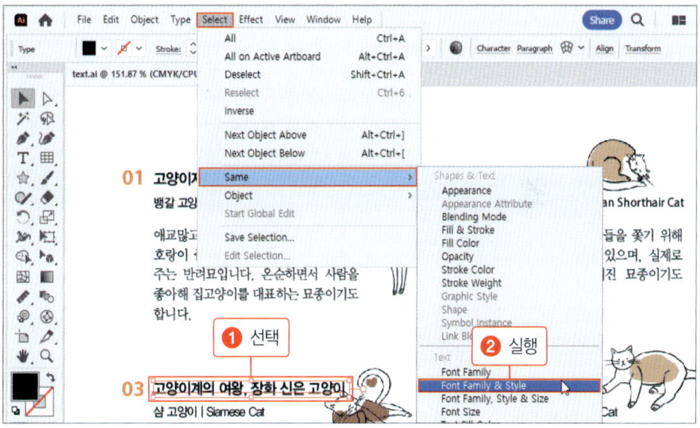

03 선택한 텍스트와 같은 속성을 가진 텍스트가 모두 선택됩니다.

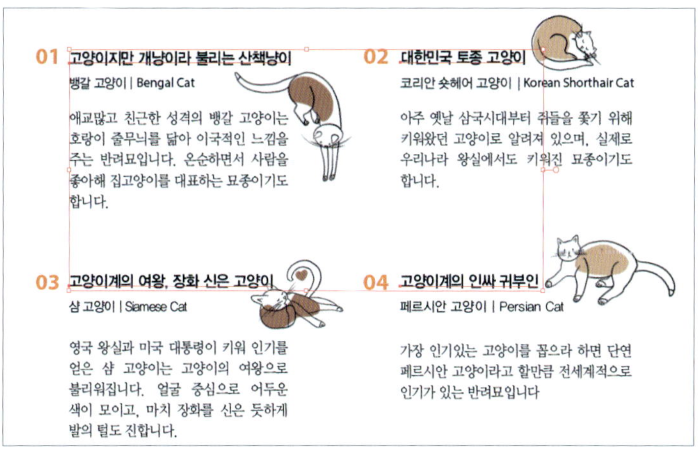

04 문자가 선택된 상태에서 Character 패널의 글꼴을 '메이플스토리'로 지정합니다.

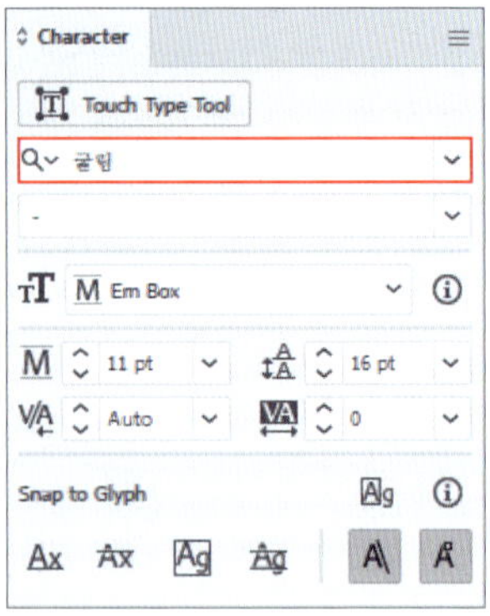

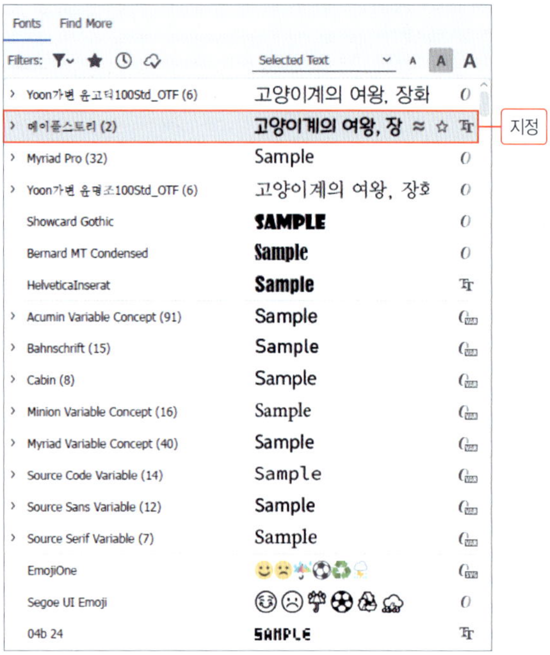

TIP ✧

무료로 제공하는 '메이플스토리' 글꼴을 다운로드하여 설치해서 사용하거나 다른 글꼴을 선택해도 좋습니다.

05 Color 패널에서 'C: 38, M: 60, Y: 70, K: 0'으로 지정해 색상을 변경합니다.

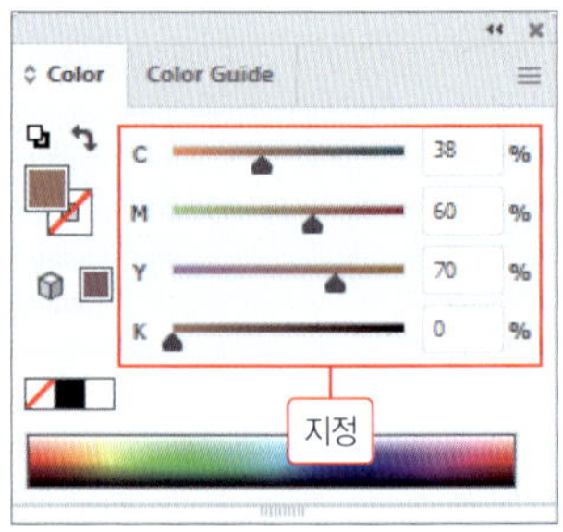

06 선택된 문자 색상이 모두 변경되었습니다.

TIP ✧

문자 스타일 선택 기능을 이용하면 간단한 방법으로 같은 속성의 많은 텍스트를 검색, 수정할 수 있습니다.

LESSON 05 | 상상을 현실로! 일러스트 드로잉

❶ 패스 이해하기

패스 구조 이해하기

펜 도구( )를 이용해서 여러 개의 기준점을 클릭하고 서로 연결하여 다양한 형태의 패스를 그릴 수 있습니다. 패스는 기준점의 시작과 끝이 연결된 면 형태의 닫힌 패스와 연결되지 않은 선 형태의 열린 패스로 나뉘며, 펜 도구나 직접 선택 도구( ) 등을 이용하여 수정할 수 있습니다. 일러스트레이터에서 제작할 수 있는 벡터 오브젝트는 여러 개의 직선 또는 곡선 패스로 이루어지므로 패스(베지어 곡선) 구조에 대해 살펴보겠습니다.

닫힌 패스　　　　열린 패스

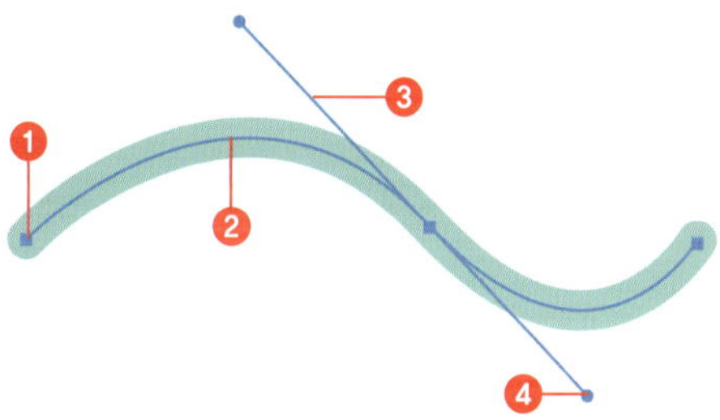

❶ **기준점(Anchor Point)** : 직선 또는 곡선을 만들 때 기준이 되는 점을 의미합니다.

❷ **세그먼트(Segment)** : 하나의 점(Point)에서 또 다른 점 사이를 연결하는 곡선을 의미합니다.

❸ **방향선(Direction Line)** : 곡선의 형태를 변경할 수 있는 조절 선을 의미합니다.

❹ **방향점(Direction Point)** : 방향선의 끝점을 의미하며 방향선의 길이와 각도를 조절하여 세그먼트를 변형할 수 있습니다.

패스 제작 도구 살펴보기

패스와 관련된 펜 도구들을 이용해 원하는 형태의 직선과 곡선 패스를 그려서 다양한 오브젝트를 만들 수 있습니다. Tools 패널의 패스와 관련된 도구로는 펜 도구, 기준점 추가 도구, 기준점 삭제 도구, 기준점 변환 도구, 곡률 도구로, 총 다섯 가지가 있습니다. 펜 도구를 이용해 다양한 패스를 그리며, 다른 도구들은 이미 그려진 패스에 기준점을 추가, 삭제하고 방향선과 방향점을 변형하는 보조 역할을 합니다.

TIP ✧

베지어 곡선(Bezier Curve)은 벡터 디자인에서 곡선의 형태를 만들고 수정하는 데 사용하는 중요한 도구입니다. 베지어 곡선은 기준점을 사용하여 곡선을 정확하게 조정할 수 있습니다. 처음에는 다루기 어려울 수 있지만, 기준점과 방향선을 잘 활용하면 매우 유연하고 세밀한 디자인 작업을 할 수 있습니다.

❶ **펜 도구(Pen Tool, P)** : 벡터 방식의 패스를 이용하여 여러 형태의 직선과 곡선을 기준으로 다양한 오브젝트를 그릴 수 있습니다.

❷ **기준점 추가 도구(Add Anchor Point Tool, +)** : 패스에 기준점을 추가할 수 있습니다.

❸ **기준점 삭제 도구(Delete Anchor Point Tool, −)** : 패스에서 기준점을 삭제할 수 있습니다.

❹ **기준점 변환 도구(Anchor Point Tool, Shift+C)** : 기준점, 세그먼트, 방향선과 방향점을 조절하여 직선을 곡선으로 바꾸거나 곡선의 형태를 바꿀 수 있고, 기준점을 클릭해 곡선을 직선으로 바꿀 수도 있습니다.

❺ **곡률 도구(Curvature Tool, Shift+~)** : 기준점을 추가하면서 이전 기준점의 방향선과 연결하여 자동으로 곡선의 방향선을 추가할 수 있습니다.

펜 도구 Control 패널 살펴보기

펜 도구 또는 패스 관련 도구를 이용하여 패스를 그릴 때 문서 위쪽의 펜 도구 Control 패널을 활용하면 더욱 세밀하게 패스를 조절할 수 있습니다.

❶ **Convert** : 곡선의 기준점이 선택된 상태에서 'Convert selected anchor points to corner' 아이콘( )을 클릭하면 방향선이 삭제되면서 곡선이 직선으로 바뀝니다. 반대로 직선의 기준점에서 'Convert selected anchor points to smooth' 아이콘( )을 클릭하면 방향선이 추가되면서 직선이 곡선으로 바뀝니다. 직접 선택 도구( )를 이용해 여러 개의 기준점을 한꺼번에 선택해서 바꿀 수 있는 장점이 있습니다.

❷ **Handles** : 여러 개의 선택된 기준점에 관한 방향선을 표시하거나 숨길 수 있습니다.

❸ **Anchors** : 기준점을 삭제 또는 연결하거나 자를 수 있습니다.

❹ **Align** : Align 패널에서 기준점을 정렬하거나 선택된 패스, 기준점, 아트보드를 기준으로 기준점을 정렬할 수 있습니다.

❺ **Transform(X/Y, W/H)** : 기준점의 좌표를 수치화하여 더욱 정확하고 세밀하게 작업할 수 있습니다.

❻ **Isolate Selected Object** : 선택된 오브젝트의 편집 모드에서 더욱 세밀하게 작업할 수 있습니다.

EASY 실습 원하는 대로 패스선 그리기

일러스트레이터에서는 펜 도구만 잘 활용해도 직선, 곡선, 도형 등을 다양하게 그릴 수 있습니다. 펜 도구를 이용하여 밑그림 일러스트를 따라 오브젝트를 그려 봅니다.

01 일러스트레이터 → 02 폴더에서 '우주여행.ai' 파일을 불러옵니다. 우주선 아래에 패스 작업을 따라 할 수 있는 밑그림 일러스트가 나타납니다.

02 펜 도구()를 선택하고 ❶ 밑그림을 따라 시작점을 클릭한 다음 ❷ Shift를 누른 상태로 다음 기준점을 클릭해 직선을 그립니다.

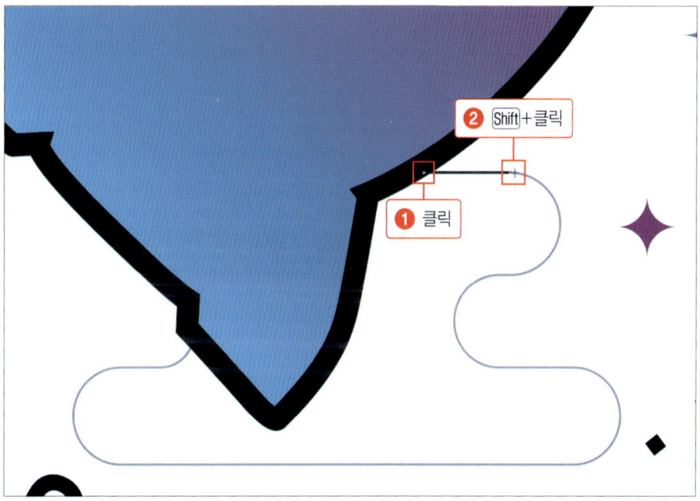

03 ❶ 곡선의 중간 부분을 그림과 같이 클릭하고 밑그림에 맞춰 ❷ 드래그해서 방향선을 조절합니다.

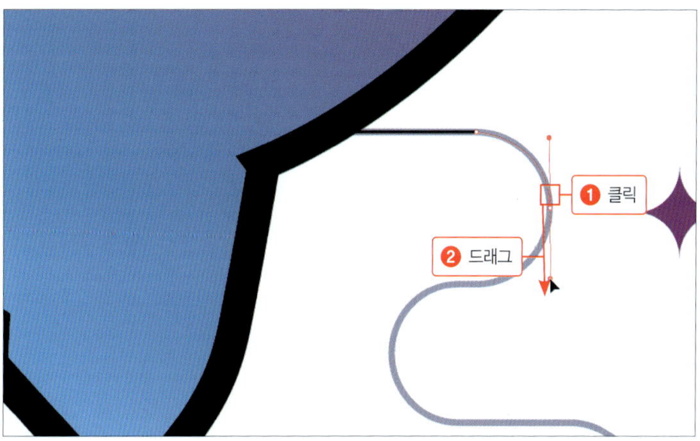

TIP

펜 도구()를 선택한 상태에서 Alt를 누르면 일시적으로 기준점 변환 도구()로 바뀌고, Ctrl을 누르면 일시적으로 직접 선택 도구()로 바뀌어 패스를 세부적으로 수정할 수 있습니다.

04 기준점을 다시 한 번 클릭하여 방향선을 삭제한 다음 패스 작업을 이어갑니다.

왜?
곡선을 그릴 때 방향선이 기준점을 기준으로 양쪽에 나타나면 다음 곡선을 그리기 힘들기 때문에 조절합니다.

05 우주선에 가려진 부분은 그림과 같이 그린 다음 패스 작업을 마치면 시작점을 클릭해 닫힌 패스(면)를 완성합니다.

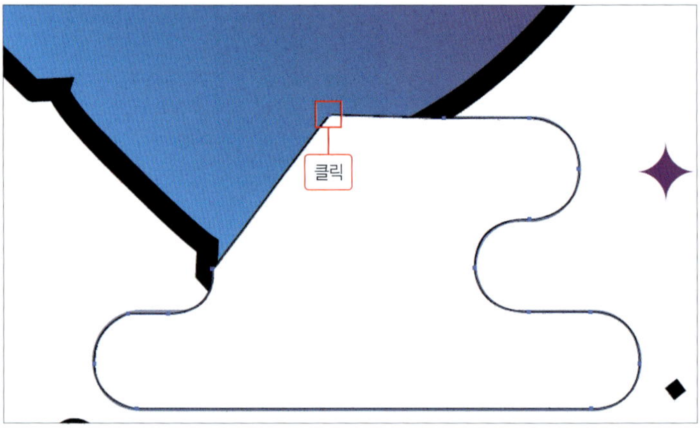

06 ❶ 닫힌 패스로 만들어진 구름을 선택한 다음 ❷ Ctrl+Shift+[를 눌러 우주선 뒤로 이동합니다. ❸ 스포이트 도구( )를 선택하고 우주선 위 구름을 클릭해서 색을 교체하여 마무리합니다.

TIP
오브젝트를 선택한 상태에서 선 색과 면 색을 교체할 때 Shift+X를 누르면 편리합니다.

TIP
다양한 펜 도구를 이용하여 패스를 그릴 때 작업에 따라 달라지는 마우스 커서를 보며 펜 도구 상태를 확인할 수 있습니다.

❶ **펜 도구 작업 시작** : 패스를 그리기 위한 시작 단계를 나타냅니다.
❷ **기준점 변환** : 패스 작업 과정에서 방향선을 만들어 다음 기준점을 추가할 때 곡선을 그리거나 곡선 방향선을 직선으로 만들 수 있습니다.
❸ **기준점 추가** : 현재 패스에 기준점을 추가합니다.
❹ **기준점 삭제** : 현재 기준점을 삭제합니다.
❺ **닫힌 패스로 마무리** : 패스의 시작점과 끝점이 만날 때 나타나며 클릭하면 닫힌 패스를 만들 수 있습니다.

❷ 선 두께, 모양 조절하기

Stroke 패널(☰)은 일러스트레이터 화면의 오른쪽 패널 그룹에서 패널 아이콘을 클릭하거나, 메뉴에서 〔Window〕 → Stroke를 실행해 표시할 수 있습니다. Stroke 패널에서는 오브젝트의 선 두께와 끝점, 모서리 모양 등을 지정할 수 있고, 직선, 곡선 등의 패스에서 선 간격과 속성을 설정하여 점선이나 화살표 모양을 적용할 수도 있습니다. Stroke 패널은 펜 도구와 함께 자주 이용하므로 충분히 이해하시기 바랍니다.

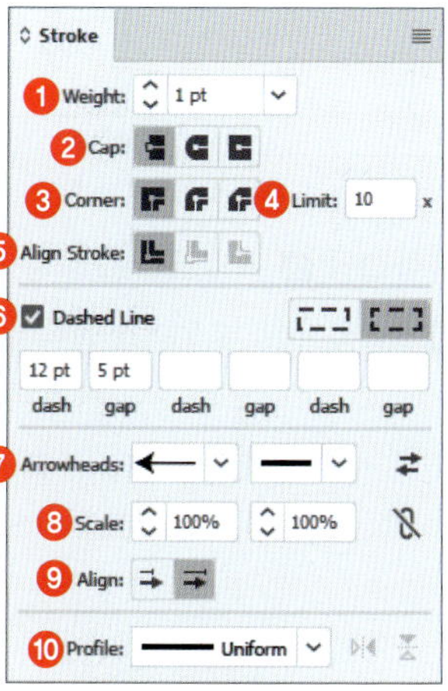

❶ **Weight** : 선 두께를 지정할 수 있습니다.

❷ **Cap** : 선의 끝부분을 변형할 수 있습니다.

ⓐ **Butt Cap** : 선 두께에 상관없이 끝점에서 넘치지 않습니다.

ⓑ **Round Cap** : 끝점을 둥글게 표현합니다.

ⓒ **Projecting Cap** : 끝점을 넘치게 표현합니다.

❸ **Corner** : 선의 모서리를 변형할 수 있습니다.

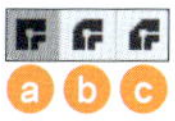

ⓐ **Miter Join** : 꺾인 선의 모서리를 직선으로 표현합니다.

ⓑ **Round Join** : 꺾인 선의 모서리를 둥글게 표현합니다.

ⓒ **Bevel Join** : 꺾인 선의 모서리를 각도에 따라 사선으로 각지게 표현합니다.

❹ **Limit** : Miter Join의 꺾인 모서리에서 표현의 한계점을 지정할 수 있습니다. 수치가 클수록 꺾인 모서리 각이 작을 때 모서리 모양을 뾰족하게 나타낼 수 있습니다.

❺ **Align Stroke** : 패스 내 기준점 위치를 바꿀 수 있습니다. 단, Inside와 Outside는 닫힌 패스의 오브젝트에서 변형할 수 있습니다.

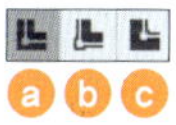

ⓐ **Align Stroke to Center** : 패스에서 기준점 위치를 선 가운데로 지정합니다.

ⓑ **Align Stroke to Inside** : 패스에서 기준점 위치를 선 밖으로 지정합니다.

ⓒ **Align Stroke to Outside** : 패스에서 기준점 위치를 선 안으로 지정합니다.

❻ **Dashed Line** : 'Dashed Line'에 체크 표시하면 선을 점선으로 변경할 수 있고, 점선의 길이와 점 간격을 수치로 조절할 수 있습니다.

❼ **Arrowheads** : 화살표의 양끝 모양을 지정할 수 있습니다. 패스에 적용된 화살표를 없애려면 Stroke 패널의 앞뒤 화살표를 'None'으로 지정합니다.

❽ **Scale** : 화살표 양끝의 크기를 조절할 수 있습니다. Scale의 오른쪽 링크 아이콘(🔗)을 클릭하면 화살표의 어느 한쪽만 크기를 변경해도 양끝 모두 같은 비율로 조절할 수 있습니다.

❾ **Align** : 화살표의 시작이나 끝부분을 기준으로 패스 위치를 정렬합니다.

❿ **Profile** : 패스선을 변형할 수 있습니다.

TIP ✧

Stroke 패널에 Weight 항목만 나타나면 '패널 메뉴' 아이콘(☰)을 클릭하고 **Show Options**를 실행하거나 패널 이름 왼쪽의 화살표를 클릭해 패널을 확장해서 세부 항목을 표시합니다.

Quick 활용 선을 활용해 표지판 완성하기

Stroke 패널을 이용하여 선 속성 설정뿐만 아니라 다양한 형태를 만들 수 있습니다. 선을 그리고 Stroke 패널을 이용해서 간단하게 표지판을 디자인해 봅니다.

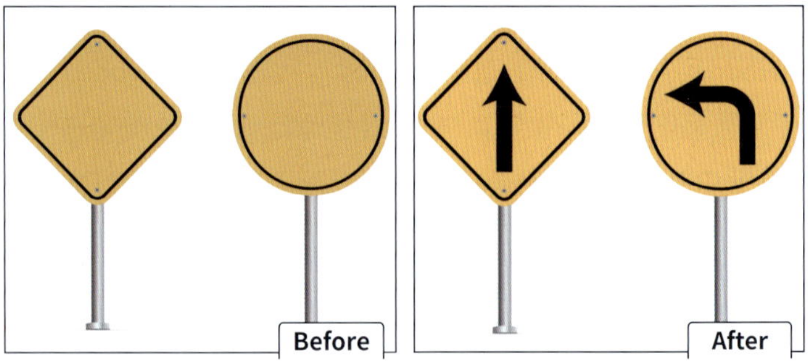

01 일러스트레이터 → 02 폴더에서 'sign.ai' 파일을 불러옵니다. ❶ 펜 도구( )를 선택한 다음 ❷ 면 색을 'None', 선 색을 '검은색'으로 지정합니다. ❸ 왼쪽 표지판에 그림과 같이 아래쪽을 클릭하고 ❹ Shift를 누른 채 위쪽을 클릭해 직선을 그립니다.

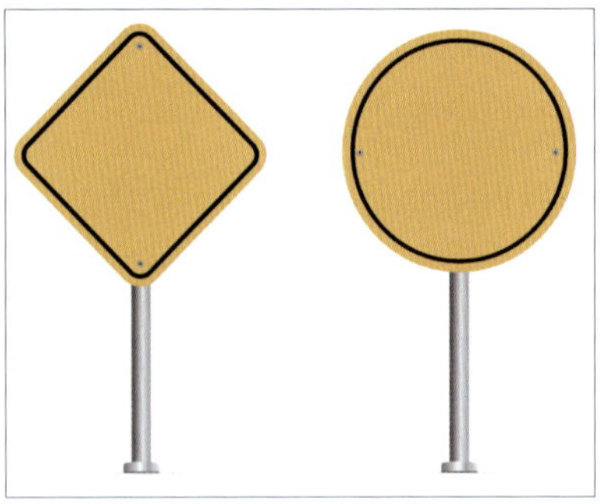

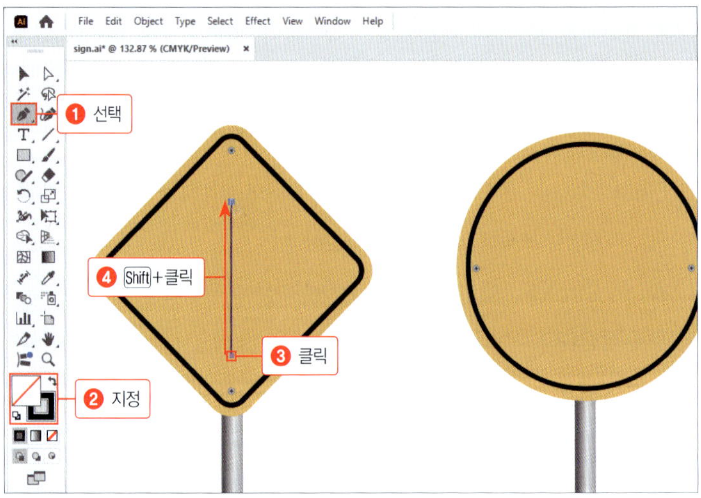

02 선을 화살표로 변경하기 위해 ❶ 선택 도구( )로 ❷ 선을 선택합니다. ❸ Stroke 패널( )에서 Arrowheads의 오른쪽 화살표 팝업 아이콘을 클릭한 다음 ❹ 'Arrow 1'로 지정합니다.

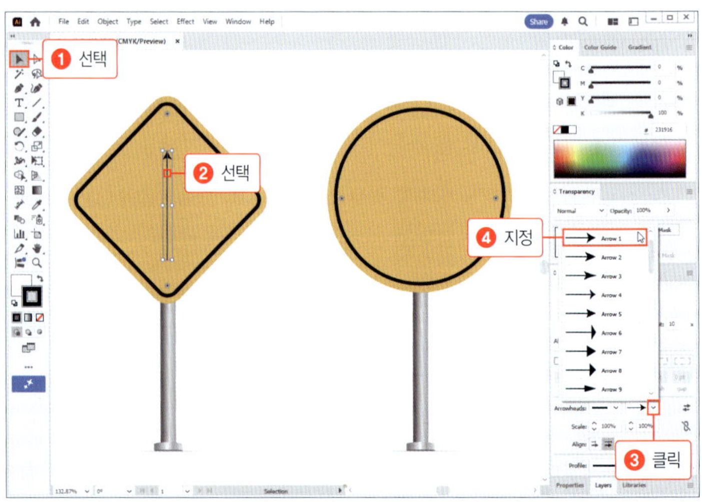

TIP Stroke 패널이 보이지 않으면 메뉴에서 (Window) → Stroke(Ctrl+F10)를 실행합니다.

03 Stroke 패널에서 ❶ Weight를 '18pt', ❷ Scale 오른쪽을 '30%'로 설정합니다. ❸ 오른쪽 표지판 안에는 다음과 같이 'ㄱ' 형태의 선을 이어서 그립니다.

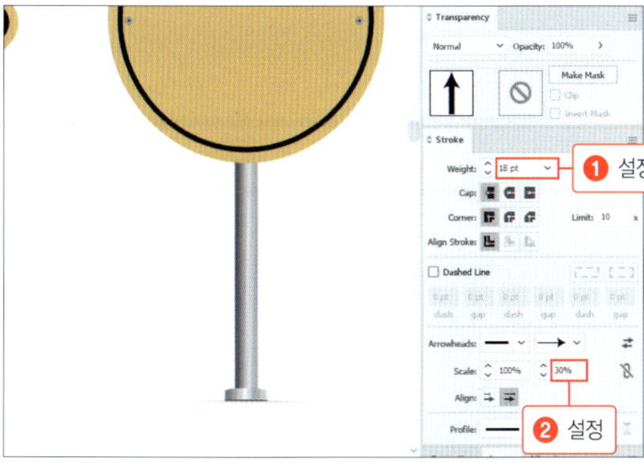

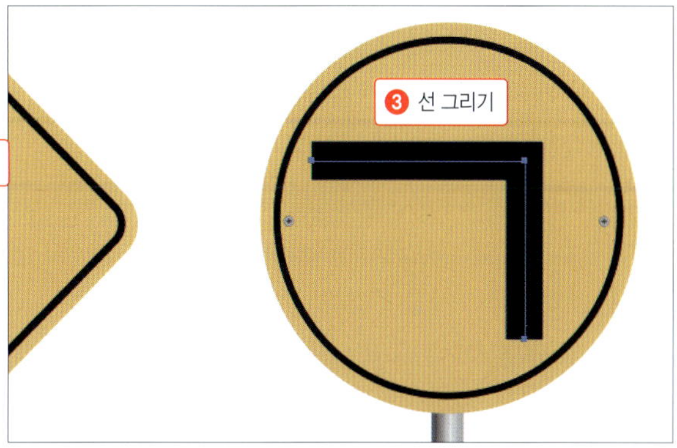

TIP

브러시 도구(✎)를 선택한 다음 브러시 라이브러리에서 **Arrows** 기능을 실행하여 다양한 형태의 화살표를 만들 수도 있습니다.

04 ❶ 꺾은 선을 선택하고 Stroke 패널(☰)에서 ❷ Arrowheads의 오른쪽 화살표를 'Arrow 2'로 지정한 다음 ❸ Scale 오른쪽을 '30%'로 설정합니다.

TIP

'Extend arrow tip beyond end of path' 아이콘(⇥)을 클릭하면 패스를 화살표 끝부분에 위치시켜 패스에서 화살표를 확장합니다. 'Place arrow tip at end of path' 아이콘(⇥)을 클릭하면 패스의 끝점과 화살표의 시작 부분이 일치하게 위치시킵니다.

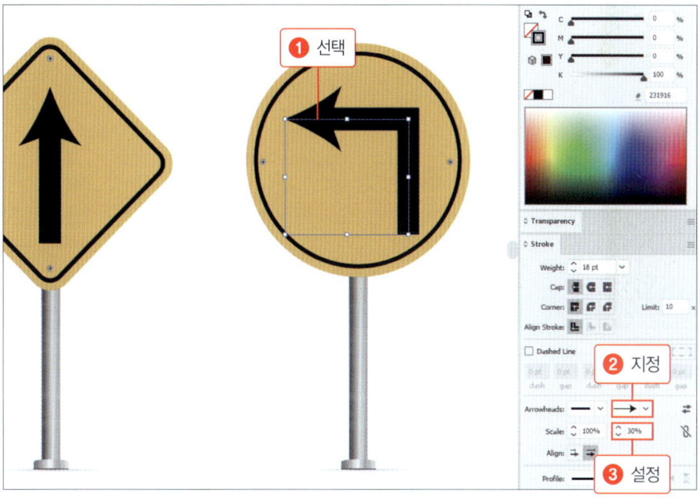

05 ❶ 직접 선택 도구(▷)를 선택한 다음 ❷ 오른쪽 위 원형 조절점을 클릭하고 안쪽으로 드래그해서 모서리를 둥글게 만듭니다. 좌회전 표지판도 완성되어 두 가지 표지판이 만들어졌습니다.

TIP

'Preserves exact dash and gap lengths' 아이콘(⌌⌍)을 클릭하면 지정한 수치대로 같은 간격으로 점선을 표현하고, 'Aligns dashes to corners and path ends, adjusting lengths to fit' 아이콘(⌌⌍)을 클릭하면 모서리를 기준으로 점선의 길이가 같은 간격으로 나타납니다.

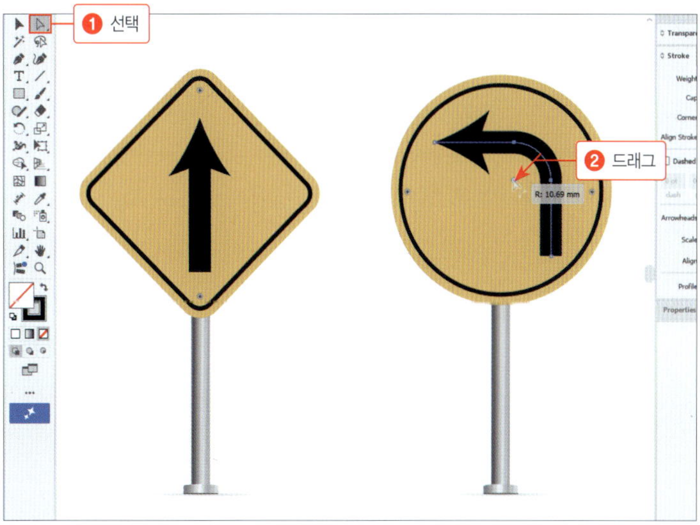

Quick 활용 도형 도구로 간편하게 일러스트 완성하기

사각형, 원형, 다각형 도구를 선택한 다음 드래그하거나 아트보드를 클릭해 표시되는 대화상자에서 설정하여 다양한 형태의 집 일러스트를 완성해 봅니다.

01 일러스트레이터 → 02 폴더에서 '도형.ai' 파일을 불러옵니다. 도형을 그려 일러스트를 완성하기 위해 Layers 패널(◈)에서 'Layer 2' 레이어를 선택합니다.

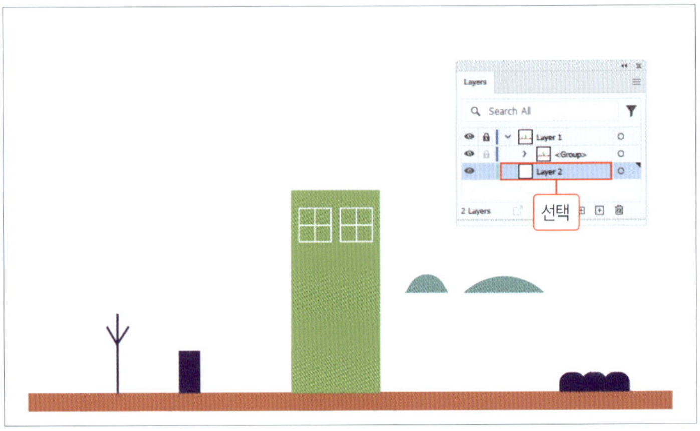

02 ❶ 사각형 도구(□)를 선택하고 ❷ 면 색을 '#4DBBCF', 선 색을 'None'으로 지정합니다. ❸ 아트보드를 클릭하여 Rectangle 대화상자가 표시되면 ❹ Width를 '150px', Height를 '100px'로 설정한 다음 ❺ 〈OK〉 버튼을 클릭합니다.

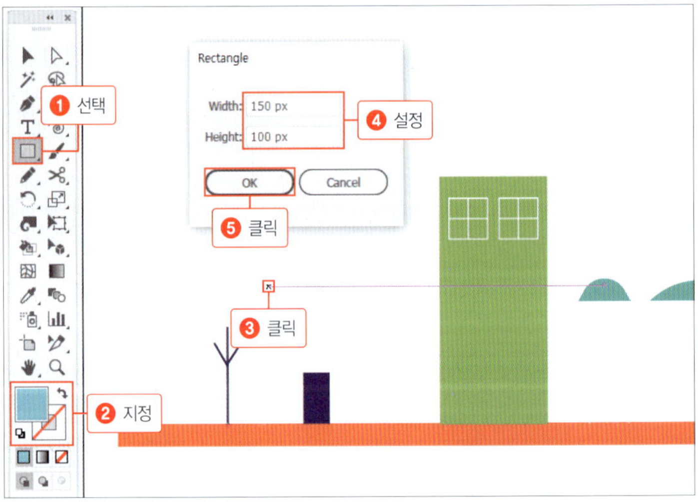

03 ❶ 선택 도구(▶)를 이용해 그림과 같이 알맞게 배치합니다. ❷ 오른쪽 두 개의 지붕 아래에 맞춰 그림과 같이 각각 드래그합니다.

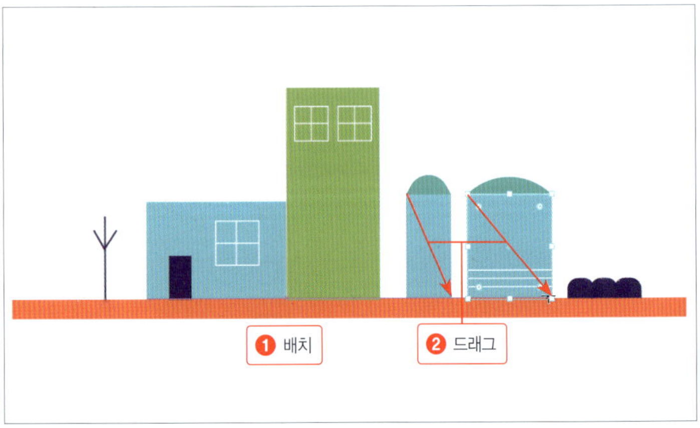

04 ❶ 원 도구( )를 선택하고 ❷ 면 색을 '#47C1C3'으로 지정합니다. ❸ 아트보드를 클릭하여 Ellipse 대화상자가 표시되면 ❹ Width/Height를 각각 '60px'로 설정한 다음 ❺ 〈OK〉 버튼을 클릭합니다.

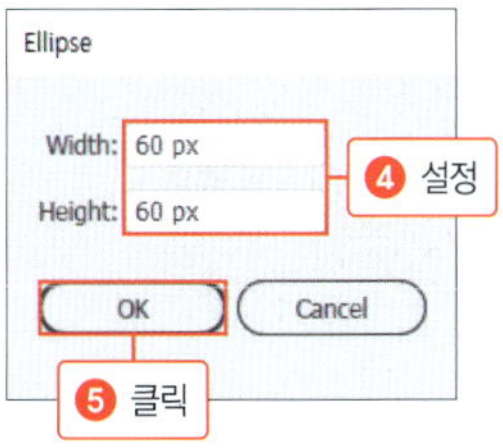

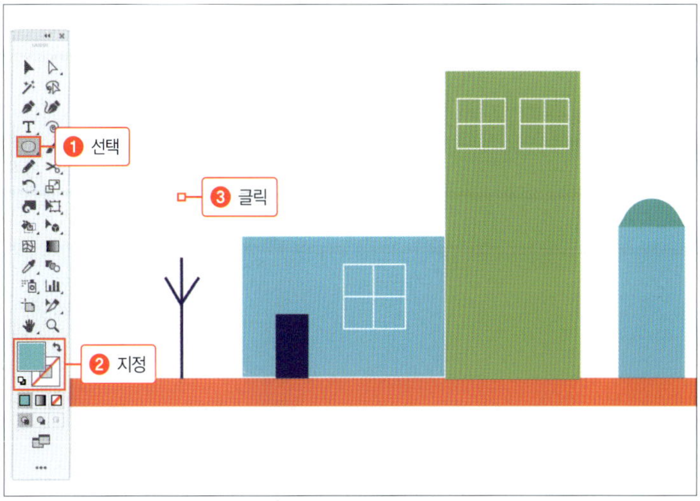

TIP ✦

원 도구( )를 선택한 다음 원하는 대로 드래그하여 다양한 형태의 원을 그릴 수 있으며, Shift를 누른 상태로 드래그하면 정원을 그릴 수 있습니다. 원 도구를 선택한 상태로 아트보드를 클릭하면 표시되는 Ellipse 대화상자에서 원의 가로와 세로 길이를 설정해 정확한 크기의 원을 그릴 수도 있습니다.

05 ❶ 선택 도구( )를 선택한 다음 ❷ 나뭇가지 위쪽에 배치합니다. ❸ Alt를 누른 상태로 드래그해 그림과 같이 두 개의 원을 복제해서 배치합니다.

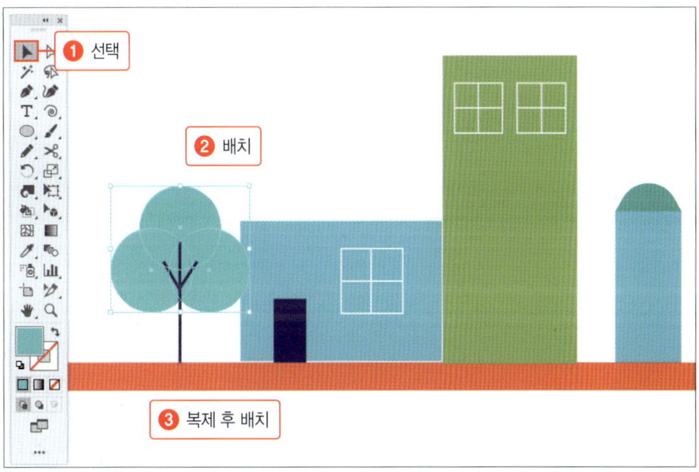

TIP ✦

Align 패널을 이용하여 원 오브젝트 간격을 일정하게 조절할 수 있습니다.

06 ❶ 스포이트 도구( )를 선택한 다음 ❷ 남색 문을 클릭해 색을 추출합니다. ❸ 다시 원 도구( )를 선택한 다음 ❹ 오른쪽에 그림과 같이 드래그해 두 개의 둥근 창문을 만듭니다.

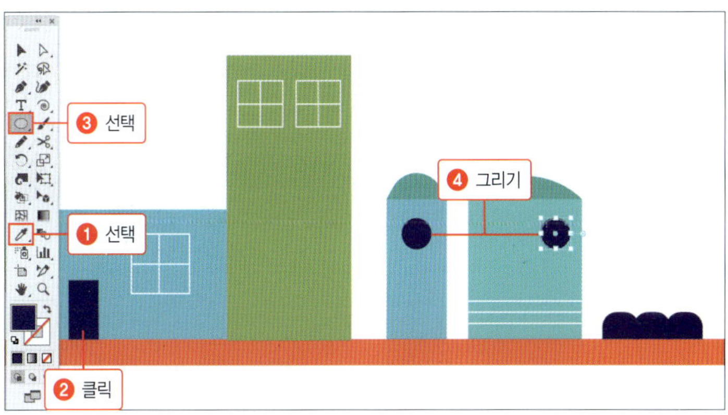

07 ❶ 다각형 도구( )를 선택하고 ❷ 아트보드에 드래그한 상태로 ↓를 여러 번 눌러 삼각형 형태가 나타나면 지붕 크기에 맞춥니다.

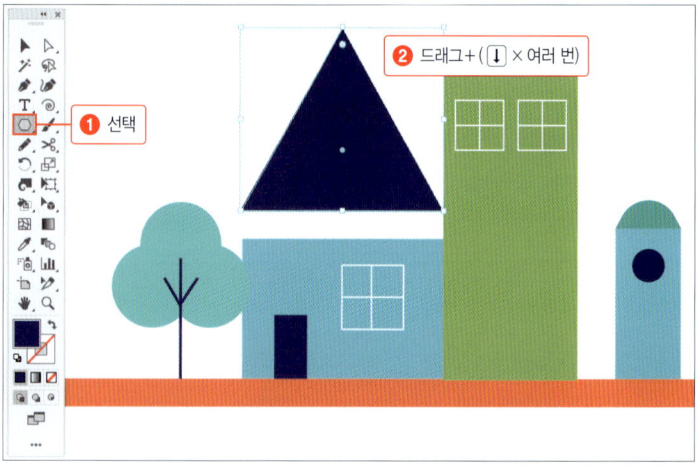

TIP

다각형 도구( )를 선택한 다음 드래그하여 다각형을 그릴 수 있으며, 다각형의 모서리 수를 설정하여 여러 가지 다각형을 그릴 수도 있습니다. 다각형 도구를 선택한 상태로 아트보드를 클릭하면 표시되는 Polygon 대화상자에서 다각형의 반지름, 모서리 수치를 설정하여 더욱 정확하게 그릴 수 있습니다.

08 ❶ 선택 도구( )를 이용해 지붕에 알맞게 배치합니다. ❷ 바운딩 박스의 위쪽 가운데 조절점을 아래쪽으로 드래그하여 지붕의 높이를 줄입니다.

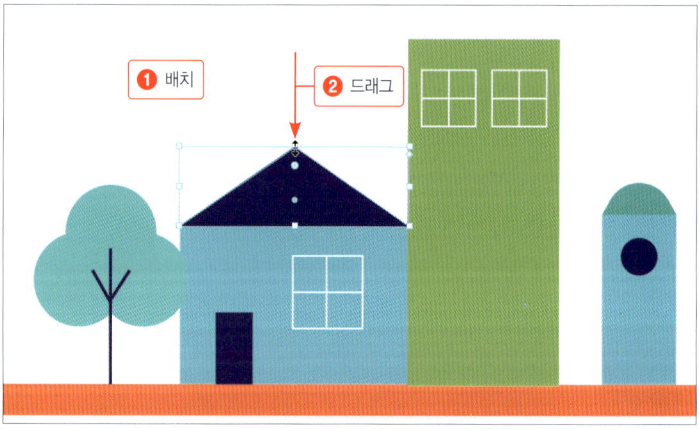

09 ❶ Alt를 누른 상태로 삼각형을 오른쪽 건물 위로 드래그한 다음 ❷ 크기를 그림과 같이 조절합니다. 간단한 집 형태의 일러스트가 완성되었습니다.

❸ 손그림 느낌의 라인 일러스트 그리기

일러스트레이터에서는 연필 도구()를 사용하여 자유롭게 스케치하듯이 드로잉할 수 있습니다. 연필 도구는 실제 연필로 그리듯이 자연스럽고 유연한 곡선을 그릴 수 있어, 자유로운 드로잉 작업에 매우 적합합니다. 이 도구를 사용하면 디지털 작업 공간에서도 손으로 그린 듯한 질감과 흐름을 구현할 수 있습니다. 작업 중 잘못 그린 부분이나 수정이 필요한 영역이 있을 때는 지우개 도구를 활용하여 손쉽게 삭제할 수 있으며, 불필요한 부분만 정확하게 지울 수 있어 효율적으로 수정할 수도 있습니다.

스무드 도구()를 사용하면, 기존에 그린 거친 경로나 패스를 부드럽게 다듬을 수 있어 곡선의 품질을 향상시키고 더 세밀하고 정교한 오브젝트를 만들 수 있습니다. 스무드 도구는 특히, 연속적인 드로잉 작업을 할 때 자연스럽게 곡선이 연결되고, 부드러운 선을 구현하는 데 도움을 줍니다. 이러한 기능들을 통해 더욱 정확하고 매끄러운 드로잉 작업을 완성할 수 있으며, 더 높은 수준의 디지털 아트워크를 제작할 수 있습니다.

Tools 패널의 연필 도구를 더블클릭해 표시되는 Pencil Tool Options 대화상자에서 연필 도구에 관한 세부 옵션을 설정합니다.

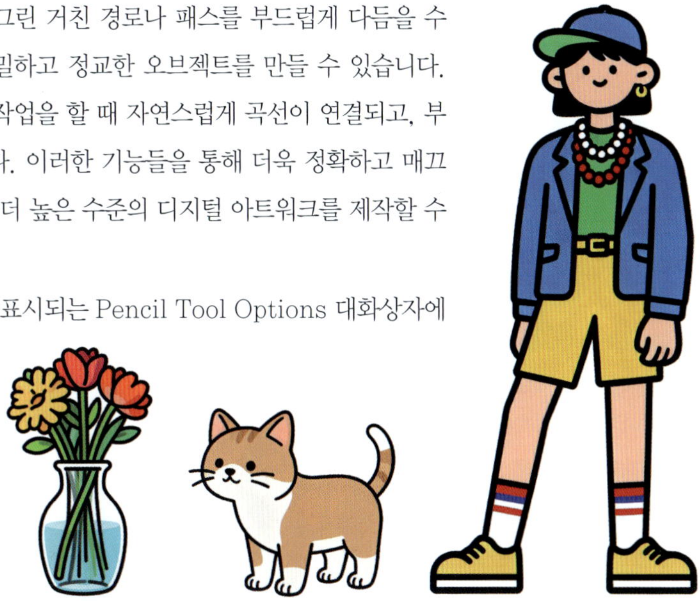

손그림 형태의 일러스트

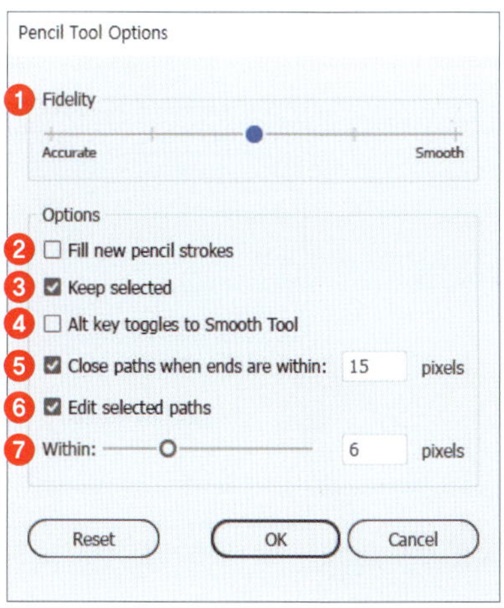

❶ **Fidelity** : Smooth로 갈수록 더욱 부드러운 선이 됩니다.

❷ **Fill new pencil strokes** : 체크 표시를 해제하면 패스의 면 색이 없어집니다.

❸ **Keep selected** : 패스 작업을 마친 다음 선이 선택됩니다.

❹ **Alt key toggles to Smooth Tool** : Alt를 누르면 일시적으로 스무드 도구 기능을 이용할 수 있습니다.

❺ **Close paths when ends are within** : 수치가 클수록 시작과 마지막 패스의 닫히는 거리를 넓게 인식합니다.

❻ **Edit selected paths** : 선택한 패스를 연필 도구로 드래그해 수정할 수 있습니다.

❼ **Within** : 선택한 패스를 편집할 때 어느 정도 가까운 거리에서 드래그해야 수정될 것인지 수치를 설정합니다. 지정한 수치 범위에서 드래그하면 패스를 수정할 수 있습니다.

Quick 활용 패스 도구를 이용하여 라인 일러스트 그리기

패스 도구로 이미지를 템플릿으로 만들고 패스를 만드는 방법으로 토끼 캐릭터 일러스트를 완성해 봅니다.

01 ❶ Ctrl+O를 누르고 일러스트레이터 → 02 폴더에서 'line illust.ai' 파일을 불러옵니다. ❷ Layer 패널에서 '이미지' 레이어를 선택한 다음 '패널 메뉴' 아이콘(☰)을 클릭하고 Template를 실행하여 원본 이미지를 흐리게 하고, 잠금 상태로 만듭니다.

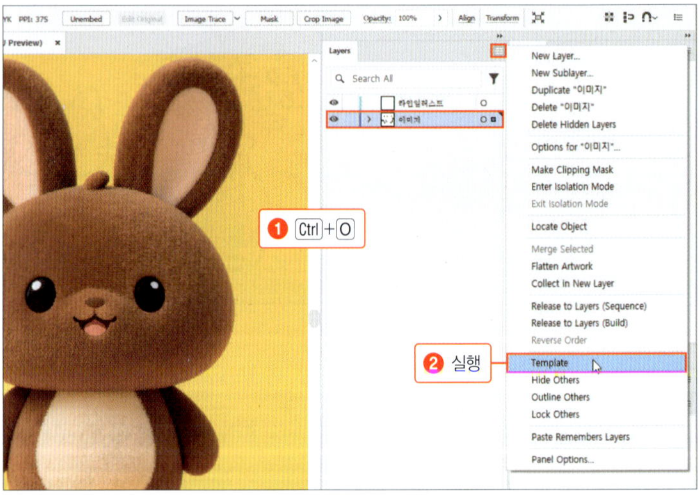

02 ❶ 펜 도구(✒)를 선택한 다음 토끼 이미지의 외형을 따라 클릭하여 ❷ 외곽선을 지정합니다.

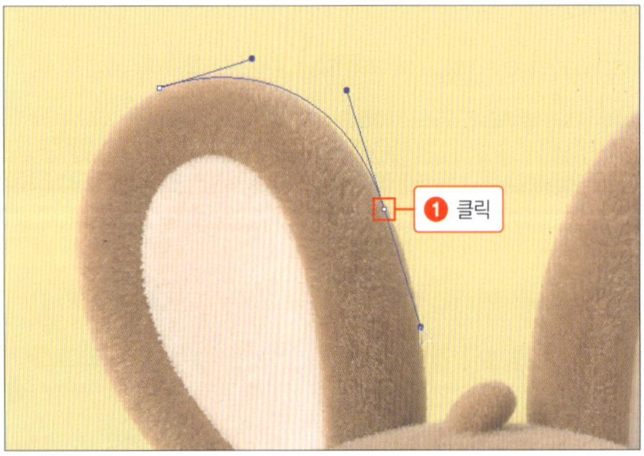

03 ❶ 귀 안쪽, 눈, 코, 입의 외곽선을 지정합니다. ❷ 레이어 패널에서 '이미지' 레이어의 '눈' 아이콘(👁)을 클릭하여 원본 이미지를 감춥니다.

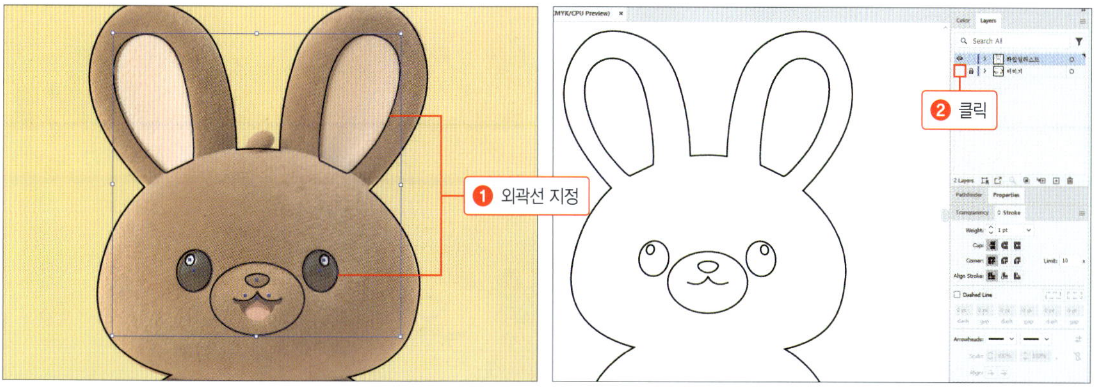

04 ❶ 선택 도구(▶)로 토끼 외곽선을 클릭한 다음 ❷ Color 패널에서 'C: 20, M: 70, Y: 100, K: 10'으로 설정하여 색상을 적용합니다.

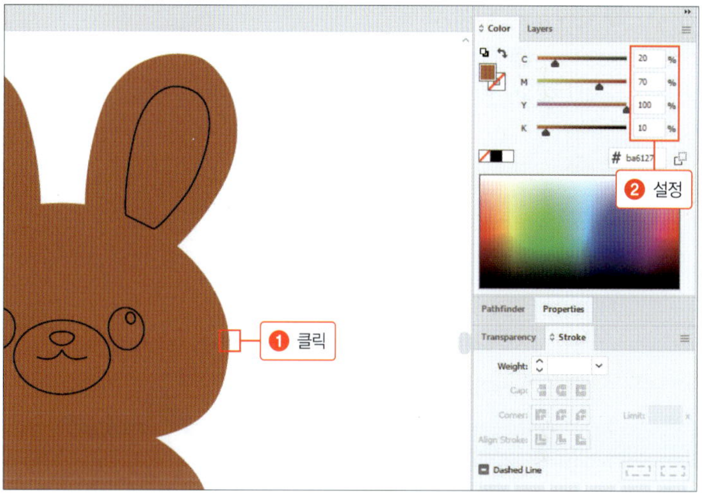

05 ❶ 선택 도구(▶)로 눈동자를 클릭해 'C: 75, M: 70, Y: 64, K: 85'로 안광 부분을 흰색으로 적용합니다. ❷ 입 부분을 클릭하고 ❸ Stroke 패널에서 선두께를 '3pt', Cap을 'Round Cap', 색상은 'C: 75, M: 70, Y: 64, K: 85'로 설정합니다.

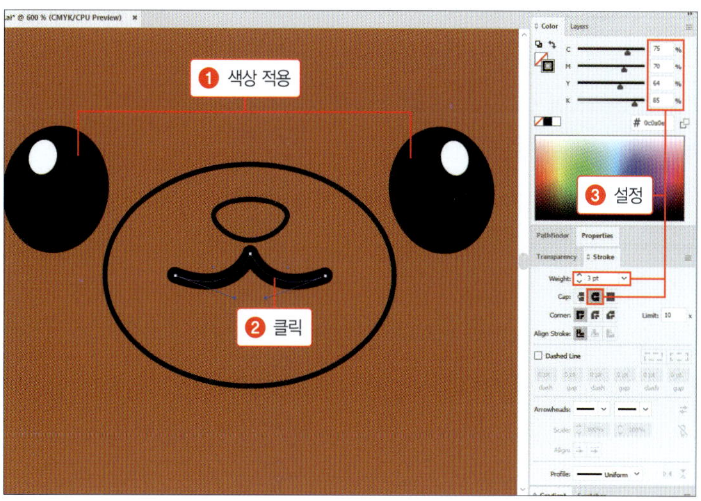

TIP

패스의 안 보이는 부분들은 감춰질 것이기 때문에 정확하지 않아도 상관없습니다.

06 ❶ 귀 안쪽을 클릭하고 Shift를 누른 채 입주위 부분을 선택 도구(▶)로 클릭하여 중복 선택한 다음 ❷ 색상을 'C: 0, M: 7, Y: 14, K: 0'으로 설정합니다.

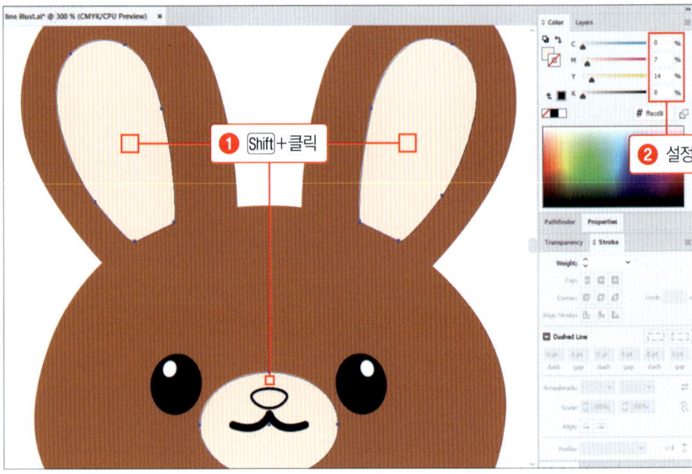

07 ❶ 선택 도구(▶)로 코 부분을 클릭한 다음 ❷ 'C: 0, M: 45, Y: 60, K: 0'으로 설정합니다. 이와 같이 토끼 캐릭터 형태에 색상을 모두 적용합니다.

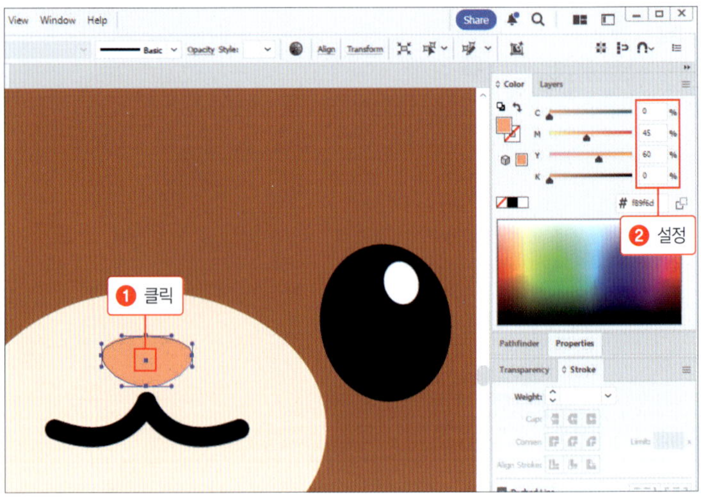

08 캐릭터에 그림자를 적용하기 위해 토끼 외곽형태만을 ❶ 선택 도구(▶)로 클릭하여 선택한 다음 ❷ 'Draw Inside' 아이콘(◙)을 클릭합니다.

09 ❶ Color 패널에서 색상을 'C: 30, M: 83, Y: 100, K: 34'로 설정한 다음 ❷ 펜 도구(![pen])로 토끼 오른쪽 부분에 그림자 부분을 클릭과 드래그를 반복하여 그림자를 생성합니다. Draw Inside 기능으로 인해 오브젝트가 선택된 안쪽으로만 생성됩니다. 오른쪽 또는 턱 밑, 배밑 등 그림자 생길 부분 위주로 형태를 만듭니다.

10 그림자를 생성한 다음 세부 조정을 하기 위해서 직접 선택 도구(![direct selection])로 조절점을 클릭하여 이동하거나 드래그하여 형태를 조절할 수 있습니다. 또한 스무드 도구(![smooth])로 드래그하면 좀 더 부드러운 곡선을 만들 수 있습니다.

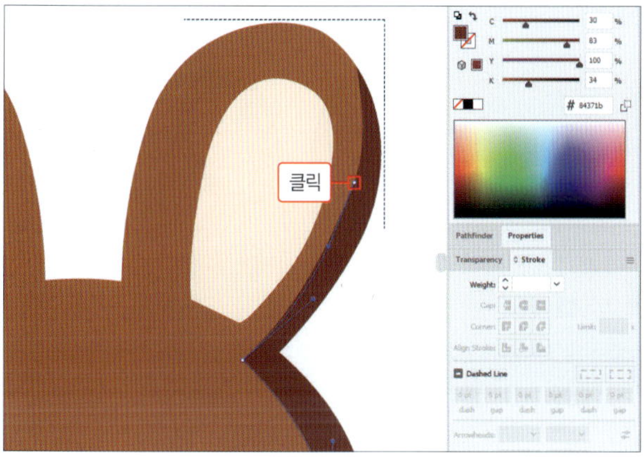

11 ❶ 선택 도구(![selection])로 처음의 외곽 오브젝트가 선택될 때까지 여러 번 클릭합니다. ❷ Ctrl+C를 눌러 복사한 다음 ❸ 'Back one level'을 여러 번 클릭하여 처음 레벨로 돌아갑니다. ❹ Ctrl+V를 눌러 붙여넣고, ❺ 면 색상은 '없음', 선 색상은 'C: 75, M: 70, Y: 64, K: 85'로 설정하고, 선 두께를 '3pt'로 설정합니다.

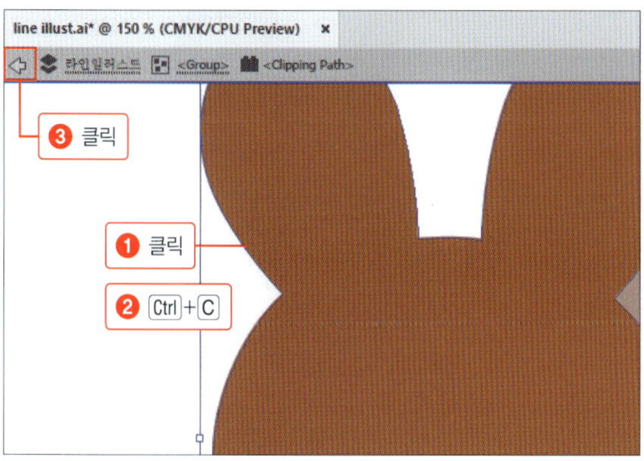

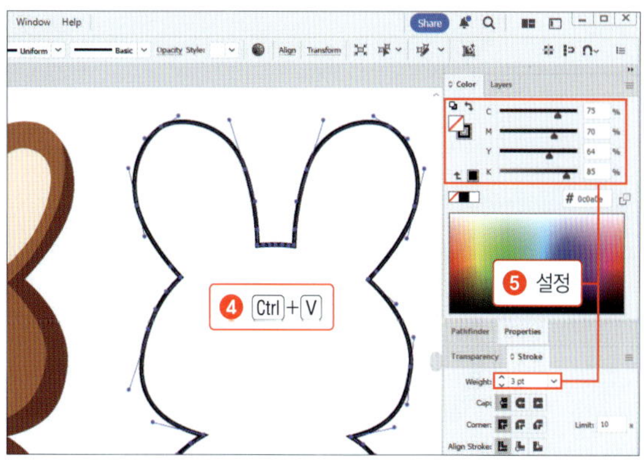

12 복사한 선 오브젝트를 왼쪽의 캐릭터와 겹쳐 캐릭터를 한층 뚜렷하게 만듭니다.

13 ❶ Color 패널에 색상을 'C: 30, M: 83, Y: 100, K: 50'으로 설정하고 Stroke 패널에 선 두께를 '3pt'로 설정합니다. ❷ 펜 도구( )를 사용하여 몸통과 팔 경계 부분, 손, 발 부분에 선 오브젝트를 생성합니다. ❸ 가장 진한 외곽형태를 선택하고, Ctrl+Shift+]를 눌러 가장 위에 위치하여 완성합니다.

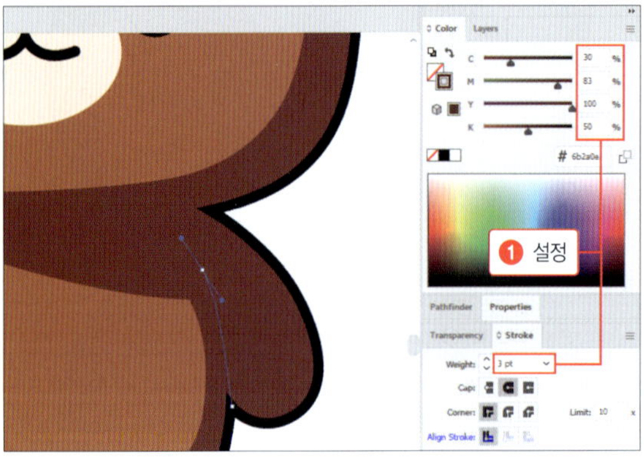

14 완성된 캐릭터의 외부 선 두께에 변화를 주기 위해 폭 도구( )을 선택하고 외곽선을 클릭한 다음 드래그하면 부분적으로 외곽선을 굵게 또는 얇게 수정할 수 있어 손작업 느낌을 낼 수 있습니다.

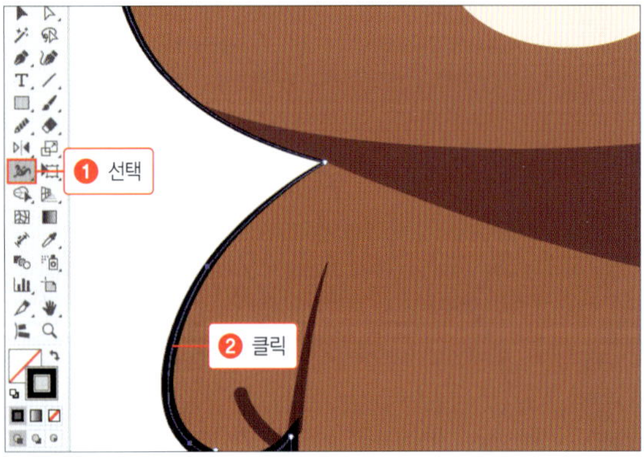

❹ 다양한 느낌의 브러시 익히기

브러시 도구는 다양한 스타일의 선을 그릴 수 있는 강력한 도구입니다. 이 도구를 사용하면 붓, 연필, 마커, 또는 기타 질감 있는 선을 표현할 수 있으며, 자유로운 손그림 형태를 드로잉할 수 있습니다. Brushes 패널(아이콘)에서 다양한 브러시 스타일을 선택하거나, 직접 고유한 브러시를 만들어 사용자화할 수도 있습니다. 브러시 도구는 선의 두께, 질감, 불투명도 등을 조절할 수 있어, 단순한 라인 작업부터 복잡한 예술적 표현까지 다양한 작업에 유용하게 사용합니다.

Brushes 패널에는 브러시 도구(아이콘)를 이용해 그릴 수 있는 다양한 형태의 붓 모양이 있습니다. 메뉴에서 〔Window〕 → Brushes(F5)를 실행하면 Brushes 패널이 표시되고, 〔Window〕 → Brush Libraries를 실행하면 브러시 라이브러리 패널이 표시됩니다.

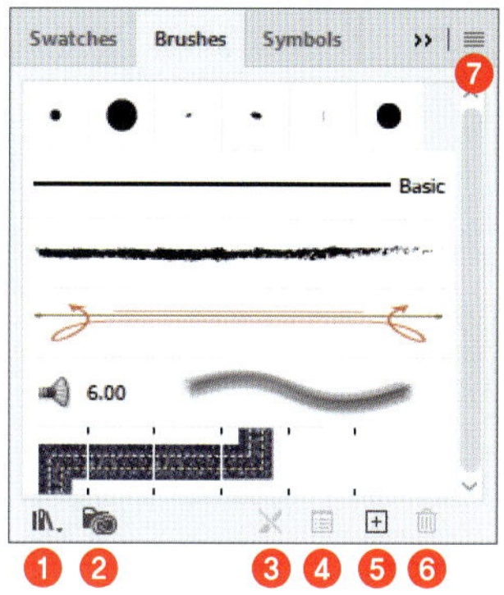

❶ **Brush Libraries Menu** : 기본 브러시 라이브러리를 선택합니다.

❷ **Libraries Panel** : Libraries 패널에서 색상 테마, 그래픽, 레이어 스타일 등을 적용할 수 있습니다.

❸ **Remove Brush Stroke** : 적용된 브러시를 해제합니다.

❹ **Options of Selected Object** : Stroke Options 대화상자가 표시되어 선택한 오브젝트의 브러시만 편집할 수 있습니다.

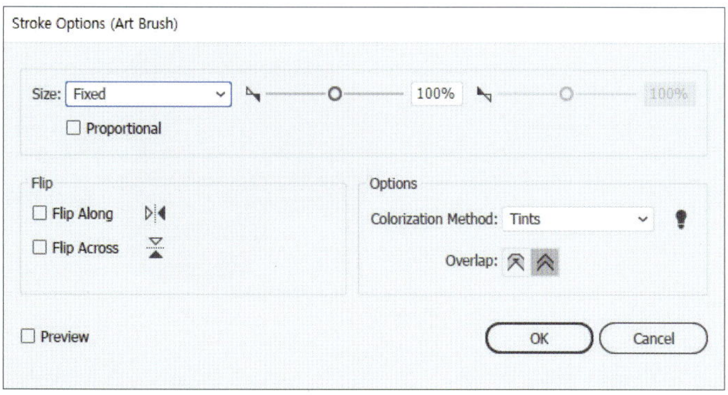

Stroke Options 대화상자

❺ **New Brush** : 새로운 브러시를 만들거나 복사합니다.

❻ **Delete Brush** : 브러시를 삭제합니다.

❼ **Brushes 패널 메뉴** : 해당 명령을 실행하여 세부적으로 브러시를 설정하고 이용하려는 브러시를 표시합니다.

Quick 활용 자유로운 일러스트 그리기

그림을 그리듯 자유롭게 드래그하여 브러시가 적용된 일러스트를 그려 봅니다.

01 ❶ 브러시 도구( )를 선택하고 ❷ 면 색을 'None', 선 색을 '#E60012'로 지정합니다. ❸ Brushes 패널( )에서 'Brush Libraries Menu' 아이콘( )을 클릭한 다음 ❹ Artistic → Artistic_ChalkChacoalPencil을 실행합니다. ❺ Artistic_ChalkCharcoalPencil 라이브러리가 표시되면 'Pencil–Thick' 브러시를 선택합니다.

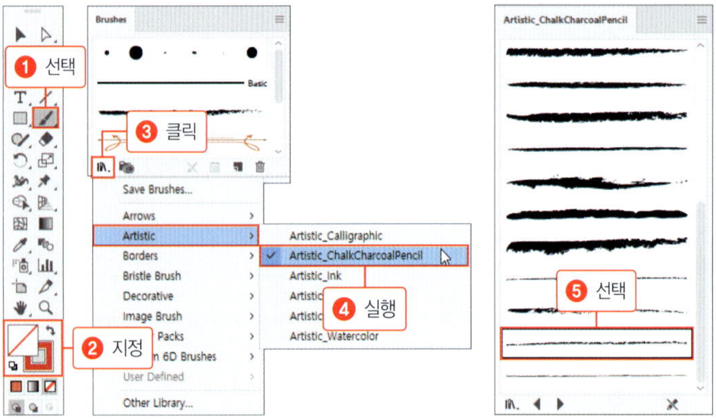

TIP ✧
메뉴에서 [Window] → Brush Libraries를 실행해 표시되는 다양한 브러시 라이브러리에서도 화살표, 분필, 서예 붓, 수채 붓, 강모, 패턴 브러시 등을 선택할 수 있습니다.

02 아트보드 오른쪽 위에 동그라미 형태로 드래그하고 시작점과 끝점이 만날 때 Alt 를 눌러 닫힌 패스를 만듭니다.

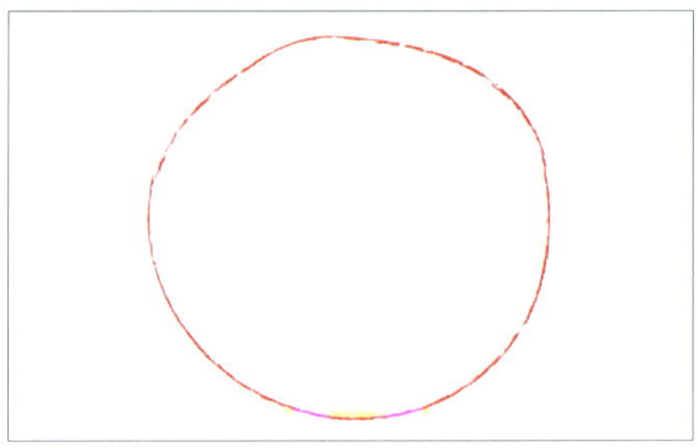

TIP ✧
동그란 토마토를 생각하며 울퉁불퉁해도 괜찮으니 자유롭게 그려 보세요.

03 ❶ 원의 왼쪽과 아래쪽에 그림과 같이 동그라미 형태로 드래그하여 총 세 개의 원을 그립니다. ❷ 선택 도구( )를 이용하여 왼쪽 토마토부터 시계 방향으로 면 색을 '#EA5532', '#E60012', '#E83828'로 지정합니다.

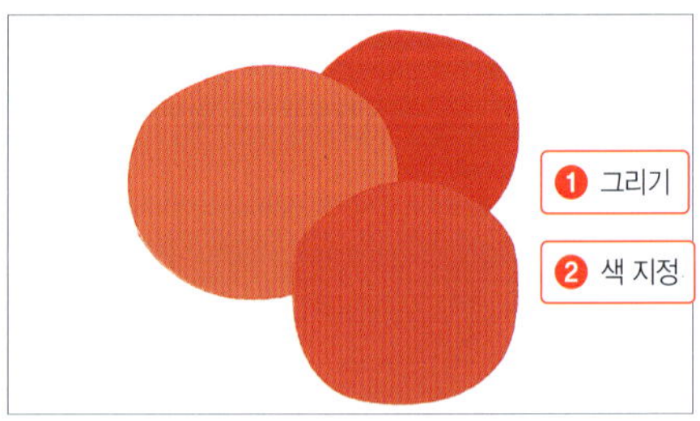

04 면 색을 '#22AC38', 선 색을 '#006934'로 지정합니다. 브러시 도구( )로 각각의 토마토 위에 꼭지를 그립니다.

• **실습파일** : 일러스트레이터\02\드림.ai • **완성파일** : 일러스트레이터\02\드림_완성.ai

EASY 실습 물방울 브러시 도구로 배경 일러스트 그리기

자유롭게 드래그하는 방식으로 면으로 패스를 작성하는 물방울 브러시 도구(아이콘)를 이용하여 드래그하는 대로 배경 일러스트를 만들어 봅니다.

01 일러스트레이터 → 02 폴더에서 '드림.ai' 파일을 불러옵니다. ❶ 물방울 브러시 도구(아이콘)를 선택한 다음 ❷ 면 색을 '#253570', 선 색을 'None'으로 지정합니다. ❸ Layers 패널(아이콘)에서 'Layer 2' 레이어를 선택합니다.

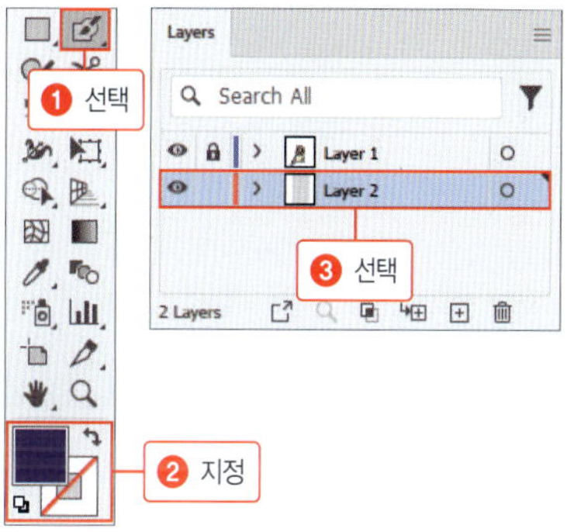

> **TIP**
> Layers 패널에서 아래쪽 레이어에 그림을 그리면 위쪽 레이어에 의해 가려져서 배경 일러스트를 그릴 수 있습니다.

02 ❶]를 여러 번 눌러 브러시 크기를 크게 조절합니다. ❷ 둥근 추상 형태를 그림과 같이 자유롭게 그리고 안쪽을 드래그하여 채색합니다. ❸ 면 색을 '#FBDDAD'로 지정한 다음 ❹ 그림과 같이 추상 형태를 더해 완성합니다.

Part 03

배색과 채색, 손쉬운 관리를 위한 레이어

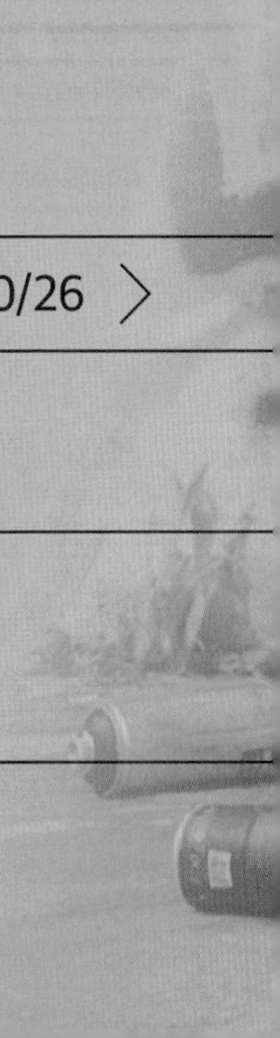

| Adobe Firefly 〈 20/26 〉

Color | Align | Transform

PHOTOSHOP
&ILLUSTRATOR CC 2026

CC/26
ILLUSTRATOR
Generate

LESSON 06 컬러 취향에 맞는 배색

❶ 채색 도구 살펴보기

면과 선 색 채우기

오브젝트 색은 면과 선 색으로 구성되며 Tools 패널 아래쪽 또는 Control, Color 패널에서 설정할 수 있습니다.

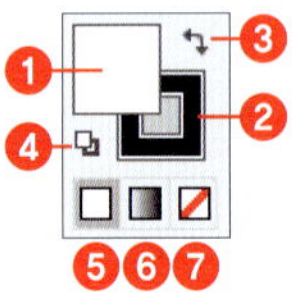

❶ **면 색(Fill)** : 오브젝트의 안쪽인 면에 적용하는 색입니다.

❷ **선 색(Stroke)** : 오브젝트의 바깥쪽인 선에 적용하는 색입니다.

❸ **Swap Fill and Stroke(색상 교체)** : 오브젝트의 면 색과 선 색을 서로 바꿉니다.

❹ **Default(기본 색)** : 면과 선 색을 기본 색인 흰색과 검은색으로 되돌립니다.

❺ **Color(단일 색)** : 면과 선에 하나의 색을 적용합니다.

❻ **Gradient(그레이디언트)** : 오브젝트의 면에 그러데이션을 적용합니다.

❼ **None(색상 없음)** : 면과 선에 색을 적용하지 않습니다.

Color Picker 대화상자에서 색 지정하기

Tools 패널에서 면이나 선 색의 색상 상자를 더블클릭하면 색을 더욱 세밀하게 설정할 수 있는 Color Picker 대화상자가 표시됩니다. 색상 스펙트럼을 이용해 명도와 채도를 한눈에 살펴보면서 색을 조절할 수 있어 편리합니다. Color Picker 대화상자에서는 HSB, RGB, CMYK 색상 모드로 각각의 색상 값을 설정할 수 있으며, 'Only Web Colors'를 체크 표시하면 색상 스펙트럼이 웹용으로 바뀌어 웹 디자인에 유용합니다.

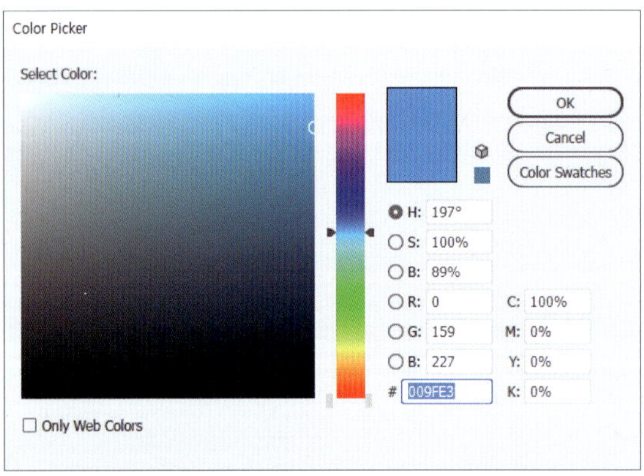

일반 Color Picker 대화상자

TIP ✦

Color Picker 대화상자에서는 색상/불투명도 변경 및 새로운 색상 견본 생성을 실시간으로 미리 볼 수 있습니다.

TIP ✦

Control 패널에서도 색을 지정할 수 있습니다. 면 또는 선 색의 색상 상자를 클릭하면 Swatches 패널()이 표시되고, Shift를 누른 상태로 클릭하면 수치를 직접 입력하여 색상을 지정할 수 있는 Color 패널()이 표시됩니다.

• **실습파일** : 일러스트레이터\03\fruit.ai • **완성파일** : 일러스트레이터\03\fruit_완성.ai

EASY 실습 색상 모드 조절하기

색상 스펙트럼에서 원하는 색을 선택하거나 각각의 색상 모드에서 색상 값의 슬라이더를 드래그하여 수치를 조절해서 색상을 적용해 봅니다.

01 일러스트레이터 → 03 폴더에서 'fruit.ai' 파일을 불러옵니다. ❶ 선택 도구(▶)로 레몬을 선택합니다. ❷ Color 패널(🎨)에서 회색으로 지정된 면 색을 확인합니다.

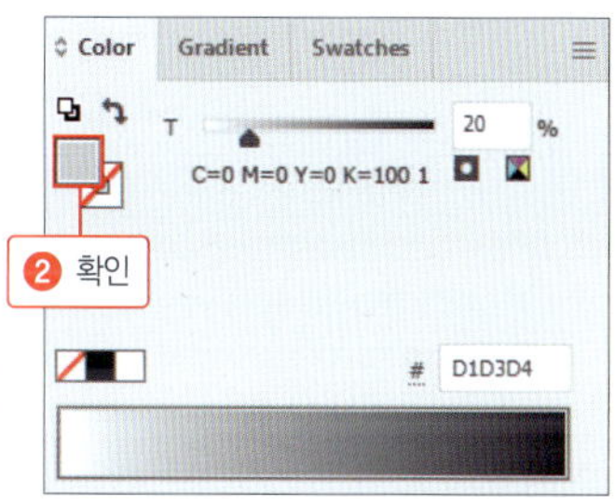

> **TIP ✧**
> Color 패널이 없으면 메뉴에서 [Window] → **Color**를 실행하거나 F6을 누릅니다.

02 흑백 모드를 컬러로 변경하기 위해 ❶ Color 패널 오른쪽 위의 '패널 메뉴' 아이콘(☰)을 클릭하고 ❷ CMYK를 실행합니다.

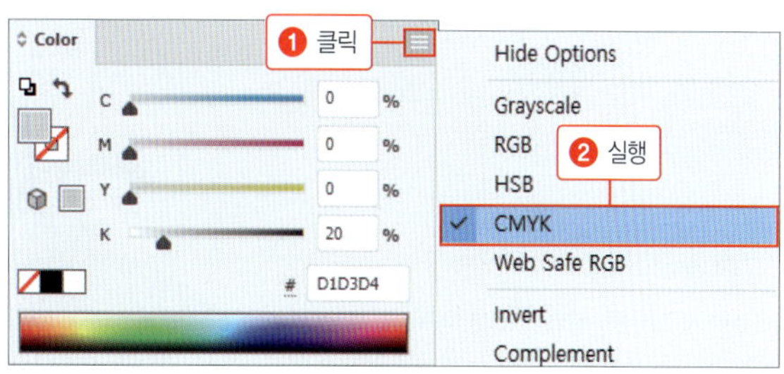

03 색을 변경하기 위해 Color 패널에서 'C: 0, M: 10, Y: 100, K: 0'으로 지정합니다. 무채색 레몬이 노란색으로 바뀝니다.

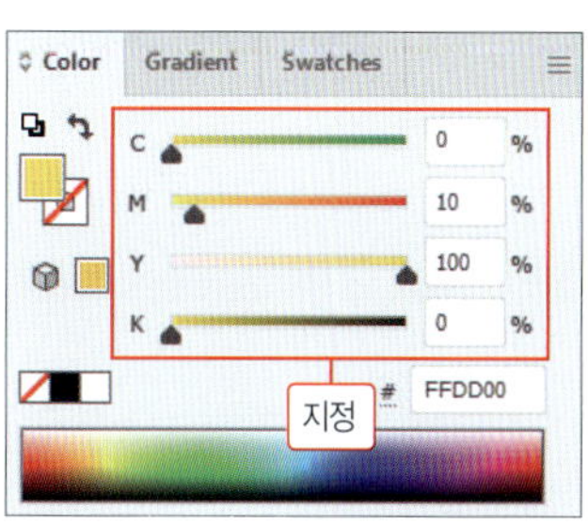

04 이번에는 ❶ 선택 도구(▶)로 ❷ 오렌지를 선택합니다. ❸ Color 패널 아래쪽 색상 스펙트럼에서 원하는 색을 클릭해 추출합니다. 색상 슬라이더를 드래그하거나 직접 색상 값을 입력해 색을 세밀하게 조정합니다. 예제에서는 'C: 0, M: 49, Y: 100, K: 0'으로 지정하였습니다.

05 이번에는 ❶ 선택 도구(▶)로 포도를 선택합니다. 색상 모드를 변경하기 위해 ❷ Color 패널 오른쪽 위 '패널 메뉴' 아이콘(☰)을 클릭한 다음 ❸ HSB를 실행합니다.

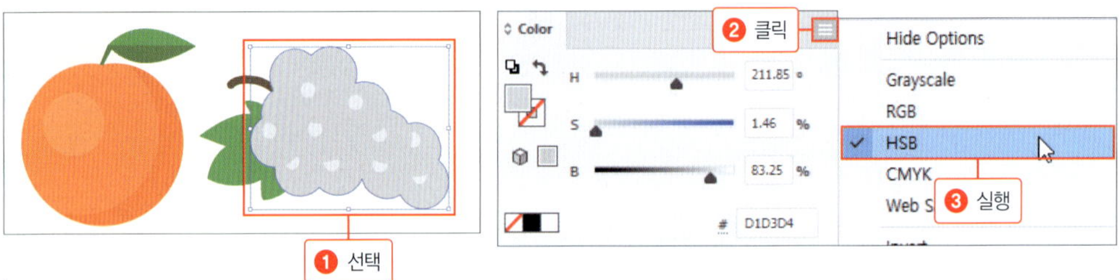

TIP
HSB 모드는 색의 3요소인 색상(Hue), 채도(Saturation), 명도(Brightness)를 이용해 색을 만들며 채도, 명도를 수정할 때 유용합니다.

06 색상, 채도, 명도를 각각 조절하기 위해 먼저 'H: 268, S: 90, B: 76'로 지정하여 색을 적용합니다. 포도까지 과일들이 모두 채색되었습니다.

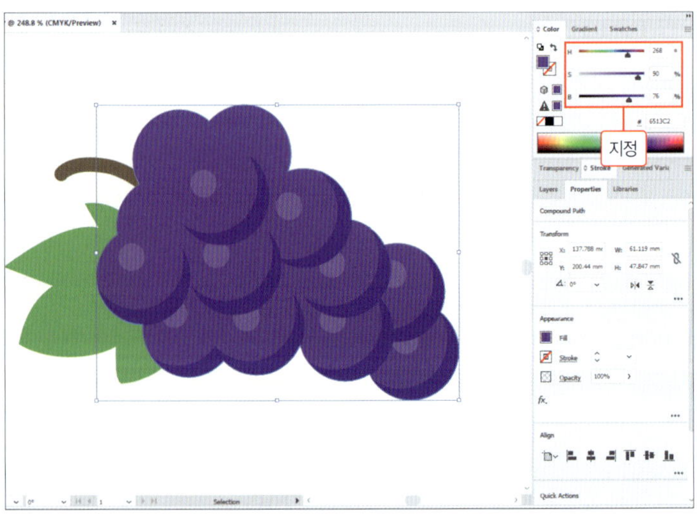

TIP
CMYK 모드로 작업하다가 RGB 모드로 변경하면 채도가 높아져 형광빛을 띕니다. 한편 RGB 모드로 작업하다가 CMYK 모드로 변경하면 채도가 낮아져 칙칙해집니다. 이처럼 작업 중 색상 모드를 수정하면 전체 배색을 수정해야 하기도 하므로 작업 전 용도에 알맞은 색상 모드로 지정합니다.

❷ 클릭 한번에 색과 패턴 지정하기

Swatches 패널에서 색 선택하고 패턴 적용하기

Swatches 패널( )에서 다양한 색이나 패턴을 선택할 수 있고 스포이트 도구( )를 이용하여 지정된 색을 추출할 수 있으며, 라이브 페인트 통 도구( )를 이용해서 복잡한 오브젝트도 간편하게 채색할 수 있습니다.

Swatches 패널( )은 직접 색상을 등록해 이용할 수 있는 팔레트 역할을 합니다. 기본으로 색, 그러데이션, 패턴이 등록되어 있고 색상 라이브러리를 불러오거나 필요한 색을 등록 및 삭제할 수 있습니다.

❶ **Swatch Libraries menu** : 기본으로 제공하는 Swatches 라이브러리를 선택합니다.

❷ **Add selected Swatches and Color Groups to my current Library** : 색상 견본을 Libraries 패널에 저장합니다.

❸ **Show Swatch Kinds menu** : 색, 그러데이션, 패턴, 색상 그룹을 나타내는 방식을 선택합니다.

❹ **Swatch Options** : Swatches Options 대화상자에서 색상 견본의 이름, 형식, 색상 모드 등을 설정합니다.

❺ **New Color Group** : 기본으로 등록된 색상 그룹 외에 스와치 색을 그룹으로 설정합니다.

❻ **New Swatch** : 기본으로 등록된 색 외에 Color 패널( )에서 설정한 색을 Swatches 패널( )에 등록합니다.

❼ **Delete Swatch** : 선택한 색이 삭제됩니다.

❽ **패널 메뉴** : 메뉴 아이콘을 클릭하여 메뉴에서 Swatches 패널의 다양한 옵션을 설정합니다.

스포이트 도구와 라이브 페인트 통 도구로 복잡한 오브젝트 채색하기

스포이트 도구( )를 이용해서 오브젝트에 적용된 색이나 스타일을 추출해 다른 오브젝트에 쉽게 적용할 수 있습니다. 라이브 페인트 통 도구( )는 페인트 통 도구에 클리핑 마스크 기능을 추가한 도구로, 연결된 패스의 오브젝트별로 겹친 패스의 면을 나눠 색을 적용합니다.

라이브 페인트 통 도구를 더블클릭하면 Live Paint Bucket Options 대화상자가 표시되어 색을 적용할 부분이나 색 등을 직접 지정할 수 있습니다.

Quick 활용 Swatches 패널에서 색과 패턴 적용하기

Swatches 패널에서 제공하는 다양한 색과 패턴을 클릭해 오브젝트에 바로 적용하고, 직접 만든 패턴도 등록한 다음 지정해 봅니다.

01 일러스트레이터 → 03 폴더에서 '종이컵.ai' 파일을 불러옵니다.
❶ Ctrl을 누른 상태로 첫 번째 종이컵을 선택합니다. ❷ Swatches 패널(▦)에서 '초록색'을 선택하면 오브젝트에 선택한 색이 바로 적용됩니다.

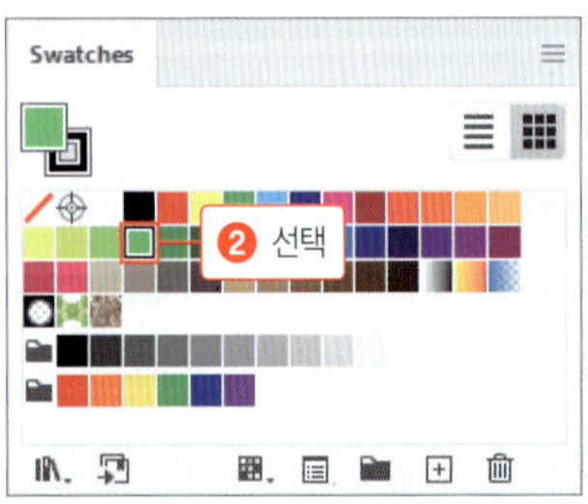

02 ❶ Swatches 패널 왼쪽 아래의 'Swatch Libraries menu' 아이콘(IN.)을 클릭하고 ❷ Patterns → Nature → Nature_Foliage를 실행하여 패턴 라이브러리를 엽니다.

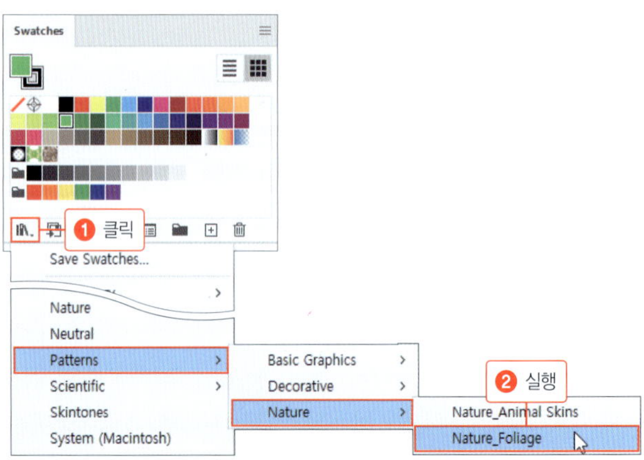

> **TIP ✦**
> 파일 설정이 바뀌면 Swatches 패널의 색이 모두 없어지기도 합니다. 이때 '패널 메뉴' 아이콘을 클릭한 다음 **Default Swatches**를 실행해 작업 스타일에 알맞은 색을 선택해서 적용합니다.

03 ❶ 선택 도구(▶)로 두 번째 종이컵을 선택합니다. ❷ Nature_Foliage 라이브러리에서 'Leaves Graphic Color'를 선택하여 오브젝트에 패턴을 적용합니다.

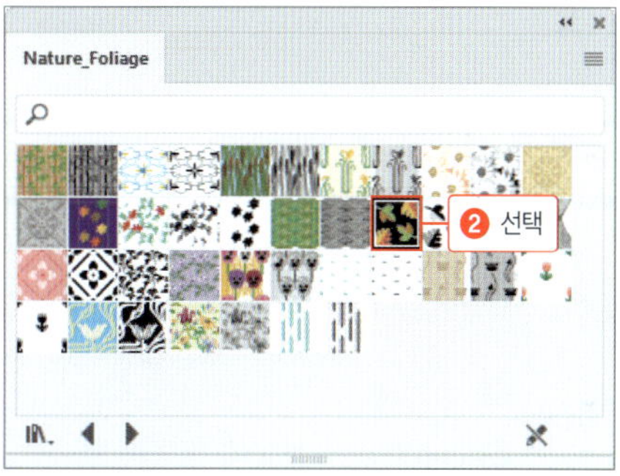

04 패턴 크기를 조절하기 위해 먼저 크기 조절 도구(⊡)를 더블클릭합니다. Scale 대화상자가 표시되면 ❶ Options 항목에서 'Transform Patterns'만 체크 표시하고 ❷ Scale의 Uniform을 '120%'로 설정한 다음 ❸ 〈OK〉 버튼을 클릭합니다. 컵에 적용된 패턴이 좀 더 커집니다.

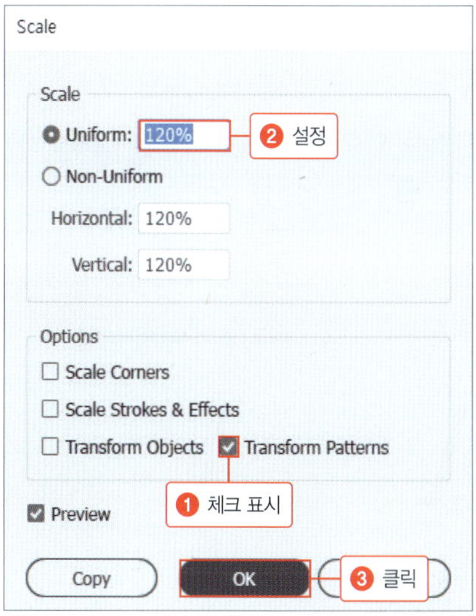

TIP ✧

Options 항목의 'Transform Objects'를 체크 표시하면 오브젝트 크기도 함께 수정되므로 주의합니다.

05 직접 패턴을 만들기 위해 선택 도구(▶)로 아트보드 오른쪽 위 오브젝트를 선택한 다음 Swatches 패널(▦)로 드래그합니다. 마우스 커서에 +가 표시되면서 오브젝트가 패턴으로 등록됩니다.

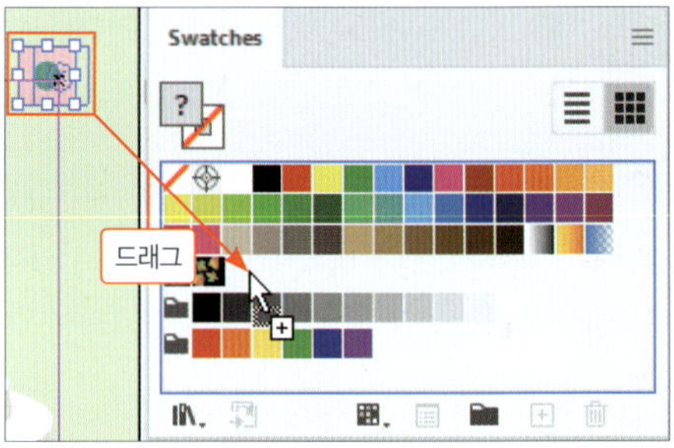

TIP ✧

패턴 외에도 원하는 색을 Swatches 패널에 등록해 이용할 수도 있습니다. 이때 패턴처럼 Color 패널 또는 Tools 패널의 면 색을 Swatches 패널로 드래그합니다.

06 ❶ 세 번째 종이컵을 선택합니다. ❷ Swatches 패널에 등록한 패턴을 선택하여 오브젝트에 패턴을 적용합니다.

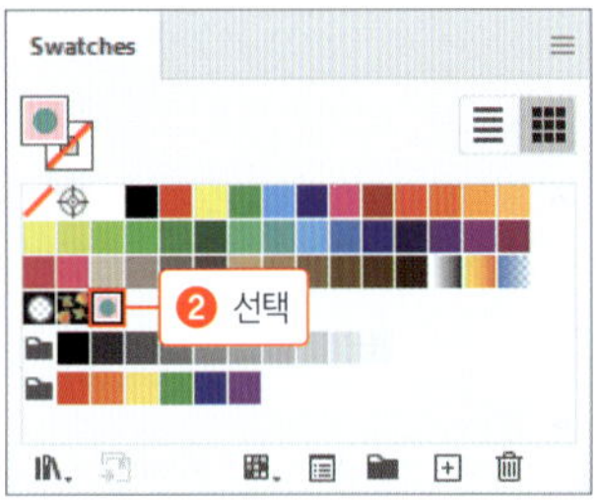

07 이번에는 패턴을 회전하기 위해 회전 도구(⟲)를 더블클릭합니다. Rotate 대화상자가 표시되면 ❶ Options의 'Transform Patterns'만 체크 표시하고 ❷ Angle을 '35°'로 설정한 다음 ❸ <OK> 버튼을 클릭합니다. 세 번째 컵에 적용된 패턴이 35° 회전하였으며, 모든 종이컵에 색과 패턴이 적용되었습니다.

왜? ✧

Rotate 대화상자에서 'Transform Objects'만 체크 표시하면 오브젝트만 회전하고, 'Transform Pattern'만 체크 표시하면 오브젝트에 적용된 패턴만 회전합니다. 두 가지 항목 모두 체크 표시하면 오브젝트와 패턴이 동시에 회전하므로 유의합니다.

AI EASY 실습 키워드 입력만으로 원하는 패턴 만들기

생성형 채우기 기능을 이용해 Contextual Task Bar에서 오브젝트를 선택한 다음 프롬프트 입력창에 생성하려는 일러스트의 명칭이나 이미지를 표현하는 문상을 입력해 원하는 패턴 일러스트를 기워드 입력 한번에 완성해 봅니다.

01 일러스트레이터 → 03 폴더에서 '가족.jpg' 파일을 불러옵니다. 가족 일러스트가 표시되면 ❶ 선택 도구(▶)를 선택하고 ❷ 성인 남성의 파란색 윗옷을 클릭합니다.

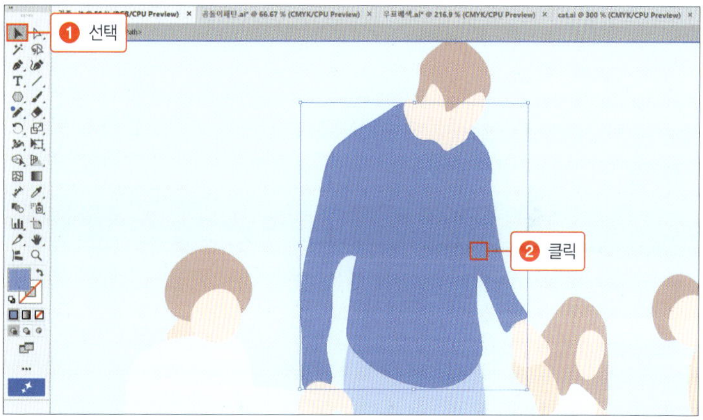

02 파이어플라이 Generate Patterns 패널에서 ❶ 프롬프트 입력창에 패턴을 묘사하는 단어를 입력하고 ❷ 〈Generative〉 버튼을 클릭합니다.

| 프롬프트

알록달록한 꽃들

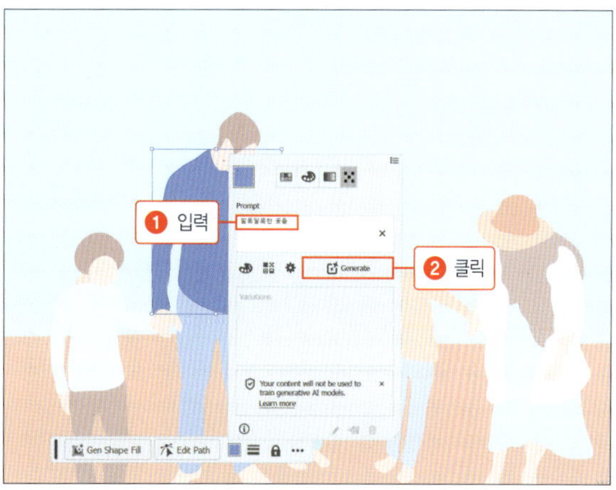

TIP

[Window] → Pattern Options → 〈Generate Patterns〉 버튼으로 실행하거나 Contextual Task Bar에서 'Fill' 아이콘(□)을 클릭한 다음, 'Generate Patterns' 아이콘(⁙)을 클릭하여 실행할 수 있습니다.

03 옷에 패턴 일러스트가 생성됩니다. 원하는 패턴을 선택하여 적용합니다.

> **TIP** ✧
> Properties 패널에서도 다양한 형태로 생성된 이미지를 제안합니다. 원하는 패턴 일러스트가 생성될 때까지 〈Generate〉 버튼을 클릭한 다음 선택하여 적용합니다.

04 이번에는 ❶ 오른쪽 성인 여성의 치마를 선택합니다. Generate Patterns 패널에서 ❷ 생성된 패턴 일러스트 중 원하는 패턴을 선택하여 적용합니다.

> **TIP** ✧
> Swatches 패널에서 패턴을 더블클릭하고 Pattern Options 패널에서 패턴 설정을 변경할 수 있습니다. 타일 유형(Tile Type) 및 벽돌 오프셋(Brick Offset)과 같은 옵션은 생성된 패턴에 사용할 수 없습니다.

05 오브젝트 형태대로 AI 기능을 이용한 패턴이 적용되었습니다.

EASY 실습 복잡한 패턴도 쉽게 편집하기

Pattern Options 패널을 이용하면 간편하게 복잡한 패턴의 배열, 크기, 너비와 높이, 간격 등을 편집하여 다양한 형태로 나타낼 수 있습니다.

01 일러스트레이터 → 03 폴더에서 '곰돌이패턴.ai' 파일을 불러옵니다. ❶ 선택 도구(▶)를 이용해서 패턴으로 지정하려는 오브젝트를 선택하고 ❷ 메뉴에서 [Object] → Pattern → Make를 실행합니다. 패턴으로 등록한다는 경고 메시지 창이 표시되면 〈OK〉 버튼을 클릭합니다.

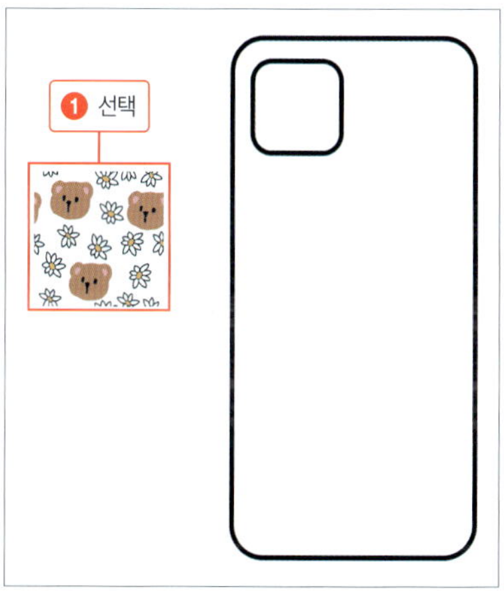

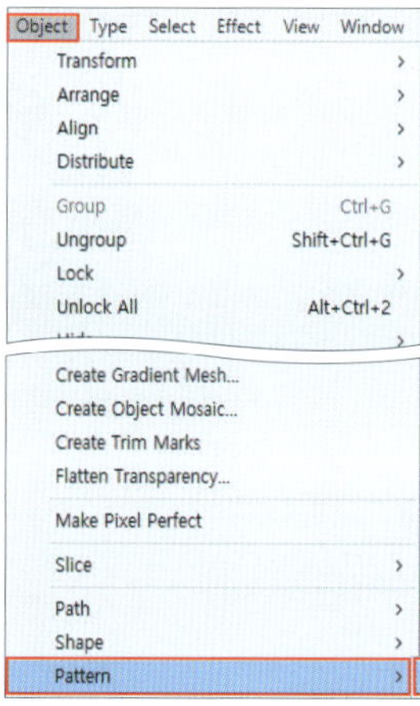

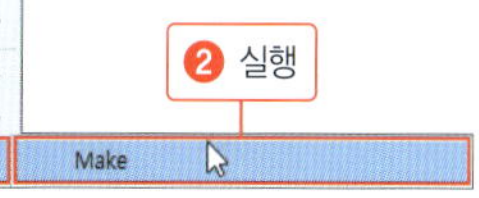

> **TIP**
> 등록한 패턴을 편집할 때는 Swatches 패널에서 수정하려는 패턴을 더블클릭하여 편집 모드에서 Pattern Options 패널을 설정합니다.
> Pattern Options 패널을 이용하면 간편하게 복잡한 패턴의 배열, 크기, 너비와 높이, 간격 등을 편집하여 다양한 형태로 나타낼 수 있습니다.

02 Pattern Options 패널이 표시되고 패턴 편집 모드가 실행되면 패턴으로 등록한 오브젝트를 중심으로 주위에 흐리게 표시된 여러 개의 오브젝트가 반복해서 나타납니다.

> **TIP**
> 패턴 편집 모드에서 직접 패턴 오브젝트를 제작할 수 있으므로 패턴의 기본 형태를 따로 만들지 않아도 됩니다.

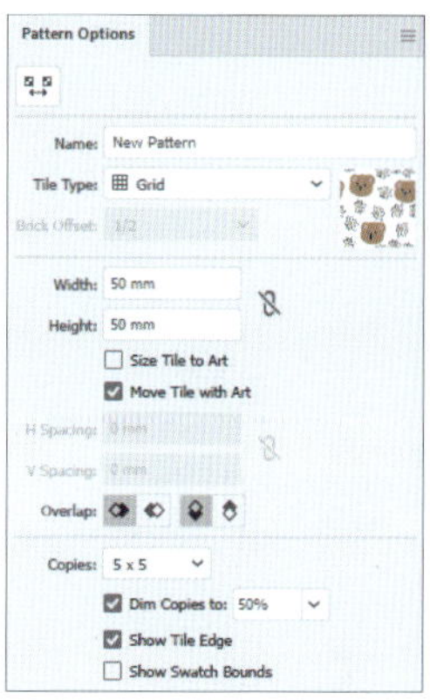

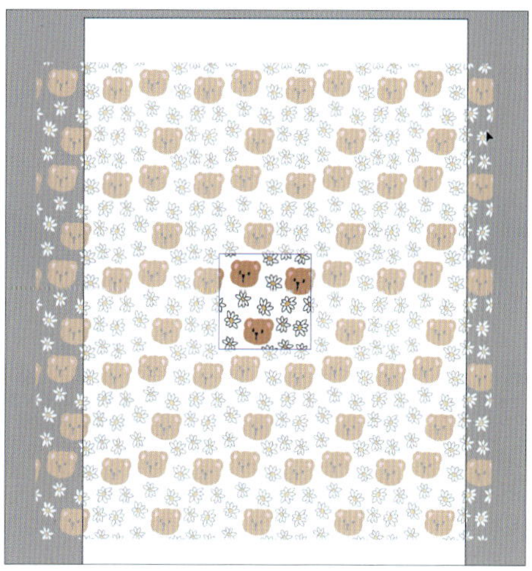

03 ❶ Pattern Options 패널에서 Name에 '곰돌이패턴'을 입력하고, 배열 형식을 지정하기 위해 ❷ Tile Type을 'Grid'로 지정합니다.

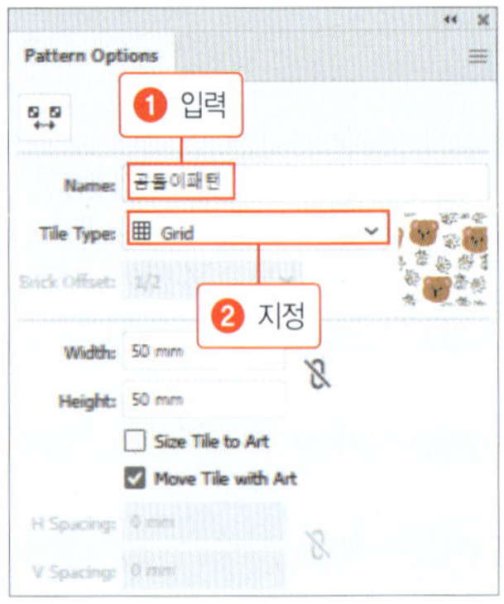

04 기본 패턴 오브젝트 중 ❶ 그림과 같은 위치의 꽃을 선택한 다음 Alt를 누른 상태에서 오른쪽 아래로 드래그하여 복제합니다. ❷ Control 패널 아래의 'Done'을 클릭합니다.

05 ❶ 오른쪽 휴대폰 케이스를 선택합니다. ❷ Swatches 패널(▦)에 등록한 패턴을 선택해 적용해서 작업을 마칩니다.

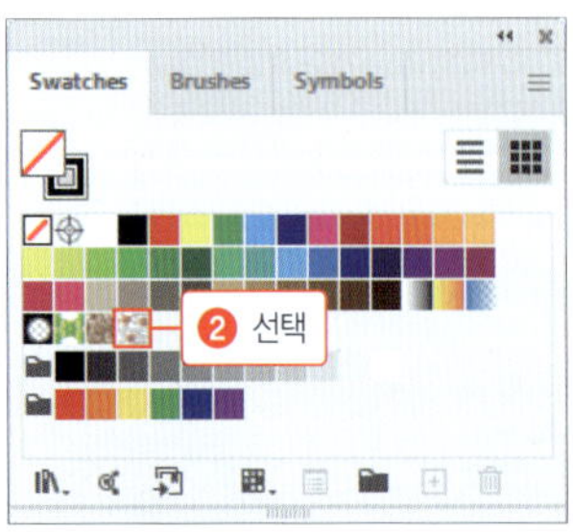

• **실습파일** : 일러스트레이터\03\우표배색.ai • **완성파일** : 일러스트레이터\03\우표배색_완성.ai

EASY 실습 빠르고 간편하게 배색하기

일러스트레이터는 쉽고 빠른 배색을 위해 다양한 기능을 제공합니다. 그중 Color Guide 패널에서 추천하는 배색을 이용하여 간편하게 색을 적용해 봅니다.

01 일러스트레이터 → 03 폴더에서 '우표배색.ai' 파일을 불러옵니다. 흑백 이미지에 생동감 있는 색을 적용하겠습니다. ❶ 선택 도구(▶)로 우표의 배경을 선택하고 ❷ Swatches 패널(▦)에서 주 색상으로 '자주색'을 선택합니다.

02 Color Guide 패널(◣)을 표시하고 ❶ 팝업 아이콘(⌄)을 클릭하여 주 색상을 기준으로 추천 배색 목록이 나타나면 ❷ 원하는 배색을 선택합니다. 예제에서는 'High Contrast 4'를 선택했습니다.

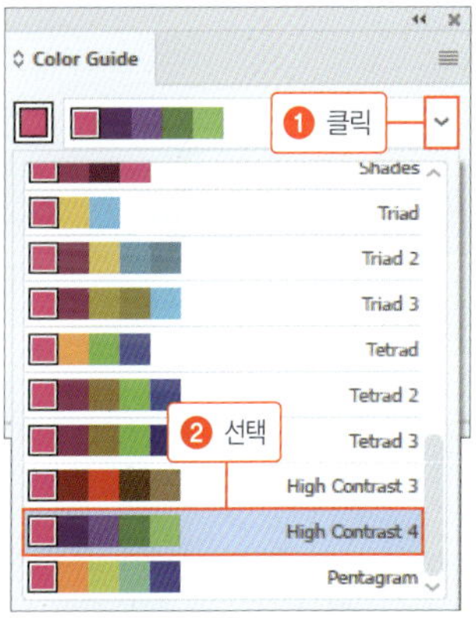

TIP ✧
Color Guide 패널이 보이지 않으면 메뉴에서 (Window) → **Color Guide**를 실행합니다. Color Guide 패널에 명도 단계가 나타나지 않으면 패널 오른쪽 위 '패널 메뉴' 아이콘(≡)을 클릭한 다음 **Show Options**를 실행합니다.

TIP ✧
Color Guide 패널(◣)에서는 색을 직관적으로 배합하여 다양한 배색을 선택하거나 저장해서 이용할 수 있습니다. 또한 포토샵에서 구현되는 다양한 색을 일러스트레이터에서도 이용할 수 있도록 합니다. 기본 색을 지정하고 Color Guide 패널을 표시하면 관련 배색이 나타나 편리하게 색을 지정할 수 있습니다.

❶ Limits the color group to colors in a swatch library : Color Guide 라이브러리를 불러옵니다.
❷ Edit or Apply Colors : Recolor Artwork 대화상자에서 라이브 색을 세부적으로 설정합니다.
❸ Save color group to Swatch panel : 스와치 라이브러리에 색을 추가합니다.

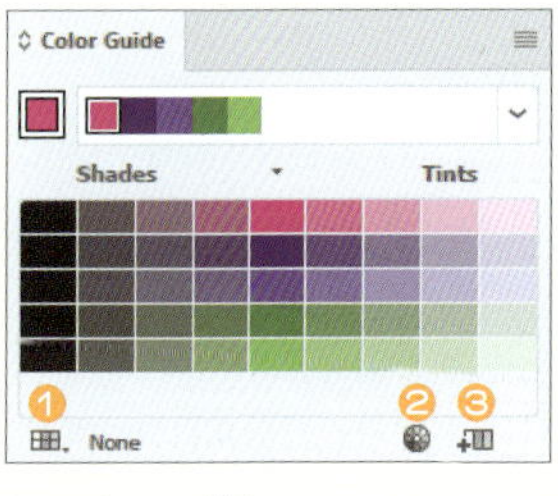

Color Guide 패널

03 선택한 배색과 함께 명도 단계가 나눠진 색상 그룹이 나타납니다. Swatches 패널(▦)과 같은 방법으로 원하는 색을 선택해 오브젝트에 적용합니다.

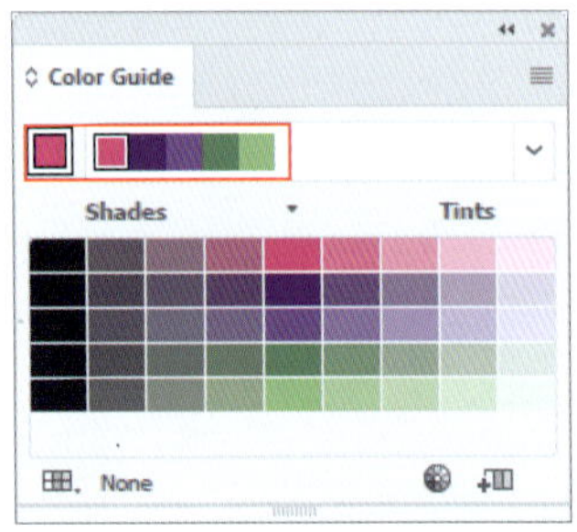

04 Color Guide 패널에서 ❶ 팝업 아이콘(⌄)을 클릭한 다음 ❷ 'Pentagram'을 선택합니다. ❸ 주 색상을 기준으로 다양한 배색을 적용해 봅니다.

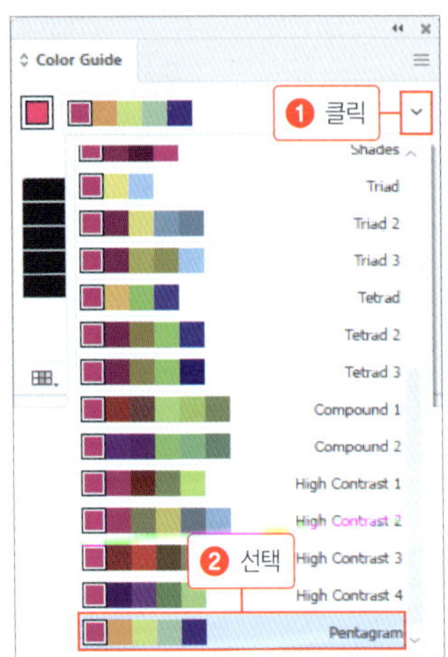

05 이번에는 Color Guide 패널에서 ❶ 'Triad 2'를 선택합니다. ❷ 주 색상을 기준으로 다양한 배색을 적용해 마무리합니다.

TIP ✧

Color Guide 패널 오른쪽 아래의 'Save color group to Swatch panel' 아이콘(▦)을 클릭하면 선택한 색상 그룹이 Swatches 패널에 등록됩니다. 자주 이용하는 색상 그룹은 Swatches 패널에 등록해 이용하면 편리합니다.

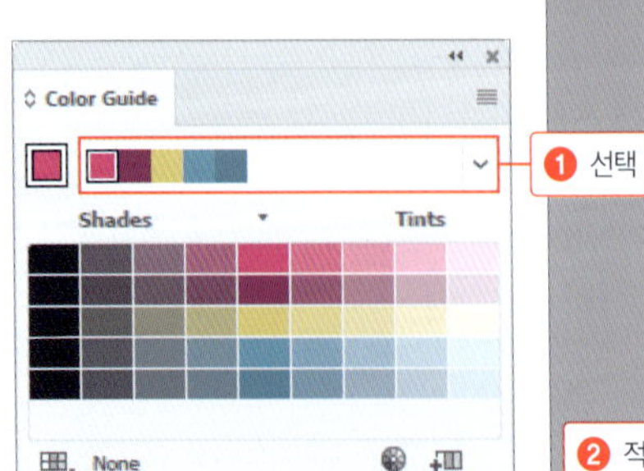

Quick 활용 원하는 색상 테마를 바로 적용하기

배색이 고민된다면 Color Themes 패널에서 수많은 색상 테마를 검색하거나 직접 배색을 만들어 공유합니다. 다양한 색상 테마를 확인하면서 배색을 학습하고 색상 계획을 세워 보세요.

01 일러스트레이터 → 03 폴더의 'autumn.ai' 파일을 불러옵니다. 불러온 문서에는 두 개의 일러스트가 있습니다.

02 ❶ 자전거를 타고 있는 인물 이미지를 선택하고 ❷ 메뉴에서 [Edit] → Edit Colors → Recolor Artwork를 실행합니다. Recolor Artwork 패널이 표시되면 ❸ 선택된 이미지의 색상이 색상환에 나타납니다.

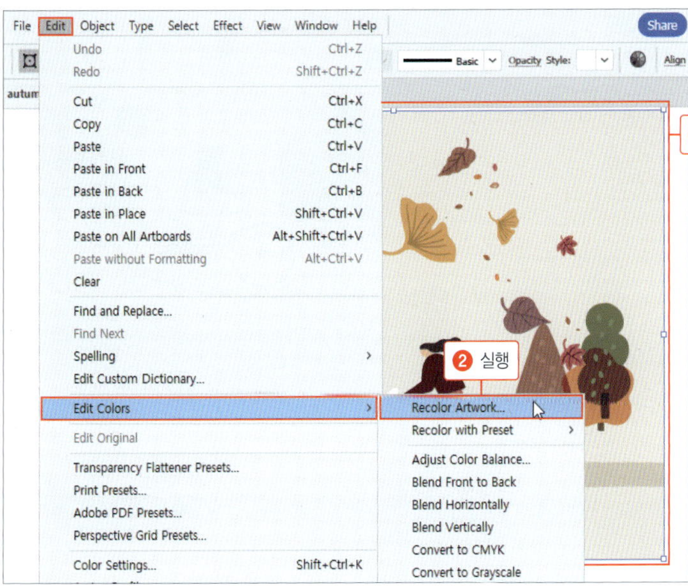

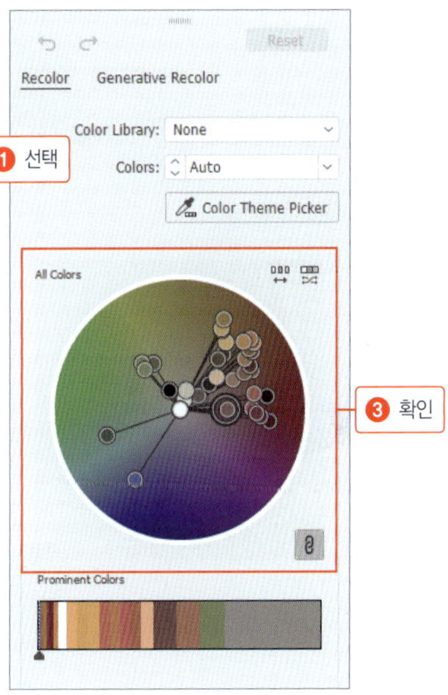

03 〈Color Theme Picker〉 버튼을 클릭하면 마우스 커서가 스포이트 형태로 변경됩니다.

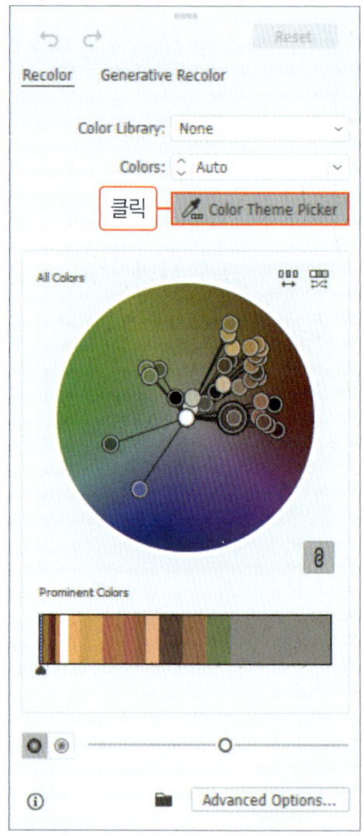

TIP ✦ Prominent Colors

Recolor Artwork 패널 아래쪽의 Prominent Colors 항목에서 일러스트 색상의 분포를 배색 띠 형태로 확인할 수 있습니다. Prominent Colors는 색상의 색조와 음영을 기준으로 분류됩니다. 일러스트에서 색상의 분포를 조절하려면 색상 패치의 가장자리를 잠시 누른 상태에서 드래그하면 색상 분포 넓이에 따라 색상이 변경됩니다.

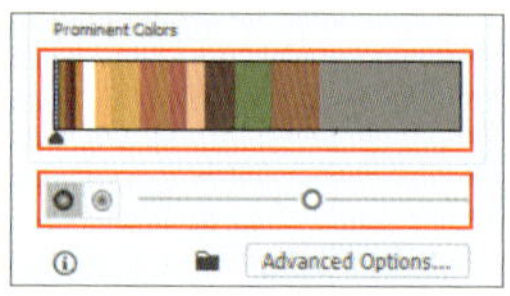

04 ❶ 사용하려는 색상 톤의 일러스트를 클릭합니다. 예제에서는 위쪽 이미지를 클릭했습니다. ❷ 아래쪽에 있는 가을 느낌 이미지가 위쪽에 있는 이미지 색상을 기준으로 색상 테마가 적용된 것을 확인할 수 있습니다.

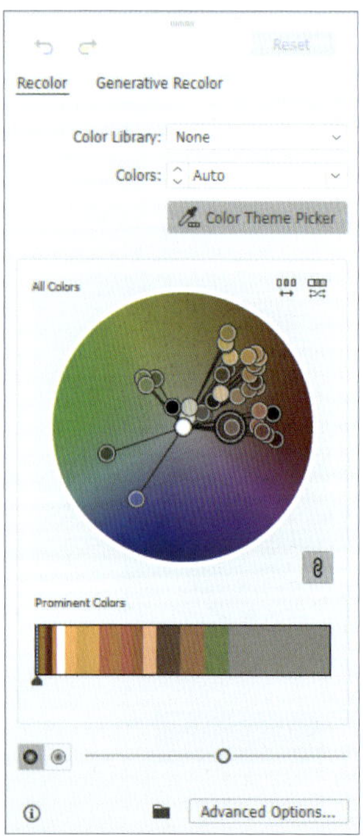

TIP ✦

Recolor Artwork 패널은 Control 패널에서 'Recolor Artwork' 아이콘(◉)을 클릭하여 표시할 수도 있습니다.

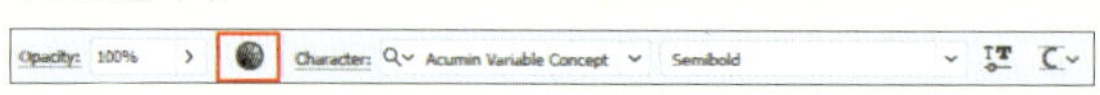

❸ 입체적인 색, 그러데이션 적용하기

그러데이션은 색상이 점진적으로 변하는 효과를 통해 디자인에 깊이와 생동감을 부여하는 시각적 도구입니다. 배경, 아이콘, 텍스트, 버튼 등 다양한 요소에 활용되어 부드러운 색 전환으로 공간감을 더하고 시각적 주목도를 높입니다. 또한 금속, 유리, 물방울 같은 사실적 질감이나 입체감을 표현하는 데에도 유용합니다. Gradient 패널(▣)에서 색상, 방향(선형 · 원형), 적용 범위를 설정해 간단히 표현할 수 있으며, 자연스러운 색 표현에는 효과적이지만 한계가 있으므로 블렌드나 메시 기능과 함께 사용하는 것이 좋습니다.

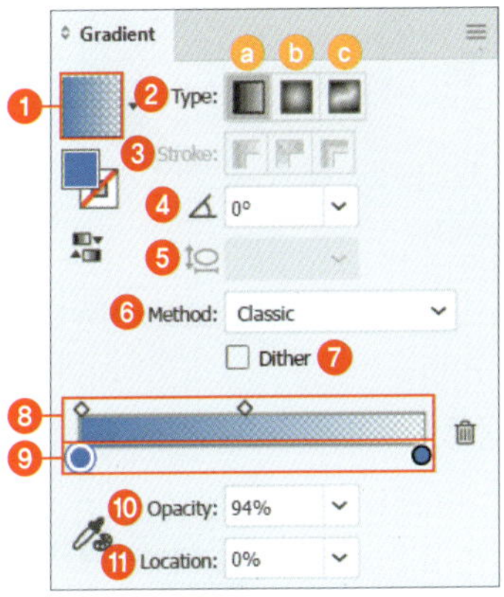

선형(Linear) 그러데이션

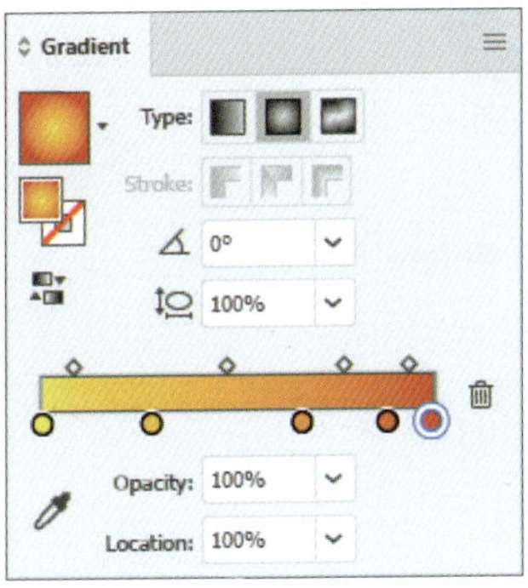

원형(Radial) 그러데이션

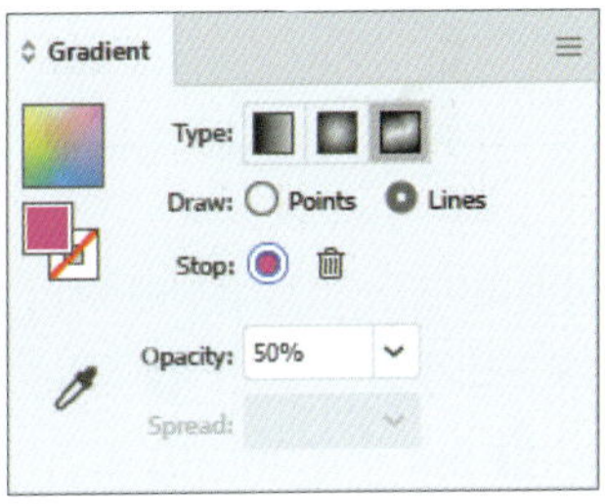

자유형(Freeform Gradient) 그러데이션

❶ **Gradient Fill(그레이디언트 색상 상자)** : 설정된 그러데이션을 미리 확인합니다.

❷ **Type** : 그러데이션 스타일을 지정합니다.

- ⓐ **Linear** : 선형 그러데이션을 만듭니다.
- ⓑ **Radial** : 원형 그러데이션을 만듭니다.
- ⓒ **Freeform Gradient** : 자연스러운 그러데이션을 만듭니다. 오브젝트 내부를 클릭해 색상을 추가하고, 색상 조절점을 더블클릭해서 새로운 색상을 선택합니다. 색상 조절점을 이동하거나 분산을 변경하여 원하는 그러데이션을 완성합니다.

❸ **Stroke** : 선이 꺾이는 부분의 그러데이션 형태를 지정합니다.

❹ **Angle** : 그러데이션 진행 각도를 설정합니다.

❺ **Aspect Ratio** : 그러데이션의 가로, 세로 비율을 설정합니다.

❻ **Method** : 그레이디언트 색상이 캔버스에 표시되는 방식을 설정합니다.

❼ **Dither** : 밴딩 현상을 줄입니다(내보낼 때 그레이디언트가 래스터화됩니다).

❽ **그레이디언트 스펙트럼** : 그러데이션 색을 조절합니다.

❾ **그레이디언트 조절점** : 그러데이션 색을 지정하며, 필요 없는 조절점을 삭제할 때는 조절점을 선택한 후 Gradient 패널 밖으로 드래그합니다.

❿ **Opacity** : 그러데이션에 불투명도를 적용합니다.

⓫ **Location** : 그레이디언트 조절점의 위치를 지정합니다.

EASY 실습 그러데이션으로 입체감 표현하기

일러스트레이터에서는 Swatches 패널에 등록된 색상을 중복 선택하여 그레이디언트 색상을 작성할 수 있습니다. 그레이디언트 도구와 Gradient 패널을 이용하여 자연스럽고 입체적인 그러데이션이 적용된 구슬을 만들어 봅니다.

01 일러스트레이터 → 03 폴더에서 'cat.ai' 파일을 불러옵니다. ❶ 선택 도구(▶)로 ❷ 원형 구슬 이미지를 클릭하여 선택합니다. ❸ Swatches 패널에서 그림과 같이 빨간색과 주황색 계열 4개의 색상 견본을 Ctrl을 누른 채 클릭해 중복 선택합니다.

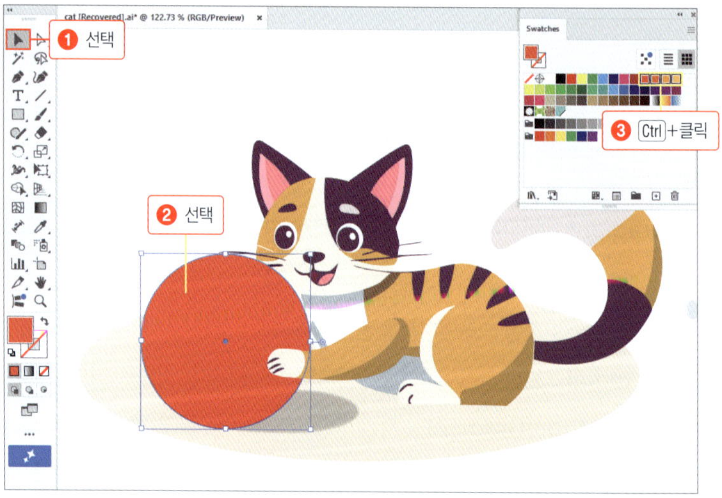

02 Swatches 패널에서 ❶ 오른쪽 위 '패널 메뉴' 아이콘(☰)을 클릭한 다음 ❷ Create Gradient를 실행합니다.

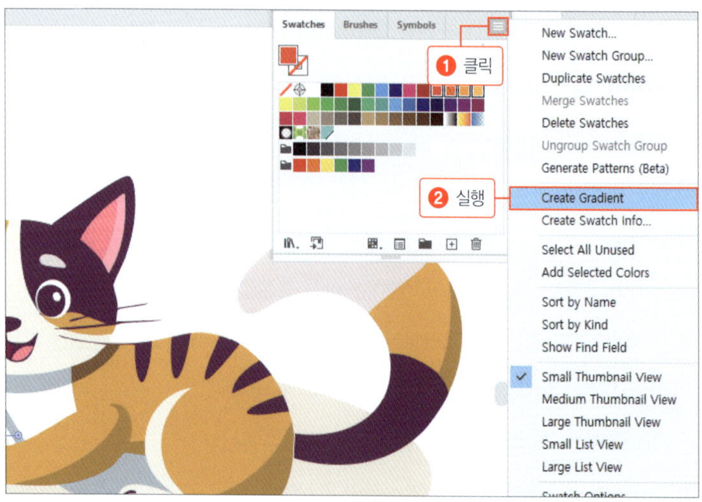

03 선택한 원형 오브젝트에 4가지 색상으로 만들어진 그레이디언트 색상이 적용됩니다. Gradient 패널에서 ❶ 'Radial Gradient' 아이콘(▣)을 클릭해 방사형 그레이디언트로 지정한 다음 ❷ 'Reverse Gradient' 아이콘(▣)을 클릭하여 안과 밖의 색상을 반전합니다.

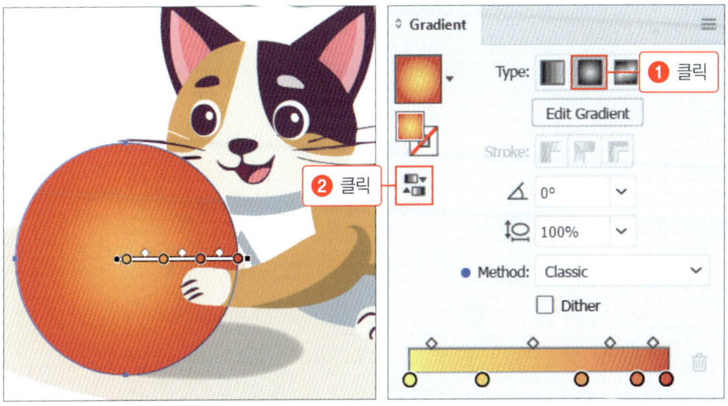

04 그레이디언트 도구(▣)를 선택한 다음 원형 오브젝트 왼쪽 위를 클릭하고 드래그하여 빛 방향이 왼쪽 위에서 비춘 것처럼 변경합니다.

TIP ✧

그레이디언트 슬라이더의 원형 색상 조절점을 선택한 다음 Delete를 눌러 삭제하거나 슬라이더 아래에 커서를 위치하고 '+' 표시가 나타날 때 클릭하면 새로운 색상을 추가할 수 있습니다.

삭제

추가

05 오브젝트에 그레이디언트 조절점이 나타납니다. ❶ 조절점에서 가장 오른쪽 색상을 더블클릭하고 ❷ 색상 패널에서 'C: 2, M: 66, Y: 68, K: 0'으로 지정해 원형 구슬의 반사광을 만들면 입체 효과가 강조됩니다.

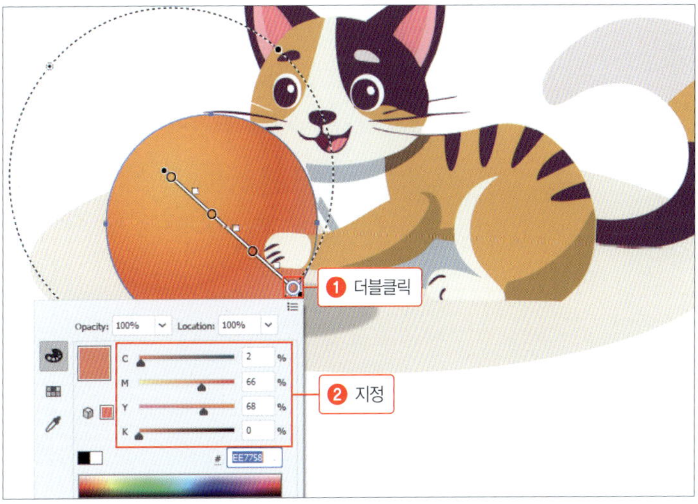

EASY 실습 점과 선으로 그러데이션 적용하기

오브젝트와 아트워크를 자연스럽게 나타내기 위해 메시 도구 대신 Gradient 패널의 Freeform Gradient 기능을 이용하여 복잡한 혼합 그러데이션을 만들고 적용해 봅니다.

01 일러스트레이터 → 03 폴더의 '자유형.ai' 파일을 불러옵니다. ❶ 오른쪽 원 형태를 선택하고 ❷ 그레이디언트 도구(◧)를 선택합니다. ❸ Control 패널에서 Gradient Type의 'Freeform Gradient' 아이콘(▣)을 클릭하면 조절점이 추가됩니다.

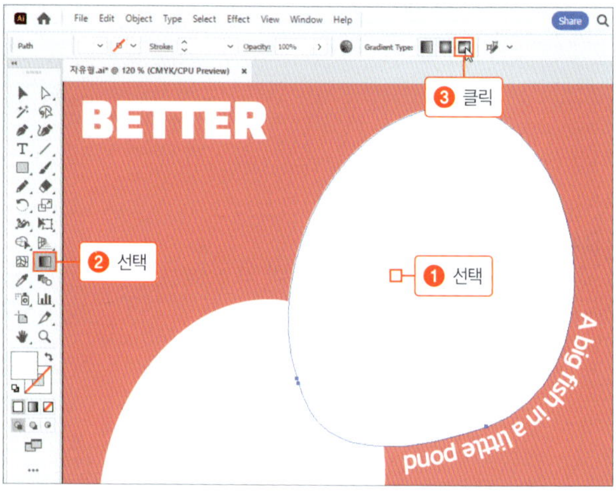

02 ❶ 조절점을 그림과 같이 드래그해 이동합니다. ❷ 조절점을 더블클릭하고 Color 패널에서 ❸ '스포이트' 아이콘(✐)을 클릭한 다음 ❹ 배경의 다홍색을 클릭해 색상을 지정합니다.

03 조약돌에 추가된 그러데이션 조절점에 마우스 커서를 가져가 점선으로 된 원형 조절점이 나타나면 크기를 조절하여 그러데이션 적용 범위를 조절합니다.

04 ❶ 그러데이션 조절점을 추가하고 더블클릭합니다. Color 패널이 표시되면 ❷ 'Swatches' 아이콘(▦)을 클릭한 다음 ❸ 'C: 3, M: 59, Y: 9, K: 0'으로 색상을 지정합니다. ❹ 그림과 같이 8개의 조절점으로 그러데이션을 완성합니다.

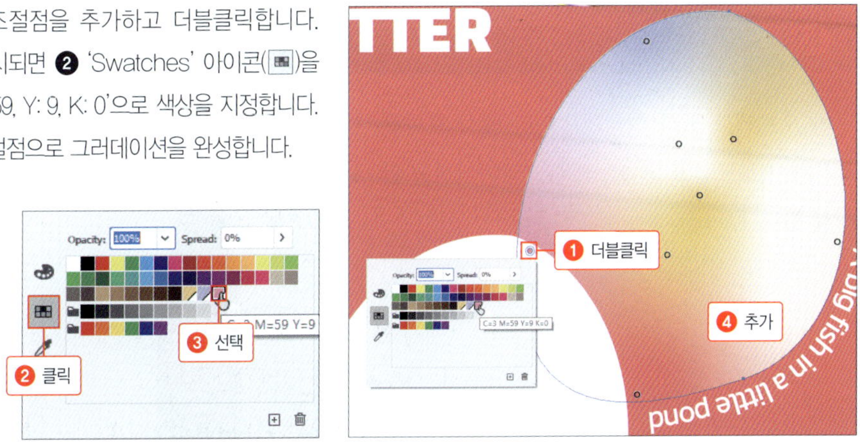

05 ❶ Ctrl을 누른 상태로 왼쪽 원을 클릭합니다. Gradient 패널에서 ❷ Type의 'Freeform Gradient' 아이콘(▣)을 클릭한 다음 ❸ Draw의 'Lines'를 선택합니다. ❹ 왼쪽 조약돌에 클릭해 그러데이션 선을 추가합니다.

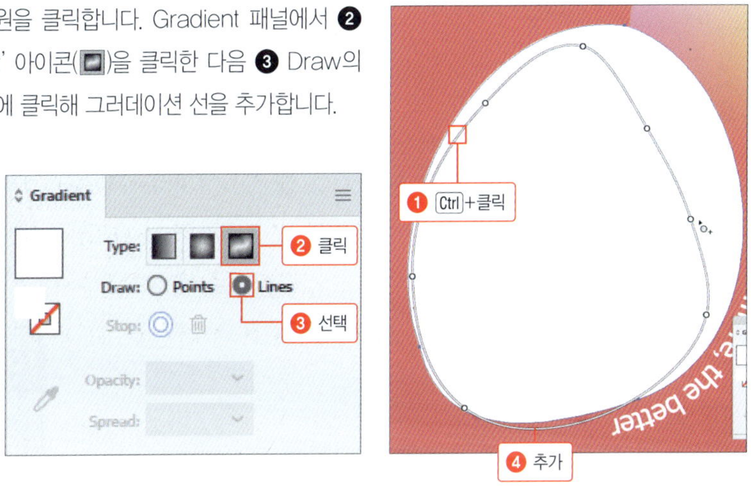

TIP
'Freeform Gradient' 아이콘을 클릭한 다음 자동으로 그러데이션 조절점이 추가되면 삭제하고 'Lines'를 선택한 다음 새롭게 그러데이션 조절점을 추가하여 선을 만듭니다.

06 ❶ 그러데이션 조절점을 각각 더블클릭해 색상을 지정합니다. ❷ 오른쪽 그러데이션 조절점을 그림과 같이 드래그해 위치를 이동해서 마무리합니다.

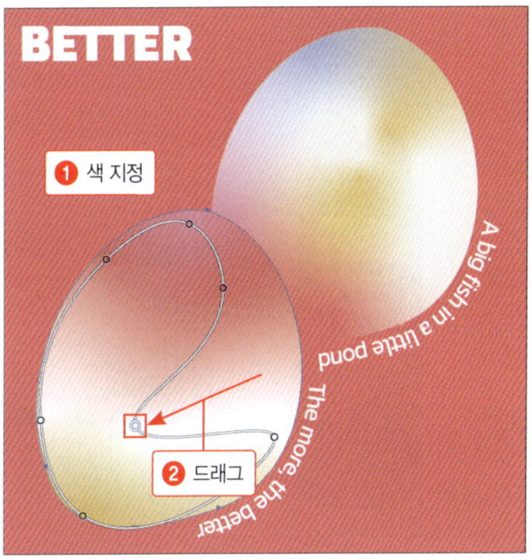

• **실습파일** : 일러스트레이터\03\아이언보틀.ai • **완성파일** : 일러스트레이터\03\아이언보틀_완성.ai

EASY 실습 자연스러운 그러데이션 적용하기

평면 오브젝트에 다양한 방법으로 메시 효과를 적용해서 부드럽고 고급스러운 그러데이션을 완성해 봅니다.

01 일러스트레이터 → 03 폴더에서 '아이언보틀.ai' 파일을 불러옵니다. 메시를 적용하기 위해 먼저 ❶ 선택 도구(▶)로 오른쪽 보틀 아래 그러데이션 오브젝트를 선택합니다. ❷ Ctrl+3을 눌러 일시적으로 오브젝트를 숨깁니다.

TIP 숨기려는 오브젝트를 선택하고 메뉴에서 [Object] → Hide → Selection을 실행해도 됩니다.

02 ❶ 보틀을 선택합니다. ❷ 메뉴에서 [Object] → Create Gradient Mesh를 실행하여 메시를 적용합니다. Create Gradient Mesh 대화상자가 표시되면 ❸ Rows를 '1', Columns를 '3'으로 설정하고 ❹ 〈OK〉 버튼을 클릭합니다.

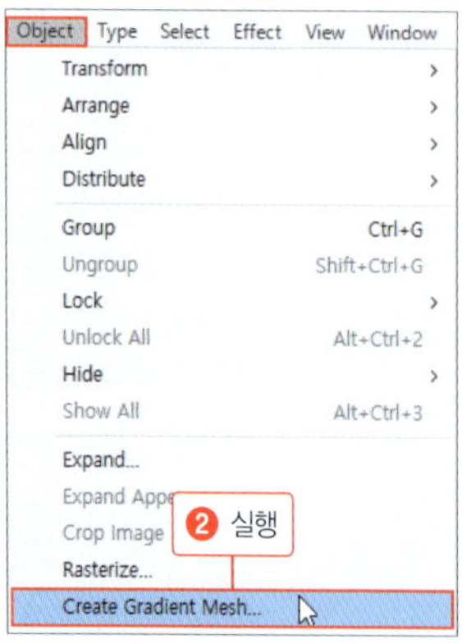

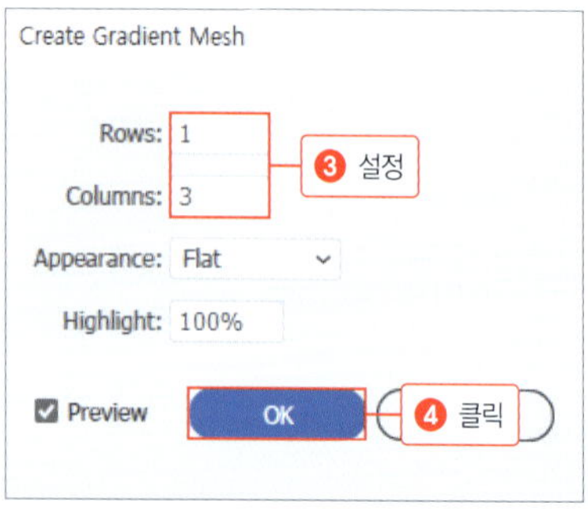

TIP Gradient Mesh 대화상자에서 그레이디언트 망의 행과 열 수, 하이라이트 표현 방식을 설정할 수 있습니다.

03 메시 도구()를 선택한 다음 오브젝트를 클릭하면 클릭한 지점을 기준으로 4분할되면서 그레이디언트 망이 추가됩니다.

04 스포이트 도구()를 이용하여 왼쪽 원본 사진에서 색을 추출하여 적용합니다. 클릭한 지점이 포함된 영역 안에 자연스러운 그러데이션이 만들어집니다.

05 면 색이 지정된 상태에서 메시 그레이디언트 망의 세로 선을 클릭하면 같은 색이 적용되면서 메시 기준점이 추가됩니다.

06 ❶ 보틀의 밝은 부분을 클릭하여 메시 포인트를 추가합니다. ❷ 원본 사진의 하이라이트 색을 추출하여 적용합니다.

TIP ✧
메시 그레이디언트 망을 기준으로 밝거나 어둡게 표현할 부분을 클릭해 원본 사진과 같은 색을 추출해서 적용하면 점점 더 원본 이미지와 비슷하게 묘사할 수 있습니다.

07 좀 더 자연스러운 그러데이션이 표현되도록 메시 도구(図)와 직접 선택 도구(▷)를 이용하여 기준점을 이동하거나 방향선을 움직여서 그레이디언트 망을 수정합니다.

TIP ✧
잘못 지정된 메시 포인트는 메시 도구를 선택한 상태에서 Alt를 누른 상태로 클릭하여 삭제할 수 있습니다.

08 같은 방법으로 뚜껑에도 메시 그레이디언트 망을 적용합니다. Alt+Ctrl+3을 눌러 숨겨진 보틀 아래쪽의 명암을 나타내어 완성합니다.

TIP ✧
메뉴에서 [Object] → Show All을 실행해도 숨겨진 오브젝트를 나타낼 수 있습니다.

LESSON 07 손쉬운 일러스트 작업을 위한 편리한 기능

❶ 작업 화면 설정 기능 알아보기

Ruler 기능으로 눈금자 표시하기

눈금자와 안내선, 격자를 이용하여 오브젝트나 문자를 알맞게 배치해서 정확한 레이아웃을 만들 수 있습니다. 스마트 가이드를 이용하여 안내선이나 오브젝트 위치를 실시간으로 확인하며 편리하게 작업할 수도 있습니다.

정확한 일러스트레이션을 만들기 위해 아트보드에 눈금자를 표시하려면 메뉴에서 〔View〕 → Rulers → Show Rulers를 실행합니다. 눈금자 단위는 메뉴에서 〔Edit〕 → Preferences → Units를 실행하여 표시되는 Preferences 대화상자의 Units 항목에서 설정할 수 있습니다.

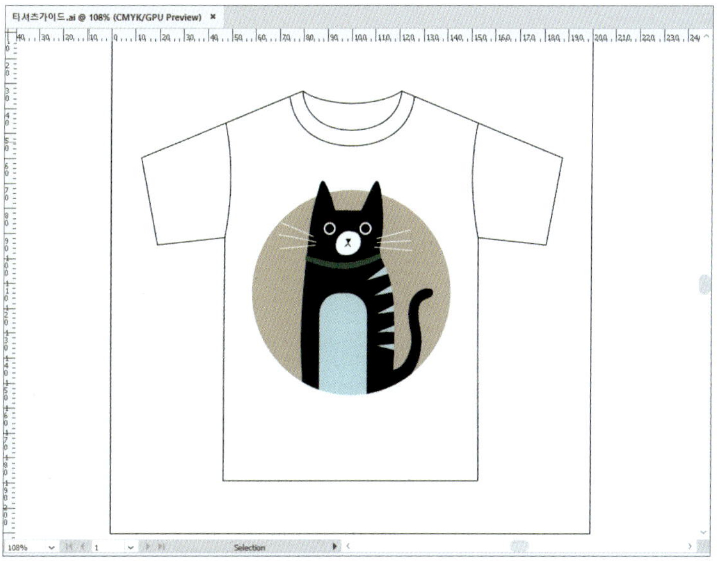

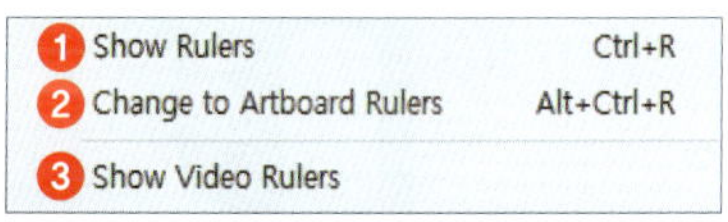

❶ **Show/Hide Rulers**(Ctrl+R) : 아트보드에 눈금자를 나타내거나 숨깁니다.

❷ **Change to Artboard Rulers**(Alt+Ctrl+R) : 아트보드마다 고유의 기준점을 지정해 문서 전체를 기준으로 하는 눈금자를 나타낼 수 있습니다.

❸ **Show/Hide Video Rulers** : 아트보드에 비디오 형식의 눈금자를 나타낼 수 있습니다.

TIP

스마트 가이드는 마우스 커서, 오브젝트 패스, 기준점 등의 정보를 나타내어 오브젝트를 정확하고 세밀하게 이동할 때 유용합니다. 오브젝트를 이동할 때 위치와 각도 등의 자세한 정보를 알려 주는 안내선이 나타나 오브젝트 위치를 정확하게 배치할 때도 편리합니다.

Guide 기능으로 안내선 만들기

정확한 레이아웃을 디자인하기 위해 눈금자를 드래그하거나 오브젝트 형태대로 만든 안내선은 인쇄하거나 이미지 데이터를 내보낼 때 표시되지 않아 매우 편리합니다. 아트보드에 가이드를 표시하려면 메뉴에서 〔View〕 → Guides를 실행합니다.

안내선을 만들기 위해서는 눈금자를 아트보드로 드래그해 가로/세로 안내선을 만듭니다. 이때 선택 도구(▶)로 드래그하여 이동할 수 있으며, 안내선을 선택한 다음 Delete를 누르면 삭제할 수도 있습니다.

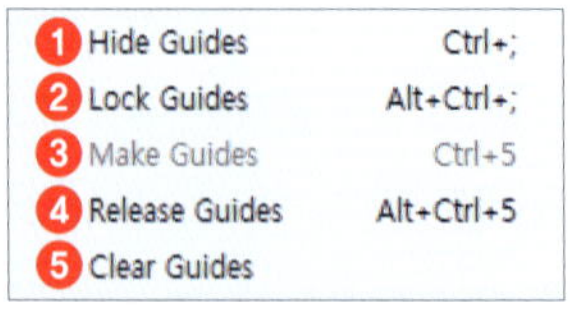

티셔츠 캐릭터에 맞춘 안내선

1. **Show/Hide Guides(Ctrl+;)** : 안내선을 숨기거나 나타냅니다.
2. **Lock Guides(Alt+Ctrl+;)** : 안내선을 잠그거나 잠금 설정을 해제합니다.
3. **Make Guides(Ctrl+5)** : 선택된 오브젝트 형태대로 안내선을 만듭니다.
4. **Release Guides(Alt+Ctrl+5)** : 안내선의 잠금 설정을 해제합니다.
5. **Clear Guides** : 안내선을 삭제합니다.

Grid 기능으로 격자 나타내기

격자는 모눈종이 형태의 안내선을 말합니다. 메뉴에서 〔View〕 → Show Grid(Ctrl+")를 실행하면 아트보드에 격자를 나타낼 수 있습니다. 메뉴에서 〔View〕 → Snap to Grid(Shift+Ctrl+")를 실행하면 격자를 따라 오브젝트를 정확하게 그리거나 배치할 수 있습니다.

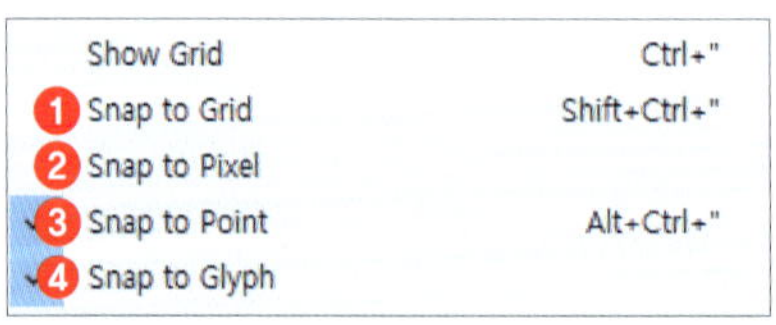

캐릭터 외부에 표시된 격자

1. **Snap to Grid(Shift+Ctrl+")** : 안내선에 오브젝트가 자석처럼 딱 맞도록 배치합니다. 정확하게 오브젝트를 위치시킬 때 유용하며 그리드가 표시되지 않은 상태에서도 적용할 수 있습니다.
2. **Snap to Pixel** : 오브젝트를 픽셀에 가깝게 배치합니다.
3. **Snap to Point(Alt+Ctrl+")** : 오브젝트를 기준점에 가깝게 배치하는 기능이며 기본으로 지정되어 있습니다.
4. **Snap to Glyph** : 오브젝트를 글리프(구두점, 괄호, 공백 등)에 가깝게 배치하는 기능이며 기본으로 지정되어 있습니다.

• **실습파일** : 일러스트레이터\03\티셔츠가이드.ai • **완성파일** : 일러스트레이터\03\티셔츠가이드_완성.ai

EASY 실습 눈금자와 안내선으로 정확하게 작업하기

눈금자를 표시한 다음 안내선을 만들어 오브젝트나 문자의 정확한 위치 및 크기를 확인하고, 오브젝트에 안내선을 표시하여 정확한 레이아웃을 디자인합니다.

01 일러스트레이터 → 03 폴더에서 '티셔츠가이드.ai' 파일을 불러옵니다. 눈금자를 표시하기 위해 메뉴에서 [View] → Rulers → Show Rulers(Ctrl+R)를 실행합니다.

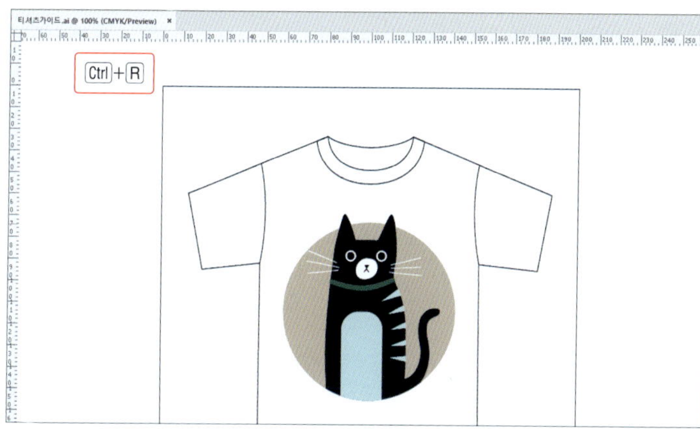

02 ❶ Ctrl+[+]를 여러 번 눌러 화면을 확대합니다. ❷, ❸ 왼쪽에 표시된 눈금자를 일러스트 가로 폭에 맞춰 오른쪽으로 드래그합니다. ❹, ❺ 위쪽에 표시된 눈금자는 일러스트 세로 폭에 맞춰 아래쪽으로 드래그하여 안내선을 만듭니다.

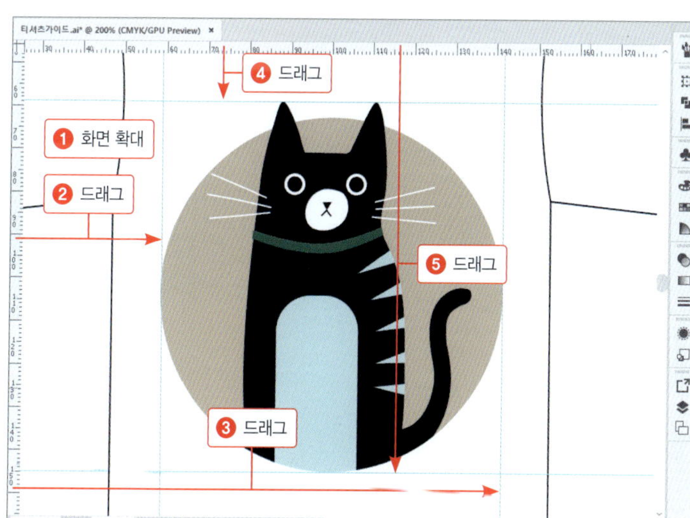

03 ❶ 눈금자의 왼쪽과 위쪽 시작점이 교차하는 기준점을 일러스트 왼쪽 위로 드래그해 눈금자의 시작점을 수정합니다. ❷ 위쪽 눈금자에서 마우스 오른쪽 버튼을 클릭한 다음 ❸ Centimeters를 실행하면 눈금자 단위가 변경되어 일러스트 크기를 바로 확인할 수 있습니다.

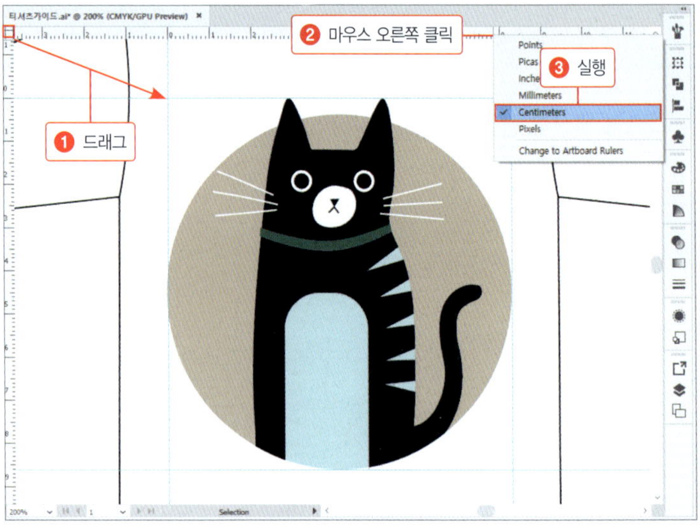

> **TIP ✧**
> 메뉴에서 [View] → Rulers → Change to Global Rulers를 실행해도 됩니다.

04 이번에는 오브젝트 형태대로 안내선을 만들기 위해 ❶ 선택 도구(▶)를 선택하고 ❷ 티셔츠를 선택한 다음 ❸ 메뉴에서 [View] → Guides → Make Guides(Ctrl+5)를 실행합니다.

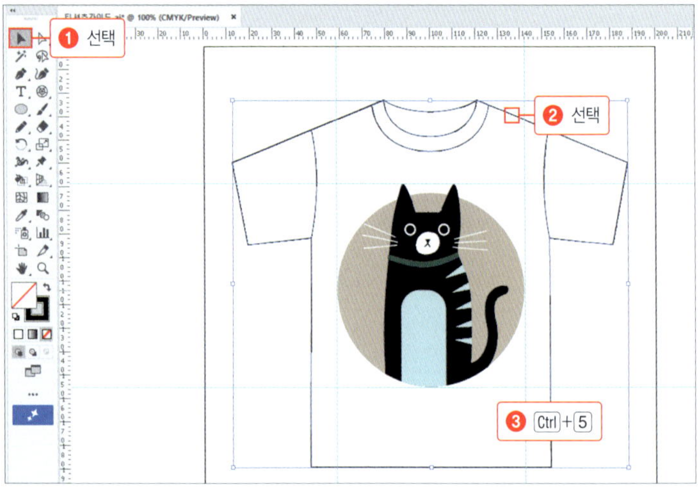

05 안내선으로 바뀐 오브젝트를 확인하고 Alt+Ctrl+;를 눌러 잠그면 더 이상 선택할 수 없습니다. 작업에 알맞은 안내선을 적용해서 더욱 편리하게 작업해 보세요.

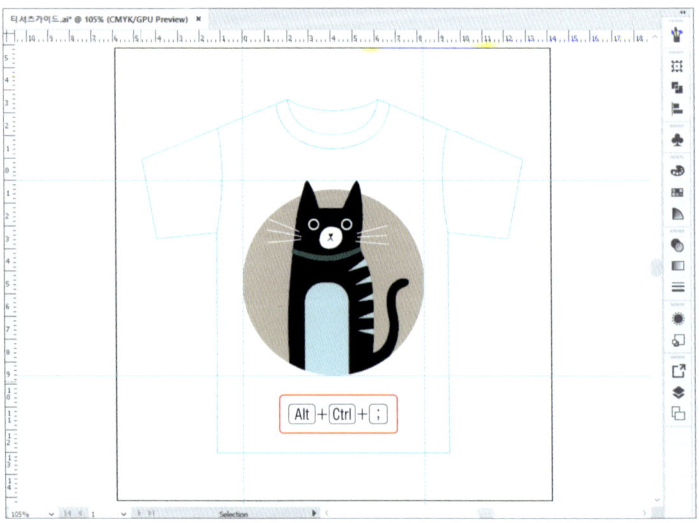

> **TIP ✧**
> 잠금 설정을 해제하려면 다시 한번 Alt+Ctrl+;를 누르거나 메뉴에서 [View] → Guides → Lock Guides를 실행합니다.

❷ 그룹 설정과 편집 모드 실행하기

〔Object〕 메뉴에는 오브젝트를 그룹으로 묶거나 잠그고 나누는 등 자유롭게 편집할 수 있는 기능이 있습니다.

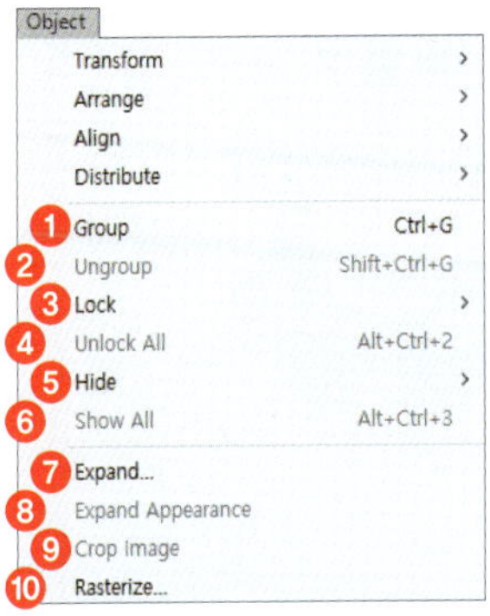

❶ **Group**(Ctrl+G) : 선택한 여러 개의 오브젝트들을 하나의 그룹으로 묶습니다.

❷ **Ungroup**(Shift+Ctrl+G) : 그룹으로 설정된 오브젝트를 해제해 각각의 오브젝트로 나눕니다.

❸ **Lock** : 선택한 오브젝트나 레이어를 편집할 수 없도록 잠급니다.

❹ **Unlock All**(Alt+Ctrl+2) : 오브젝트의 잠금 설정을 해제합니다.

❺ **Hide** : 선택한 오브젝트를 화면에서 숨깁니다.

❻ **Show All**(Alt+Ctrl+3) : 숨겨진 오브젝트들을 화면에 모두 표시합니다.

❼ **Expand** : 블렌드, 브러시, 문자, 그러데이션 등의 효과를 각각의 오브젝트로 변경합니다.

❽ **Expand Appearance** : Appearance 패널( )에 등록된 블렌드, 브러시, 문자, 그러데이션뿐만 아니라 이펙트를 적용한 오브젝트들을 분리하여 비트맵 또는 벡터 이미지로 바꿉니다.

❾ **Crop Image** : 이미지를 자릅니다.

❿ **Rasterize** : 벡터 이미지를 비트맵 이미지로 바꿉니다.

• **실습파일** : 일러스트레이터\03\그룹.ai • **완성파일** : 일러스트레이터\03\그룹_완성.ai

EASY 실습 그룹 설정하고 편집 모드에서 수정하기

여러 오브젝트를 묶어 그룹으로 설정하면 하나의 오브젝트처럼 다룰 수 있어 작업 효율을 높일 수 있습니다. 또한, 편집 모드에서는 편집 중인 오브젝트 외에는 비활성화되므로 편리하게 작업할 수 있습니다.

01 일러스트레이터 → 03 폴더에서 '그룹.ai' 파일을 불러옵니다. ❶ 선택 도구( )로 ❷ 배경을 선택하고 ❸ Shift를 누른 상태로 캐릭터 아래쪽 그림자를 선택합니다. 배경을 잠궈 고정하기 위해 ❹ 메뉴에서 〔Object〕 → Lock → Selection(Ctrl+2)을 실행합니다.

TIP 메뉴의 〔Edit〕 → Preferences → Selection & Anchor Display를 실행해 표시되는 Preferences 대화상자에서 'Select and Unlock objects on canvas'를 체크 표시하면 각각의 오브젝트 잠금 설정을 해제할 수 있습니다. 오브젝트를 클릭하면 잠금 아이콘이 표시되며, 오브젝트의 잠금 아이콘을 클릭하면 각각 잠금 설정을 해제할 수 있습니다.

02 ❶ Ctrl+A를 눌러 전체 오브젝트를 선택하면 배경과 그림자를 제외한 사슴만 선택됩니다. 선택된 오브젝트를 그룹으로 지정하기 위해 ❷ Ctrl+G를 누릅니다.

03 사슴 캐릭터가 그룹으로 지정되어 한번에 선택됩니다. 그룹 오브젝트를 수정하기 위해 사슴 캐릭터를 더블클릭해 편집 모드를 실행합니다.

04 ❶ 마술봉 도구( )를 선택하고 ❷ 몸의 갈색 부분을 클릭하여 같은 색을 모두 선택합니다. ❸ Swatches 패널( )에서 '연갈색'을 선택하면 해당 부분의 색이 변경됩니다. ❹ Esc를 눌러 편집 모드를 해제해서 작업을 마칩니다.

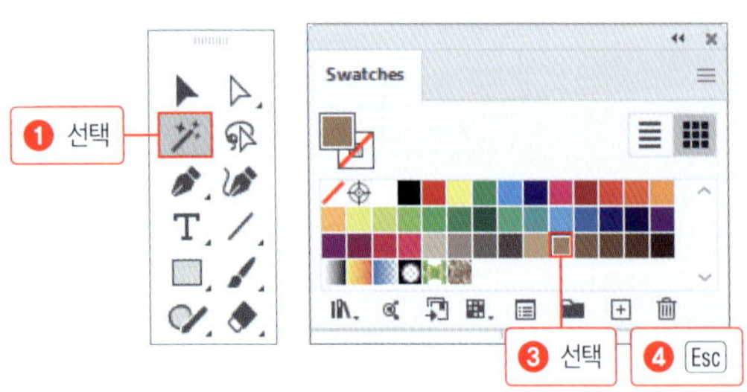

❸ 오브젝트 관리를 위한 레이어 알아보기

레이어(Layer)는 '층'의 개념으로, 일러스트레이터에서 작업할 때 Layers 패널을 보면 하나의 오브젝트마다 하위 레이어가 자동으로 만들어지는 것을 확인할 수 있습니다. 오브젝트를 개별로 분리하여 관리할 수 있는 레이어를 이용하면 간편하게 복잡한 오브젝트를 편집하거나 드로잉할 수 있어 매우 편리합니다.

메뉴에서 [Window] → Layers(F7)를 실행하면 Layers 패널(◈)이 표시되며 여기에서 레이어와 관련된 다양한 설정을 할 수 있습니다.

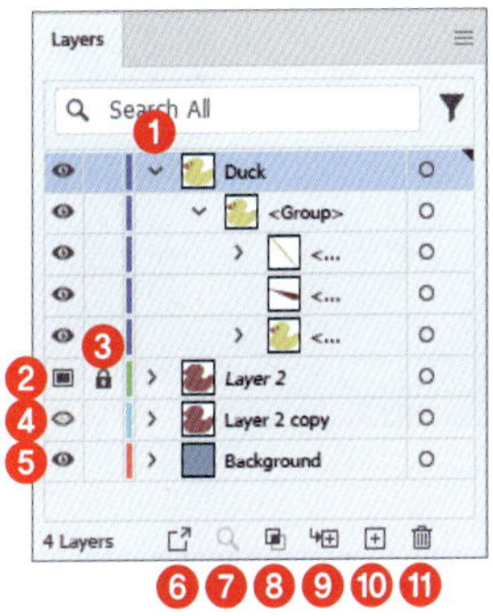

일반 일러스트

Ctrl을 누른 상태로 눈 아이콘을 클릭해 패스 형태로 표시된 일러스트

❶ **상 · 하위 레이어** : Layers 패널에서는 레이어를 분류할 수 있어 오브젝트 관리에 대한 여러 가지 기능을 제공합니다.

❷ **Template Layer** : 밑그림 레이어로, 잠겨 있어 다른 작업을 하려면 잠금 설정을 해제해야 합니다.

❸ **Toggles Lock** : 해당 레이어를 잠그거나 잠금 설정을 해제할 수 있습니다.

❹ **Toggles Visibility** : Ctrl을 누른 상태로 클릭하면 선택한 레이어의 오브젝트들이 패스 형태로 보입니다.

❺ **Toggles Visibility(눈 아이콘)** : 해당 오브젝트를 나타내거나 감출 수 있습니다.

❻ **Collect For Export** : 선택한 오브젝트를 Asset Export 패널로 간편하게 내보낼 수 있습니다.

❼ **Locate Object** : 다른 레이어에서 선택했던 오브젝트가 적용된 레이어를 찾습니다.

❽ **Make/Release Clipping Mask** : 레이어 마스크를 적용하거나 해제합니다.

❾ **Create New Sublayer** : 선택한 레이어의 하위 레이어를 만듭니다.

❿ **Create New Layer** : 새로운 레이어를 만듭니다.

⓫ **Delete Selection** : 레이어를 삭제합니다.

TIP ✦

포토샵과 일러스트레이터의 레이어 개념은 비슷하지만, 두 프로그램의 특성에 따라 사용 방식과 기능에 몇 가지 중요한 차이점이 있습니다.

❶ 포토샵에서는 레이어가 계층적으로 쌓이는 구조로, 이미지의 각 요소를 개별적으로 편집하고 조정할 수 있습니다. 레이어의 순서는 이미지의 위/아래 관계를 나타내며, 레이어 간의 블렌딩(혼합) 모드, 불투명도, 마스크 등을 활용해 복잡한 효과를 만들 수 있습니다.

❷ 일러스트레이터의 레이어는 좀 더 복잡한 구조입니다. 레이어 안에 여러 개의 서브 레이어와 오브젝트가 포함될 수 있으며, 각 오브젝트는 독립적으로 편집할 수 있습니다. 따라서 특정 오브젝트를 쉽게 선택하거나 잠글 수 있어 복잡한 벡터 작업에서 효율적으로 관리할 수 있습니나.

EASY 실습 Layers 패널에서 레이어 관리하기

무제한으로 지원되는 레이어를 이용하여 복잡한 아트워크를 묶어 간편하게 작업할 수 있습니다. 오브젝트를 쉽게 분류하고 편집할 수 있도록 레이어의 다양한 기능을 알아봅니다.

01 일러스트레이터 → 03 폴더의 '레이어.ai' 파일을 불러옵니다. 밤하늘과 함께 산이 표시됩니다.

02 Layers 패널(◈)에는 레이어 배열에 따라 오브젝트가 나타납니다. ❶ 'Layer 4' 레이어를 선택한 다음 ❷ 'Layer 3' 레이어 위로 드래그하여 이동합니다.

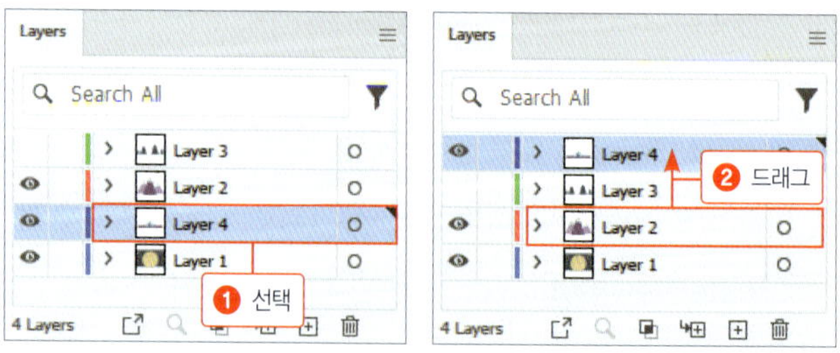

03 아트보드의 일러스트도 레이어 배열에 따라 산 앞에 텐트가 표시됩니다.

04 이번에는 가려졌던 'Layer 3' 레이어의 '눈' 아이콘(👁)을 클릭해 활성화해서 나무들을 나타냅니다.

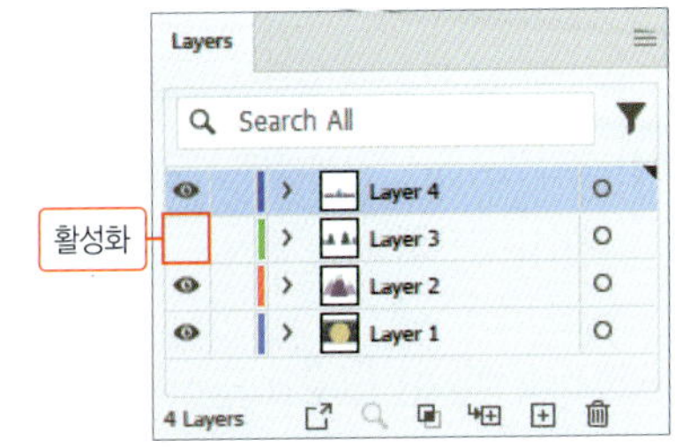

05 ❶ 'Layer 2' 레이어를 제외한 다른 레이어의 '잠금' 아이콘(🔒)을 클릭해 잠금 설정을 합니다. ❷ 선택 도구(▶)를 이용하여 아트보드를 드래그하면 산만 선택됩니다. ❸ 주변 오브젝트들의 방해 없이 자유롭게 오브젝트의 크기와 위치를 변경합니다.

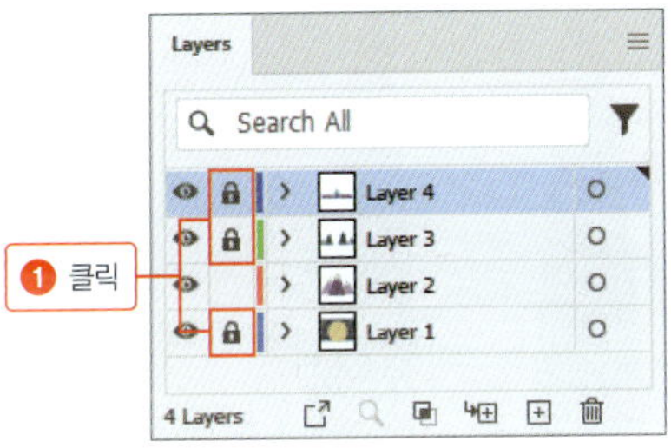

06 이처럼 Layers 패널(◈)을 제대로 활용하면 복잡한 오브젝트를 간편하게 편집하거나 드로잉할 수 있습니다.

❹ 오브젝트 배열 바꾸기

오브젝트를 선택한 상태에서 마우스 오른쪽 버튼을 클릭하거나 메뉴에서 〔Object〕 → Arrange를 실행하여 배열을 지정할 수 있습니다.

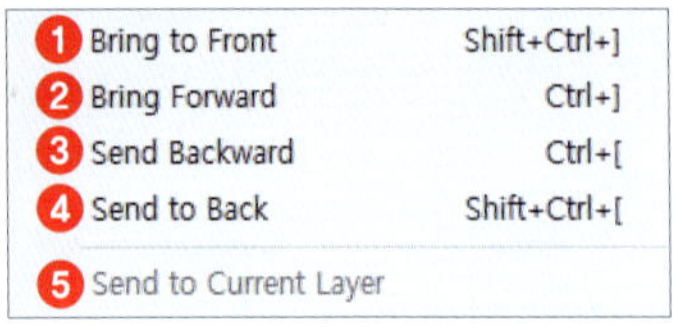

❶ **Bring to Front**(Shift+Ctrl+]) : 선택한 오브젝트를 맨 앞으로 배열합니다.

❷ **Bring Forward**(Ctrl+]) : 선택한 오브젝트를 한 단계 앞으로 배열합니다.

❸ **Send Backward**(Ctrl+[) : 선택한 오브젝트를 한 단계 뒤로 배열합니다.

❹ **Send to Back**(Shift+Ctrl+[) : 선택한 오브젝트를 맨 뒤로 배열합니다.

❺ **Send to Current Layer** : Layers 패널( )에서 이동하려는 레이어를 선택한 다음 Send to Current Layer를 실행하면 오브젝트가 선택한 레이어로 이동합니다. 선택한 오브젝트가 포함된 레이어를 선택하면 메뉴가 비활성화됩니다.

• **실습파일** : 일러스트레이터\03\자전거풍경.ai • **완성파일** : 일러스트레이터\03\자전거풍경_완성.ai

EASY 실습 오브젝트 배열 자유자재로 바꾸기

포토샵처럼 레이어를 이용하지 않아도 일러스트레이터에서 Arrange 기능과 단축키를 이용해 간편하게 오브젝트 배열 순서를 바꾸는 방법에 대해서 알아봅니다.

01 일러스트레이터 → 03 폴더에서 '자전거풍경.ai' 파일을 불러옵니다. 선택 도구( )로 나무들을 선택합니다.

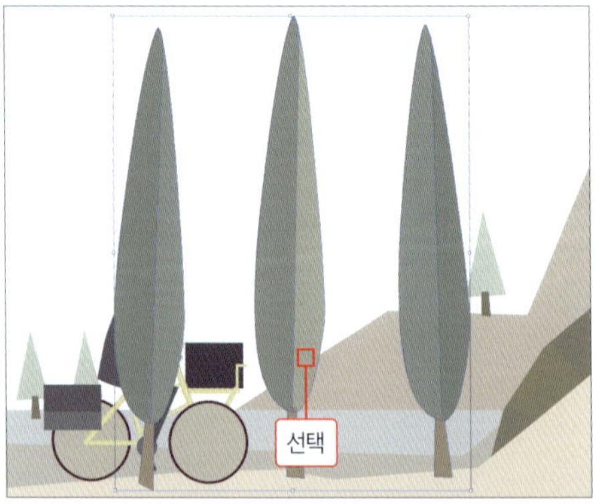

02 나무들을 자전거를 탄 사람 뒤로 보내기 위해 메뉴에서 [Object] → Arrange → Send Backward(Ctrl+[)를 실행합니다.

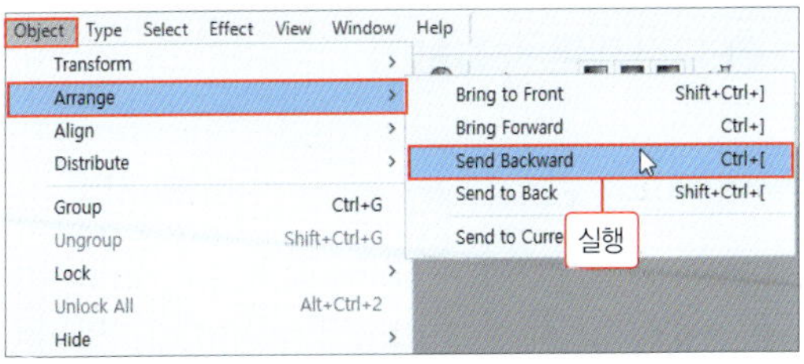

TIP
앞으로 가져오기 : Ctrl+] / 뒤로 보내기 : Ctrl+[/ 맨 앞으로 가져오기 : Shift+Ctrl+] / 맨 뒤로 보내기 : Shift+Ctrl+[

03 나무가 뒤로 가면서 자전거를 탄 사람이 나타납니다. 자전거의 노란색 철 프레임이 앞바퀴 앞으로 오도록 철 프레임과 손 오브젝트만 분리해서 맨 앞으로 배치해 보겠습니다. ❶ 사람을 선택합니다. 자전거 앞쪽 프레임과 손만 선택하기 위해 ❷ 마우스 오른쪽 버튼을 클릭하고 ❸ Ungroup(Shift+Ctrl+G)을 실행하여 그룹 설정을 해제합니다.

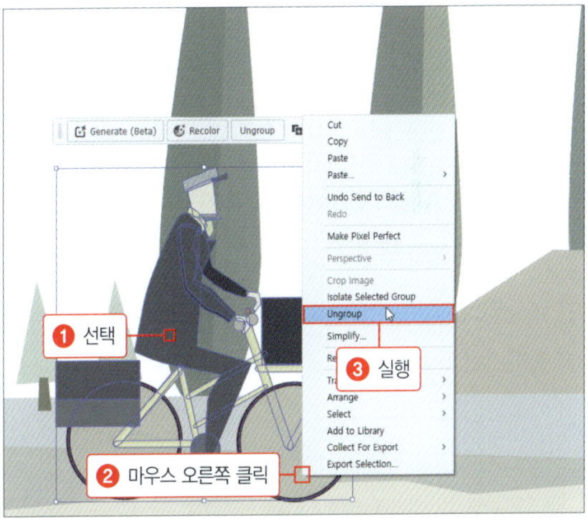

04 자전거 프레임과 손을 맨 앞으로 배치하기 위해 먼저 ❶ 자전거 앞바퀴 쪽 프레임과 손만 선택합니다. ❷ 마우스 오른쪽 버튼을 클릭한 다음 ❸ Arrange → Bring to Front(Shift+Ctrl+])를 실행합니다. 자전거를 타며 고즈넉한 길을 달리는 풍경이 연출되었습니다.

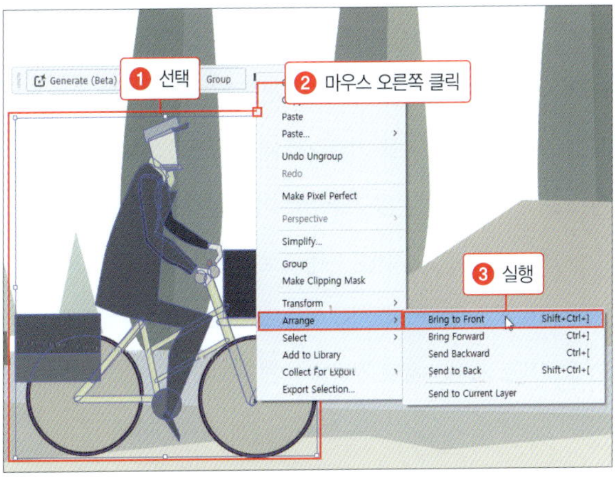

❺ 오브젝트 정렬하기

두 개 이상의 오브젝트를 선택한 다음 메뉴에서 〔Window〕 → Align(Shift+F7)을 실행하여 표시되는 Align 패널(▇)을 이용해서 오브젝트를 빠르고 정확하게 정렬할 수 있습니다. Align 패널에서 오른쪽 위 '패널 메뉴' 아이콘(☰)을 클릭하고 Show Options를 실행하면 Distribute Spacing과 Align To 항목을 표시할 수 있습니다.

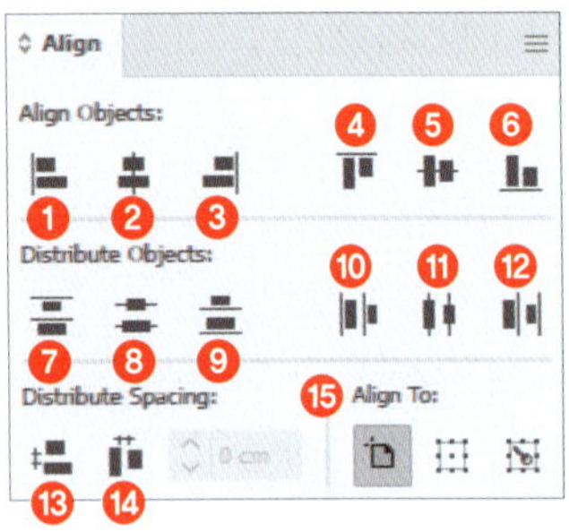

Align 패널

❶ **Horizontal Align Left(가로 왼쪽 정렬)** : 선택한 오브젝트 중 가장 왼쪽 오브젝트를 기준으로 다른 오브젝트들을 왼쪽 정렬합니다.

❷ **Horizontal Align Center(가로 가운데 정렬)** : 선택한 오브젝트들을 가로 방향 가운데에 있는 오브젝트를 기준으로 가운데 정렬합니다.

❸ **Horizontal Align Right(가로 오른쪽 정렬)** : 선택한 오브젝트 중 가장 오른쪽 오브젝트를 기준으로 다른 오브젝트들을 오른쪽 정렬합니다.

❹ **Vertical Align Top(세로 위쪽 정렬)** : 선택한 오브젝트 중 가장 위쪽에 있는 오브젝트를 기준으로 위쪽 정렬합니다.

❺ **Vertical Align Center(세로 가운데 정렬)** : 선택한 오브젝트들을 세로 방향 가운데에 있는 오브젝트를 기준으로 세로 가운데 정렬합니다.

❻ **Vertical Align Bottom(세로 아래쪽 정렬)** : 선택한 오브젝트 중 가장 아래쪽에 있는 오브젝트를 기준으로 아래쪽 정렬합니다.

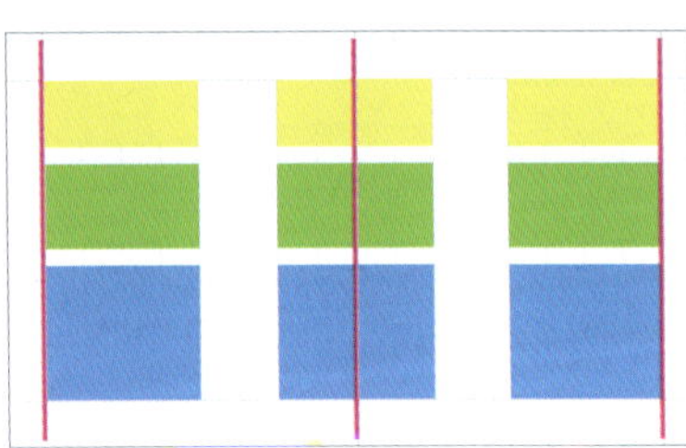
Horizontal Align Left/Center/Right

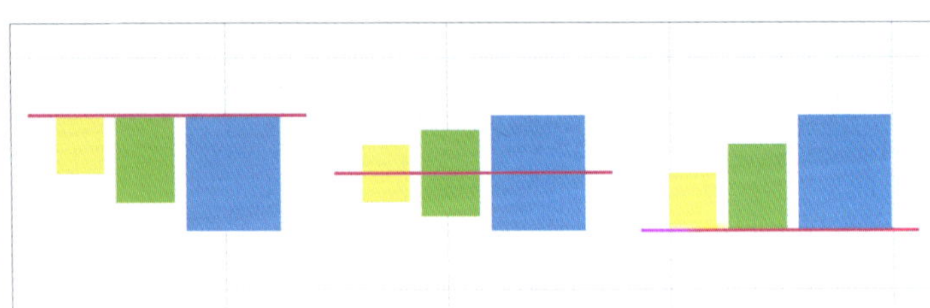
Vertical Align Top/Center/Bottom

❼ **Vertical Distribute Top(세로 위쪽 분배)** : 선택한 오브젝트 위쪽을 기준으로 세로 간격을 유지합니다.

❽ **Vertical Distribute Center(세로 가운데 분배)** : 선택한 오브젝트 가운데를 기준으로 세로 간격을 유지합니다.

❾ **Vertical Distribute Bottom(세로 아래쪽 분배)** : 선택한 오브젝트 아래쪽을 기준으로 세로 간격을 유지합니다.

❿ **Horizontal Distribute Left(가로 왼쪽 분배)** : 선택한 오브젝트 왼쪽 끝 선을 기준으로 가로 간격을 유지합니다.

⓫ **Horizontal Distribute Center(가로 가운데 분배)** : 선택한 오브젝트 가운데를 기준으로 가로 간격을 유지합니다.

⓬ **Horizontal Distribute Right(가로 오른쪽 분배)** : 선택한 오브젝트 오른쪽 끝 선을 기준으로 가로 간격을 유지합니다.

⓭ **Vertical Distribute Space(세로 간격 분배)** : 선택한 오브젝트 사이의 세로 간격을 같게 유지합니다.

⓮ **Horizontal Distribute Space(가로 간격 분배)** : 선택한 오브젝트 사이의 가로 간격을 같게 유지합니다.

⓯ **Align To** : 정렬 기준을 각각의 오브젝트나 하나의 오브젝트 또는 아트보드로 지정합니다.

EASY 실습 Align 패널을 이용하여 오브젝트 정렬하기

여러 개의 오브젝트가 있는 복잡한 아트워크에서 오브젝트를 수직 또는 수평 정렬하기 위해서는 안내선이나 눈금자 등을 활용하기 힘듭니다. 이때 Align 패널을 이용하면 정확하고 쉽게 오브젝트를 정렬할 수 있습니다.

01 일러스트레이터 → 03 폴더에서 'swim.ai' 파일을 불러옵니다. ❶ 선택 도구(▶)로 ❷ 수영 선수 전체를 드래그해 선택합니다.

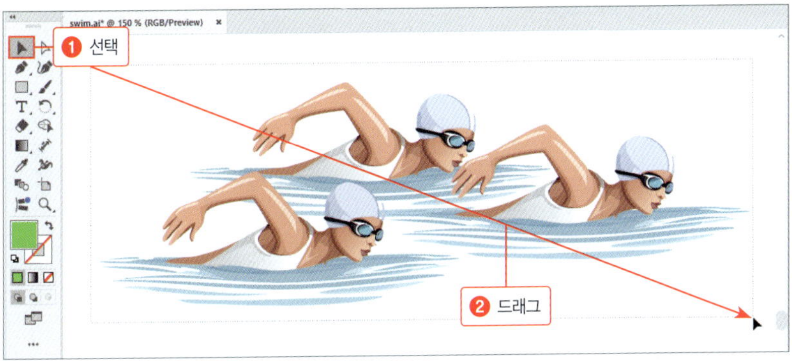

02 Align 패널에서 'Vertical Align Bottom' 아이콘(▮)을 클릭합니다. 선택한 오브젝트의 가장 아래쪽을 기준으로 일렬로 정렬됩니다.

03 수영 선수들이 선택된 채 Align 패널에서 'Holizontal Distribute Right' 아이콘(▮)을 클릭하면, 오른쪽 끝 선을 기준으로 동일한 간격으로 정렬되는 것을 확인할 수 있습니다.

• **실습파일** : 일러스트레이터\03\object on path.ai • **완성파일** : 일러스트레이터\03\object on path_완성.ai

EASY 실습 패스 위에 오브젝트 정렬하기

오브젝트를 곡선 또는 직선 경로에 부착하고 정렬한 다음 정렬을 유지한 상태에서 쉽게 재정렬하고 이동해 봅니다.

01 Ctrl+O를 누르고 일러스트레이터 → 03 폴더에서 'object on path.ai' 파일을 불러옵니다. ❶ 선택 도구(▶)로 ❷ 위쪽에 있는 7개의 행성 오브젝트를 드래그해 선택합니다. ❸ 경로 상의 오브젝트 도구()를 선택하고 ❹ 아래쪽 원형 점선 패스에 커서를 위치한 다음 커서의 모양이 도구처럼 바뀔 때 클릭합니다.

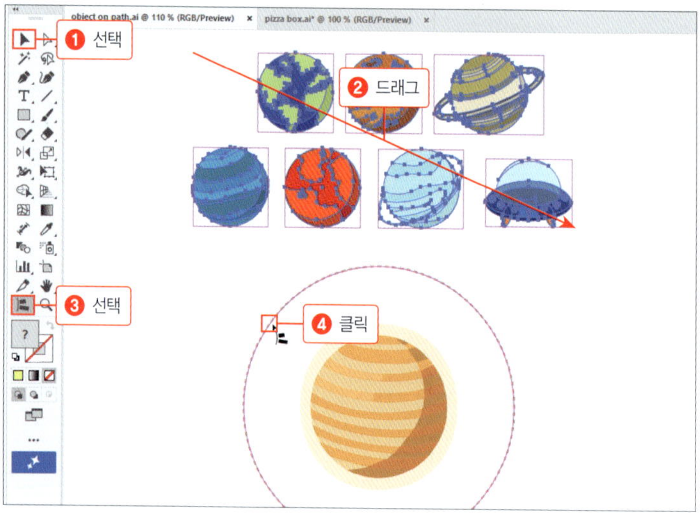

02 선택한 7개의 행성이 점선 패스에 정렬됩니다. ❶ 선택 도구(▶)로 오브젝트가 정렬된 패스를 선택합니다. ❷ 위쪽 'space' 조절점을 클릭한 다음 ❸ 드래그하면 정렬된 오브젝트의 거리가 벌어지거나 가깝게 조절할 수 있습니다.

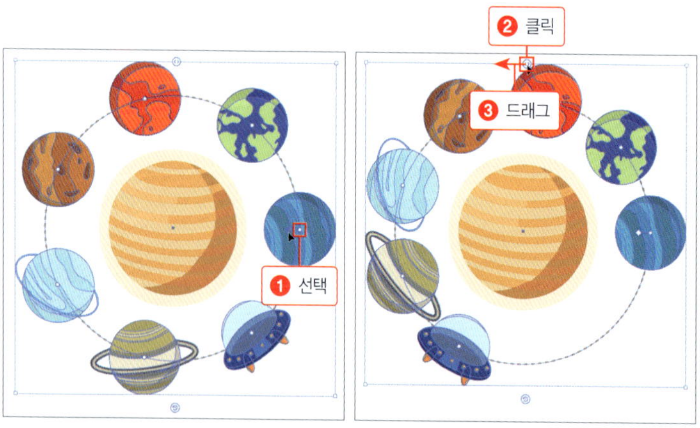

03 패스 안쪽의 'Move all' 조절점을 클릭하고 드래그하여 오브젝트 전체를 패스 기준으로 회전합니다.

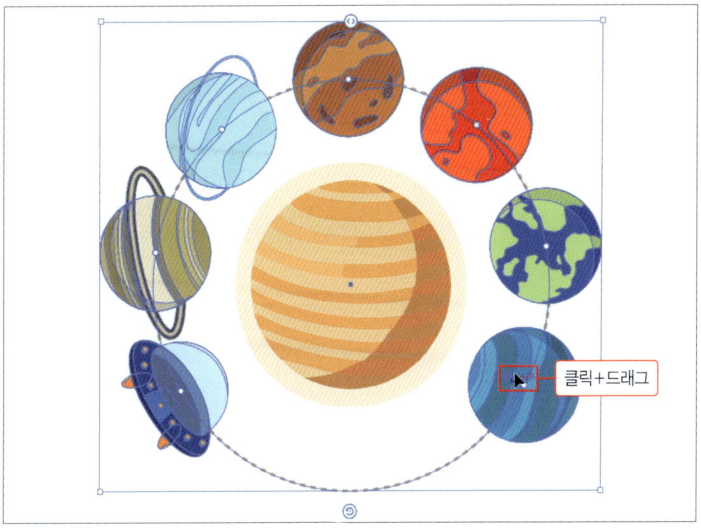

04 '비행접시' 오브젝트의 중심 조절점을 클릭하고 위쪽으로 이동하여 오브젝트의 순서를 변경합니다.

TIP ✧
각각의 오브젝트 중심 조절점으로 오브젝트의 순서를 변경할 수 있습니다.

05 패스 아래쪽의 'Rotate All' 조절점을 드래그하여 개별 오브젝트를 회전해서 마무리합니다.

❻ 오브젝트 변형하기

Transform 명령을 이용해 오브젝트 변형하기

오브젝트를 선택하고 메뉴에서 [Object] → Transform을 실행하거나 마우스 오른쪽 버튼을 클릭하여 표시되는 메뉴에서 이동, 회전, 반전, 크기 조절, 기울이기 등 오브젝트 변형에 관한 명령을 실행할 수 있습니다.

꽃잎을 반전시켜 완성한 꽃

❶ **Transform Again(Ctrl+D)** : 이전에 실행한 변형 명령을 다시 실행합니다. 단축키를 눌러 간편하게 반복 작업을 실행할 수도 있습니다.

❷ **Move(Shift+Ctrl+M)** : Move 대화상자가 표시되어 수치를 입력해서 오브젝트를 원하는 위치로 이동할 수 있습니다.

❸ **Rotate** : Rotate 대화상자에서 정확한 회전 각도를 입력할 수 있으며, 회전 도구( )와 기능이 같습니다. 회전 도구를 더블클릭해도 Rotate 대화상자가 표시됩니다.

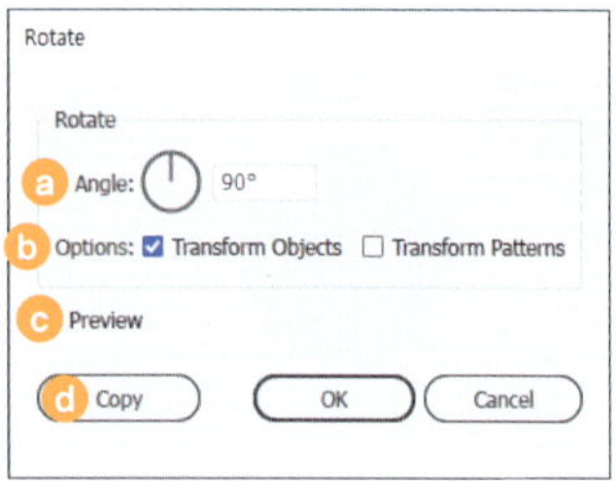

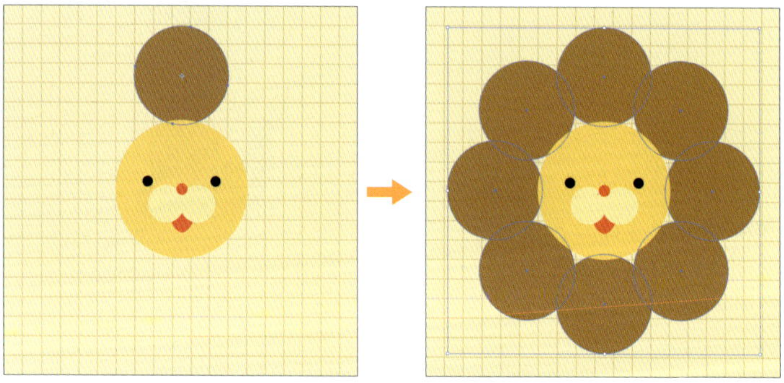

원을 회전 및 복제하여 완성한 캐릭터

ⓐ **Angle** : 회전 각도를 설정합니다. –(음수)를 설정하면 시계 방향으로 회전합니다.

ⓑ **Options** : 오브젝트나 패턴의 회전 여부를 지정합니다.

ⓒ **Preview** : 작업 화면에서 회전한 오브젝트를 미리 보여 줍니다.

ⓓ **Copy** : 회전한 다음 복제합니다. 일정한 각도로 복제하는 작업을 할 때 편리합니다.

❹ **Reflect** : 오브젝트를 일정한 각도만큼 반전하여 대칭합니다.

❺ **Transform Each(Alt+Shift+Ctrl+D)** : 오브젝트 크기 조절, 이동, 회전 등 여러 작업에 관한 수치를 한 번에 입력할 수 있는 Transform Each 대화상자가 표시됩니다.

❻ **Reset Bounding Box** : 오브젝트를 변형했을 때 함께 변형된 바운딩 박스를 다시 지정합니다.

Transform 패널 살펴보기

Transform 패널( )은 오브젝트나 경로를 정확하게 변형하고 배치하는 데 사용하는 중요한 도구입니다. 이 패널을 통해 선택한 오브젝트의 위치, 크기, 회전, 왜곡 등 다양한 변형 작업을 세밀하게 조정할 수 있습니다. Transform 패널을 이용하면 수치 또는 수학적 계산을 활용하여 오브젝트를 변형할 수 있습니다. Control 패널의 'Transform'을 클릭해도 해당 패널을 표시할 수 있습니다.

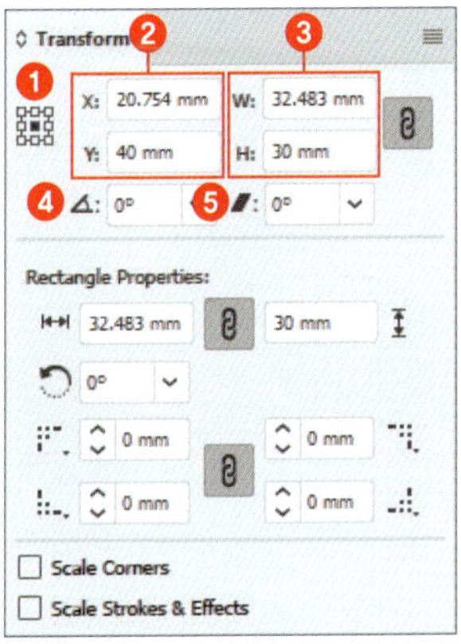

❶ **기준점** : 변형 작업을 위한 기준점을 지정합니다.

❷ **X, Y** : 오브젝트의 좌표를 표시하고 직접 좌표를 입력해 이동할 수 있습니다.

❸ **W, H** : 오브젝트의 크기를 표시하고 직접 크기를 입력해 확대/축소할 수 있습니다.

❹ **Rotate** : 각도에 따라 회전합니다.

❺ **Shear** : 각도에 따라 기울입니다.

TIP

Transform 패널은 메뉴에서 [Window] → Transform(Shift+F8)을 실행하여 표시합니다. W/H 오른쪽 'Constrain Width and Height Proportions' 아이콘( )을 클릭하면 비율대로 크기를 조절할 수 있습니다.

Scale 명령과 크기 조절 도구 알아보기

Scale 명령은 오브젝트 크기를 조절하며, 크기 조절 도구( )와 기능이 같습니다. 메뉴에서 [Object] → Transform → Scale을 실행하거나 크기 조절 도구를 더블클릭하면 수치를 입력해 정확하게 확대 또는 축소할 수 있는 Scale 대화상자가 표시됩니다.

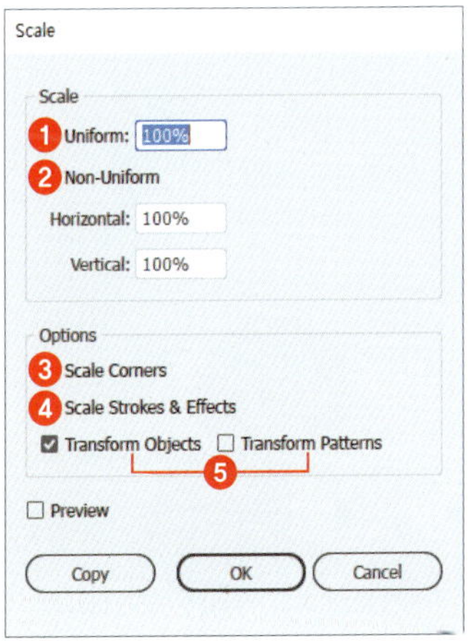

❶ **Uniform** : 오브젝트 가로/세로 비율을 일정하게 유지한 상태로 크기를 조절합니다.

❷ **Non-Uniform** : 오브젝트 가로/세로 비율을 다르게 설정한 상태로 크기를 조절합니다.

❸ **Scale Corners** : 모서리의 크기를 조절합니다.

❹ **Scale Strokes & Effects** : 크기가 확대 또는 축소될 때 선 굵기도 같은 비율로 조절됩니다.

❺ **Transform Objects/Patterns** : 오브젝트, 패턴 크기를 따로 또는 같이 조절합니다.

Quick 활용 회전, 복제, 이동 기능으로 캐릭터 만들기

정확한 각도의 규칙적인 회전과 더불어 복제, 이동 기능을 활용하여 귀여운 아기 사자 캐릭터를 완성합니다.

01 일러스트레이터 → 03 폴더의 '아기사자.ai' 파일을 불러옵니다. ❶ 선택 도구(▶)를 선택하고 ❷ 갈색 원 오브젝트를 선택한 다음 ❸ 회전 도구(⟲)를 선택합니다. 갈색 원에 나타난 회전축을 캐릭터 얼굴 가운데로 이동하기 위해 ❹ 코 부분을 클릭합니다. ❺ Shift를 누른 상태에서 갈색 원을 오른쪽으로 드래그합니다. 변경된 회전축을 기준으로 갈색 원이 45° 회전되어 이동합니다.

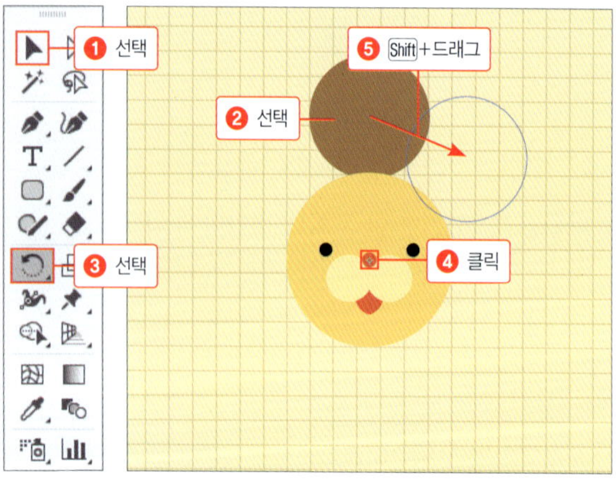

02 Shift+Alt를 누른 상태에서 아래로 드래그합니다. 오브젝트가 복제되면서 45° 회전합니다.

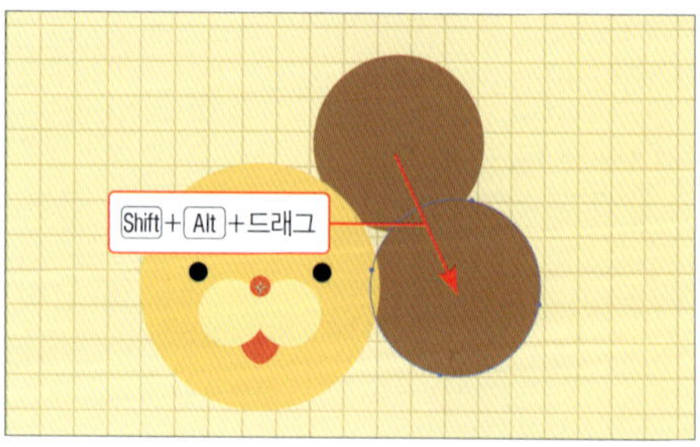

TIP ✧
Shift를 누른 상태로 드래그하면 45° 단위로 정확하게 회전할 수 있습니다. 이때 Alt를 누른 상태로 드래그하면 오브젝트가 복제 및 회전합니다.

03 연속으로 Ctrl+D를 6번 누릅니다. 회전된 각도로 오브젝트가 6개 더 복제되어 아기 사자 캐릭터의 갈기가 표현됩니다.

> **TIP**
> Ctrl+D를 누르면 이전에 실행한 복제나 이동 등의 간단한 작업이 반복됩니다. 이 단축키를 적절히 이용하면 규칙적인 패턴이나 그림을 만들 때 유용합니다.

04 ❶ 선택 도구(▶)로 캐릭터를 드래그하여 전체 선택합니다. ❷ Shift를 누른 상태로 사자 얼굴을 선택합니다. 사자 얼굴만 선택이 해제되면서 복제된 갈색 오브젝트들이 선택됩니다.

05 회전 도구( )를 더블클릭합니다. Rotate 대화상자가 표시되면 ❶ Angle을 '23°'로 설정한 다음 ❷ 〈OK〉 버튼을 클릭합니다. 아기 사자 캐릭터의 갈색 갈기 오브젝트들이 회전축을 기준으로 23° 회전합니다. 회전 도구를 이용하여 간단하게 아기 사자 캐릭터가 완성되었습니다.

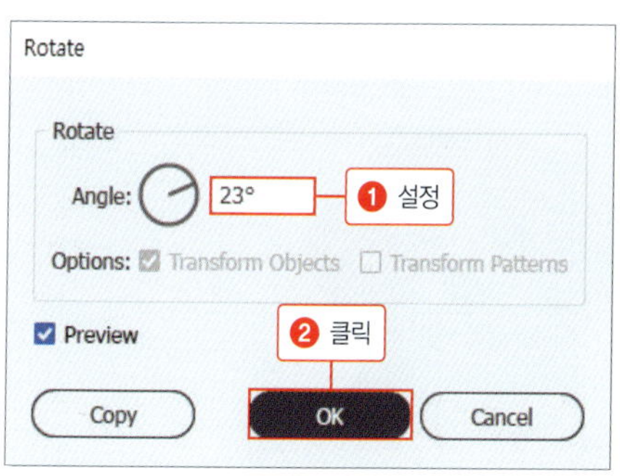

> **TIP**
> Rotate 대화상자에서 Angle의 수치를 설정할 때 '–'를 입력하면 시계 방향으로 회전하고, '+'를 입력하면 시계 반대 방향으로 회전합니다.

EASY 실습 수치대로 크기 조절하기

벡터 이미지는 확대 또는 축소해도 깨지지 않는 특성이 있습니다. Transform 패널, 크기 조절 도구, Scale 대화상자 등을 이용해서 다양한 방법으로 크기를 조절해 봅니다.

01 일러스트레이터 → 03 폴더에서 'dog.ai' 파일을 불러옵니다. ❶ 선택 도구(▶)로 강아지 캐릭터를 선택하고 ❷ 크기 조절 도구(⧉)를 더블클릭합니다.

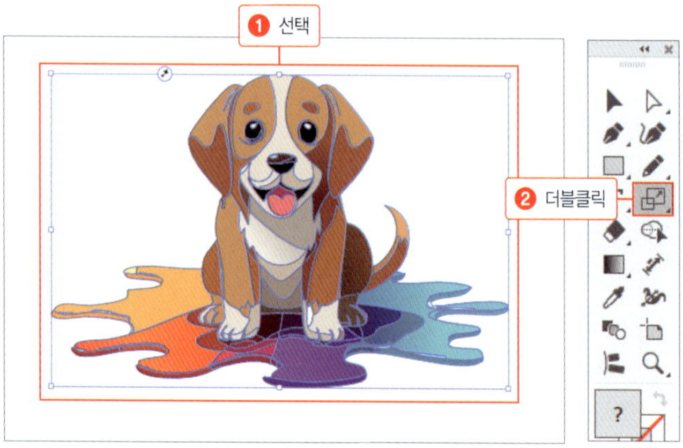

02 Scale 대화상자가 표시되면 ❶ Uniform을 '70%'로 설정한 다음 ❷ 〈OK〉 버튼을 클릭합니다. 강아지 캐릭터가 입력한 수치의 비율만큼 축소됩니다.

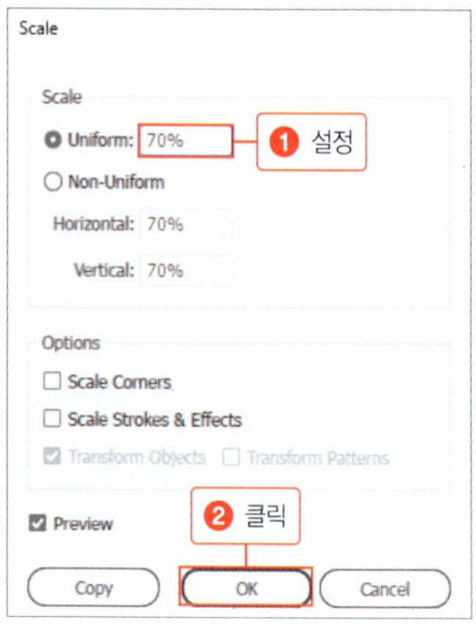

03 ❶ Transform 패널(⌗)의 'Constrain Width and Height Proportions' 아이콘(🔗)을 클릭하여 활성화해서 W(가로)와 H(세로) 비율을 고정합니다. ❷ W를 '600px'로 설정한 다음 ❸ Enter를 누릅니다. 강아지 캐릭터가 가로, 세로 비율을 유지하면서 확대되었습니다.

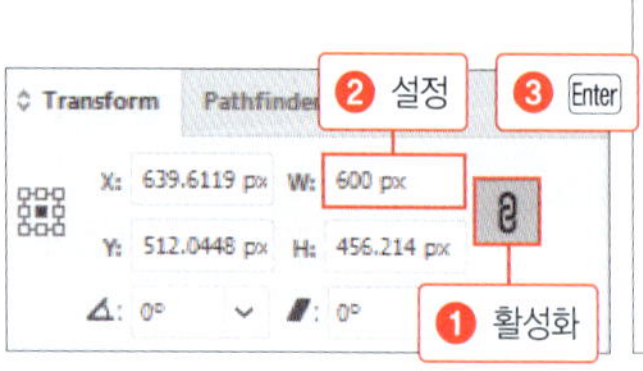

EASY 실습 오브젝트 기울이기

기울이기 도구와 Transform 패널을 이용해 드래그 방식과 수치 입력 방법으로 우주선을 변형해 봅니다.

01 일러스트레이터 → 03 폴더에서 'space.ai' 파일을 불러옵니다. ❶ 오브젝트를 선택한 다음 ❷ 기울이기 도구( )를 선택합니다. ❸ 오브젝트에 드래그하면 중심점에 고정된 상태로 기울어지는 것을 확인할 수 있습니다.

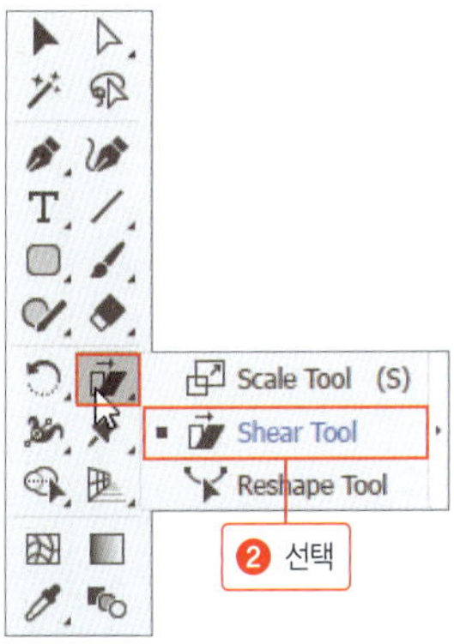

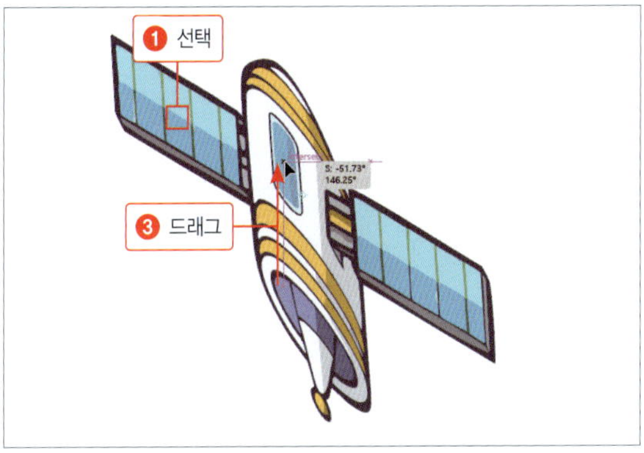

02 ❶ Ctrl+Z를 눌러 원래대로 되돌립니다. ❷ Transform 패널( )에서 Shear(기울어지는 각도)를 '–45'로 설정합니다.

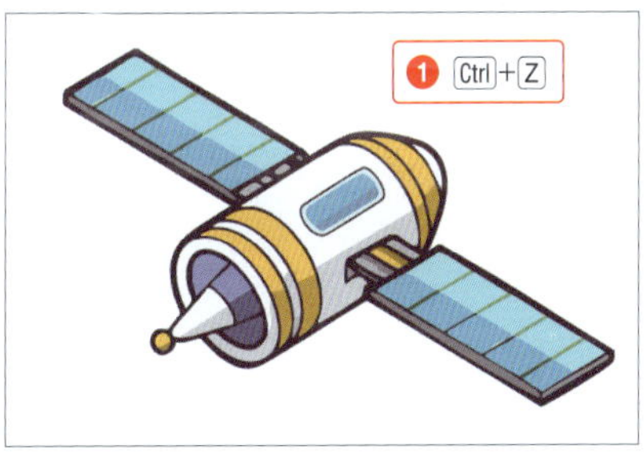

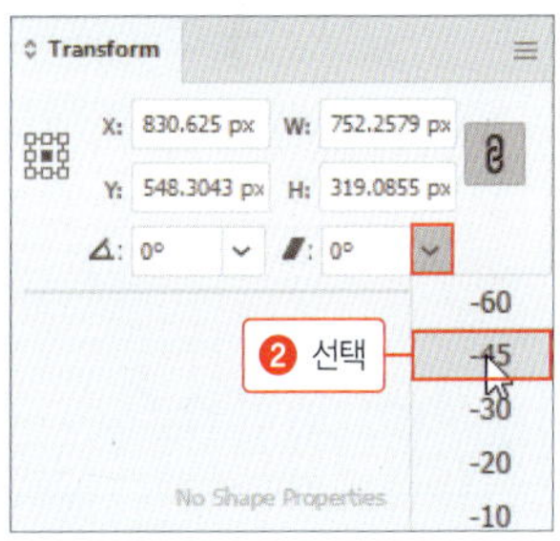

03 중심점을 기준으로 설정한 각도만큼 오브젝트가 기울어집니다.

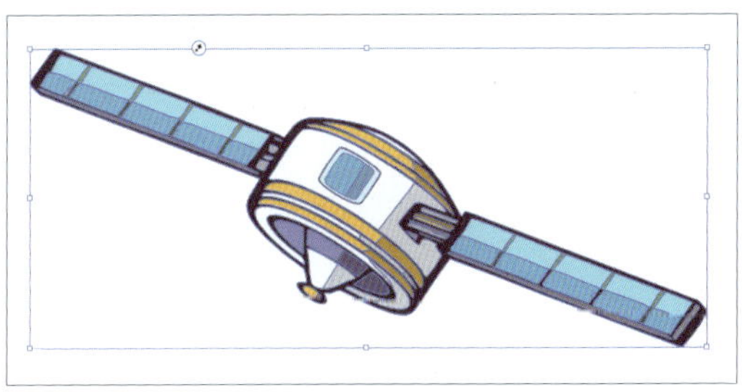

Part 04

문자 입력과 완성도를 높이는 테크닉 업그레이드

Adobe Firefly 〈 20/26 〉

Character | Pathfinder | Clipping Mask

PHOTOSHOP
&ILLUSTRATOR CC 2026

CC/26
2026
ILLUSTRATOR
Generate

Ai

LESSON 08 직관적인 타이포그래피 디자인

• **실습파일** : 일러스트레이터\04\메모지.ai • **완성파일** : 일러스트레이터\04\메모지_완성.ai

EASY 실습 문자 입력하기

문자 도구를 선택하고 원하는 부분에 클릭하여 문자를 입력하거나 드래그해서 글상자를 만들어 문자를 입력해 봅니다.

01 일러스트레이터 → 04 폴더에서 '메모지.ai' 파일을 불러옵니다. 메모지 배경이 나타납니다. ❶ T를 눌러 문자 도구(T)를 선택한 다음 ❷ 메모지에서 문자를 입력하고 싶은 부분에 클릭합니다. ❸ 문구를 입력하고 ❹ 선택합니다.

TIP
문자 도구를 선택하고 아트보드를 클릭 또는 드래그하면 'Lorem ipsum'과 같은 임의의 문구가 표시됩니다. 문구가 블록으로 지정된 상태에서 문자를 입력하면 입력된 문구가 지워지면서 입력됩니다.

02 ❶ Control 패널에서 'Character'를 클릭합니다. ❷ Character 패널(A)이 표시되면 글꼴을 '여기어때 잘난체', ❸ 글자 크기를 '90pt'로 지정하여 확대합니다. ❹ 세로 비율을 '95%'로 지정하여 완성합니다.

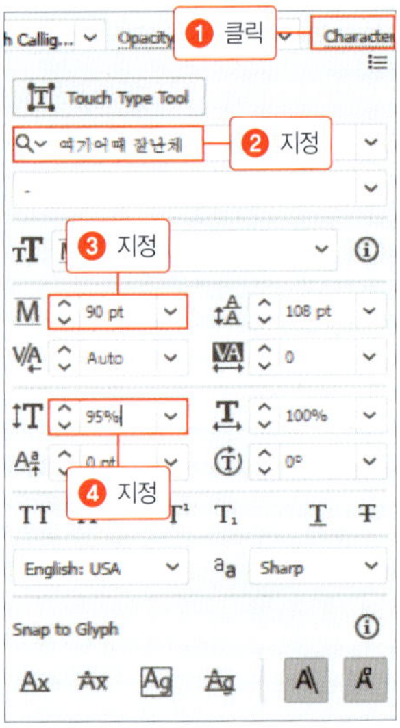

TIP

❶ 문자 도구(Type Tool, T) : 일반적인 가로형 문자를 입력할 때 이용합니다. 아트보드에 클릭해 문자를 입력할 수 있고 드래그해서 글상자를 만든 다음 문장을 입력할 수도 있습니다.

❷ 영역 문자 도구(Area Type Tool,) : 영역 안에 문자를 입력할 때 이용합니다. 펜 도구()나 도형 도구 등을 이용해 글상자 형태를 만든 다음 영역 문자 도구를 선택하고 오브젝트를 클릭하면 영역 안에 문자를 입력할 수 있습니다. 펜 도구나 연필 도구(), 모양 도구 등을 이용하여 닫혀 있거나 열린 패스의 오브젝트를 만든 다음 영역 안에 가로로 문자를 입력할 수도 있습니다.

❸ 패스 문자 도구(Type on a Path Tool,) : 패스선에 따라 문자를 입력할 수 있는 도구로, 자유로운 형태의 문자를 입력할 수 있습니다. 패스선 안과 바깥 중 자유롭게 위치를 지정해 문자를 입력할 수도 있습니다.

❹ 세로 문자 도구(Vertical Type Tool,) : 세로 방향으로 문자를 입력할 수 있습니다. 세로 문자는 주로 일본 등의 아시아 지역에서 이용합니다.

❺ 세로 영역 문자 도구(Vertical Area Type Tool,) : 영역 문자 도구와 마찬가지로 영역 안에 세로 문자를 입력할 때 이용합니다.

❻ 세로 패스 문자 도구(Vertical Type on a Path Tool,) : 패스선을 따라 문자를 세로 방향으로 입력할 수 있습니다.

EASY 실습 오브젝트 형태대로 문자 입력하기

패스 영역을 만들고 문자 영역 도구를 이용하여 영역 안에 문자를 입력해 봅니다.

01 일러스트레이터 → 04 폴더에서 '노트.ai' 파일을 불러옵니다. ❶ 펜 도구(✎)를 선택하고 ❷ 노트 안쪽에 클릭해 문자를 입력하려는 형태의 오브젝트를 그립니다.

> **TIP ✧**
> 오브젝트를 클릭해 문자 입력 형태로 변경하기 때문에 오브젝트의 면과 선 색은 상관없습니다.

02 ❶ 영역 문자 도구(T)를 선택합니다. ❷ 직접 그린 오브젝트의 패스선을 클릭하여 문자를 입력할 수 있는 상태로 바꿉니다.

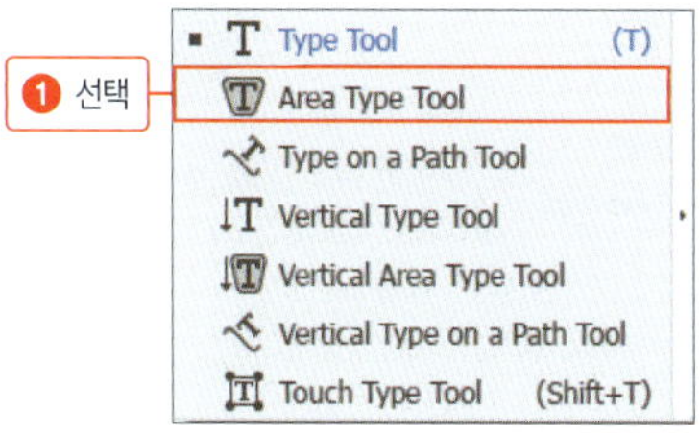

03 ❶ 작성하고 싶은 문장을 입력합니다. ❷ 문장을 선택하고 ❸ Character 패널(A)에서 글꼴을 '배달의민족 주아', 글자 크기를 '42pt', 행간을 '60pt'로 지정하여 작업을 마칩니다.

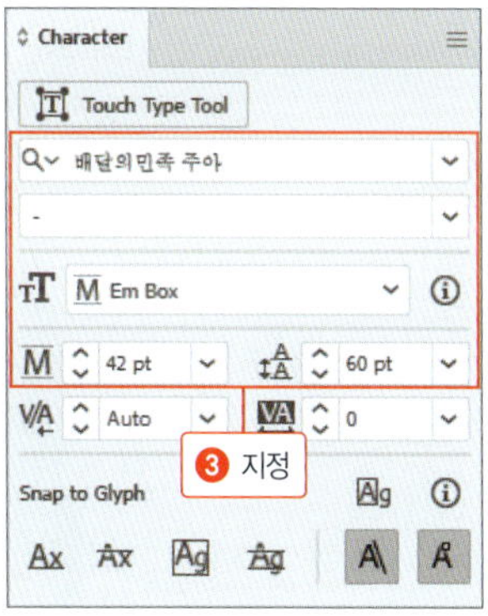

> **TIP ✧**
> 세로 영역 문자 도구도 영역 문자 도구와 마찬가지로 같은 방법으로 영역 안에 세로 문자를 입력할 수 있습니다.

EASY 실습 패스를 따라 흐르는 문자 입력하기

펜 도구로 만든 패스선에 패스 문자 도구를 이용해서 자유로운 형태로 문자를 입력해 봅니다.

01 일러스트레이터 → 04 폴더에서 'rocket.ai' 파일을 불러옵니다. ❶ P를 눌러 펜 도구( )를 선택하고 ❷, ❸ 타원 형태를 따라 그림과 같이 패스를 그립니다.

02 ❶ 패스 문자 도구( )를 선택하고 ❷ 패스 왼쪽을 클릭합니다. 그림과 같이 문자를 입력하면 패스 형태대로 문자가 흐르듯이 입력됩니다.

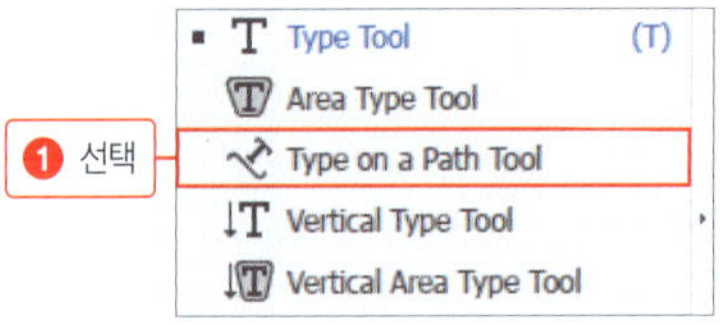

왜?
문구가 모두 나타나지 않고 패스선 끝에 빨간색 + 표시가 나타나는 것은 문구가 패스선보다 길기 때문입니다. 이때 글자 크기를 줄이거나 글자 수를 줄여 조절할 수 있습니다.

03 ❶ 문자를 드래그해 블럭으로 지정한 다음 ❷ Character 패널( )에서 글꼴을 'Ultra Regular', 글자 크기를 '60pt'로 지정합니다. 패스를 따라 흐르는 문자가 완성되었습니다.

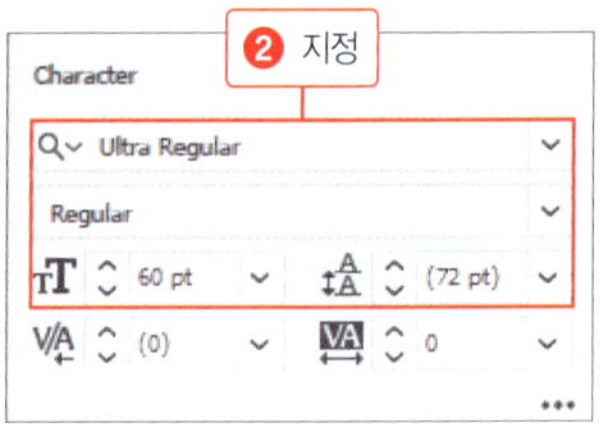

EASY 실습 자유자재로 문자 흩트리기

단어 또는 문장에서 원하는 문자를 하나씩 선택하여 위치 이동이나 회전, 크기 조절을 할 수 있습니다. 터치 문자 도구를 이용해 정렬된 문자를 흩트려 봅니다.

01 일러스트레이터 → 04 폴더의 'bowl.ai' 파일을 불러옵니다. ❶ 문자 도구(T)를 선택한 다음 ❷ Character 패널(A)에서 글꼴을 'Sutro Black initials', 글자 크기를 '95pt'로 지정하고 ❸ 'SUPER BOWL'을 입력합니다.

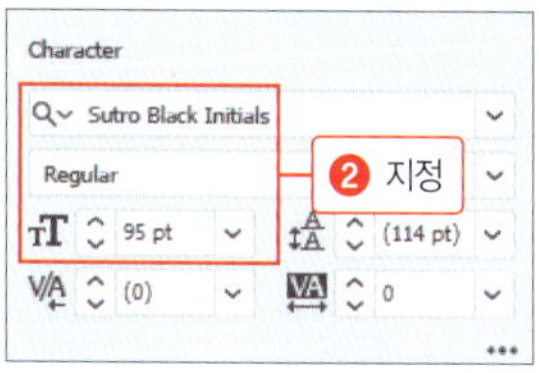

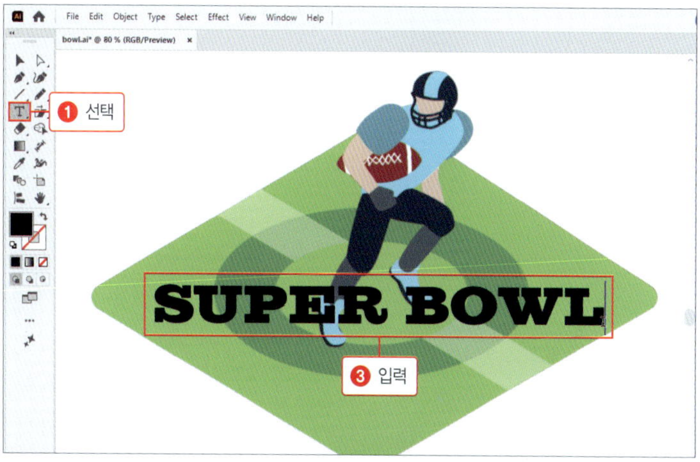

02 ❶ 터치 문자 도구(![])를 선택한 다음 ❷ 'S' 자를 선택하고 위로 드래그하여 이동합니다.

TIP Tools 패널에 터치 문자 도구가 없다면 Tools 패널의 'Edit Toolbar' 아이콘(…)을 클릭한 다음 터치 문자 도구를 선택하거나 Tools 패널로 드래그하여 사용합니다.

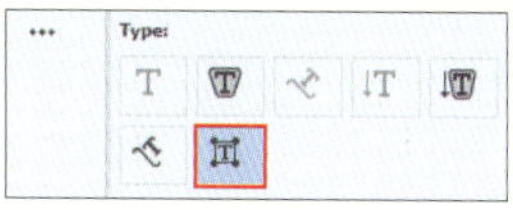

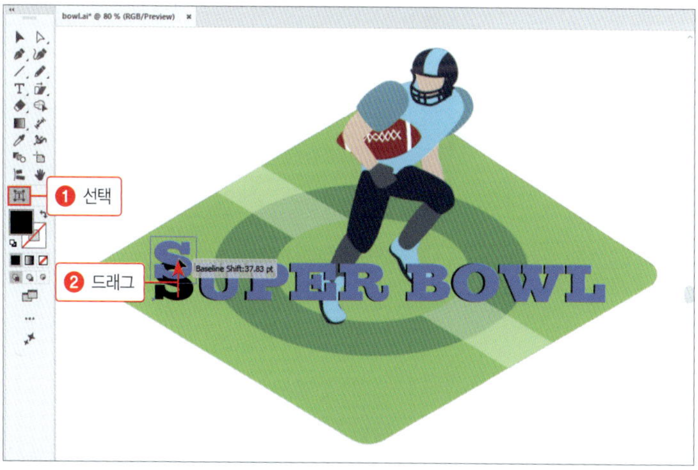

03 문자에서 'S' 자만 위로 이동된 것을 확인할 수 있습니다. 같은 방법으로 'B' 자를 아래로 드래그합니다.

04 'U' 자를 선택한 다음 문자 위의 기준점을 드래그하여 시계 방향으로 회전합니다.

TIP

드래그하는 정도에 따라 선택된 문자만 회전됩니다.

05 특정 문자만 드래그하는 방식으로 회전과 이동하여 정렬된 문자를 흩트려 문자 형태를 변경합니다.

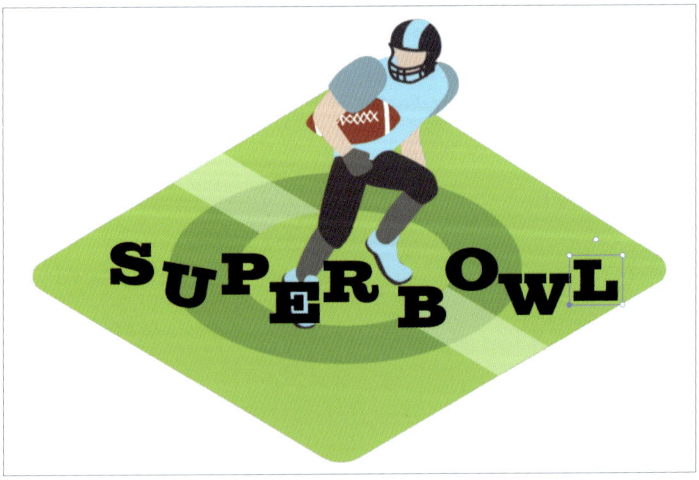

EASY 실습 문자를 오브젝트로 변환해 편집하기

문자를 오브젝트로 변환하면 쉽게 변형할 수 있고, 문자에 패턴 또는 그러데이션을 채우거나 마스크를 적용할 수도 있습니다. 또한, 버전에 상관없으며 글꼴 유실 없이 작업물을 공유할 수 있어 매우 편리합니다. 문자에 Create Outlines 기능을 적용하여 벡터 오브젝트로 변환해서 자유롭게 편집해 봅니다.

01 일러스트레이터 → 04 폴더에서 'playing.ai' 파일을 불러옵니다. ❶ 네온사인처럼 표현하기 위해 형광색 계열로 'Electric Music'을 입력합니다. ❷ Character 패널(A)에서 글꼴을 'Segoe Script', 글자 크기를 '120pt'로 지정합니다.

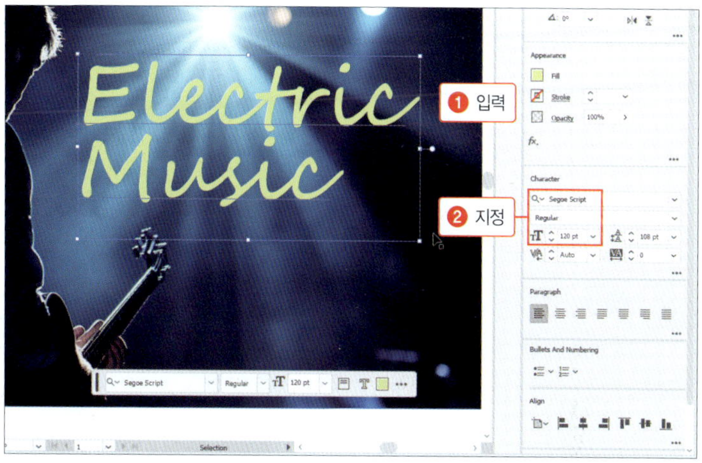

02 ❶ 문자를 선택한 상태로 마우스 오른쪽 버튼을 클릭한 다음 ❷ Create Outlines(Shift+Ctrl+O)를 실행하면 문자가 오브젝트로 변경됩니다. ❸ 문자를 복사하기 위하여 Ctrl+C를 누릅니다.

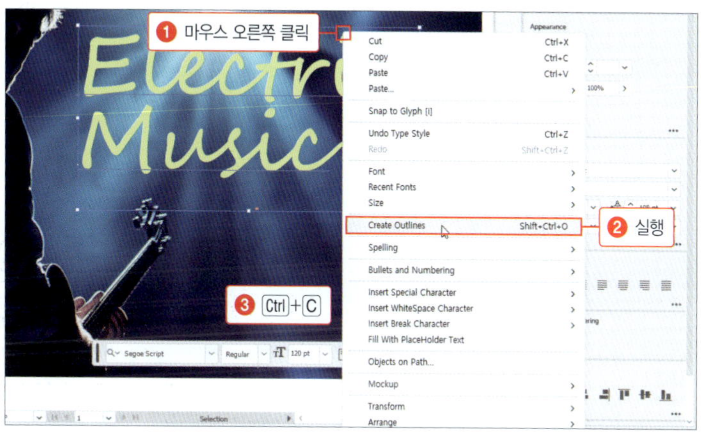

03 원본 문자를 선택하고 메뉴에서 [Effect] → Blur → Gaussian Blur를 실행합니다.

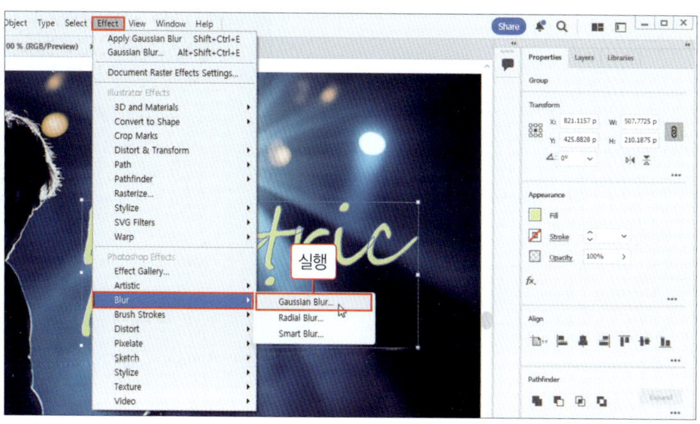

> **TIP**
> Gaussian Blur는 포커스를 강조하기 위해, 특정 오브젝트나 텍스트를 돋보이게 만들 때 배경을 흐리게 할 수 있습니다. 빛의 퍼짐을 표현하거나, 조명이 들어오는 효과를 낼 때 활용하면 부드러운 빛의 효과를 줄 수 있습니다.

04 Gaussian Blur 대화상자가 표시되면 ❶ Radius를 '9pixels'로 설정하고 ❷ 〈OK〉 버튼을 클릭합니다.

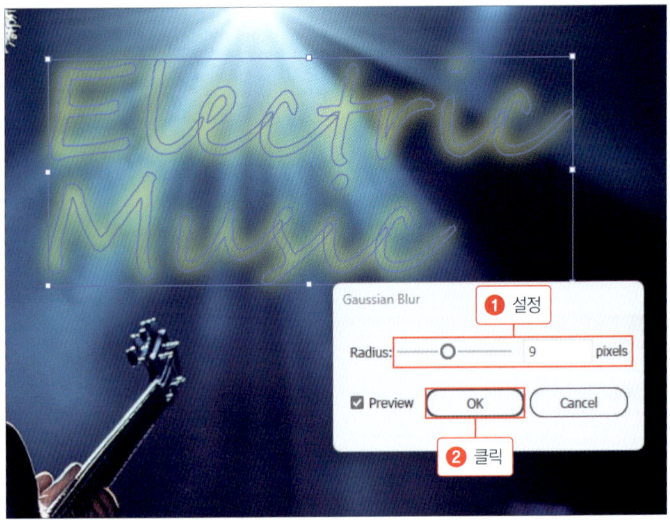

05 ❶ Ctrl+V를 눌러 복사했던 문자를 붙여넣고 ❷ 선택 도구(▶)로 복제된 문자를 블러가 적용된 문자 위로 이동합니다.

06 블러 효과가 적용된 문자 이미지가 완성되었습니다.

❶ 문자 스타일 설정하기

Character 패널(A)에서는 문자 속성을 세부적으로 설정할 수 있습니다. Character 패널을 표시하려면 메뉴에서 〔Window〕 → Type → Character(Ctrl+T)를 실행하거나 문자 도구(T)가 선택된 상태로 Control 패널에서 'Character'를 클릭합니다.

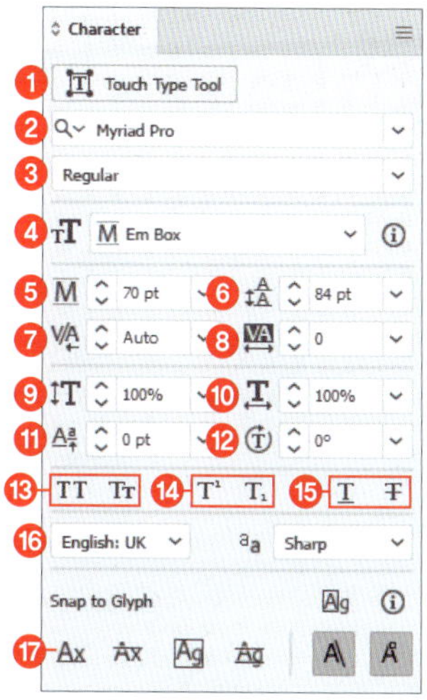

❶ **Touch Type Tool** : 문자를 하나씩 개별 선택하여 편집할 수 있습니다.

❷ **글꼴(Font)** : 시스템에 설치된 글꼴을 지정할 수 있습니다. 또한 글꼴을 직접 입력하여 검색할 수 있습니다.

❸ **글꼴 스타일(Style)** : 스타일이 지원되는 글꼴에서 Light(얇은), Regular(보통), Italic(이탤릭), Bold(굵은) 등의 스타일을 지정할 수 있습니다.

❹ **글꼴 높이 변경(Set font height reference)** : 글꼴의 높이를 기준으로 문자의 크기나 위치를 조정할 때 사용합니다.

❺ **글자 크기(Font Size)** : 글자 크기를 조절합니다. 단위는 pt이며 글꼴마다 1pt당 크기가 서로 다릅니다.

❻ **행간(Leading)** : 문자 간의 줄 간격인 행간을 조절합니다. 보통 'Auto'로 지정되어 있지만, 수치를 설정할 수도 있습니다.

❼ **두 글자 사이 자간(Kerning)** : 두 개의 글자 사이 자간을 조절합니다. 보통 'Auto'로 지정되어 있으며, 조절하고 싶은 글자 사이를 클릭하여 수치를 입력할 수 있습니다. 특히 알파벳은 글자마다 자간이 고르지 않기 때문에 다르게 설정해야 가독성이 떨어지지 않습니다. 수치가 -(음수)면 자간이 가까워지고, +(양수)면 자간이 멀어집니다.

❽ **선택 글자 사이 자간(Tracking)** : 자간을 조절하고 싶은 글자 영역을 드래그하여 같은 수치로 자간을 설정할 수 있습니다. -(음수)면 자간이 가까워지고 +(양수)면 자간이 멀어집니다.

❾ **세로 비율(Vertical Scale)** : 문자의 세로 비율을 조절합니다. 수치가 클수록 문자의 높이가 길어지고, 작을수록 높이가 짧아집니다.

❿ **가로 비율(Horizontal Scale)** : 문자의 가로 비율을 조절합니다. 수치가 클수록 문자 폭이 넓어지고, 수치가 작을수록 폭이 좁아집니다.

⓫ **기준선(Baseline Shift)** : 원하는 글자를 드래그해 선택해서 기준선을 중심으로 가로쓰기일 때 +(양수)면 기준선 위쪽, -(음수)면 기준선 아래쪽에 글자가 위치합니다. 세로쓰기라면 양쪽으로 이동할 수 있습니다.

⓬ **문자 회전(Character Rotation)** : 원하는 글자를 드래그하여 선택한 다음 각도를 입력하여 문자를 회전할 수 있습니다.

⓭ **All Caps, Small Caps** : 모두 대문자 또는 소문자로 바꿀 수 있습니다.

⓮ **Superscript, Subscript** : 원하는 글자를 위 첨자 또는 아래 첨자로 표시합니다.

⓯ **Underline, Strikethrough** : 문자 아래나 중간에 줄을 그어 밑줄이나 취소선을 표시할 수 있습니다.

⓰ **Language** : 언어를 선택하며 문법이나 철자법 검사를 진행할 때 사전으로 이용할 수 있습니다.

⓱ **글리프에 물리기(Snap to Glyph)** : 문자를 깨뜨리지 않고도 오브젝트를 문자의 'Baseline', 'x-height', 'Glyph Bounds' 위치에 물리게 할 수 있습니다.

Quick 활용 문자가 있는 메뉴 디자인하기

기본 문자에 글꼴이나 글자 크기, 글꼴, 글꼴 스타일, 색상 등을 적용해 원하는 스타일의 문자 디자인을 완성할 수 있습니다. 기본 글꼴 형태의 메뉴판을 수정하여 베이킹 카페 메뉴판으로 만들어 봅니다.

01 일러스트레이터 → 04 폴더에서 'menu.ai' 파일을 불러옵니다. 메뉴 글꼴을 수정하기 위해 ❶ 선택 도구(▶)로 ❷ Shift를 누른 상태에서 갈색 사각형 안의 흰색 문자 두 개를 선택합니다.

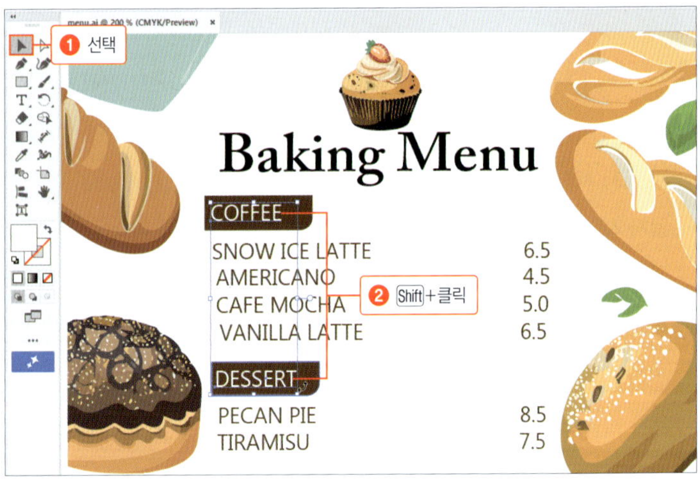

TIP ✦

예제에서는 문자 스타일 설정을 위해 문자를 오브젝트로 변경하지 않았습니다. 글꼴 유실 경고 메시지 창이 표시되더라도 신경 쓰지 말고 작업하세요.

02 Character 패널에서 글꼴과 글꼴 스타일을 지정한 다음 글자 크기를 '15pt'로 지정합니다. 예제에서는 글꼴을 'Adobe Caslon Pro', 글꼴 스타일을 'SemiBold'로 지정했습니다.

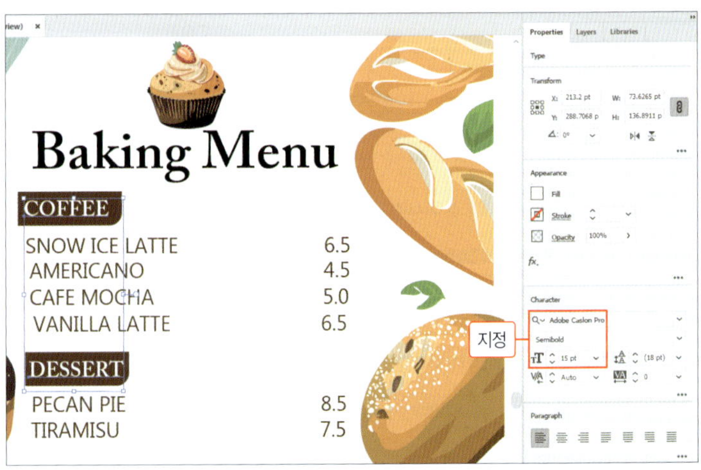

03 글자 색상을 적용하기 위해 Appearance 패널에서 ❶ Fill 색상 상자를 클릭한 다음 ❷ 글자 색상을 선택합니다. 예제에서는 '주황색(C=0, M=35, Y=85, K=0)'을 선택하였습니다.

04 ❶ 메뉴 항목들을 Shift를 누른 상태에서 선택한 다음 ❷ 글꼴을 지정합니다. 예제에서는 글꼴을 'Microsoft Tai Le', 글꼴 스타일을 'Regular' 글자 크기를 '15pt'로 지정하였습니다.

> **TIP**
> Type 단위를 변경하기 위해서는 먼저 메뉴에서 [Edit] → Preferences → Units를 실행합니다. Preferences 대화상자가 표시되면 Type을 'Points'로 지정하여 예제에서 설명하는 'pt'로 변경할 수 있습니다.

05 메뉴가 손글씨 스타일의 글꼴로 변경된 것을 확인할 수 있습니다.

EASY 실습 오브젝트와 문자를 정확하게 정렬하기

문자를 입력하면 글상자와 실제 문자의 아래쪽 기준과는 차이가 발생하므로 정확하게 오브젝트와 문자를 정렬하는 방법에 대해 알아봅니다.

01 일러스트레이터 → 04 폴더에서 'baking.ai' 파일을 불러옵니다. Align 패널에서 ❶ '패널 메뉴' 아이콘(☰)을 클릭하고 ❷ Align to Glyph Bounds → Point Text를 실행합니다.

02 ❶ 컵케이크와 'BAKING' 문자를 선택한 다음 ❷ Align 패널에서 'Vertical Align Bottom' 아이콘(▁▌)을 클릭합니다.

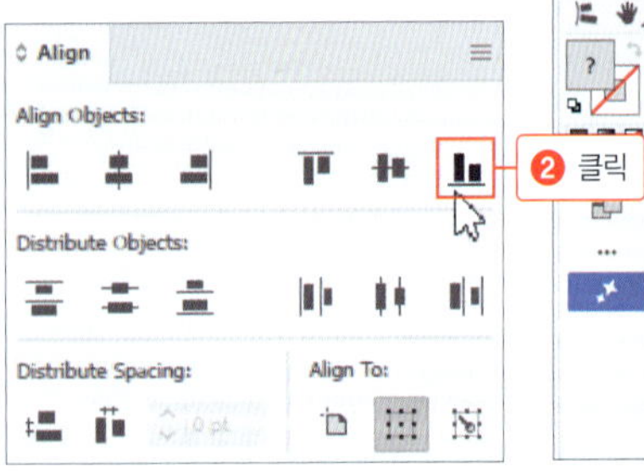

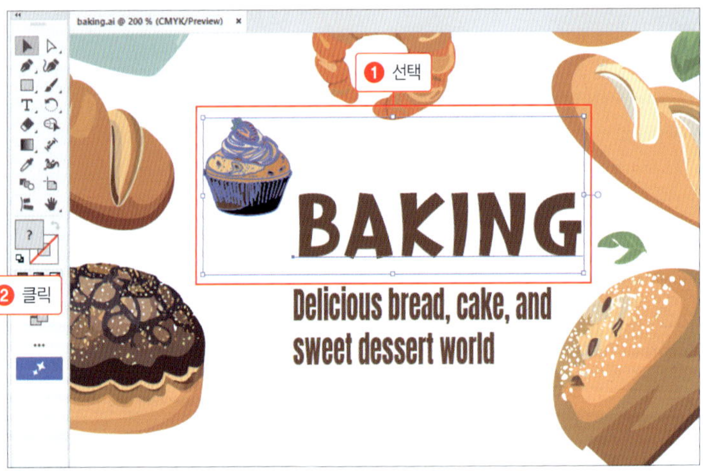

03 컵케이크가 문자의 바운딩 박스가 아닌 'BAKING' 문자 아래쪽과 정확히 일치하게 정렬되는 것을 확인할 수 있습니다.

Quick 활용 가변 글꼴로 문자를 더해 아이콘 완성하기

타이포그래피 작업 중 문자 도구를 다시 선택하지 않고도 문자를 입력하거나 선택하거나 편집할 수 있습니다. OpenType 가변 글꼴을 이용해서 글꼴의 두께, 폭 및 다른 속성을 변경하여 고유한 스타일을 만들 수도 있습니다. 가변 글꼴을 활용하여 간편하게 아이콘에 문자를 추가해 봅니다.

01 일러스트레이터 → 04 폴더의 '배지.ai' 파일을 불러옵니다. 아이콘이 나타나면 ❶ 문자 도구(T)를 선택하고 ❷ 말풍선 안에 그림과 같이 각각 'BIG', 'SALE'을 입력합니다.

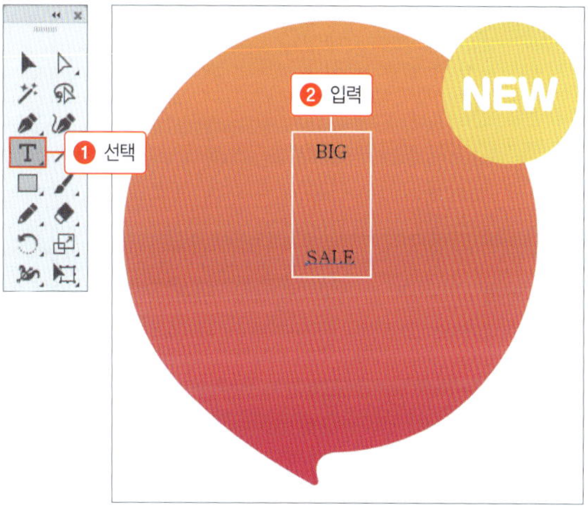

TIP

Character 패널에서 '패널 메뉴' 아이콘(☰)을 클릭한 다음 Show Options를 실행하거나 패널 이름 부분을 더블클릭하면 패널이 확장되면서 문자 커닝, 기준선, 자간, 회전 등 다양한 세부 옵션을 설정할 수 있습니다.

02 ❶ 입력한 'BIG' 문자를 선택하고 ❷ Character 패널(A)에서 글자 크기를 '50pt'로 지정하여 확대합니다. ❸ 글꼴 스타일 오른쪽의 'Variable Font' 아이콘(T)을 클릭한 다음 ❹ Weight를 '700', Width를 '100'으로 지정합니다.

TIP ✧
예제에서 'BIG' 문자에 적용한 글꼴은 'Bahnschrift'입니다.

03 ❶ 문자 색상을 '노란색'으로 지정합니다. ❷ 'SALE' 문자를 선택한 다음 ❸ Character 패널(A)에서 글자 크기를 '100pt'로 지정하여 확대합니다. ❹ 'Variable Font' 아이콘(T)을 클릭하고 ❺ Weight를 '900'으로 지정합니다. ❻ 문자 색상을 '흰색'으로 지정하여 완성합니다.

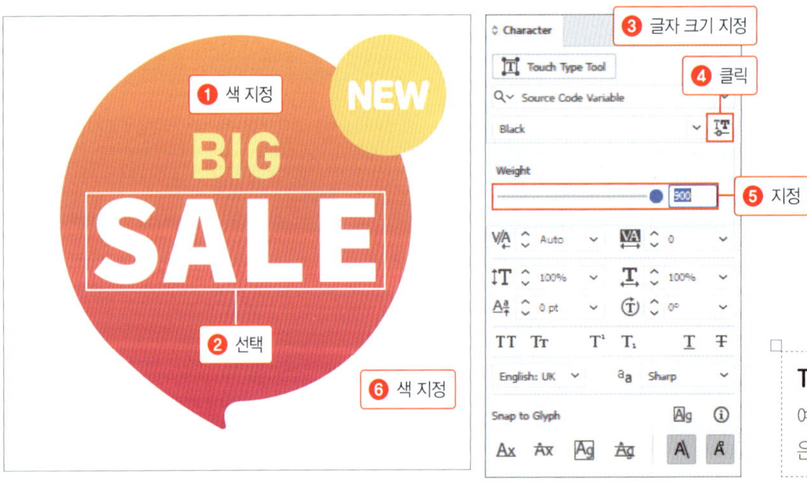

TIP ✧
예제에서 'SALE' 문자에 적용한 글꼴은 'Source Code Variable'입니다.

TIP ✧ 문장에 스타일 적용하기

Character/Paragraph Styles 패널을 이용하여 문자와 단락 스타일을 지정하면 일관되고 빠르게 문서의 편집 디자인을 완성할 수 있습니다. 문자 스타일 관련 패널은 메뉴에서 [Window] → Type → Character Styles 또는 Paragraph Styles를 실행하여 표시할 수 있습니다.

❶ Character Styles 패널 : 문자 스타일을 만들어 서식을 지정합니다.

❷ Paragraph Styles 패널 : 단락 스타일을 만들어 문단의 글꼴을 통일감 있게 지정합니다.

❷ 문자 변형하기

Warp 기능은 오브젝트를 변형하여 다양한 스타일을 적용하고, 독특한 형태나 효과를 만들 수 있는 강력한 도구입니다. 이 기능은 오브젝트의 모양을 변형하는 데 사용하며, 텍스트, 도형, 이미지 등 다양한 요소에 적용할 수 있습니다. Warp 기능을 활용하면 곡선, 비틀기, 확대/축소 등 다양한 변형을 통해 창의적인 디자인을 쉽게 만들 수 있습니다. Warp Options 대화상자에서는 15가지 변형 스타일을 제공하며 왜곡 정도를 수치로 조절해 오브젝트 원형이 보존되어 편리하게 수정할 수 있습니다.

메뉴에서 〔Object〕 → Envelope Distort → Make with Warp(Alt+Shift+Ctrl+W)를 실행하거나 메뉴에서 〔Effect〕 → Warp의 하위 메뉴를 실행하면 변형 이펙트를 적용할 수 있는 Warp Options 대화상자가 표시됩니다.

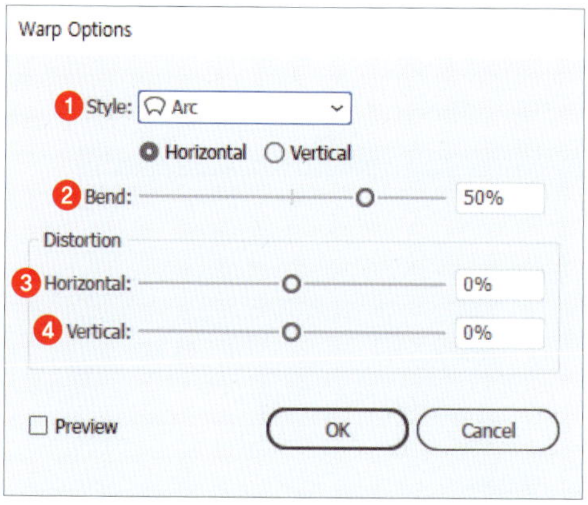

위에서부터 각각 Arch, Flag, Fisheye를 적용한 문자

❶ **Style** : 오브젝트를 가로 또는 세로의 15가지 형태로 변형할 수 있습니다.

- ⓐ **Arc** : 둥글게 왜곡합니다.
- ⓑ **Arc Lower** : 아래만 둥글게 왜곡합니다.
- ⓒ **Arc Upper** : 위만 둥글게 왜곡합니다.
- ⓓ **Arch** : 아치형으로 왜곡합니다.
- ⓔ **Bulge** : 볼록하게 왜곡합니다.
- ⓕ **Shell Lower** : 아래쪽만 조개 모양으로 왜곡합니다.
- ⓖ **Shell Upper** : 위쪽만 조개 모양으로 왜곡합니다.
- ⓗ **Flag** : 펄럭이는 깃발처럼 왜곡합니다.
- ⓘ **Wave** : 안쪽으로 물결치듯 왜곡합니다.
- ⓙ **Fish** : 물고기 모양으로 왜곡합니다.
- ⓚ **Rise** : 한쪽이 더 위로 올라가게 왜곡합니다.
- ⓛ **FishEye** : 가운데를 크게 왜곡합니다.
- ⓜ **Inflate** : 부풀듯 왜곡합니다.
- ⓝ **Squeeze** : 쥐어짜듯 왜곡합니다.
- ⓞ **Twist** : 비틀어지듯 왜곡합니다.

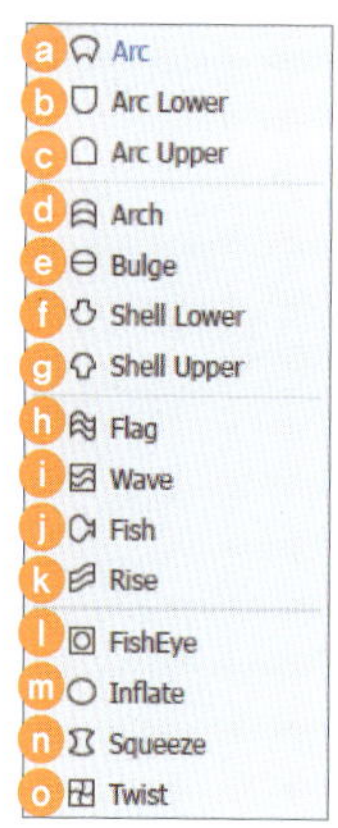

❷ **Bend** : 오브젝트를 왜곡할 때 변형 정도를 −100~100% 수치로 표시하며, 0에 가까울수록 변형 정도가 약합니다.

❸ **Horizontal** : 선택한 오브젝트를 수평으로 왜곡합니다.

❹ **Vertical** : 선택한 오브젝트를 수직으로 왜곡합니다.

EASY 실습 Make with Warp 기능으로 문자 왜곡하기

Envelope Distort의 Make with Warp 기능을 이용하여 문자를 다양한 스타일로 왜곡합니다.

01 일러스트레이터 → 04 폴더의 '카페.ai' 파일을 불러옵니다. ❶ 문자 도구(T)를 선택하고 면 색을 '갈색'으로 지정한 다음 아트보드에 클릭하고 'COFFEE CAFE'를 입력합니다. 문자가 선택된 상태로 ❷ 메뉴에서 [Object] → Envelope Distort → Make with Warp를 실행합니다.

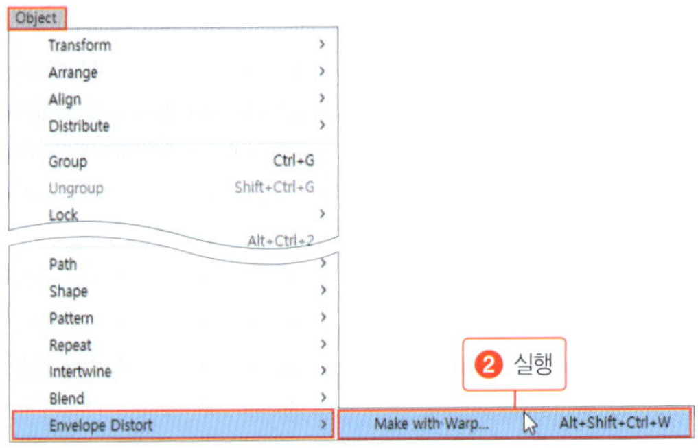

02 Warp Options 대화상자가 표시되면 ❶ Style을 'Arc'로 지정하고 ❷ 'Horizontal'을 선택합니다. ❸ Bend를 '30%'로 설정한 다음 ❹ 〈OK〉 버튼을 클릭합니다.

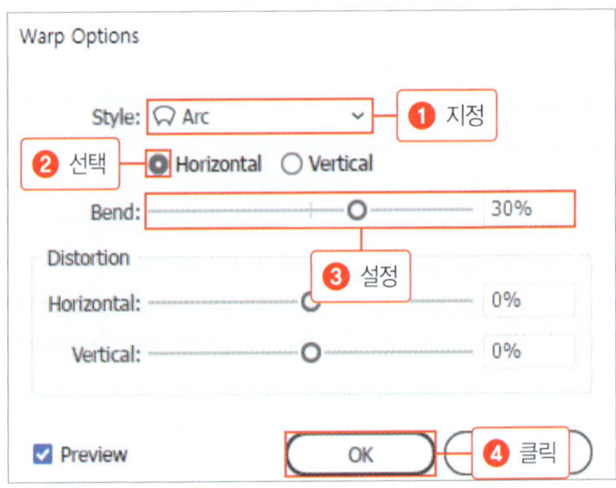

03 일러스트 위쪽에 둥글게 변형된 문자가 배치되었습니다.

TIP ✧
예제에서 문자에 적용한 글꼴은 네이버에서 무료로 배포하는 '나눔고딕 ExtraBold'이며, 글자 크기는 '100pt'입니다.

LESSON 09 완성도를 높이는 일러스트의 재구성

❶ 오브젝트 더하고 나누기

Pathfinder 패널(▣)은 여러 오브젝트나 경로를 결합하거나 나누고, 복잡한 형태를 만들 때 사용하는 유용한 도구입니다. Pathfinder 패널을 이용하면 두 개 이상의 오브젝트를 간단하게 결합하거나 분리, 교차 및 삭제할 수 있습니다. 메뉴에서 〔Window〕 → Pathfinder(Shift+Ctrl+F9)를 실행하여 Pathfinder 패널을 표시합니다.

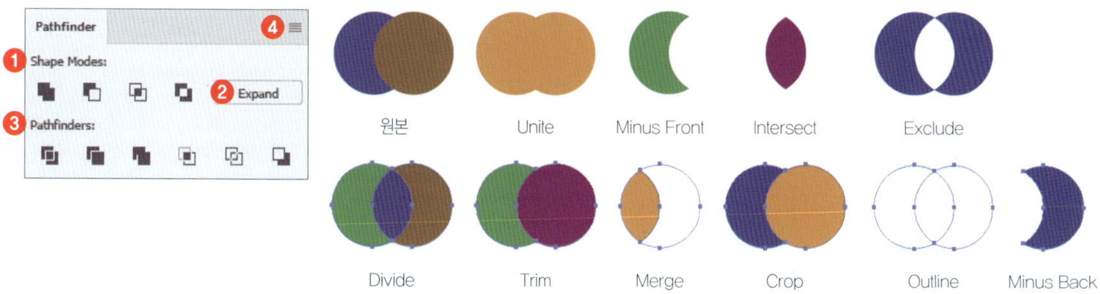

❶ **Shape Modes** : 여러 개의 오브젝트를 하나로 만듭니다. 재구성된 오브젝트는 맨 앞 오브젝트의 속성을 따릅니다. Alt를 누른 상태로 Shape Modes의 아이콘을 클릭하면 〈Expand〉 버튼이 활성화되며 복합 오브젝트를 만들 수 있습니다.

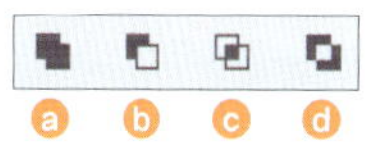

ⓐ **Unite** : 오브젝트 사이 겹친 부분을 합칩니다.

ⓑ **Minus Front** : 오브젝트가 겹치면 앞부분을 삭제합니다.

ⓒ **Intersect** : 오브젝트 사이 겹친 부분을 제외한 나머지 부분을 삭제합니다.

ⓓ **Exclude** : 오브젝트 사이 겹친 부분만 삭제합니다.

❷ **Expand** : 패스파인더 기능으로 나눠진 안쪽 패스 속성까지 하나의 완전한 패스로 만듭니다. 버튼을 클릭하면 외곽선이 분리되어 더 이상 수정할 수 없습니다.

❸ **Pathfinders** : 선택한 오브젝트를 겹치는 패스를 이용하여 나눕니다. 이후 그룹을 해제하면 오브젝트별로 나눠지며 선은 삭제되어 없어집니다.

ⓐ **Divide** : 겹친 오브젝트 사이 패스를 기준으로 오브젝트를 나눕니다.

ⓑ **Trim** : 뒤쪽 오브젝트에서 앞쪽 오브젝트와 겹치는 부분을 삭제하고 각각의 오브젝트로 나눕니다.

ⓒ **Merge** : 뒤쪽 오브젝트에서 앞쪽 오브젝트와 겹치는 부분만큼 삭제하여 색이 같은 오브젝트는 하나로 합칩니다.

ⓓ **Crop** : 겹치는 오브젝트 부분만 남기고 나머지는 삭제하며, 마스크 기능과 비슷합니다.

ⓔ **Outline** : 겹친 오브젝트를 나누고 각각의 오브젝트를 패스로 만듭니다.

ⓕ **Minus Back** : 앞쪽 오브젝트에서 뒤쪽 오브젝트 영역만큼 삭제합니다.

❹ **패널 메뉴** : 패스파인더 기능으로 더하거나 나눈 오브젝트의 세부적인 옵션을 설정합니다.

EASY 실습 Pathfinder 패널을 이용하여 일러스트 재구성하기

Pathfinder 패널을 이용해 기존 일러스트를 전혀 다른 형태로 구성해 봅니다.

01 일러스트레이터 → 04 폴더에서 '등대.ai' 파일을 불러옵니다. 오브젝트를 분리하기 위해 먼저 분할 기준선을 만들겠습니다. ❶ 선 도구(／)를 선택하고 ❷ 등대 위쪽에 가로로 드래그해 그림과 같이 선을 그립니다.

02 ❶ 선택 도구(▶)로 선을 선택한 다음 Shift+Alt를 누른 상태에서 아래로 드래그하여 이동 및 복제합니다. 줄무늬처럼 만들기 위해 ❷ Ctrl+D를 여러 번 눌러 선을 이동 및 복제합니다.

03 ❶ 등대와 선을 선택한 다음 ❷ Pathfinder 패널(▣)에서 'Divide' 아이콘(▣)을 클릭해 오브젝트를 선대로 분리합니다.

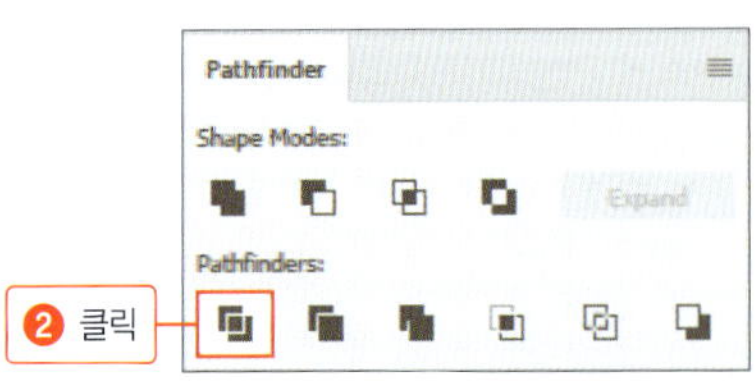

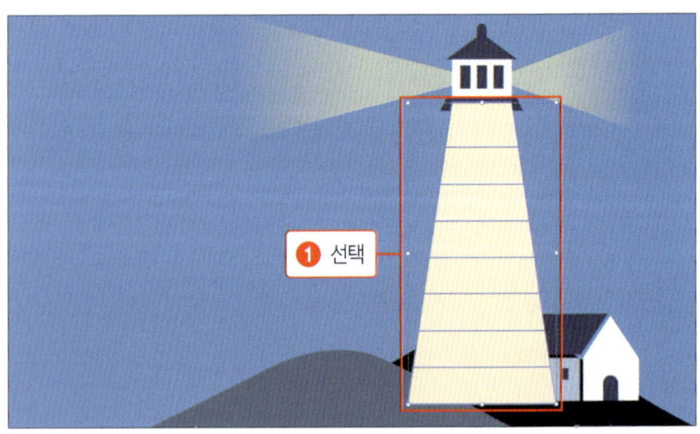

04 분리된 등대를 산 뒤에 배치하기 위해 ❶ 등대가 선택된 상태로 마우스 오른쪽 버튼을 클릭한 다음 ❷ Arrange → Send Backward(Ctrl+[)를 실행합니다. ❸ Ctrl+[를 눌러 뒤쪽에 배치합니다.

05 ❶ 직접 선택 도구( )를 선택한 다음 Shift를 누른 상태로 그림과 같이 색을 적용할 오브젝트를 선택합니다. ❷ Color 패널( )에서 면 색을 'C: 0, M: 90, Y: 40, K: 0'으로 지정하여 줄무늬를 만듭니다.

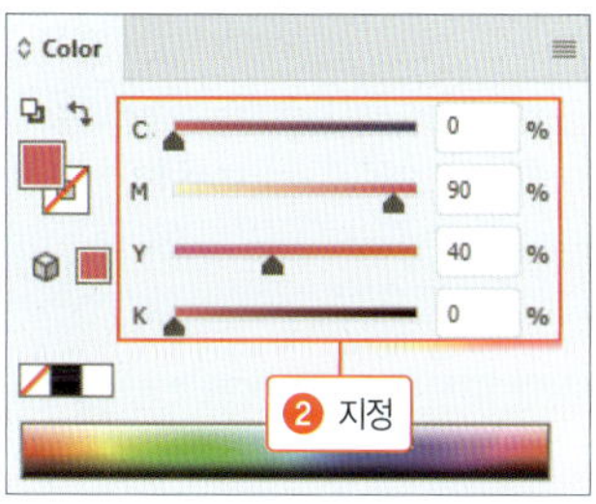

06 이번에는 기본 도형으로 오브젝트를 만들고 합쳐서 구름을 만들겠습니다. ❶ 원 도구( )를 선택하고 Shift를 누른 채 하늘에 드래그해 다양한 크기의 흰색 원을 그립니다. 사각형 도구( )를 선택하고 아래쪽에 드래그해 그림과 같이 직사각형을 그립니다. ❷ 오브젝트를 재구성하기 위해 먼저 선택 도구( )로 원과 사각형을 모두 선택합니다.

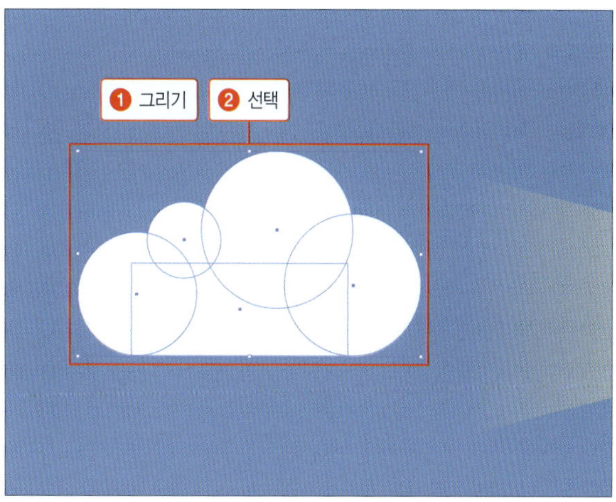

왜? ✧

원형과 사각형 도구를 이용하여 구름을 그리는 것은 펜 도구로 그리는 것보다 더욱 아기자기하고 귀엽게 그릴 수 있습니다.

07 Pathfinder 패널( )에서 'Unite' 아이콘( )을 클릭하여 오브젝트를 합쳐서 구름을 완성합니다.

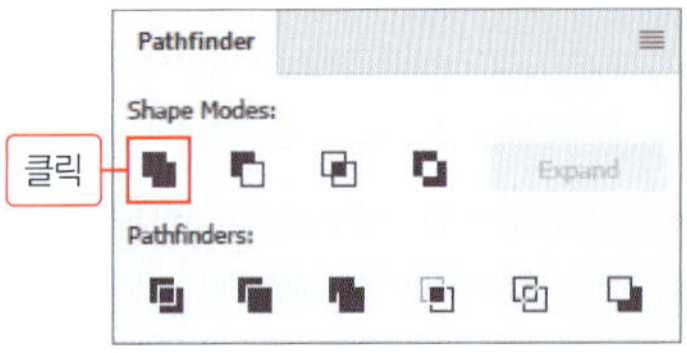

08 ❶ Alt를 누른 상태로 구름을 드래그해 복제합니다. ❷ Shift를 누른 상태로 조절점을 드래그해 구름을 약간 확대합니다.

09 이번에는 여러 개의 오브젝트에서 겹친 부분을 간편하게 삭제해 파도를 만들겠습니다. ❶ 원 도구( )를 선택하고 Shift를 누른 상태로 드래그하여 정원을 만듭니다. ❷ 선택 도구( )를 선택하고 Shift+Alt를 누른 상태로 원을 위로 드래그하여 복제한 다음 ❸ 두 개의 원을 선택합니다.

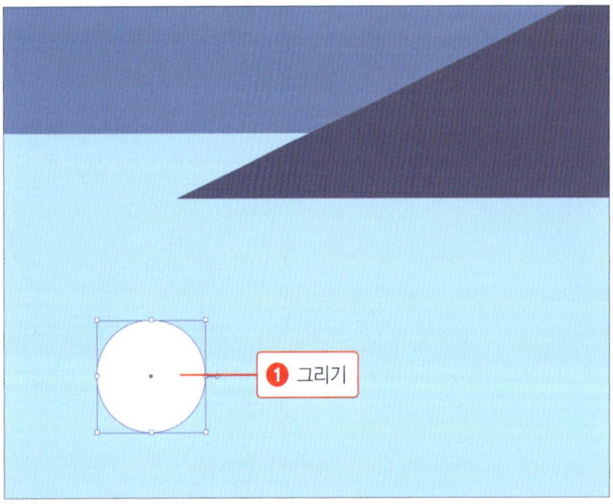

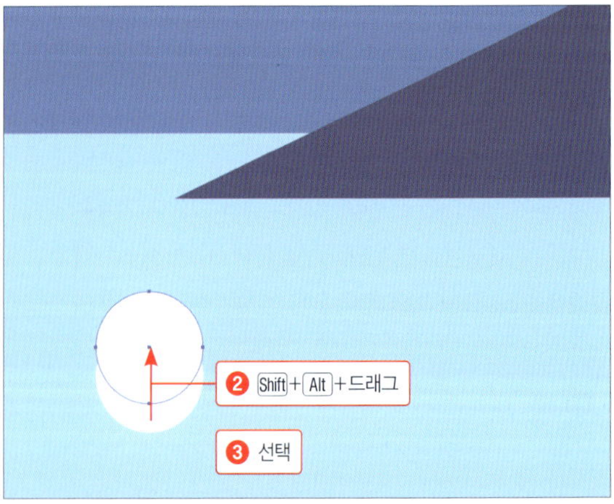

10 Pathfinder 패널( )에서 'Minus Front' 아이콘( )을 클릭하여 겹친 위쪽 오브젝트를 삭제해서 달 모양을 만듭니다.

TIP ✧

도형 구성 도구를 이용하여 Pathfinder 패널의 일부 기능을 클릭 또는 드래그해서 간편하게 적용할 수도 있습니다.

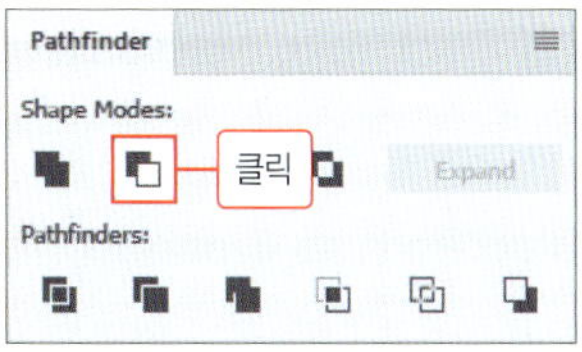

11 ❶ Shift+Alt를 누른 상태로 오른쪽으로 드래그해서 오브젝트를 복제합니다. ❷ 같은 방법으로 오브젝트를 하나 더 복제합니다. 바다에 넘실대는 파도가 만들어졌습니다.

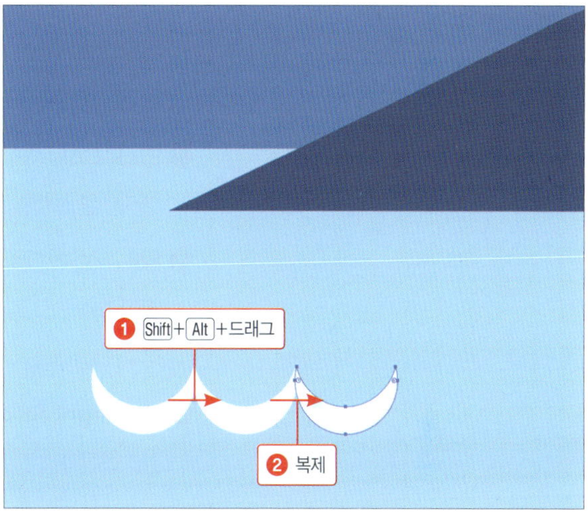

12 파도 오브젝트를 여러 개 복제해 크기를 조절하고 바다 위에 배치하면 등대가 있는 바다 풍경 일러스트가 완성됩니다.

❷ 클릭, 드래그만으로 오브젝트 재구성하기

도형 구성 도구( )는 간단한 오브젝트를 클릭 또는 드래그하여 합치거나 지울 수 있습니다. 도형 구성 도구를 더블클릭하면 표시되는 Shape Builder Tool Options 대화상자에서 색 및 강조 등 다양한 설정을 통하여 오브젝트를 재구성할 수 있습니다.

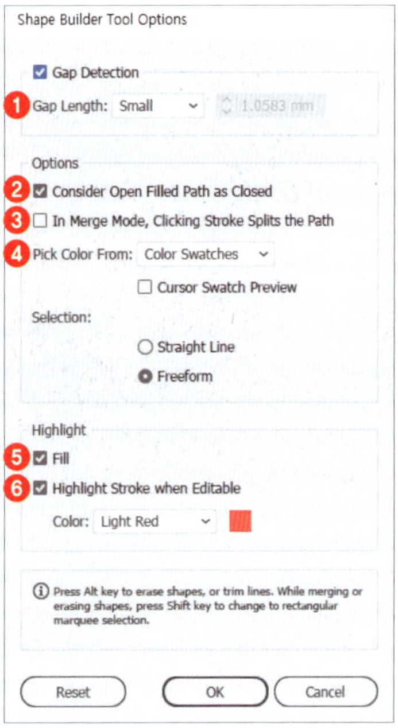

❶ **Gap Length** : 간격을 Small(3pt), Medium(6pt), Large(12pt) 중에서 지정할 수 있습니다.

❷ **Consider Open Filled Path as Closed** : 열린 패스에 표시되지 않는 가장자리가 만들어져 닫힌 패스를 만듭니다. 영역 안을 클릭하면 모양이 만들어집니다.

❸ **In Merge Mode, Clicking Stroke Splits the Path** : 위쪽 패스를 두 가지로 나눌 수 있습니다. 첫 번째 패스는 클릭하는 가장자리에 만들어지고, 두 번째 패스는 첫 번째 패스를 제외한 위쪽 패스의 남아 있는 부분입니다.

❹ **Pick Color From** : 색상 견본 또는 기존 아트보드에서 이용하는 색으로 오브젝트를 선택할 수 있습니다.

❺ **Fill** : 선택한 패스 위에 마우스 커서를 가져가면 병합할 수 있는 패스 또는 영역이 회색으로 강조됩니다. 체크 표시하지 않으면 선택 영역 또는 패스가 그대로 나타납니다.

❻ **Highlight Stroke when Editable** : 편집할 수 있는 선을 지정한 색으로 강조합니다.

• **실습파일** : 일러스트레이터\04\도형구성.ai • **완성파일** : 일러스트레이터\04\도형구성_완성.ai

EASY 실습 도형 구성 도구를 이용해 오브젝트 재구성하기

도형 구성 도구를 이용하여 클릭 또는 드래그만으로 오브젝트를 합치거나 지우고, 나누는 등의 변경 기능으로 오브젝트를 새롭게 구성해 봅니다.

01 일러스트레이터 → 04 폴더에서 '도형구성.ai' 파일을 불러옵니다. 같은 속성의 오브젝트를 간편하게 선택하기 위해 마술봉 도구()를 더블클릭합니다. ❶ Magic Wand 패널()이 표시되면 Fill Color의 Tolerance를 '5'로 설정합니다. ❷ 아트보드에서 흰색 오브젝트를 클릭해 같은 속성의 오브젝트들을 한번에 선택합니다.

02 ❶ Shift+M을 눌러 도형 구성 도구()를 선택하고 ❷ 오브젝트가 겹친 부분을 드래그해 합칩니다.

TIP ✧
오브젝트를 합칠 때는 면 색이 적용되므로 미리 재구성한 오브젝트에 적용하려는 색을 지정하고 작업하면 편리합니다.

03 같은 방법으로 각각의 일러스트에서 겹친 부분을 찾아 드래그하여 그림과 같이 오브젝트를 합칩니다.

04 이번에는 오브젝트의 겹친 부분을 지우기 위해 먼저 ❶ 선택 도구(▶)로 왼쪽 뒤집개 일러스트를 드래그하여 선택합니다. ❷ 도형 구성 도구(⊕)를 선택한 다음 Alt를 누른 상태로 마우스 커서에 '–'가 표시되면 회색 둥근 사각형 부분을 클릭합니다. 오브젝트의 회색 부분이 뚫립니다.

05 같은 방법으로 주방 도구 일러스트들을 각각 선택한 다음 도형 구성 도구(⊕)로 Alt를 누른 상태에서 회색 오브젝트를 클릭해 불필요한 부분을 지웁니다.

06 와인 병 아래쪽은 겹친 상태입니다. 두 개 오브젝트를 분리하기 위해 ❶ 병의 몸체와 아래쪽 오브젝트를 선택하고 ❷ 회색 오브젝트를 클릭합니다.

TIP ✧
도형 구성 도구를 이용해 겹친 오브젝트를 분리할 때는 오브젝트를 모두 선택한 채 분리하려는 부분을 클릭합니다.

07 선택 도구(▶)로 분리된 아래쪽 오브젝트를 선택하고 Alt+Shift를 누른 상태로 바운딩 박스의 모서리를 안쪽으로 살짝 드래그해 오브젝트 가운데를 중심으로, 정비례 크기로 약간 축소합니다.

08 같은 방법으로 ❶ 선택 도구(▶)를 이용하여 두 개의 체리를 선택하고 ❷ 도형 구성 도구(Ⓠ)를 선택한 다음 왼쪽 체리를 선택합니다.

TIP

왼쪽 체리만 선택하면 분리된 체리가 오른쪽 체리 뒤에 가려집니다. 이처럼 불필요한 오브젝트의 경우 도형 구성 도구를 이용하여 편집하는 것이 좋습니다.

09 ❶ 선택 도구(▶)를 이용해서 왼쪽 체리를 살짝 왼쪽으로 이동하여 오브젝트를 분리합니다. ❷ 편집된 오브젝트를 채색해 일러스트를 완성합니다.

❸ 오브젝트 중간 단계 만들기

블렌드(Blend)는 '섞다'라는 의미로, 일러스트레이터에서 두 개 이상의 오브젝트를 자동으로 연결해 중간 단계를 생성하는 기능입니다. 이 기능은 단순히 색상만 섞는 것이 아니라, 형태와 색상을 모두 변환해 자연스럽게 변화하는 그러데이션 효과를 만듭니다. 예를 들어, 모양이나 색상이 다른 두 오브젝트를 선택하면, 블렌드 기능을 통해 이 두 오브젝트 사이에 여러 중간 단계가 생성되며, 각 단계에서는 색상과 형태가 점진적으로 변형되어 연결됩니다.

이를 통해 부드럽고 연속적인 전환을 시각적으로 표현할 수 있어, 복잡한 그러데이션이나 형태 변화를 간편하게 구현할 수 있습니다. 블렌드는 색상 변화뿐만 아니라, 선의 굵기나 패턴의 변화, 그리고 오브젝트의 크기와 위치까지도 단계적으로 조정할 수 있어, 매우 다재다능한 도구로 활용합니다.

이때 오브젝트 사이에는 자동으로 계산되어 부드럽게 연결되는 여러 개의 오브젝트가 만들어집니다. 메뉴에서 [Object] → Blend → Make(Alt+Ctrl+B)를 실행하여 블렌드 기능을 적용할 수 있습니다.

메뉴에서 [Object] → Blend 하위 메뉴를 실행하여 블렌드를 만들거나 해제하고 편집할 수 있습니다. 블렌드 형태는 시작과 끝에 해당하는 오브젝트에서 어떤 기준점을 클릭하느냐에 따라 달라집니다.

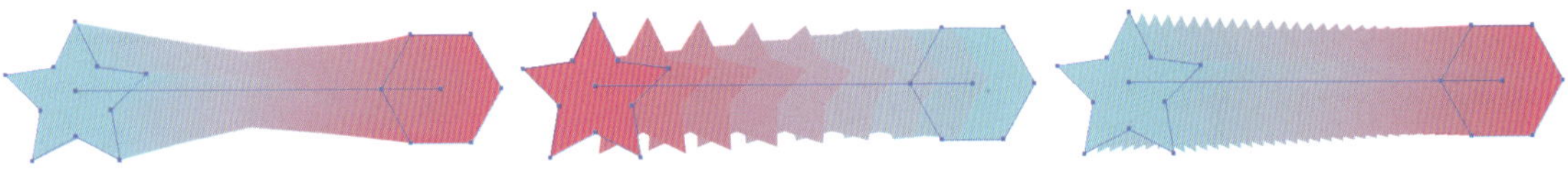

블렌드 기능을 적용한 오브젝트

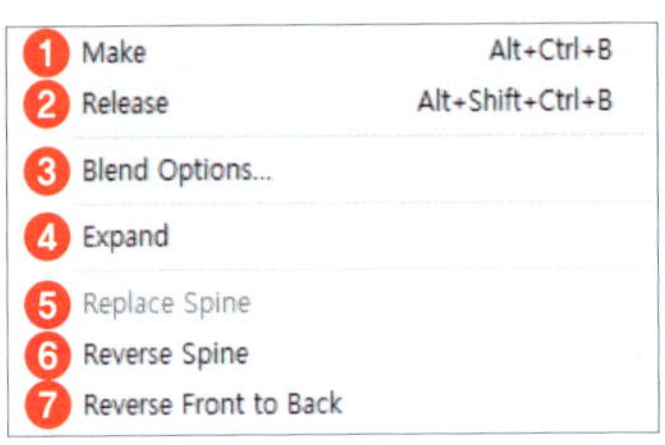

❶ **Make(Alt+Ctrl+B)** : 오브젝트의 중간 단계를 만들어 블렌드를 적용합니다.

❷ **Release(Alt+Shift+Ctrl+B)** : 블렌드를 해제합니다.

❸ **Blend Options** : 블렌드의 방향, 단계를 설정할 수 있는 Blend Options 대화상자를 표시합니다.

❹ **Expand** : 블렌드를 적용하여 만들어진 중간 단계의 가상 오브젝트를 각각의 오브젝트로 변환합니다.

❺ **Replace Spine** : 블렌드 패스 방향을 다른 형태나 패스로 만듭니다.

블렌드 오브젝트를 패스 형태대로 배열

❻ **Reverse Spine** : 블렌드 오브젝트의 순서를 바꿉니다.

❼ **Reverse Front to Back** : 블렌드가 적용된 상태에서 앞뒤에 위치한 오브젝트 순서를 바꿉니다.

• **완성파일** : 일러스트레이터\04\애벌레_완성.ai

Quick 활용 블렌드 기능으로 캐릭터 만들기

두 개 이상의 오브젝트 뒤에 투명한 패스선을 배치한 다음 블렌드를 적용하면 패스선을 따라 블렌드가 적용됩니다. 이러한 기능을 이용하여 좀 더 다양하고 역동적인 블렌드 형태를 만들 수 있습니다.

01 메뉴에서 [File] → New(Ctrl+N)를 실행하여 New Document 대화상자가 표시되면 'A4'를 선택한 다음 〈OK〉 버튼을 클릭해서 새 문서를 만듭니다. ❶ 펜 도구( )로 ❷ 기어가는 애벌레 형태를 생각하면서 그림과 같이 구불구불한 곡선을 그립니다.

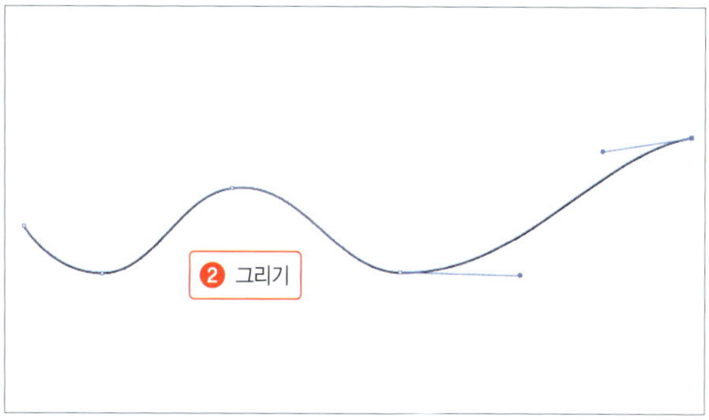

02 ❶ 면 색을 '초록색'으로 지정하고 원 도구( )를 이용해 패스선의 양끝과 볼록하게 튀어나온 부분에 ❷ 크기와 색이 다른 여러 개의 원을 그립니다. ❸ 색이 이어질 부분을 염두에 두고 초록색 명암 단계를 조절하여 그림과 같이 배치합니다.

> **TIP** ✧
> 색은 Color 패널( )에서 원하는 색을 지정하거나 Swatches 패널 또는 Color Guide 패널에서 선택하면 편리합니다.

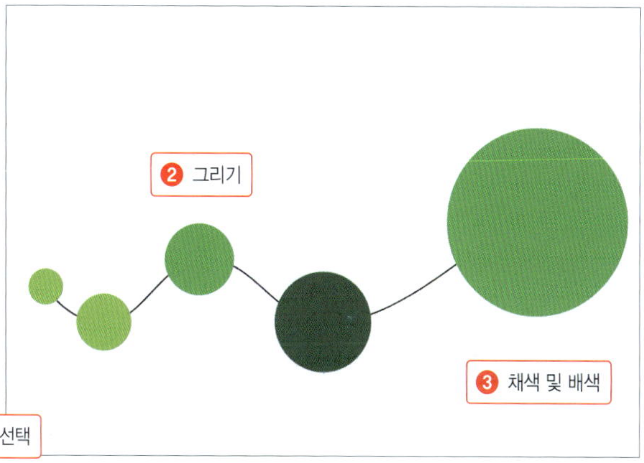

03 ❶ 선택 도구( )를 이용해 ❷ 선을 선택하고 선 색을 'None'으로 지정합니다. ❸ 드래그하여 선과 원을 모두 선택합니다.

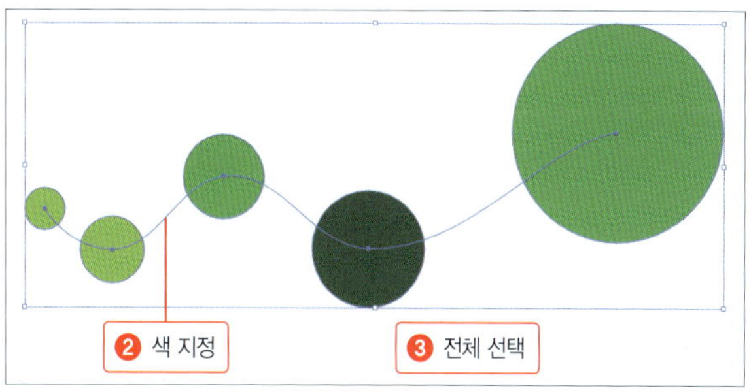

04 ❶ 블렌드 도구( )를 더블클릭하여 Blend Options 대화상자가 표시되면 ❷ Spacing을 'Specified Steps'로 지정하고 ❸ 수치를 '5'로 설정한 다음 ❹ 〈OK〉 버튼을 클릭합니다.

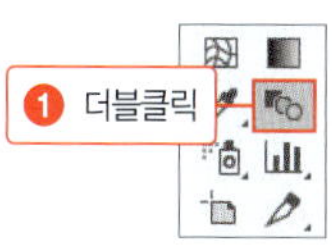

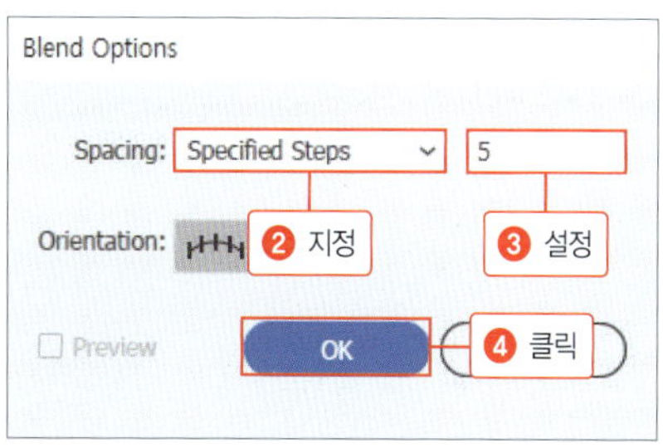

05 Ctrl + Alt + B를 누르면 블렌드 기능이 적용돼 투명한 패스선대로 원이 이어져 꾸물꾸물 기어가는 애벌레 형태가 됩니다.

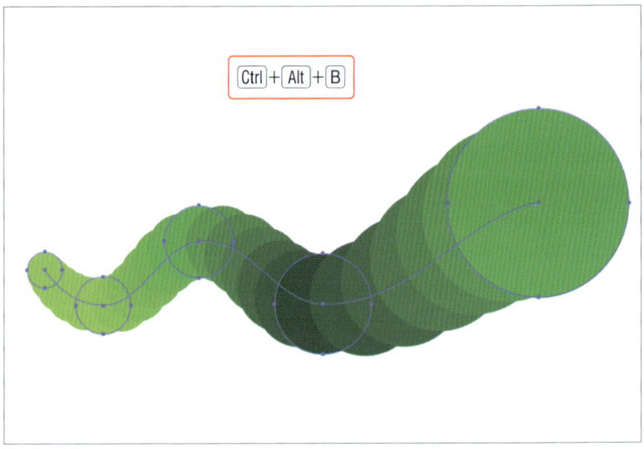

TIP ✧
블렌드 기능의 단축키는 Alt + Ctrl + B입니다.

06 다양한 도형 도구를 이용하여 애벌레 캐릭터의 눈, 코, 입과 더듬이, 다리 등을 그리면 귀여운 애벌레가 완성됩니다.

TIP ✧
선택 도구(▶)로 블렌드 오브젝트를 선택하고 메뉴에서 [Object] → Blend → Expand를 실행하면 블렌드 기능이 사라지고 일반 오브젝트로 변환됩니다. 블렌드 하나로 연결된 오브젝트들은 그룹으로 묶입니다.

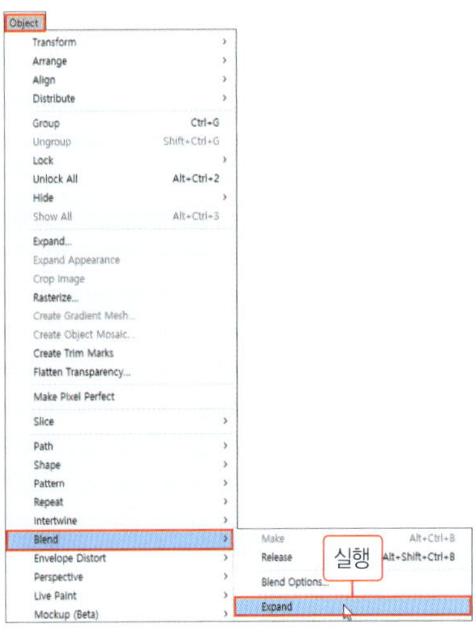

❹ 색을 혼합하거나 일부분만 나타내기

Transparency 패널( )에서는 블렌딩 모드와 함께 불투명도를 설정할 수 있습니다. 메뉴에서 [Window] → Transparency(Shift+Ctrl+F10)를 실행하여 표시되는 Transparency 패널에서는 오브젝트에 두 가지 이상의 색을 합성하는 블렌딩 모드와 오브젝트를 투명하게 나타낼 수 있는 불투명도, 특정 부분만 나타낼 수 있는 클리핑/불투명 마스크를 적용할 수 있습니다.

Transparency 패널은 색상 합성, 불투명도 조절, 마스크 적용 등 다양한 기능을 통합하여 디자인의 깊이와 세부 요소를 손쉽게 조정할 수 있도록 돕는 중요한 도구입니다. 디자이너는 이를 통해 복잡한 시각적 효과를 간단히 구현하며, 디자인의 완성도를 높일 수 있습니다.

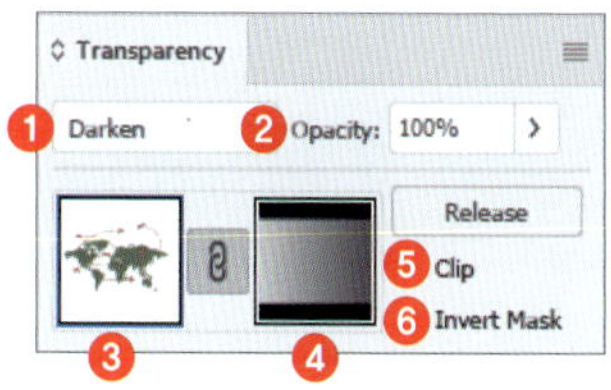

블렌딩 모드를 적용한 감각적인 일러스트

❶ **블렌딩 모드** : 오브젝트가 배경과 어떻게 상호작용하는지를 결정하는 기능입니다. 오브젝트의 색상과 배경이 겹칠 때 어떻게 섞일지를 지정할 수 있습니다. 두 개 이상의 오브젝트를 15가지 스타일로 합성할 수 있습니다.

❷ **Opacity** : 오브젝트의 불투명도를 조절할 수 있습니다. 기본적으로 불투명도는 100%로 설정되어 있어 오브젝트가 완전히 불투명하지만, 이 값을 낮추면 오브젝트가 점점 투명해져 배경이나 다른 오브젝트가 드러납니다. 이를 통해 이미지나 디자인에서 특정 요소를 부각하거나, 부드러운 레이어 효과를 줄 때 매우 유용합니다.

❸ **원본 미리 보기 창** : 작업 중인 오브젝트, 그룹, 레이어를 표시합니다.

❹ **마스크 미리 보기 창** : 적용 중인 불투명 마스크 형태를 표시합니다.

❺ **Clip** : 오브젝트와 마스크 사이 링크 여부를 표시합니다. 체크 표시하면 오브젝트와 마스크가 함께 이동하고, 체크 표시를 해제하면 각각 이동합니다.

❻ **Invert Mask** : 불투명 마스크를 반대로 적용합니다.

EASY 실습 블렌딩 모드로 오브젝트에 투명 효과 나타내기

15가지 블렌딩 모드 중에서 몇 가지를 오브젝트에 적용하고, 불투명도를 조절하여 다양하게 표현해 봅니다.

01 일러스트레이터 → 04 폴더에서 'blend.ai' 파일을 불러옵니다.

02 ❶ 선택 도구(▶)로 ❷ 흰곰의 선글라스 렌즈를 선택하고 ❸ Transparency 패널(◉)에서 블렌딩 모드를 'Multiply'로 지정한 다음 ❹ Opacity를 '60%'로 설정합니다. 셀로판지를 겹친 것처럼 오브젝트 색과 바탕색을 섞어 나타냅니다.

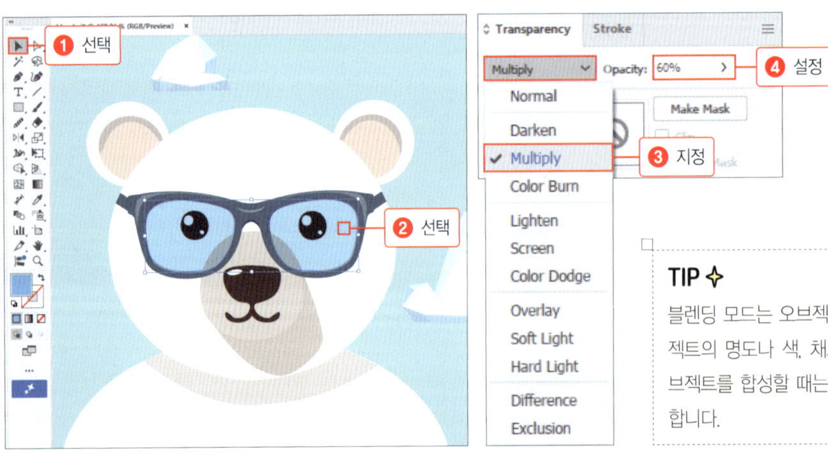

TIP

블렌딩 모드는 오브젝트 색 혼합뿐만 아니라 앞뒤 오브젝트의 명도나 색, 채도 등에 따라서도 달라집니다. 오브젝트를 합성할 때는 색에 따른 변화도 주의하여 작업합니다.

03 이번에는 ❶ 얼음 조각을 선택한 다음 ❷ Transparency 패널( )에서 블렌딩 모드를 'Hard Light'로 지정합니다. 선택한 오브젝트에 강한 조명을 비추는 효과가 적용되어 결과적으로 밝아지고 배경색과 혼합됩니다.

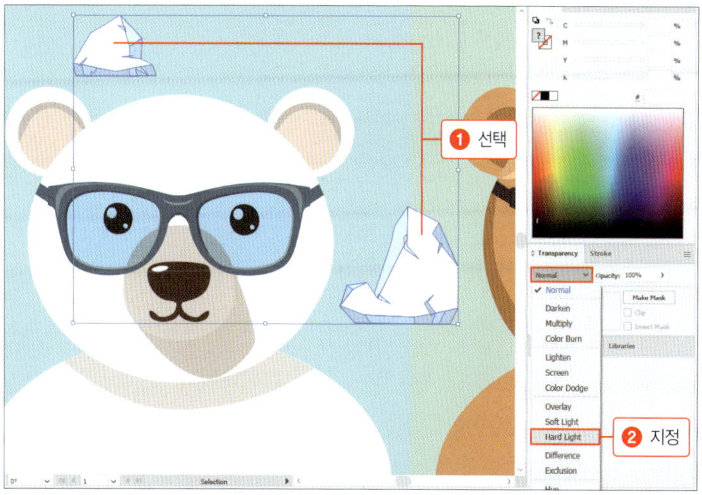

04 ❶ 오른쪽 곰의 선글라스 렌즈를 선택하고 ❷ Transparency 패널( )에서 블렌딩 모드를 'Color Burn'으로 지정합니다. 겹친 오브젝트 중 앞 오브젝트가 흰색보다 어두운색을 어둡게 만들고 겹친 부분에 그을린 듯한 느낌을 더해 색 대비가 강해집니다.

05 블렌드 모드를 이용해 이미지에 다양한 효과를 적용하여 완성했습니다.

❺ 필요한 부분만 나타내기

클리핑 마스크로 특정 부분만 나타내기

마스크는 이미지에서 감춰야 할 부분과 드러나야 할 부분을 구분할 때 이용하는 기능입니다. 일러스트레이터에서는 클리핑 마스크와 레이어 마스크, 불투명 마스크 기능을 제공합니다. 기본으로 작업 화면에서 나타내고 싶지 않은 부분을 가리는 기능이지만, 다양한 이미지 표현에 활용하므로 충분히 배워둡니다.

마스크는 여러 개의 오브젝트 중에서 맨 앞에 위치한 오브젝트에 마스크 효과를 적용해 다른 오브젝트 일부를 가리는 기능입니다. 클리핑 마스크(Clipping Mask)는 두 개 이상의 오브젝트에서 맨 앞에 배열된 오브젝트에 마스크를 적용하며, 일정한 형태 안에 원하는 모양이나 색을 적용할 수 있습니다. 메뉴에서 〔Object〕 → Clipping Mask → Make를 실행하여 마스크를 적용하고, Release를 실행하여 마스크를 해제합니다.

Layers 패널( )에서 '패널 메뉴' 아이콘( )을 클릭한 다음 Make Clipping Mask를 실행하면 레이어 마스크를 적용할 수도 있습니다. 이때 같은 레이어에서 맨 앞의 오브젝트로 다른 오브젝트에 마스크를 적용해 원하는 부분만 나타냅니다. 마스크가 적용된 오브젝트에 마우스 커서를 위치시키면 원본 오브젝트 일부가 표시됩니다.

코끼리에 적용된 패턴 형태의 클리핑 마스크

불투명 마스크로 점점 흐리게 만들기

불투명 마스크는 마스크 외곽이 잘리는 부분을 보완하여 자연스럽게 불투명도를 나타냅니다. 주로 물에 비친 이미지 등을 나타낼 때 이용합니다.

작업 과정은 Transparency 패널( )에서 마스크를 지정한 다음 불투명도를 적용한 오브젝트를 만듭니다. 마스크가 적용된 오브젝트에 흑백 그러데이션을 적용하면 오브젝트에 드래그할 때마다 불투명도가 달라집니다. 그러데이션의 흑백 농도에 따라서 마스크 불투명도가 조절되며, 그러데이션 색이 흰색일수록 투명하고, 검은색일수록 불투명해집니다.

불투명 마스크가 적용된 일러스트

Quick 활용 클리핑 마스크를 이용하여 CI 디자인하기

원하는 부분만 나타내는 클리핑 마스크 기능을 이용하여 깔끔하게 CI를 디자인해 봅니다.

01 일러스트레이터 → 04 폴더에서 '핸드메이드.ai' 파일을 불러옵니다. 옷이 그려진 로고와 두 개의 패턴 이미지가 나타납니다.

02 옷 형태대로 패턴을 나타내기 위해 먼저 ❶ 사각형 도구(□)를 이용해 옷보다 큰 사각형을 그립니다. ❷ 스포이트 도구(🖊)를 이용해 아트보드 오른쪽 위 패턴을 클릭해서 적용하고 ❸ 마우스 오른쪽 버튼을 클릭한 다음 ❹ Arrange → Send to Back(Shift + Ctrl + [)을 실행하여 옷 뒤에 배치합니다.

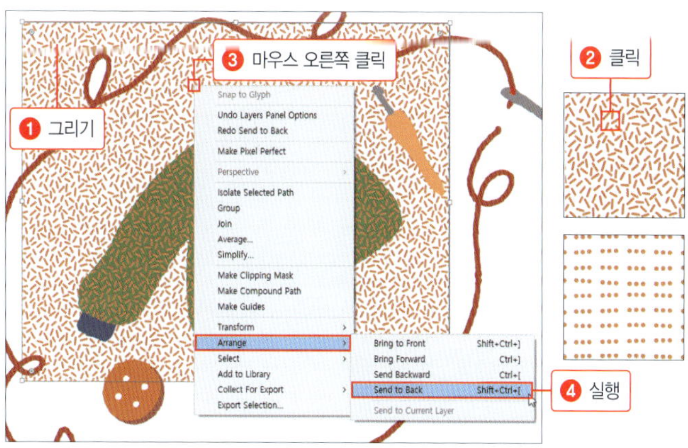

TIP

일러스트레이터에서도 포토샵처럼 비트맵 이미지를 잘라내어 불필요한 부분을 없애고 파일 크기를 줄이며 성능을 향상할 수 있습니다. 비트맵 이미지를 클리핑 마스크 기능처럼 자르기 위해서는 먼저 이미지를 불러온 다음 Control 패널에서 〈Embed〉 버튼을 클릭합니다. 이미지에서 마우스 오른쪽 버튼을 클릭한 다음 **Crop Image**를 실행하거나 Control 패널에서 〈Crop Image〉 버튼을 클릭합니다. 자르기 영역을 조절하고 Control 패널에서 〈Apply〉 버튼을 클릭합니다.

03 마스크 기능을 적용하기 위해 ❶ 선택 도구(▶)로 옷의 초록색 부분을 선택한 다음 ❷ Ctrl+C를 누르고 ❸ Ctrl+F를 누릅니다. ❹ Shift를 누른 상태에서 패턴이 적용된 사각형과 옷을 선택합니다. ❺ 메뉴에서 [Object] → Clipping Mask → Make(Ctrl+7)를 실행합니다.

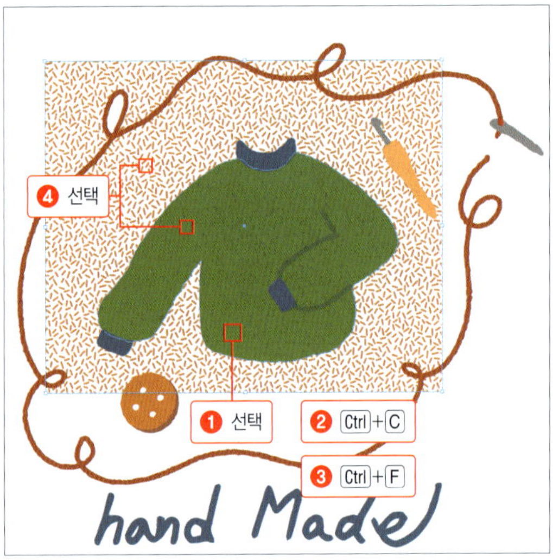

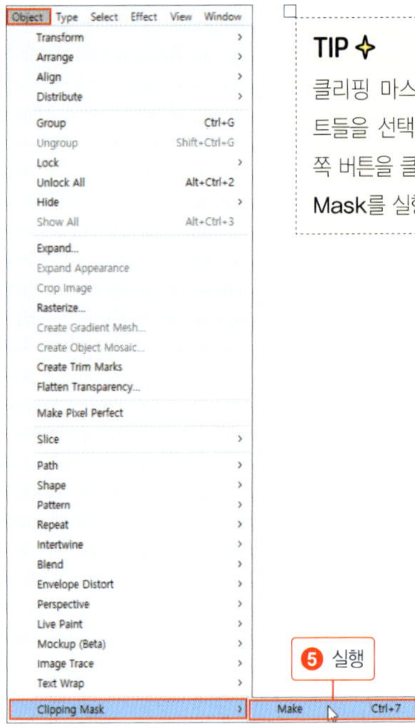

TIP ✧
클리핑 마스크를 적용하려는 오브젝트들을 선택한 상태에서 마우스 오른쪽 버튼을 클릭하고 Make Clipping Mask를 실행해도 됩니다.

04 클리핑 마스크가 적용되어 옷 모양대로 패턴이 나타납니다.

TIP ✧
클리핑 마스크는 오브젝트를 자르거나 지우는 것이 아니라 숨기므로 언제든지 전체를 표시하여 수정할 수 있어 편리합니다.

05 이번에는 클리핑 마스크를 편집하기 위해 옷이 선택된 상태로 ❶ 마우스 오른쪽 버튼을 클릭한 다음 ❷ Isolate Selected Clipping Mask를 실행합니다.

TIP ✧
화면에 나타나지 않는 부분은 크기와 속성이 바뀌지 않고 지워지지 않은 상태로 숨겨져 보이지 않습니다.

06 편집 모드가 실행되면 ❶ 선택 도구(▶)를 선택하고 ❷ 숨겨진 사각형 오브젝트를 선택합니다.

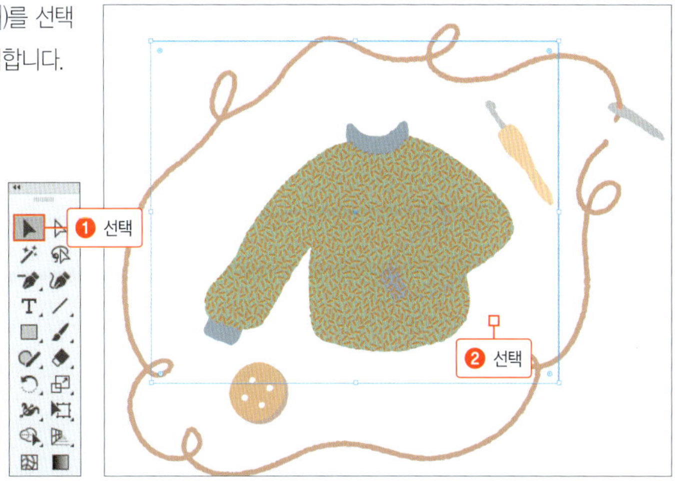

07 ❶ 스포이트 도구(🖉)를 선택하고 ❷ 아트보드 여백에 있는 두 번째 패턴을 클릭해 적용합니다. ❸ 선택 도구(▶)를 선택한 다음 ❹ 아트보드 여백을 더블클릭해 편집 모드를 해제합니다.

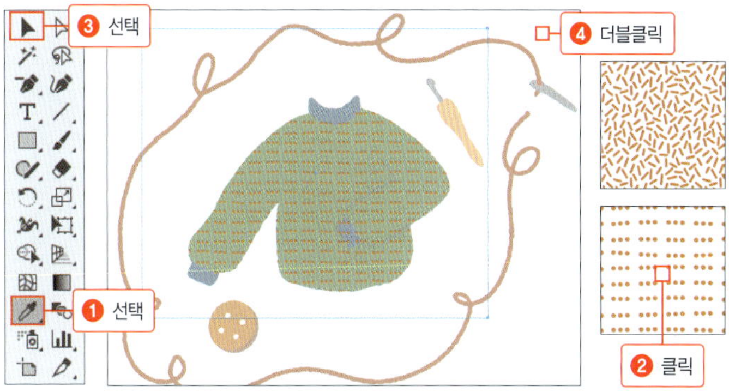

08 핸드메이드 옷 CI 디자인이 완성되었습니다.

> **TIP ✧**
> 클리핑 마스크를 해제하려면 마우스 오른쪽 버튼을 클릭하고 Release Clipping Mask를 실행합니다.

❻ 사진을 일러스트로 바꾸기

Image Trace 기능은 일러스트레이터에서 사진이나 래스터 이미지(Raster Image)를 벡터 이미지(Vector Image)로 변환하는 강력한 도구입니다. 이 기능을 통해 사진을 일러스트 스타일로 바꿀 수 있으며, 이미지의 형태, 색상, 윤곽선 등을 벡터 형태로 추출하여 편집할 수 있습니다.

Image Trace 기능은 사진을 벡터화할 때 세부적으로 조정할 수 있으므로, 원하는 스타일에 맞게 설정하면 고유의 일러스트 느낌을 얻을 수 있습니다. 디자인 작업에서 간편하게 고유한 일러스트레이션을 제작할 수 있는 유용한 도구입니다.

메뉴에서 [File] → Place 또는 Open을 실행해 비트맵 이미지를 불러온 다음 Image Trace 기능으로 간단하게 벡터 이미지로 변환할 수 있습니다. 비트맵 이미지를 선택하고 Control 패널의 〈Image Trace〉 버튼 오른쪽 팝업 아이콘(☑)을 클릭해도 Image Trace 명령이 표시됩니다.

원본 이미지

벡터화한 이미지

❶ **High/Low Fidelity Photo** : 저품질과 고품질 이미지로 표현합니다.

❷ **3/6/16 Colors** : 3단계, 6단계, 16단계 색으로 나눠 표현합니다.

❸ **Shades of Gray** : 이미지를 흑백 명암으로 구분합니다.

❹ **Black and White Logo** : 검은색과 흰색 로고 스타일로 표현합니다.

❺ **Sketched Art** : 스케치 형태로 표현합니다.

❻ **Silhouettes** : 실루엣 형태로 표현합니다.

❼ **Line Art** : 명암의 경계를 선으로 표현합니다.

❽ **Technical Drawing** : 명암의 경계를 둘러싼 선으로 표현합니다.

TIP

일러스트레이터에서 Image Trace 기능을 이용하여 비트맵 이미지를 벡터로 변환할 수 있지만 자연스러운 느낌은 훼손될 수밖에 없습니다. 하지만 벡터 이미지로 변환하면 이미지의 색상, 형태 등을 자유롭게 변형해 일러스트 또는 팝아트와 같이 독특한 느낌의 이미지를 제작할 수 있습니다.

Quick 활용 이미지를 일러스트로 바꿔 광고 디자인하기

일러스트레이터에서 작업할 수 있도록 손 그림이나 비트맵 이미지를 벡터 이미지로 변경해서 편집해 봅니다.

01 일러스트레이터 → 04 폴더에서 '필라테스.ai' 파일을 불러옵니다. 아트보드 여백에 일러스트레이터 → 04 폴더에서 '필라테스.jpg' 이미지도 불러옵니다.

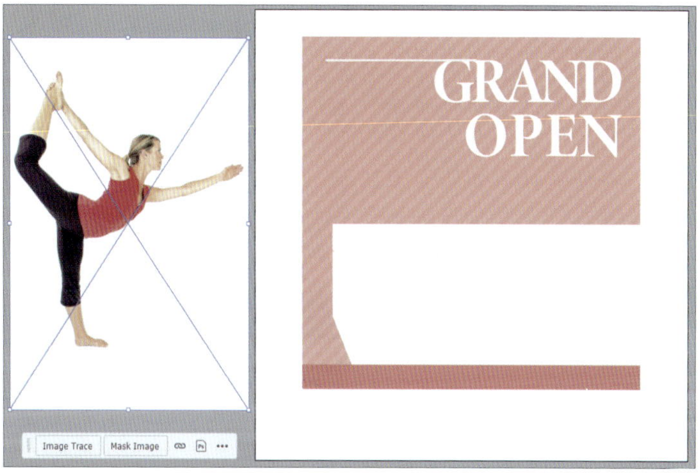

02 이미지가 선택된 상태에서 ❶ Control 패널의 〈Image Trace〉 버튼 오른쪽 팝업 아이콘(⌄)을 클릭하고 ❷ 'Silhouettes'로 지정합니다.

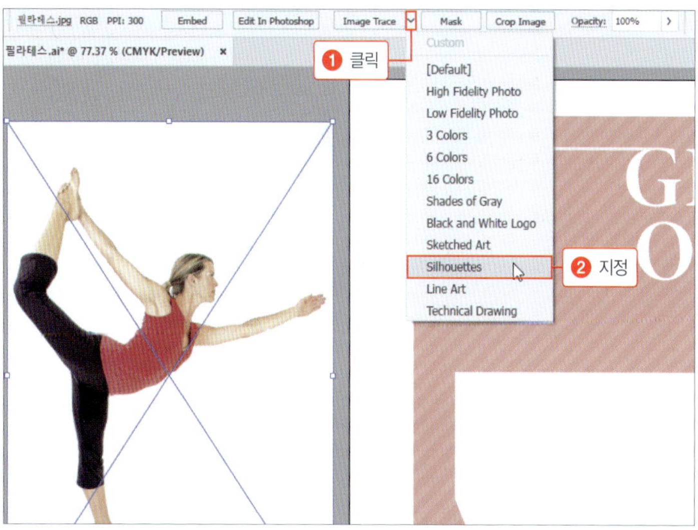

03 ❶ Control 패널에서 〈Expand〉 버튼을 클릭해 비트맵 이미지를 벡터 이미지로 변경합니다. ❷ 직접 선택 도구(▷)를 선택한 다음 ❸ 이미지 주변에 불필요한 요소가 있다면 Delete를 눌러 삭제합니다.

04 ❶ 실루엣 오브젝트를 왼쪽에 배치한 다음 ❷ 면 색을 '#EE706A'로 지정합니다.

05 필라테스에 관한 내용을 입력해 카드 뉴스 광고를 완성합니다.

> **TIP** ✧
> 예제에서는 'GRAND OPEN' 문자에 'Minion Variable Concept', '이벤트 기간' 문자에 '나눔스퀘어', '월 10만원' 문자에 '카페24 단정해', 이벤트 내용에 '카페24 단정해' 글꼴을 적용했습니다.

❼ 심볼 적용하기

Symbols 패널 이해하기

오브젝트를 심볼로 등록하면 많이 이용하더라도 파일 크기가 늘어나지 않아 쉽고 빠르게 작업할 수 있습니다. 일러스트레이터에서 작업한 모든 오브젝트는 Symbols 패널()로 드래그하여 심볼로 저장할 수 있습니다.

Symbols 패널은 메뉴의 〔Window〕 → Symbols(Shift+Ctrl+F11)를 실행해 표시하거나 숨길 수 있습니다. 또한 메뉴에서 〔Window〕 → Symbol Libraries를 실행해 일러스트레이터에서 제공하는 다양한 심볼들을 이용할 수 있습니다.

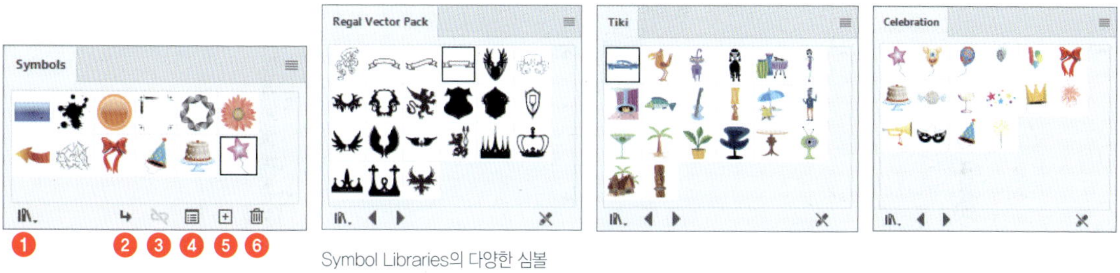

Symbol Libraries의 다양한 심볼

❶ **Symbol Libraries Menu** : 일러스트레이터에서 제공하는 다양한 심볼 라이브러리를 표시합니다.

❷ **Place Symbol Instance** : Symbols 패널에 저장된 심볼을 화면에 표시합니다.

❸ **Break Link to Symbol** : 아트보드에 적용한 심볼 인스턴스 속성을 해제합니다.

❹ **Symbol Options** : Symbol Options 대화상자를 표시합니다.

❺ **New Symbol** : 아트보드에서 선택한 오브젝트를 새로운 심볼로 등록합니다.

❻ **Delete Symbol** : Symbols 패널에서 선택한 심볼을 삭제합니다.

다양한 심볼 도구 익히기

8가지 심볼 도구들을 이용하여 심볼의 크기, 간격, 각도, 색상, 불투명도, 스타일을 조절합니다.

❶ **심볼 스프레이어 도구()** : Symbols 패널에 등록된 심볼을 아트보드에 드래그하여 나타냅니다.

❷ **심볼 이동 도구()** : 심볼을 드래그하여 이동합니다.

❸ **심볼 스크런처 도구()** : 심볼을 드래그하여 안쪽으로 모읍니다. Alt를 누른 상태로 드래그하면 바깥쪽으로 흩어집니다.

❹ **심볼 크기 조절 도구()** : 심볼을 드래그하여 확대합니다. Alt를 누른 상태로 드래그하면 축소됩니다.

❺ **심볼 회전 도구()** : 심볼을 드래그하여 회전합니다.

❻ **심볼 색조 도구()** : 심볼을 드래그하여 색을 변경합니다.

❼ **심볼 불투명도 도구()** : 심볼을 드래그하여 불투명도를 조절합니다.

❽ **심볼 스타일 도구()** : 심볼을 드래그하여 Graphic Styles 패널()에 등록된 그래픽 스타일을 적용합니다.

EASY 실습 심볼 등록하고 편집하기

하나의 문서에서 반복하여 이용하는 오브젝트를 심볼로 등록해 적용하는 효율적인 그래픽 작업 방법을 살펴봅니다.

01 일러스트레이터 → 04 폴더에서 '캠핑장.ai' 파일을 불러옵니다.
❶ 선택 도구(▶)를 선택한 다음 ❷ 왼쪽 나무를 선택하고 심볼로 등록하기 위해 ❸ Symbols 패널(♣)로 드래그합니다.

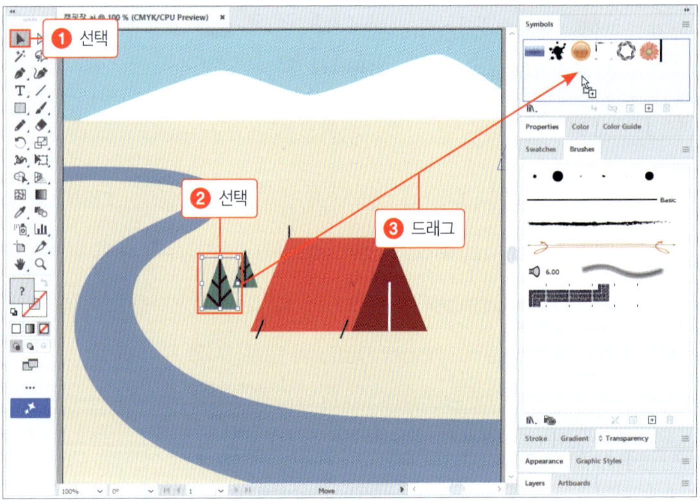

TIP ✧
Symbols 패널이 없으면 메뉴에서 [Window] → Symbols를 실행하여 표시합니다.

02 Symbol Options 대화상자가 표시되면 ❶ Name에 'Tree'를 입력해 심볼 이름을 지정한 다음 ❷ 〈OK〉 버튼을 클릭합니다.

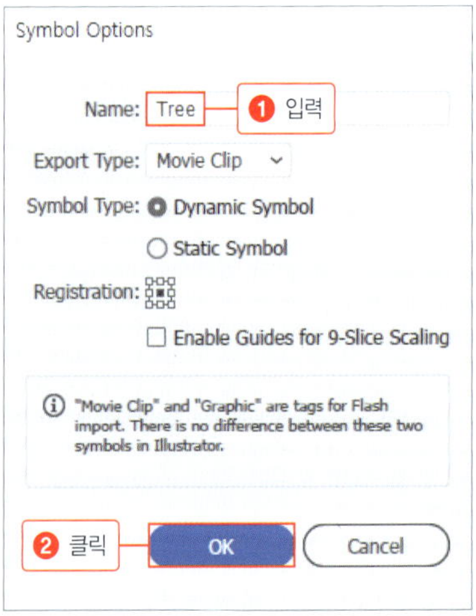

TIP ✧
Dynamic Symbol을 이용하면 아트보드에 적용한 심볼 인스턴스의 모양이나 속성을 변경해도 Symbols 패널에 등록된 마스터 심볼과 그대로 연결되므로 다양한 마스터 심볼 인스턴스를 만들 수 있습니다. 각각의 심볼 인스턴스에 적용한 수정 사항을 취소하지 않고도 마스터 심볼을 변경하면 자동으로 적용할 수 있어 유용합니다.

03 ❶ 심볼 스프레이어 도구( )를 선택한 다음 ❷ 배경에 드래그하여 나무들을 배치합니다.

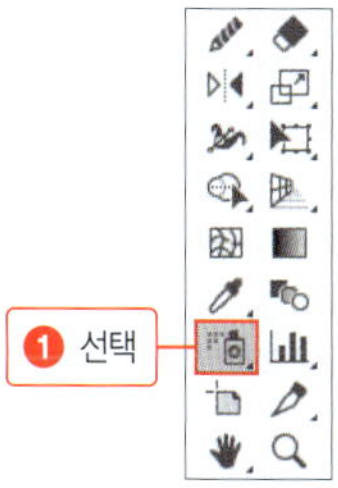

TIP ✧

심볼을 개별 편집하기 위해서는 먼저 심볼 오브젝트를 선택하고 메뉴에서 〔Object〕 → Expand를 실행한 다음 그룹 설정을 해제합니다.

04 원하는 위치에 배치되지 않은 심볼은 Alt를 누른 상태로 클릭해 삭제할 수 있습니다.

05 심볼을 분산하기 위해 ❶ 심볼 이동 도구( )를 선택하고 ❷ 나무를 드래그하여 이동하려는 위치에 배치합니다.

06 이번에는 심볼 크기를 조절하기 위해 ❶ 심볼 크기 조절 도구( )를 선택합니다. ❷ 확대하고 싶은 나무를 클릭 또는 드래그합니다. 축소하고 싶은 나무는 Alt를 누른 상태로 클릭 또는 드래그합니다.

07 이번에는 심볼 색을 간편하게 바꾸기 위해 먼저 ❶ 심볼 색조 도구( )를 선택합니다. ❷ Swatches 패널( )에서 원하는 색을 선택하고 ❸ 나무 심볼을 클릭합니다. 클릭한 부분만 색이 변경됩니다.

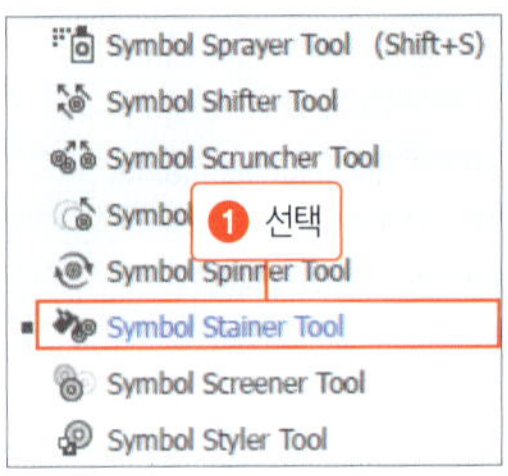

08 ❶ 심볼 불투명도 도구( )를 선택한 다음 ❷ 심볼에 클릭하여 불투명도를 적용해서 심볼 디자인을 마무리합니다.

TIP

이 외에도 심볼을 회전하거나 모으고, 그래픽 스타일을 적용할 수 있는 심볼 도구를 이용해 다양한 형태로 변형할 수 있습니다.

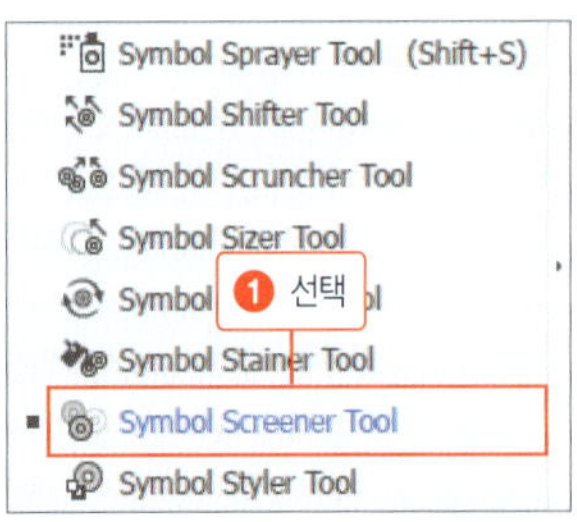

• **실습파일** : 일러스트레이터\04\삼총사.ai • **완성파일** : 일러스트레이터\04\삼총사_완성.ai

EASY 실습 다양하게 오브젝트 왜곡하기

왜곡 도구는 오브젝트를 비틀거나 구겨서 불규칙한 재미를 나타낼 수 있습니다. 여기서는 기본 도형을 이용한 캐릭터를 자유롭게 왜곡하여 다양한 헤어스타일을 만들어 봅니다.

01 일러스트레이터 → 04 폴더에서 '삼총사.ai' 파일을 불러옵니다. ❶ 폭 도구( )를 잠시 눌러 나타나는 도구모음에서 ❷ 비틀기 도구( )를 선택한 다음 ❸ 더블클릭합니다. Twirl Tool Options 대화상자가 표시되면 Global Brush Dimensions 항목에서 ❹, ❺, ❻ Width, Height를 각각 '30px'로 설정하여 브러시 크기를 조절하고 ❼ 〈OK〉 버튼을 클릭합니다.

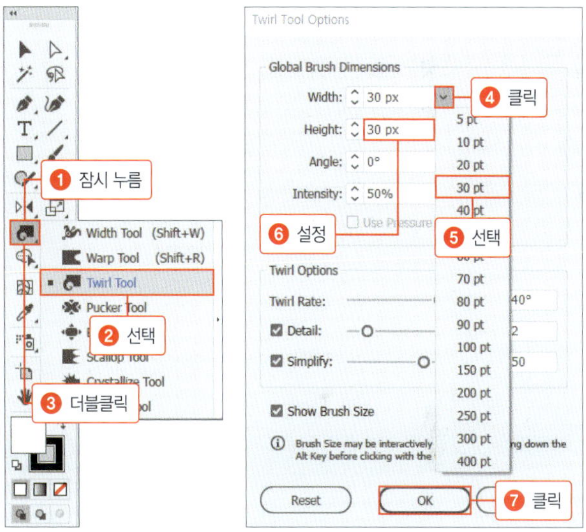

02 선택 도구( )로 첫 번째 캐릭터의 머리 부분을 선택한 다음 ❶ 비틀기 도구( )를 선택하고 ❷ 오브젝트를 클릭합니다. 클릭한 부분을 중심으로 양 캐릭터의 헤어스타일이 소용돌이 모양으로 왜곡됩니다.

TIP ✦

다양한 도형이나 일러스트에서 왜곡 도구를 사용해 오브젝트의 형태를 자유자재로 변형할 수 있습니다. 예를 들어, 동물, 사람, 자연 등의 형태를 왜곡하여 새로운 형태를 만들 수 있습니다. 패턴을 만들 때 왜곡 도구를 사용해 디자인 요소를 변형하면 더 유연하고 다채로운 패턴을 만들 수 있습니다. 예를 들어, 기하학적 패턴을 왜곡하여 더 역동적이고 복잡한 패턴을 만들 수 있습니다.

03 화면을 확대하고 이번에는 ❶ 왜곡 도구( )를 선택한 다음 ❷ 양의 꼬리 끝부분을 원하는 방향으로 드래그합니다. 흔들리듯 왜곡됩니다.

04 ❶ 크리스털 도구( )를 선택하고 ❷ 더블클릭합니다. Crystallize Tool Options 대화상자가 표시되면 Global Brush Dimensions의 ❸, ❹, ❺ Width와 Height를 각각 '150px'로 설정해 브러시 크기를 조절한 다음 ❻ 〈OK〉 버튼을 클릭합니다.

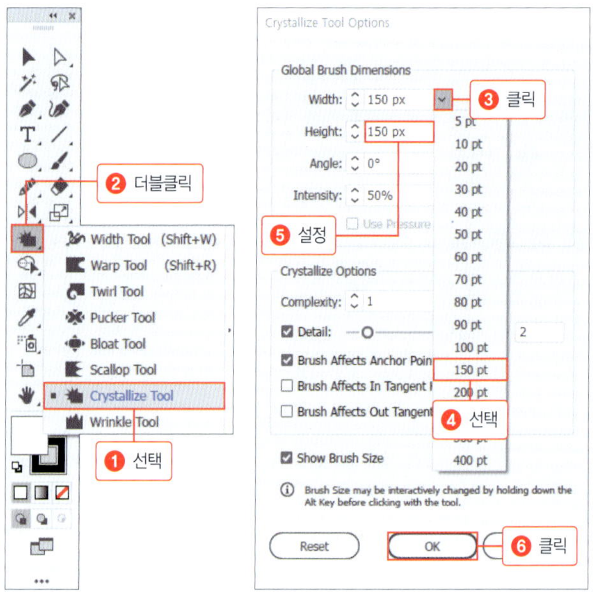

05 두 번째 사자 캐릭터의 머리 부분을 선택한 다음 ❶ 크리스털 도구( )로 ❷ 원의 중심에 맞춰 잠시 클릭하면 외곽선이 마우스 커서를 중심으로 바깥쪽으로 퍼지면서 뾰족한 곡선이 추가됩니다.

06 ❶ 폭 도구( )를 선택한 다음 ❷ 사자의 꼬리 끝 갈색 선 중간 지점을 클릭하고 바깥쪽으로 살짝 드래그하여 폭을 늘립니다. 끝이 뭉툭한 사자 꼬리가 만들어집니다.

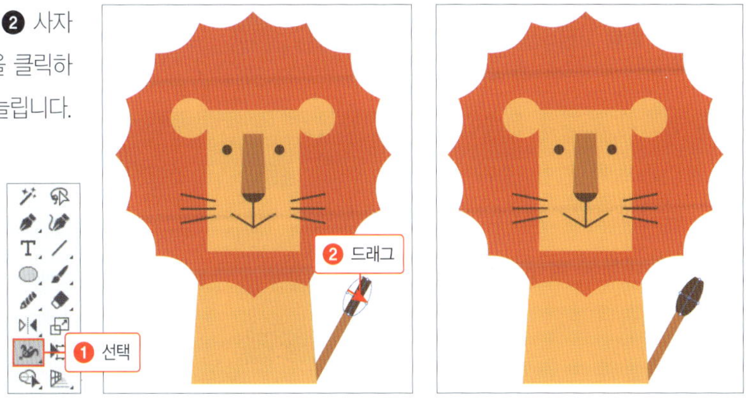

07 ❶ 주름 도구( )를 선택하고 ❷ 더블클릭합니다. Wrinkle Tool Options 대화상자에서 Global Brush Dimensions의 ❸, ❹, ❺ Width, Height를 각각 '50px'로 설정해 브러시 크기를 조절한 다음 ❻ 〈OK〉 버튼을 클릭합니다.

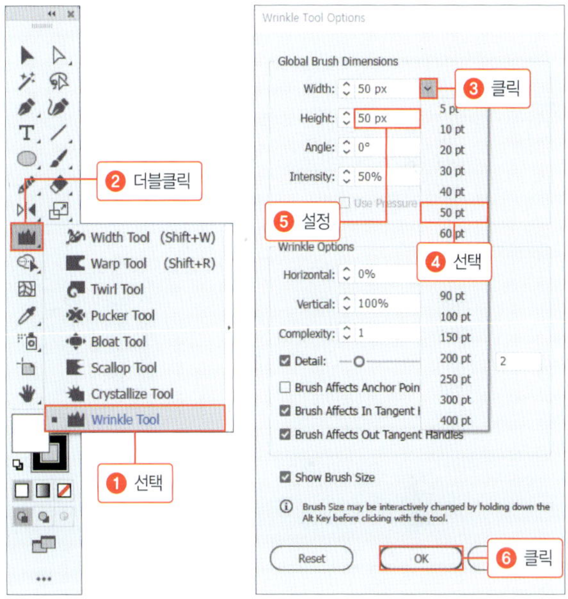

08 세 번째 고양이 캐릭터의 머리 부분을 선택한 다음 ❶ 주름 도구( )를 이용하여 ❷ 클릭하거나 드래그하면 외곽선에 주름과 같은 작은 곡선이 추가됩니다. 꼬리도 드래그하여 주름을 추가합니다. 작업 화면을 축소해 여러 가지 왜곡 도구들을 이용해서 각각 다르게 변형된 캐릭터들의 재미있는 헤어스타일을 확인합니다.

Quick 활용 캐릭터 내맘대로 움직이기

퍼펫 뒤틀기 도구를 선택한 다음 일러스트에 핀을 추가하고 이동 및 회전하여 원하는 대로 동작이나 변형된 형태를 매끄럽게 나타내 봅니다.

01 일러스트레이터 → 04 폴더에서 '퍼펫.ai' 파일을 불러옵니다. ❶ 선택 도구(▶)로 ❷ 변형할 일러스트를 선택합니다.

02 ❶ 퍼펫 뒤틀기 도구(📌)를 선택합니다. ❷ 고정할 영역을 클릭해 핀을 생성한 다음 ❸ 이어서 변형할 영역을 클릭하여 핀을 추가합니다. ❹ 계속해서 핀을 추가할 부분을 클릭합니다.

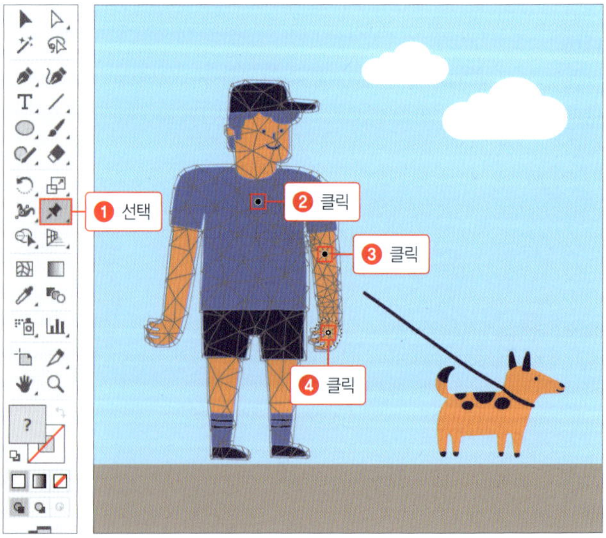

TIP

오브젝트를 선택한 다음 퍼펫 뒤틀기 도구를 선택하면 자동으로 퍼펫 기준점이 추가됩니다. 자연스러운 동작을 만들기 위해서는 핀을 세 개 이상 만듭니다.

03 변형할 영역의 핀을 드래그하여 그림과 같이 이동합니다. 인접한 핀 영역은 그대로 유지합니다.

TIP ✦

일러스트가 자연스럽게 변형되는 그물망 형태인 메시는 불필요한 경우 비활성화할 수 있습니다. Properties 패널이나 Control 패널에서 'Show Mesh'의 체크 표시를 해제합니다. Expand Mesh를 설정하여 영향을 받는 영역을 늘리거나 줄일 수 있습니다.

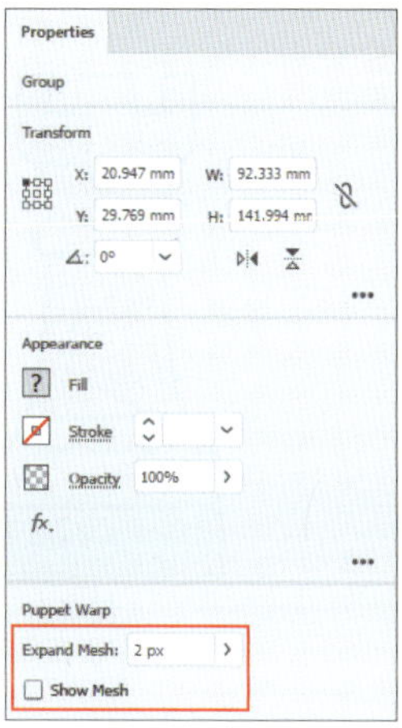

04 캐릭터의 팔다리를 이동하기 위해 관절 위치에 핀을 추가하고 고정 영역을 만듭니다. 움직이는 부분에 핀을 추가한 다음 드래그하여 캐릭터 포즈를 변형합니다.

TIP ✦

여러 개의 핀을 선택하려면 Shift를 누른 상태로 해당 핀을 클릭하거나 Control 패널에서 〈Select All Pins〉 버튼을 클릭합니다. 선택한 핀을 제거하려면 Delete를 누릅니다. 선택한 핀 주위로 일러스트 변경을 제한하기 위해서는 Alt를 누른 상태로 드래그합니다.

Quick 활용 인포그래픽을 위한 그래프 디자인하기

메뉴에서 (Object) → Graph → Design을 실행하면 독창적인 형태의 그래프를 만들 수 있습니다. 실무에서 그래프 활용도가 높아지는 가운데, 일러스트를 이용한 그래프를 만들어 봅니다.

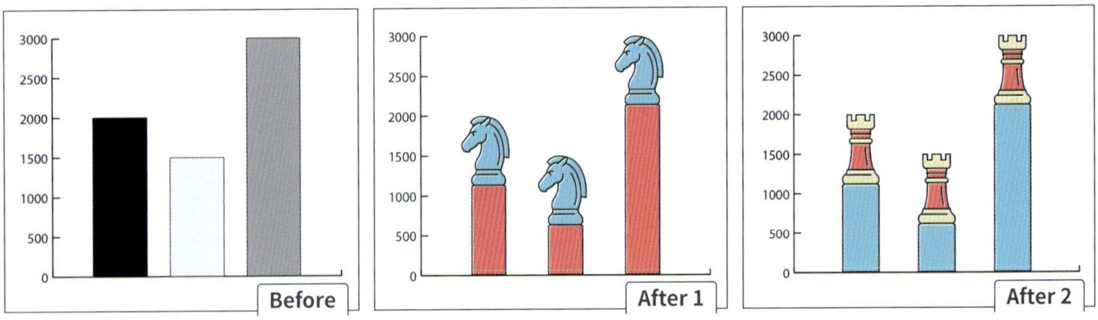

01 일러스트레이터 → 04 폴더에서 'chess.ai' 파일을 불러옵니다. ❶ 선 도구(▶)를 선택한 다음 ❷ 오른쪽 오브젝트 아래 받침 중간에 그림과 같이 드래그하여 수평선을 그립니다.

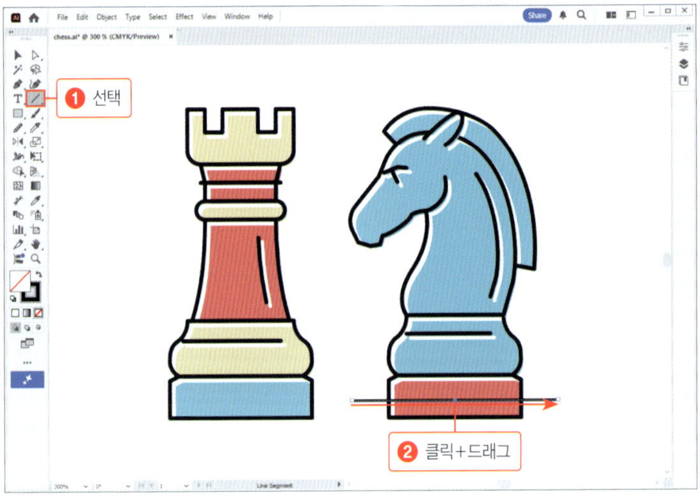

02 ❶ 왼쪽 오브젝트에도 같은 위치에 선을 복제합니다. ❷ 두 개의 선을 선택하고 ❸ 메뉴에서 (View) → Guides → Make → Guides를 실행하여 선을 안내선으로 바꿉니다.

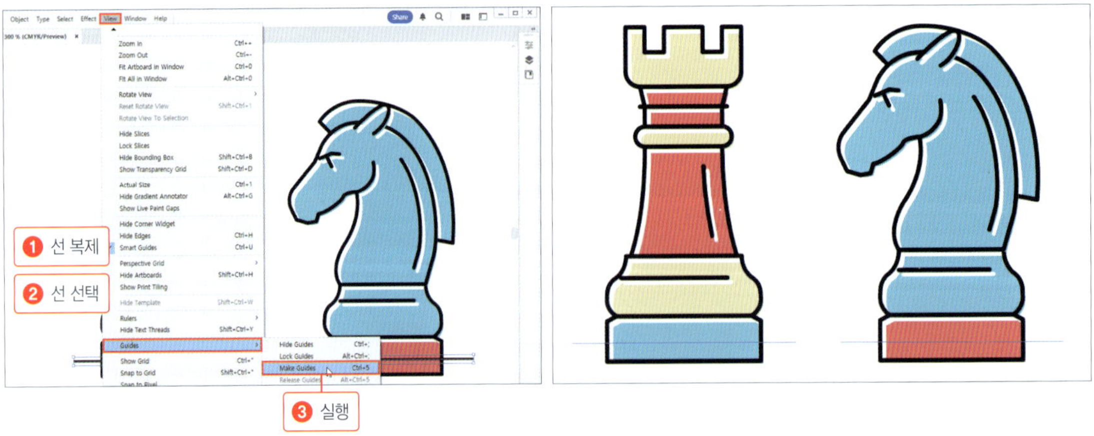

03 ❶ 선택 도구(▶)로 오른쪽 오브젝트를 드래그하여 선택합니다. ❷ 메뉴에서 [Object] → Graph → Design을 실행합니다. Graph Design 대화상자가 표시되면 ❸ 〈New Design〉 버튼을 클릭하여 선택한 오브젝트를 그래프 디자인으로 등록하고 ❹ 〈OK〉 버튼을 클릭합니다.

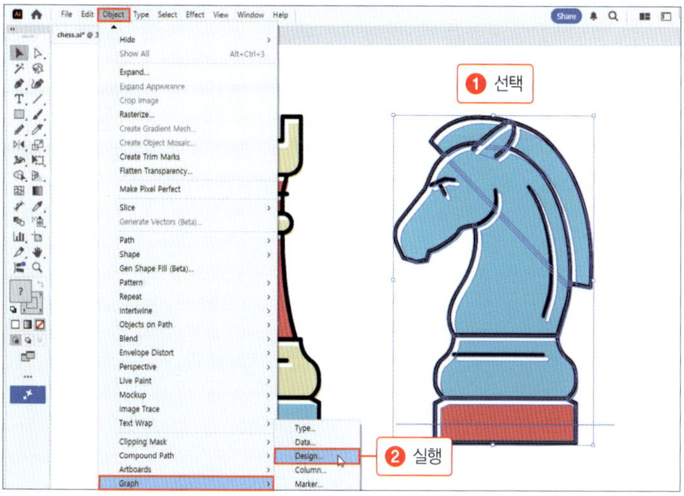

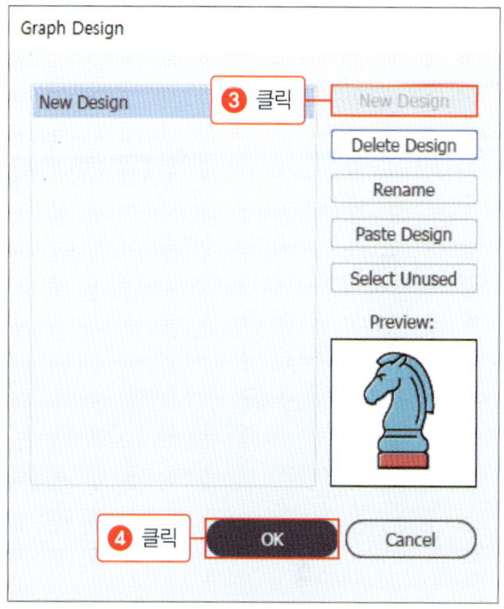

04 왼쪽 오브젝트를 선택하고 메뉴에서 [Object] → Graph → Design을 실행합니다. Graph Design 대화상자가 표시되면 ❶ 〈New Design〉 버튼을 클릭해 선택한 오브젝트를 그래프 디자인으로 등록하고 ❷ 〈OK〉 버튼을 클릭합니다.

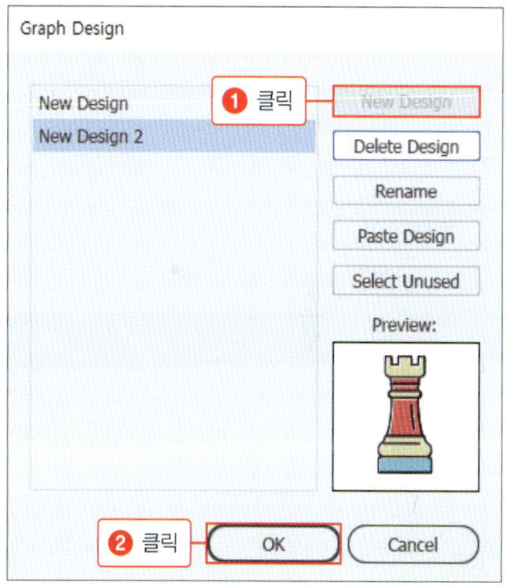

05 ❶ 선택 도구(▶)로 위쪽 그래프를 선택한 다음 ❷ 메뉴에서 [Object] → Graph → Column을 실행합니다.

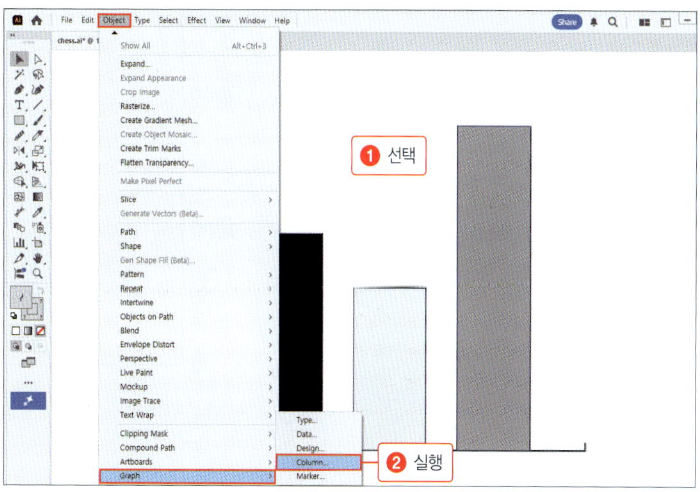

06 Graph Column 대화상자가 표시되면 ❶ Choose Column Design에서 'New Design'을 선택합니다. ❷ Column Type을 'Sliding'으로 지정한 다음 ❸ 〈OK〉 버튼을 클릭합니다.

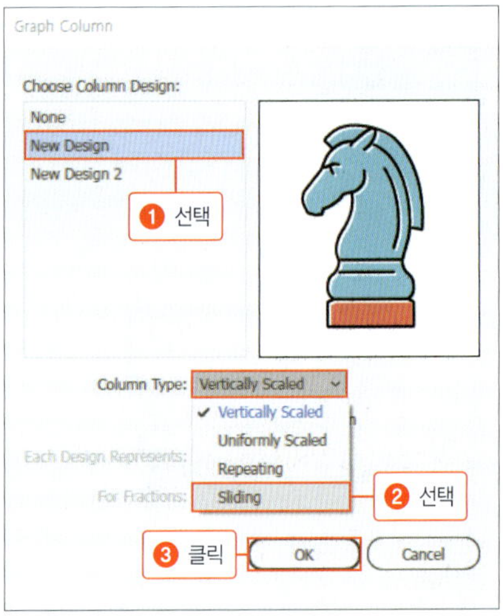

07 흑백 막대그래프가 체스 나이트 디자인으로 바뀝니다.

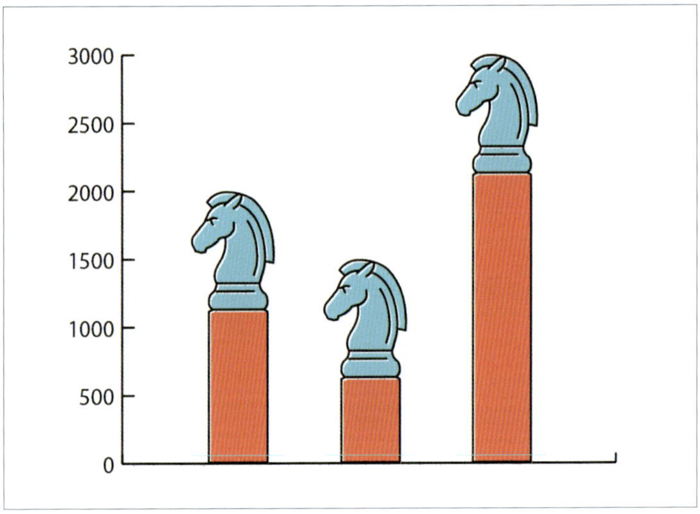

08 다른 그래프도 같은 방법으로 막대 모양을 체스 룩 모양으로 수정하여 완성합니다.

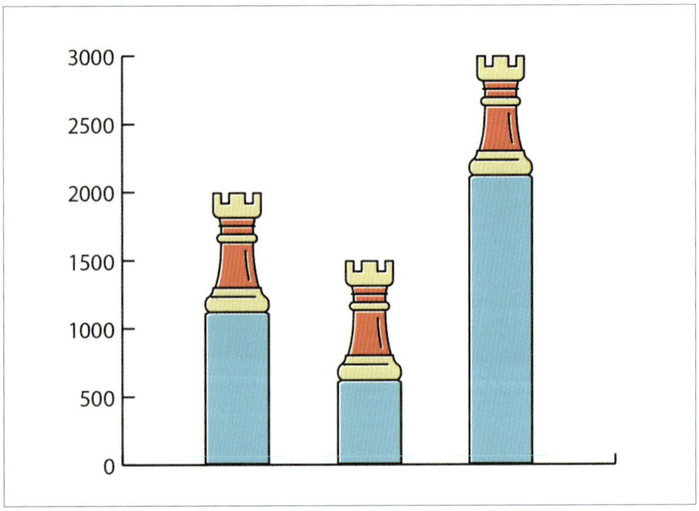

동영상 강의

도형 도구로 캐릭터 일러스트 에코백 디자인하기

일러스트레이터에서 가장 기본이 되는 도형 도구와 Swatches 패널에서 제공하는 다양한 색상, 패턴을 활용하여 개성있는 캐릭터를 완성하고, 이를 활용해 직접 팬시 용품 디자인까지 도전해 봅니다.

#캐릭터 #일러스트 #에코백

이미지 크기 210×297mm

완성 파일 일러스트레이터\동영상\eco bag.ai, eco bag.jpg

#패턴 #사각형 도구 #별 도구 #원형 도구 #문자 도구

① 사각형 만들고 패턴 적용하기

② 사각형 도구를 이용하여 배경 만들기

③ 별 도구로 캐릭터 얼굴 만들기

④ 원형 도구로 캐릭터 눈과 볼터치 만들기

⑤ 사각형 도구로 캐릭터 다리와 신발 만들기

⑥ 반짝이 무늬를 배경에 복제하고 문자 입력하기

동영상 강의

블렌드 기능으로 타이포그래피 폰케이스 디자인하기

일러스트레이터의 블렌드 기능은 두 개 이상 오브젝트의 중간 단계를 색 또는 형태로 자동으로 만드는 그러데이션 기능의 일종입니다. 블렌드 도구를 이용해 두 개의 문자 형태를 연결해서 입체적이고 감각적인 타이포그래피 디자인을 연출합니다.

#타이포그래피 #입체 #폰케이스

이미지 크기 120×180mm

완성 파일 일러스트레이터\동영상\phonecase.ai, phonecase.jpg

#Make Envelope - Wave #블렌드 #별 도구

① 배경색 적용하고 문구 입력하기

② Make Envelope – Wave 기능으로 문자 왜곡 변형하기

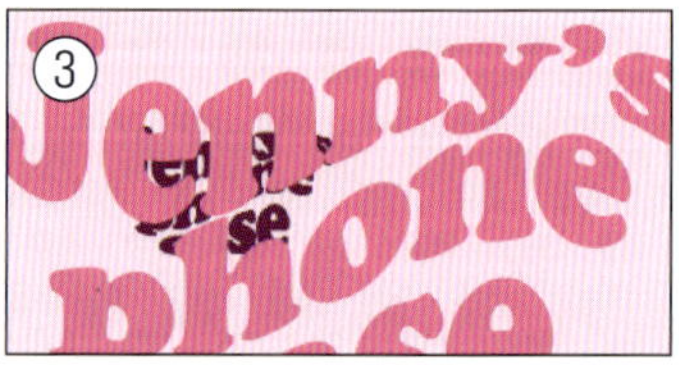

③ 문자를 복제하고 기존 타이틀 아래쪽에 위치한 다음 크기, 컬러, 위치 조절하기

④ 블렌드 도구의 Specified Steps 기능을 이용하여 타이포그래피에 입체감 표현하기

⑤ 상단 메인 타이틀을 복제하고 컬러를 변경한 후 테두리를 만들어 눈에 잘 띄도록 수정하기

⑥ 별 도구로 별무늬 더하기

찾아보기

ㄱ

ㄴ - ㄷ

ㄹ - ㅂ

ㅅ

ㅇ - ㅈ

ㅊ - ㅎ

PHOTOSHOP CC SHORTCUTS

포토샵 CC 단축키

ILLUSTRATOR CC SHORTCUTS

일러스트레이터 CC 단축키